Introducción a la Programación Usando Java

Versión 5.0, Diciembre de 2006

(Versión 5.1, con actualizaciones y correcciones menores, Junio de 2009)
(Traducción al Castellano, Marzo de 2011)

David J. Eck
Hobart and William Smith College

Traducción al Castellano
Luis E. Ramos e Ismelda C. Guerra

©1996-2009, David J. Eck

David J. Eck (eck@hws.edu)
Departamento de Matemáticas y Ciencias de la Computación
Hobart and Williams Smith Colleges
Geneva, NY 14456

©2010, Luis Ramos e Ismelda Guerra

Traductores
Luis E. Ramos (lramos@una.edu.ve)
Área de Ingeniería Industrial.
Universidad Nacional Abierta.
Maracay, Venezuela

Ismelda C. Guerra (ismeldacg@gmail.com)
Departamento de Electrónica.
Escuela Técnica Militar Núcleo Aviación.
Maracay, Venezuela

Revisión y estilo
Julio Cesar Perez (jcperez2053@hotmail.com)

Este libro puede ser distribuido en forma no modificada sin restricciones. Versiones modificadas pueden ser hechas y distribuidas bajo la misma licencia del original. Más específicamente este trabajo está registrado bajo la licencia de Creative Commons Atribution-Share Alike 2.5 License. Para ver una copia de la licencia visite la página web http://creativecommons.org/licenses/by-sa/2.5/ o envíe una carta a Creative Commons, 543 Howard Street, 5th Floor, San Francisco, California, 94105, EUA.

La página web de este libro es: http://notasdejava.webs.com/

Índice general

Prólogo	IX
1 Visión General: El paisaje mental	**1**
1.1. El ciclo de búsqueda, lectura y ejecución: Lenguaje de máquina.	1
1.2. Eventos asincrónicos: Bucle de sondeo e interrupciones	3
1.3. La Máquina Virtual de Java	6
1.4. Bloques de Construcción Fundamentales de los Programas	8
1.5. Objetos y Programación Orientada a Objeto	10
1.6. La Interfaz de Usuario Moderna	12
1.7. La Internet y el World Wide Web	14
Prueba del Capítulo 1	17
2 Nombres y Cosas	**19**
2.1. La Aplicación Básica de Java	19
2.2. Variables y Tipos	23
2.2.1. Variables	24
2.2.2. Tipos y literales	25
2.2.3. Variables en programas	27
2.3. Objetos y Subrutinas	29
2.3.1. Subrutinas y funciones preconstruidas:	29
2.3.2. Operaciones en cadenas de caracteres	33
2.3.3. Introducción a los Enumeradores.	35
2.4. Entrada y Salida de Texto	37
2.4.1. Un Primer Ejemplo de Entrada de Texto	37
2.4.2. Salida de Texto	38
2.4.3. Funciones de Entradas TextIO	39
2.4.4. Salida formateada	42
2.4.5. Introducción a archivos de entrada/salida	43
2.5. Detalles de las expresiones	45
2.5.1. Operadores Aritméticos	46
2.5.2. Incremento y Decremento	46
2.5.3. Operadores Relacionales	47
2.5.4. Operadores Booleanos	48
2.5.5. Operador Condicional	49
2.5.6. Operadores de Asignación y Type Casts	49
2.5.7. Conversión de tipos de Strings	50
2.5.8. Reglas de Precedencia	51

2.6. Ambientes de Programacion 51
    2.6.1. Java Development Kit (Juego de Herramientas de Java) 52
    2.6.2. Ambiente de Líneas de Comando 52
    2.6.3. IDEs y Eclipse 55
    2.6.4. 4.El Problema de los Paquetes 58
Ejercicios para el capitulo 2 59
Prueba del capitulo 2 61

3 Control 63
3.1. Bloques, Bucles, y Bifurcaciones 63
    3.1.1. Bloques 63
    3.1.2. El bucle mientras básico 64
    3.1.3. La Declaración Condicional Básica 66
3.2. Desarrollo de Algoritmos 68
    3.2.1. Pseudocodigo y Refinamiento Paso a Paso 68
    3.2.2. El Problema 3N+1 71
    3.2.3. Codificando, Probando, Depurando 74
3.3. Mientras y hacer.. mientras 75
    3.3.1. La Declaración mientras 76
    3.3.2. La Declaración hacer ..mientras 78
    3.3.3. interrumpir y continuar 80
3.4. La declaración Para 82
    3.4.1. Bucles Para 82
    3.4.2. Ejemplo: Contando Divisores 85
    3.4.3. Bucles Anidados 87
    3.4.4. Enums y Bucle para cada 89
3.5. La Declaración Sí 91
    3.5.1. El Problema del Entonces Colgado 91
    3.5.2. La Construcción del sí...sí no sí 92
    3.5.3. Ejemplos de Declaraciones Sí 93
    3.5.4. La Declaración Vacía 97
3.6. La Declaración Conmutador 98
    3.6.1. La Declaración Básica de Conmutador 98
    3.6.2. Declaraciones y menus de conmutadores 100
    3.6.3. Enums en las declaraciones de conmutador 101
    3.6.4. Asignación Definida 101
3.7. Excepciones y tratar..capturar 102
    3.7.1. Excepciones 103
    3.7.2. tratar..capturar 103
    3.7.3. Excepciones en TextIO 105
3.8. Programando GUI 107
Ejercicios para el capítulo 3 113
Prueba del Capítulo 3 116

4 Subrutinas 119
4.1. Cajas Negras 119
4.2. Subrutinas y Variables Estáticas 121
    4.2.1. Definición de Subrutinas 121

ÍNDICE GENERAL

```
        4.2.2.  Llamado de Subrutinas . . . . . . . . . . . . . . . . . . . . 123
        4.2.3.  Subrutinas en Programas . . . . . . . . . . . . . . . . . . . 124
        4.2.4.  Variables Miembros . . . . . . . . . . . . . . . . . . . . . . 127
   4.3. Parámetros . . . . . . . . . . . . . . . . . . . . . . . . . . . . . . . . 129
        4.3.1.  Uso de Parámetros . . . . . . . . . . . . . . . . . . . . . . 129
        4.3.2.  Formal y Actual parámetros . . . . . . . . . . . . . . . . . 131
        4.3.3.  Sobrecarga . . . . . . . . . . . . . . . . . . . . . . . . . . . 132
        4.3.4.  Subrutina Ejemplos . . . . . . . . . . . . . . . . . . . . . . 133
        4.3.5.  Lanzar Excepciones . . . . . . . . . . . . . . . . . . . . . . 135
        4.3.6.  Variables Globales y Locales . . . . . . . . . . . . . . . . . 136
   4.4. Valores de Retorno . . . . . . . . . . . . . . . . . . . . . . . . . . . . 136
        4.4.1.  La declaración de retorno . . . . . . . . . . . . . . . . . . . 137
        4.4.2.  Ejemplos de Funciones . . . . . . . . . . . . . . . . . . . . 138
        4.4.3.  3N+1 Revisado . . . . . . . . . . . . . . . . . . . . . . . . 140
   4.5. APIs, Paquetes, y Javadoc . . . . . . . . . . . . . . . . . . . . . . . . 142
        4.5.1.  Cajas de herramientas . . . . . . . . . . . . . . . . . . . . . 142
        4.5.2.  Paquetes Normalizados de Java . . . . . . . . . . . . . . . 143
        4.5.3.  Usando Clases de los Paquetes . . . . . . . . . . . . . . . . 145
        4.5.4.  Javadoc . . . . . . . . . . . . . . . . . . . . . . . . . . . . . 146
   4.6. Más en Diseño de Programas . . . . . . . . . . . . . . . . . . . . . . 148
        4.6.1.  Precondiciones y Postcondiciones . . . . . . . . . . . . . . 149
        4.6.2.  Un Ejemplo de Diseño . . . . . . . . . . . . . . . . . . . . . 150
        4.6.3.  El Programa . . . . . . . . . . . . . . . . . . . . . . . . . . 154
   4.7. La Verdad acerca de la Declaraciones . . . . . . . . . . . . . . . . . . 156
        4.7.1.  Inicialización en las Declaraciones . . . . . . . . . . . . . . 156
        4.7.2.  Constantes con Nombres . . . . . . . . . . . . . . . . . . . 157
        4.7.3.  Reglas de Nombre y Alcance . . . . . . . . . . . . . . . . . 160
   Ejercicios para el capítulo 4 . . . . . . . . . . . . . . . . . . . . . . . . . . 163
   Prueba del Capítulo 4 . . . . . . . . . . . . . . . . . . . . . . . . . . . . . 166

5  Objetos y Clases                                                             167
   5.1. Objetos y Métodos Instanciados . . . . . . . . . . . . . . . . . . . . 167
        5.1.1.  Objetos, clases, e Instancias . . . . . . . . . . . . . . . . . 168
        5.1.2.  Fundamentos de objetos . . . . . . . . . . . . . . . . . . . 170
        5.1.3.  Getters y Setters . . . . . . . . . . . . . . . . . . . . . . . 174
   5.2. Constructores e Inicializacion de objetos . . . . . . . . . . . . . . . . 175
        5.2.1.  Inicialización de variables instanciadas . . . . . . . . . . . . 176
        5.2.2.  Constructores . . . . . . . . . . . . . . . . . . . . . . . . . 177
        5.2.3.  Recolector de Basura . . . . . . . . . . . . . . . . . . . . . 181
   5.3. Programando con objetos . . . . . . . . . . . . . . . . . . . . . . . . 182
        5.3.1.  Algunas Clases Pre Construidas . . . . . . . . . . . . . . . 182
        5.3.2.  Clases Contenedoras y Autoboxing . . . . . . . . . . . . . . 183
        5.3.3.  La clase Object . . . . . . . . . . . . . . . . . . . . . . . . . 185
        5.3.4.  Analisis y Diseño Orientado a Objeto . . . . . . . . . . . . 186
   5.4. Ejemplo de programación: Card, Hand, Deck . . . . . . . . . . . . . 188
        5.4.1.  Diseñando las clases . . . . . . . . . . . . . . . . . . . . . . 188
        5.4.2.  La Clase Carta . . . . . . . . . . . . . . . . . . . . . . . . . 190
        5.4.3.  Ejemplo: Un Juego de Cartas Simple . . . . . . . . . . . . 194
```

- 5.5. Herencia y Polimorfismo 196
  - 5.5.1. Extendiendo Clases Existentes 196
  - 5.5.2. Herencia y Jerarquía de Clases 199
  - 5.5.3. Ejemplo: Vehículos 199
  - 5.5.4. Polimorfismo 202
  - 5.5.5. Clases Abstractas 205
- 5.6. this y super 207
  - 5.6.1. La Variable Especial this 207
  - 5.6.2. La Variable Especial super 209
  - 5.6.3. Constructores en las subclases 211
- 5.7. Interfaces, Clases anidadas, y Otros detalles 212
  - 5.7.1. Interfaces 212
  - 5.7.2. Clases Anidadas 214
  - 5.7.3. Clases Internas Anónimas 216
  - 5.7.4. Mezclando Estático y No estático 217
  - 5.7.5. Importación Estática 218
  - 5.7.6. Enums como clases 219
- Ejercicios para el Capítulo 5 222
- Prueba del Capítulo 5 225

6 Introducción a la Programación GUI — 227
- 6.1. La Aplicación GUI Básica 227
  - 6.1.1. JFrame y JPanel 229
  - 6.1.2. Componentes y Layout 231
  - 6.1.3. Eventos y oyentes 232
- 6.2. Applets y HTML 233
  - 6.2.1. JApplet 233
  - 6.2.2. Reutilizando sus JPanels 235
  - 6.2.3. HTML Básico 237
  - 6.2.4. Los Applets en las Páginas Web 241
- 6.3. Gráficos y Pinturas 243
  - 6.3.1. Coordenadas 245
  - 6.3.2. Colores 246
  - 6.3.3. Fuentes 247
  - 6.3.4. Formas 248
  - 6.3.5. Graphics2D 250
  - 6.3.6. Un Ejemplo 250
- 6.4. Eventos de Ratón 254
  - 6.4.1. Manejo de Eventos 255
  - 6.4.2. MouseEvent y MouseListener 256
  - 6.4.3. Coordenadas del Ratón 258
  - 6.4.4. MouseMotionListeners y Arrastre 261
  - 6.4.5. Manejadores de Eventos Anónimos 265
- 6.5. Temporizadores y Eventos de Teclado 267
  - 6.5.1. Temporizadores y Animación 267
  - 6.5.2. Eventos del Teclado 269
  - 6.5.3. Enfoque de Eventos 273
  - 6.5.4. Máquinas de Estado 274

- 6.6. Componentes básicos 277
  - 6.6.1. JButton 279
  - 6.6.2. JLabel 280
  - 6.6.3. JCheckBox 281
  - 6.6.4. JTextField y JTextArea 282
  - 6.6.5. JComboBox 284
  - 6.6.6. JSlider 285
- 6.7. Disposición Básica 286
  - 6.7.1. Administradores Básicos de Diseño 287
  - 6.7.2. Bordes 290
  - 6.7.3. SliderAndComboBoxDemo 291
  - 6.7.4. Una Calculadora Simple 294
  - 6.7.5. Usando una Disposición Nula 295
  - 6.7.6. Un Jueguito de Cartas 297
  - 6.7.7. Menús y Dialogos 301
  - 6.7.8. Menús y Barras de Menú 302
  - 6.7.9. Diálogos 305
  - 6.7.10. Puntos Importantes de los Marcos 307
  - 6.7.11. Creación de Archivos Jar 309

Ejercicios para el Capítulo 6 311
Prueba del Capítulo 6 316

7 Arreglos 319
- 7.1. Creando y Usando Arreglos 319
  - 7.1.1. Arreglos 320
  - 7.1.2. Usando arreglos 321
  - 7.1.3. Inicialización de Arreglos 323
- 7.2. Programando con Arreglos 324
  - 7.2.1. Arreglos y Bucles Para 325
  - 7.2.2. Arreglos y Bucles para-cada 327
  - 7.2.3. Tipos de Arreglos en Subrutinas 328
  - 7.2.4. Acceso Aleatorio 329
  - 7.2.5. Arreglos de Objetos 331
  - 7.2.6. Métodos de Aridad Variable 334
- 7.3. Arreglos Dinámicos y ArrayLists 336
  - 7.3.1. Arreglos Parcialmente Llenos 336
  - 7.3.2. Arreglos Dinámicos 339
  - 7.3.3. ArrrayLists 342
  - 7.3.4. Tipos Parametrizados 346
  - 7.3.5. Vectores 350
- 7.4. Búsqueda y Clasificación 351
  - 7.4.1. Búsqueda 351
  - 7.4.2. Listas de Asociación 353
  - 7.4.3. Orden de Inserción 356
  - 7.4.4. Orden de Selección 357
  - 7.4.5. Desordenar 359
- 7.5. Arreglos Multidimensionales 360
  - 7.5.1. Creación de Arreglos Bidimensionales 360

- 7.5.2. Usando Arreglos Bidimensionales 362
- 7.5.3. Ejemplo: Damas 365
- Ejercicios para el Capítulo 7 372
- Prueba del Capítulo 7 378

Prólogo

Introdución a la Programación Usando Java es un libro de texto libre introductorio para la programación de computadoras que usa Java como lenguaje de instrucción. Puede ser usado en un curso introductorio de programación y por personas que están tratando de aprender programación por su cuenta. No hay más pre-requisitos que una familiaridad general con las ideas de las computadoras y los programas. Hay suficiente material para un año completo de nivel universitario de programación. Los capítulos 1 al 7 pueden ser usados como un libro de texto en un curso semestral universitario o en una asignatura de un año de liceo o bachillerato.

Esta versión del libro cubre "Java 5.0". También trabaja bien con versiones más recientes de Java. (Mientras que Java 5.0 presenta las nuevas características que necesitan ser cubiertas en un curso de programación introductorio, Java 6.0 y el venidero Java 7.0 no lo hacen). Muchos de los ejemplos en el libro usan características que no fueron presentadas antes de Java 5.0. Note que los applets de Java aparecen dentro de las páginas en la versión en línea de este libro. Muchos de estos applets no funcionaran en los web browser que no soporten Java 5.0.

La página web de este libro es http://math.hws.edu/javanotes/. La página en esa dirección contiene enlaces para descargar una copia de la página web y para descargar una versión pdf de este libro.

* * *

En estilo, esto es más un libro de texto que un tutorial. Esto es, se concentra más en explicar conceptos que en dar una guía paso a paso de cómo hacer las cosas. He tratado de usar un estilo de escritura conversacional que podría estar más relacionado a clases de salón de lo que están típicamente relacionados los libros de texto. Usted encontrará ejercicios de programación al final de la mayoría de los capítulos, y usted encontrará una solución detallada para cada ejercicio, con la clase de discusión que yo le daría si presento la solución en clase. (Soluciones a los ejercicios pueden ser encontradas sólo en la versión en línea). Yo le recomiendo **profundamente** que lea las soluciones de los ejercicios si quiere obtener los mayores resultados de este libro. Esto ciertamente no es un libro de referencia de Java, y no se acerca a una revisión completa de todas las características de Java. **No** está escrito como una referencia rápida a Java para personas que ya conocen otros lenguajes de programación. En vez de eso está dirigido principalmente a personas que están aprendiendo programación por primera vez, y está tanto relacionado a los conceptos generales de programación como con Java en particular. Yo creo que Introducción a la Programación usando Java es completamente competitivo con los libros de texto de programación convencionales publicados que están disponibles en el mercado. (Bien, correcto, les confieso que yo creo que es mejor).

Hay muchos estilos para enseñar Java. Un estilo usa programación de interface gráfica de usuario desde el principio. Algunas personas creen que la programación orientada a objeto también debería ser enfatizada desde el principio, este **no** es el estilo que yo aplico. El estilo que yo favorezco inicia con las más básicas estructuras constructoras de la programación y construye desde allí. Después de un capítulo introductorio, yo cubro la programación procedimental en los capítulos 2, 3 y 4. La programación orientada a objeto es introducida en el capítulo 5. El capítulo 6 cubre cercanamente los tópicos relacionados con la programación orientada a eventos y las interfaces gráficas de usuario. Los registros son cubiertos en el capítulo 7. Capítulo 8 marca un punto de giro en el libro, dirigiéndose hacia las ideas fundamentales de programación para cubrir tópicos más avanzados de programación. El capítulo 8 es mayormente sobre la escritura de programas correctos y robustos, pero también tiene una sección de procesamiento paralelo y threads. El capítulo 9 y 10 cubren recursión y estructura de datos, incluyendo el Java Collection Framework. El capítulo 11 es sobre archivos y redes. Finalmente, el capítulo 12 vuelve al tópico de la programación de interfaces gráficas de usuario para cubrir las capacidades más avanzadas de Java.

* * *

La mayoría de los cambios fueron hechos para la quinta edición de este libro. Quizás el cambio más significativo es el uso de tipos parametrizados en el capítulo de programación genérica. Los tipos parametrizados — la versión Java de templates — fueron las más esperadas nuevas características de Java 5.0.

Otras nuevas características de Java 5.0 también son cubiertas. Los tipos enumerados son introducidos, aunque ellos no son cubiertos en su total complejidad. El bucle "para - cada" es cubierto y usado ampliamente. La salida formateada también es usada extensivamente, y la clase *Scanner* es cubierta (aunque no hasta el capítulo 11). Las importaciones estáticas son cubiertas resumidamente, como los métodos de aridad variable.

La clase no estándar *TextIO* que yo uso para la entrada de datos en la primera mitad del libro ha sido reescrita para soportar salidas de datos formateadas. Yo también le he agregado algunas capacidades de archivo I/O a esta clase para hacer posible cubrir algunos ejemplos que utilizan archivos al principio del libro.

Los comentarios Javadoc son cubiertos por primera vez en la quinta edición. Casi todos los códigos de ejemplo han sido revisados para usar el estilo de comentarios Javadoc.

La cobertura de la programación de interfaces gráficas de usuario ha sido reorganizada, mucho de esto ha sido reescrito y nuevo material ha sido agregado. En ediciones previas, yo enfatizo los applets. Las aplicaciones GUI independientes fueron cubiertas al final, casi como una idea final. En la quinta edición, el énfasis en los applets se acaba, y casi todos los ejemplos son presentados como aplicaciones autónomas. Aunque las versiones applets de cada ejemplo son aún presentadas en la versión en línea del libro. El capítulo de programación avanzada de GUI ha sido movido al final, y una cantidad significativa de nuevo material ha sido adicionado, incluyendo cobertura de algunas de las características de *Graphics2D*..

Aparte de los cambios en contenido, la apariencia del libro ha sido mejorada, especialmente la apariencia de la versión pdf. Por primera vez, la calidad de las versiones pdf alcanza la de los libros de texto convencionales.

La versión 5.1 de este libro es una actualización menor de la versión 5.0. Un número de errores tipográficos y de codificación en la versión 5.0 han sido corregidos. También la discusión del IDE Eclipse en la sección Section 2.6 ha sido actualizada para ser consistente con la versión más reciente de Eclipse.

* * *

La más reciente edición completa de *Introducción a la Programación usando Java* siempre está disponible en línea en http://math.hws.edu/javanotes/. La primera versión de este libro fue escrita en 1996, y ha habido muchas ediciones desde entonces. Todas las ediciones se pueden encontrar en las siguientes direcciones de internet:

- Primera Edición:http://math.hws.edu/eck/cs124/javanotes1/ (Abarca Java 1.0.)
- Segunda Edición:http://math.hws.edu/eck/cs124/javanotes2/ (Abarca Java 1.1.)
- Tercera Edición:http://math.hws.edu/eck/cs124/javanotes3/ (Abarca Java 1.1.)
- Cuarta Edición:http://math.hws.edu/eck/cs124/javanotes4/ (Abarca Java 1.4.)
- Quinta Edición:http://math.hws.edu/eck/cs124/javanotes5/ (Abarca Java 1.5.)

Introducción a la Programación usando Java, es libre, pero **no** de dominio público. Debido a que la versión 5.0, está publicado bajo los términos de la Creative Commons Atribution Share Alike 2.5 License. Para ver una copia de esta licencia visite la página web http://creativecommons.org/licenses/by-sa/2.5/ o envíe una carta a Creative Commons, 543 Howard Street, 5th Floor, San Francisco, California, 94105, EUA. Esta licencia le permite redistribución y modificación bajo ciertos términos. Por ejemplo, usted puede:

- Colocar una copia no modificada de la versión en línea en su propia página web (incluyendo las partes que listan el autor y el estado de la licencia bajo la cual es distribuido).

- Comercializar o vender copias impresas no modificadas de este libro, siempre y cuando ellas cumplan con los requerimientos de la licencia.

- Hacer copias modificadas del libro completo o partes de él y colocarlas en internet o distribuirlas de otras maneras, dando las atribuciones al autor, indicando claramente las modificaciones y las copias modificadas deben ser distribuidas bajo la misma licencia del original. Esto incluye traducciones a otros idiomas.

Aunque de hecho esto no es requerido por la licencia, yo apreciaría tener conocimiento de las personas que están usando o distribuyendo mi trabajo.

$$* * *$$

Una nota técnica de producción: las versiones en línea y pdf de este libro son creadas de una única fuente, la cual está escrita en XML. Para producir la versión pdf, el XML es procesado de una forma que puede ser usado por los programas TeX de tipografía. Adicional al archivo XML, la fuente incluye transformaciones DTDS y XSLT, archivos de código fuente Java, archivos de imágenes, un archivo macro TeX, y un par de scripts que son usados en el procesamiento. Yo no he colocado el material fuente disponible para descarga, porque no se encuentran en una forma suficientemente limpia para ser publicables, y debido a que requeriría una gran cantidad de experiencia para hacer algún uso de ellos. Aunque, ellos no son secretos, y yo tengo la disponibilidad para hacerlos disponibles a solicitud de los interesados.

$$* * *$$

Profesor David J. Eck
Departamento de Matemáticas y Ciencias de la Computación
Hobart and William Smith Colleges
Geneva, Nueva York 14456, USA
Email: eck@hws.edu
WWW: http://math.hws.edu/eck/

Capítulo 1

Visión General: El paisaje mental

Cuando usted comienza una jornada, es bueno tener un mapa mental del camino que va a recorrer. Lo mismo es cierto para una jornada intelectual, tal como lo es el aprender a escribir programas de computación. En este caso, usted necesitará saber lo básico de lo que las computadoras son y cómo ellas trabajan. Usted querrá tener alguna idea de lo que es un programa de computación y de cómo uno es creado. A partir del momento en el que esté escribiendo programas en el lenguaje de programación Java, usted querrá saber algo acerca del en particular y sobre el moderno ambiente computacional interconectado para el cual Java está diseñado.

Cuando usted lea este capítulo, no se preocupe si no puede entender todas las cosas en detalle. (De hecho, sería imposible para usted aprender todos los detalles de la breve exposición en este capítulo). Concéntrese en aprender suficiente de las ideas principales para orientarse usted mismo, como preparación para el resto del libro. La mayoría de lo que es cubierto en este capítulo será cubierto en mucho más detalle posteriormente en el libro.

1.1. El ciclo de búsqueda, lectura y ejecución: Lenguaje de máquina.

Una computadora es un sistema complejo que consiste de muchos componentes diferentes. Pero en el corazón – en el cerebro, si usted quiere – de la computadora es un único componente que de hecho hace el proceso computacional. Esta es la **Unidad Central de Procesamiento**, o CPU (Central Processing Unit). En una computadora de escritorio moderna, el CPU es un único "chip" en el orden de una pulgada cuadrada en tamaño. El trabajo del CPU es ejecutar el programa.

Un programa es simplemente una lista de instrucciones no ambiguas para ser seguidas mecánicamente por una computadora. Una computadora está construida para ejecutar instrucciones que son escritas en un tipo de lenguaje muy simple llamado *lenguaje de máquina*. Cada tipo de computadora tiene su propio lenguaje de máquina, y la computadora puede ejecutar directamente un programa sólo si el programa es expresado en ese lenguaje. (El CPU puede ejecutar programas escritos en otros lenguajes si estos son traducidos en su lenguaje de máquina).

Cuando el CPU ejecuta un programa, ese programa es guardado en la *memoria principal* de la computadora (también llamada la RAM o Memoria de Acceso Aleatorio). Adicionalmente el programa, la memoria también puede mantener datos que son usados o procesados por el programa. La memoria principal está constituida por una serie de *locaciones*. Estas locaciones están numeradas, y la secuencia de números de una locación se le llama *dirección*. Una dirección provee una vía para recoger una pieza particular de información de entre las millones guardadas en la memoria. Cuando el CPU necesita accesar a las instrucciones del programa o datos de una locación particular, envía la dirección de la información como una señal a la memoria; la memoria responde enviando de regreso el dato contenido en la locación especificada. El CPU también puede almacenar información en la memoria especificando la información a ser almacenada y la locación donde debe ser almacenada.

En el nivel del lenguaje de máquina, la operación del CPU es bastante sencillo (aunque es muy complicado en detalle). El CPU ejecuta un programa que es guardado como una secuencia de instrucciones de lenguaje de máquina en la memoria principal. El hace esto por medio de lecturas repetidas o *ciclo de lectura*, toma una instrucción desde la memoria y luego la ejecuta. Este proceso – recoger una instrucción, ejecutarla, recoger otra instrucción, ejecutarla y así sucesivamente – es llamado *ciclo de lectura y escritura*. Con una excepción, la cual será cubierta en la siguiente sección, esto es todo lo que el CPU hace.

Los detalles del ciclo de lectura escritura no son terriblemente importante, pero hay algunas cosas básicas que usted debería saber. La CPU contiene unos pocos *registros internos*, los cuales son unas pequeñas unidades de memoria capaces de mantener un único número o instrucción de lenguaje de máquina. El CPU usa uno de estos registros – *el contador de programa*, o PC – para registrar en qué posición se encuentra en el programa durante su ejecución. El PC mantiene la dirección de la próxima instrucción que el CPU debería ejecutar. Al inicio de cada ciclo de lectura y escritura, el CPU lee el PC para ver cuál es la instrucción que debería ser leída. Durante el curso del ciclo de lectura y escritura el número del PC es actualizado para indicar la instrucción que va a ser ejecutada en el próximo ciclo. (Usualmente, pero no siempre ésta es justamente la instrucción que secuencialmente sigue a la instrucción actual en el programa).

* * *

Una computadora ejecuta los programas de lenguaje de máquina mecánicamente – eso es sin entenderlas o pensar acerca de ellas – Simplemente debido a la forma en la que están colocados físicamente. Una computadora es una máquina construida de millones de pequeños interruptores llamados *transistores*, los cuales tienen la propiedad de poder ser cableados juntos de manera tal que la salida de un interruptor puede encender o apagar a otro. Como una computadora procesa, estos interruptores se encienden o apagan unos a otros de una forma determinada ambas de acuerdo a la forma en que son cableados y en la forma en la que el programa de la computadora es ejecutado.

Las instrucciones del lenguaje de máquina son expresadas como números binarios. Un número binario está constituido de dos posibles dígitos cero o uno. Por eso una instrucción de lenguaje de máquina es justo una secuencia de ceros y unos. Cada secuencia particular se refiere a una instrucción en particular. Los datos que la computadora manipula también están codificados en números binarios. Una computadora puede trabajar directamente con números binarios porque los interruptores pueden representar claramente esos números: encender el interruptor representa un uno; apagar el interruptor representa un cero. Las instrucciones del lenguaje de máquina son almacenadas en la memoria como patrones de interruptores encendidos y apagados. Cuando una instrucción de lenguaje de máquina es cargado en el CPU, todo lo que ocurre en esos interruptores es que son encendidos y apagados en el patrón que codifica la instrucción particular. El CPU está construido para responder a este patrón ejecutando la instrucción que codifica; esto lo hace simplemente debido a la forma en la que todos los interruptores están cableados en el CPU.

Por eso, usted debería entender mucho más acerca de cómo las computadoras trabajan: La memoria principal mantiene los programas en lenguaje de máquina y la data. Estos son codificados como números binarios. El CPU lee las instrucciones de lenguaje de máquina desde la memoria una después de la otra y las ejecuta. Esto lo hace mecánicamente, sin pensar o entender lo que hace – y por tanto el programa que ejecuta debe ser perfecto, completo en todos

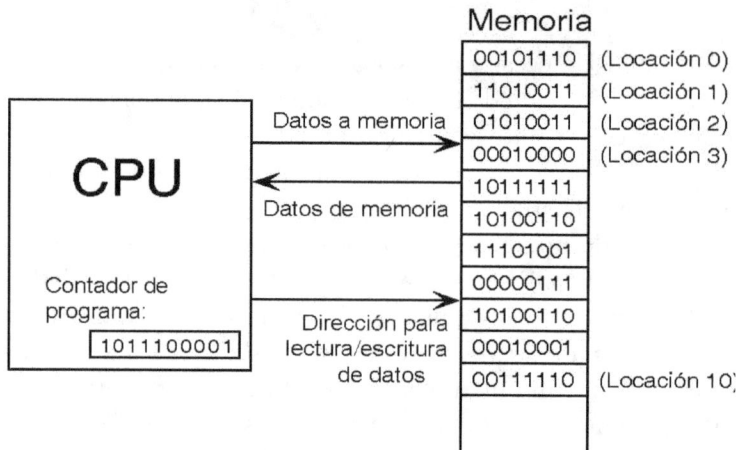

los detalles, y sin ambigüedades, debido a que el CPU no puede hacer otra cosa que ejecutarlo exactamente como está escrito. Aquí está una vista esquemática de esta comprensión de primer nivel de la computadora.

1.2. Eventos asincrónicos: Bucle de sondeo e interrupciones

El CPU pasa casi todo el tiempo leyendo instrucciones de la memoria y ejecutándolas. Aunque el CPU y la memoria principal son solo 2 de los muchos componentes en un sistema de computadora real. Un sistema completo contiene otros dispositivos tales como:

- Un disco dura para guardar programas y archivos de datos. (Note que la memoria principal mantiene solo una cantidad de información comparativamente pequeña, y la mantiene mientras la computadora está encendida. El disco duro es necesario para almacenamiento permanente de grandes cantidades de información, pero los programas tienen que ser cargados desde el disco duro a la memoria principal antes de poder ser ejecutados).

- Un teclado y un ratón como interfaz de entrada de datos del usuario.

- Un monitor y una impresora las cuales pueden ser usadas para mostrar la salida de datos de la computadora.

- Un modem que le permite a la computadora comunicarse con otras computadoras a través de líneas telefónicas.

- Una interfaz de red que le permite a la computadora comunicarse con otras computadoras que están conectadas con ella en una red. Un escáner que convierte imágenes en números de código binario que pueden ser almacenadas y manipuladas en la computadora.

La lista de dispositivos está completamente abierta, y los sistemas de computadoras están construidos de manera tal que pueden ser expandidos fácilmente adicionando nuevos dispositivos. El CPU solo puede hacer esto ejecutando instrucciones de lenguaje de máquina (lo cual es todo lo que puede hacer, punto). La forma en la que esto trabaja es que para cada dispositivo del sistema, hay un ***manejador de dispositivo***, el cual consiste de software que el CPU ejecuta cuando tiene que trabajar con el dispositivo. La instalación de un nuevo dispositivo en un sistema generalmente tiene dos pasos: Conectar el dispositivo físicamente a la computadora, e instalar el software manejador de dispositivo. Sin el manejador de dispositivo, el dispositivo físico sería inútil, toda vez que el CPU no sería capaz de comunicarse con él.

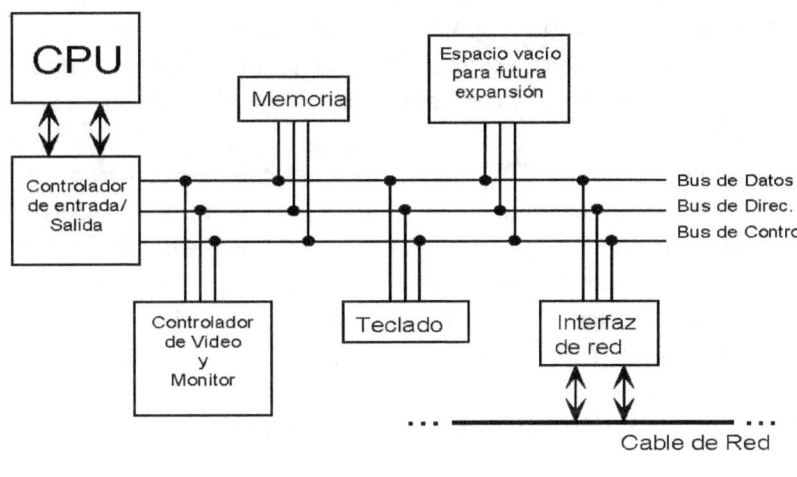

* * *

Un sistema de computadora que consiste de muchos dispositivos está típicamente organizado por medio de la conexión de esos dispositivos a uno o más **canales**. Un bus es un grupo de cables que maneja varias fuentes de información entre los dispositivos conectados a esos cables. Los cables manejan datos, direcciones y señales de control. La dirección señala que los datos van a un dispositivo particular y tal vez, a un registro particular o locación dentro de ese dispositivo. Las señales de control pueden ser usadas por ejemplo, por un dispositivo para alertar a otro que la data está disponible para él en el bus de datos. Un simple sistema de computadora podría estar organizado como este.

Ahora, los dispositivos tales como el teclado, el ratón y la interfaz de red pueden producir datos de entrada que necesitan ser procesados por el CPU. ¿Cómo sabe el CPU que los datos están allí? Una simple idea, la cual podría no ser muy satisfactoria, es mantener al CPU verificando la entrada de datos una y otra vez. Cuando sea que encuentre datos lo procese. Este método es llamado **bucle de sondeo**, debido a que el CPU sondea la entrada de los dispositivos continuamente para ver si ellos tienen algún dato de entrada para reportar. Desafortunadamente, aunque el sondeo es muy simple, también es muy ineficiente. El CPU puede malgastar una horrible cantidad de tiempo justo esperando por datos de entrada.

Para evitar esta ineficiencia, *las interrupciones* son usadas con frecuencia en vez del sondeo. Una interrupción es una señal enviada por otro dispositivo al CPU. El CPU responde a una señal de interrupción dejando de hacer cualquier cosa que esté haciendo con la finalidad de responder la interrupción. Una vez que ha atendido la interrupción, retorna a lo que estaba haciendo antes de que la interrupción ocurriera. Por ejemplo, cuando usted presiona una tecla en su teclado, una interrupción de teclado es enviada al CPU. El CPU responde a esta señal interrumpiendo lo que estaba haciendo, leyendo la tecla que usted presionó, procesándola, y entonces retornando a la actividad que estaba desempeñando antes de que usted presionara la tecla.

De nuevo usted debería comprender que esto es un proceso puramente mecánico. Un dispositivo señala una interrupción simplemente activando una señal en un cable. El CPU está construido de manera tal que cuando esa señal es activada en ese cable, el CPU almacena suficiente información acerca de lo que estaba haciendo de manera tal que pueda retornar al mismo estado posteriormente. Esta información consiste en el contenido de importantes registros internos tales como el contador de programa. Entonces el CPU salta a una locación de memoria predeterminada y comienza a ejecutar las instrucciones almacenadas allí. Esas instrucciones preparan a un manejador de interrupciones que hace el procesamiento necesario para responder a la interrupción. (Este manejador de interrupción es parte del software manejador del dispositivo para el dispositivo que señaló la interrupción). Al final del manejador de interrupción hay una instrucción que le dice al CPU que retorne a lo que estaba haciendo; él hace eso restaurando su estado previamente almacenado.

Las interrupciones le permiten al CPU tratar con *eventos asíncronos*. En el ciclo regular de lectura y escritura, las cosas ocurren en un orden predeterminado; todo lo que ocurre es "sincronizado" con todo lo demás. Las interrupciones hacen posible al CPU tratar eficientemente con eventos que ocurren "asincrónicamente", esto es en momentos impredecibles.

Como otro ejemplo de cómo las interrupciones son usadas, considere lo que ocurre cuando el CPU necesita accesar datos que están almacenados en el disco duro. El CPU puede accesar los datos directamente solo si están en la memoria principal. Los datos en el disco tienen que ser copiados en la memoria antes de que puedan ser accesados. Desafortunadamente, en la escala de velocidad en la cual el disco opera, la unidad de disco es extremadamente lenta. Cuando el CPU necesita datos del disco, le envía una señal a la unidad de disco indicándole que localice los datos y los prepare. (Esta señal es enviada sincrónicamente, bajo el control de un programa regular). Entonces, en vez de esperar el largo e impredecible cantidad de tiempo que la unidad de disco necesitará para hacer esto, el CPU continua con otra actividad. Cuando la unidad de disco tiene los datos listos, envía una señal de interrupción al CPU. El manejador de interrupciones puede entonces leer los datos solicitados.

$$* * *$$

Ahora, usted podría haber notado que todo esto tiene sentido si de hecho el CPU tiene muchas actividades que realizar. Si no tiene nada mejor que hacer, él podría pasar el tiempo sondeando entradas o esperando la culminación de las operaciones de la unidad de disco. Todas las computadoras modernas utilizan la *multitarea* para realizar múltiples actividades a la vez. Algunas computadoras pueden ser usadas por muchas personas a la vez. Debido a que el CPU es muy rápido, puede cambiar rápidamente su atención de un usuario a otro, dedicando una fracción de segundo a cada usuario a la vez. Esta aplicación de multitarea es llamada *tiempo compartido*. Pero una computadora personal moderna con un solo usuario también utiliza la multitarea. Por ejemplo, el usuario podría estar escribiendo un documento mientras un reloj está continuamente mostrando la hora y un archivo está siendo descargado de la red.

Cada una de las actividades individuales en la que el CPU está trabajando es llamada *hilo*. (O un *proceso*; hay diferencias técnicas entre los hilos y los procesos, pero ellos no son importantes acá). En cualquier momento dado, sólo un hilo puede ser ejecutado por un CPU. El CPU estará continuamente ejecutando el mismo hilo hasta que una de muchas cosas ocurran:

- El hilo podría *ceder* controlvoluntariamente , para darle a otro hilo la posibilidad de ser ejecutado.

- El hilo podría tener que esperar por la ocurrencia de algún evento asincrónico. Por ejemplo, el hilo podría pedir algún dato de la unidad de disco, o podría esperar porque el usuario presionara una tecla. Mientras espera se dice que el hilo está *bloqueado*, y otos hilos tienen la oportunidad de ser ejecutados. Cuando el evento ocurre, una interrupción "despertará" al hilo para que así pueda seguir siendo ejecutado.

- El hilo podría utilizar su porción de tiempo asignado y ser suspendido para permitirle a otros hilos ser ejecutados. No todas las computadoras pueden "forzadamente" suspender un hilo de esta forma; esas que pueden se dice que usan *multitarea preventiva*. Para hacer multitarea preventiva, una computadora necesita un dispositivo temporizador especial que genera una interrupción en intervalos reglares, tal como 100 veces por segundo. Cuando una interrupción temporal ocurre, el CPU tiene la oportunidad de cambiar de un hilo a otro, si el hilo que está siendo actualmente ejecutado le interesa o no.

Usuarios y programadores comunes no tienen necesidad de tratar con interrupciones y manejadores de interrupciones. Ellos se pueden concentrar en las diferentes actividades o hilos que ellos quieren que las computadoras ejecuten; los detalles de cómo la computadora se maneja para hacer todas estas actividades no son importantes para ellos. De hecho, la mayoría de los usuarios, y muchos programadores, pueden ignorar los hilos y la multitarea. Aunque los hilos se han vuelto considerablemente importantes a medida que las computadoras se han hecho más poderosas y a medida de que han comenzado a ser más uso de la multitarea. De hecho, los hilos forman parte del lenguaje de programación Java como un concepto fundamental de programación.

Tan importante en Java y en la programación moderna en general es el concepto básico de eventos asincrónicos. Mientras que los programadores de hecho no tratan con interrupciones, ellos se encuentran frecuentemente escribiendo ***manejadores de eventos***, los cuales, como los manejadores de interrupciones son llamados asincrónicamente cuando eventos específicos ocurren. Tal "programación manejadora de eventos" tiene un sentido muy diferente de la tradicional programación sincrónica. Nosotros comenzaremos con la forma de programación más tradicional, la cual es usada aún para la programación de actividades individuales, pero volveremos con los hilos y eventos posteriormente en el texto.

* * *

De esta manera, el software que hace todo el manejo de interrupciones y la comunicación con el usuario y con los dispositivos del hardware es llamado el ***sistema operativo***. El sistema operativo es el software básico y esencial sin el cual una computadora no sería capaz de funcionar. Otros programas, tales como procesadores de palabras y los navegadores de Internet, son dependientes del sistema operativo. Entre los sistemas operativos comunes están incluidos Linux, DOS, Windows 2000, Windows XP y el sistema operativo de Macintosch.

1.3. La Máquina Virtual de Java

El lenguaje de máquina consiste en instrucciones muy simples que pueden ser ejecutadas directamente por el CPU de una computadora. Sin embargo, casi todos los programas están escritos en ***lenguaje de programación de alto nivel*** tales como Java, Pascal o C++. Un programa escrito en un lenguaje de alto nivel no puede ser ejecutado directamente en ninguna computadora. Primero, tiene que ser traducido en lenguaje de máquina. Esta traducción puede ser hecha por un lenguaje llamado ***compilador***. Un compilador toma un programa de lenguaje de alto nivel y lo traduce en un programa ejecutable en lenguaje de máquina. Una vez que la traducción es hecha, el programa de lenguaje de máquina puede ser ejecutado cualquier número de veces, pero por supuesto solo puede ser ejecutado en un tipo de computadora (Debido a que cada tipo de computadora tiene su lenguaje de máquina individual). Si el programa tiene que ser ejecutado en otro tipo de computadora tiene que ser retraducido, usando un compilador diferente, en un lenguaje de máquina apropiado.

Hay una alternativa para compilar un programa en lenguaje de alto nivel. En vez de usar un compilador, el cual traduce el programa completo de una vez, usted puede utilizar un ***interpretador***, el cual lo traduce instrucción por instrucción, de acuerdo como sea necesario. Un interpretador es un programa que actúa muy parecido al CPU, con una clase de ciclo de

1.3. LA MÁQUINA VIRTUAL DE JAVA

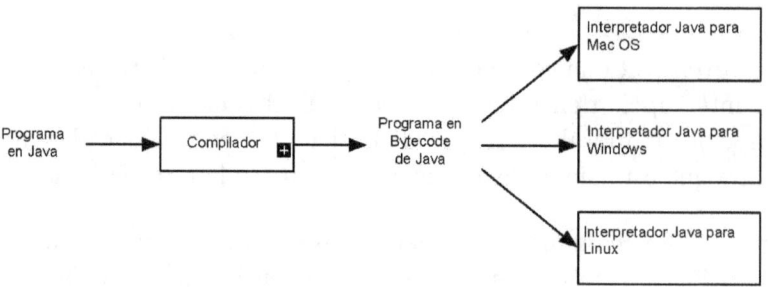

lectura y escritura. Con la finalidad de ejecutar un programa, el interpretador ejecuta un ciclo en el cual repetidamente lee instrucciones del programa, decide lo que necesita para ejecutar las instrucciones, y entonces ejecuta los comandos de lenguaje de máquinas apropiados para hacerlo.

Uno de los usos de los interpretadores es ejecutar programas de lenguaje de alto nivel. Por ejemplo, el lenguaje de programación Lisp es usualmente ejecutado por un interpretador en vez de un compilador. Sin embargo, los interpretadores tienen otro propósito: ellos pueden permitirle usar un programa escrito en lenguaje de máquina para un tipo de computadora, en otra totalmente diferente. Por ejemplo, hay un programa llamado "PC Virtual" que se ejecuta en las computadoras Macintosch. PC Virtual es un interpretador que ejecuta programas en lenguaje de máquina escritos para las computadores clones IBM-PC. Si usted ejecuta PC Virtual en su Macintosch, usted puede ejecutar cualquier programa de PC, incluyendo programas escritos para Windows. (Desafortunadamente, un programa de PC se ejecutará mucho más lentamente que como lo haría en un clon IBM. El problema es que PC Virtual ejecuta muchas instrucciones de lenguaje de máquina Macintosch por cada instrucción de lenguaje de máquina de cada PC en el programa que está siendo interpretado. Los programas compiladores son mucho más rápidos que los programas interpretadores).

* * *

Los diseñadores de Java eligieron usar compilación e interpretación. Los programas escritos con Java son compilados en lenguaje de máquina, pero es un lenguaje de máquina para una computadora que realmente no existe. Esta así llamada computadora "virtual" es conocida como la *máquina virtual de Java*. El lenguaje de máquina para la máquina virtual de Java es llamado *Java byte-code*. No hay razón para que el byte-code de Java no pueda ser usado como el lenguaje de máquina de una computadora real, en vez de una computadora virtual.

Aunque, uno de los puntos fuertes de Java es que de hecho puede ser usada en *cualquier* computadora. Todo lo que la computadora necesita es un interpretador para el Java byte-code. Tal interpretador simula a la máquina virtual de Java de la misma manera que virtual PC simula a un clon PC.

Por supuesto, un interpretador de byte-code de Java diferente es necesario para cada tipo de computadora, pero una vez que una computadora tiene un interpretador de byte-code de Java, puede ejecutar cualquier programa de byte-code. Y el mismo programa de byte-code puede ser ejecutado en cualquier computadora que tenga el mismo interpretador. Esta es una de las características esenciales de Java: el mismo programa compilado puede ser ejecutado en muchos tipos diferentes de computadoras.

¿Por qué, usted podría preguntarse, usar el Java byte-code intermediario?, ¿por qué no simplemente distribuir el programa original de Java y dejar que cada persona lo compile en el lenguaje de máquina en cualquiera que sea la computadora en la que ellos quieran ejecutarlo? Hay muchas razones. Primero que todo, un compilador tiene que entender Java, un lenguaje de alto nivel complejo. El compilador en sí mismo es un programa complejo. Un interpretador de byte-code de Java, por otro lado, es un programa sencillo y pequeño. Esto hace fácil escribir un interpretador de byte-code para un nuevo tipo de computadora; una vez que es hecho, esa computadora puede ejecutar cualquier programa compilado en Java. Sería más difícil escribir un compilador de Java para la misma computadora.

Adicionalmente, muchos programas Java son recursos para ser descargados de una red. Esto conduce a asuntos obvios de seguridad: usted no quiere descargar y ejecutar un programa que dañará su computadora o sus archivos. El interpretador de byte-code actúa como un búfer entre usted y el programa que usted descarga. Usted está realmente ejecutando el interpretador, el cual ejecuta el programa descargado indirectamente. El interpretador puede protegerlo de acciones potencialmente peligrosas del lado de ese programa.

Debo destacar que no hay necesariamente conexión entre Java y el byte-code de Java. Un programa escrito en Java podría ciertamente ser compilado en un lenguaje de máquina de una computadora real. Y programas escritos en otros lenguajes podrían ser compilados en byte-code de Java. Aunque es la combinación de Java y byte-code de Java lo que es de plataforma independiente, seguro, y compatible en red mientras le permite programar en un lenguaje moderno de alto nivel orientado a objeto.

$$* * *$$

Debería resaltar que la parte realmente fuerte de la independencia de plataformas es proporcionar una "Interfaz Grafica de Usuario" – con ventanas, botones, etc. – que trabajaran sobre todas las plataformas que soporta Java. Usted verá más sobre este problema en la sección 1.6.

1.4. Bloques de Construcción Fundamentales de los Programas

Hay dos aspectos básicos de programación: datos e instrucciones. Para trabajar con datos, usted necesita comprender **variables** y **tipos**; para trabajar con instrucciones usted necesita comprender **estructuras de control** y **subrutinas**. Usted pasara gran parte del curso familiarizándose con estos conceptos.

Una **variable** es solo una locación de memoria (o diferentes locaciones tratadas como una unidad) que le ha sido dado un nombre para que pueda ser fácilmente referida y usada en un programa. El programador solo tiene que preocuparse por el nombre; es responsabilidad del compilador mantener la ruta de la locación de memoria. El programador necesita mantener en mente que el nombre se refiere a una clase de "caja" en la memoria que puede mantener el dato, el programador no tiene porque saber donde esta ubicada esa caja en la memoria.

En Java y muchos otros lenguajes, una variable tiene un **tipo** que indica que clase de dato puede mantener. Un tipo de variable podría mantener enteros – todos los números 3, -7 y 0 – mientras otros mantienen números de punto flotantes – números con puntos decimal tales como 3,14, -2,7, o 17,0. (Sí, el computador hace una distinción entre el 17 entero y el número 17,0 de punto flotante; ellos de hecho se ven bastante diferentes dentro de la computadora). También podría haber tipos para caracteres individuales ('A', ';', etc.), cadenas de caracteres ("Hola", "Una cadena puede incluir muchos caracteres", etc.), y tipos menos comunes como fechas, colores, sonidos, o algún otro tipo de dato que un programa podría necesitar almacenar.

La programación de lenguajes siempre tiene comandos para obtener datos de entrada y salidas de variables y para cálculos con datos. Por ejemplo, la siguiente "assignment statement," el cual podría aparecer en un programa de Java, le dice a la computadora que tome el numero almacenado en la variable llamada "principal", multiplique ese numero por 0,07, y luego almacene el resultado en la variable llamada "interés":

1.4. BLOQUES DE CONSTRUCCIÓN FUNDAMENTALES DE LOS PROGRAMAS

interés = principal * 0,07;

hay también "comandos de entrada" para obtener datos del usuario o de archivos almacenado en la unidad de disco de la computadora y "comandos de salidas" para enviar datos en la otra dirección estos comandos básicos – para mover datos de un lugar a otro y para ejecutar cálculos – son los bloques de construcción para todos los programas. Estos bloques de construcción son combinados dentro de programas complejos usando estructuras de control y subrutinas.

* * *

Un programa es una secuencia de instrucciones. En el ordinario "flujo de control", la computadora ejecuta las instrucciones en la secuencia en la que ellas aparecen, una después de la otra. Sin embargo, esto es obviamente muy limitado: la computadora debería ejecutar rápidamente las instrucciones. Las *estructuras de control* son instrucciones especiales que pueden cambiar el flujo de control. Hay dos tipos basicos de estructuras de control: **lazos**, los cuales permiten que una secuencia de instrucciones sean repetidas una y otra vez, y **bifurcaciones**, los cuales permiten que el computador decida entre dos o mas cursos de accion diferentes probando condiciones que ocurren en el programa que se esta ejecutando.

Por ejemplo, esto podría ser que si el valor de la variable "principal" es mayor que 10000 entonces el "interés" debería ser calculado multiplicando a principal por 0,05; si no entonces el interés debería ser calculado multiplicando a principal por 0,04. un programa necesita alguna forma de expresar este tipo de decision. En Java, podria ser expresado la siguiente "declaración sí":

```
sí   (principal > 10000)
        interes = principal * 0,05;
si no
        interes = principal * 0,04;
```

(por ahora no se preocupe acerca de los detalles. Solo recuerde que la computadora puede probar una condición y decidir que hacer después con base a esa prueba). Los lazos son usados cuando la misma tarea tiene que ser ejecutada de una vez. Por ejemplo, si usted quiere imprimir una etiqueta de correo por cada nombre en una lista de correo, usted podría decir, "obtener el primer nombre y dirección e imprimir la etiqueta; obtener el segundo nombre y la dirección e imprimir la etiqueta; obtener el tercer nombre y la dirección e imprimir la etiqueta" - pero esto rápidamente llega a ser ridículo – y podría no trabajar del todo si usted no conoce previamente cuantos nombres hay. Lo que debería decir es algo como "mientras halla mas nombres que procesar, obtenga el siguiente nombre y dirección, e imprima la etiqueta". Un lazo puede ser usado en un programa para expresar tal repetición.

* * *

Los programas grandes son tan complejos que seria casi imposible escribirlos si no hubiese alguna forma de romperlos en "partes" manejables. Las subrutinas proporcionan una forma para hacer esto. Una **subrutina** consiste de las instrucciones para ejecutar alguna tarea, agrupadas juntas como una unidad y bajo un nombre. Ese nombre puede ser usado luego como un sustituto del conjunto completo de instrucciones. Por ejemplo, suponga que una de las tareas que su programa necesita ejecutar es dibujar una casa en la pantalla. Usted puede tomar las instrucciones necesarias colocarlas enana subrutina, y darle a esa subrutina algún nombre apropiado – es decir "dibujarCasa()". Luego en cualquier lugar en su programa donde usted necesite dibujar una casa, usted puede hacerlo con el simple comando:
dibujarCasa();

Esto tendrá el mismo efecto que repetir todas las instrucciones de dibujar casa en cada lugar. La ventaja aquí no es solo que usted se ahorra la escritura. La organización de su programa de su programa en subrutinas también le ayuda a organizar su pensamiento y su esfuerzo en el diseño del programa. Mientras escribe la subrutina dibujar casa, usted puede concentrase en el problema de dibujar una casa sin preocuparse por el momento del resto del programa. Y una vez que la subrutina es escrita, usted puede olvidar los detalles de dibujar casas – ese problema esta resulto, desde que usted tiene una subrutina que lo hace por usted. Una subrutina llega a ser justo como parte preconstruida del lenguaje que usted puede usar sin pensar acerca de los detalles de que hay "dentro" de la subrutina.

* * *

Las variables, tipos, lazos, bifurcaciones y subrutinas son las bases de lo que podría ser llamado "programación tradicional". Sin embargo, mientras mas grandes llegan a ser los programas, estructura adicional es requerida para ayudar a tratar con su complejidad. Una de las herramientas más efectivas que ha sido encontrada es la programación orientada a objeto, la cual es discutida en la próxima sección.

1.5. Objetos y Programación Orientada a Objeto

Los programas deben ser diseñados. Nadie se puede sentar en la computadora y componer un programa de cualquier complejidad. La disciplina llamada *ingeniería de software* es concerniente a la construcción de programas bien escritos y correctos. El ingeniero de software usa métodos probados y aceptados para analizar el problema a ser resuelto y para diseñar un programa que resuelva el problema.

Durante los años 70 y 80 la principal metodología de ingeniería de software fue la *programación estructurada*. La propuesta de programación estructurada para diseñar programas estaba basada en la siguiente recomendación: resolver un gran problema, dividir el problema en muchas partes y trabajar en cada parte separadamente; para resolver cada parte se le trata como un nuevo problema el cual puede ser dividido en problemas más pequeños; eventualmente, usted trabajará para reducirlo a problemas que pueden ser resueltos directamente, sin más descomposición. Esta propuesta es llamada *programación "top down"*.

No hay nada malo con la programación top down. Es un enfoque valioso y frecuentemente usado en la solución de problemas. Aunque, es incompleto. Para una cosa trata casi completamente con la producción de *instrucciones* necesarias para solucionar un problema. Pero con el transcurrir del tiempo, la gente se dio cuenta que el diseño de la *estructura de datos* para un programa era tan poco importante como el diseño de subrutinas y estructuras de control. La programación top down no da adecuada consideraciones a los datos que el programa manipula.

Otro problema con la programación estructurada es que hace difícil la reutilización del trabajo hecho para otros proyectos. Iniciando con un problema particular y subdividiéndolo en partes convenientes, la programación top down produce un diseño que es único para ese problema. Es improbable que usted pueda tomar una gran parte de la programación de otro programa y ajustarlo en su proyecto, al menos no sin grandes modificaciones. Producir programas de alta calidad es difícil y costoso, y por tanto los programadores y la gente que los emplea les molesta reusar trabajos pasados.

* * *

Por eso, en la práctica, el diseño top down es con frecuencia combinado con el *diseño botton up*. En el diseño botton up, la propuesta es iniciar "abajo", con problemas que ya usted sabe

1.5. OBJETOS Y PROGRAMACIÓN ORIENTADA A OBJETO

como resolver (y para los cuales usted ya podría tener un componente de software reusable a la mano). Desde allí, usted puede trabajar hacia arriba hacia una solución para todo el problema.

Los componentes reutilizables deberían ser tan "modulares" como sea posible. Un **módulo** es un componente de un sistema más grande que interactúa con el resto del sistema en una forma simple y bien definida. La idea es que un módulo puede ser "conectado a" un sistema. Los detalles de lo que está dentro del sistema no son importantes para el sistema como un todo, mientras que el módulo cumpla con el rol asignado correctamente. Esto es llamado **información oculta**, y es uno de los principios más importantes de la ingeniería de software.

Un formato común para los módulos de software es para contener algún dato, junto con algunas subrutinas para manipular esos datos. Por ejemplo, un módulo de lista de correos podría contener una lista de los nombres y direcciones junto con una subrutina para adicionar un nuevo nombre, una subrutina para imprimir etiquetas de correo y así sucesivamente. En tales módulos, los datos mismos están siempre ocultos dentro del módulo; un programa que usa el módulo puede entonces manipular los datos indirectamente, llamando a las subrutinas proporcionado por el módulo. Esto protege los datos, debido a que solo pueden ser manipulados de maneras bien definidas y conocidas. Y hace más fácil para los programas usar el módulo, porque no tiene que preocuparse acerca de los detalles de cómo los datos son representados. La información acerca de la representación de los datos está oculta.

Los módulos que podían soportar esta clase información oculta se hicieron común en los lenguajes de programación a principio de los años 80. Desde entonces, una forma más avanzada de la misma idea ha sido más o menos tomada en la ingeniería de software. El enfoque más reciente es la llamada **programación orientada a objeto**, frecuentemente abreviada como OOP.

El concepto central de la programación orientada a objeto es el **objeto**, el cual es una clase de módulo que contiene datos y subrutinas. El punto de vista en OOP es que el objeto es una clase de entidad autosuficiente que tiene un **estado** interno (los datos que contiene) y que puede responder a **mensajes** (llamados a sus subrutinas). Un objeto de lista de correos, por ejemplo, tiene un estado que consiste de una lista de nombres y direcciones. Si usted envía un mensaje diciéndole que adicione un nombre, el responderá modificando su estado para reflejar el cambio. Si usted le envía un mensaje diciéndole que se imprima a sí mismo, el responderá imprimiendo su lista de nombres y direcciones.

La propuesta OOP para la ingeniería de software es iniciar identificando los objetos que forman parte de un problema y los mensajes a los que estos objetos deberían responder. El programa que resulte es una colección de objetos, cada uno con sus propios datos y sus propias responsabilidades. Los objetos interactúan enviándose mensajes unos a otros. No hay mucho de top down en tales programas y la gente acostumbrada a los programas más tradicionales puede pasar un mal rato aprendiendo a usar OOP. Aunque, la gente que usa OOP pudiera decir que la programación orientada a objeto tiende a hacer mejores modelos de la forma como el mundo trabaja en sí mismo, y de que ellos son más fáciles de escribir, fáciles de entender y probablemente ser más correctos.

* * *

Usted debería pensar acerca de los objetos como "el saber" cómo responder a ciertos mensajes. Objetos diferentes podrían responder al mismo mensaje de forma diferente. Por ejemplo, un mensaje "imprimir" produciría un resultado muy diferente, dependiendo del objeto al que se ha enviado. Esta propiedad de los objetos – que diferentes objetos pueden responder al mismo mensaje de diferentes maneras – es llamada **polimorfismo**.

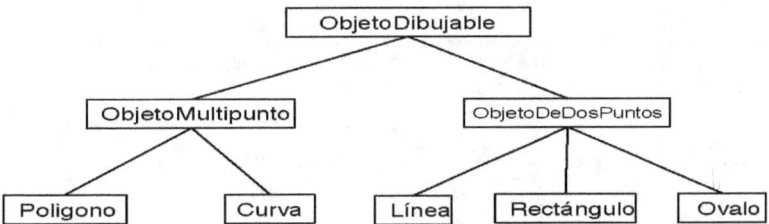

Es común para los objetos soportar una clase de "parecido familiar" entre uno y otro. Los objetos que contienen el mismo tipo de datos y que responden al mismo mensaje de la misma manera pertenecen a la misma **clase**. (En la programación actual, la clase es primaria; eso es, una clase es creada y entonces uno o más objetos son creados usando esa clase como plantilla). Pero los objetos pueden ser similares sin estar exactamente la misma clase.

Por ejemplo, considere un programa de dibujo que le permite al usuario dibujar líneas, rectángulos, óvalos, polígonos, y curvas en la pantalla. En el programa, cada objeto visible en la pantalla podría ser representado por un objeto de software en el programa. Habría 5 clases de objetos en el programa, uno por cada tipo de objeto visible que puede ser dibujado. Todas las líneas pertenecerían a una clase, todos los rectángulos a otra clase, y así sucesivamente. Estas clases están obviamente relacionadas; todas ellas representan "objetos dibujables". Ellos deberían, por ejemplo, todos presumiblemente ser capaces de responder a un mensaje "dibújate tu mismo". Otro nivel de agrupamiento, basado en los datos necesarios para dibujar cada tipo de objeto, es menos obvio, pero sería muy útil en un programa: nosotros podemos agrupar polígonos y curvas juntos como " objetos multipuntos", mientras las líneas, los rectángulos, y los óvalos son "objetos de dos puntos". (Una línea es determinada por sus puntos extremos, un rectángulo por dos de sus dos esquinas, y un óvalo por dos esquinas del rectángulo que lo contiene). Podemos diagramar estas relaciones de la siguiente forma:

ObjetoDibujable, ObjetoMultipunto, y ObjetosDeDosPuntos serían las clases en el programa. ObjetoMultipunto y ObjetoDeDosPuntos serían **subclases** de ObjetoDibujable. La clase línea sería una subclase de ObjetoDeDosPuntos e (indirectamente) de ObjetoDibujable. Una subclase de una clase se dice que **hereda** las propiedades de esa clase. La subclase puede adicionar su herencia y puede aún "desconocer" parte de esa herencia (por definición una respuesta diferente a algún método). Sin embargo, líneas, rectángulos, y así sucesivamente **son** objetos dibujables y la clase ObjetoDibujable expresa su interrelación.

La herencia es un medio poderoso para organizar un programa. También está relacionado con el problema de reutilización de componentes de software. Una clase es el máximo componente reusable. No sólo puede ser reusado directamente si se ajusta exactamente a un programa que usted está tratando de escribir, pero si casi se ajusta, usted aún lo puede reusar definiendo una subclase y haciendo solo los pequeños cambios necesarios para adaptarlo exactamente a sus necesidades.

Por eso OOP significa ser ambas cosas una herramienta superior para el desarrollo del programa y una solución parcial al problema de reutilización de software. Objetos, clases, y programación orientada a objeto serán temas importantes a lo largo del resto de este libro.

1.6. La Interfaz de Usuario Moderna

Cuando las computadoras fueron introducidas por primera vez, la gente común – incluyendo la mayoría de los programadores – no podían acercárseles. Estaban cerradas en cuartos

1.6. LA INTERFAZ DE USUARIO MODERNA

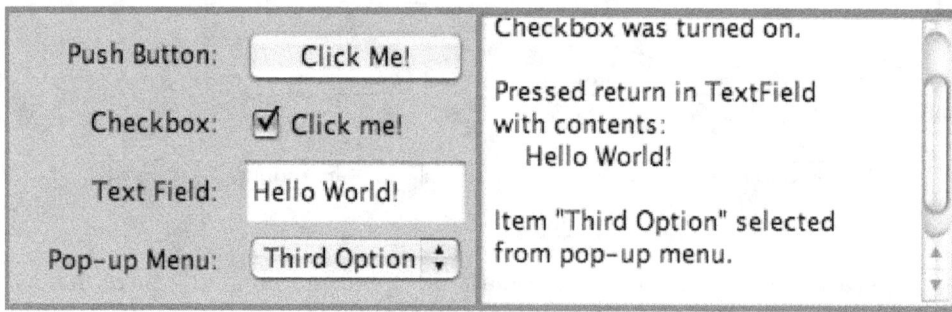

con personal vestidos de blanco quienes tomaban sus programas y datos, los cargaban a las computadoras y devolvían las respuestas a las computadoras un tiempo más tarde. Cuando el tiempo compartido – donde la computadora intercambia su atención de una persona a otra – fue inventado en los años 60, se hizo posible para mucha gente interactuar directamente con la computadora al mismo tiempo. En un sistema de tiempo compartido, el usuario se sienta en el "terminal" donde escribe comandos a la computadora, y la computadora escribe su respuesta. Las primeras computadoras personales también usaban comandos y respuestas escritas, excepto que solo había una persona inactuando a la vez. Este tipo de interacción entre un usuario y una computadora es llamada una *interfaz de línea de comando*.

Hoy en día, por supuesto, la mayoría de la gente interactua con las computadoras en una forma completamente distinta. Ellos usan una **Interfaz Gráfica de Usuario**, o GUI. La computadora dibuja **componentes** de la interfaz en la pantalla. Los componentes incluyen cosas como ventanas, barras de desplazamiento, menues, botones e íconos. Usualmente, **un ratón** es usado para manipular tales componentes. Asumiendo que usted no ha sido teletransportado de los años 70, no hay duda que usted ya está familiarizado con lo básico de las interfaces gráficas de usuario!

Muchos de los componentes de las interfaces GUI se han hecho altamente normalizados. Eso es, tienen apariencia y comportamiento similar en muchas diferentes plataformas de computadora incluyendo, Macintosh, Windows y Linux. Los programas de Java, los cuales se suponen se ejecutan en muchas plataformas diferentes sin modificaciones de los programas, pueden usar todos los componentes GUI normalizados. Ellos podrían variar un poco de apariencias de plataforma en plataforma, pero su funcionalidad debería ser idéntica en cualquier computadora en la cual el programa se ejecute.

Abajo es mostrada una imagen de un programa de Java muy simple – de hecho un *"applet"*, lo cual quiere decir que aparece en una página web – que muestra algunos componentes normalizados de la interfaz GUI. Hay 4 componentes con los que el usuario puede interactuar. Un botón, una caja de chequeo, un campo de texto y un menú emergente. Estos componentes están etiquetados. Hay otros pocos componentes en el applet. Las etiquetas en sí misma son componentes (aunque usted no pueda interactuar con ellas). La mitad derecha del applet es un componente de área de texto, el cual puede mostrar múltiples líneas de texto, y un componente de barra de desplazamiento aparece a lo largo del área de texto cuando el número de líneas de texto se hace más grande de lo que cabe en el área de texto. Y de hecho, en terminología de Java, todo el applet en sí mismo se considera un "componente".

Ahora, Java de hecho tiene dos grupos completos de componentes GUI. Uno de esos, el AWT o el conjunto de *Herramientas para Ventanas Abstractas*, estuvo disponible en la versión original de Java. La otra que es conocida como **Swing**, está incluida en la versión de Java 1.2 y posteriores, y es usada preferiblemente con respecto a la AWT en los programas Java

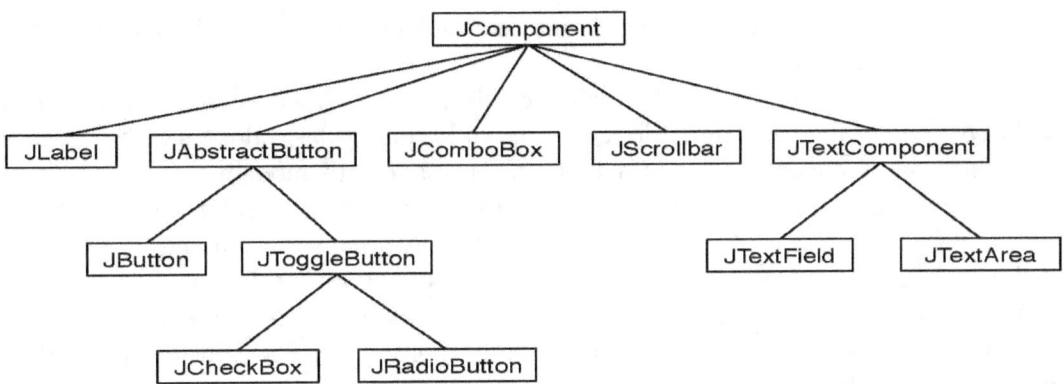

más modernos. El applet que es mostrado arriba usa componentes que son parte de swing. Si su navegador web usa una versión vieja de Java, usted podría obtener un error cuando el navegador trata de cargar un applet. Recuerde que la mayoría de los applets en este libro de texto requiere Java 5.0 (o superior).

Cuando un usuario interactúa con los componentes GUI en este applet, un "evento" es generado. Por ejemplo, cliquear un botón pulsador genera un evento, y escribir en un campo de texto genera un evento. Cada vez que un evento es generado, un mensaje es enviado al applet diciéndole que un evento ha ocurrido, y el applet responde según su programa. De hecho, el programa consiste principalmente de "manejadores de evento" que le dicen al applet cómo responder a varios tipos de eventos. En este ejemplo, el applet ha sido programado para responder a cada evento mostrando un mensaje en el área de texto. El uso del término mensaje aquí es deliberado. Los mensajes, así como usted vio en la sección previa son enviados a objetos. De hecho los componentes del GUI de Java son implementados como objetos. Java incluye muchas clases predefinidas que representan varios tipos de componentes GUI. Algunas de estas clases son subclases de otras. Aquí hay un diagrama mostrando algunas clases del GUI swing y sus relaciones.

No se preocupe acerca de los detalles por ahora, pero trate de lograr alguna percepción de cómo la programación orientada a objeto y la herencia son usadas acá. Note que todas las clases GUI son subclases, directa o indirectamente, de una clase llamada *JComponent*, la cual representa las propiedades generales que son compartidas por todos los componentes de Swing. Dos de las subclases directas de la *JComponent* en sí mismas tienen subclases. La clase *JTextArea* y *JTextField*, las cuales tienen ciertas conductas en común están agrupadas juntas como subclases de *JTextComponent*. Similarmente *JButton* y *JToggleButton* son subclases de JAbstractButton, la cual representa propiedades en común para ambos botones y cajas de chequeo. (*JComboBox*, de la misma manera en la clase Swing que representa los menues emergentes).

Justo de esta breve discusión, quizás usted puede ver como la programación de GUI puede hacer uso efectivo del diseño orientado a objeto. De hecho las GUIs con sus "objetos visibles", son probablemente uno de los factores que más contribuyeron a la popularidad de la OOP.

Programar con componentes GUI y eventos es uno de los aspectos más interesantes de Java. Aunque, pasaremos muchos capítulos en lo básico antes de volver a este tópico en el capítulo 6.

1.7. La Internet y el World Wide Web

Las computadoras se pueden interconectar en **redes**. Una computadora en una red se puede comunicar con otras computadoras en la misma red intercambiando datos y archivos o enviando

1.7. LA INTERNET Y EL WORLD WIDE WEB

y recibiendo mensajes. Las computadoras en una red también pueden trabajar en conjunto para realizar grandes procesamientos de datos.

Hoy día, millones de computadoras alrededor del mundo están conectadas en una gran red llamada la **Internet**. Nuevas computadoras están siendo conectadas todos los días a la Internet. Las computadoras se pueden conectar a la Internet usando un modem para establecer una conexión a través de líneas telefónicas. Las **conexiones de banda ancha** a la Internet, tales como DSL y los modems de cable, se están haciendo incrementalmente comunes. Ellas permiten transmisiones de datos más rápidas de lo que es posible con modem telefónico.

Hay **protocolos** elaborados para la comunicación en la Internet. Un protocolo es simplemente una especificación detallada de cómo la comunicación es procesada. Para que dos computadoras se comuniquen del todo, ambas deben utilizar el mismo protocolo. Los protocolos más básicos de la Internet son el **Protocolo de Internet (IP)**, el cual especifica cómo los datos deben ser físicamente transmitidos de una computadora a otra, y el **Protocolo para Control de Transmisión (TCP)**, el cual asegura que los datos transmitidos utilizando IP son recibidos íntegramente y sin errores. Estos dos protocolos, los cuales son referidos colectivamente como TCP/IP, proveen una fundamentación para la comunicación. Otros protocolos usan TCP/IP para enviar tipos específicos de información tales como páginas web, correos electrónicos, y archivos de datos.

Toda la comunicación en la Internet es en forma de **paquetes**. Un paquete consiste en algún dato siendo transmitido de una computadora a otra, en conjunto con la información de la dirección que indica donde se supone que los datos van en la Internet. Piense que un paquete es una especie de envoltura con una dirección afuera y un mensaje dentro. (El mensaje son los datos). El paquete también incluye una "dirección de remitente", que es, la dirección del que envía. Un paquete puede tener una limitada cantidad de datos; mensajes más largos deben ser divididos en múltiples paquetes, los cuales son enviados individualmente a través de la red y reensamblados en su destino.

Cada computadora en la Internet tiene una **dirección IP**, un número que la identifica únicamente entre todas las computadoras en la red. La dirección IP es usada para direccionar los paquetes. Una computadora solo puede enviar datos a otra computadora en la Internet si sabe la dirección IP de la otra computadora. Desde que las personas prefieren utilizar nombres en vez de números, las mayorías de las computadoras también son identificadas por sus nombres, llamados **nombres de dominios**. Por ejemplo, la computadora principal del departamento de matemáticas en el Hobart and William Smith Colleges tiene el nombre de dominio math.hws.edu. (Los nombres de dominio son solo por conveniencia; su computadora aún necesita saber direcciones IP antes de poder comunicarse. Hay computadoras en la Internet cuyo trabajo es traducir los nombres de los dominios a direcciones IP. Cuando usted usa un nombre de dominio, su computadora envía un mensaje a un servidor de nombres de dominios para encontrar la correspondiente dirección IP. Entonces, su computadora usa las direcciones IP, en vez del nombre de dominio, para comunicarse con la otra computadora).

La Internet provee un número de servicios a las computadoras conectadas a ella (y, por supuesto, a los usuarios de esas computadoras). Esos servicios usan TCP/IP para enviar varios tipos de datos a la Internet. Entre los servicios más populares están los mensajes instantáneos, compartir archivos, correo electrónico, y el World Wide Web. Cada servicio tiene su propio protocolo, los cuales son usados para controlar la transmisión de datos en la red. Cada servicio también tiene cierto tipo de interfaz de usuario, la cual le permite al usuario ver, enviar y recibir datos a través del servicio.

Por ejemplo, el servicio de email utiliza el protocolo conocido como **SMTP** (Protocolo de Transferencia de Correo Simple) para transferir mensajes de correo electrónico de un computador a otro. Otros protocolos tales como el POP y el IMAP, son usados para leer mensajes desde una cuenta de correo electrónico de manera tal que el receptor los pueda leer. Una persona que use correo electrónico, sin embargo, no necesita entender o aún saber sobre estos protocolos. En vez de eso, ellos son usados detrás de la escena por los programas que las personas usan para enviar y recibir correos electrónicos. Estos programas proveen una interfaz de usuario fácil de usar para el protocolo de red subyacente.

El World Wide Web es quizás lo más excitante de los servicios de red. El World Wide Web le permite solicitar **páginas** de información que están almacenadas en las computadoras por toda la Internet. Una página web puede contener **enlaces** a otras páginas en la misma computadora desde la cual fue obtenida o a otra computadora en cualquier parte del mundo. Una computadora que almacena tales páginas de información se le llama **servidor web**. La interfaz de usuario a la web es el tipo de programa conocido como un **navegador web**. Los navegadores web comunes incluyen al Internet Explorer y a Firefox. Usted usa un navegador web para solicitar una página de información. El navegador enviará una solicitud por esa página a la computadora en la cual la página está almacenada, y cuando se recibe una respuesta de esa computadora, el navegador web se la muestra en forma clara. Un navegador web es justo una interfaz de usuario para la web. Detrás de la escena el navegador web usa un protocolo llamado **HTTP** (Protocolo para la Transferencia de Hipertexto) para enviar cada solicitud de página y para recibir la respuesta de un servidor web.

* * *

Ahora, lo que usted debe estar pensando, es ¿todo esto tiene que ver con Java? De hecho, Java está íntimamente relacionado con la Internet y el World Wide Web. Como usted ha visto en las secciones previas, programas especiales de Java llamados applets están hecho para ser transmitidos por Internet y mostrados en páginas web. Un servidor web transmite un applet de Java justo como transmitiría cualquier otro tipo de información. Un navegador web que entienda Java – eso es, que incluya un interpretador para la máquina virtual de Java – puede entonces ejecutar el applet en la página web. Debido a que los applets son programas, ellos pueden hacer casi cualquier cosa, incluyendo interacciones complejas con el usuario. Con Java, una página web llega a ser más que una pasiva muestra de información. Llega a ser cualquier cosa que un programador pueda imaginar e implementar.

Pero los applets son solo un aspecto de la relación de Java con la Internet, y no la mayor. De hecho, como ambas Java e Internet han madurado los applets se han hecho menos importantes. Al mismo tiempo, sin embargo Java ha sido incrementalmente usado para escribir aplicaciones complejas e independientes que no dependen de un navegador web. Muchos de estos programas están relacionados a las redes. Por ejemplo, muchos de los sitios web más grandes y complejos usan software de servidores web que están escritos en Java. Java incluye excelente soportes para protocolos de redes y su independencia de plataforma le hace posible escribir programas de redes que trabajan en muchos tipos de computadoras diferentes.

Su asociación con la Internet no es la única ventaja de Java. Pero muchos buenos lenguajes de programación han sido inventados solamente para ser olvidados pronto. Java ha tenido la buena suerte de transitar en la cola de la inmensa e incremental popularidad de la Internet.

Prueba del Capítulo 1

1. Uno de los componentes de la computadora es su CPU. ¿Qué es un CPU y qué rol juega en la computadora?

2. Explique qué quiere decir un "evento asincrónico". De algunos ejemplos.

3. ¿Cuál es la diferencia entre un "compilador" y un "interpretador".

4. Explique la diferencia entre lenguaje de alto nivel y lenguaje de máquina.

5. Si usted tiene un código fuente para un programa Java, y quiere ejecutar ese programa, usted necesitará ambos un compilador y un interpretador. ¿Qué hace el compilador Java?, y ¿qué hace el interpretador Java?

6. ¿Qué es una subrutina?

7. Java es un lenguaje de programación orientado a objeto. ¿Qué es un objeto?

8. ¿Qué es una variable? (hay 4 diferentes ideas asociadas con las variables en Java. Trate de mencionar los 4 aspectos en su respuesta. Consejo: Uno de los aspectos es el nombre de la variable).

9. Java es un "lenguaje de plataforma independiente. ¿Qué significa esto?

10. ¿Qué es la "Internet"? De algunos ejemplos de cómo es usada. (¿Qué clases de servicios provee?

Capítulo 2

Lo Más Sencillo en la Programación I: Nombres y Cosas

En un nivel básico (el nivel de lenguaje de máquina), una computadora puede ejecutar operaciones muy simples. Una computadora ejecuta actividades complejas encadenando gran cantidad de estas operaciones. Tales actividades deben ser "transcritas" en completo y perfecto detalle por los programas. Crear programas complejos nunca será realmente fácil, pero la dificultad puede ser manejada de alguna manera dándole al programa una *estructura* clara. El diseño de toda la estructura de un programa es lo que yo llamo "programando en grande".

La programación sencilla, lo cual es llamado algunas veces *codificar*, se referiría a llenar los detalles de ese diseño. Los detalles son las instrucciones explícitas paso a paso para desempeñar actividades de pequeña escala. Cuando usted codifica, usted está trabajando cercano a la máquina, con algunos de los mismos conceptos que usted podría usar en lenguaje de máquina: locaciones de memoria, operaciones aritméticas, bucles y bifurcaciones. En un lenguaje de alto nivel tal como Java, usted trabaja con estos conceptos en un nivel mucho mayor al lenguaje de máquina. Sin embargo, usted todavía tiene que preocuparse acerca de cómo obtener todos los detalles de forma exactamente correcta.

En la última sección de este capítulo se discuten los *ambientes de programación*. Esa sección contiene información acerca de cómo compilar y ejecutar programas de Java, y usted podría querer verlo antes de tratar de escribir o usar sus propios programas.

Este capítulo y el próximo examinan las facilidades para la programación sencilla en el lenguaje de programación Java. No se deje engañar por el término "lo más sencillo en la programación" creyendo que este material es fácil o sin importancia. Este material es una fundamentación esencial para todos los tipos de programación. Si usted no lo entiende usted no puede escribir programas, no importa cuán bien usted diseñe sus estructuras de gran escala.

2.1. La Aplicación Básica de Java

Un programa es una secuencia de instrucciones que una computadora puede ejecutar para cumplir con alguna actividad. Una idea suficientemente simple, pero para que la computadora pueda hace uso de las instrucciones, ellas deben estar escritas en una forma que las computadoras las puedas usar. Esto significa que los programas tienen que ser escritos en *lenguajes de programación*. Los lenguajes de programación difieren del lenguaje ordinario humano en que son completamente no ambiguos y muy estrictos acerca de lo que es y no es permitido en un programa. Las reglas que determinan lo que es permitido se llaman la *sintaxis* del lenguaje. Las reglas de sintaxis especifican el vocabulario básico del lenguaje y como los programas pueden ser construidos usando cosas como los bucles, bifurcaciones y subrutinas. Un programa sintácticamente correcto es uno que puede ser exitosamente compilado o interpretado; los programas que tienen errores de sintaxis serán rechazados (afortunadamente con un mensaje de error útil que ayudará a corregir el problema).

Por eso, para ser un programador exitoso usted tiene que desarrollar un conocimiento detallado de la sintaxis del lenguaje de programación que usted está usando. Sin embargo, la sintaxis solo es una parte de la historia. No es suficiente con escribir un programa que se ejecute bien – usted quiere un programa que se ejecutará y producirá el resultado correcto! Esto es, el **significado** del programa tiene que ser correcto. El significado de un programa está referido como su *semántica*. Un programa semánticamente correcto es uno que hace lo que usted quiera que haga.

Además, un programa puede ser sintáctica y semánticamente correcto pero aún ser un mal programa bonito. Usar un lenguaje correctamente no es lo mismo que usarlo **bien**. Por ejemplo, un buen programa tiene "estilo". Está escrito de una manera que le facilitará a la gente su lectura y comprensión. Sigue convenciones que serán familiares a otros programadores. Y tiene un diseño general que le dará sentido a los lectores humanos. La computadora es completamente inconciente a estas cosas, pero para un lector humano son maravillosas. Estos aspectos de la programación son referidos a veces como ***pragmáticos***.

Cuando yo presente una nueva característica del programa, yo explicaré la sintaxis, la semántica, y algo de la pragmática de esa característica. Usted debería memorizar la sintaxis; esa es la parte fácil. Entonces usted debería percibir algo de la semántica siguiendo los ejemplos dados, asegurándose de que usted entiende como ellas trabajan, y quizás escribiendo algunos programas cortos para evaluar su comprensión. Y Usted debería apreciar y absorber la pragmática – esto significa aprender a usar bien las *características* del programa, con el estilo que le hará ganar la admiración de otros programadores.

Por supuesto, aun cuando Usted se haya hecho familiar con todas las características individuales del lenguaje, eso no lo hace un programador. Usted aun tiene que aprender como construir programas complejos para resolver problemas particulares. Para eso, Usted necesita dos cosas experiencia y tacto. Usted encontrará sugerencias acerca el desarrollo de programas a lo largo de este libro.

∗ ∗ ∗

Comenzaremos nuestra exploración de Java con el problema que se ha hecho tradicional para los inicios: escribir un programa que muestre el mensaje "Hola Mundo". Esto podría parecer un problema trivial, pero hacer que una computadora haga esto es realmente un gran primer paso en el aprendizaje de un nuevo lenguaje de programación (especialmente si es su primer lenguaje de programación). Esto significa que usted entiende el proceso básico de:

1. Escribir el texto del programa en la computadora,

2. compilar el programa y

3. ejecutar el programa compilado.

La primera vez, cada uno de estos pasos probablemente le tomará unos pocos intentos para hacerlo bien. No iré a los detalles aquí de cómo Usted hace cada un de estos pasos; esto depende de la computadora en particular y del ambiente de programación de Java que usted este usando. Ver sección 2.6 para información acerca de la creación y ejecución de los programas en Java

2.1. LA APLICACIÓN BÁSICA DE JAVA

en específico ambientes de programación. Pero en general Usted escribirá el programa usando algún editor de texto y guardando el programa en un archivo. Entonces, usted usará algún comando para tratar de compilar el archivo. Usted obtendrá un mensaje de que el programa contiene errores de sintaxis u obtendrá una versión compilada del programa. En el caso de Java, el programa es compilado en Java byte code, no en lenguaje de maquina. Finalmente, usted puede ejecutar el programa compilado usando algún comando. Para Java, de hecho Usted usará un interpretador para el ejecutar el byte code de Java. Su ambiente de programación podría automatizar algunos de estos pasos para Usted, pero usted puede estar seguro que los mismos tres pasos están siendo hechos en el fondo.

Aquí esta un programa de Java para mostrar el mensaje "Hola Mundo!" no espere entender o comprender lo que ocurre aquí aun – Usted no entenderá algo de esto hasta dentro de unos pocos capítulos:

```
// Un programa para mostrar el mensaje
// "Hola Mundo!"  en la salida normalizada
   public class HelloWorld {
      public static void main(String[] args) {
            System.out.println("Hola Mundo!");
      }
   }     // Fin de la clase HolaMundo
```

El comando que de hecho muestra el mensaje es:

```
System.out.println("Hola Mundo!");
```

Este comando es un ejemplo de una ***declaración de llamado de subrutina***. Usa una "subrutina prefabricada" llamada `System.out.println` para hacer el trabajo actual. Recordemos que una subrutina consta de instrucciones para ejecutar alguna actividad puestas juntas y con un nombre dado. Ese nombre puede ser usado para "llamar" a la subrutina cuando quiera que la actividad necesite ser hecha. Una ***subrutina preconstruida*** es una que ya está definida como una parte del lenguaje y por tanto automáticamente disponible para su uso en cualquier programa.

Cuando usted ejecute este programa, el mensaje "Hola Mundo!" (sin las comillas) será mostrado en la salida normalizada. Desafortunadamente yo no puedo decir exactamente lo que significa! Java está hecho para ser ejecutado en muchas plataformas distintas, y la salida normalizada significará cosas diferentes en las diversas plataformas. Aunque, usted puede esperar a que el mensaje sea mostrado en un lugar conveniente. (Si usted usa una interfaz de línea de comando, como la que hay en el Kit de Desarrollo de Java Sun Microsystem, usted tipea un comando para decirle a la computadora que ejecute el programa. La computadora escribirá la salida del programa, Hola Mundo!, en la línea siguiente).

Usted debe tener curiosidad sobre las otras cosas en el programa. Parte de él consiste de **comentarios**. Los comentarios en un programa son totalmente ignorados por la computadora; ellos están allí solo para los lectores humanos. Esto no significa que ellos no sean importantes. Los programas están para ser leídos tanto por la gente como por las computadoras, y sin comentarios, un programa puede ser muy difícil de entender. Java tiene dos tipos de comentarios. El primer tipo, usado en el programa arriba indicado, comienza con // y se extiende al final de la línea. La computadora ignora // y todo lo que lo sigue en la misma línea. Java tiene otro estilo de comentario que puede ser extendido sobre muchas líneas. Ese tipo de comentario comienza con /* y termina con */.

Todo lo demás en el programa es requerido por las reglas de sintaxis de Java. Toda la programación en Java está hecha dentro de "clases". La primera línea del programa arriba indicado (sin contar los comentarios) dice que esta es una clase llamada *Hola Mundo*. "Hola Mundo", el nombre de la clase, también sirve como el nombre del programa. No toda clase es un programa. Con la finalidad de definir un programa, una clase debe incluir a una subrutina llamada main (principal), con una definición que toma la siguiente forma:

```
public static void main(String[] args) {
<declaraciones >
}
```

Cuando usted le dice al interpretador de Java que ejecute el programa, el interpretador llama a la subrutina main(), y las instrucciones que contiene son ejecutadas. Estas instrucciones preparan el escrito que le dice a la computadora exactamente qué hacer cuando el programa es ejecutado. La rutina main() puede llamar subrutinas que son definidas en la misma clase o aún en otras clases, pero es la rutina main() la que determina cómo y en qué orden las otras subrutinas son usadas.

La palabra "public" en la primera línea de main() significan que esta rutina puede ser llamada desde fuera del programa. Esto es esencial porque la rutina main() es llamada por el interpretador de Java, el cual a veces es externo al programa en sí mismo. El resto de la primera línea de la rutina es más difícil de explicar en este momento; por ahora, solo piense que es una parte de la sintaxis requerida. La definición de la subrutina – eso es, las instrucciones que dicen lo que se hace – consiste de la secuencia de "declaraciones" encerradas entre llaves, y. Aquí, yo he usado ⟨*declaraciones*⟩ como un marcador de posición para las declaraciones que de hecho preparan el programa. A través de este libro de texto, yo siempre usaré un formato similar: cualquier cosa que usted vea en ⟨ *este estilo de texto*⟩ (itálica en llave de ángulo) es un marcador de posición que describe algo que usted necesita transcribir cuando escribe un programa.

Como se notó arriba, una subrutina no puede existir por sí sola. Tiene que ser parte de una "clase". Un programa está definido por una clase pública que toma la forma:

```
clase pública <nombre del programa> {
    <declaración opcional de varibales y subroutinas>
      public static void main(String[] args) {
        <declaraciones>
      }
      <declaración opcinal de variables y subrutinas>
}
```

El nombre de la primera línea es el nombre del programa, así como el nombre de la clase. Si el nombre de la clase es HolaMundo, entonces la clase debe ser guardada en un archivo llamado *HolaMundo.Java*. Cuando este archivo es coompilado, otro archivo llamado *HolaMundo.class* será producido. Este archivo class, *HolaMundo.class*, contiene el bytecode de Java que es ejecutado por el interpretador de Java. *HolaMundo.Java* es llamado el **código fuente** del programa. Para ejecutar el programa usted solo necesita el archivo compilado class, no el código fuente.

El diseño del programa en la página tal como el uso de líneas en blanco e indexación, no es parte de la sintaxis o la semántica del lenguaje. La computadora no se preocupa acerca del diseño – usted podría ejecutar el programa completo en una línea si le interesa. Aunque el diseño es importante para los lectores humanos, y hay ciertas guías de estilo para el diseño que son seguidos por la mayoría de los programadores. Estas guías de estilo son parte de la pragmática del lenguaje de programación Java.

También note que de acuerdo a la especificación de sintaxis arriba indicada, un programa puede contener otras subrutinas adicionales a main(), al igual que cosas llamadas "declaración de variables". Usted aprenderá más acerca de esto posteriormente, pero no hasta el capítulo 4.

2.2. Variables y los Tipos Primitivos

Los nombres so fundamentales para la programación. En los programas, los nombres son usados para referirse a clases de cosas muy diferentes. Con la finalidad de usar esas cosas, un programador debe entender las reglas para dar nombres a las cosas y las reglas para usar los nombres con esas cosas. Eso es, el programador debe entender la sintaxis y la semántica de los nombres.

De acuerdo con las reglas de sintaxis de Java, un nombre es una secuencia de uno o más caracteres. Debe comenzar con una letra o subrayado y debe consistir completamente de letras, números y subrayados. ("subrayado" se refiere al caracter ojo). Por ejemplo, aquí hay algunos nombres legales:

```
N  n  rango  x15  un_nombre_muy_largo  HolaMundo
```

No se permite espacio en los identificadores; HolaMundo es un identificador legal, pero "Hola Mundo" no lo es. Las letas mayúsculas y minúsculas se consideran diferentes, por eso HolaMundo, holamundo, HOLAMUNDO, y hOLaMundO son todos nombres distintos. Ciertos nombres están reservados para uso especial en Java, y no pueden ser usados por el programador para otros propósitos. Estos **nombres reservados** incluyen: `class`, `public`, `static`, `if`, `else`, `while`, y muchas docenas de otras palabras.

Java es de hecho muy liberal acerca de lo que se considera una letra o un dígito. Java usa el grupo de carcteres **Unicode**, los cuales incluyen miles de caracteres de muchas lenguas y alfabetos diferentes, y muchos de esos caracteres se consideran como letras o dígitos. Aunque yo me mantendré en torno a lo que puede ser transcrito en un teclado regular ingles.

La pragmática de los nombres incluye guías de estilos acerca de cómo elegir nombres para las cosas. Por ejemplo, es costumbre para los nombres de las clases comenzar con una letra mayúscula, mientras que los nombres de las variables y las subrutinas comienzan con letras minúsculas; usted puede evitar mucha confusión siguiendo las mismas convenciones en sus programas. La mayoría de los programadores Java no usan subrayado en los nombres, aunque algunos lo usan al inicio de los nombres de ciertas clases de variables. Cuando un nombre consiste de muchas palabras, tales como HolaMundo o RangodeInteres, es costumbre usar mayúscula en cada palabra, excepto posiblemente la primera, este es a veces referida como **camel case** (jorobas de camello), debido a la letra mayúscula en el medio del nombre lo cual se supone de algún parecido a la joroba de un camello.

Finalmente, yo notaré que las cosas siempre se refieren con **nombres compuestos**, los cuales consisten de muchos nombres ordinarios separados por puntos. (Nombres compuestos son también llamados **nombres calificados**). Ya usted ha visto un ejemplo: `System.out.println`. La idea aquí es que las cosas en Java pueden contener otras cosas. Un nombre compuesto en Java es una clase de camino a un ítem a través de uno o más contenedores. El nombre `System.out.println` indica que algo llamado "system" contiene algo llamado "out" el cual a su vez contiene algo llamado "println". Los nombres no compuestos son llamados **identificadores simples**. Yo usaré el término **identificador** para referirme a cualquier nombre – simple o compuesto – que puede ser usado para referirse a algo en Java. (Note que los nombres reservados no pueden ser identificadores, debido a que **no** pueden ser usados como nombres de cosas).

2.2.1. Variables

Los programas manipulan datos que son guardados en la memoria. En lenguaje de máquina, los datos solo pueden ser accesados por medio de la dirección numérica de la locación de memoria en donde están almacenados. En un lenguaje de alto nivel tal como Java, los nombres son usados en vez de los números para referirse a los datos. Es trabajo de la computadora mantener la trayectoria de donde los datos están actualmente almacenados en la memoria; el programador solo tiene que recordar el nombre. Un nombre usado de esta manera – para referirse a datos almacenados en la memoria – es llamado ***variable***.

Las variables son de hecho bastante sutiles. Correctamente hablando, una variable no es un nombre para los datos en si mismo, sino para una locación de memoria que puede mantener datos. Usted debería pensar en una variable como un contenedor o caja donde usted puede guardar datos que usted necesitará usar posteriormente. La variable se refiere directamente a la caja y solo indirectamente a los datos en la caja. Debido a que los datos en la caja pueden cambiar, una variable se puede referir a diferentes valores de datos en diferentes momentos durante la ejecución del programa, pero siempre se refiere a la misma caja. La confusión se puede presentar, especialmente para los programadores novatos, porque cuando una variable es usada en un programa de una cierta manera, se refiere al contenedor, pero cuando es usada de otra manera, se refiere a los datos en el contenedor. Usted verá ejemplos de ambos casos a continuación.

(De esta manera, una variable es algo como el título, "El Presidente de los Estado Unidos". Este título puede referirse a diferentes personas en diferentes momentos, pero siempre se refiere a la misma oficina. Si yo digo "el Presidente está jugando baloncesto", yo quiero decir que Barack Obama está jugando baloncesto. Pero si yo digo "Newt Gingrich quiere ser presidente" yo quiero decir que él quiere ocupar la oficina, pero no que él quiere ser Barack Obama).

En Java, la **única** manera de colocar datos dentro de una variable – eso es, dentro de la caja que nombra la variable – es con una ***declaración de asignación***. Una declaración de asignación toma la forma:

```
<variable = expresión>;
```

Donde ⟨*expresión*⟩ representa cualquier cosa que se refiere o calcula un valor de un dato. Cuando la computadora revisa una declaración de asignación durante el curso de la ejecución del programa, esta evalua la expresión y coloca el valor del dato resultante dentro de la variable. Por ejemplo, considere la declaración de asignación simple

```
rango = 0,07;
```

La ⟨*variable*⟩ en esta declaración de asignación es rango, y la ⟨*expresión*⟩ es el número 0,07. la computadora ejecuta la declaración de asignación colocando el número 0,07 en la variable rengo, reemplazando cualquier cosa que estuviera allí antes. Ahora, considere la declaración de asignación más compleja a continuación, la cual podría venir más tarde en el mismo programa:

```
interés = rango * principal;
```

Aquí, el valor de la expresión "rango *principal" está siendo asignado a la variable interés. En la expresión, el * es un "operador de multiplicación" el cual le dice a la computadora que multiplique tantas veces el rango por el principal. Los nombres rango y principal son variables en sí mismos, y son realmente los **valores** almacenados en esas variables los que son multiplicados. Vemos que cuando una variable es usada en una expresión, es el valor almacenado en la variable el que importa, en este caso, la variable parece referirse más al valor en la caja, que a la caja

2.2. VARIABLES Y TIPOS

en sí misma. Cuando la computadora ejecuta esta declaración de asignación, toma el **valor** de rango, lo multiplica por el **valor** de principal, y almacena la respuesta en la **caja** referenciada por interés. Cuando una variable es usada en el lado izquierdo de la asignación de declaración, se refiere a la caja que es nombrada por la variable.

(Note, de esta manera, que una declaración de asignación es un comando que es ejecutado por la computadora en un cierto tiempo. No es una declaración de hecho. Por ejemplo, suponga que un programa incluye la declaración `rango = 0.07;`". Si la declaración `interés = rango * principal;`" es ejecutada más tarde en el programa, ¿podemos decir que `principal` es multiplicado por 0.07? ¡No! El valor de rango podría haber sido cambiado en el intermedio por otra declaración. El significado de una declaración de asignación es completamente diferente del significado de una ecuación en matemática, aunque aún ambas utilicen el símbolo "=").

2.2.2. Tipos y literales

Una variable en Java está diseñada para mantener un tipo particular de dato; puede mantener legalmente ese tipo de datos y no otros. El compilador considerará como un error de sintaxis si usted trata de violar esta regla. Nosotros decimos que Java es un lenguaje de *tipo fuerte* porque refuerza esta regla.

Hay ocho *tipos primitivos* preconstruidos así llamados en Java. Los tipos primitivos son llamados **byte**, **short**, **int**, **long**, **float**, **double**, **char**, y **boolean**. Los primeros cuatro tipos almacenan enteros (todos los números tales como 17, -38477, y 0). Los cuatro tipos enteros son distinguidos por el rango de enteros que ellos pueden almacenar. Los tipos **float** y **double** almacenan números reales (tales como 3.6 y -145.99). De nuevo, los dos tipos reales son distinguidos por su rango y precisión. Una variable de tipo **char** almacena un solo caracter del grupo de caracteres unicote y una variable de tipo **boolean** almacena uno de los dos valores lógicos true o false.

Cualquier valor de dato almacenado en la memoria de la computadora debe ser representado como un número binario, eso es una cadena de ceros y unos. Un solo cero o un uno es llamado *bit*. Una cadena de ocho bits es llamada *byte*. La memoria es usualmente medida en términos de bytes. No es sorprendente que el tipo de dato **byte** se refiera a un solo byte de memoria. Una variable de tipo **byte** almacena una cadena de ocho bits, los cuales pueden representar cualquiera de los enteros entre -128 y 127, inclusive. (Hay 256 enteros en ese rango, ocho bits pueden representar 256 – dos elevado a la potencia de ocho – diferentes valores). Así como los otros tipos de entero,

- **short** corresponde a dos bytes (16 bits). Variables de tipo **short** tienen valores en el rango -32768 a 32767.
- **int** corresponde a cuatro bytes (32 bits). Variables de tipo **int** tienen valores en el rango -2147483648 a 2147483647.
- **long** corresponde a ocho bytes (64 bits). Variables de tipo **long** tienen valores en el rango -9223372036854775808 a 9223372036854775807.

Usted no tiene que recordar estos números, pero ellos le dan alguna idea de los enteros con los que usted puede trabajar. Usualmente usted debería utilizar mayormente el tipo de dato **int**, el cual es suficiente para la mayoría de los propósitos.

El tipo de dato **float** está representado por cuatro bytes de memoria, utilizando un método estándar para codificar números reales. El máximo valor para un **float** es alrededor de 10 elevado a la potencia de 38. Un **float** puede tener alrededor de siete dígitos significativos. (Por tanto

32.3989231134 y 32.3989234399 deberían ambos ser redondeados aproximadamente a 32.398923 con la finalidad de ser almacenados en una variable de tipo **float**) un doble puede tomar por encima de ocho bytes, puede tener un rango de alrededor de 10 a la potencia de 308, y tiene alrededor de 15 dígitos significativos. Ordinariamente usted debería utilizar el formato **double** para valores reales.

Una variable de tipo **char** ocupa dos bytes en la memoria. El valor de una variable char es un solo caracter como A, *, x, o un espacio de caracter. El valor también puede ser un caracter especial tal como un tab o un enter o uno de los muchos caracteres unicode que viene de diferentes idiomas. Cuando un caracter es escrito en un programa, debe estar entre comillas sencillas; por ejemplo: 'A', '*', o 'x'. Sin las comillas A sería un identificador y * sería un operador de multiplicación. Las comillas no son parte del valor y no son almacenados en la variable; ellos son una convención para nombrar una constante de caracter particular en un programa.

Un nombre para un valor constante es llamado *literal*. Un literal es lo que usted tiene que transcribir en un programa para representar un valor. 'A' y '*' son literales de tipo **char**, representando los valores de caracteres A y *. Ciertos caracteres especiales tienen literales especiales que usan una barra diagonal inversa, \ , como un "caracter Escape". En particular, un tab es representado como '\t', un retorno de carro como '\r', la inserción de una línea como '\n', la inserción de comillas sencillas como '\'', y la barra diagonal invertida en si misma como '\\'. Note que aún aunque usted tipee dos caracteres entre las comillas en '\t', el valor representado por este literal es un caracter tab sencillo.

Los literales domésticos son un poco más complicados de lo que usted podría esperar. Por supuesto, hay los literales obvios tales como 317 y 17.42. Pero hay otras posibilidades para expresar números en Java. Primero que todo, los números reales pueden ser representados en una forma exponencial tales como 1.3e12 o 12.3737e-108. Los "e12" y "e-18" representan potencias de 10, por tanto 1.3e12 significa 1.3 veces 1012 y 12.3737e-108 significa 12.3737 veces 10-108. Este formato puede ser usado para expresar números muy grandes y muy pequeños. Cualquier literal numérico que contenga un punto decimal o exponencial es un literal de tipo **double**. Para ser un literal de tipo **float**, usted tiene que agregar una "F" o "f" a la parte final del número. Por ejemplo, "1.2F" hace que a 1.2 se le considere como un valor de tipo**float**. (Ocasionalmente, usted necesita saber esto porque las reglas de Java dicen que usted no puede asignar un valor de tipo **double** a una variable de tipo **float**, y por tanto usted podría estar confrontándose con un ridículo mensaje de error si trata de hacer algo como "x=1.2;" cuando x es una variable de tipo **float**. Usted tiene que decir "x=1.2F;". Esta es una de las razones por las cuales yo le recomiendo usar al tipo **double** para números reales).

Aún para literales enteros, hay algunas complicaciones. Enteros ordinarios tales como 177777 y -32 son literales del tipo **byte**, **short** o **int**, dependiendo de su tamaño. Usted puede hacer un literal de tipo **long** adicionándole "L" como un sufijo. Por ejemplo: 17L o 728476874368L. Como otra complicación, Java permite literales octal (base – 8) y hexadecimal (base – 16). No quiero cubrir base 8 y base 16 en detalle, pero en caso de que los encuentre en programas de otras personas vale la pena conocer algunas cosas: los números octales usan solo los dígitos del 0 al 7. En Java un literal numérico que comienza con un 0 es interpretado como un número octal; por ejemplo, el literal 045 representa al número 037, no al número 45. Los números hexadecimales usan 16 dígitos, los dígitos usuales van del 0 al 9 y las letras A, B, C, D, E y F. Las letras minúsculas y mayúsculas pueden ser usadas de forma intercambiada en este contexto. Las letras representan los números del 10 al 15. En Java, un literal hexadecimal comienza con 0x o 0X, como en 0x45 o 0xFF7A.

Los números hexadecimales también son usados en caracteres literales para representar caracteres Unicode arbitrarios. Un literal Unicode consiste de šeguido de 4 dígitos hexadecimales.

2.2. VARIABLES Y TIPOS

Por ejemplo, el caracter literal '00E9' representa el caracter Unicode que es una "é".

Para el tipo **boolean**, hay precisamente dos literales: true y false. Estos literales son transcritos tal y como yo los he escrito a ellos acá, sin comillas, pero ellos representan valores, no variables. Los valores booleanos ocurren con mayor frecuencia como el valor de expresiones condicionales. Por ejemplo,

```
rango > 0.05
```

Es una expresión de valor booleano que evalúa a true si el valor de la variable rango es mayor que 0.05, y a false si el valor de rango no es mayor que 0.05. Como usted verá en el capítulo 3, las expresiones de valor booleano son usadas ampliamente en estructuras de control. Por supuesto, los valores booleanos también pueden ser asignados a variables de tipo **boolean**.

Java tiene otros tipos adicionales a los tipos primitivos, pero todos los otros tipos representan más objetos que valores de datos "primitivos". Para la mayor parte no estaremos relacionados con objetos por el momento. Aunque hay un tipo de objeto predefinido que es muy importante: el tipo *string*. Un *string* es una secuencia de caracteres. Ya usted ha visto un literal string "Hola Mundo!". La doble comilla son parte del literal, ellos tienen que ser escritos en el programa. Aunque, ellos no son parte del valor de la cadena de caracteres actual, la cual consiste justo de los caracteres entre las comillas. En una cadena de caracteres, los caracteres especiales pueden ser representados usando la notación de la barra diagonal invertida. Dentro de este contexto la doble comilla es en si misma un caracter especial. Por ejemplo, para representar el valor en **cadena** de caracteres

```
Dije, "Estas escuchando?!"
```

Con una línea al final, usted tendría que transcribir la cadena de caracteres literal:

```
Dije,\ "Estas escuchando?!\"\n"
```

Usted también puede usar ,;
, y secuencias Unicode en minúscula tales como 00e9 para representar otros caracteres especiales en cadenas de caracteres literales. Debido a que las cadenas de caracteres son objetos, su conducta en los programas es peculiar en algunos aspectos (para alguien que no está acostumbrado a los objetos). Yo tendré más que decir acerca de ellos en la próxima sección.

2.2.3. Variables en programas

Una variable puede ser usada en un programa solamente si esta ha sido ***declarada*** primero. Una ***declaración de variable*** es usada para declarar una o más variables y para darles nombres. Cuando la computadora ejecuta una declaración de variable, esta le asigna memoria para la variable y asocia el nombre de la variable con esa memoria. Una simple declaración de variable toma la forma:

⟨nombre del tipo⟩ ⟨nombre o nombres de variables⟩;

El ⟨nombre de variable o nombres⟩ puede ser un simple nombre de variable o una lista de nombres de variables separadas por comas. (Veremos más tarde que la declaración de variables puede ser algo más complicado que esto). Un buen estilo de programación es declarar solo una variable en una declaración, a menos que las variables estén íntimamente relacionadas en alguna forma. Por ejemplo:

```
int numeroDeEstudiantes;
String nombre;
```

```
double x, y;
boolean seTermino;
char primeraInicial, mediaInicial, ultimaInicial;
```

Es también un buen estilo incluir un comentario con cada declaración de variable para explicar su propósito en el programa, o para dar otra información que podría ser útil a un lector humano. Por ejemplo:

```
double principal; // Cantidad de dinero invertida.
double RangoDeInteres; // Rango como un decimal, no porcentaje.
```

En este capitulo, solo usaremos variables declaradas dentro de la subrutina main() de un programa. Las variables declaradas dentro de una subrutina son llamadas *variables locales* para esa subrutina. Ellas existen solo dentro de la subrutina, mientras esta se este ejecutando, y son completamente inaccesibles desde fuera. Las declaraciones de variables pueden ocurrir en cualquier lugar dentro de la subrutina, siempre y cuando cada variable sea declarada antes de que sea usada en alguna expresión. Algunas personas les gusta declarar todas las variables al inicio de la subrutina. Otras les gusta esperar para declarar una variable cuando se necesita. Mi preferencia: declarar variables importantes al inicio de la subrutina, y usar un comentario para explicar el propósito de cada variable. Declaro "variables utilitarias" las cuales no son importantes para la lógica general de la subrutina en el punto de la subrutina donde ellas son usadas por primera vez. Aquí esta un programa simple que usa algunas declaraciones de variables y asignaciones:

```
/**
 * Esta clase implementa un programa simple que
 * calcula la cantidad de ínteres que es
 * ganada en Unidades Monetarias 17.000,00 invertidas
 * a una tasa de ínteres de 0.07 por un año. El interes
 * y el valor de la inversión despues de un año son
 * impresas en la salida normalizada
 */
public class Interes {
    public static void main(String[] args) {
          /* Declare las variables. */
        double principal; // El valor de la inversión.
        double rango; // El rango de interes anual.
        double interes; // Interes ganado en un año.
             /* Se hacen los cálculos */
        principal = 17000;
        rango = 0.07;
        interes = principal * rango; // Cálcula el interes.
        principal = principal + interes;
        // Calcula el valor de la inversión despues de un año, con intereses.
        // (Nota: El nuevo valor remplaza al viejo valor de principal.)
        /* Muestra los resultados */
        System.out.print("El interes ganado en unidades monetarias (UM) es:");
        System.out.println(interes);
        System.out.print("El valor de la inversión despues de un año es UM");
        System.out.println(principal);
    } // fin de  main()
} // fin de la clase Interes
```

Este programa usa muchos llamados a subrutinas para mostrar información al usuario del programa. Dos subrutinas diferentes son usadas: System.out.print y System.out.println. la diferencia entre estas es que System.out.println agrega una línea después del final de la información que esta muestra, mientras que System.out.print no. Luego, el valor de interés, el cual es mostrado por la subrutina llamada "System.out.println(interest);", sigue en la misma línea después de la cadena mostrada por la declaración previa de System.out.print. Note que el valor a ser mostrado por System.out.print o System.out.println es proporcionado entre paréntesis después del nombre de la subrutina. Este valor es llamado parámetro para la subrutina. Un parámetro le proporciona información a la subrutina necesaria para ejecutar su tarea. En una llamada de subrutina, algunos parámetros son listados en paréntesis después del nombre de la subrutina. No todas las subrutinas tienen parámetros. Si no hay parámetros en una llamada de subrutina, el nombre de la subrutina debe estar seguido de un par de paréntesis vacíos. Todos los programas de ejemplo para este libro de texto están disponibles en archivos de código fuente separados en la versión en línea de este texto en http://math.hws.edu/javanotes/source. . Ellos también están incluidos en los archivos descargables del sitio Web. El código fuente para el programa Interés, por ejemplo, puede ser encontrado en el archivo *Interest.java*.

2.3. Cadenas de caracteres, Objetos, Enumeradores y Subrutinas

LA SECCIÓN PREVIA introdujo los ocho tipos primitivos de datos y el tipo *String*. Hay una diferencia fundamental entre los tipos primitivos y el tipo *String*: Valores de tipo *String* son objetos. Hasta que no estudiemos objetos en detalle en el capítulo 5, será útil para usted conocer un poco sobre ellos y sobre un tópico muy relacionado: clases. Esto no es solo porque las cadenas de caracteres son útiles sino porque los objetos y las clases son esenciales para entender otro concepto importante de programación, las subrutinas.

Otra razón para considerar las clases y los objetos en este punto es para que podamos introducir *enums*. Un enumerador es un tipo de dato que puede ser creado por un programador de Java para representar una pequeña colección de posibles valores. Técnicamente, un enumerador es una clase y sus posibles valores son objetos. Los enumeradores serán nuestro primer ejemplo de adicionar un nuevo tipo al lenguaje Java. Los veremos más tarde en esta sección.

2.3.1. Subrutinas y funciones preconstruidas:

Retomemos que una subrutina es una serie de instrucciones de programa que han sido colocadas juntas y se les ha dado un nombre. En el capitulo 4 usted aprenderá como escribir sus propias subrutinas, pero usted puede lograr mucho en un programa solo llamando subrutinas que ya han sido escritas para usted. En Java, cada subrutina está contenida en una clase o en un objeto. Algunas clases que son parte normalizada del lenguaje Java contienen subrutinas predefinidas que usted puede usar. Un valor de tipo *String*, la cual es un objeto, contiene subrutinas que pueden ser usadas para manipular esa cadena de caracteres. Estas subrutinas están "construidas dentro" del lenguaje Java. Usted puede llamar todas estas subrutinas sin entender como ellas fueron escritas o como ellas trabajan. Efectivamente, eso es todo el punto de las subrutinas: una subrutina es una "caja negra" la cual puede ser usada sin saber lo que hay dentro.

Las clases en Java tienen dos funciones muy diferentes. Primero que todo, una clase puede agrupar juntas variables y subrutinas que están contenidas en esa clase. Estas variables y subrutinas son llamadas **miembros estáticos** de la clase. Usted ha visto un ejemplo: en una clase que define un programa, la rutina main() es un miembro estático de la clase. Las partes de la definición de una clase que definen los miembros estáticos están marcadas con la palabra reservada "static", tal como la rutina main() de un programa. No obstante, las clases tienen una segunda función. Son usadas para describir objetos. En este rol, la clase de un objeto especifica que subrutinas y variables están contenidas en ese objeto. La clase es un **tipo** – en el sentido técnico de una especificación de un cierto tipo de valor de dato – y el objeto es un valor de ese tipo. Por ejemplo, *String* es de hecho el nombre de una clase que esta incluida como una parte standard del lenguaje Java. *String* tambien son tipos, y las cadenas de carcateres literales tales como "Hola Mundorepresentan valor del tipo *String*.

Por eso, cada subrutina está contenida en una clase o en un objeto. Las clases contienen subrutinas llamadas subrutinas miembros estáticas. Las clases también **describen** objetos y las subrutinas que están contenidas en esos objetos.

Este uso dual puede ser confuso, y en la práctica la mayoría de las clases están diseñadas para comportarse primeramente o exclusivamente en solo uno de los dos posibles roles. Por ejemplo, aunque la clase *String* contiene solo unas pocas subrutinas miembros estáticas usadas, existe principalmente para especificar un gran número de subrutinas que están contenidas en objeto de tipo *String*. Otra clase normalizada llamada *Math*, existe completamente para agrupar juntas un número de subrutinas miembros estáticas que calculan varias funciones matemáticas comunes.

* * *

Para comenzar a manejar toda esta complejidad, veamos a la subrutina System.out.print como un ejemplo. Como usted ha visto previamente en este capítulo, esta subrutina es usada para mostrar información al usuario. Por ejemplo, System.out.print ("Hola Mundo!"), muestra el mensaje, Hola Mundo!.

System es una de las clases normalizadas de Java. Una de las variables miembros estáticos de esta clase es llamada out. Debido a que esta variable está contenida en la clase *System*, su nombre completo – el cual usted tiene que usar para referirse a ella en sus programas – es System.out. La variable System.out se refiere a un objeto, y ese objeto en cambio contiene una subrutina llamada print en el objeto out en la clase *System*.

(Adicionalmente, yo agregaré que el objeto referido por System.out es un objeto de la clase PrintStream. PrintStream es otra clase que es una parte normalizada de Java. **Cualquier** objeto del tipo PrintStream es un destino al cual la información puede ser impresa; **cualquier** objeto del tipo PrintStream tiene una subrutina Print que puede ser usada para enviar información a ese destino. El objeto System.out es un posible destino, y System.out.print es la subrutina que envía información a ese destino en particular. Otros objetos del tipo PrintStream podrían enviar información a otos destinos, tales como archivos, o a través de una red a otras computadoras. Esto es programación orientada a objeto: muchas cosas diferentes las cuales tienen algo en común – ellas pueden ser usadas como destino para información – pueden ser usadas todas de la misma manera – a través de una subrutina print. La clase PrintStream expresa las cosas en común entre todos estos objetos).

Como los nombres de clases y los nombres de variables son usados en forma similar, podría ser difícil decir cual es cual. Recuerde que todos los nombres construidos y predefinidos en Java siguen la regla de que los nombres de clases comienzan con una letra mayúscula mientras que los nombres de variables comienzan con una letra minúscula. Aunque esto no es una regla formal de sintaxis, le recomiendo que la siga en sus propios programas. Los nombres de subrutinas también deberían comenzar con letras minúsculas. No hay posibilidad de confundir una variable con una subrutina, debido a que un nombre de subrutina en un programa siempre es seguido por un paréntesis a la izquierda.

2.3. OBJETOS Y SUBRUTINAS

(Como una nota general final, usted debe estar atento de que las subrutinas en Java frecuentemente son referidas como **métodos**. Generalmente, el término "método" significa una subrutina que es contenida en una clase o en un objeto. Debido a que esto es verdad para cada subrutina en Java, cada subrutina en Java es un método. Lo mismo no es verdad para otro lenguaje de programación. Sin embargo, el término "método" es mayormente usado en el contexto de la programación orientada a objeto, y hasta que comencemos a hacer programación orientada a objeto real en el capítulo 5, prefiero usar el término más general, "subrutina").

* * *

Las clases pueden contener subrutinas miembros estáticas, así como variables miembros estáticas. Por ejemplo, la clase System contiene una subrutina llamada exit. En un programa, por supuesto, esta subrutina debe ser referida como System.exit. Llamar a esta subrutina terminará el programa. Usted podría usarla si tuviera alguna razón para terminar el programa antes de que se termine la rutina main. Por razones históricas, esta subrutina toma un entero como un parámetro, por tanto la declaración para llamar a la subrutina podría parecerse a "System.exit(0);" o "System.exit(1);". (El parámetro le dice a la computadora por qué el programa fue terminado. Un valor de parámetro de cero indica que el programa terminó normalmente. Cualquier otro valor indica que el programa fue terminado debido a que un error fue detectado. Pero en la práctica, el valor del parámetro es usualmente ignorado).

Cada subrutina desempeña alguna actividad específica. Para algunas subrutinas, esa actividad es calcular o recuperar algún valor de dato. Las subrutinas de este tipo son llamadas *funciones*. Decimos que una función *retorna* un valor. El valor retornado debe ser usado entonces de alguna manera en el programa.

Usted está familiarizado con las funciones matemáticas que calculan la raíz cuadrada de un número. Java tiene una función correspondiente llamada Math.sqrt. Esta función es una subrutina miembro estático de la clase llamada Math. Si x es cualquier valor numérico, entonces Math.sqrt(x) calcula y retorna la raíz cuadrada de ese valor. Debido a que Math.sqrt(x) representa un valor no tiene sentido colocarlo en una línea por sí mismo en una declaración de llamado de subrutina tal como

```
Math.sqrt(x);              //  ¡Esto no tiene sentido!
```

¿Qué, después de todo, haría la computadora con el valor calculado por la función en este caso? Usted tiene que decirle a la computadora que haga algo con ese valor. Usted podría decirle a la computadora que lo muestre:

```
System.out.print(Math.sqrt(x)); // Muestra la raíz cuadrada de x.
```

O usted podría utilizar una declaración de asignación para decirle a la computadora que almacene el valor en una variable:

```
    LongitudDelLado = Math.sqrt(x);
```

La función llamada `Math.sqrt(x)` representa un valor del tipo **double**, y puede ser usado en cualquier lugar donde un literal numérico tipo doble pudiera ser usado. La clase *Math* contiene muchas funciones miembros estáticas. Aquí hay una lista de algunas de las más importantes de ellas:

- `Math.abs(x)`, el cual calcula el valor absoluto de x.
- Las funciones trigonométricas usuales, `Math.sin(x)`, `Math.cos(x)` y `Math.tan(x)`. (Para todas las funciones trigonométricas, los ángulos son medidos en radianes, no en grados).

- Las funciones trigonométricas inversas arcsin, arccos y arctan, las cuales son escritas como `Math.asin(x)`, `Math.acos(x)` y `Math.atan(x)`. El valor de retorno es expresado en radianes, no en grados.
- La función exponencial `Math.exp(x)` para calcular el número e elevado a la potencia de x, y la función logaritmo natural `Math.log(x)` para calcular el logaritmo de x en la base e.
- `Math.pow(x,y)` para calcular x elevado a la potencia de y.
- `Math.floor(x)`, el cual redondea al entero inferior más cercano de x. Aunque el valor de retorno es matemáticamente un entero, este es retornado como un valor de tipo double, en vez de un tipo entero como usted podría esperar. Por ejemplo, `Math.floor(3.76)` es 3.0. La función `Math.round(x)` retorna el entero más cercano a x.
- `Math.random()`, el cual retorna un valor double elegido aleatoriamente en el rango $0.0 \leq$ `Math.random()` <1.0. (La computadora de hecho calcula el así llamado número "pseudoaleatorio", los cuales no son realmente aleatorios pero son suficientemente aleatorios para la mayoría de los propósitos).

Para estas funciones, el tipo de parámetro – la x o y entre los paréntesis – puede ser cualquier valor de tipo numérico. Para la mayoría de las funciones, el valor retornado por la función es de tipo **double** sin importar el tipo de parámetro. Aunque, para `Math.abs(x)`, el valor retornado será del mismo tipo que x; si x es de tipo **int**, entonces así es `Math.abs(x)`. Por eso, por ejemplo, mientras `Math.sqrt(9)` es el valor **double** 3.0, Math.abs(9) es el valor int 9.

Note que `Math.random` no tiene parámetro. Usted aun necesita el paréntesis, aunque no hay nada entre ellos. Los paréntesis le permiten a la computadora saber que esto es una subrutina en vez de una variable. Otro ejemplo de una subrutina que no tiene parámetros es la función `System.currentTimeMillis()`, de la clase *System*. Cuando esta función es ejecutada, esta devuelve el tiempo actual, expresada como un número de milisegundos que ha transcurrido en la base de tiempo estándar (el inicio del año 1970 en el tiempo promedio de Greenwich, si la parece). Un milisegundo es una milésima de un segundo. El valor retornado por `System.currentTimeMillis()` es de tipo **long**. Esta función puede ser usada para medir el tiempo que le toma a la computadora realizar una actividad. Registra el tiempo en el cual la actividad comienza y el tiempo en el cual termina y toma la diferencia.

Aquí hay un programa ejemplo que ejecuta algunas actividades matemáticas y reporta el tiempo que toma el programa para ser ejecutado. En algunas computadoras, el tiempo reportado podría ser cero, debido a que es muy pequeño para ser medido en milisegundos. Aun si no es cero, usted puede estar seguro que la mayoría del tiempo reportado por la computadora fue usado dando salidas o trabajando en actividades diferentes al programa, debido a que los cálculos ejecutados en este programa solo ocupan una pequeña fracción de segundo en el tiempo de la computadora.

```
/**
 * Este programa ejecuta algunos cálculosmatemáticos y muestra
 * los resultados.  Entonces report el número de segundos que
 * la computadora invierte en esta tarea.
 */
public class TimedComputation {
   public static void main(String[] args) {
      long startTime; // Momento del inicio del programa, en milisegundos.
      long endTime;   // Tiempo cuando los cálculos son hechos, en milisegundos.
      double time;    // Diferencia de tiempo, en segundos.
      startTime = System.currentTimeMillis();
```

2.3. OBJETOS Y SUBRUTINAS

```
        double width, height, hypotenuse;  // lados de un triángulo
        width = 42.0;
        height = 17.0;
        hypotenuse = Math.sqrt( width*width + height*height );
        System.out.print("A triangle with sides 42 and 17 has hypotenuse ");
        System.out.println(hypotenuse);
        System.out.println(" \nMathematically, sin(x)*sin(x) + "
                                + "cos(x)*cos(x) - 1 should be 0.");
        System.out.println("Let's check this for x = 1:");
        System.out.print("      sin(1)*sin(1) + cos(1)*cos(1) - 1 is ");
        System.out.println( Math.sin(1)*Math.sin(1)
                                 + Math.cos(1)*Math.cos(1) - 1 );
        System.out.println("(There can be round-off errors when"
                                + " computing with real numbers!)");
        System.out.print("\nHere is a random number:  ");
        System.out.println( Math.random() );
        endTime = System.currentTimeMillis();
        time = (endTime - startTime) / 1000.0;
        System.out.print("\nRun time in seconds was:  ");
        System.out.println(time);
    } // end main()
} // end class TimedComputation}
```

2.3.2. Operaciones en cadenas de caracteres

Un valor de tipo *String* es un objeto. Ese objeto contiene datos, a saber la secuencia de caracteres que constituye la cadena de caracteres. También contiene subrutinas. Todas estas subrutinas son de hecho funciones. Por ejemplo, cada objeto de cadena de caracteres contiene una función llamada `length` (longitud) que calcula el número de caracteres en esa cadena. Suponga que `consejo` es una variable que se refiere a un *String*. Por ejemplo, `consejo` podría haber sido declarada y asignado un valor de la siguiente manera:

```
String consejo;
consejo = "Aprovecha el día!";
```

Entonces `consejo.length()` es un llamado de función que retorna el número de caracteres en la cadena "mide el dia!". En este caso, el valor que retornaría sería 12. En general, para cualquier variable de cadena `str`, el valor de `str.length()` es un entero igual al número de caracteres en la cadena que es el valor de `str`. Note que esta función no tiene parámetros; la cadena particular cuya longitud está siendo calculada es el valor de `str`. La subrutina `length` está definida por la clase *String*, y puede ser usado con cualquier valor de tipo *String*. Aun puede ser usada con literales *String*, las cuales son, después de todo, valores constantes de tipo *String*. Por ejemplo, usted podría hacer que un programa cuente los caracteres en "Hola Mundo!" para usted diciendo

```
        System.out.print("The number of characters in ");
        System.out.println("the string \"Hello World\" is ");
        System.out.println( "Hello World".length() );
```

La clase *String* define muchas funciones. Aquí hay algunas que usted podría encontrar útiles. Asuma que `s1` y `s2` se redieren a valores de tipo *String*:

`s1.equals(s2)` es una función que retorna un valor **boolean**. Retorna **true** si `s1` consiste de exactamente la misma secuencia de caracteres que `s2`, y retorna **false** en caso contrario.

s1.equalsIgnoreCase(s2) es otra función booleana que verifica si s1 es la misma cadena que s2, pero eta función considera mayúsculas y minúsculas como equivalentes. Por lo tanto, si s1 es "gato", entonces s1.equals("Gato") es false, mientras s1.equalsIgnoreCase("Gato") es true.

s1.length() como se mencionó antes, es una función de valor entero que da el número de caracteres en s1.

s1.charAt(N), donde N es un entero, retorna un valor de tipo **char**. Retorna el enésimo caracter en la cadena. Las posiciones son numeradas partiendo de cero, así s1.charAt(0) es de hecho el primer caracter, s1.charAt(1) es el segundo, y así sucesivamente. La posición final es s1.length() { 1. Por ejemplo, el valor de "Gato".charAt(1) es 'a'. Un error ocurre si el valor del parámetro es menor que cero o mayor que s1.length() { 1.

s1.substring(N,M), donde N y M son enteros, retorna un valor tipo *String*. El valor retornado consiste de los caracteres en s1 en posición N, N+1, ..., M-1. Note que el caracter en la posición M no está incluido. El valor retornado es llamado una subcadena de s1.

s1.indexOf(s2) retorna un entero. Si s2 ocurre como una subcadena de s1, entonces el valor retornado es la posición inicial de esa subcadena. De otra manera, el valor retornado es -1. Usted también puede usar s1.indexOf(ch) para buscar un caracter particular, ch, en s1. Para encontrar la primera ocurrencias de x en o después de la posición N, usted puede usar s1.indexOf(x, N).

s1.compareTo(s2) es una función de valor entero que compara dos cadenas. Si las cadenas son iguales, el valor retornado es cero. Si s1 es menor que s2, el valor retornado es un número menor que cero, si s1 es mayor que s2, el valor retornado es algún número mayor que cero. (Si ambas cadenas consisten completamente de letras minúsculas, entonces "mayor que" y "menor que" se refieren a orden alfabético. De otra manera, el orden es más complicado).

s1.toUpperCase() es una función string que retorna una nueva cadena que es igual a s1, excepto que cada letra minúscula en s1 ha sido convertida a letra mayúscula. Por ejemplo, (Gato).toUpperCase() es la cadena "GATO" tambien hay una función s1.toLowerCase().

s1.trim() es una función string que retorna una nueva cadena que es igual a s1 excepto que cualquier caracter no imprimible tal como espacios y tabs han sido eliminados del inicio y el final de la cadena. Por lo tanto, si s1 tiene valor "fred ", entonces s1.trim() es la cadena "fred".

Para las funciones s1.toUpperCase(), s1.toLowerCase() y s1.trim(), note que el valor de s1 no es modificado. En vez de eso una nueva cadena es creada y retornada como el valor de la función. El valor retornado podría ser usado, por ejemplo, en una declaración de asignación tal como "letraMinuscula = s1.toLowerCase();". Para cambiar el valor de s1, usted podría utilizar una asignación "s1 = s1.toLowerCase();".

* * *

Aquí hay otro hecho extremadamente útil acerca de las cadenas: usted puede utilizar el operador mas, +, para **concatenar** dos cadenas. La concatenación de dos cadenas es una nueva cadena que consiste de todos los caracteres de la primera cadena seguidos por todos los caracteres de la segunda cadena. Por ejemplo, "Hola" + "Mundo" se evalua como "HolaMundo". (Si usted quiere ver un espacio en la cadena concatenada, debe estar en alguna parte en los datos de entrada, como en "Hola " + "Mundo").

Supongamos que nombre es una variable de tipo *String* y que se refiere al nombre de una persona usando el programa. Entonces el programa podría saludar al usuario ejecutando la declaración:

```
System.out.println("Hola, " + nombre + ". Gusto en conocerte!");
```

2.3. OBJETOS Y SUBRUTINAS

Aun más sorprendente es que de hecho usted puede concatenar valores de **cualquier** tipo en un *String* usando el operador +. El valor es convertido en una cadena, justo como sería si usted lo imprime en la salida normalizada, y entonces lo concatena en la cadena. Por ejemplo, la expresión "Numero" + 42 evalua la cadena "Numero42". Y las declaraciones

```
System.out.print("After ");
System.out.print(years);
System.out.print(" years, the value is ");
System.out.print(principal);
```

Pueden ser reemplazadas por la declaración sencilla:

```
System.out.print("After " + years +
                " years, the value is " + principal);
```

Obviamente, esto es muy conveniente. Simplificaría algunos de los ejemplos presentados anteriormente en este capítulo.

2.3.3. Introducción a los Enumeradores.

Java viene con 8 tipos primitivos preconstruidos y un gran grupo de tipos que son definidos por clases, tales como los *String*. Pero aun esta gran colección de tipos no es suficiente para cubrir todas las posibles situaciones con las que un programador podría tratar. Por tanto, una parte esencial de Java, como casi cualquier otro lenguaje de programación, es la capacidad para crear **nuevos** tipos. Pero nosotros veremos acá un caso particular: la habilidad para definir *enums* (abreviación para tipos *enumerados*). Los enums son una adición reciente a Java. Ellos fueron solo adicionados en la versión 5.0. Muchos lenguajes de programación tienen algo similar, y mucha gente cree que los enums debieron haber sido parte de Java desde el principio.

Técnicamente, un enum es considerado como un tipo especial de clase, pero eso no es importante por ahora. En esta sección, veremos a los enums en una forma simplificada. En la práctica, la mayoría de los usos de los enums solo necesitaran la forma simplificada que se presenta acá.

Un enum es un tipo que tiene una lista fija de posibles valores, lo cual es especificado cuando el enum es creado. De alguna manera, un enum es similar al tipo de dato **boolean**, el cual tiene a **true** y **false** como sus únicos posibles valores. Aunque, **boolean** es un tipo primitivo, mientras que un enum no.

La definición de un tipo de enum tiene la forma (simplificada):

enum ⟨nombre-del-tipo-enum⟩ ⟨lista-de-valores-enum⟩

Esta declaración no puede ir dentro de una subrutina. Usted puede colocarla **fuera** de la rutina main() del programa. El ⟨nombre del tipo enum⟩ puede ser cualquier identificador simple. Este identificador se convierte en el nombre del tipo enum, de la misma forma que "boolean" es el nombre del tipo **boolean** y "string" es el nombre del tipo *String*. Cada valor en la ⟨lista de valores enum⟩ debe ser un identificador simple, y los identificadores en la lista están separados por coma. Por ejemplo, aquí está la definición de un tipo enum llamado Temporada cuyos valores son los nombres de las cuatro estaciones del año:

enum Estación {PRIMAVERA, VERANO, OTONO, INVIERNO}

Por convención, para los valores enums se usan nombres que son hechos con letras mayúsculas, pero eso es un estilo guía y no una regla de sintaxis. Los valores enum no son variables. Cada valor es una *constante* que siempre tiene el mismo valor. De hecho los posibles valores de un tipo enum son usualmente referidos como **constantes enums**.

Note que las constantes enum del tipo estación son consideradas como que están contenidas en estación, lo cual significa – siguiendo la convención de que los identificadores compuestos son usados por cosas que están contenidas en otras cosas – los nombres que usted de hecho usa en su programa para referirse a ellos son `Estacion.PRIMAVERA`, `Estacion.VERANO`, `Estacion.OTONO`, `Estacion.INVIERNO`.

Una vez que un tipo enum ha sido creado, puede ser usado para declarar variables en exactamente de la misma manera que otros tipos son usados. Por ejemplo, usted puede declarar una variable llamada `vacaciones` del tipo `Estación` con la declaración:

`Estacion vacaciones;`

después de declarar la variable, usted le puede asignar un valor usando una declaración de asignación. El valor del lado derecho de la asignación puede ser una de las constantes enum del tipo estacion. Recuerde usar el nombre completo de la constante, incluyendo "Estacion!" por ejemplo:

`vacacion = estacion.VERANO;`

Usted puede imprimir un valor enum con una declaración de salida como `System.out.print (vacacion)`. El valor de salida será el nombre de la constante enum (sin la "estacion"). En este caso la salida sería "VERANO".

Debido a que un enum es técnicamente una clase, los valores enum son técnicamente objetos. Como objetos, ellos pueden contener subrutinas. Una de las subrutinas en todo valor enum es la llamada `ordinal()`. Cuando es usada con un valor enum, retorna el número ordinal del valor en la lista de valores del enum. El número ordinal simplemete dice la posición del valor en la lista. Eso es, `Estacion.PRIMAVERA.ordinal()` es el valor **int** 0, `Estacion.VERANO.ordinal()` es 1, `Estacion.OTOÑO.ordinal()` es 2, y `Estacion.INVIERNO.ordinal()` es 3. (¡Usted verá una y otra vez de nuevo que los científicos de computadoras les gusta comenzar a contar en cero!). Usted puede, por supuesto, usar el método `ordinal()` con una variable del tipo estación, tal como `vacacion.ordinal()` en nuestro ejemplo.

Ahora, podría parecerle que los enums no son tan útiles. A medida que usted trabaje en el resto del libro, usted debería convencerse de que lo son. Por ahora, usted debería al menos apreciarlos como el primer ejemplo de un concepto importante: crear nuevos tipos. Aquí hay un pequeño ejemplo que muestra los enums siendo usados en un programa completo.

```java
public class EnumDemo {
        // Se definen dos tipos Enum -- recuerde que la definición
        // va fuera de la rutina principal!
    enum Day { SUNDAY, MONDAY, TUESDAY, WEDNESDAY, THURSDAY, FRIDAY, SATURDAY }
    enum Month { JAN, FEB, MAR, APR, MAY, JUN, JUL, AUG, SEP, OCT, NOV, DEC }
    public static void main(String[] args) {
            Day tgif; // Declara la variable de tipo día.
            Month libra; // Declara una variable de tipo mes.
            tgif = Day.FRIDAY; // Asigna un valor del tipo día a  tgif.
            libra = Month.OCT; // Asigna un valor del tipo mes a  libra.
            System.out.print("My sign is libra, since I was born in ");
            System.out.println(libra); // El valor de salida será: OCT
            System.out.print("Eso es el ");
            System.out.print( libra.ordinal() );
            System.out.println("mes del año .");
            System.out.println(" (Contando desde 0, por supuesto!)");
            System.out.print("No es divertido obtener ");
            System.out.println(tgif); //El valor de salida será: FRIDAY
            System.out.println( tgif + " es el " + tgif.ordinal()
            + "-día de la semana.");
    // Usted puede concatenar valores enum en Strings!
```

        }
}

2.4. Entrada y Salida de Texto

Por alguna razón abismal, Java nunca ha hecho fácil la lectura de datos transcritos por el usuario de un programa. Ya usted ha visto que la salida puede ser mostrada al usuario usando la subrutina `System.out.print`. Esta subrutina es parte de un objeto predefinido llamado `System.out`. El propósito de este objeto es precisamente mostrarle salidas al usuario. Hay un objeto correspondiente llamado `System.in` que existe para leer entradas de datos del usuario, pero provee solo facilidades de entrada muy primitivas, y requiere algunas habilidades de programación avanzada de Java para usarla efectivamente.

Java 5.0 finalmente hace la entrada de datos un poco más fácil con la nueva clase *Scanner*. Aunque, se requiere algún conocimiento de programación orientada a objeto para usar esta clase. Por lo que no es apropiado para usarla aquí al inicio de este curso. (Además, en mi opinión, *Scanner* aun no hace las cosas muy bien).

Hay algunas excusas para esta falta concerniente a la entrada de datos, debido a que Java está pensado principalmente para escribir programas de Interfaz Gráfica de Usuario, y esos programas tienen su propio estilo de entrada/salida, el cual **esta** implementado en Java. Sin embargo, se requiere soporte básico para los antiguos programas no GUI. Afortunadamente, es posible **extender** a Java creando nuevas clases que proporcionen subrutinas que no están disponibles en la parte normalizada del lenguaje. Tan pronto como una nueva clase está disponible, las subrutinas que contienen pueden ser usadas exactamente de las mismas maneras que las rutinas preconstruidas.

A lo largo de estas líneas, he escrito una clase llamada *TextIO* que definen subrutinas para leer valores transcritos por el usuario en un programa no GUI. Las subrutinas en esta clase hacen posible obtener datos de entrada desde los objetos de entrada normalizados, `System.in`, sin necesidad de saber acerca de los aspectos avanzados de Java que se necesitan para usar *Scanner* o para usar *System.in* directamente. *TextIO* también contiene un grupo de subrutinas de salida. Las subrutinas de salida son similares a las suministradas en `System.out`, pero ellas facilitan algunas características adicionales. Usted puede usar cualquiera del grupo de las subrutinas de salida que usted prefiera, y usted aun puede mezclarlas en el mismo programa.

Para usar la clase *TextIO*, debe asegurarse que la clase esté disponible para su programa. Lo que significa que dependen del ambiente de programación Java que usted esté usando. En general, usted tiene que agregar el archivo de código fuente, *TextIO.java*, al mismo directorio que contiene su programa principal. Vea la sección 2.6 para mas información acerca de cómo usar *TextIO*.

2.4.1. Un Primer Ejemplo de Entrada de Texto

Las rutinas de entrada en la clase *TextIO* son funciones miembros estáticas. (Las funciones miembros estáticas fueron presentadas en la sección previa). Supongamos que usted quiere que su programa lea un entero transcrito por el usuario. La clase *TextIO* contiene una función miembro estático llamada `getlnInt` que usted puede usar para este propósito. Debido a que esta función está contenida en la clase *TextIO*, usted tiene que referirse a ella en su programa como `TextIO.getlnInt`. La función no tiene parámetros, por lo que un llamado completo a la función toma la forma `"TextIO.getlnInt()"`. Este llamado de función representa el valor **int** transcrito por el usuario, y usted tiene que hacer algo con el valor de retorno, tal como asignárselo a una variable. Por ejemplo, si entradadeusuario es una variable de tipo **int** (creada con una declaración textttïnt entradadeusuario;"), entonces usted podría usar la declaración de asignación:

`entradadeusuario = TextIO.getlnInt();`

Cuando la computadora ejecuta esta declaración, esperará a que el usuario transcriba un valor entero. El valor transcrito será retornado por la función, y será almacenado en la variable, **entradadeusuario**. Aquí hay un programa completo que utiliza `TextIO.getlnInt` para leer un número transcrito por el usuaio y luego presentar la raíz cuadrada del número que el usuario transcribe:

```
/**
 * Un programa que lee un entero que es trasncirto por el
 * usuario, calcula e imprime el cuadrado del entero.
 */
public class PrintSquare {
    public static void main(String[] args) {
        int userInput;  // El número ingresado por el ususario
        int square;     // la entrada de usuario, multiplicada por si misma.
        System.out.print("Por favor trasncriba un número: ");
        userInput = TextIO.getlnInt();
        square = userInput * userInput;
        System.out.print("la raiz cuadrada de un número es: ");
        System.out.println(square);
    } // fi de main()
} //fin de clase  PrintSquare
```

Cuando usted ejecuta este programa, le mostrará el mensaje "Por favor transcriba un número:" y esperará hasta que usted tipee una respuesta, incluyendo el pulsado de la tecla enter después del número.

2.4.2. Salida de Texto

La clase *TextIO* contiene subrutinas miembros estáticas `TextIO.put` y `TextIO.putln` que pueden ser usadas de la misma manera como `System.out.print` y `System.out.println`. Por ejemplo, aunque no hay una ventaja particular en hacerlo en este caso, usted podría reemplazar las dos líneas

```
System.out.print("El cuadrado de ese número es");
System.out.println(cuadrado);
```

Con

```
TextIO.put("El cuadrado de ese número es");
TextIO.putln(cuadrado);
```

En los próximos capítulos, usaré *TextIO* para la entrada de todos mis ejemplos, y lo usaré con frecuencia para la salida. Mantenga en mente que *TextIO* solo puede ser usado en un programa si está disponible para ese programa. No está construido dentro de Java de la misma manera que la clase *System* está.

Miremos un poco más de cerca a las subrutinas preconstruidas de salida `System.out.print` y `System.out.println`. Cada una de estas subutinas pueden ser usadas con un parámetro, donde el parámetro puede ser un valor de cualquiera de los tipos primitivos **byte, short, int,**

long, float, double, char, o boolean. El parámetro también puede ser un *String*, un valor perteneciente a un tipo enum, o ciertamente cualquier objeto. Eso es, usted puede decir "System.out.print(x);" o "System.out.println(x);", donde x es cualquier expresión cuyo valor es de cualquier tipo. La expresión puede ser una constante, una variable, o aun algo mas complicado tal como 2*d*t. Ahora, de hecho, la clase *System* incluye muchas subrutinas diferentes para manejar diferentes tipos de parámetros. Hay un System.out.print para imprimir valores del tipo **double**, uno para valores del tipo **int** otra para valores que son objetos, y así sucesivamente. Estas subrutinas pueden tener el mismo nombre debido a que la computadora le puede decir a cual usted se refiere en una subrutina dada llamada declaración, dependiendo del tipo de parámetro que usted suministre. Tener muchas subrutinas con el mismo nombre que difieren en los tipos de sus parámetros se les llama *sobrecarga*. Muchos lenguajes de programación no permiten sobrecargas pero es común en los programas Java.

La diferencia entre System.out.print y System.out.println es que la versión println imprime un retorno de carro después que su salida especifica el valor del parámetro. Hay una versión de println que no tiene parámetros, esta versión simplemente da como salida un retorno de carro, y nada más. Una declaración de llamado de subrutina para esta versión de programa se parece a "System.out.println();" con paréntesis vacíos. Note que "System.out.println(x);" es exactamente equivalente a "System.out.print(x); "System.out.println();"; el retorno de carro viene después del valor de x. (No hay versión de System.out.print sin parámetros. ¿Ve por qué?

Como se mencionó arriba, la subrutina de *TextIO*, TextIO.put y TextIO.putln pueden ser usados como reemplazo de System.out.print y System.out.println. Las funciones *TextIO* trabajan exactamente de la misma manera que las funciones System, excepto que como veremos a continuación, *TextIO* también puede ser usada para escribir a otros destinos.

2.4.3. Funciones de Entradas TextIO

La clase *TextIO* es un poco más versátil que System.out para hacer salidas. Aunque, es para entradas de datos para lo cual realmente la necesitamos.

Con *TextIO*, la entrada de datos es hecha usando funciones. Por ejemplo, TextIO.getlnInt(), la cual fue discutida anteriormente, hace que el usuario transcriba un valor de tipo **int** y retorne ese valor de entrada para que lo pueda usar en su programa. *TextIO* incluye muchas funciones para hacer lectura de diferentes tipos de datos de entrada. Aquí hay ejemplos de algunas de las cuales usted más probablemente usará:

```
j = TextIO.getlnInt(); // Lee un valor del tipo  int.
y = TextIO.getlnDouble(); //  Lee un valor del tipo double.
a = TextIO.getlnBoolean(); //  Lee un valor del tipo boolean.
c = TextIO.getlnChar(); //  Lee un valor del tipo char.
w = TextIO.getlnWord(); // Lee una  "palabra" como un valor de tipo String.
s = TextIO.getln(); // Lee una linea completa de entrada como un String.
```

Para que estas declaraciones sean legales, las variables del lado izquierdo en cada declaración de asignación ya deben haber sido declaradas y deben ser del mismo tipo que las retornadas en las funciones del lado derecho. Note cuidadosamente que estas funciones no tienen parámetros. Los valores que ellos retornan vienen del exterior del programa, transcritos por el usuario mientras que el programa se ejecuta. Para "capturar" esos datos de manera tal que se puedan usar en su programa, usted tiene que asignar el valor retornado de la función a una variable. Entonces usted será capaz de referirse al valor introducido por el usuario usando el nombre de la variable.

Cuando usted llama a una de estas funciones, usted ha garantizado que retornará un valor legal del tipo correcto. Si el usuario transcribe un valor ilegal como entrada – por ejemplo, si usted pide un **int** y el usuario transcribe un caracter no numérico o un número que está fuera del rango legal de valores que puede ser almacenado en una variable tipo entero – entonces la computadora le pedirá al usuario que reintroduzca el valor, y su programa nunca verá el primer valor ilegal que el usuario introdujo. Para `TextIO.getlnBoolean()`, al usuario se le permite transcribir en cualquiera de las siguientes formas: `true`, `false`, `t`, `f`, `yes`, `no`, `y`, `n`, `1`, o `0`. Además, se puede usar tanto letras mayúsculas como minúsculas. En cualquier caso, la entrada de usuario es interpretada como un valor `true/false`. Es conveniente usar `TextIO.getlnBoolean()`, para leer la respuesta del usuario a una pregunta yes/no.

Usted notara que hay dos funciones de entrada que retornan cadenas de caracteres. La primera, `getlnWord()`, retorna una cadena de caracteres que consiste solamente de caracteres sin espacio. Cuando es llamada, esta salta sobre cualquier espacio y retorno de carro transcrito por el usuario. Entonces lee caracteres no vacíos hasta que obtiene el próximo espacio o retorno de carro. Retorna una cadena que consiste de todos los caracteres no vacíos que ha leído. La segunda función de entrada, `getln()`, simplemente retorna una cadena de caracteres que consiste de todos los caracteres transcritos por el usuario, incluyendo espacios, hasta el próximo retorno de carro. Obtiene una línea completa de entrada de texto. El retorno de carro en sí mismo no es retornado como parte de la cadena de caracteres de entrada, pero es leída y descartada por la computadora. Note que la cadena de caracteres retornada por esta función podría ser la *cadena de caracteres vacía*, "", la cual no contiene caracteres. Usted obtendrá este valor si el usuario simplemente presiona Retornar sin transcribir nada antes.

Todas las otras funciones de entrada listadas – `getlnInt()`, `getlnDouble()`, `getlnBoolean()` y `getlnChar()` – se comportan como `getWord()` en el hecho de que saltaran cualquier espacio en blanco o retorno de carro antes de leer un valor.

Además si el usuario transcribe caracteres extras en la línea después del valor de entrada, **todos los caracteres extras serán descartados, igualmente con el retorno de carro al final de la línea**. Si el programa ejecuta otra función de entrada, el usuario tendrá que transcribir otra línea de entrada. Podría no sonar como una buena idea el descartar algunas de las entradas del usuario, pero se vuelve una de las cosas más seguras que se hacen en la mayoría de los programas. A veces usted quiere leer más de un valor de la misma línea de entrada. TextIO provee las siguientes alternativas de funciones de entrada para permitirle hacer esto:

```
j = TextIO.getInt();     // Lee un valor del tipo int
y = TextIO.getDouble();  // Lee un valor del tipo double.
a = TextIO.getBoolean(); // Lee un valor del tipo boolean.
c = TextIO.getChar();    // Lee un valor del tipo char.
w = TextIO.getWord();    // Lee una "palabra" como un valor de tipo String.
```

Los nombres de estas funciones comienzan con (get) en vez de getln. "Getln" es una abreviación e getline y podría recordarle que las funciones cuyos nombres comienzan con "getln" obtendrán una línea completa de datos. Una función sin el "ln" leerá un valor de entrada de la misma manera, pero entonces guardará el resto de la línea de entrada en una parte interna de la memoria llamada buffer de entrada. La próxima vez que la computadora quiera leer un valor de entrada, mirará en el buffer de entrada antes de pedirle entradas al usuario. Esto le permite a la computadora leer muchos valores de una línea de la entrada de usuario. Estrictamente hablando, la computadora de hecho lee solo del *buffer de entrada*. La primera vez que el programa trata de leer datos de entrada del usuario, la computadora esperará mientras que el usuario transcribe una línea entera de datos. *TextIO* almacena esa línea en el buffer de entrada hasta que los datos

2.4. ENTRADA Y SALIDA DE TEXTO

en la línea han sido leídos o descartados (po una de las funciones "getln"). al usuario **solo** se le pide transcribir cuando el buffer está vacío.

Claramente, la semántica de la entrada es mucho más complicada que la semántica de la salida! Afortunadamente, para la mayoría de las aplicaciones, es muy sencillo en la práctica. Usted solo necesita seguir los detalles si usted quiere hacer algo agradable. En particular, le recomiendo **enfaticamente** que use las versiones "getln" de las rutinas de entrada, en vez de las versiones "get" a menos que usted realmente quiera leer muchos ítems de la misma línea de entrada, precisamente porque la semántica de las versiones getln es mucho más simple.

Note, de esta manera, que aunque las funciones de entrada de *TextIO* pasarán por encima de los espacios en blanco y retorno de carro mientras buscan entradas, ellas **no** pasaran por encima de otros caracteres. Por ejemplo, si usted trata de leer dos enteros y el usuario escribe "2,3", la computadora leerá el primer número correctamente, pero cuando trate de leer el segundo número, verá la coma. El considera esto como un error y forzará al usuario a reescribir en número. Si usted quiere ingresar múltiples números en una línea, usted debería asegurarse que el usuario los separe con espacios, no comas. Alternativamente, si usted necesita una coma entre los números, use `getChar()` para leer la coma antes de leer el segundo número.

Hay otra función para la entrada de caracteres, `TextIO.getAnyChar()`, el cual no pasa por encima de espacios en blanco o retornos de carro. Simplemente lee y retorna el próximo caracter transcrito por el usuario, aun si es un espacio en blanco o retorno de carro. Si el usuario transcribe un retorno de carro, entonces el caracter retornado por `getAnyChar()` es el caracter especial alimentador de línea '\n'. También hay una función, `TextIO.peek()`, que le permite ver adelante en el próximo caracter de la entrada sin leerlo. Después que usted "mira" el próximo caracter, aun estará allí cuando usted lea el próximo ítem de entrada. Esto le permite mirar adelante y ver lo que vendrá a la entrada, así usted podrá tomar diferentes acciones dependiendo de lo que esté allí.

La clase *TextIO* le da un número de otras funciones. Para aprender más acerca de ellas, usted puede mirar los comentarios en el código fuente, TextIO.java.

(Usted podría preguntarse por qué hay solo dos rutinas de salida, `print` y `println`, las cuales pueden mostrar valores de datos de cualquier tipo, mientras hay una rutina de entrada separada para cada tipo de dato. Como se indicó arriba en realidad hay muchas rutinas `print` y `println`, una para cada tipo de dato. La computadora puede distinguirlas basándose en el tipo de parámetro que usted provea. Sin embargo, la rutina de entrada no tiene parámetro, por lo que las diferentes rutinas de entrada solo pueden ser distinguidas teniendo nombres diferentes).

* * *

Usando *TextIO* para entrada y salida, podemos mejorar el programa de la sección 2.2 para calcular el valor de una inversión. Podemos hacer que el usuario transcriba el valor inicial de una inversión y el rango de interés. El resultado es un programa mucho más útil – para una cosa, ¡tiene mas sentido ejecutarlo más de una vez!

```
/**
 * Esta clase implementa un programa sencillo que calculará
 * la cantidad de interes que gana una inversión en
 * un periodo de un año. La cantidad inicial de inversión
 * y el rango de interes son introducidos por el usuario. El valor de
 * la inversión al final del año es generado. El
 * interes debe ser introducido como un decimal, no un porcentaje (por
 * ejemplo, 0.05 en vez de 5).
 */
public class Interest2 {
```

```
    public static void main(String[] args) {
        double principal; // El valor de la inversión.
        double rate; // El rango anual de interes.
        double interest; // El interes ganado durante un año.
        TextIO.put("Intrtoduzca la inversión inicial: ");
        principal = TextIO.getlnDouble();
        TextIO.put("Introduzca la tasa de interes anual (decimal, no porcentaje!):");
        rate = TextIO.getlnDouble();
        interest = principal * rate; // Calcula el interes de este año.
        principal = principal + interest; // Lo suma a principal.
        TextIO.put("El valor de la inversión despues de un año es $");
        TextIO.putln(principal);
    } // final de main()
} // fin del clase Interest2
```

2.4.4. Salida formateada

Si usted ejecutó el ejemplo precedente **Interes2**, podría haber notado que la respuesta no siempre está escrita en el formato que es usado usualmente para cantidades en dólares. En general, las cantidades en dólares están escritas con dos dígitos después del punto decimal. Pero las salidas del programa puede ser un número como 1050.0 o 43.575. Sería mejor si estos números son impresos como 1050.0 y 43.58.

Java 5.0 presenta una capacidad para salida formateada que lo hace mucho mas fácil de lo que solía ser controlar el formato de salida de números. Muchas opciones de formateo están disponibles. Cubriré solo un poco de las posibilidades mas simples y comúnmente usadas aquí.

Usted puede utilizar la función `System.out.printf` para producir salidas formateadas. (El nombre "printf", el cual se refiere a "salida formateada", es copiada de los lenguajes de programación C y C++, los cuales siempre han tenido una capacidad de formateo similar. `System.out.printf` toma dos o más parámetros. El primer parámetro es un *String* que especifica el formato de la salida. Este parámetro es llamado la **cadena del formato**. Los parámetros restantes especifican los valores que deben salir. Aquí está una declaración que imprimirá un número en el formato apropiado para una cantidad en dólares, donde cantidad es una variable del tipo double:

`System.out.printf("%1.2f",cantidad);`

TextIO también puede hacer salida formateada. La función `TextIO.putf` tiene la misma funcionalidad que `System.out.printf`. Usando *TextIO*, el ejemplo de arriba sería: `TextIO.putf("%1.2f", cantidad);` y usted podría decir `TextIO.putf("%1.2f",principal);` en vez de `TextIO.putln (principal);` en el programa **Interes2** para obtener la salida en el formato correcto.

El formato de salida de un valor es especificado por un ***especificador de formato***. La cadena del formato (en el caso sencillo que yo cubro acá) contiene un especificador de formato para cada uno de los valores que van a ser sacados. Algunos especificadotes de formatos típicos son `%d`, `%12d`, `%10s`, `%1.2f`, `%15.8e` y `%1.8g`. Cada especificador de formato comienza con un signo de porcentaje (%). Y terminan con una letra, posiblemente con alguna otra información de formateo. La letra especifica el tipo de salida que va a ser producida. Por ejemplo, en `%d` y `%12d`, la 2d" especifica que un entero está para ser escrito. El "12" en `%12d` especifica el mínimo número de espacios que deberían ser usados para la salida. Si el entero que va a ser sacado toma menos de doce espacios, espacios vacíos adicionales son sumados en frente del entero para alcanzar el total de doce. Decimos que la salida está "justificado a la derecha en un espacio de longitud doce".

2.4. ENTRADA Y SALIDA DE TEXTO

El valor no está forzado dentro de doce espacios, si el valor tiene más de doce dígitos, todos los dígitos serán impresos sin espacios extras. El especificador `%d` significa lo mismo que `%1d`; eso es un entero será impreso usando tantos espacios como sea necesario. (La "d", de esta manera, significa "decimal" números "base 10". Usted puede usar una equis para sacar un valor entero en forma hexadecimal).

La letra "s" al final de un especificador de formato puede ser usado con cualquier tipo de valor. Significa que el valor debe salir en su formato por defecto, tal y como sería en una salida sin formato. Un número, tal como el "10" en %10s puede ser adicionado para especificar el (mínimo) número de caracteres. La "s" significa "cadena", significa que el valor es convertido en un valor *String* de la forma usual.

Los especificadores de formato para valores del tipo **double** son aun más complicados. Una "f", como en %1.2f, es usado para dar salida a un número en formato de "punto flotante", eso es con dígitos después del punto decimal. En `%1.2f`, el "2" especifica el número de dígitos a usar después del punto decimal. El "1" especifica el (mínimo) número de caracteres de salida, lo cual efectivamente significa que tantos caracteres como sean necesarios deberían ser usados. Similarmente, `%12.3f`, especificaría un formato de punto flotante con 3 dígitos después del punto decimal, justificado a la derecha en un campo de longitud 12.

Números muy grandes y muy pequeños deberían ser escritos en formato exponencial, tal como 6.00221415e23, representando "6.00221415 veces 10 elevado a la potencia de 23". Un espécificador de formato tal como `%15.8e` especifica una salida en formato exponencial, con el "8" indicando cuantos dígitos se usan después del punto decimal. Si usted usa "g" en vez de "e", la salida será en formato de punto flotante para valores pequeños y en formato exponencial para valores grandes. En `%1.8g`, el 8 da el número total de dígitos en la respuesta, incluyendo ambos los dígitos antes del punto decimal y los dígitos después del punto decimal.

Adicionalmente al especificador de formatos, el formato *String* en una declaración `printf` puede incluir otros caracteres. Estos caracteres extra son copiados a la salida. Esto puede ser una vía conveniente para insertar valores en el medio de una salida *String*. Por ejemplo, si x y y son variables del tipo **int**, usted podría decir

`System.out.printf( " El producto de%d y%d es%d" , x, y, x*y);`

Cuando esta declaración es ejecutada, el valor de x es sustituido por el primer `%d` en el *String*, el valor de y para el segundo `%d`, y el valor de la expresión x*y por la tercera, de esta manera la salida sería algo parecido a "el producto de 17 y 42 es 714" (las comillas no se incluyen en la salida).

2.4.5. Introducción a archivos de entrada/salida

`System.out` envía su salida al destino de salida conocido como "salida normalizada". Pero la salida normalizada es solo uno de los posibles destinos de salida. Por ejemplo, los datos pueden ser escritos a un ***archivo*** que es almacenado en el disco duro del usuario. La ventaja de esto, por supuesto, es que los datos son guardados en el archivo aun después de que el programa termina, y el usuario puede imprimir el archivo, enviarlo por correo electrónico a alguien mas, editarlo con otro programa, y así sucesivamente.

TextIO tiene la habilidad de escribir datos a archivos y de leer datos desde archivos. Cuando usted escribe salidas usando los métodos `put`, `putln` o `putf` en *TextIO*, la salida es enviada al ***destino de salida actual***. Por defecto el destino de salida actual es la salida normalizada. Aunque *TextIO* tiene algunas subrutinas que pueden ser usadas para cambiar el destino de salida actual. Para escribir a un archivo llamado "resultado.txt", por ejemplo, usted usaría la declaración:

```
TextIO.writeFile("resultado.txt");
```

Después de que esta declaración es ejecutada, cualquier salida desde la declaración de salida *TextIO* será enviada al archivo llamado "resultado.txt" en vez de a la salida normalizada. El archivo debería ser creado en el mismo directorio que contiene el programa. ¡Note que si un archivo con el mismo nombre ya existe, su contenido previo será borrado! En muchos casos, usted quiere permitirle al usuario la selección del archivo que será usado para la salida. La declaración

```
TextIO.writeUserSelectedFile();
```

Abrirá una típica Interfaz Gráfica de Usuario de diálogo para la selección de archivo donde el usuario puede especificar el archivo de salida. Si usted quiere volver a enviar salidas a la salida normalizada, usted puede decir:

```
TextIO.writeStandardOutput();
```

Usted también puede especificar la fuente de entrada para las variadas funciones "get" de classnameTextIO. La fuente de entrada por defecto es la entrada normalizada. Usted puede usar la declaración `TextIO.readFile("datos.txt")` para leer desde un archivo llamado datos.txt, o usted le puede permitir al usuario seleccionar el archivo de entrada diciendo `TextIO.readUser SelectedFile()`, y usted puede retornar a leer desde la entrada normalizada con `TextIO.read StandardInput()`.

Cuando su programa está leyendo desde la entrada normalizada, el usuario tiene la oportunidad de corregir cualquier valor en la entrada. Esto no es posible cuando el programa está leyendo desde un archivo. Si se encuentran datos ilegales cuando un programa trata de leer desde un archivo, ocurrirá un error que acabará la ejecución del programa. (Posteriormente, veremos que es posible "capturar" tales errores y recuperarse de ellos). También pueden ocurrir errores, aunque más raramente, cuando se escribe a archivos.

Una completa comprensión de archivos entrada/salida en Java requiere conocimiento de programación orientada a objeto. Retornaremos al tópico posteriormente, en el capítulo 11. Las capacidades de archivos de entrada/salida en *TextIO* son bastante primitivas por comparación. Sin embargo, hay suficiente para muchas aplicaciones, y ellas le permitirán obtener alguna experiencia con archivos rápidamente más temprano que tarde.

Como un ejemplo simple, aquí hay un programa que le hace algunas preguntas al usuario y envía la respuesta del usuario a un archivo llamado "perfil.txt":

```
public class CreateProfile {
    public static void main(String[] args) {
        String name; // El nombre del ususario.
        String email; // La dirección de e - mail del usuario.
        double salary; // El salario anual del usuario.
        String favColor; // El color favorito del usuario.
        TextIO.putln("Buenas tardes! Este programa creará");
        TextIO.putln("su archivo de perfil, si usted responde");
        TextIO.putln("algunas preguntas simples.");
        TextIO.putln();
        /* Respuesta del usuario. */
        TextIO.put("Cuál es su nombre? ");
        name = TextIO.getln();
        TextIO.put("Cuál es su dirección de correo electrónico? ");
        email = TextIO.getln();
        TextIO.put("Cuál es su ingreso anual? ");
```

```
            salary = TextIO.getlnDouble();
            TextIO.put("Cuál es su color favorito? ");
            favColor = TextIO.getln();
            /* Escribe la información del usuario al archivo llamado profile.txt. */
            TextIO.writeFile("profile.txt"); // La salida va al archivo
            TextIO.putln("Nombre: " + name);
            TextIO.putln("Email: " + email);
            TextIO.putln("Color Favorito: " + favColor);
            TextIO.putf( "Ingresos Anuales: \%1.2f\n", salary);
            // La "/n"en la línea previa es un retorno de carro.
            /* Imprime un mensaje final en la salida estandard. */
            TextIO.writeStandardOutput();
            TextIO.putln("Gracias. Su perfil ha sido escrito en profile.txt.");
         }
      }
```

2.5. Detalles de las expresiones

Esta sección toma una mirada más cercana a las expresiones. Recordemos que una expresión es una parte de un código de programa que representa o calcula un valor. Una expresión puede ser un literal, una variable, un llamado de función o mucho de estas cosas combinadas con operadores tales como + y >. El valor de la expresión puede ser asignado a una variable, usado como un parámetro en un llamado de subrutina o combinado con otros valores dentro de una expresión más complicada. (El valor aun puede en algunos casos, ser ignorado, si eso es lo que usted quiere hacer. Esto es más común de lo que usted podría pensar). Las expresiones son una parte esencial de la programación. Hasta ahora, estas notas solo han tratado informalmente con las expresiones. Esta sección le dice más o menos la historia completa (descartando algunos de los operadores menos comúnmente usado).

Los bloques de construcción básicos de las expresiones son los literales (tales como `674`, `3.14`, `true`, y `'X'`), variables y llamados de función. Recordemos que una función es una subrutina que retorna un valor. Usted ya ha visto algunos ejemplos de funciones, tales como la rutina de entrada de la clase *TextIO* y las funciones matemáticas de la clase *Math*.

La clase *Math* también contiene un par de constantes matemáticas que son útiles en las expresiones matemáticas: `Math.pi` representa π (El radio de la circunferencia de un círculo con respecto a su perímetro), y `Math.E` que representa e (la base de los logaritmos naturales). Estas "constantes" son de hecho variables miembros de tipo **double** en *Math*. Ellas son solo aproximaciones para las constantes matemáticas, las cuales requieren un infinito números de dígitos para especificarlas exactamente.

Literales, variables, y llamados de función son expresiones simples. Expresiones más complejas pueden ser construidas usando *operadores* para combinar expresiones más simples. Los operadores incluyen + para sumar dos números, > para comparar dos valores y así sucesivamente. Cuando muchos operadores aparecen en una expresión, hay una cuestión de *precedencia*, la cual determina como los operadores son agrupados para su evaluación. Por ejemplo, en la expresión `"A+B*C"`, `B*C` es calculado primero y entonces el resultado es sumado a `A`. Decimos que la multiplicación (`*`) tiene una *precedencia más alta* que la adición (+). Si la precedencia por defecto no es lo que usted quiere, usted puede usar paréntesis para especificar explícitamente la agrupación que usted desea. Por ejemplo, usted podría usar `"(A+B)*C"` si usted quiere suma `A+B` primero y entonces multiplicar el resultado por `C`.

El resto de esta sección le da detalles de los operadores en Java. El número de operadores en Java es bastante largo, y no los cubriré todos aquí. La mayoría de los más importantes están aquí; unos pocos serán cubiertos en capítulos posteriores cuando se vuelvan relevantes.

2.5.1. Operadores Aritméticos

Los operadores aritméticos incluyen adición, sustracción, multiplicación y división. Ellos son indicados por medio de +,-,* y /. Estas operaciones pueden ser usadas en valores de cualquier tipo numérico: **byte, short, int, long, float o double**. Cuando la computadora de hecho calcula una de estas operaciones, los dos valores que combinan deben ser del mismo tipo. Si su programa le dice a la computadora que combine dos valores de diferentes tipos, la computadora convertirá uno de los valores de un tipo a otro. Por ejemplo, para calcular 37.4+10, la computadora convertirá el entero 10 al número real 10.0 y entonces calculará 37.4+10.0. Esto es llamado una *conversión de tipos*. Ordinariamente usted no tiene que preocuparse acerca de la conversión de tipos en expresiones, porque la computadora lo hace automáticamente.

Cuando 2 valores numéricos son combinados (después de hacer conversión de tipos en uno de ellos, si es necesario), la respuesta será del mismo tipo. Si usted multiplica 2 enteros, usted logra un entero; si usted multiplica 2 **double**s, usted logra un **double**. Esto es lo que usted esperaría, pero usted tiene que ser muy cuidadoso cuando usa el operador de división /. Cuando usted divide 2 enteros, la respuesta siempre será un entero; si el cociente tiene una parte fraccional, esta es descartada. Por ejemplo, el valor de 7/2 es 3, no 3.5. Si N es una variable entera, entonces N/100 es un entero, y 1/N es igual a 0 para cualquier N mayor que 1. Este hecho es una fuente común de errores de programación. Usted puede forzar a la computadora para que calcule un número real como respuesta haciendo a uno de los operadores real: por ejemplo, cuando la computadora evalúa 1.0/N, primero convierte N a un número real con la finalidad de ajustarse al tipo de 1.0, por lo que usted obtiene un número real como respuesta.

Java también tiene un operador para calcular el residuo cuando un entero es dividido por otro. Este operador es indicado por %. Si A y B son enteros, entonces A % B representa el residuo cuando A es dividido entre B. (Aunque, para operandos negativos, % no es el mismo que el usual operador matemático "módulo", debido a que si uno de A o B es negativo, entonces el valor de A % B será negativo). Por ejemplo, 7 % 2 es 1, mientras 34577 % 100 es 77, y 50 % 8 es 2. Un uso común de % es para evaluar si un entero dado es par o impar. N es par si N % 2 es 0, y es impar si N % 2 es 1. Más generalmente, usted puede verificar si un entero es eventualmente divisible entre un entero M verificando si N % M es 0.

Finalmente, usted podría necesitar el operador **menos unitario**, el cual toma el valor negativo de un número. Por ejemplo, -X tiene el mismo valor que (-1)*X. Para completitud, Java también tiene un operador unitario de adición, como en +X, aunque en realidad no hace nada.

De esta manera, recordemos que el operador + también puede ser usado para concatenar un valor de cualquier tipo dentro de un *String*. Esto es otro ejemplo de conversión de tipos. En Java, cualquier tipo puede ser convertido automáticamente en un tipo *String*.

2.5.2. Incremento y Decremento

usted encontrará que sumar 1 a una variable es una operacion extremadamente comun en programacion. Sustraer 1 de una variable es tambien muy comun. Usted podria ejecutar la operacion de sumar 1 a una variable con declaracion de asignacion tales como:

```
contador = contador + 1;
anotaciones = anotaciones + 1;
```

2.5. DETALLES DE LAS EXPRESIONES

el efecto de la declaración de asignación `x = x + 1` es tomar el viejo valor de la variable `x`, calcular el resultado de sumarle 1 a ese valor, y almacenar la respuesta como el nuevo valor de `x`. La misma función puede ser realizada escribiendo `x++` (o, si usted prefiere, `++x`). esto de hecho cambia el valor de `x`, por lo que tiene el mismo efecto que escribir "`x = x + 1`". las dos declaraciones arriba indicadas podrian ser reescritas como:

```
contador ++;
anotaciones++;
```

Similarmente, usted podria escribir `x--` (o `--x`) para sustraer 1 de `x`. Eso es, `x--` ejecuta la misma acción como `x = x - 1`. Sumar 1 a una variable es llamado *incrementar* esa variable, y sustraer 1 es llamado *decrementar*. Los operadores `++` y `--` son llamados los operadores incrementales y decrementales, respectivamente. Estos operadores pueden ser usados en variables que pertenezcana cualquier tipo numerico y tambien en varibales de tipo **char**.

Usualmente, los operadores ++ o – son usados en declaraciones tales como "`x++;`" o"`x--;`". estas declaraciones son comandos para cambiar el valor de `x`. Aunque, tambien es legal usar `x++, ++x, x--, o --x` como expresiones, o como partes de expresiones más largas. Eso es usted podria escribir cosas como:

```
y = x++;
y = ++x;
TextIO.putln(--x);
z = (++x)*(y--);
```

La declaración `y = x++;` tiene el efecto de sumar 1 al valor de `x` y, en adición, asignar algún valor a `y`. El valor asignado a `y` es el valor de la expresión `x++`, la cual es definida como el valor **antiguo** de `x` antes de sumarle 1. De esa manera, si el valor de `x` es 6, la declaración `y = x++;` cambiará el valor de `x` a 7, pero cambiará el valor de `y` a 6, debido a que el valor asignado a `y` es el valor **antiguo** de `x`. Por otro lado, el valor de `++x` es definido para ser el valor nuevo de `x`, despues de que se le suma 1. Por eso si `x` es 6, entonces la declaración `y = ++x;` cambia el valor de ambos `x` y `y` a 7. el operador decremental, –, trabaja de una manera similar. Esto puede ser confuso. Mi consejo es: no se confunda. Use ++ y - - solo en declaraciones individuales , no en expresiones. Seguiré este consejo en todos los ejemplos de estas notas.

2.5.3. Operadores Relacionales

Java tiene variables booleanas y expresiones de valores booleanos que pueden ser usados para expresar condiciones que pueden ser tanto **true** como **false**. Una manera de formar una expresión de valor booleano es comparar dos valores usando un operador relacional. Los operadores relacionales son usados para probar si dos valores son iguales, si un valor es mayor que otro, y así sucesivamente. Los operadores relacionales en Java son: $==, !=, <, >, \geq$ y $\leq$.

```
A == B          ¿es A ``igual a'' B?
A != B          ¿es A ``distinto a'' B?
A < B           ¿es A ``menor que'' B?
A > B           ¿es A ``mayor que'' B?
A <= B          ¿es A ``menor o igual que'' B?
A >= B          ¿es A ``mayor o igual que'' B?
```

Estos operadores pueden ser usados para comparar valores de cualquier tipo numérico. Tambien pueden ser usados para comparar valores del tipo **char**. Para caracteres, $<$ y $>$ estan definidos de acuerdo al valor numérico Unicode de los caracteres. (Esto podria no ser siempre lo que usted quiere. No es lo mismo que el orden alfabético debido a que todas las letras mayusculas vienen antes de todas las letras minusculas).

Cuando se usan expresiones booleanas, usted deberia recordar que en lo concerniente a la computadora, no hay nada de especial acerca de los valores booleanos. En el proximo capitulo, usted verá como usarlos en declaraciones de bucles y bifurcaciones. Pero usted tambien puede asignar expresiones de valores booleanos a variables booleanas, tal y como usted puede asignar valores numéricos a variables numéricas.

De esta manera, los operadores = = y ! = pueden ser usados para comparar valores booleanos. Esto es ocasionalmente muy util. Por ejemplo, puede comprender lo que hace:

```
boolean mismoSigno;
mismoSigno = ((x > 0) = = (y > 0));
```

Una cosa que usted **no puede** hacer con los operadores relacionales $<, >, \leq, y \geq$ es usarlos para comparar valores de tipo *String*, pues debido a la peculiaridad de como los objetos se comportan, ellos podrian no darle los resultados que usted espera. (el operador = = verifica si dos objetos estan almacenados en la misma locación de memoria, en vez de que ellos contengan el mismo valor. Ocasionalmente, para algunos objetos, usted no le interesa hacer tal verificación – pero raramente para los *String*. Volveré a esto en un capitulo posterior). En vez de esto, usted deberia usar la subrutina `equals()`, `equalsIgnoreCase()`, y `compareTo()`, las cuales fueron descritas en la sección 2.3, para comparar dos *String*.

2.5.4. Operadores Booleanos

En Inglés, condiciones complicadas pueden ser formadas usando las palabras "and", "or", y "not". Por ejemplo, "si hay un examen **y** usted **no** estudia para él...". "And", "or", y "not" son ***operadores booleanos***, y existen en Java así como en el Inglés.

En Java, el operador booleano "and" es representado con &&. El operador && es usado para comparar dos operadores boleanos. El resultado también es un valor booleano. El resultado es `true` si la combinación de **ambos** valores es `true`, y el resultado es `false` si **cualquiera** de la combinación de los valores es `false`. Por ejemplo, "(x = = 0) && (y = = 0)" es verdad si y solo si ambos, tanto x como y, son iguales a 0.

El operador booleano "or" es representado por ||. (Eso se supone ser 2 de los caracteres de línea vertical ||). La expresión "A || B" es `true` si y solo si A es `true` o B es `true`, o ambas son `true`. "A || B" es `false` solo si ambas A y B son `false`.

Los operadores && y || se dice que son versiones ***cortocircuitadas*** de los operadores booleanos. Esto significa que el segundo operador de && o || no es necesariamente evaluado. Considere la prueba

```
(x != 0) &&  (y/x > 1).
```

Suponga que el valor de x es de hecho 0. En ese caso la división y/x es matemáticamente indefinida. Sin embargo, la computadora nunca ejecutará la división, debido a que cuando la computadora evalúa (x != 0), encuentra que el resultado es `false`, y entonces sabe que ((x != 0) **cualquier cosa**) tiene que ser `false`. Por lo tanto, no se molesta en evaluar el segundo operando, (y/x >1). La evaluación ha sido cortocircuitada y la división entre 0 es evitada. Sin el cortocircuito abría habido una división entre 0. (Esto podría parecer un tecnicismo, y lo es. Pero a veces, hará su vida programática un poco más fácil).

El operador booleano "not" es un operador unitario. En Java, es indicado por ! y es escrito en frente de su operando individual. Por ejemplo, si test es una variable booleanas entonces

```
test = !test;
```

2.5. DETALLES DE LAS EXPRESIONES

Cambiará el valor de `test`, cambiando de `true` a `false` o de `false` a `true`.

2.5.5. Operador Condicional

Cualquier buen lenguaje de programación tiene algunas pequeñas características ágiles que no son realmente necesarias pero que son realmente divertida cuando las usas. Java tiene el operador condicional. Es un operador ternario – eso es, tiene 3 operadores – y vienen en 2 partes, ? y :, eso tiene que ser usado junto. Toma la forma

⟨*expresión - booleana*⟩ ? ⟨*expresión 1*⟩ : ⟨*expresión 2*⟩

La computadora prueba el valor de ⟨**expresión booleanas**⟩ si el valor es verdad, evalúa la ⟨*expresión 1*⟩; de otra manera evalúa la ⟨*expresión 2*⟩. Por ejemplo:

```
proximo = (N \% 2 = = 0)? (N / 2) : (3*N+1);
```

Asignará el valor N/2 a proximo si N es par (eso es, si N % 2 = = 0 es `true`), y le asignará el valor (3*N+1) a `próximo` si N es impar. Los paréntesis en este ejemplo no son necesarios, pero ellos hacen a la expresión más fácil de leer.

2.5.6. Operadores de Asignación y Type Casts

Ya usted está familiarizado con la declaración de asignación la cual usa el símbolo "=" para asignar el valor de una expresión a una variable. De hecho, = es realmente un operador en el sentido que una asignación puede en si misma ser usada como una expresión o como parte de una expresión más compleja. El valor de una asignación tal como A = B es lo mismo que el valor asignado a A. De esa manera, si usted quier asignar el valor de B a A y probar al mismo tiempo si ese valor es cero, usted podría decir:

```
sí ((A = B) = = 0)...
```

Usualmente, yo diría, **no haga cosas así!**

En general, el tipo de expresiones en el lado derecho de una declaración de asignación debe ser del mismo tipo de variable del lado izquierdo. Aunque, en algunos casos, la computadora convertirá automaticamente el valor calculado por la expresión para ajustarse al tipo de variable. Considere la lista de tipos numéricos: **byte, short, int, long, float, double**. Un valor de un tipo que ocurre previamente en esta lista puede ser convertido automáticamente a un valor que ocurre posteriormente. Por ejemplo:

```
int A;
double X;
short B;
    A = 17;
    X = A; // OK; A es convertido a double
    B = A;// ilegal, no hay conversión automática de int a short
```

La idea es que la conversión debería ser hecha solamente cuando puede ser hecha sin cambiar la semántica del valor. Cualquier **int** puede ser convertido a **double** con el mismo valor numérico. Aunque, hay valores enteros que se ubican fuera del rango legal de **shorts**. No hay simplemente ninguna manera para representar en **int** 100000 como un **short**, por ejemplo, debido a que el valor más largo del tipo **short** es 32767.

En algunos casos, usted podría forzar una conversión que no seria hecha automáticamente. Para esto, podría usar lo que se conoce como *type cast*. Un type cast es indicado colocando el nombre de un tipo, en paréntesis, en frente del valor que usted quiere convertir. Por ejemplo,

```
    int A;
    short B;
       A = 17;
       B = (short)A;  // OK; A es explicitamente type cast
                      // a un valor de type short
```

Usted puede hacer encasillar desde cualquier tipo numérico a cualquier otro tipo numérico. Aunque, usted debería notar que podría cambiar el valor numérico de un número encasillándolo. Por ejemplo, **short** (100000) es -31072. (El -31072 es obtenido tomando los cuatro bytes enteros 100000 y desechando dos de esos bytes para obtener un **short** – usted ha perdido la información real que estaba en esos dos bytes).

Como otro tipo de encasillamiento, considere el problema de obtener un entero aleatorio entre uno y seis. La función Math.random() da un número real entre 0.0 y 0.999..., y así 6*Math.random() esta entre 0.0 y 5.999... el operador de encasillamiento, (int), puede ser usado para convertir esto en un entero; (int)(6*Math.random()). Un número real es encasillado como entero descartando la parte fraccional. De esta manera, (int)(6*Math.random()) es uno de los enteros 0, 1, 2, 3, 4, y 5. Para obtener un número entre 1 y 6, le podemos sumar 1: "(int)(6*Math.random())+1".

Usted también puede encasillar entre el tipo **char** y los tipos numéricos. El valor numérico de un **char** es su código numérico Unicode. Por ejemplo, (char) 97 es 'a', e (int) '+' es 43. (Aunque, un tipo de conversión de **char** a **int** es automático y no tiene que ser indicado con un encasillamiento de tipo explícito).

Java tiene muchas variaciones en los operadores de asignación, los cuales existen para ahorrar transcripción. Por ejemplo, A + =B es definido para ser lo mismo que A = A + B. Cada operador en Java que aplica a dos operadores se puede aplicar a un operador de asignación similar. Por ejemplo:

```
x -= y;   // same as:  x = x - y;
x *= y;   // same as:  x = x * y;
x /= y;   // same as:  x = x / y;
x \%= y;  // same as:  x = x \% y; (para los enteros  x y y)
q &&= p;  // same as:  q = q && p; (para booleanos q y p)
```

El operador de asignación combinado += también trabaja con cadenas de caracteres. Recordemos que cuando el operador + es usado cuando una cadena de caracteres es uno de los operadores, esto representa una concatenación. Debido a que str += x es equivalente a str = str + x, cuando += es usado con una cadena de caracteres en el lado izquierdo, agrega el valor en el lado derecho de la cadena. Por ejemplo, si str tiene el valor "tire", entonces la declaración str += 'd'; cambia el valor de str a "tired".

2.5.7. Conversión de tipos de Strings

En adición a la conversión automática de tipos y encasillamiento de tipos explícitos, hay algunos otros casos donde usted podría querer convertir un valor de un tipo en un valor de tipo diferente. Un ejemplo común es la conversión de un valor de tipo *String* en algún otro tipo, tal como convertir la cadena "10" en el valor **int** 10 o el string "17.42e-2" en el valor **double** 0.17242. En Java, estas conversiones son manejadas por funciones preconstruidas.

Hay una clase normalizada llamada *Integer* que contiene muchas subrutinas y variables relacionadas con el tipo de dato **int**. (Recordemos que debido a que **int** no es una clase, **int** en si misma no puede contener ninguna subrutina o variable). En particular, si str es cualquiera expresión de tipo *String*, entonces Integer.parseInt(str) es un llamado de función que convierte el valor de str en un valor del tipo **int**. Por ejemplo, el valor de Integer.parseInt("10") es el valor **int** 10. Si el parámetro en Integer.parseInt no representa un valor **int** legal entonces ocurre un error.

Similarmente, la clase normalizada llamada *Double* incluye una función Double.parseDouble que trata de convertir un parámetro del tipo *String* en un valor del tipo **double**. Por ejemplo, el valor del llamado de función Double.parseDouble("3.14") es el valor **double** 3.14. (Por supuesto, en la práctica, el parámetro usado en Double.parseDouble o Integer.parseInt sería una variable o expresión en vez de una cadena constante).

Las funciones de conversión de tipos también existe para convertir cadenas en valores de tipo enumerados. (Los tipos enumerados, o enums, fueron introducidos en la subsección 2.2.3. Para cualquier tipo de enum, una función predefinida llamada valueOf está automáticamente definida para ese tipo. Esta es una función que toma una cadena como parámetro y trata de convertirla en un valor que pertenece al enum. La función valueOf es parte del tipo enum, por lo que el nombre del tipo enum es parte del nombre completo de la función. Por ejemplo, si un enum *Suit* es definido como

```
enum Suit {espada, diamante, club, corazón}
```

Entonces el nombre de la función para conversión de tipo sería Suit.valueOf. El valor de la función llamada Suit.valueOf(çlub") sería el valor del tipo enumerado Suit.club. Para que la conversión sea exitosa, la cadena de caracteres debe ajustarse exactamente al nombre simple de una de las constantes de tipo enumerado (**sin** el "Suit" en frente).

2.5.8. Reglas de Precedencia

Si usted usa múltiples operadores en una expresión, y si usted no usa paréntesis para indicar explícitamente el orden de la evaluación, entonces usted tendrá que preocuparse acerca de las reglas de precedencia que determinan el orden de la evaluación. (Consejo: no se confunda usted mismo o el lector de su programa; use paréntesis libremente). Aquí hay una lista de los operadores discutidos en esta sección, listados en orden desde la más alta precedencia (evaluados primero) a las más baja precedencia (evaluados de último):

```
Operador unitario: ++, --, !,unitario  - y +, type-cast
Multiplicación y división: *, /, \%
Adición y substración: +, -
Operadores relacionales: <, >, <=, >=
Igualdad y desigualdad: ==, !=
Booleano Y: &&
Booleano O: ||
Operador condicional: ?:
Operador de asignación: =, +=, -=, *=, /=, \%=
```

Los operadores en la misma línea tienen la misma precedencia. Cuando los operadores de la misma precedencia están juntos en la ausencia de paréntesis, el operador unitario y los operadores de asignación son evaluados de la derecha hacia la izquierda, mientras los operadores restantes son evaluados de izquierda a derecha. Por ejemplo, A*B/C significa (A*B)/C, mientras A = B= C significa A = (B = C). (¿Puede ver como la expresión A = B = C podría ser útil, dado que el valor de B = C como una expresión es el mismo valor que es asignado a B?).

2.6. Ambientes de Programacion

Aunque el lenguaje Java está altamente normalizado, el proceso para crear, compilar y editar los programas Java varía ampliamente de un ambiente de programación a otro. Hay dos propuestas básicas: un ***ambiente de línea de comandos***, donde el usuario transcribe comandos y la computadora responde, y un ***ambiente integrado de desarrollo*** (IDE), donde el usuario usa el teclado y el ratón para interactuar con una Interfaz Gráfica de Usuario. Mientras hay una ambiente de línea de comando común, hay una amplia variedad de IDEs.

No puedo darle una completa o definitiva información sobre los ambientes de programación Java en esta sección, pero trataré de darle suficiente información que le permita compilar y ejecutar los ejemplos de este libro de texto, al menos desde un ambiente de línea de comando. Hay muchos IDEs, y yo no puedo cubriros todos aquí. Me concentraré en ***Eclipse***, uno de los más populares IDEs para la programación en Java, pero algo de la información que es presentada acá aplicará a otos IDEs también.

Una cosa para tener en mente es que usted no tiene que pagar nada para programar en Java (además de comprar una computadora, por supuesto). Todo lo que necesita puede ser descargado gratuitamente de Internet.

2.6.1. Java Development Kit (Juego de Herramientas de Java)

El sistema de desarrollo básico para programación en Java es usualmente referido como el JDK (Juego de Herramientas de Java). Este es parte del J2SE, la Plataforma de la Edición Normalizada de Java 2. Este libro requiere J2SE versión 5.0 o superior. Confusamente, el ***JDK*** que es parte del J2SE versión 5.0 es a veces referida como el JDK 1.5 en vez de 5.0. Note que J2SE viene en dos versiones, versión con Juego de Herramientas de Desarrollo y versión de Ejecución. La versión de Ejecución puede ser usada para ejecutar los programas y visualizar los applets de Java en páginas Web pero no le permite compilar sus propios programas Java. El Juego de Herramientas de Java incluye la versión de Ejecución y lo adiciona al JDK el cual le permite compilar programas. Usted necesita un JDK para usar con este libro de texto.

Java fue desarrollado por Sun Microsystem, Inc., la cual hace disponible su JDK para Windows y Linux para descarga gratuita en su página Web de Java, java.sun.com. Si Usted tiene una computadora con Windows, debería haber venido con una versión de Ejecución de Java, pero usted podría aun necesitar el JDK. Algunas versiones de Linux vienen con el JDK ya instalado por defecto o en los medios de instalación. Si Usted necesita descargar e instalar el JDK, asegúrese de obtener el JDK 5.0 (o superior). Para junio, 2009, la versión corriente del JDK es **JDK 6**, y pueda ser descargado de http://java.sun.com/javase/downloads/index.jsp.

Mac OS viene con Java. La versión incluida con Mac OS 10.5 es 5.0, pero 6.0 está instalado por medio de recientes actualizaciones de software.

Si un JDK está instalado en su computadora, usted puede usar el ambiente de líneas de comandos para compilar y ejecutar los programas Java. Algunos IDEs dependen del JDK, por eso si usted planea usar un IDE para programar, usted aun podría necesitar a JDK.

2.6.2. Ambiente de Líneas de Comando

Muchos usuarios de computadoras modernas encuentran muy extraño e intuitivo al ambiente de líneas de comandos. Es ciertamente muy diferente de las interfaces gráficas de usuarios a las que las personas están acostumbradas. Solo toma un poco de práctica aprender lo básico del ambiente de líneas de comandos y el hacerse productivo usándolo.

Para usar un ambiente de programación de líneas de comandos, usted tendrá que abrir una ventana donde puede transcribir comandos. En Windows, usted puede abrir una ventana de comandos ejecutando un programa llamado ***cmd***. En versiones recientes de Windows, puede ser encontrado en el submenú de "Accesorios" dentro del menú de inicio, bajo el nombre de

"Command Prompt". Alternativamente, usted puede ejecutar el `cmd` usando el "Run Program" del menú de Inicio, introduciendo "cmd" como el nombre del programa. En Mac OS, usted necesita ejecutar el programa ***Terminal***, el cual puede ser encontrado en la carpeta de utilidades dentro de la carpeta de aplicaciones. En Linux, hay muchas posibilidades, incluidas ***Konsole***, ***gterm*** y ***xterm***.

No importa que tipo de computador usted esté usando, cuando usted abre una ventana de línea de comandos, esta mostrará algún tipo de prompt. Transcriba un comando en el prompt y presione enter. La computadora ejecutará el comando, mostrando cualquier salida en la ventana de comando, y entonces demostrará el prompt de manera tal que usted pueda transcribir otro comando. Uno de los conceptos centrales en el ambiente de líneas de comandos es el ***directorio actual*** el cual contiene los archivos al cual aplican los comandos que usted transcribe. (Las palabras "directorio" y "carpeta" significan la misma cosa). Con frecuencia, el nombre del directorio actual es parte del prompt del comando. Usted puede obtener una lista de los archivos en el directorio actual transcribiendo el comando ***dir*** (en Windows) o ***ls*** (en Linux o Mac OS). Cuando la ventana abre por primera vez, el directorio actual es el ***directorio principal***, donde todos sus archivos están almacenados. Usted puede cambiar el directorio actual usando el comando `cd` con el nombre del directorio que usted quiere usar. Por ejemplo, para ir al directorio de su escritorio, transcriba el comando `cd` Destop y presione enter.

Usted debería crear un directorio (eso es, una carpeta) para guardar su trabajo Java. Por ejemplo, cree un directorio llamado trabajojava en su directorio principal. Usted puede hacer esto usando el GUI de su computadora; otra vía para hacerlo es abrir una ventana de comandos e introducir el comando mkdir trabajojava. Cuando usted quiera trabajar programando, abra una ventana de comando e introduzca el comando cd trabajojava para cambiar su directorio de trabajo. Por supuesto, usted puede tener más de un directorio de trabajo para sus trabajos de Java; usted puede organizar sus archivos de la manera que usted quiera.

* * *

Los comandos más básicos para usar Java en la línea de comandos son ***javac*** y ***java***; `javac` es usado para compilar código fuente de Java, y `java` es usado para ejecutar aplicaciones independientes de Java. Si un JDK está correctamente instalado en su computadora, debería reconocer estos comandos cuando usted los transcribes en la línea de comando. Trate de escribir los comandos `java -version` y `javac -version` los cuales deberían decirle cual versión de Java está instalada. Si usted recibe un mensaje tal como "command not found", entonces Java no está correctamente instalado. Si el comando "java" trabaja, pero "javac" no, significa que el Java Run Time está instalado en vez de un ambiente de desarrollo. (En Windows, después de instalar el JDK, usted necesita modificar la variable PATH para hacerlo trabajar. Vea las instrucciones de instalación del JDK para información acerca de cómo hacer esto).

Para probar el comando `javac`, coloque una copia de *TextIO.java* en su directorio de trabajo. (Si usted descargó la página web de este libro, usted puede encontrarlo en el directorio llamado `source`; usted puede usar el GUI de su computadora para copiar y pegar este archivo en su directorio de trabajo. Alternativamente, usted puede navegar a *TextIO.java* en la página web del libro y usar el comando "save as" en su navegador web para guardar una copia del archivo en su directorio de trabajo). Transcriba el comando

```
javac TextIO.java
```

Esto compilará `TextIO.java` y creará un archivo de bytecode llamado `TextIO.class` en el mismo directorio. Note que si el comando es exitoso, usted no recibirá ninguna respuesta de la computadora; solo mostrará nuevamente el prompt de comandos para decirle que está listo para otro comando.

Para probar el comando `java`, copie el programa ejemplo `Interest2.java` del directorio código fuente de este libro en su directorio de trabajo. Primero, compile el programa con el comando:

```
javac Interest2.java
```

Recuerde que para que esto sea exitoso, *TextIO* ya debe estar en el mismo directorio. Entonces usted puede ejecutar el programa usando el comando

```
java Interest2
```

Sea cuidadoso de usar **el nombre correcto** del programa, `Interes2`, no el nombre del código fuente Java o el nombre de la clase compilada Java. Cuando usted da este comando, el programa se ejecutará. Se le pedirá que ingrese alguna información, y usted responderá transcribiendo sus respuestas en la ventana de comando, presionando enter al final de la línea. Cuando el programa termina, usted verá el prompt del comando, y usted podrá introducir otro comando. Usted puede seguir el mismo procedimiento para ejecutar todos los ejemplos en las primeras secciones de este libro. Cuando usted comienza a trabajar con applets, necesitará un comando diferente para ejecutar el applets. Ese comando será introducido posteriormente en el libro.

* * *

Para crear sus propios programas, necesitará un ***editor de texto***. Un edito de texto es un programa de computadora que le permite crear y guardar documentos que contienen textos planos. Es importante que los documentos sean guardados como texto plano, eso es sin ninguna codificación especial o información formateada. Documentos de procesadores de palabras no son apropiados, a menos que usted pueda hacer que su procesador de palabra lo guarde como texto plano. Un buen editor de texto puede hacer la programación mucho más placentera. Linux viene con varios editores de texto. En Windows, usted puede usar notepad si fuera necesario, pero probablemente usted querrá algo mejor. Para Mac OS, usted podría descargar la aplicación libre ***TextWrangler***. Una posibilidad que trabajará en cualquier plataforma es usar ***jedit***, un buen editor de texto para programador que está escrito en sí mismo en Java y que puede ser descargado gratuitamente de www.jedit.org.

Para crear sus propios programas, usted debería abrir una ventana de línea de comando y hacer `cd` en el directorio de trabajo donde usted almacenará sus archivos de código fuente. Iniciar su programa de edición de texto, dándole doble clic a su icono o seleccionándolo del menú de inicio. Transcriba su código en la ventana del editor, o abra un archivo de código existente que usted quiera modificar. Guarde el archivo. Recuerde que el nombre de un archivo de código fuente Java debe culminar en ".java"; y el resto del nombre del archivo debe corresponder con el nombre de la clase que es definida en el archivo. Una vez que el archivo es guardado en su directorio de trabajo, vaya a la ventana de comando y use el comando `javac` para compilarlo, como se señaló arriba. Si hay errores de sintaxis en el código, ellos serán listados en la ventana de comando. Cada mensaje de error contiene el número de la línea del archivo donde la computadora consiguió el error. Vuelva al editor y trate de corregir los errores, **guarde sus cambios**, y entonces ejecute el comando `javac` de nuevo. (Usualmente es una buena idea trabajar en los pocos primeros errores; algunas veces corrigiéndolos se corregirán los otros problemas). Recuerde que cuando el comando `javac` es exitoso, usted no recibirá ningún mensaje. Una vez que ha compilado el programa, usted podrá ejecutarlo tantas veces como quiera sin necesidad de recompilarlo. Eso es realmente todo lo que hay que hacer: mantenga abierta ambas ventanas editor y línea de comando. Edite, guarde y compile hasta que haya eliminado todos los errores de sintaxis. (Siempre recuerde salvar el archivo antes de compilarlo – el compilador solo ve el archivo guardado, no la versión en la ventana del editor). Cuando usted ejecuta el programa,

2.6. AMBIENTES DE PROGRAMACION

usted podría encontrar que tiene errores de semántica que pueden hacer que se ejecuten incorrectamente. En ese caso, usted tiene que volver al ciclo de editar/ guardar/ compilar para tratar de encontrar y corregir el problema.

2.6.3. IDEs y Eclipse

En un ambiente de desarrollo integrado, todo lo que usted necesita para crear, compilar, y ejecutar programas está integrado en un solo paquete, con una interfaz gráfica de usuario que será familiar para la mayoría de los usuarios de computadoras. Hay IDEs muy diferentes para el desarrollo de programas Java, partiendo desde los realmente simples embebidos alrededor del JDK hasta las aplicaciones altamente complejas con una multitud de características. Para un programador principiante, hay peligro en el uso de un IDE, debido a la dificultad de aprender a usar el IDE, junto con la dificultad de aprender el programa, puede ser insoportable. Sin embargo, para mis propios programas generalmente uso el IDE de *Eclipse*, y yo introduzco a mis alumnos a él después que ellos han tenido alguna experiencia con la línea de comandos. Eclipse tiene una variedad de características que lo hacen muy útil para un programador principiante. Y aun tiene muchas características avanzadas, su diseño hace posible usar Eclipse sin entender su complejidad completa. Eclipse es usado por muchos programadores profesionales y es probablemente el IDE de Java más comúnmente usado.

Eclipse en sí mismo está escrito en Java. Requiere Java 1.4 (o superior) para trabajar, por lo que trabaja en cualquier plataforma de computadora que soporte Java 1.4, incluyendo Linux, Windows, y versiones recientes de Mac OS. Además, Eclipse requiere un JDK. Usted debía asegurarse que JDK 5.0 (o superior) está instalado en su computadora, tal como se describió anteriormente, **antes** de que usted instale Eclipse. Eclipse puede ser descargado gratuitamente de www.eclipse.org. Usted puede descargar el "IDE Eclipse para desarrolladores Java".

Otro IDE popular es *Netbeans*, el cual provee muchas de las mismas capacidades de Eclipse. Netbeans puede ser descargado de www.netbeans.org, y Sun ofrece paquetes de descarga que incluyen Netbeans junto con el JKD. A mi me agrada Netbeans un poco menos que Eclipse, y no diré mucho acerca de él aquí. Sin embargo, es bastante similar a Eclipse.

La primera vez que usted inicie Eclipse, se le pedirá que especifique un *ambiente de trabajo*, el cual es el directorio en donde todo su trabajo será almacenado. Usted puede aceptar el nombre por defecto, o darle uno propio. Cuando la inicialización se ha completado, la ventana de Eclipse se llenará con un gran "Welcome", que incluye enlaces para una extensa documentación y tutoriales. Usted puede cerrar esta ventana, cliqueando la "X" cercana a la palabra "Welcome"; puede volver a ella más tarde eligiendo "Welcome" del menu "Help".

El GUI de Eclipse consiste en una gran ventana que está dividida en muchas secciones. Cada sección contiene una o más *vistas*. Sí hay muchas vistas en una sección, allí abra pestañas en la parte superior de la sección para seleccionar la vista que es mostrada en esa sección. Cada vista muestra un tipo diferente de información. Todo el grupo de vistas es llamado *perspectiva*. Eclipse usa diferentes perspectivas, eso es diferentes grupos de vistas de diferentes tipos de información, para actividades diferentes. La única perspectiva que usted necesitará es la "Java Perspective". La Perspectiva Java incluye una gran área en el centro de la ventana en donde usted creará y editará sus programas Java. A la izquierda de esto está la vista del Explorador de Paquetes, el cual contendrá una lista de sus proyectos Java y archivos de código fuente. A la derecha hay algunas otras vistas que yo no encuentro muy útiles, y sugiero que las cierre cliqueando la pequeña "X" cercana al nombre de cada vista. Muchas otras vistas que **serán** útiles mientras Usted está compilando y ejecutando programas que aparecen en una sección de la ventana debajo del área de edición. Si usted cierra accidental una de las vistas importantes, tal y como el "Package Explorer", usted puede retornarlos seleccionándolos del submenú "Show View" del menú de "Windows".

* * *

Para hacer cualquier trabajo en Eclipse, usted necesita un **proyecto**. Para iniciar un proyecto Java, vaya al submenú "New" en el menú "File", y seleccione el comando "Java Project". (También hay un pequeño icono en la barra de herramientas que usted puede cliquear para iniciar un proyecto Java). En la ventana que se muestra, solo es necesario llenar un "Project Name" para el proyecto y clickear el botón "Finish". El nombre del proyecto pudiera ser cualquiera que usted quisiera. El proyecto debería aparecer en la vista de "Package Explorer". Cliquee en el triángulo pequeño cerca al nombre del proyecto para ver el contenido del proyecto. Asumiendo que usted usa la configuración por defecto, debería haber un directorio llamado "src", el cual es en donde sus archivos de código fuente de Java irán. También contiene el "JRE System Library"; esta es la colección de clases pre construidas normalizadas que vienen con Java.

Para ejecutar los ejemplos basados en *TextIO* de este libro de texto, usted debe adicionar los archivos de código fuente *TextIO.java* a su proyecto. Si usted ha descargado la página Web de este libro, usted puede encontrar una copia de *TextIO.java* en el directorio fuente. Alternativamente, usted puede navegar al archivo en línea y usar el comando "Save as" de su navegador Web para guardar una copia del archivo en su computadora. La forma más fácil de colocar *TextIO* en sus proyectos es ubicando el archivo de código fuente en su computadora y arrastrar el icono del archivo sobre el nombre del proyecto en la ventana de Eclipse. Si eso no trabaja, usted puede tratar de usar copiar – y – pegar: Cliquee el botón derecho sobre el ícono del archivo (o control – click en Mac OS), seleccione "Copy" del menú desplegado, cliquee el botón derecho sobre el nombre del proyecto en la ventana de Eclipse, y seleccione "pegar". Si usted también tiene problemas con eso, usted puede tratar usando el comando "Import" en el menú "File"; seleccione "File system" en la ventana que se despliega, cliquee "Next", y provea la información necesaria en la ventana siguiente. (Desafortunadamente, usando la ventana de importación de archivo es bastante complicado. Si usted encuentra necesario el tener que usarlo, debería consultar la documentación de Eclipse acerca de eso). En cualquier caso, *TextIO* debería aparecer en el directorio src de su proyecto, dentro del **paquete** llamado "default package". Una vez que el archivo está en esta lista, usted puede abrirlo dándole doble click; aparecerá en el área de edición de la ventana de Eclipse.

Para ejecutar cualquiera de los programas java de este libro de texto, copie el archivo de código fuente dentro de su proyecto Java de Eclipse de la misma manera que lo hizo con TextIO.java. Para ejecutar el programa, cliquee con el botón derecho sobre el nombre del programa en la ventana de la vista del Explorador de Paquetes (o control – click en Mac OS). En el menú que se lista, vaya al submenú "Run As" y seleccione "Java Aplication". El programa será ejecutado. Si el programa escribe en la salida normalizada, la salida aparecerá en la vista de la "Consola", debajo del área de edición. Si el programa usa *TextIO* para entradas, usted tendrá que transcribir la entrada requerida dentro de la vista de la "Consola" - cliquee la vista de la "Consola" antes de empezar a transcribir, de esa manera los caracteres que usted transcriba serán enviados a la parte correcta de la ventana. (Note que si a usted no le gusta hacer I/O en la vista de la "Consola", usted puede usar una versión alternativa de *TextIO.java* que abre una ventana separada para I/O. Usted puede encontrar esta versión "GUI" para el *TextIO* en el directorio llamado *TextIO – GUI* dentro del directorio fuente de este libro de texto).

Usted puede tener más de un programa en el mismo proyecto Eclipse, o usted puede crear proyectos adicionales para organizar mejor su trabajo. Recuerde colocar una copia de *TextIO.java* en cualquier proyecto que lo requiera.

2.6. AMBIENTES DE PROGRAMACION

* * *

Para crear su propio programa Java, usted debe crear una clase Java. Para hacer esto, presione el botón derecho del ratón sobre el nombre del proyecto Java en la vista del "Explorador de Proyecto". Vaya al submenú "New" del menú emergente, y seleccione "Class". En la ventana que se abre, transcriba el nombre de la clase, y cliquee el botón "Finish". El nombre de la clase debe ser un identificador Java legal. Note que usted quiere el nombre de la clase, no el nombre del archivo de código fuente, por lo que no tiene que adicionar ".java" al final del nombre. La clase debería aparecer dentro del "default package", y debería abrir automáticamente en el área de edición de tal manera que usted puede iniciar a transcribir su programa.

Eclipse tiene múltiples atributos que le ayudan a medida que usted transcribe su código. Le subrayará cualquier error de sintaxis con una línea roja dentada, y en algunos casos colocará un marcador de error en el borde izquierdo de la ventana de edición. Si usted coloca el cursor del ratón sobre el marcador de errores, una descripción del error aparecerá. Note que usted no tiene que conseguir cada error a medida que transcribe; algunos errores desaparecerán a medida que usted transcribe la mayor parte del programa. Si un marcador de error se muestra como un pequeño "bombillo encendido", entonces Eclipse se está ofreciendo a tratar de resolver un error por usted. Cliquee sobre el bombillo encendido para obtener una lista de posibles soluciones, entonces de doble click a la solución que usted quiere aplicar. Por ejemplo, si usted quiere usar una variable no declarada en un programa, Eclipse le ofrecerá declararla por usted. De hecho usted puede usar este atributo corrector de errores para hacer que Eclipse escriba cierto tipos de códigos para Usted!. Desafortunadamente, usted encontrará que no entenderá muchas de las soluciones propuestas hasta que aprenda más del lenguaje Java, y usualmente no es una buena idea aplicar una solución que usted no entiende.

Otra función divertida de Eclipse es **code assist**. Code assist puede ser invocado transcribiendo Control – Space. Le ofrecerá posibles completaciones para cualquier cosa que usted esté transcribiendo en el momento. Por ejemplo, si usted transcribe parte de un identificador y presiona Control – Space, usted obtendrá una lista de identificadores que inician con los caracteres que usted ha transcrito; use las teclas de flechas de subir y bajar para seleccionar uno de los ítems en la lista, y presionar Retornar o Enter. (o presione Escape para borrar la lista). Si hay solo una posible completación cuando usted presiona Control – Space, esta será insertada automáticamente. Por defecto, Code Asist también se mostrará automáticamente, luego de un corto retraso, cuando usted transcribe un punto o cualquier otro caracter. Por ejemplo, si usted transcribe "TextIO." y hace una pausa por solo una fracción de segundo, usted obtendrá una lista de todas las subrutinas en la clase *TextIO*. Personalmente, esta autoactivación yo la encuentro irritante. Usted puede desactivarla en las preferencias de Eclipse. (Vaya a Java / Editor / Code Assist, y desactive la opción "Enable auto activation"). Usted aun puede llamar a Code Assist manualmente con Control – Space.

Una vez que usted tiene un programa libre de errores, puede ejecutarlo tal y como se describe arriba, cliqueándolo con el botón derecho sobre su nombre en el "Package Explorer" y usando "Run as / Java Application". Si encuentra un problema cuando lo ejecuta, es muy fácil volver al editor, hacer los cambios, y correrlo de nuevo. Note que usando Eclipse, no hay comando explícito de compilar. Los archivos de código fuente en su proyecto son compilados automáticamente, y son recompilados cuando quiera que usted los modifique.

Si usted usa Netbeans en vez de Eclipse, los procesos son similares. Usted aun tiene que crear un nuevo proyecto (de tipo "Java Application"). Usted puede adicionar un archivo de código fuente existente a un proyecto arrastrando el archivo dentro de la carpeta "Source Packages" en el proyecto, y usted puede crear sus propias clases cliqueando con el botón derecho sobre el nombre del proyecto y seleccionando New/Java Class. Para ejecutar un programa, cliquee el archivo que contiene la rutina principal, y seleccione el comando "Run File". Neat Beans tiene una función de "Completación de Codigo" que es similar al "Code Assist" de Eclipse. Una cosa que usted debe observar con Neatbeans es que podría querer crear clases en paquetes (no por defecto), cuando usted crea una nueva clase de Java, asegúrese de que la caja de entrada de "Package" ha sido dejada en blanco.

2.6.4. 4.El Problema de los Paquetes

Cada clase en Java está contenida en algo llamado *paquete*. Las clases que no son colocadas explícitamente dentro de un paquete diferente están en el paquete por "defecto". Casi todos los ejemplos en este libro de texto están en el paquete por defecto, y yo no discutiré los paquetes en ninguna profundidad hasta la sección 4.5. Sin embargo, algunos IDEs podrían forzarlo a prestar atención a los paquetes. Cuando usted crea una clase en Eclipse, usted podría notar un mensaje que dice "The used of the default package is discouraged". Aunque esto es cierto, he elegido usarlo de cualquier manera, porque esto parece más fácil para programadores principiantes a fin de evitar todas las cuestiones de los paquetes, al menos al principio. Algunos IDEs, como Netbeans, podrían ser aun menos dados que Eclipse al uso del paquete por defecto. Si usted crea una clase en un paquete, el código fuente inicia con una línea en cual paquete está la clase. Por ejemplo, si la clase está en un paquete llamado `test.pkg`, entonces la primera línea de código fuente será

```
package.pkg;
```

En un IDE, esto no causará ningún problema a menos que el programa que usted esté escribiendo dependa de *TextIO*. Usted no será capaz de usar *TextIO* en un programa a menos que *TextIO* esté en el mismo paquete que el programa. Usted puede poner *TextIO* en un paquete que no sea por defecto, siempre y cuando el archivo de código fuente *TextIO.java* sea modificado para especificar el paquete; solo adicione una declaración de paquete al inicio del archivo, usando el mismo nombre de paquete que el programa.

A proposito, si Usted usa paquetes en un ambiente de lineas de comando, otras complicaciones aparecen. Por ejemplo, si una clase esta en un paquete llamado `test.pkg`, entonces el codigo fuente debe estar en un subdirectorio llamado `pkg` dentro de un directorio llamado "test"que esta dentro de su directorio principal de trabajo de Java. Sin embargo, cuando Usted compila o ejecuta un programa, Usted debería estar en el directorio principal, no en un subdirectorio. Cuando usted compila el codigo fuente, tiene que incluir el nombre del dircetorio en el comando: Use `"javac test/pkg/ClassName.java"` en Linux o MacOS, o `"javac test\pkg\ClassName.java"` en Windows. El comando para ejecutar el programa es entonces `"java test.pkg.ClassName"`, con un punto separando el nombre del paquete del nombre de la clase. Sin embargo, Usted no necesitará preocuparse hacerca de nada de eso cuando este trabajando con casí todos los ejemplos en este libro.

Ejercicios para el Capítulo 2

1. Escriba un programa que imprimirá la inicial en la salida normalizada que tienen nueve lineas de alto. Cada letra grande deberia estar compuesta de un ramos de *. Por ejemplo, si sus iniciales fueran "DJE", entonces la salida se vería algo como:

   ```
    ******         ************        *********
   **    **             **             **
   **     **            **             **
   **      **           **             **
   **      **           **             ********
   **      **     **    **             **
   **     **      **    **             **
   **    **        ** **               **
   *****            ****                *********
   ```

2. Escriba un programa que simule lanzar un par de dados usted puede simular el lanzamiento de un dado eligiendo uno de los enteros 1, 2, 3, 4, 5, 6 al azar. El número que usted toma representa el número del dado despues que es lanzado. Como se indico en la sección 2.5, la expresión

   `(int)(Math.ramdom()*6) + 1`

   hace el calculo que usted necesita para seleccionar un entero aleatorio entre 1 y 6. usted puede asignar este valor a una variable que representa uno de los dados que estan siendo lanzados. Haga esto dos veces y sume el resultado para obtener el puntaje total. Su programa deberia reportar el número mostrado en cada lanzamiento así como el lanzamiento total. Por ejemplo:

   ```
   El primer lanzamiento dio 3
   El segundo lanzamiento dio 5
   Su lanzamiento total es 8
   ```

3. Escriba un programa que pida el nombre del usuario, y que entonces salude al usuario por su nombre. Antes de escribir el nombre del usuario, lo convierta a letras mayusculas. Por ejemplo, si el nombre del usuario es Fred, entonces el programa deberia responder "Hola, FRED, gusto en conocerte!".

4. Escriba un programa que ayude al usuario a contar su cambio. El programa deberia cuantos billetes tiene el usuario de cada denominación, luego cuantos monedas de bolivares, finalesmente cuantos centavos. Entonces el programa debería decirle al usuario cuanto dinero tiene, expresados en dolares.

5. Si usted tiene N huevos, entonces usted tiene N/12 docenas de huevos, con N%12 huevos dejados fuera. (esta es esencialmente la definición de los operadores / y % para enteros). Escriba un programa que le pregunte al usuario cuantos huevos tiene y entonces le diga al usuario cuantas docenas tiene y cuantos huevos extra se tienen. Una caja de huevo equivale a 144 huevos. Extienda su programa de manera tal que le diga al usuario cuantas cajas tiene, cuantas dicenas, y cuantos huevos ha dejado fuera. Por ejemplo, si el usuario dice que tiene 1342 huevos, entonces su programa responderá con:

   ```
   Su numero de huevos es 9 cajas, 3 docenas, y 10.
   debidoa que 1342 es igual a 9*144 + 3*12 + 10
   ```

6. Suponga que un archivo llamado "testdata.txt" contiene la siguiente ifnormación: la primera linea del archivo es el nombre del estudiante. Cada una de las siguientes tres lineas contiene un entero. Los enteros son las notas del estudiante en tres examenes. Escriba un programa que leerá la información en el archivo y mostrará (en la salida normalizada) un mensaje que contiene la nota del estudiante en los tres examenes. El averaje es obtenido sumando las notas de los examenes individuales y dividiendolos por el número de examenes.

Prueba del Capítulo 2

1. Resumidamente explique lo que se queire decir con el termino sintaxis y semantica en los lenguajes de programación. De un ejemplo para ilustrar la difierencia entre un error de sintaxis y un erro de semantica.

2. ¿Qué hace la computadora cuando ejecuta una declaración de variable? De un ejemplo.

3. ¿Qué es un *tipo*?, comó se relaciona este término con la programación?

4. Uno de los tipos primitivos en java es boolean. ¿Qué es un tipo **boolean**? Dondé son usados los valores booleanos? ¿Cuales son sus posibles valores?

5. De un significado de cada uno de los siguientes operadores de Java

    a) + +

    b) & &

    c) ! =

6. Explique lo que se quiere decir con una *declaración de asignación*, y de un ejemplo. ¿Para qué son usadas las declaraciones de asignación?

7. ¿Qué se quiere decir con un operador de *precedencia*?

8. ¿Qué es un *literal*?

9. En Java, las clases tienen fundamentalmente dos propositos distintos. ¿Cuáles son?

10. ¿Cuál es la diferencia entre la declaración "`x = TextIO.getDouble();`" y la declaración "`x = TextIO.getlnDouble();`"

11. Explique porque el valor de la expresión `2 + 3 + "test"` es la cadena de caracteres `"5test"`, mientras que el valor de la expresión `"test" + 2 + 3` es la cadena de caracteres `"test23"`. Cual es el valor de la cadena de carcateres `"test" + 2 * 3`?

12. Los Ambientes Integrados de Desarrollo tales como Eclipse con frecuencia usan **colores de sintaxis**, lo cual asigna varios colores a los caracteres en un programa para reflejar la sintaxis de un lenguaje. Un estudiante nota que Eclipse colorea la palabra *String* diferente de **int, double, y boolean**. El estudiante se pregunta ¿por qué los *String* deberían ser de un color diferente, debido a que todas estas palabras son nombres de tipos. ¿Cuál es la respuesta a la pregunta del estudiante?

Capítulo 3

Programando en detalle II: Control

Los bloques basicos de construcción de los programas—variables, expresiones, declaraciones de asignación, y declaraciones de llamados de subrutinas—fueron cubiertos en capítulos previos. Comenzando con este capítulo, veremos como estos bloques de construcción pueden ser puestos juntos para construir programas complejos con una conducta más interesante. Debido a que aún estamos trabajando en el nivel de"programación en detalle.[en] este capítulo, estamos interesados en la clase de complejidad que puede ocurrir dentro de una subrutina individual. En este nivel, la complejidad es dada por las *extructuras de control*. Los dos tipos de estructuras de control , bucles y bifurcaciones, pueden ser usadas para repetir una secuencia de declaraciones una y otra vez o elegir entre dos o más posibles cursos de acción. Java incluye muchas estructuras de control de cada tipo, y veremos cada uno de ellos en algun nivel de detalle. En este capítulo tambien se iniciará el estudio del diseno de programas. Dado un problema, ¿Comó se puede desarrollar un porgrama para solucionar ese problema? Veremos una respuesta parcial a esta pregunta en la Sección 3.2.

3.1. Bloques, Bucles, y Bifurcaciones

La habilidad de una computadora para ejecutar actividades complejas es contruir algunas maneras de combinar comandos simples en estructuras de control. En Java, hay seis de esas estructuras que son usadas para determinar el flujo normal de control en un programa — y, de hecho, justo tres de ellos serían suficiente para escribir programas que realicen cualquier tarea. Las seis estructuras de control son: el **bloque**, el **bucle mientras**, el **bucle hacer..mientras**, el **bucle para**, la **declaración si**, y la **declaración switch** . Cada una de esas estructuras es considerada como una simple "declaración ," pero cada una es de hecho una declaración **extructurada** que puede contener una o más declaraciones dentro de si misma.

3.1.1. Bloques

El *bloque* es el tipo de declaración estructurada más simple. Su proposito es simplemente agrupar una secuencia de declaraciones dentro de una sola declaración. El formato de un bloque es:
{
⟨*Declaraciones*⟩
}

Eso es, que consiste de una secuencia de declaraciones encerradas dentro de un par de llaves, "{", y "}". (De hecho, es posible que un bloque no contenga ninguna declaración del todo;Tal bloque es llamado un ***bloque vacío***, (y de hecho puede ser útil a veces. Un bloque vacio consiste de nada más que un par de llaves vacias.) Los Bloques de declaraciones usualmente ocurren dentro de otras declaraciones, donde su porposito es agrupar muchas declaraciones dentro de una unidad. Sin embargo, un bloque puede ser legalmente usado donde quiera que una declaración pueda ocurrir. Hay un lugar donde un bloque es requerido: Como Usted ya habría poder notado en el caso de la subrutina `main` de un programa, la definición de una subrutina es un bloque, debido a que es una secuencia de declaraciones encerradas dentro de un par de llaves.

Deberia probablemente resaltar de nuevo en este punto que Java es lo que es llamado un lenguaje de formato libre. No hay reglas de sintaxis hacerce de como el lenguaje tiene que ser ordenado en una página. Por eso, por ejemplo, Usted podría escribir un bloque entero en una línea si quiere. Pero como un asunto de buen estilo de programación, Usted debería distribuir su programa en la página de una manera que hará su estructura tan clara como sea posible. En general, esto significa colocar una declaración por línea y usar sangría para indicar declaraciones que contienen estructuras de control internas. Este es el formato que usaré generalmente en mis ejemplos.

Aqui hay dos ejemplos de bloques:

```
{
        System.out.print("La respuesta es ");
        System.out.println(ans);
}
{ // Este bloque cambia el valor de x y y
        int temp; // Una variable temporal para usar en este bloque.
        temp = x; // Guarda una copia del valor de x en temp.
                x = y; // Copia el valor de y dentro de x.
        y = temp; // Copia el valor de temp dentro de y.
}
```

En el segundo ejemplo, una variable, `temp`, es declarada dentro del bloque. Esto es perfectamente legal, y es un buen estilo declarar una variable dentro de un bloque si esa variable no es usada en ningún otro lugar a excepción de este bloque. Una variable declrada dentro de un bloque es completamente inaccesible e invisible desde el exterior de ese bloque. Cuando la computadora ejecuta la declaración de variables, asigna memoria para almacenar el valor de la variable. Cuando el bloque finaliza, esa memoria es descartada (eso es, se hace disponible para su reutilización). Se dice que la variable es ***local*** al bloque. Hay un concepto general llamado el "alcance"de un identificador. El ***alcance*** de un identificador es la parte de un programa en la cual ese identificador es valido. El alcance de una variable definida dentro de un bloque es limitado por el bloque, y más especificamente a la parte de el bloque que viene despues de la declaración de la variable.

3.1.2. El bucle mientras básico

La declaración de bloque en si misma realmente no afecta el flujo de control en un programa. Las cinco estructuras de bucles de control si lo hacen. Ellas pueden ser divididas en dos clases: declaraciones de bucles y declaraciones de bifurcaciones. Usted realmente solo necesita una estructura de control de cada categoria con la finalidad de tener un lenguaje de programación completamente general. Más que eso es solo conveniencia. En esta sección, presentaré los blucle `mientras` y el bucle `si`. Le daré todos los detalles de estas declaraciones y de las otras estructuras

3.1. BLOQUES, BUCLES, Y BIFURCACIONES

de control en secciones pposteriores. Un **bucle mientras** es usado para repetir una declaración dada una y otra vez. Por supuesto, no es probable que Usted quisiera mantenerse repitiendolo eternamente. Esto sería un **bucle infinito**, lo cual es generalmente una cosa mala. (Hay una vieja historia acerca de un pionero de la computación Grace Murray Hopper, quien leia instrucciones en una botella de shampoo diciendole que "lave, enjuague, repetir.Çomo la historia continua, ella indica que trataba de seguir las instrucciones, pero se le acabó el shampoo. (En caso de que Usted no lo comprenda, esto es un chiste acerca de como las computadoras siguen instrucciones sin pensar.))

Para ser más especifico, un bucle `mientras` repetirá declaraciones una y otra vez, pero solo mientras unas condiciones especificadas se mantengan ciertas. Un bucle `mientras` tiene la forma:

```
mientras ⟨expresión - booleana⟩
```
⟨declaraciones⟩

Debido a que la declaración puede ser, y usualmente es, un bloque, muchas bucles `mientras` tienen la forma:

```
mientras ⟨expresión - booleana⟩ {
```
⟨declaraciones⟩
}

La semántica de esta declaración es de esta manera: cuando la computadora llega a una declaración `mientras`, evalua la ⟨expresión-booleana⟩, la cual se evalua entre `verdadero` o `falso` como valor. Si el valor es `falso`, la computadora salta sobre el resto del bucle `mientras` y continua con el proximo comando en el programa. Si el valor de la expresión es `verdad`, la computadora ejecuta la ⟨declaración⟩ o bloque de⟨declaraciones⟩ dentro del bloque. Entonces retorna al inicio del bucle `mientras` y repite el proceso. Eso es, re – evalua la ⟨expresión-booleana⟩, termina el bucle si el valor es `falso`, y continua si el valor es `verdadero`. Esto continuará una y otra vez hasta que el valor de la expresión sea `flaso`; si eso nunca ocurre, entonces habrá un bucle infinito.

Aqui hay un ejemplo de un bucle `mientras` que simplemente imprime los numeros 1, 2, 3, 4, 5:

```
int number; // El número a ser impreso.
number = 1; // Inicia con  1.
while ( number < 6 ) { // Se mantiene trabajando mientras que el número es  < 6.
System.out.println(number);
number = number + 1; // Continua al próximo número.
System.out.println("Hecho!");
```

La variable **número** es inicializada con el valor 1. De esa manera la primera vez que pasa a traves del bucle `mientras`, cuando la computadora evalua la expresión "número <6", esta preguntando si 1 es menor que 6, lo cual es `verdad`. Por lo tanto la computadora procede a ejecutar las dos declaraciones dentro del bucle. La primera declaración imprime "1". la segunda declaración le suma 1 a **número** y almacena el resultado en la variable **número**; el valor de **número** ha sido cambiado a 2. la computadora ha alcanzado el final del bucle, de esta manera retorna al principio y pregunta de nuevo donde **número** es menor que 6. una vez más esto es verdad, de esta manera la computadora ejecuta el bucle de nuevo, esta vez imprimiendo 2 como el valor de **número** y entonces cambia el valor de **número** a 3. Continua de esta manera hasta que eventualmente **número** se hace igual a 6. en este punto, la expresión "número <6", evalua a `falso`. Así, la computadora salta al final del bucle a la proxima declaración e imprime el mensjae "Hecho!". Note que cuando el bucle termina, el valor de **número**es 6, pero el último valor que fue impreso fue 5.

De esta manera, usted debería recordar que usted nuca verá un bucle **mientras** solo en un programa real. Siempre estará dentro de una subrutina la cual en si misma esta definida dentro de alguna clase. Como ejemplo de un bucle **mientras** usado dentro de un programa completo, aqui hay un pequeño programa que cálcula el interes sobre una inversión durante muchos años. Esto es una mejora con respecto a ejemplos de capítulos previos que reportan el resultado para un año:

```
{public class Interest3 {
    /*
    Esta clase implementa un programa simple que calculará la cantidad de interes
    que se gana en una inversión en un periodo de 5 años. La cantidad inicial de
    la inversión y la tasa de interes son introducidas por el usuario. El valor de la
    inversión al final de cada año es mostrada.
    */
    public static void main(String[] args) {
        double principal; // El valor de la inversión.
        double rate; // La tasa de interes anual.
        /* Obtiene el valor inicial y la tasa de interes del usuario. */
        TextIO.put("Introduzca el valor inicial: ");
        principal = TextIO.getlnDouble();
        TextIO.put("Introduzca la tasa de interes anual: ");
        rate = TextIO.getlnDouble();
        /* simula la inversión para cinco años. */
        int years; // Cuenta el número de años que han pasado.
        years = 0;
        while (years < 5) {
            double interest; // Interes para este año.
            interest = principal * rate;
            principal = principal + interest; // Se adiciona a principal.
            years = years + 1; // Calcula el año en curso.
            System.out.print("El valor de la inversión despues de  ");
            System.out.print(years);
            System.out.print(" años es $");
            System.out.printf("  \% 1.2f", principal);
            System.out.println();
        } // fin del bucle mientras
    } // fin de main()
} // end of class Interest3
```

Usted deberia estudiar este programa, y asegurarse de entender lo que la computadora hace paso a paso a medida que se ejecuta el bucle **mientras**.

3.1.3. La Declaración Condicional Básica

Una ***declaración sí*** le dice a la computadora que tome uno de dos cursos alternativos de acción, dependiendo de sí el valor de una determinada expresión booleana es verdadero o falso. Es un ejemplo de una "bifurcación.º declaración de "decisión". Una declaración **if** tiene la forma:

sí (⟨*expressión-booleana*⟩)
⟨*declaraciones*⟩
si no
⟨*declaraciones*⟩

3.1. BLOQUES, BUCLES, Y BIFURCACIONES

Cuando la computadora ejecuta una declaración `sí`, evalua la expresión booleana. Si el valor es `verdad`, la compuatadora ejecuta la primera declaración y salta la declaración que sigue el "`si no`". Si el valor de la expresión es `falso`, entonces la compuatdora salta la primera declaracion y ejecuta la segunda. Note que en cualquier caso, una y solo una de las dos dclaraciones dentro de la declaración `sí` es ejecutada. Las dos declaraciones representan cursos alternativos de acción; la computadora decide entre estos cursos de acción con base en el valor booleano de la expresión. En muchos casos, usted quiere que la computadora elija entre hacer algo y no hacer nada. Usted puede hacer esto con una declaración `sí` que omita la parte del `si no`:

   `sí ( ` ⟨*expresión booleana*⟩ ` )`
⟨*declaraciones*⟩

noindent Para ejecutar esta declaración, la computadoraevalua la expresión. Si el valor es `verdad`, el computador ejecutar la ⟨*declaración*⟩ que esta contenida dentro de la declaración `sí`; si el valor es `falso`, la computadora salta esa ⟨*declaración*⟩. Por supuesto, alguna o ambas ⟨*declaraciones* ⟩ en una declaración sí pueden ser un bloque, por lo que una declaración `sí` con frecuencia se parece a:

   `sí ( ` ⟨*expresión-booleana*⟩ ` ) {`
⟨*declaraciones*⟩
`}`
`sí no {`
⟨*declaraciones*⟩
`}`
o:
`si ( ` ⟨*expresión-boolean*⟩ ` ) {`
⟨*declaraciones*⟩
`}`

Como un ejemplo, aqui esta una declaración `sí` que cambia el valor de dos variables, `x` y `y`, pero solo sí `x` es mayor que `y` para comenzar. Despues de que esta declración `sí` ha sido ejecutada,podemos estar seguros que el valor de `x` es definitivamente menor que o igual a el valor de `y`:

```
if ( x > y ) {
int temp; // Una variable temporal para usar en este bloque.
temp = x; // Guarda una copia del valor de x en temp.
 x = y; // Copia el valor de y en x.
 y = temp; // Copia en valor de temp eny.
}
```

Finalmente, aqui hay un ejemplo de una declaración `sí` que incluye una parte `sí no`. Fijese a ver si puede notar lo que hace, y para que sería útil:

```
if ( años > 1 ) { // Maneje casos de dos o más años
      System.out.print("El valor de la inversión despues de");
      System.out.print(años);
      System.out.print("años son $");
}
else  { //Maneja casos de un año
      System.out.print("El valor de la inversión del pues de un año es $");
} // fin de la declaración sí
System.out.printf("\%1.2f", principal); // esto es hecho en cualquier caso}
```

Tendré más que decir acerca de las estructuras de control posteriormente en este capítulo. Pero ya usted sabe lo esencial. Si usted no aprende nunca nada más acerca de las estructuras de control, ya usted sabe suficiente para ejecutra cualquier actividad computacional. Simplemente hacer bucles y bifurcaciones es todo lo que usted necesita!

3.2. Desarrollo de Algoritmos

PROGRAMAR ES DIFICIL (como la mayoria de las actividades que son utiles y are useful y valen la pena—-y como la mayoria de esas actividades, tambien puede ser muy divertida). Cuando usted escribe un programa, tiene que decirle a la computadora cada pequeño detalle de que hacer. Y usted tiene que hacer todo de forma exactamente correcta, debido a que la computadora seguirá ciegamente su programa exactamente como fue escrito. Cómo, entonces, la gente escribe los programas más simples? No es un gran misterio, de hecho. Es un asunto de aprender a pensar de forma correcta.

Un programa es la expresión de una idea. Un programador inicia con la idea general de una actividad para que la computadora la ejecute. Presumiblemente, el programador tiene alguna idea de como ejecutar esta actividad manualmente, al menos de forma general. El problema es profundizar esa idea general en un procedimiento paso a paso, detallado y no ambiguo para ejecutar dicha actividad. Tal procedimientos es llamado un "algoritmo."(Tecnicamente, un *algoritmo* es un procedimiento paso a paso, no ambiguo, que termina despues de un número finito de pasos; no queremos ejecutar procesos eternos.) un algoritmo no es lo mismo que un programa. Un programa es escrito en un lenguaje de programación particular. Un algoritmo es más como la **idea** detras del programa, pero es la idea de los **pasos** que tomará el programa para ejecutar su tarea, no solo la idea de la **tarea** en si misma. Los pasos del algoritmo no tienen porque ser llenados en completo detalle, simpre y cuando los pasos no sean ambiguos y sea claro que ejecutando los pasos se alcanzará la actividada asignada. Un algoritmo puede ser expresado en cualquier lenguaje, incluyendo Inglés. Por supuesto, un algoritmo solo puede ser expresado como un programa si todo los detalles han sido cubiertos.

Por lo que, de donde vienen los algoritmos? Usualmente, ellos deben ser desarrollados, frecuentemente con mucho esfuerzo mental y trabajo duro. La habilidad para el desarrollo de algoritmos es algo que viene con la practica, pero hay técnicas y guias que pueden ayudar. Hablaré aca acerca de algunas técnicas y guias que son relevantes para la "programación en detalle,z volveré al tema muchas veces en capítulos posteriores.

3.2.1. Pseudocodigo y Refinamiento Paso a Paso

Cuando se programa en detalle, usted tiene una cuantas cosas básicas con las cuales trabajar: variables, declaraciones de asignación, y rutinas de entrada y salida. Usted tambien podría tener algunas subrutinas, objetos, o otros bloques de construcción que ya han sido escritos por usted o alguien más. (Las rutinas de Entrada/salida caen dentro de esta clase.) Usted puede cosntruir secuencias de estas instrucciones básicas, y tambien puede combinarlas dentro de estructuras de control más complejas tales como bucles `mientras` y declaraciones `sí`.

Suponga que tiene una tarea en mente la cual quiere que la computadora ejecute. Una forma de proceder es escribir una descripción de la tarea, y toma esa descripción como un esquema del algoritmo que quiere desarrollar. Entonces puede refinar y elaborar esa descripción, adicionando gradualmente pasos y detalles, hasta que tenga un algoritmo completo que pueda ser traducido directamente en un lenguaje de programación. Este método es llamado ***refinamiento paso a paso***, y es un tipo de diseño de arriba hacia abajo. A medida que usted procede a traves

3.2. DESARROLLO DE ALGORITMOS

de las etapas del refinamiento paso a paso, puede escribir descripciones de su algoritmo en **pseudocodigo**— instrucciones informales que imitan la estructura de lenguajes de programación sin los detalles completos y la sintaxis perfecta del codigo de programa.

Como un ejemplo, veamos como uno podría desarrollar el programa de secciones previas, el cual cálcula el valor de una inversión en cinco años. La actividad que usted quiere que el programa ejecute es: "Calcular y mostrar el valor de una inversión para cada uno de los siguientes cinco años, donde la inversión inicial y la tasa de interes estan para ser especificadas por el usuario.Üsted podría escribir entonces—o al menos pensar—que esto puede ser expandido como:

```
Obtenga la entrada del ususario
Calcule el valor de la inversión despuest de un año
Muestre el valor
Calcule el valor despues de 2 años
Muestre el valor
Calcule el valor despues de 3 años
Muestre el valor
Calcule el valor despues de 4 años
Muestre el valor
Calcule el valor despues de 5 años
Muestre el valor
```

Esto es correcto, pero bastante repetitivo. Y viendo esa repetición, usted podría notar una oportuniad para usar un bucle. Un bucle necesitaría menos escritura. Más importante, sería más **general**: Esencialmente el mismo bucle trabajaría sin importar cuantos años usted quiera procesar. Por lo que, usted podría reescribir la secuencia de pasos mostrada arriba como:

```
Obtenga la entrada del usuario
mientras haya más años que procesar:
        Calcule el valor despues del siguiente año
        Muestre el valor
```

Siguiendo los algoritmos ciertamente se solucionaría el problema, pero para una computadora, debemos ser más explicitos acerca de como "Obtener la entrada del usuario,çomo "calcular el valor despues del proximo año,ç lo que quiere decir "hay más años que procesar."Podemos expandir el paso, "Obtener la entrada del ususario":

```
Pida la inversión inicial al usuario
Lea la respuesta del usuario
Pidale la tasa de interes al usuario
Lea la respuesta del usuario
```

Para llenar en detalle el paso "Calcule el valor para el proximo año,üsted mismo debe saber como se hacen los cálculos. (quizas necesite pedirle una aclaratoria a su jefe o profesor?) Digamos que usted sabe que el valor es calculado sumando algún interes al valor previo. Entonces podemos refinar el bucle **mientras** como:

```
mientras haya más años que procesar:
        Calcule el ínteres
        Sumele el íneteres al valor
        Muestre el valor
```

Como para probar sí hay más años para procesar, la única manera de hacer esto es contando los años en sí mismos. Esto muestra un patron muy común, y usted debería esperar usar algo similar en muchos programas: Debemos empezar con cero años, sumar uno cada vez que procesamos un año, y para cuando alcanzamos el número deseado de años. Por lo que el bucle **mientras** se vuelve:

```
años = 0
mientras años < 5:
años = años + 1
Calcule el interes
Sumele el interes al valor
Muestre el valor
```

Áun tenemos que saber como la computadora calcula el interes. Digamos que el interes debe ser calculado multiplicando la tasa de interes por el valor actual de la inversión. Al colocar esto junto con la parte del algoritmo que obtiene la entrada de ususario, tenemos el algoritmo completo:

```
Pida la inversión inicial al usuario
Lea la respuesta del usuario
Pidale la tasa de interes al usuario
Lea la respuesta del usuario
años = 0
mientras años < 5:
        años = años + 1
        Calcule el interes = valor * tasa de interes
        Sumele el interes al valor
        Muestre el valor
```

Finalmente, llegamos al punto en donde lo podemos traducir casí directamente en una sintaxis adecuada de lenguaje de programación. Áun tenemos que elegir nombres para las variables, decidir exactamente lo que le queremos decir al usuario, y así sucesivamente. Habiendo hecho esto, podemos expresar nuestro algoritmo en Java de la siguiente manera:

```java
double principal, rate, interest;  // declarar las variables
int years;
System.out.print("Escriba la inversión inicial: ");
principal = TextIO.getlnDouble();
System.out.print("Escriba la tasa de interes: ");
rate = TextIO.getlnDouble();
years = 0;
while (years < 5) {
        years = years + 1;
        interest = principal * rate;
        principal = principal + interest;
        System.out.println(principal);
}
```

Esto áun necesita ser integrado en un programa completo, áun necesita ser comentado, y realmente necesita presentar más información en una forma más agradable al usuario. Pero es esencialmente el mismo programa de la sección previa. (Note que el algoritmo en pseudocodigo usa sangrado para mostrar cuales declaraciones esta dentro del bucle. En Java, el sangrado es completamente ignorado por la computadora, por eso usted necesita un par de llaves para decirle a la computadora cuales declaraciones estan dentro del bucle. Si usted ignora las llaves, la única declaración dentro del bucle sería "years = years + 1;". Las demás declaraciones solo serían ejecutadas una vez, despues el bucle terminaría. Lo terrible es que la computadora no notará este error por usted, como lo haría sí olvida los parentesis alrededor de "(years < 5)". Los parentesis son requeridos por la sintaxís de la declaración **mientras**. Las llaves solo son requeridas semanticamente. La computadora puede reconocer errores de sintaxis pero no errores de semántica.)

3.2. DESARROLLO DE ALGORITMOS

Una cosa que usted debio haber notado aquí es que mi especificación original del problema —"Calcule y muestre el valor de la inversión por cada uno de los proximos cinco años– esta lejos de ser completada. Antes de que usted comience a escribir un programa, debería asegurarse de que tiene una especificación completa de lo que exactamente se supone que el programa debe hacer. En particular, usted necesita saber cual es la información que el programa va a tener de entrada y salida y que calculos tiene que ejecutar. En este ejemplo esta lo que podría parecer una especificación razonablemente completamente del problema:

> "Escriba un programa que calculará y mostrará el valor de una inversión para cada uno de los siguientes cinco años. Cada año, se suma el interes a este valor. El interes es calculado multiplicando el valor actual por la tasa de interes ajustada. Asumiendo que el valor inicial y la tasa de interes esta para ser introducidas por el usuario cuando el programa inicia."

3.2.2. El Problema 3N+1

Hagamos otro ejemplo, trabajando en esta oportunidad con un programa que usted todavia no ha visto. La asignación aqui es un problema matemático abstracto que es uno de mis ejercicios favoritos de programación. Esta vez, iniciaremos con una especificación más completa de la actividad a ser ejecutada:

> "Dado un entero positivo, N, defina la secuencia '3N+1' comenzando desde N de la siguiente manera: Si N es un número par, entonces divida N por dos; pero si N es impar, entonces multiplique N por 3 y sumele 1. Continue generando números de esta manera hasta que N se haga igual a 1. Por ejemplo, comenzando desde N = 3, el cual es impar, multiplicamos por 3 y sumamos 1, dandole N = 3*3+1 = 10. Entonces, debidoa que N es par, lo dividimos por 2, dandole N = 10/2 = 5. Continuamos de esta manera, deteniendonos cuando alcancemos 1, dando la secuencia completa: 3, 10, 5, 16, 8, 4, 2, 1.

> "Escriba un programa que leera un entero positivo del usuario y imprimirá la secuencia 3N+1 comenzando desde ese entero. El programa tambien debería contar e imprimir el número de terminos en la secuencia."

Una vista general del algoritmo para el programa que queremos hacer es:

```
Obtenga un entero positivo  N del usuario;
Calcule, imprima, y cuente cada número en la secuencia;
Escriba el número de términos;
```

La carga del programa esta en la segunda parte. Necesitaremos un bucle, debido a que queremos mantenernos contando números hasta que obtengamos un 1. Para colocar esto en terminos apropiados a un bucle **mientras**, debemos **continuar** mientras el número **no** es 1. De este modo, podemos expandir nuestro algorithm de pseudocodigo a:

```
Obtenga un entero positivo  N del usuario;
mientras N no sea 1:
Calcule N = proximo término;
```

```
Escriba N;
Cuente este termino;
Escriba el número de términos;
```

Con la finalidad de calcular el proximo termino, el computador debe tomar diferentes acciones dependiendo de sí N es par o impar. Necesitamos una declaración **sí** para decidir entre dos casos:

```
Obtenga un entero positivo  N del usuario;
mientras N no sea 1:
        si N es par:
                calcule N = N/2;
        si no
                calcule N = 3 * N + 1;
        Escriba N;
        Cuente este término;
Escriba el número de términos;
```

Casí lo logramos. El único problema que queda es contar. Contar significa que usted comienza con cero, y cada vez que usted tiene algo que contar, suma uno. Necesitamos una variable para hacer el conteo. (De nuevo, esto es un patron común que usted debería ver una y otra vez.) con el contador adicionado, obtenemos:

```
Obtenga un entero positivo  N del usuario;
Coloque contador = 0;
mientras N no sea 1:
        si N es par:
                calcule N = N/2;
        si no
                calcule N = 3 * N + 1;
        Escriba N;
        Sume 1 al contador;
Escriba el contador;
```

Àun tenemos que preocuparnos por el primer paso. ¿Comó podemos obtener un entero **positivo** del usuario? Si leemos un número, es posible que el usuario pudiera escribir un número negativo o cero. Si usted sigue lo que pasa cuando le valor de N es negativo o cero, verá que el programa continuará por siempre, debido a que el valor de N nunca será igual a 1. Esto es malo. En este caso, el problema probablemente no es un gra desafio, pero en general usted debría tratar de escribir programas a prueba de tontos. Una forma de resolver esto es mantenerse leyendo números hasta que el usuario escribe un entero positivo:

```
Pidale al usuario que ingrese un número positivo;
haga que N sea la respuesta del usuario;
mientras N no sea positivo:
        Imprima un mensaje de error;
        lea otro valor para  N;
Haga contador = 0;
mientras N no sea 1:
        si N es par:
                calcule N = N/2;
        si no
                calcule N = 3 * N + 1;
        Escriba N;
        Sume 1 al contador;
Escriba el contador;
```

3.2. DESARROLLO DE ALGORITMOS

El primer bucle `mientras` terminará solo cuando N sea un número positivo, tal y como se requiere. (un error común de programadores principiantes es usar una declaración `sí` en vez de una declaración `mientras` aquí: "sí N no es positivo, pidale al usuario que ingrese otro valor..[El] problema aparece sí el segundo número ingresado por el usuario tambien es no - positivo. La declaración `sí` solo se ejecuta una vez, por lo que el segundo número ingresado nunca es probado. Con el bucle mientras, despues que el segundo número es ingresado, el computador retorna al inicio del programa y prueba sí el segundo número es positivo. Si no, le pide al usuario un tercer número, y continuará pidiendole un número hasta que el usuario ingrese un valor aceptable.)

Aquí hay un programa que implementa este algoritmo. Usa el operador $\leq$ que significa "es menor o igual a", y ¡= que significa "no es igual a ." Para probar sí N es par, usa "N % 2 == 0". Todos los operadores usados aquí fueron discutidos en la Sección 2.5.

```
/**
 * Este programa imprime una secuencia 3N+1 inicando con un número positivo
 * entero especificado por el usuario. Tambien cuenta el número de
 * terminos en la secuencia, e imprime el número.
 */
public class ThreeN1 {
public static void main(String[] args) {
    int N; // para calcular losterminos en la secuencia
    int counter; // para contar los terminos
    TextIO.put("Punto de inico para la secuencia : ");
N = TextIO.getlnInt();
while (N <= 0) {
    TextIO.put("El punto de inicio debe ser positivo. Por favor trate de nuevo:");
    N = TextIO.getlnInt();
}
// En este punto,sabemos que N > 0
counter = 0;
while (N != 1)
if (N % 2 == 0)
    N = N / 2;
  else
      N = 3 * N + 1;
    TextIO.putln(N);
    counter = counter + 1;
}
 TextIO.putln();
 TextIO.put("Habia");
 TextIO.put(counter);
 TextIO.putln(" terminos en la secuencia.");
   } // fin de main()
  } // fin de la clase ThreeN1}
```

Dos notas finales en este programa: Primero, usted podría haber notado que el primer término de la secuencia —el valor de N introducido por el usuario— no es impreso o contado por este programa. ¿Es esto un error? Es dificil de decir. ¿Fue suficientemente clara la especificación del programa para decidir? Esto es el tipo de cosas que podrían enviarlo de regreso al jefe/profesor para aclaratoria. El problema (sí es que hay uno!) puede ser resuelto facilmente. Solo remplace la línea "counter = 0", antes del bucle while con las dos lineas:

```
TextIO.putln(N); // imprime el término inicial
counter = 1; // y lo cuenta}
```

Segundo, hay la pregunto de que porque este problema es del todo interesante. Bien, es interesante para los matemáticos y cientificos de la computación debido a una simple pregunta acerca de un problema que ellos no han sido capaces de responder: El proceso de calcular la secuencia 3N+1 finaliza despues de un número finito pasos para todos los posibles valores iniciales de N? Aunque las secuencias individuales son faciles de calcular, nadie ha sido capaz de respoder la pregunta general. Para ponerlo de otra manera, nadie sabe si el proceso de calcular secuencias 3N+1 puede ser llamado adecuadamente algoritmo, debidoa que en un algoritmo se requiere terminar despues de un número finito de pasos! (Esta discusión asume que el valor de N puede tomar una cantidad arbitrariamente grande de valores enteros, lo cual no es verdad para una variable del tipo **int** en un programa Java.)

3.2.3. Codificando, Probando, Depurando

Sería divertido sí, habiendo desarrollado un algoritmo para su programa, se pueda relajar, presionar un boton, y obtener un programa trabajando perfectamente. Desafortunadamente, el proceso de llevar un algoritmo a codigo fuente de Java no siempre transcurre tan simplemente. Y cuando usted llega al nivel de programa en ejecución, solo trabaja en el sentido de que hace **algo**. Desafortunadamente no es lo que usted quiere que haga.

Despues del diseño del programa viene la codificación: traducir el diseno en un programa escrito en Java o algún otro lenguaje. Usualmente, no importa cuan cuidadoso usted sea, unos pocos errores de sintaxis serán arrastrados de alguna manera, y el compilador de Java rechazará su programa con alguna clase de mensaje de error. Desafortunadamente, mientras un compilador siempre detectará errores de sintaxis, no es muy bueno diciendole acerca de que esta exactamente malo. A veces, tampoco es bueno diciendole donde esta el error real. Un error de ortografia o olvidar "{.en la línea 45 podría hacer se atasque en la línea 105. usted puede evitar muchos errores asegurandose que realmente entiende las reglas de sintaxis del lenguaje y siguiendo algunas directrices básicas de programación. Por ejemplo, Yo nunca transcribo un "{"sin escribir el acompañante"}". Entonces me devuelvo y escribo las declaraciones entre las llaves. Una llave perdida o extra puede ser uno de los errores más dificiles de encontrar en un programa largo. Siempre, coloque sangría a su programa de forma amena. Si cambia el programa, cambie la sangría para ajustar. Vale la pena el esfuerzo. Use un esquema de nombres consistente, de esta manera usted no tiene que esforzarse por recordar si llamó a la variable `tasadeinteres` or `tasadeInteres`. En general, cuando el compilador da multiples mensajes de error, no trate de corregir el segundo error nesaje de error del compilador hasta que haya arreglado el primero. Una vez que el compilador muestra un error en su programa, puede ser confuso, y el resto de los mensajes de error podrían ser conjeturas. Quizas el mejor consejo es: Tomese su tiempo para entender el error antes de tratar de corregirlo. Programar no es una ciencia experimental.

Cuando su programa compila sin errores, todavia no esta listo. Tiene que probar el programa el programa para asegurarse que trabaja correctamente. Recuerde que el objetivo no es obetenr la salida correcta para las dos entradas de ejemplo que el profesor dío en clases. La meta es un programa que trabajará correctamente para cualquier entrada razonable. Idealmente, cuando se encuentre con una entrada no razonable, responderá con una llamada de atención gentil en vez de una falla del programa. Pruebe su programa con una variedad amplia de entradas. Trate de encontrar un grupo de entradas que eveualuarán el amplio rango de funcionalidad que usted ha codificado en su programa. Cuando comience a escribir programas largos, escribalos en etapas y pruebe cada nivel a lo largo del camino. Usted áun podría que escribir algún codigo extrta para las pruebas—por ejemplo llamar una subrutina que usted ha escrito. Usted no quiere enfrentarse, si puede evitarlo, con 500 líneas de codigo que tienen un error allí en *algún lugar*.

El punto es encontrar *errores*—errores semánticos que muestren una conducta incorrecta en vez de un errore de compilación. Y lo trizte es que usted problablemente los encontrará. De nuevo, usted puede minimizar los errores mediante un diseño y codificado cuidadoso, pero ninguno ha encontrado maneras para evitar en conjunto. Una vez que usted ha detectado un error, es tiempo de ***depurar***. Usted tiene que localizar la causa del error en el codigo fuente del programa y eliminarla. Depurar es una habilidad que, como otros aspectos de la programación, requiere práctica para hacerse experto. Por lo que no tiene que tenerle miedo a los errores. Aprenda de ellos. Una de las facultades esenciales de la depuración habilidad para leer codigo fuente— la habilidad para dejar aun lado preconcepciones acerca de lo que usted *piensa* que hace y seguirlo en la forma que la computadora lo hace—mecanicamente, paso a paso para ver lo que realmente hace. Esto es duro. Áun uedo recordar el tiempo que pasé horas buscando un error solo para encontrar que una línea de codigo que habia visto diez veces tenia un "1"donde debia haber tenido un "i", o la vez cuando escribí una subrutina llamada `CierraVentana` cuando habría hecho exactamente lo que yo quería excepto que la computadora estaba buscando a `cierraVentana` (con una letra minuscula "c"). A veces puede ayudar el tener a alguien que no comparte tu preconcepciones para que mire a tu codigo.

Con frecuencia, es un problema encontrar la parte del programa que contiene el error. La mayoria de los ambientes de programación vienen con un ***depurador***, el cual es un programa que puede ayudar a encontrar errores.Tipicamente, su programa puede ser ejecutado bajo el control del depurador. El depurador le permite colocar "puntos de interrupción.[en] su programa. Un punto de interrupción es un punto en el programa donde el depurador hará una pausa al programa para que usted pueda mirar los valores de las variables del programa. La idea es localizar exactamente cuando las cosas comienzan a ir mal durante la ejecución del programa. El depurador tambien les permitirá ejecutar su programa en línea a la vez, de esta manera puede ver lo que pasa en detalle una vez que conoce la área general en el programa donde el error esta acechando. Les confesaré que yo solo uso depurador raramente yo mismo. Una aproximación más tradicional para depurar es insertando ***declaraciónes de depuración*** dentro de su programa. Estas son declaraciones de salida que imprimen información acerca del estado del programa. Tipicamente, una declaración de depuración diría algo como:

```
System.out.println("Al inico del bucle mientras, N = "+ N);
```

Usted necesita ser capaz desde la salida de donde viene esa salida, y usted quiere saber el valor de las variables importantes. A veces, encontrará que la computadora no esta llegando a la parte del programa que usted cree debería estar ejecutando. Recuerde que el objetivo es encontrar el primer punto en el programa donde el estado no es lo que usted espera que sea.Allí es donde el error esta.

Y finalmente, recuerde la regla dorada de la depuración: si usted esta absolutamente seguro que todo en su programa esta absolutamente correcto, y sí todavia no trabaja, entonces una de las cosas de las cuales usted esta absolutamente seguro que esta mal.

3.3. La Declaración mientras y hacer.. mientras

Las declaraciones en Java pueden ser tanto declaraciones simple como compuestas. Las declaraciones simples, tales como las declaraciones de asignación y las declaraciones de llamados de subrutinas, son los bloques de construcción básicos de un programa. Las declaraciones compuestas, tales como los bucles `mientras` y las declaraciones `sí`, son usadas para organizar declaraciones simples en extructuras complejas, las cuales son llamadas extructuras de control porque controlan el orden en el cual las declaraciones son ejecutadas. Las proximas cinco secciones exploran el detalle de las extructuras de control que estan disponibles en Java, comenzando con la declaración `mientras` y la declaración `hacer ..mientras`en esta sección. Al mismo tiempo, veremos ejemplos de programación con cada extructura de control y aplicar las técnicas de diseño de algoritmos que fueron introducidas en la sección previa.

3.3.1. La Declaración mientras

La declaración `mientras` ya fue introducida en la Sección 3.1. Un bucle `mientras` tiene la forma
`mientras ( `⟨*expresión-booleana*⟩` )`
⟨*declaraciones*⟩
La ⟨*declaración*⟩ puede, por supuesto, ser un bloque de declaraciones que consiste de multiples declaraciones agrupadas juntas entre un par de llaves. Esta declaración es llamada **cuerpo del bucle**. El cuerpo del bucle es repetido mientras la ⟨*expresión-booleana*⟩ es verdad. Esta expresión booleana es llamada la **continuación de la condición**, o más simplemente la **evaluación**, del bucle. Hay unos pocos puntos que podrían necesitar alguna clasificación. ¿qué pasa sí la condición es falsa en el primer lugar, antes de que el cuerpo del bucle sea ejecutado la primera vez? En ese caso, el cuerpo del bucle nuca se ejecuta del todo. El cuerpo de un bucle mientras puede ser ejecutado cualquier número de veces, incluyendo cero. ¿Qué ocurre sí la condición es cierta, pero se hace falsa en algún lugar en el **medio** del cuerpo del bucle? ¿Se termina el bucle tan pronto esto ocurre? No, por que la computadora continua ejecutando el cuerpo del bucle hasta que llega al final. Solo entonces retorna al inicio del bucle y evalua la condición, y solo entonces el bucle puede terminar.

Veamos un problema tipico que puede ser resuelto usando un bucle `mientras` : encontrar el promedio de un grupo de enteros positivos introducidos por el ususario. El promedio es la suma de los enteros, divididos por el número de enteros. El programa le pedirá al usuario que ingrese un número entero a la vez. Se mantendrá contando el número de enteros introducidos, y mantendrá un total de todos los números que ha leido. Aqui hay un algoritmo de pseudocodigo para el programa:

```
Hacer suma = 0
Hacer cuenta = 0
        mientras haya más enteros que procesar:
        Lea un entero
        Sumelo a la cuenta
        Cuentelo
Divida la suma por la cuenta y obtenga el promedio
Imprima el promedio
```

Pero ¿comó podemos probar sí hay más enteros que procesar? Una solución típica es decirle al usuario que escriba un cero despues que todos los datos han sido introducidos. Esto trabajará porque estamos asumiendo que todos los datos son números positivos, por lo que el cero no es un valor de datos legal. El cero en si mismo no es parte de los datos a ser contados. Esta allí para marcar el fin de los datos reales. Un valor de dato usado de esta manera se le llama a veces ***valor centinela***. Por lo que la evaluación en el bucle mientras se vuelve "mientras la entrada de enteros no sea cero". Pero hay otro problema! La primera vez que se evalua, antes de que el cuerpo haya sido ejecutado, ningun entero ha sido leido. No hay "entero ingresado"todavia, por lo que evaluar si la entrada entera es cero no tiene sentido. Por lo que tenemos que hacer algo **antes** del bucle mientras para asegurarnos que la prueba tiene sentido.

3.3. MIENTRAS Y HACER.. MIENTRAS

Acomodar las cosas para que la evaluación en un bucle **mientras** tenga sentido la primera vez que es ejecutado se llama *cebar el bucle*. En este caso, simplemente podemos leer el primer entero antes del inicio del bucle. Aqui hay un algoritmo revisado:

```
Hacer suma = 0
Hacer cuenta = 0
Leer un entero
mientras el entero no sea cero:
        Sumele el entero a suma
        Cuentelo
        Lea un entero
Divida la suma por la cuenta y obtenga el promedio
Imprima el promedio
```

Note que he rearreglado el cuerpo del bucle. Debido a que un entero es leido antes del bucle, el bucle tiene que comenzar procesando ese entero. Al final del bucle, la computadora lle un nuevo entero. Entonces la computadora retorna al inicio del bucle y evalua el entero que ya fue leido. Note que cuando la computadora finalmente lee el valor sentinela, el bucle termina antes que el valor sentinela sea procesado. No se adiciona a la suma, y no es contado. Esta es la manera en que se supone trabaja. El sentinela no es parte de los datos. El algoritmo original, áun sí se pudiera haber hecho trabajar sin cebar, sería incorrecto debido a que habría sumado y contado todos los enteros, incluyendo el sentinela. (Debido a que el sentinela es cero, la suma áun sería correcta, pero la cuenta estaría pasada por uno. Tal error llamado *pasado por uno* son muy comunes. Contar se vuelve más dificil de lo que parece!) Podemos facilmente convertir el algoritmo en un programa completo. Note que el programa no puede usar la declaración "average = sum/count;" para calcular el promedio. Debido a que **suma** y **cuenta** son ambos variables del tipo **int**, el valor de **suma/cuenta** es un entero. El promedio debería ser un número real. Hemos visto este problema antes: tenemos que convertir uno de los valores **int** en un **double** para forzar a la computadora a calcular el cociente como un número real. Esto puede ser hecho mediante conversión de tipos de una variable del tipo**double**. La conversión del tipo "(double)suma¢onvierte el valor de **suma** a un número real, por lo que en el programa el promedio es calculado como "average = ((double)sum) / count;". Otra solución en este caso hubiera sido declarar **suma** como una variable del tipo **double** en primer lugar. Otra asunto es dirigido por el programa: Sí el usuario introduce un cero como el primer valor de entrada, no hay datos que procesar. Podemos evaluar esta condición verificando sí **cuenta** es áun igual a cero despues del bucle **mientras**. Esto podría parecer un punto menor, pero un programador cuidadoso debería cubrir todas las posibilidades. Aquí esta el programa:

```
/*
 * Este programa lee una secuencia de entradas de enteros positivos
 * por parte del usuario, e imprimirá el rpomedio de esoso
 * enteros. Se le pide al usuario introducir un entero a la vez.
 * El usuario debe introducir un 0 para marcar el final de los
 * datos. (El cero no es contado como parte de los datos a
 * ser sumados.) El programa no verifica sí la
 * entrada del usuario es positiva, por lo que de hecho trabajará
 * para enttrada de valores positivas y negativas.
 */
public class ComputeAverage {
   public static void main(String[] args) {
      int inputNumber; // Uno de los enteros introducidos por el usuario.
```

```
        int sum; // La suma dse los enteros positivos.
        int count; // El número de enteros positivos.
        double average; // El promedio de los enteros positivos.
        /* Inicializa la suma y el conteo de las variables. */
        sum = 0;
        count = 0;
        /* Lee y procesa la entrada de usuario. */
        TextIO.put("Introduzca su primer entero positivo: ");
        inputNumber = TextIO.getlnInt();
        while (inputNumber != 0) {
            sum += inputNumber; // Add inputNumber to running sum.
            count++; // Count the input by adding 1 to count.
            TextIO.put("Introduzca su proximo entero positivo, o  0 al final: ");
            inputNumber = TextIO.getlnInt();
        }
        /* Muestre el resultado. */
        if (count == 0) {
        TextIO.putln("Usted no introdujo ningun dato!");
        }
        else {
            average = ((double)sum) / count;
            TextIO.putln();
            TextIO.putln("Usted introdujo" + count + " enteros positivos.");
            TextIO.putf("Su promedio es  \%1.3f.\n", average);
        }
    } // fin de main()
} // fin de la clase ComputeAverage}
```

3.3.2. La Declaración hacer ..mientras

Algunas veces es más conveniente evaluar la continuación de la condición al final del bucle, en vez de al principio, tal y como es hecho en el bucle **mientras**. La declaración **hacer ..mientras** es muy similar a la declarción **mientras**, excepto qie la palabra "mientras,"junto con la condición que evalua, ha sido movida la final. La palabra "hacer.ᵉˢ adicionalda para marcar el inicio del bucle. Una declaración **hacer ..mientras** tiene la forma

    hacer
⟨*declaraciones*⟩
mientras (⟨*expresión-booleana*⟩);

o, ya que , como es usual, la ⟨*declaración*⟩ puede ser un bloque,

    hacer
⟨*declaraciones*⟩
mientras (⟨*expresión-booleana*⟩);

Note el punto y coma, ';', al final. Este punto y coma es parte de la declaración, al igual que el punto y coma al final de la declaración de asignación o es parte de la declaración en sí. Omitirlo es un error de sintaxis. (Más generalmente, **cada** declaración en Java termina con un punto y coma o un llave derecha, '}'.)

Para ejecutar un bucle **do**, la computadora primero ejecuta el cuerpo del bucle—eso es, la declaración o declaraciones dentro del bucle—y entonces evalua la expresión booleana. Sí el valor

3.3. MIENTRAS Y HACER.. MIENTRAS

de la expresión es `verdad`, la computadora retorna al inicio del bucle `hacer` y repite el proceso; sí el valor es `falso`, termina el bucle y continua con la próxima parte del programa. Debido a que la condición no es evaluada hasta el final del bucle, el cuerpo del bucle `hacer` siempre es ejecutado al menos una vez.

Por ejemplo, considere el siguiente pseudocodigo para un porgrama de juegos. El bucle del codigo`hacer` tiene más sentido aquí en vez del bucle `mientras` porque con el codigo del bucle `hacer`, usted sabe que habrá al menos un juego. Tambien, la prueba que es usada al final del bucle tampoco tendría sentido al principio:

```
Hacer {
    Ejecute un Juego
    Preguntele  al usuario sí quiere jugar otro juego
    Lea la respuesta del usuario
} mientras ( el usuario de una respuesta positiva );
```

Convirtamos esto en un codigo Java apropiado. Debido a que no quiero hablar hacerca de juegos en este momento, digamos que tenemos una clase llamada `Checkers`, y que la clase `Checkers` contiene una subrutina miembro estático llamada `playGame()` tque ejecuta un juego de checkers contra el usuario. Entonces, el pseudocodigo "Juege un juego"puede ser expersado como la declaración del llamado de subrutina "`Checkers.playGame();`". Necesitamos una variable para almacenar löa respuesta del usuario. La clase *TextIO* hace conveniente el usar una variable **boolean** para almacenar la respuesta a una pregunta de si o no. La función de entrada `TextIO.getlnBoolean()` le permite al usuario la introducción de los valores "si.º "no". "Si.ᵉˢ considerado como `verdad`, y "no.ᵉˢ considerado como `falso`. De esta manera, tel algoritmo puede ser codificado como

```
boolean wantsToContinue; // Verdad sí el usuario quiere jugar de nuevo.
do {
    Checkers.playGame();
    TextIO.put("¿Quiere jugar de nuevo? ");
    wantsToContinue = TextIO.getlnBoolean();
} while (wantsToContinue == true);
```

Cuando el valor de la variable **boolean** es colocada a `false`, es una señal de que el bucle debería terminar. Cuando una variable **boolean** es usada de esta manera — como una señal de que es colocada en una parte del programa y evaluada en otra parte —a veces se le llama ***bandera*** o ***variable bandera*** (en el sentido de que es una señal bandera). De esta manera, un programador más que usualmente pedante se reiría de la prueba "`while (wantsToContinue == true)`". Esta prueba es exactamente equivalente a "`while (wantsToContinue)`". Evaluar sí "`wantsToContinue ==true`", es tan valido como probar sí "`wantsToContinue`", es verdad. Un poco menos ofensiva es una expresión de la forma "`flag == false`", donde `flag` es una variable booleana.El valor de "`flag == false`", es exactamente lo mismo que el valor de "`!flag`", donde `!` es el operador de negación booleano. Por lo que usted puede escribir"`while (!flag)`", en vez de "`while (flag == false)`", y usted puede escribir "`if (!flag)`", en vez de "`if (flag == false)`".

Aunque una declaracción `hacer..while` es más conveniete a veces que una declaración `mientras`, tener dos clases de bucles no hace al lenguaje más fuerte. Cualquier problema que pueda ser solucionado usando bucles `hacer..mientras` tambien puede ser resuelto usando solo declaraciones `mientras`, y vice versa. De hecho, si ⟨*hacerAlgo*⟩ representa cualquier bloque de codigo de programa, entonces

```
    hacer {
⟨hacerAlgo⟩
} mientras ( ⟨expresión-booleana⟩ );
```
tienen exactamente el mismo efecto que

```
    ⟨hacerAlgo⟩
mientras ( ⟨expresión-booleana⟩ ) {
⟨hacerAlgo⟩
}
```
Similarmente,
```
mientras ( ⟨expresión-booleana⟩ ) {
⟨hacerAlgo⟩
}
```
puede ser remplazado por
```
sí ( ⟨expresión-booleana⟩ ) {
hacer {
⟨hacerAlgo⟩
} mientras ( ⟨expresión-booleana⟩ );
}
```

sin cambiar el significado del programa de ninguna manera.

3.3.3. interrumpir y continuar

La sintaxis de los bucles `mientras` y `hacer..mientras` le permite evaluar la continuación de la condición tanto al inicio del bucle como al final. A veces, es más natural tener la evaluación en el medio del bucle , o tener multiples pruebas en diferentes lugares del mismo bucle. Java provee un metodo general para interrumpir en el medio de cualquier bucle. Es llamada la declaración `break (interrumpir)`, la cual toma la forma
`break;`

Cuando la compuatdora ejecuta una declaración `break` en un bucle, inmediatamente saldrá del bucle. Entonces continuará en lo que siga en el bucle del programa. Considere por ejemplo:

```
while (true) { // pareciera que va a ser eterno!
    TextIO.put("Introduzca un número negativo: ");
        N = TextIO.getlnInt();
    if (N > 0) // la entrada es correcta; salta el bucle
        break;
    TextIO.putln("Su respuesta debe ser  > 0.");
}
// continue aquí despues del break
```

Sí el número introducido por el usuario es mayor que cero, la declaración `interrumpir` será ejecutada y la computadora saltará fuera del bucle. De otra manera, la compuatdora imprimirá "Su respuesta debe ser >0.", y retornará al inicio del bucle para leer otro valor de entrada.

(La primera línea de este bucle, "`while (true)`"podría parecer un poco extraña,pero es perfectamente legitima. La condición en un bucle `mientras` puede ser cualquier expresión de valor booleano. La computadora evalua esta expresión y verifica sí el valor es **verdadero** o falso. El literal booleano "verdadero", es una expresión booleana que siempre evalua a verdad.Así "while (true)"puede ser usado para escribir un bucle infinito, o uno que terminará por una declaración de interrupción.)

Una declaración de interrupción termina el bucle que encierra inmediatmente a la declaración de interrupción. Es posible tener bucles *anidados*, donde una declaración de bucle esta contenida dentro de otra. Sí usted usa una declaración de interrupción dentro de un bucle anidado, solo interrunpirá ese bucle, no fuera del bucle que contiene el bucle anidado. Hay algo llamado declaración de *interrupción etiquetada* que le permite especificar cual bucle usted quiere interrumpir. Esto no es muy común, por lo que lo referiré rapidamente.Las etiquetas trabajan de la siguiente manera: Usted puede colocar una *etiqueta* en frente de cualquier bucle. Una etiqueta consiste de un identificador simple seguido por dos puntos. Por ejemplo, un mientras con una etiqueta se podría parecer a "bucleprincipal: mientras...".Detro de este bucle usted puede usar la declaración de interrupción etiquetada "interrumpir bucleprincipal;"para la interrupción del bucle etiquetado. Por ejemplo, aquí hay un segmento de codigo que verifica sí dos cadenas de caracteres , s1 y s2, tienen un carcater en común. Si se encuentra un caracter en común, el valor de la varibale bandera nothingInCommon es puesta a falso, y una interrupción etiquetada es utilizada para culminar el proceso en ese punto:

```
boolean nothingInCommon;
nothingInCommon = true; // Asume que s1 y s2 no tienen caracteres en común.
int i,j; // Variables para iterar en s1 y s2.
    i = 0;
bigloop: while (i < s1.length()) {
j = 0;
while (j < s2.length()) {
    if (s1.charAt(i) == s2.charAt(j)) { // s1 y s2 tienen un caracter en común.
        nothingInCommon = false;
        break bigloop; // sale de ambos bucles
    }
    j++; // Va al próximo caracter en s2.
}
  i++; // Va al próximo caracter en s1
}
```

La declaración continue esta relacionada con break, pero menos comunmente usada. Una declaración continue le dice a la computadora que salte el resto de la iteración dentro del loop. Sin embargo, en vez de salir del bucle, retorna al principio del bucle y continua con la proxima iteración (incluyendo la evaluación de la condición de continuación del bucle para ver sí cualquier iteración adicional es requerida). Como con break, cuando un continue esta en un bucle anidado, continuará en el bucle que directamente lo contiene; un "continue etiquetado"puede ser usado para continuar con otro bucle en vez del que lo contiene.

break y continue pueden ser usados en bucles while bucles hacer..mientras. Tambien pueden ser usados en bucles para, los cuales son cubiertos en la próxima sección. En la Sección 3.6, veremos que la interrupción tambien puede ser usada para interrumpir una declaración de switch (conmutador). Una interrupciónpuede ocurrir dentro de una declaración sí, pero en este caso, **no** tiene sentido interrumpir el sí. En vez de eso, interrumpe la declaración del bucle o conmutador que contiene la declaración sí. Sí la declaración sí no esta contenida dentro de un bucle o conmutador, entonces la declaración sí legalmente no puede contener una interrupción. Una consideración similar aplica a la declaración continue dentro de los sí.

3.4. La declaración Para

CAMBIAMOS EN ESTA SECCIÓN a otros tipo de bucle, la declaración **para**. Cualquiera bucle **para** es equivalente a algún bucle **mientras**, por lo que el idioma no obtiene ningun poder especial por tener declaraciones **para**. Pero para ciertotipos de problemas, un bucle **para** puede ser más facil de construir y más facil de leer que el bucle **mientras** correspondiente. Es bastante probable que en un programa real, los bucles **para**de hecho superan en número a los bucles **mientras**.

3.4.1. Bucles Para

la declaración **para** hace un tipo común de bucle mientras más facil de escribir. Muchos bucles mientras tienen la forma general:

⟨*inicialización*⟩
mientras (⟨*condición de continuación*⟩) {
⟨*declaraciones*⟩
⟨*actualizar*⟩
}

Por ejemplo, considere este ejemplo, copiado desde un ejemplo en la Sección 3.2:

```
{years = 0; // inicializa la variable years
while ( years < 5 ) { // condición para continuar el bucle
    interest = principal * rate; //
    principal += interest;        // hace tres declaraciones
    System.out.println(principal); //
    years++; // \textbf{actualiza} el valor de la variable, years
}
```

Este bucle puede ser escrito como la siguiente declaración **para** equivalente:

```
for ( years = 0; years < 5; years++ ) {
    interest = principal * rate;
    principal += interest;
    System.out.println(principal);
}
```

La inicialización, condición de continuación, y actualización han sido todas combinadas en la primera línea del bucle **para**. Esto mantiene todo envuelto en un solo sitio dentro del bucle de "control", lo cual ayuda a hacer el bucle más facil de leer y comprender. El bucle **para** es ejecutado exactamente de la misma manera que el codigo originla: la parte de inicialización es ejecutada una vez, antes de que el bucle comience. La condición de continuación es revisada antes de cada ejecución del bucle, y el bucle termina cuando la condición es `falsa`. La parte de actualización es ejecutada al final de cada ejecución del bucle, justo antes de volver a verificar la condición.

La sintaxis final de la declaración **para** es como sigue:

para (⟨*inicialización*⟩; ⟨*condición de continuación-*⟩; ⟨*actualización*⟩) ⟨*declraciones*⟩

o, usando un bloque de declaraciones:

para (⟨*inicialización*⟩; ⟨*condición de continuación-*⟩; ⟨*actualización*⟩) {
⟨*declaraciones*⟩

3.4. LA DECLARACIÓN PARA

}

La ⟨*condición de continuación*⟩ debe ser una expresión de valor booleano. La ⟨*inicialización*⟩puede ser cualquier expresión, pero es usualmente una declaración de asignación. La ⟨*actualización*⟩ támbien puede ser cualquier expresión, pero es usualmente un incremento, un decremento, o una declaración de asignación. Cualquiera de los tres puede estar vacio. Si la condición de continuación esta vacia, es tratada como si fuera "`verdad`," por lo que el bucle será repetido eternamente o hasta que termine por alguna otra razón, tal como la declaración de **interrupción**. (Alguna gente les gusta iniciar un bucle infinito con "`para (;;)`", en vez de "`mientras (verdad)`".)

Usualmente, la inicialización parte de una declaración `para` que asigna un valor a alguna variable, y la actualización cambia el valor de esa variable con una declaración de asignación o con una operación de incremento o decremento. El valor de una variable es problado en la condición de continuación, y el bucle termina cuando la condición evalua a `falso`. Una variable usada de esta manera es llamada una **variable de control del bucle**. En la declaración `para`dada arriba, la variable del bucle de control es `years`. Ciertamente, el tipo más común de bucle `para` es el **bucle continuo**, donde una variable de bucle de control toma todos los valores entre un mínimo y algún valor máximo. Un bucle de conteo tienen la forma

```
para ( ⟨variable⟩ = ⟨min⟩; ⟨variable⟩ ≤ ⟨max⟩; ⟨variable⟩++ ) {
   ⟨declaraciones⟩
}
```

donde⟨*min*⟩ y ⟨*max*⟩ son expresiones de valores enteros (usualmente constantes). La ⟨*variable*⟩ toma los valores ⟨*min*⟩, ⟨*min*⟩+1, ⟨*min*⟩+2, ..., ⟨*max*⟩. El valor de las variables del bucle de control es usado con frecuencia en el cuerpo del bucle. El bucle `para` al inicio de esta sección es un bucle de conteo en el cual las variables del bucle de control, `years`, toma los valores 1, 2, 3, 4, 5.

Aqui un ejemplo áun más sencillo, en el cual los números 1, 2, ..., 10 son mostrados en la salida normalizada:

```
for ( N = 1 ; N < = 10 ; N++ )
      System.out.println( N );
```

Por varias razones, los programadores de Java les gusta comenzar a contar en 0 en vez de 1, y tienden a usar "<", en la condición, en vez de un "<=". La siguiente variación del bucle indicado arriba imprime los diez números 0, 1, 2, ..., 9:

```
for ( N = 0 ; N < 10 ; N++ )
      System.out.println( N );
```

Usar < en vez de <= en la prueba, o vice versa, es una fuente común de errores en los programas. Usted siempre debería detenerse y pensar, Quiero que se proceso el último valor o no?

Es facil hacer conteo descendente de 10 a 1 en vez de conteo ascendente. Comenzando con 10, se decrementa la variable del bucle de control en vez de incrementarla, y continua mientras la variable es mayor o igual a uno.

```
for ( N = 10 ; N > = 1 ; N-- )
      System.out.println( N );}
```

Ahora, de hecho, la sintaxis oficial de una declaración `para` en realidad le permite ambas cosas la parte de inicialización y la parte de actualización que consiste de muchas expresiones, separadas por comas. Por lo que podemos contar áun desde 1 a 10 y contar desde 10 a 1 al mismo tiempo!

```
        for ( i=1, j=10; i <= 10; i++, j-- ) {
TextIO.putf("%5d", i); // Muestra en una columna de cinco caracteres de ancho.
TextIO.putf("%5d", j); // Muestra j en una columna de cinco caracteres
        TextIO.putln(); // y termina la línea.
        }
```

Como un ejemplo fianl, digamos que qeuremos usar un bucle **para** que imprima los números pares entre 2 y 20, eso es: 2, 4, 6, 8, 10, 12, 14, 16, 18, 20. hay muchas maneras de hacer esto. Justo para mostrar como un problema muy simple puede ser resuelto de muchas maneras, aqui hay cuatro soluciones diferentes (tres de las cuales serian totalmente validas):

```
(1)     // Hay 10 numeros para imprimir.
        // Use un bucle para y cuente 1, 2,
        // ..., 10. Los números que queremos
        // imprimir son 2*1, 2*2, ... 2*10.
        for (N = 1; N <= 10; N++) {
        System.out.println( 2*N );
        }
(2)     // Use un bucle para y cuente
        // 2, 4, ..., 20 directamente
        // sumando 2 a N cada vez a traves del
        // bucle.
        for (N = 2; N <= 20; N = N + 2) {
        System.out.println( N );
        }
(3)     // Cuente todos los números
        // 2, 3, 4, ..., 19, 20, pero
        // solo imprima los números
        // que son pares.
        for (N = 2; N <= 20; N++) {
if ( N %2 == 0 ) // es N par?
        System.out.println( N );
        }
(4)     // Irrite al profesor con
        // una solución que siga las
        // instrucciones de este ejercicio tonto
        // mientras se divierte.
        for (N = 1; N <= 1; N++) {
        System.out.print("2 4 6 8 10 12 14 16 18 20");
        }
```

Tal vez es correcto destacar una vez más que una declaración **para**, como cualquier declaración, nucna ocurre por si sola en un programa real. Una declaración debe estar dentro de una rutina **principal** de un programa o dentro de alguna otra subrutina. Y que esa subrutina debe estar definida dentro de una clase. Tambien debería recordarle que cada variable debe ser declarada antes de que pueda ser usada, y que se incluyan las variables del bucle de control en una declaración **para**. En todos los ejemplos que Usted ha visto hasta el momento en esta sección, las variables del bucle de control deberian ser declaradas como de tipo **int**. No se requiere que una variable de bucle de control sea un entero. Aqui, por ejemplo, esta un bucle **para** en el cual

3.4. LA DECLARACIÓN PARA

la variable, `ch`, es del tipo **char**, usando el hecho de que el operador ++ puede ser aplicado tanto a caracteres como números:

```
// Imprima el alfabeto en una línea de salida.
char ch; // La variable del bucle de control;
        // una de las letras a ser impresas.
for ( ch = 'A'; ch <= 'Z'; ch++ )
        System.out.print(ch);
System.out.println();
```

3.4.2. Ejemplo: Contando Divisores

Veamos un problema menos trivial que puede ser resuelto con un bucle **para**. Sí N y D son enteros positivos, decimos que D es un *divisor* de N sí el resto de dividir Dpor N es cero. (Equivalentemente, podriamos decir que N es un multiplo de D.) En terminos de programación Java, D es un divisor de N sí N % D es cero.

Escribamos un programa que intrudzca un entero positivo, N, desde el usuario y que calcule cuantos dicvisores diferentes tiene N. Los números que posiblemente serían divisores de N son 1, 2, ..., N. Para calcular el número de divisores de N, podemos calcular cada posible divisor de N y contar los números que de hecho dividen a N en partes iguales. En pseudocodigo, el algoritmo toma la forma

```
Obtenga un entero positivo, N, desde el usuario
Haga divisorCuenta = 0
para cada número, probarDivisor, en el rango de 1 a N:
        sí probarDivisor es un divisor deN:
        Cuente lo sumando 1 al  divisorCuenta
Imprima la cuenta
```

Este algoritmo muestra un patron común de programación que es usado cuando algunos, pero no todos, los ítems de una secuencia tienen que ser procesados. El patron general es

```
por cada ítem en la secuencia:
        sí el ítem pasa la prueba:
                  proceselo
```

El bucle **para** en nuestro algoritmo de contar divisores puede ser traducido en codigo Java como
for (testDivisor = 1; testDivisor <= N; testDivisor++) {
if (N% testDivisor == 0)
divisorCount++;
}

En una computadora moderna, este bucle puede ser ejecutado muy rapidamente. No es imposible ejecutarlo áun para el valor legal **int** más grande, 2147483647. (Sí usted quisiera ejecutarlo para valores áun más grandes, podría usar variables del tipo **long** en vez de **int**.) Aunque, toma una notable cantidad de tiempo para números muy grandes. Por lo que cuando implementé este algoritmo, decidí generar un punto cada vez que la computadora haya evaluado un millon de posibles divisores. In la versión mejorada del programa, hay dos tipos de conteos ocurriendo. Debemos contar el número de divisores y támbien tenemos que contar el número de posibles divisores que han sido evaluados. Por lo que el programa necesita dos contadores. Cuando el segundo contador alcanza 1000000, el programa genera un '.' y restituye el contador a cero de esa manera podemos iniciar el conteo del proximo grupo de un millon. Revertiendo a pseudocodigo, el algoritmo ahora se ve como

```
Obtenga un entero positivo, N, desde el usuario
Haga divisorCuenta = 0     // Número de divisores encontrado.
Haga númeroEvaluado = 0 // Número de posibles divisores evaluados
                            // a partir de que el último punto fue evaluado.
Para cada número, evalueDivisor, en el rango de 1 a N:
      sí evalueDivisor es un divisor de N:
            Cuentelo sumandole 1 a divisorCuenta
      Sumele 1 a númeroEvaluado
      sí númeroEvaluado es 1000000:
            imprima un '.'
            Haga númeroEvaluado = 0
      Imprima la cuenta}
```

Finalmente, podemos traducir el algoritmo en un programa Java completo:

```java
/**
 * Este programa lee un entero positive desde el ususario.
 * Cuenta cuantos divisores tiene el número, y
 * entonces imprime el resultado.
 */
public class CountDivisors {
   public static void main(String[] args) {
      int N; // Un entero positivo introducido por el usuario.
             // Divisores de este número serán contados.
      int testDivisor; // Un número entre 1 y N que es un
         // posible divisor de N.
      int divisorCount; // Número de divisores de N que han sido encontrados.
      int numberTested; // Usado para contar cuantos posibles divisores
      // de  N han sido probados. Cuando el número
         // alcanza 1000000, un punto es impreso y
         // el valor de numberTested es recolocado en cero.
      /* Obtiene un entero positivo del usuario. */
      while (true) {
        TextIO.put("Introduzca un entero positivo: ");
          N = TextIO.getlnInt();
          if (N > 0)
             break;
          TextIO.putln("Ese número no es positivo. Por favor trate de nuevo.");
      }
      /*Cuente los divisores, imprima un"." despues de cada 1000000 pruebas.*/
      divisorCount = 0;
      numberTested = 0;
      for (testDivisor = 1; testDivisor <= N; testDivisor++) {
          if ( N \% testDivisor == 0 )
            divisorCount++;
          numberTested++;
          if (numberTested == 1000000) {
              TextIO.put('.');
            numberTested = 0;
          }
      }
```

3.4. LA DECLARACIÓN PARA

```
        /* Muestra el resultado. */
        TextIO.putln();
        TextIO.putln("El número de divisores de" + N
                                + " es " + divisorCount);
    } // fin de main()
} // fin de class CountDivisors
```

3.4.3. Bucles Anidados

Las extructuras de control en Java son declaraciones que contienen declaraciones. En particular, las extructuras de control pueden contener extructuras de control. Ya usted ha visto multiples ejemplos de declaraciones **sí** dentro de bucles, y un ejemplo de un bucle **mientras** dentro otro **mientras**, pero cualquier combinación de una extructura de control dentro de otra es posible. Decimos que una estructura es *anidada* dentro de otra. Usted puede áuntener multiples niveles de anidación, tales como un bucle **mientras** dentro de una declaración **sí** dentro de otro bucle **mientras**. La sintaxis de Java no tiene un limite en el número de niveles de anidación. Como un hecho práctico, aunque, es dificil de entender un programa que tenga más de unos pocos niveles de anidación. Bucles **para** anidados aparecen naturalmente en muchos algoritmos, y es importante entender como ellos trabajan. Veamos un par de ejemplos. Primero, considere el problema de imprimir una tabla de multiplicación como esta:

```
 1  2  3  4  5  6  7  8   9  10  11  12
 2  4  6  8 10 12 14 16  18  20  22  24
 3  6  9 12 15 18 21 24  27  30  33  36
 4  8 12 16 20 24 28 32  36  40  44  48
 5 10 15 20 25 30 35 40  45  50  55  60
 6 12 18 24 30 36 42 48  54  60  66  72
 7 14 21 28 35 42 49 56  63  70  77  84
 8 16 24 32 40 48 56 64  72  80  88  96
 9 18 27 36 45 54 63 72  81  90  99 108
10 20 30 40 50 60 70 80  90 100 110 120
11 22 33 44 55 66 77 88  99 110 121 132
12 24 36 48 60 72 84 96 108 120 132 144
```

Los datos en la tabla estan ordenados en 12 filas y 12 columnas. El proceso de imprimirlos puede ser expresado en un algoritmo de pseudocodigo como

```
para cada filaNúmero = 1, 2, 3, ..., 12:
    imprima los primeros doce multiplos de filaNúmero en una línea
    Imprima un retorno de carro}
```

El primer paso en el bucle **para** puede ser expresado en sí mismo como un bucle **para**. Podemos expandir "Imprima los primeros doce multiplos de `filaNúmero` en una líneaçomo:

```
para N = 1, 2, 3, ..., 12:
    Imprima N * filaNúmero
```

así un algoritmo refinado para imprimir la tabla tiene un bucle **para** anidado dentro de otro:

```
para cada filaNúmero = 1, 2, 3, ..., 12:
    para N = 1, 2, 3, ..., 12:
        Imprima   N * filaNúmero
    Imprima un retorno de carro
```

Queremos imprimir la salida en columnas ordenadas, con cada número de la salida tomando cuatro espacios. Esto puede ser hecho usando la salida formateada con especificador de formato %4d. Asumiendo que filaNúmero y N han sido declarados para ser variables de tipo **int**, el algoritmo puede ser expresado en Java como

```
    for ( rowNumber = 1; rowNumber <= 12; rowNumber++ ) {
for ( N = 1; N <= 12; N++ ) {
// imprima en caracteres de 4 columnas
System.out.printf( "%4d", N * rowNumber ); // Sin retorno de carro !
}
System.out.println(); // Adicione un retorno de carro al final de la línea.
}
```

Esta sección ha sido cargada con multiples ejemplos de procesamiento númerico. Para nuestro próximo ejemplo, hagamos algún procesamiento de texto. Considere el problema de encontrar cual de las 26 letras del alfabeto se encuentran en una cadena de caracteres dada. Por ejemplo, las letras que se encuentran en "Hola Mundo"son H, O, L, A, M, U, N, y D. Más especificamente, escribiremos un programa que listará todas las letras contenidas en una cadena de caracteres y támbien contará el número de letras diferentes. La cadena será introducida por el usuario. Iniciemos con un algoritmo de un pseudocodigo para el programa.

```
Pidale al usuario que introduzca una cadena de caracteres
Lea la respuesta en la variable, str
Haga cuenta = 0 (para contar el número de letras diferentes)
para cada letra del alfabeto:
        sí la letrá ocurre en str:
              Imprima la letra
              Súmele 1 a cuenta
Imprima la cuenta}
```

Debido a que queremos procesar la línea entera de texto que es introducida por el usuario, usaremos `TextIO.getln()` para leerlo. La línea del algoritmo que se lee "para cada letra del alfabeto"puede ser expresada como"**para** (letra='A'; letra <='Z'; letra++)". Pero el cuerpo de este bucle **para** necesita se necesita más pensamiento. Cómo verificamos sí una letra dada, `letra`, ocurre en `str`? Una idea es mirar en cada caracter de la cadena, y verificar sí el caracter es igual a `letra`. Podemos obtener el i-mo caracter de `str` con el llamado de función `str.charAt(i)`, donde `i` va de cero a `str.length()` - 1. Una dificultad más: Una letra tal como 'A' puede ocurrir en `str` tanto en mayuscula como en minuscula, 'A' o 'a'. tenemos que verificar ambas. Pero podemos evitar esta dificultad convirtiendo `str` en letras mayusculas antes de procesarlo. Entonces, solo tenemos que verificar las letras mayusculas. Podemos profundizar el algoritmo completamente. Note el uso de la **interrupción** en el bucle **para**anidado. Se requiere evitar la impresión o conteo de una letra dada más de una vez (en el caso donde ocurre más de una vez en la cadena de caracteres). La declaración de **interrupción** interrumpe el bucle interno **para**, pero no el bucle externo **para**. Al ejecutar la **interrupción**, la computadora continua en el bucle exterior con el próximo valor de `letra`.

```
Pidale al usuario que introduzca una cadena de caracteres
Lea la respuesta en la variable, str
Haga cuenta = 0 (para contar el número de letras diferentes)
Convierta str a letras mayusculas
for letter = 'A', 'B', ..., 'Z':
        para i = 0, 1, ..., str.length()-1:
```

3.4. LA DECLARACIÓN PARA

```
                    sí letra == str.charAt(i):
                            Imprima la letra
                            Súmele 1 a cuenta
                            interrupción // sale del bucle
            Imprima la cuenta
```

Aqui esta el progra completo:

```java
/**
 * Este programa lee una línea de texto introducida por el usuario.
 * Imprime una lista de las letras que ocurren en el texto,
 * y reporta cuantas letras diferentes más fueron encontradas.
 */
public class ListLetters {
        public static void main(String[] args) {
                String str; // Línea de texto introducida por el usuario.
                int count; // Número de letras difierentes encontradas en str.
           char letter; // Una letra del alfabeto.
           TextIO.putln("Por favor transcriba  una línea de texto.");
           str = TextIO.getln();
           str = str.toUpperCase();
           count = 0;
           TextIO.putln("Su entrada contiene las siguientes letras:");
           TextIO.putln();
           TextIO.put(" ");
           for ( letter = 'A'; letter <= 'Z'; letter++ ) {
               int i; // Posición de un carcater en str.
               for ( i = 0; i < str.length(); i++ ) {
                  if ( letter == str.charAt(i) ) {
                       TextIO.put(letter);
                       TextIO.put(' ');
                       count++;
                       break;
                  }
               }
           }
           TextIO.putln();
           TextIO.putln();
           TextIO.putln("Habia " + count + " letras diferentes.");
        } // fin de main()
} // fin de la clase ListLetters
```

De hecho, hay una forma más facil para determinar sí una letra dada ocurre en una cadena, **str**. La función de construcción **str.indexOf(letter)** retornará -1 sí **letter no** ocurre en la cadena. Retorna un número mayor que o igual a cero sí ocurre. De esta manera, podríamos verificar sí **letter** ocurre en **str** simplemente verificando "if (**str.indexOf(letter)** >= 0)".Sí usamos esta técnica en el programa arriba indicado, no necesitariamos un bucle **for** anidado. Esto le da una vista previa de de como las subrutinas pueden ser usadas para lidear con la complejidad.

3.4.4. Enums y Bucle para cada

Java 5.0 introduce una nueva forma "mejorada"del bucle **para** que esta diseñado de forma conveniente para procesamiento de extructuras de datos. Una ***extructura de datos*** es una colección de ítems de datos, considerado como una unidad. Por ejemplo, una *lista* es una extructura de datos que consiste simplemente de una secuencia de ítems. El bucle **para** mejorado facilita la aplicación del mismo procesamiento para cada elemento de una lista o extructura de datos. Las extructuras de datos son unos de los mayores tópicos en la ciencia de la Computación, pero no las encontraremos en ninguna forma seria hasta el Capítulo 7. Sin embargo, una de las aplicaciones del bucle **para** mejorado es los tipos **enum**, y los consideraremos brevemente aca. (Los enums fueron introducidos en la Subsección 2.3.3.)

El bucle mejorado para puede ser usado para ejecutar el mismo procesamiento de cada una de las constantes que son los posibles valores de los tipos enumerados. La sintaxis para hacer esto es:

para (⟨*nombre-tipo-enum*⟩ ⟨*nombre-variable*⟩ : ⟨*nombre-tipo-enum*⟩.valores()) ⟨*declaraciones*⟩

o

para (⟨*nombre-tipo-enum*⟩ ⟨*nombre-variable*⟩ : ⟨*nombre-tipo-enum*⟩.valores()) { ⟨*declaraciones*⟩ }

Sí *MyEnum* es el nombre de cualquier tipo enumerado, entonces MyEnum.values() es un llamado de función que retorna una lista conteniendo todos los valores del enum. (values() es una función miembro estático en *MyEnum* y de cualquier otro **enum**.)

Para este tipo enumerado, el bucle **para** tendría la forma:

para (MyEnum ⟨*nombre-variable*⟩ : MyEnum.values()) ⟨*declaraciones*⟩

La intención de esto es ejecutar la ⟨*declaración*⟩ una vez para cada uno de los posibles valores del tipo *MyEnum*. El ⟨*nombre-variable*⟩ es la variable del bucle de control. En la ⟨*declaración*⟩, representa el valor del tipo enumerado que esta siendo procesado. Esta variable **no** debería ser declarada antes del bucle **para**; esta debería ser declarada esencialmente dentro del bucle en sí mismo.

Para dar un ejemplo concreto, suponga que los siguientes tipos enumerados han sido definidos para representar los días de la semana: enum Día { LUNES, MARTES, MIERCOLES, JUEVES, VIERNES, SABADO, DOMINGO }
Entonces podriamos escribir:

```
para ( Día d : Día.values() ) {
    System.out.print( d );
    System.out.print(" es el día número ");
    System.out.println( d.ordinal() );
}
```

Day.values() representa la lista que contiene las siete constantes que forman parte del tipo enumerado. El primer paso a traves de este bucle, el valor de d sería el primer valor de tipo enumerado Día.LUNES, el cual tiene el número ordinal 0, así la salida sería "LUNES es el día número 0". La segunda vez que se recorra el bucle, el valor de d sería Día.MARTES, y así hasta Día.DOMINGO. El cuerpo de este bucle es ejecutado una vez por cada ítem en la lista Día.values(), con d tomando cada uno de esos valores a la vez. La salida completa de este bucle sería:

```
        MONDAY is day number 0
        TUESDAY is day number 1
        WEDNESDAY is day number 2
        THURSDAY is day number 3
        FRIDAY is day number 4
        SATURDAY is day number 5
        SUNDAY is day number 6}
```

Debido a que la intención deel bucle para mejorado es hacer algo "para cada"ítem en una estructura de datos, se le llama con frecuencia un **bucle para-cada**. La sintaxis para este tipo de bucle es desafortunada. Sería mejor si fuera escrito algo como "`paracada Día d en Día.values()`", lo cual transmite el significado mucho mejor y es similar a la sintaxis usada en otros lenguajes de programación para tipos similares de bucles. Es util pensar los dos puntos (:) en el bucle como el significado **en**.

3.5. La Declaración Sí

LA PRIMERA DE LAS DOS DECLARACIONES DE BIFURCACIONES en Java es la declaración **sí**, la cual usted ya ha visto en la Sección 3.1. Toma la forma
sí(⟨*expresión-booleana*⟩)
⟨*declaración-1*⟩
textttsí no
⟨*declaración-2*⟩

Como es usual, la declaración dentro de declraciones **sí** pueden ser bloques. La declarción **sí** representan una bifurcación en dos vías. La parte **sí no** de una declaración **sí** —que consiste de la palabra "sí no", y las declaraciones que la siguen—pueden ser omitidas.

3.5.1. El Problema del Entonces Colgado

Ahora, una declaración **sí** es, en particular, una declaración. Esto significa que tanto las ⟨*declaración-1*⟩ o la ⟨*declaración-2*⟩ en la declaración **sí** arriba indicada pueden ser en sí mismas una declaración **sí**. Un problema aparece, sin embargo, sí la ⟨*declaración-1*⟩ es una declaración **sí** que no tiene parte de **sí no**. Este caso especial es efectivamente prohibido por la sintaxis de Java. Suponga, por ejemplo, que usted escribe

```
    if ( x > 0 )
        if (y > 0)
            System.out.println("Primer caso");
    else
        System.out.println("Segundo caso");
```

Ahora, recuerde que la forma en que lo ha escrito no significa nada para la computadora. Usted podría pensar que la parte **sí no** es la segunda mitad de su declaración "**sí** (x >0)", pero la regla que la computadora sigue el **sí no** "**sí** (y >0)", el cual es más cercano. Eso es, la computadora lee su declaración como sí estuviera formateada:

```
    if ( x > 0 )
        if (y > 0)
            System.out.println("Primer caso");
```

```
    else
        System.out.println("Segundo caso");
```

Usted puede forzar a la computadora a usar otra interpretación encerrando el **sí** anidado en un bloque:

```
if ( x > 0 ) {
    if (y > 0)
        System.out.println("Primer caso");
}
  else
    System.out.println("Segundo caso");
```

Estas dos declaraciones **sí** tienen diferentes significados: En el caso cuando x = 0, la primera declaración no imprime nada, pero la segunda declaración imprime "Segundo caso.".

3.5.2. La Construcción del sí...sí no sí

Mucho más tecnicamente interesante que esto es el caso donde ⟨*declaración-2*⟩, la parte **sí no** de la declaración **sí**, es en sí mismo una declaración **sí**. La declaración se parecería a esta (tal vez sin la parte final sí no):

sí (⟨*expresión-booleana-1*⟩)
⟨*declaración-1*⟩
else
if (⟨*expresión-booleana-2*⟩)
⟨*declaración-2*⟩
else
⟨*declaración-3*⟩

Sin embargo, debido a que la computadora no tiene cuidado de como el programa esta dibujado en la página, esto es casí siempre escrito en el formato:
sí (⟨*expresión-booleana-1*⟩)
⟨*declaración-1*⟩
sí no sí (⟨*expresión-booleana-2*⟩)
⟨*declaración-3*⟩
sí no
⟨*declaración-3*⟩

Usted debería pensar en esto como una simple declaración que representa una bifurcación en tres vías. Cuando la computadora la ejecuta esto, una y solo una de las tres declaraciones —⟨*declaración-1*⟩, ⟨*declaración-2*⟩, o ⟨*declaración-3*⟩—será ejecutada. La computadora inicia evaluando ⟨*expresión-booleana-1*⟩. Sí es **verdad**, la computadora ejecuta ⟨*declaración-1*⟩ y entonces salta todas las demás vías hasta el final de la declaración exterior, evitando las otras dos ⟨*declaraciones*⟩. Sí ⟨*expresión-booleana-1*⟩ es **falsa**, la computadora salta la ⟨*declaración-1*⟩ y ejecuta la segunda declaración anidada. Para hacer esto, evalua el valor de ⟨*expresión-booleana-2*⟩ y lo usa para decidir entre ⟨*declaración-2*⟩ y ⟨*declaración-3*⟩.

Aquí hay un ejemplo que imprimirá uno de tres mensajes diferentes, dependiendo del valor de un nombre de variable **temperatura**:

3.5. LA DECLARACIÓN SÍ

```
if (temperatura < 50)
    System.out.println("Esta frio.");
else if (temperatura < 80)
    System.out.println("Esta bien.");
else
    System.out.println("Esta caliente.");}
```

Sí la `temperatura` es, decir, 42, la primera prueba es `verdad`. La computadora imprime el mensaje "Esta frio", y salta el resto—sin áun evaluar la segunda condición. Por una temperatura de 75, la primera prueba es `falso`, así la computadora continua en la segunda prueba. Esta prueba es `verdad`, así la computadora imprime "Es divertidoz salta el resto. Sí la temperatura es 73, ambos pruebas evaluan a `falso`, por eso la computadora dice"Esta calienta"(a menos que su circuito haya sido quemado por la calefacción, eso es). Usted puede enlazar "sí – no – sí"para hacer bifurcaciones de multiples vías con cualquier número de casos:

$\quad$ sí ($\langle expresión\text{-}booleana\text{-}1 \rangle$)
$\langle declaración\text{-}1 \rangle$
sí no sí ($\langle expresión\text{-}booleana\text{-}2 \rangle$)
$\langle declaración\text{-}2 \rangle$
sí no sí ($\langle expresión\text{-}booleana\text{-}3 \rangle$)
$\langle declaración\text{-}3 \rangle$
.
. // (más casos)
.
sí no sí ($\langle expresión\text{-}booleana\text{-}N \rangle$)
$\langle declaración\text{-}N \rangle$
sí no
$\langle declaración\text{-}(N+1) \rangle$

La computadora evalua expresiones booleanas una despues de la otra hasta que que llega a una que es `verdad`. Ejecuta las declaraciones asociadas y salta el resto. Sí ninguna de las expresiones booleanas evaluan a `verdad`, entonces la declaración en la parte `sí no` es ejecutada. Esta declaración es llamada una bifuración de multiples vías porque solo una declaración será ejecutada. La parte final `sí no` puede ser omitida. En este caso, sí todas las expresiones booleanas son falsas, ninguna de las declaraciones es ejecutadas. Por supuesto, cada una de las declaraciones pueden ser un bloque, consistiendo de un número de declaraciones encerradas entre { y }. (Es cierto que, hay mucho de sintaxís aquí; a medida que estudie y práctique, se acostumbrará a esto.)

3.5.3. Ejemplos de Declaraciones Sí

Como un ejemplo de uso de las declaraciones `sí`, supongamos que x, y, y z son variables de tipo **int**, y que a cada variable ya le ha sido asignada un valor. Considere el problema de imprimir los valores de tres variables en orden incremental. Por ejemplo, sí los valores son 42, 17, y 20, entonces la salida debería ser en el orden 17, 20, 42.

Una manera de lograr esto es porguntando, ¿a donde pertenece x en nuestra lista? Viene primero sí es menor que ambos y y z. viene de último sí es mayor que ambos y y z. De otra manera, va en el medio. Podemos expresar esto con una declaración `sí` de 3 - vías, pero nosotros áun tenemos que preocuparnos acerca del orden en el cual y y z debería ser impresa. En pseudocodigo,

```
sí (x < y && x < z) {
    imprima x, seguido de y y z en su orden correcto
}
sí no sí (x > y && x > z) {
    imprima y y z en su orden correcto, seguido por x
}
sí no {
    imprima  x entre y y z en su orden correcto
}
```

Determinar el orden relativo de y y z requiere otra declarción sí, así se convierte en

```java
if (x < y && x < z) { // x viene primero
    if (y < z)
        System.out.println( x + " " + y + " " + z );
    else
        System.out.println( x + " " + z + " " + y );
}
else if (x > y \&\& x > z) { // x viene despues
    if (y < z)
        System.out.println( y + " " + z + " " + x );
    else
        System.out.println( z + " " + y + " " + x );
}
else { // x en el medio
    if (y < z)
        System.out.println( y + " " + x + " " + z);
    else
        System.out.println( z + " " + x + " " + y);
}
```

Usted podría verificar verificar que este código trabajará correctamente áun sí algunos de los valores sean los mismos. Sí los valores de dos variables son los mismos, no importa en cual orden los imprime. Note, de esta manera, que áunque usted puede decir en Inglés "sí x es menor que y y z,", usted no puede decir en Java "sí (x <y && z)". El operador && solo puede ser usado entre dos valores booleanos, por lo que usted tiene que hacer pruebas separadas, x<y y x<z, y entonces combine las dos pruebas con &&.

Hay una alternativa a este problema que comienza preguntando, "en cuál orden debería ser x y y impresos?üna vez que es conocido, usted solo tiene que decidir donde colocar la z. Esta línea de pensamiento permite diferentes códigos Java:

```java
if ( x < y ) { // x viene antes que y
  if ( z < x ) // z viene antes que
        System.out.println( z + " " + x + " " + y);
  else if ( z > y ) // z viene antes que
        System.out.println( x + " " + y + " " + z);
  else // z esta en el medio
        System.out.println( x + " " + z + " " + y);
}
else { // y viene antes que x
  if ( z < y ) // z viene primero
        System.out.println( z + " " + y + " " + x);
  else if ( z > x ) // z viene de último
```

3.5. LA DECLARACIÓN SÍ

```
                System.out.println( y + " " + x + " " + z);
        else // z esta en el medio
                System.out.println( y + " " + z + " " + x);
}
```

Una vez más, vemos como el mismo problema puede ser resuelto en muchas formas distintas. Las dos aproximaciones a este problema no has sido presentadas de manera exhaustiva. Por ejemplo, usted podría probar sí **x** es mayor que **y**. sí es así, usted podría intercambiar sus valores. Una vez que ha hecho esto, usted sabe que **x** debería ser impresa antes **y**.

* * *

Finalmente, escribamos un programa completo que use una declaración **sí** en una forma interesante. Quiero un programa que convertirá unidades de medidas desde una unidad a otra, tales como millas a yardas o pulgadas a pies. Hasta el momento, el problema es extremadamente de baja especificación. Digamos que el programa solo tratará con medidas de pulgadas, pies, yardas, y millas. Sería facil extenderlo más tarde para manejar otras unidades. El usuario transcribirá una medida en una de estas unidades, tales como "17 pies.ºr "2.73 millas". La salida mostrará la longitud en terminos de **cada** una de las unidades de medida. (Esto es más facil que preguntarle al usuario cual unidad usará en la salida.) Un esquema del proceso es

```
Lea la medida y la unidad de la entrada de usuario.
Exprese la medida en pulgadas, pies, yardas, y millas.
Muestre los cuatro resultados
```

El programa puede leer ambas partes de la entrada de usuario desde la misma línea usando `TextIO.getDouble()` para leer la medida numérica y `TextIO.getlnWord()` para leer la unidad de medida. La conversión en diferentes unidades de medidas puede ser simplificada convirtiendo primero la entrada de usuario en pulgadas. Desde allí, el número de pulgadas puede ser facilmente convertida en pies, yardas, y millas. Antes de convertir en pulgadas, tenemos que probar la entrada para determinar en cual unidad de medida la ha especificado:

```
Hacer medida = TextIO.getDouble()
Hacer unidad = TextIO.getlnWord()
sí la unidad es pulgada
     Hacer pulgada = medida
sí no sí las unidades son pies
     Hacer pulgadas  = medida * 12 // 12 pulgadas por pie
sí no sí las unidades son en yardas
     Hacer pulgadas = medida * 36 // 36 pulgadas por yarda
sí no sí las unidades son millas
     Hacer pulgadas = medida * 12 * 5280 // 5280 pies por milla
sí no
             La unidad es ilegal!
     Imprima un mensaje de error y detenga el procesamiento
Haga pies = pulgada / 12.0
Hacer yarda = pulgada / 36.0
Hacer milla = inches / (12.0 * 5280.0)
Mostrar el resultado
```

Debido a que la **unidad** es un *String*, podemos usar `units.equals("pulgadas")` para verificar sí la unidad especifica de medida es "pulgadas". aunque, sería divertido que la unidad es especificada como "pulgada.º abreviado como "pg". Para permitir estas tres posibilidades, podemos verificar sí (`units.equals("pulgadas") ||units.equals("pulgada") ||units.equals("pg")`).

Tambien sería divertido permitir letras mayusculas, como en "Pulgadas.º "PG". Podemos hacer esto convirtiendo **unidades** a minuscula antes de probarlo o sustituyendo la función **units.equalsIgnoreCase** por **unidades.equals**. En mi programa final, decidí hacer cosas más interesantes permitiendole al usuario que introduzca una secuencia completa de medidas. El programa terminará solo cuando el usuario introduzca 0. Para hacer esto, he envedido el algoritmo indicado arriba dentro de un bucle **mientras**, y me he asegurado que el bucle termine cuando el usuario introduzca un 0. Aquí esta el programa completo:

```
/*
* Este programa cubrirá medidas expresadas en pulgadas,
* pies, yardas, o millas en cada una de las posibles unidades de
* medidas. La medida es introducida por el usuario, seguida por
* la unidad de medida. Por ejemplo: "17 pulgadas", "1 pulgada",
* "2.73 mi". Las abreviaciones in, ft, yd, y mi son aceptadas.
* El programa continuará leyendo y convirtiendo medidas hasta
* que el usuario introduzca  0.
*/
public class LengthConverter {
    public static void main(String[] args) {
        double measurement; // Medida numérica, introducida por el ususario.
        String units; // la unidad de medida para la entrada, támbien
                      // especificada por el usuario.
        double inches, feet, yards, miles; // Medidas expresadas en
                                           // cada posible unidad de
                                           // medida.
        TextIO.putln("Introduzca las medidas en pulgadas, pies, yardas, o millas.");
        TextIO.putln("Por ejemplo: 1 pulgada 17 pies 2.73 millas");
        TextIO.putln("Usted puede usar abreviaciones: en ft yd mi");
        TextIO.putln("Convertiré su entrada en otras unidades");
        TextIO.putln("de medida.");
        TextIO.putln();
        while (true) {
        /* Obtenga la entrada de usuario, y convierta las unidades a minuscula. */
            TextIO.put("Introduzca su medida, o 0 para culminar: ");
            measurement = TextIO.getDouble();
            if (measurement == 0)
            break; // Termine el bucle mientras.
            units = TextIO.getlnWord();
            units = units.toLowerCase();
            /* Convierta la medida de entrada en pulgadas. */
            if (units.equals("inch") || units.equals("inches")
                            || units.equals("in")) {
               inches = measurement;
            }
            else if (units.equals("foot") || units.equals("feet")
                            || units.equals("ft")) {
               inches = measurement * 12;
            }
            else if (units.equals("yard") || units.equals("yards")
                            || units.equals("yd")) {
               inches = measurement * 36;
```

3.5. LA DECLARACIÓN SÍ

```
            }
            else if (units.equals("mile") || units.equals("miles")
                           || units.equals("mi")) {
            inches = measurement * 12 * 5280;
            }
            else {
            TextIO.putln("Sorry, but I don't understand \1""
                           + units + "\1".");
            continue; // back to start of while loop
            }
            /* Convierte las medidas en pulgadas, yardas, y millas. */
            feet = inches / 12;
            yards = inches / 36;
            miles = inches / (12*5280);
            /* Escribe la medida en terminos de cada unidad de medidas. */
            TextIO.putln();
            TextIO.putln("Eso equivale a:");
            TextIO.putf("\%12.5g", inches);
            TextIO.putln(" pulgadas");
            TextIO.putf("\%12.5g", feet);
            TextIO.putln(" pies");
            TextIO.putf("\%12.5g", yards);
            TextIO.putln(" yardas");
            TextIO.putf("\%12.5g", miles);
            TextIO.putln(" millas");
            TextIO.putln();
        } // fin mientras
        TextIO.putln();
        TextIO.putln("OK! Hasta luego.");
    } // fin main()
} // fin class LengthConverter
```

(Note que este programa usa salidas formateadas con el especificador de formato "g". En este programa, no tenemos control sobre cuan grande o cuan pequeño podrían ser los números. Podría tener sentido para el usuario la introducción de medidas muy grandes y muy pequeñas. El formato "g"imprimirá un número real en formato exponencial sí es muy grande o muy pequeño, y en la forma decimal en caso contrario. Recuerde que en la especificación de formato `%12.5g`, el 5 es el número total de digitos significantes que van a ser impresos, por lo que siempre obtendremos el mismo número de digitos significantes en la salida, sin importar el tamaño del número. Sí habiamos usados un especificador de formato"f"tal como `%12.5f`, la salida sería en formato digital con 5 digitos despues del punto decimal. Esto imprimiría el número 0.0000000007454 como 0.00000, sin ningún digito **significantivos**! Con el especificador de formato "g", la salida sería `7.454e-10`.)

3.5.4. La Declaración Vacía

Como una nota final en esta sección, les mencionaré un tipo más de declaración en Java: la ***declaración vacía***. Esta es una declaración que consiste simplemente de un punto y coma y la cual le dice a la computatdora que no haga nada. La existencia de la declaración vacía hace legal lo siguiente, áunque usted no vería ordinariamente un punto y coma despues de un } :

```
sí (x < 0) {
       x = -x;
```

```
    };
```

El punto y coma es legal despues de la }, pero la computadora lo considera como una declaración vacía, no parte de la declaración **sí**. Ocasionalmente, usted podría encontrar usando la declaración vacia cuando lo que usted quiere decir es, de hecho, "no haga nada". Por ejemplo, la declaración **sí** bastante articial

```
if (hecho )
        ; // Declaración vacía
else
        System.out.println( "Not done yet. );
```

no hace nada cuando la variable **booleana** `hecho` es verdad, e imprime "No hecho áunçuando es falso. Usted no puede dejar un punto y coma en este ejemplo, debido a que la sintaxis de Java requiere una declaración entre el **sí** y el **sí no**. Aunque, prefiero, usar un bloque vacío, que consista de { y } con nada entre ellos, para tales casos. Occasionalmente, declaraciones vacias errantes pueden causar molestia, errores dificiles de encontrar en un programa. Por ejemplo, el siguiente segmento de programa imprime "Hola"justo **una vez**, no diez veces:

```
for (int i = 0; i < 10; i++);
        System.out.println("Hola");
```

¿Por qué? Por que el ";", al final de la primera línea es una declaración, y es esta declaración la que se ejecuta diez veces. La declaración `System.out.println` no esta realmente dentro de la declaración **para** del todo, por eso se ejecuta solo una vez, despues de que el bucle **para** ha sido completado.

3.6. La Declaración Conmutador

La segunda declaración de bifurcación en Java es la declaración de **conmutador**, la cual es introducida en esta sección. La declaración de **conmutador** es usada con mucha menos frecuencia que la declaración **sí**, pero a veces es util para expresar cierto tipo de bifurcación multi vía.

3.6.1. La Declaración Básica de Conmutador

Una declaración de bifurcación le permite evaluar el valor de una expresión, y dependiendo del valor, saltar directamente a alguna localidad a lo largo de la declaración de conmutador. Solo expresiones de cierto tipo pueden ser usadas. El valor de las expresiones pueden ser uno de los tipos primitivos enteros **int**, **short**, or **byte**. Puede ser el tipo primitivo **char**. O, como veremos más tarde en esta sección, puede ser un tipo enumerado. En particular, la expresión **no puede** ser un *String* o un número real. Las posiciones que usted puede saltar son marcadas con *etiquetas case* que toman la forma: "caso ⟨*constantes*⟩:". Esto marca la posición a donde la computadora salta cuando evalua una ⟨*constante*⟩dada. Como un caso final en una declaración de conmutador usted puede, opcionalmente, usar la etiqueta "default:", la cual le provee un punto de salto por defecto que es usado cuando el valor de la expresión no esta listado en ninguna etiqueta case.

Una declaración **conmutador**, como es más frecuentemente usada, tiene la siguiente forma:
```
conmutador (⟨expresión⟩) {
caso ⟨constante-1⟩:
```

3.6. LA DECLARACIÓN CONMUTADOR

```
⟨declaraciones-1⟩
interrupción;
caso ⟨constante-2⟩:
⟨declaraciones-2⟩
interrupción;
. . // (más casos)
. caso ⟨constante-N⟩:
⟨declaraciones-N⟩
interrupción;
default: // caso opcional default
⟨declaraciones-(N+1)⟩
} // fin de declaración conmutador
```

Las declaraciones de `interrupción` son técnicamente opcionales. El efecto de una `interrupción` es hacer que la computadora salte al final de la declaración de interrupción. Sí usted no deja la declaración de interrupción, la computadora seguirá adelante despues de completar un caso y ejecutará las declaraciones asociadas con la proxima etiqueta de caso. Esto es raramente lo que usted quiere, pero es legal. (Anotaré aquí—aunque usted no lo entenderá hasta que llegue al próximo capítulo—que dentro de una subrutina, la declaración de `interrupción` es remplazada a veces por una declaración de `retorno`.) Note que usted puede dejar uno de los grupos de declaraciones enteramente (incluyendo la `interrupción`). Usted entonces tiene etiquetas de caso en una fila, conteniendo dos contantes diferentes. Esto significa que la computadora saltará al mismo lugar y ejecutará la misma acción para cada una de las constantes. Aquí hay un ejemplo de declaración de conmutador. Este no es un ejemplo útil, pero debería serle facil seguirlo. Note, de esta manera, que las constantes en las etiquetas de caso no tienen que estar en un orden particular, mientras sean todas diferentes:

```
switch ( N ) { // (Asuma que N es una variable entera.)
    case 1:
        System.out.println("El número es 1.");
        break;
    case 2:
    case 4:
    case 8:
        System.out.println(" El número es 2, 4, or 8.");
        System.out.println("(Es una potencia de  2!)");
        break;
    case 3:
    case 6:
    case 9:
        System.out.println(" El número es 3, 6, or 9.");
        System.out.println("(Es un múltiplo de 3!)");
        break;
    case 5:
        System.out.println(" El número es 5.");
        break;
    default:
        System.out.println(" El número es 7 o esta fuera del rango de 1 a 9.");
}
```

La declaración de interruptor es muy primitiva como extructura de control, y es facil equivocarse cuando la usa. Java toma todas sus extructuras de control directamente de los lenguajes de programacion más antiguos C y C++. la declaración de conmutador es ciertamente una parte en donde los disenadores de Java debieron haber introducido algunas mejoras.

3.6.2. Declaraciones y menus de conmutadores

Una aplicación de las declaraciones de **comutador** es en el procesamiento de menues. Un menú es una lista de opciones. El usuario seleciona una de las opciones. La compuatdora tiene que responder a cada posible selección en una forma diferente. Sí las opciones estan numeradas 1, 2, ..., entonces el número de opciones elegidas pueden ser usadas en una declaración de **conmutador**para seleccionar la respuesta adecuada. En un programa basado en *TextIO*, el menú puede ser representado como una lista de opciones númeradas, y el usuario puede elegir una opción transcribiendo su número. Aquí hay un ejemplo que podría ser usado en una variación del ejemplo de **ConvertidorMedidas** de la sección previa:

```
int optionNumber; // Número de opción desde el menú, selecionado el usuario.
double measurement; // Una medida númerica, introducida por el usuario.
                    // La unidad de medida depende de cual
                    // opción ha seleccionado el usuario.
double inches; // La misma medida, convertida en pulgadas.
/* Muestra el menú y obtiene el número de la opción del usuario. */
TextIO.putln("¿Qué unidad de medida una su entrada?");
TextIO.putln();
TextIO.putln(" 1. pulgadas");
TextIO.putln(" 2. pies");
TextIO.putln(" 3. yardas");
TextIO.putln(" 4. millas");
TextIO.putln();
TextIO.putln("¿Introduzca el número de su elección: ");
optionNumber = TextIO.getlnInt();
/* Lee la medida del usuario y la convierte en púlgadas. */
switch ( optionNumber ) {
      case 1:
             TextIO.putln("Introduzca el número de pulgadas: ");
             measurement = TextIO.getlnDouble();
             inches = measurement;
             break;
      case 2:
             TextIO.putln("Introduzca el número de pies: ");
             measurement = TextIO.getlnDouble();
             inches = measurement * 12;
             break;
      case 3:
             TextIO.putln("Introduzca el número de yardas: ");
             measurement = TextIO.getlnDouble();
             inches = measurement * 36;
             break;
      case 4:
             TextIO.putln("Introduzca el número de millas: ");
             measurement = TextIO.getlnDouble();
             inches = measurement * 12 * 5280;
             break;
      default:
```

3.6. LA DECLARACIÓN CONMUTADOR

```
                TextIO.putln("Error! Número de opción ilegal! Abandono!");
                System.exit(1);
} // fin del conmutador
/* Ahora va a convertir pulgadas a pies, yardas, y millas... */
```

3.6.3. Enums en las declaraciones de conmutador

El tipo de expresión en un **conmutador** puede ser un tipo enumerado. En ese caso, las constantes en la etiqueta de **caso** deben ser valores de tipo enumerado. Por ejemplo, sí el tipo de expresión es el tipo enumerado *Estación* defina como
`enum Estación { PRIMAVERA, VERANO, OTOÑO, INVIERNO }`
entonces las constantes en la etiqueta caso deben ser elegidas de entre los valores `Estacion.PRIMAVERA`, `Estacion.VERANO`, `Estacion.OTONO`, o `Estacion.INVIERNO`. Aunque, hay otra peculiaridad en la sintaxís: cuando una constante enum es usada en una etiqueta **caso**, solo el nombre simple, tales como "PRIMAVERA" puede ser usado, no el nombre completo "Estacion.PRIMAVERA". Por supuesto, la computadora ya sabe que el valor en la etiqueta **caso** debe pertenecer al tipo enumerado, ya que puede decir eso a partir del tipo de expresión usado, por lo que realmente no hay necesidad de especificar el tipo de nombre en la constante. Como un ejemplo, suponga que `currentSeason` es una variable del tipo *Season*. Entonces podriamos tener la declaración **conmutador**:

```
switch ( currentSeason ) {
    case WINTER: // ( NO Season.WINTER ! )
        System.out.println("Diciembre, Enero, Febrero");
        break;
    case SPRING:
        System.out.println("Marzo, Abril, Mayo");
        break;
    case SUMMER:
        System.out.println("Junio, Julio, Agosto");
        break;
    case FALL:
        System.out.println("Septiembre, Octubre, Noviembre");
        break;
}
```

3.6.4. Asignación Definida

Como un ejemplo más realista, la siguiente declaración de **conmutador** hace una elección aleatoria entre tres alternativas posibles. Retomemos que el valor de la expresión `(int)(3*Math.random())` es uno de los enteros 0, 1, or 2, seleccionando aleatoriamente con igual probabilidad, por eso la declaración **conmutador** abajo indicada asignará uno de los valores `Rock`, `Scissors`, `Paper` a `computerMove`, con probabilidad 1/3 por cada caso. Aunque la declaración de conmutador en este ejemplo es correcta, este segmento de código como un todo ilustra errores de sintaxis que a veces aparecen:

```
String computerMove;
switch ( (int)(3*Math.random()) ) {
    case 0:
        computerMove = "Rock";
        break;
    case 1:
```

```
                computerMove = "Scissors";
                break;
        case 2:
                computerMove = "Paper";
                break;
System.out.println("El movimiento de la computadora es " + computerMove); // ERROR!}
```

Usted probablemente no ha notado el error, debido a que no es un error desde un punto de vista humano. La computadora reporta la última línea como un error, porque podría no haber sido asignada un valor a la variable `computerMove`. En Java, solo es legal usar el valor de la variable sí un valor ya ha sido **_definitivamente asignado_** a la variable. Esto significa que la comptadora debe ser capaz de probar, solo mirando el codigo cuando el programa es compilado, que a la varible se le ha asignado un valor. Desafortunadamente, la computadora solo tiene unas pocas reglas simples que pueden ser aplicadas para hacer determinaciones. En este caso, ve una declaración de `conmutador`en la cual el tipo de expresión es **int** y en cuyo caso son cubiertos 0, 1, y 2. para otros valores de la expresión, a `computerMove` nunca se le asigna un valor. De esa manera, la computadora piensa que `computerMove` podria esta indefinida despues de la declaración de `conmutador`. Ahora, de hecho, esto no es verdad: 0, 1, y 2 son de hecho los únicos valores posibles de la expresión `(int)(3*Math.random())`, pero la compuatdora no es lo suficientmente inteligente para darse cuenta de eso. La forma más facil de corregir el problema es remplazando la etiqueta caso `case 2` con `default`. La computadora puede ver que un valor es asignado a `computerMove` en todos los casos.

De forma más general, decimos que un valor ha sido definitivamente asignado a una variable en un punto dado en un programa sí cada paso que conduce desde la declaración de la variable al punto en donde el código incluye una asignación a la variable. Esta regla toma en cuenta los bucle y la declaración `sí` al igual que la declaración de `conmutador`. Por ejemplo, las siguientes dos declaraciones `sí` hacen la misma cosa que la declaración de `conmutador` dada arriba, pero solo el de la derecha es el que definitivamente asigna un valor a `computerMove`:

```
String computerMove;                        String computerMove;
int rand;                                     int rand;
rand = (int)(3*Math.random());                rand = (int)(3*Math.random());
if ( rand == 0 )                            if ( rand == 0 )
     computerMove = "Rock";                 computerMove = "Rock";
else if ( rand == 1 )                          else if ( rand == 1 )
     computerMove = "Scissors";                  computerMove = "Scissors";
else if ( rand == 2 )                          else
     computerMove = "Paper";                     computerMove = "Paper";
```

En el código a la izquierda, la prueba "`if ( rand == 2 )`", al final de la clausula `else` es innecesaria porque sí `rand` no es 0 o 1, la única posibilidad remanente es que `rand == 2`. Aunque, La computadora, no puede notarlo.

3.7. Introducción a las Excepciones y tratar..capturar

EN ADICIÓN A LAS ESTRUCTURAS DE CONTROL que determinan el flujo normal de control en un programa, Java tiene una forma de tratar con casos "excepcionales"que sacan el flujo de control de su vía normal. Cuando un error ocurre durante la ejecución de un programa, la conducta por defecto es terminar el programa e imprimir un mensaje de error. Sin embargo, Java hace posible "capturar"tales errores y programar una respuesta diferente a simplemente la

3.7. EXCEPCIONES Y TRATAR..CAPTURAR

terminación del programa. Esto es hecho con la declaración ***tratar..capturar***. En esta sección, tomaremos preliminarmente, una visión incompleta usando `tratar..capturar` para manejar errores. El manejo de errores es un tópico complejo, al cual volveremos en el Capítulo 8.

3.7.1. Excepciones

El termino ***excepción*** es usado para referirse al tipo de error que uno podría querer manejar con un `tratar..capturar`. Una excepción es una excepción al flujo normal de control en el programa. El termino es usado con preferencia a "error" porque en algunos casos, una excepción podría no ser considerada como un error del todo. Usted puede a veces pensar en una excepción como otra forma de organizar un programa. Las excepciones en Java son representadas como un objeto de tipo *Excepción*. De hecho las excepciones son definidas como subclases de *Excepción*. Diferentes subclases representan diferentes tipos de excepciones. Veremos solo dos clases de excepciones en esta sección: *Excepciones de Formato Numérico* y *Excepciones de Argumento Ilegal*.

Una *Excepciones de Formato Numérico* puede ocurrir cuando se intenta convertir una cadena de caracteres en un número. Tal conversiones son hechas por las funciones `Integer.parseInt` y `Double.parseDouble`. (Ver subseccción 2.5.7). Considere el llamado de función `Integer.parseInt(str)` donde `str` es una variable de tipo *String*. Sí el valor de `str` es la cadena de caracteres `"42"`, entonces el llamado de función convertirá correctamente la cadena de carcateres en el **int** 42. Sin embargo, sí el valor de `str` es, por decir, `"fred"`, el llamado de función fallará porque `"fred"` no es una representación legal de un valor **int**. En este caso, una excepción de tipo *Excepciones de Formato Numérico*. Sí no se hace nada para manejar la excepción, el programa se detendrá.

Una *Excepción de Argumento Ilegal* puede ocurrir cuando un valor ilegal es pasado como un parametro a una subrutina. Por ejemplo, sí una subrutina requiere que un parametro sea mayor que o igual a cero, una *Excepción de Argumento Ilegal* podría ocurrir cuando un valor negativo es pasado a una subrutina. Comó responder al valor ilegal es una cuestión de la persona que escribió la subrutina, por lo que no podemos simplemente decir que cada valor de parametro ilegal resultará en una *Excepciones de Argumento Ilega* . Sin embargo, es una respuesta común. Un caso donde una *Excepción de Argumento Ilega* puede ocurrir es en la función `valueOf` de un tipo enumerado. Recordemos de la Subsección 2.3.3 que esta función trata de convertir una cadena de caracteres en un valor de tipo enumerado. Sí la cadena de caracteres que es pasada como un parametro al `valueOf` no es el nombre de uno de los valores de tipo enumerado, entonces una *Excepción de Argumento Ilegal* occure. Por ejemplo, dado el tipo enumerado

```
enum Toss { HEADS, TAILS }
```

`Toss.valueOf("HEADS")` retorna correctamente el valor de `Toss.HEADS`, mientras`Toss.valueOf("FEET")` resulta en una *Excepción de Argumento Ilegal*.

3.7.2. tratar..capturar

Cuando una excepción ocurre, decimos que se ha "arrojadoúna excepción. Por ejemplo, decimos que `Integer.parseInt(str)` ***arroja*** una excepción de tipo *NumberFormatException* cuando el valor de `str` es ilegal. Cuando se arroja una excepción, es posible "capturar"la excepción y prevenir el daño al programa. Esto es hecho con una declaración ***tratar..capturar***. De alguna manera en forma simplificada, la sintaxis para un `tratar..capturar` es:

```
tratar {
⟨declaraciones-1⟩
}
```

```
capturar ( ⟨nombre de la clase de excepcción⟩ ⟨nombre de la variable⟩ ) {
⟨declaraciones -2⟩
}
```

El ⟨nombre de la clase de excepción⟩ podría ser Execpción de Formato de Número, Excepción de Argumento Ilegal, o alguna clase de excepción. Cuando la computadora ejecuta esta declaración, ejecuta las declaraciones en la parte de `tratar`. Sí ningun error ocurre durante la ejecución de la ⟨declaración-1⟩, entonces la computadora salta sobre la parte `capturar` y procede con el resto del programa. Sin embargo, sí una excepción del tipo ⟨nombre de clase de excepción⟩ ocurre durante la ejecución de ⟨declaraciones-1⟩, la computadora inmediatamente salta a la parte de `capturar` y ejecuta las ⟨declaraciones-2⟩, omitiendo cualquier declaración restanteen ⟨declaraciones-1⟩. Durante la ejecución de ⟨declaraciones -2⟩, el ⟨nombre de variable⟩ representa la excepción objeto, de esa manera usted puede, por ejemplo, imprimirlo. Al final de la parte `capturar`, la computadora procede con el resto del programa; la excepción ha sido capturada y manejada y no se detiene el programa. Note que solo un tipo de excepción es capturada; sí algún otro tipo de excepción ocurre durante la ejecución de ⟨declaraciones -1⟩, se dentendrá el programa como es usual.

(De esta manera, note que las llaves, { y }, son partes de la sintaxis de la declaración `tratar..capturar`. Se requiere áun sí hay una declaración entre llaves. Esto es diferente de las otras declaraciones que hemos visto, donde las llaves alrededor de una sola declaración son opcionales.)

Como un ejemplo, suponga que `str` es una variable del tipo *String* cuyo valor podría o no representar un número real legal. Entonces podriamos decir:

```
try {
    double x;
    x = Double.parseDouble(str);
    System.out.println( "The number is " + x );
}
catch ( NumberFormatException e ) {
System.out.println( "Not a legal number." );
}
```

Sí un error aparece por el llamado a `Double.parseDouble(str)`, entonces la declaración de salida en la parte de `tratar` es saltada, y la declaración en la parte de `capturar` es ejecutada. No siempre es una buena idea capturar excepciones y continuar con el programa. A menudo, sólo puede conducir a un desastre aún mayor después, y podría ser mejor dejar que la excepción detenga el programa en el punto donde ocurrio. Sin embargo, a veces es posible recuperarse de un error. Por ejemplo, supongase que tenemos el tipo enumerado

```
enum Dia { LUNES, MARTES, MIERCOLES, JUEVES, VIERNES, SABADO, DOMINGO }
```

y queremos que el usuario introduzca un valor que pertenezca a este tipo. `TextIO` no sabe nada acerca de este tipo, por lo que solo podemos leer la respuesta del usuario como una cadena de caracteres. La función `Dia.valueOf` puede ser usada para convertir la respuesta del usuario en un valor del tipo *Dia*. Esto lanzará una excepción de tipo *Excepción de Argumento Ilegal* sí la respuesta del usuario no es el nombre de uno de los valores del tipo *Dia*, pero podemos responder al error de forma suficientmente facil pidiendole al usuario que introduzca otra respuesta.

Aquí hay un segmento de codigo que lo hace. (Convirtiendo la respuesta del usuario a mayusculas permititrá respuestas tales como "Lunes", o "lunes", en adición a "LUNES".)

3.7. EXCEPCIONES Y TRATAR..CAPTURAR

```
Day weekday; // Respuesta del usuario como un valor de tipo Day.
while ( true ) {
   String response; // Respuesta del usuario como una cadena de caracteres.
   TextIO.put("Por favor introduzca un día de la semana: ");
   response = TextIO.getln();
   response = response.toUpperCase();
   try {
           weekday = Day.valueOf(response);
           break;
   }
   catch ( IllegalArgumentException e ) {
           TextIO.putln( response + " no es el nombre de un día de la semana." );
   }
}
```

La declaración **break** será alcanzada solo sí la respuesta del usuario es aceptable, y así el bucle terminará solo cuando un valor legal haya sido asignado a **weekday**.

3.7.3. Excepciones en TextIO

Cuando **TextIO** lee un valor numérico desde la entrada de usuario, se asegura que la respuesta del usuario es legal, usando una técnica similar al bucle **mientras** y **tratart..capturar** en el ejemplo previo. Sin embargo, **TextIO** puede leer datos desde otras fuentes en vez del usuario. (Ver Subsección 2.4.5.) Cuando se lee desde un archivo, no hay forma razonable para que **TextIO** se recupere de un valor ilegal en la entrada, por lo que él responde lanzando una excepción. Para mantener las cosas simples, **TextIO** solo lanza excepciones de tipo *Excepción de Argumento Ilegal*, no importa que tipo de error encuentra. Por ejemplo, una excepción ocurrirá sí es hecho un intento para leer desde un archivo despues que han sido leidos todos los datos en el archivo. En **TextIO**, la excepción es de tipo *Excepción de Argumento Ilegal*. Sí usted tiene una respuesta mejor a los errores en los archivos que hacer que el programa se detenga, usted puede usar un **tratar..capturar** para capturar excepciones de tipo *Excepción de Argumento Ilegal*.

Por ejemplo, suponga que un archivo no contiene más nada que números reales, y queremos un programa que leerá los números y encontrará su suma y su promedio. Debido a que la contidad de números en el archivo es indeterminado, hay la pregunta de cuando dejar de leer. Una propuesta es simplemente tratar de mantenerse leyendo indefinidamente. Cuando se alcanza el final del archivo, una excepción ocurre. Esta excepción no es realmente un error—solo es una manera de detectar el final de los datos, así podemos capturar la excepción y finalizar el programa. Podemos leer los datos en un bucle **mientras (verdad)** e interrumpir el bucle cuando ocurra una excepción. Esto es un ejemplo de una técnica inusual de usar una excepción como parte de un flujo esperado de control en un programa.

Para leer desde un archivo, necesitamos saber el nombre del archivo. Para hacer el programa más general, podemos permitirle al usuario que introduzca el nombre de un archivo, en vez de codificar un nombre de un archivo en el programa. Sin embargo, es posible que el usuario introduzca un nombre de un archivo que no existe. Cuando usamos **TextIO.readfile** para abrir un archivo que no existe, una excepción del tipo *IllegalArgumentException* ocurre. Podemos capturar esta excepción y pedirle al usuario que introduzca un nombre diferente de archivo. Aqui hay un programa completo que usa todas estas ideas:

```
/**
 * Este programa lee números desde un archivo. Calcula la súma y
```

```java
 * el promedio de los números que lee. El archivo no debería contener
 * nada más que números de tipo doble; sí esto no es el caso, la
 * salida será la súma y el promedio de cuantos números fueron
 * exitosamente leidos desde el archivo. El nombre del archivo será
 * introducido por el usuario.
 */
public class ReadNumbersFromFile {
    public static void main(String[] args) {
        while (true) {
            String fileName; // El nombre del archivo, a ser introducido por el usuario.
            TextIO.put("Introduzca el nombre del archivo: ");
            fileName = TextIO.getln();
            try {
                TextIO.readFile( fileName ); // Trata de abrir el archivo para la entrada.
                break; // Sí es exitoso, finaliza el bucle.
            }
            catch ( IllegalArgumentException e ) {
                TextIO.putln("No se puede leer el archivo  \1"" + fileName + "\1".");
                TextIO.putln("Por favor intente de nuevo.\1n");
            }
        }
        // En este punto, TextIO esta leyendo desde el archivo.
        double number; // Un número leido desde el archivo de datos.
        double sum; // La súma de todos los números leidos hasta ahora.
        int count; // El número de números que fueron leidos.
        sum = 0;
        count = 0;
        try {
            while (true) { // El bucle termina cuando ocurre una excepción.
                number = TextIO.getDouble();
                count++; // Esto es saltado cuando la excepción ocurre
                sum += number;
            }
        }
        catch ( IllegalArgumentException e ) {
            // Esperamos que esto ocurra cuando se encuentra el final del archivo.
            // No consideramos que esto sea un error, por lo que no hay nada que hacer
            // en esta clausula de capturar. Solo proceder con el resto del programa.
        }
        // En este punto, hemos leido el archivo entero.
        TextIO.putln();
        TextIO.putln("Números de valores de datos leidos: " + count);
        TextIO.putln("la súma de los valores de datos: " + sum);
        if ( count == 0 )
            TextIO.putln("No se puede calcular el promedio de  0 valores.");
        else
            TextIO.putln("El promedio de los valores: " + (sum/count));
    }
}
```

3.8. Introducción a la Programación de GUI

Para los dos capítulos anteriores, usted ha estado aprendiendo la clase de programación que es hecha dentro de una subrutina individual. En el resto del texto, estaremos más concentrados con las extructuras de programas de gran tamaño, pero el material que ya ha aprendido será una fundamentación importante para todo lo que viene.

En esta sección, antes de movernos hacia la programación en gran escala, hecharemos una mirada a como el programar en detalle puede ser usado en otro contexto en vez del estilo de los programas de basados en lineas de comando de texto. Haremos esto hechando una corta mirada introductoria, a los applets y la programación gráfica.

Un *applet* es un programa de Java que se ejecuta en una página Web. Un applet no es una aplicación independiente, y no tiene una rutina `main()`. De hecho, un applet es más un **objecto** que una **clase**. Cuando Java aparecio por primera vez en escena, los applets fueron uno de sus mayores atractivos. Desde entonces, se han hecho menos importantes, aunque áun pueden ser muy útiles. Cuando estudiemos programación de GUI en el Capítulo 6, nos centraremos más en programa GUI independientes que en los applets, pero los applets son un buen lugar para empezar nuestras primeras experiencias en la materia.

Cuando un aplet es colocado en una página Web, se le asigna un área rectangular en la página. Dibujar el contenido del rectangulo es el trabajo del applet. Cuando la región necesita ser dibujada, la página Web llama a una subrutina en el applet para hacerlo así. Esto no es muy diferente de lo que ocurre con los programas independientes. Cuando este tipo de programa necesita arrancar, el sistema llama a la rutina `main()` del programa. Similarmente, cuando un applet necesita ser dibujado, la página Web llama a la rutina `paint()` del applet. El programador especifica lo que ocurre cuando estas rutinas son llamadas llenando los cuerpos de las rutinas. Programando en detalle! Los applets pueden hacer otras cosas además de pintarse ellos mismos, tales como responder cuando el usuario cliquea el raton en el applet. Cada una de las conductas del applet es definida por una subrutina. El programador especifica como el applet se debe comportar llenando el cuerpo de las subrutinas apropiadas. Una applet muy simple, el cual no hace más nada que dibujarse a si mismo,puede ser definido ppor una clase que consiste de nada más que una rutina `paint()`. El codigo fuente para la clase tendría la forma:

```
import java.awt.*;
import java.applet.*;
public class ⟨nombre-del-applet⟩ extends Applet {
public void paint(Graphics g) {
⟨declaraciones⟩
}
}
```

donde ⟨nombre-de-applet⟩ es un identificador que le da nombre a la clase, y las ⟨declaraciones⟩ son el código que de hecho dibuja el applet. Esto parece similar a la defición de un programa independiente, pero hay unas pocas cosas aquí que necesitan ser explicadas, iniciando con las dos primeras líneas.

Cuando escribes un programa, hay ciertas clases preconstruidas que estan disponibles para su uso. Estas clases pre construidas incluyen a *System* y *Math*. Sí usted quiere usar una de estas clases, no tiene que hacer nada especial. Solo siga adelante y usela. Pero Java tambien tiene un gran número de clases normalizadas que estan allí sí usted las quiere pero que no estan automaticamente disponibles para su programa. (hay muchas de ellas.) sí usted quiere usar estas clases en su programa, usted tiene que preguntar por ellas primero. Las clases normalizadas estan organizadas en los así llamados "paquetes."dos de estos paquetes son llamados "java.awt¿ "java.applet". La directiva "import java.awt.*;"hace disponibles todas las clases desde el paquete java.awt para el uso en su programa. El paquete java.awt contiene clases relacionadas a la programación de las interfaces graficas de usuario, incluyendo una clase llamada **Graphics**. La clase **Graphics** esta referida a la rutina **paint()** indicada. El paquete java.applet contiene clases especificamente relacionadas a los applets, incluyendo la clase llamada **Applet**.

La primera línea de la definición de la clase arriba dice que la clase "extends **Applet**."**Applet** es una clase normalizada que esta definida en el paquete java.applet. Define todas las propiedades básicas y conducta de los objetos applet. Extendiendo la clase **Applet**, la nueva clase que estamos definiendo hereda todas esas propiedades y conductas. Solo tenemos que definir la manera como nuestra clase difiere de la clase básica **Applet**. En nuestro caso, la única diferencia es que nuestro applet se dibujará así mismo de forma diferente, así nosotros solo tendremos que definir la rutina **paint()** que hace el dibujo. Esta es una de las ventajas principales de la programación orientada a objeto.

(De hecho, en el futuro, nuestros applets serán definidos para extender **JApplet** en vez de **Applet**. La clase **JApplet** es en si misma una extensión de **Applet**. La clase **Applet** ha existido desde la versión original de Java, mientras **JApplet** es parte del nuevo grupo de componentes de interface gráfica de usuario "Swing". Por el momento, la distinción no es importante.)

Una cosa más necesita ser mencionada —y este es un punto donde la sintaxis de Java se vuelve desafortunadamente confusa. Los applets son objetos, no clases. En vez de ser miembros estáticos de una clase, las subrutinas que definen la conducta del applet son parte del objeto applet. Decimos que ellos son subrutinas "no-estáticas". Por supuesto, los objetos estan relacionados a las clases porque cada objeto es descrito por medio de una clase. Ahora aquí esta la parte que pude ser confusa: aunque una subrutina no estática no es parte de una clase (en el sentido de ser parte de la conducta de la clase), sin embargo es definida en una clase (en el sentido de que el codigo Java que define la subrutina es parte del codigo Java que define la clase). Muchos objetos pueden ser descritos por la misma clase. Cada objeto tiene su propia subrutina no estática. Pero la definición común de esas subrutinas —el código fuente real de Java —es fisicamente parte de la clase que describe todos los objetos. Para ponerlo resumidamente: las subrutinas estáticas en la definición de una clase dicen que lo que la clase hace; las subrutinas no estáticas dicen que todo lo que hace el objeto descrito por la clase. Una rutina **paint()** de un applet es un ejemplo de una subrutina no estática. Una rutina **main()** de un programa independiente es un ejemplo de una rutina estática. La diferencia no tiene mucha importancia en este punto: cuando se trabaje con programas independientes, marque todo con la palabra reservada, "**static**"; dejelo cuando trabaje con applets. Sin embargo, la diferencia entre estático y no-estático se hará más importante posteriormente en este curso.

* * *

Escribamos un applet que dibuje algo. Con la finalidad de escribir un applet que dibuje algo, usted necesita saber cuales subrutinas estan disponibles para dibujar, al igual que al escribir programas orientados a texto usted necesita saber que subrutinas estan dispponibles para leer y escribir texto. En Java, las subrutinas preconstruidas para dibujar se encuentran en objetos de la clase **Graphics**, una de las clases el paquete java.awt. En la rutina **paint()** de un applet, usted puede usar el objeto **Graphics g** para dibujar. (este objeto es proporcionado como un parametro a la rutina **paint()** cuando esa rutina es llamada.) Los obejtos **Graphics** contienen muchas subrutinas. Mencionaré solo tres de ellas aquí. Usted encontrará más de ellas en el Capítulo 6.

- **g.setColor(c)**, es llamado para colocar el color que es usado por el dibujo. El parametro,

3.8. PROGRAMANDO GUI

c es un objeto que pertenece a la clase llamada `Color`, otra de las clases en el paquete java.awt. Cerca de una docena de colores normalizados estan disponibles como variables miembros estáticos en la clase `Color`. Estos colores normalizados incluyen `Color.BLACK`, `Color.WHITE`, `Color.RED`, `Color.GREEN`, y `Color.BLUE`. Por ejemplo, sí usted quiere dibujar en rojo, diría "`g.setColor(Color.RED);`". El color especificado es usado por todas laa operaciones de dibujo subsecuentes hasta que `setColor` es llamado nuevamente.

- `g.drawRect(x,y,w,h)` dibuja un rectangulo. Los parametros x, y, w, y h deben ser expresiones de valores enteros. Esta subrutina dibuja la fgiura de un rectangulo cuya esquina superior izquierda es x pixeles desde el borde izquierdo del applet y y pixeles hacia abajo desde la parte superior del applet. El ancho del rectangulo es w pixeles, y la altura es h pixeles.

- `g.fillRect(x,y,w,h)` es similar a `drawRect` excepto que llena el interior del rectangle en vez de dibujar el contorno.

Esta es informacion suficiente para escrirbir un applet que dibujará la siguiente imagen en una página Web

El applet primero llena su área rectangular entera con rojo. Entonces cambia el color de dibujo a negro y dibuja una secuencia de rectangulos, donde cada rectangulo es encerrado dentro del previo. El rectángulo puede ser dibujado con un bucle **mientras**. A medida que avanza el bucle, el rectángulo se vuelve más pequeño y baja un poco. Necesitaremos variables para almacenar el alto y ancho del rectángulo y una variable para almacenar cuan lejos la esquina superior − izquierda del rectángulo es insertada desde la esquina del applet. El bucle mientras termina cuando el rectángulo se reduce a nada. De manera general, el algoritmo para dibujar el applet es

```
Coloque el color del dibujo en rojo (usando la subrutina  g.setColor)
Llene el applet completo (usando la subrutina  g.fillRect)
Coloque el color de dibujo a negro
Coloque la posición de la esquina superior izquierda en 0
Coloque el ancho y alto del rectángulo tan grande como el applet
Mientras el alto y ancho sean mayores que cero:
        dibuje un rectangulo (usando la subrutina g.drawRect)
        incremente la incrustación
        decremente el alto y ancho
```

En mi applet, cada rectángulo esta a 15 pixeles de distancia del rectangulo que lo rodea, es por eso que la **incrustación** se aumenta por 15 cada vez a traves del bucle **mientras**. El rectángulo se encoge en 15 pixeles a la izquierda y en 15 pixeles a la derecha, así el ancho del rectángulo se reduce en 30 cada vez que pasa por el bucle. La altura tambien se reduce en 30 pixeles cada vez que pasa por el bucle. No es dificil codificar este algoritmo en Java y usarlo para definir el código del metodo `paint()` de un applet. He asumido que el applet tiene una altura de 160 pixeles y un ancho de 300 pixeles. El tamaño es colocado en el código fuente de la página Web donde aparece el applet. Con la finalidad de que un applet aparezca en una página, en el código fuente de la página debe estar incluido un comando que especifica cual applet ejecutar y cuan grande debería ser. (Veremos como hacer eso más tarde.) no es una gran idea asumir que sabemos cuan grande va a ser el applet. Por otro lado, tampoco es una gran idea escribir un applet que no hace más que dibujar una figura estática. Me referiré a ambas cosas antes de que termine esta sección. Pero por ahora, aquí hay un código fuente para el applet:

```java
import java.awt.*;
import java.applet.Applet;
    public class StaticRects extends Applet {
    public void paint(Graphics g) {
        // Dibuja un grupo de rectángulos negros anidados en un fondo negro.
        // Cada rectángulo anidado esta separado por 15 pixeles en todos los lados
        // del rectangulo que los encierra.
        int inset; // Diferencia entre los bordes del applet
          // y uno de los rectángulos.
        int rectWidth, rectHeight; // El tamaño de uno de los rectángulos.
        g.setColor(Color.red);
          g.fillRect(0,0,300,160); // Llena todo el applet con rojo.
        g.setColor(Color.black); // Dibuja los rectangulos en negro.
        inset = 0;
        rectWidth = 299;
        // Coloca el tamaño del primer rectángulo del tamaño del applet.
        rectHeight = 159;
        while (rectWidth >= 0 & & rectHeight >= 0) {
                g.drawRect(inset, inset, rectWidth, rectHeight);
            inset += 15; // Los Rects estan a 15 pixeles de distancia.
            rectWidth -= 30; // El ancho se disminuye en 15 pixeles
                    // a la izquierda o la derecha.
            rectHeight -= 30; // La altura disminuye en 15 pixeles
            // en la parte superior e inferior.
        }
    } // final de paint()
 } // fin del clase StaticRects
```

(Usted podría preguntarse porque inicalmente `rectWidth` es colocado en 299, en vez de 300, considerando que el ancho del applet es 300 pixeles. Eso es porque los rectángulos son dibujados como sí fuera con un lapiz cuyo punta cualga abajo y la derecha del punto donde es colocado el lapiz. Sí usted corre el lapiz exactamente a lo largo del lado derecho del applet, la línea se dibuja fuera del applet y no se ve. En vez de eso, corremos el lapiz a lo largo de una línea un pixel a la izquierda del borde del applet. El mismo razonamiento aplica a `rectHeight`. La programación grafica demanda atención cuidadosa a detalles como estos.)

* * *

Cuando usted escribe un applet, usted construye sobre el trabajo de la gente que escribió la clase `Applet`. La clase `Applet` provee un marco en el cual usted puede colocar su propio trabajo. Cualquier programador puede crear marcos adicionales que puedan ser usados por otros programadores como una base para escribir tipos específicos de applets o programas independientes. He

3.8. PROGRAMANDO GUI
111

escrito un marco pequeño que hace posible escribir applets que muestran animaciones simples. Un ejemplo que consideraremos es una versión animada del applet de rectángulos presentado previamente en esta sección.Usted puede ver el applet en acción en la parte baja de la versión en línea de esta página.

Una ***animación de computadora*** es realmente una secuencia de imagenes fijas. La computadora muestras las imagenes una detras de otra. Cada imagen difiere un poco de la imagen que la precede en la secuencia. Sí las diferencias no son muy grandes y sí la secuencia es mostrada suficientemente rapido, el ojo es engañado haciendolo percibir movimiento continuo.

En el ejemplo, los rectangulos se unden conntinuamente hacia el centro del applet, mientras que rectangulos nuevos aparecen en el borde. El movimiento perpetuo es, por supuesto, una ilusión. Sí usted piensa acerca de eso, verá que el applet circula a traves de el mismo grupo de imagenes una y otra vez. En cada imagen, hay una diferencia entre los bordes del applet y el rectángulo externo. Esta diferencia se hace más y más amplia hasta que un nuevo rectangulo aparece en el borde. Solo que esto no es un nuevo rectángulo. Lo que realmente ocurre es que el applet ha iniciado nuevamente con la misma imagen de la secuencia.

El problema de crear animaciones es realmente el problema de dibujar cada una de las imagenes fijas que forman parte de la animación. Cada imagen fija es llamada ***cuadro***. En mi extructura para animación, el cual esta basado en una clase no normalizada llamada `SimpleAnimationApplet2`, todo lo que tiene que hacer es llenar el código que dice como se dibuja un cuadro. El formato básico es como a continuación:

```
import java.awt.*;
public class ⟨name-of-class⟩ extends SimpleAnimationApplet2 {
public void drawFrame(Graphics g) {
⟨statements⟩ // dibuja un cuadro de la animación
}
}
```

El código "`import java.awt.*;`"se requiere para obetener acceso a clases relacionadas con gráficos tales como `Graphics` y `Color`. Usted puede escribir cualquier nombre que quiera para la clase, y puede escribir las declaraciones dentro de la subrutina. La subrutina `drawFrame()` será llamada por el sistema cada vez que un cuadro necesite ser dibujado. Todo lo que tiene que hacer es decir lo que pasa cuando esta subrutina es llamada. Por supuesto, tiene que dibujar una imagen diferente para cada cuadro, y para hacer eso usted necesita saber cual cuadro estan dibujando. La clase `SimpleAnimationApplet2` provee una función `getFrameNumber()` que usted puede llamar para saber cual cuadro va a dibujar. Esta función retorna un valor entero que representa el número del cuadro. Sí el valor retornado es 0, se supone que usted dibuja el primer cuadro; sí el valor es 1, se supone que dibuja el segundo cuadro, y así sucesivamente.

En el applet de ejemplo, lo que difiere de un cuadro a otro es la distancia entre los bordes del applet y el rectangulo externo. Debido a que los rectángulos estan separados a 15 pixeles, esta distancia se incrementa de 0 a 14 y retorna a 0 cuando un rectángulo "nuevo", aparece. El valor apropiado puede ser calculado muy simplemente a partir del número del cuadro, con la declaración "`inset = getFrameNumber() % 15;`". El valor de la expresión `getFrameNumber() % 15` esta entre 0 y 14. cuando el número de cuadros alcanza 15 o cualquier múltiplo de 15, el valor de `getFrameNumber() % 15` retorna a 0.

Dibujar un cuadro en el applet animado de ejemplo es muy similar a dibujar una sola imagen de un e applet `StaticRects`, como el que se ya se dibujó. El método `paint()` en el applet `StaticRects` se convierte, solo con modificaciones menores, en el método `drawFrame()` de mi animación de applet `MovingRects`. He elegido hacer una mejora: el applet `StaticRects` asume que es 300 por 160 pixeles. El applet `MovingRects` trabajará para cualquier tamaño de applet. Para implementar esto, la rutina `drawFrame()`tiene que saber cuan grande es el applet. Hay dos funciones que pueden ser llamadas para obtener esta información. La función `getWidth()` retorna un valor entero que representa el ancho del applet, y la función `getHeight()` retorna la altura. El ancho y la altura, juntas con el número de cuadros, son usados para calcular el tamaño del primer rectangulo que es dibujado. Aquí esta el código fuente completo:

```java
import java.awt.*;
public class MovingRects extends SimpleAnimationApplet2 {
    public void drawFrame(Graphics g) {
            // Dibuja un cuadro en la animación llenando el fondo
            // con un solido rojo y entonces dibuja un grupo de rectángulos
            // negros interconectados. El número del cuadro te dice cuanto
            // va a estar insertado el primer cuadro desde el borde del applet.
        int width;        // Ancho del applet, en pixeles.
        int height;       // Alto del applet, en pixeles.
        int inset;        // Diferencia entre los bordes del applet y el rectángulo.
            // La inserción del rectángulo más externo va
            // desde 0 a 14 entonces retorna a 0, y así sucesivamente,
            // a medida que varia el frameNumber.
        int rectWidth, rectHeight; // El tamaño de uno de los rectángulos.
        width = getWidth(); // Encontrar el tamaño del área de dibujo.
        height = getHeight();
          g.setColor(Color.red); // Llenar el marco con rojo.
          g.fillRect(0,0,width,height);
          g.setColor(Color.black); // Cambia el color a negro.
        inset = getFrameNumber() \% 15; // Obtiene la inserción del rectángulo
        // más externo.
        rectWidth = width - 2*inset - 1; // Coloca el tamaño del rectángulo más externo.
        rectHeight = height - 2*inset - 1;
        while (rectWidth >= 0 && rectHeight >= 0) {
              g.drawRect(inset,inset,rectWidth,rectHeight);
           inset += 15; // Rects are 15 pixels apart.
           rectWidth -= 30; // Width decreases by 15 pixels
           // on left and 15 on right.
           rectHeight -= 30; // Height decreases by 15 pixels
           // on top and 15 on bottom.
        }
    } // end drawFrame()
} // end class MovingRects
```

El punto principal áca es que construir en un marco existente, usted puede hacer cosas interesantes usando el tipo de local, dentro de una subrutina de programación, que fue cubierto en el Capítulo 2 y el Capítulo 3. A medida que usted aprenda más sobre programación y más acerca de Java, usted será capaz de hacer más por su cuenta —pero no se preocupe por cuanto usted aprenda, siempre dependerá del trabajo de otras personas para hacer algunas extensiones.

Ejercicios para el Capítulo 3

1. ¿Cuántas veces usted tiene que lanzar un par de dados antes de que aparezcan un par de ojos de serpiente? Usted podría hacer el experimento rodando el dado manualmente. Escriba un programa de computadora que simule el experimento. El programa debería reportar el número de lanzamientos que hace antes de que aparezcan los ojos de serpiente. (Nota: "Ojos de Serpiente" significa que ambos dados muestran el valor de 1.) El ejercicio 2.2 explica como simular el lanzamiento de un par de dados.

2. ¿Cúal entero entre 1 y 10000 tiene el mayor número de divisores, y cúantos divisores tiene? Escriba un programa que encuentre la respuesta e imprima el resultado. Es posible que muchos enteros en este rango tengan el mismo, máximo número de divisores. Su programa solo tiene que imprimir uno de ellos. En la Subsección 3.4.2 se discutieron los divisores. El código fuente del ejemplo es *CountDivisors.java*. Usted podría necesitar algunas sigerencias acerca de como encontrar un valor máximo. La idea básica es ir a traves de todos los enteros, realizar un seguimiento del mayor número de divisores que has visto *hasta el momento*. Tambien, mantener un registro de los enteros que tuvieron ese número de divisores.

3. Escriba un programa que evaluará expresiones simples talesw como 17 + 3 y 3.14159 * 4.7. las expresiones serán transcritas por el usuario. La entrada siempre consistirá de un número, seguido de un operador, seguido por otro número. Los operadores que son permitidos son +, -, *, y /. usted puede leer el número con `TextIO.getDouble()` y el operador con `TextIO.getChar()`. El programa debería leer una expresión, imprimir su valor, leer otra expresión, imprimir su valor, y así sucesivamente. El programa debería terminar cuando el usuario introduce un 0 como el primer número de la línea.

4. Escribe un programa que lea una línea de entrada de texto y lo separe en palabras. Las palabras deberían ser presentadas por líneas. Una palabra esta definida como una secuencia de letras. Cada caracter en entrada que no son letras deberían ser descartadas. Por ejemplo, si el usuario introduce la línea
   ```
   El dijo: ''Esa no es una buena ídea."
   ```
   entonces la salida del programa debería ser

   ```
   El
   dijo
   que
   eso
   no
   es
   una
   buena
   idea
   ```

   Una versión mejorada del programa listaría "that's çomo una sola palabras. Un apostrofe puede ser considerado como parte de una palabra sí hay una letra en cada lado del apostrofe. Para probar si un caracter es una letra, usted podría usar (`ch >= 'a' && ch <= 'z') || (ch >= 'A' && ch <= 'Z'`). sin embargo, esto solo ocurre en Inglés e idiomas similares. Una mejor elección sería usar las funciones normalizadas `Character.isLetter(ch)`, lo cual retorna un valor booleano **verdad** sí `ch` es una letra y **falso** sí no es así. Esto trabaja para cualquier caracter Unicode.

5. Suponga que un archivo continen informacion acerca de ventas de figuras para una compañia en varias ciudades. Cada línea de archivo contiene un nombre de una ciudad, seguido de dos puntos (:) seguido de los datos para una ciudad. Los datos son números del tipo **double**. sin embargo, para algunas ciudades, ningun dato estaba disponible. En estas líneas, los datos son remplazados por un comentario explicando porque los datos estan extraviados. Por ejemplo, muchas líneas del archivo se podrían parecer a:

```
San Francisco: 19887.32
Chicago: no report received
   New York: 298734.12
```

Escriba un programa que calculará e imprimirá las ventas totales de todas las ciudades juntas. El programa tambien debería reportas el número de ciudades para las cuales los datos no estuvieron disponibles. El nombre del archivo debe ser "ventas.dat".

Para completar este programa, usted necesitará saber algo acerca de entradas de archivos con *TextIO* que no fue cubierto en la Subsección 2.4.5. Debido a que usted no sabe con anterioridad cuantas líneas hay en un archivo, usted necesita una manera de decir cuando ha llegado al final del archivo. Cuando *TextIO* esta leyendo desde un archivo, la función `TextIO.eof()` puede ser usada para probar si se ha alcanzado el ***final del archivo***. Esta función de valor **booleano** retorna `verdad` sí el archivo ha sido enteramente leido y retorna `falso` sí hay más datos que leer en el archivo. Esto significa que usted puede leer las líneas del archivo en un bucle `while (TextIO.eof() == false)`.... El bucle terminará cuando todas las líneas del archivo han sido leidas.

Sugerencia: para cada línea, lea e ignore caracteres como los dos puntos . Entonces lea el resto de la línea en una variablea del tipo *String*. Trate de convertir la cadena de caracteres en números, y use `try..catch` para probar sí la conversión es exitosa.

6. Escriba un applet que dibuje un tablero de fichas. Asuma que el tamaño del applet es de 160 por 160 pixeles. Cada recuadro en el tablero de fichas es 20 por 20 pixeles. El tablero de fichas contiene 8 filas de cuadrados y 8 columnas. Los recuadros son rojos y negros. Aquí hay una vía complicada para determinar sí un recuadro dado es rojo o blanco: sí el número de la fila y el número de la columna son ambos pares o impares, entonces el recuadro es rojo. En caso contrario, es negro. Note que un recuadro es un rectángulo en el cual la altura es igual al ancho, por lo que usted puede usar la subrutina `g.fillRect()` para dibujar el recuadro. Aquí hay una imagen del tablero:

(para ejecutar un applet, usted necesita una página Web para mostrarlo. Una página muy simple lo hará. Asuma que su clase applet se llama **TablerodeFichas**, de manera tal que cuando usted lo compila obtine un archivo clase llamado **TablerodeFichas.class**. Haga un archivo que contenga solo las líneas:

\<applet code="TablerodeFichas.class" width=160 height=160>
\</applet>}

Llame a este archivo **TablerodeFichas.html**. Este es el código fuente para una página Web simple que no muestre nada más que su applet. Usted puede abrir el archivo en un navegador Web o con el programa de visualización de applets de Sun. El archivo clase compilado, **TablerodeFichas.class**, debe estar en el mismo directorio con el archivo de la página Web, **TablerodeFichas .html**. (Sí usted esta usando el Ambiente Integrado de Desarrollo Eclipse, usted simplemente puede clickear a la derecha el nombre del código fuente en el Explorador.de Paquetes En el menú emergente, vaya a "Ejecutar Como.entonces a "Java Applet". Esto abrira la ventana en la cual aparece el applet. El tamaño por defecto para la ventana es mayor que 160-por-160, por lo que el tamaño del Tablero de Fichas no llenara la ventana completa.)

7. Escriba una animación de applet que muestre una patron de tablero de fichas en el cual las filas pares númeradas se muevan a la izquierda mientras las filas impares numeradas se muevan a la derecha. Usted puede asumir que el applet es de 160 por 160 pixeles. Cada fila debería ser colocada en offset de su posición usual en la cantidad de **getFrameNumber() % 40**. Sugerencia: cualquier cosa que usted dibuje fuera de los bordes del applet serán invisibles, por lo que usted puede dibujar más de 8 cuadros en una fila. Usted puede usar valores negativos de x en **g.fillRect(x,y,w,h)**. (Antes de tratar de hacer este ejercicio, sería una buena idea ver el applet trabajando, el cual puede ser encontrado en la versión en línea de este libro.) Su applet extenderá la clase no normalizada, *SimpleAnimationApplet2*, la cual fue presentada en la Sección 3.8. El archivo de la clase compilada, **SimpleAnimationApplet2.class** y **SimpleAnimationApplet2$1.class**, deben estar en el mismo directorio que el código fuente de su página Web junto con el archivo de la clase compilada de su propia clase. Estos archivos son producidos cuando usted compila *SimpleAnimationApplet2.java*. Asumiendo que el nombre de su clase es **TablerodeFichasMoviles**, entonces el código fuente para la página Web debería contener las líneas:

\<applet code="TablerodeFichasMoviles.class" width=160 height=160\>
\</applet\>}

Prueba del Capítulo 3

1. ¿Qué es un *algoritmo*?

2. Explique brevementeque significa "pseudocódigoz cuan útil es en el desarrollo de algoritmos.

3. ¿Qué es un *bloque de declaraciones*? ¿Comó se usan los bloques de declaraciones en los programas de Java ?

4. ¿Cuál es la diferencia principal entre un bucle `mientras` y un bucle `hacer..mientras`?

5. ¿Qué significa *cebar* un bucle?

6. Explique que se quiere decir con *animación* y comó una computadora una animación.

7. Escriba un bucle `para` que imprimirá todos los multiplos de 3 desde3 hasta 36, eso es : 3 6 9 12 15 18 21 24 27 30 33 36.

8. Escriba la siguiente rutina `main()` de manera tal que le pida al usuario que introduzca in entero, lea la respuesta del usuario , y le diga al usuario sí el número introducido es par o impar. (Usted puede usar `TextIO.getInt()` para leer el entero. Retomemos que un entero `n` es par sí `n% 2 == 0`.)

    ```
    public static void main(String[] args) {
            // Llene el cuerpo de la subrutina!
    }
    ```

9. Suponga que `s1` y `s2` son variables de tipo *String*, cuyos valores se espera que sean cadenas de caracteres de valores de tipo **int**. Escriba un segmento de código que calculará e imprimirá la suma de los enteros de esos valores, o imprimirá un mensaje de error sí los valores no pueden ser convertidos exitosamente en enteros. (Use una declaración `try..catch`.)

10. Muestre la salida exacta que se produciría de la siguiente rutina `main()` routine:

    ```
    public static void main(String[] args) {
        int N;
        N = 1;
        while (N <= 32) {
            N = 2 * N;
            System.out.println(N);
        }
    }
    ```

11. Muestre la sallida exacta producida por la siguiente rutina `main()`:

    ```
    public static void main(String[] args) {
        int x,y;
        x = 5;
        y = 1;
        while (x > 0) {
            x = x - 1;
            y = y * x;
            System.out.println(y);
        }
    }
    ```

12. ¿Qué salida se produce con el siguiente segmento de programa? **¿por qué?** (recuerde que `name.charAt(i)` es el enesimo caracter en la cadena de caracteres, `name`.)

```
String name;
int i;
boolean startWord;
name = "Richard M. Nixon";
startWord = true;
for (i = 0; i < name.length(); i++) {
        if (startWord)
                System.out.println(name.charAt(i));
        if (name.charAt(i) == ' ')
                startWord = true;
        else
                startWord = false;
}
```

Capítulo 4

Programación a lo grande I: Subrutinas

UNA FORMA DE DESARTICULAR UN PROGRAMA COMPLEJO en piezas manejables es usando *subrutinas*. Una subrutina consiste de instrucciones para ejecutar una cierta actividad, agrupándolas juntas y dándole un nombre. En cualquier parte del programa, ese nombre puede ser usado como una representación de todo el grupo de instrucciones. A medida que un computador ejecuta un programa, donde quiera que encuentra un nombre de subrutina, ejecuta todas las instrucciones necesarias para completar la tarea asociada con la subrutina.

Las subrutinas pueden ser usadas una y otra vez,en diferentes lugares dentro del programa. una subrutina puede aun ser usada dentro de otra subrutina. Esto la permite escribir subrutinas simple y entonces usarlas para ayudarlo a escribir subrutinas más complejas, las cuales pueden ser usadas entonces a su vez en otras subrutinas. De esta manera, programas muy complejos pueden ser construidos paso a paso, donde cada paso de la construcción es razonablemente simple.

como se mencionó en la Sección 3.8, las subrutinas en Java pueden ser estáticas o no estáticas. Este capítulo cubre solo las subrutinas estáticas. las subrutinas no estáticas, las cuales son usadas en programación orientada a objeto real, serán cubiertas en los próximos capítulos.

4.1. Cajas Negras

UNA SUBRUTINA CONSISTE DE INSTRUCCIONES para ejecutar alguna actividad, colocarlas juntas y darles un nombre. "Juntarlas" le permite lidiar con una actividad potencialmente muy complicada como si fuera un concepto simple. En vez de preocuparse acerca de los muchos, muchos pasos que la computadora podría tener que seguir aún para ejecutar la tarea, usted necesita recordar el nombre de la subrutina. Cuyo usted quiera que su programa ejecute la tarea, solo llame a la subrutina. Las subrutinas son una mejor herramienta para tratar con la complejidad.

A veces se dice que una subrutina es una "caja negra" porque usted no puede ver lo que esta "dentro" (o, para ser más preciso, usualmente usted no **quiere** ver lo que esta dentro, porque entonces usted tendría que lidiar con toda la complejidad que la subrutina quiere ocultar). Por supuesto, una caja negra que no tienen forma de interactuar con el resto del mundo sería muy inútil. Una caja negra necesita alguna clase de *interfaz* con el resto del mundo, lo cual le permite alguna interacción entre lo que esta dentro de la caja y lo que esta fuera de la caja. Una caja negra física podría tener botones en el exterior que usted pudiera presionar, marcadores que usted pueda colocar, y ranuras que puedan ser usadas para pasar información en una y otra dirección. Debido a que estamos tratyo de ocultar la complejidad, no aumentarla, tenemos la primera regla de las cajas negras:

> **La interfaz de una caja negra debería estar definida de una forma bastante sencilla, y fácil de entender.**

Hay algunos ejemplos de cajas negras en el mundo real? Si; de hecho, usted esta rodeado de ella. Su televisor, su carro, su tocador de DVD, su nevera.... Usted puede encender y apagar su televisor, cambiar canales, y colocar el volumen usyo elementos de la interfaz—selectores, control remoto, no se olvide de conectarlo a la red eléctrica—sin entender nada acerca de como trabajan las cosas. Lo mismo pasa con el tocador de DVD, aunque sí las historias acerca de cuan difícil le es a las personas colocar el tiempo en el tocador de DVD son ciertas, entonces quizás el tocador de DVD viola la regla de simplicidad de las interfaces.

Ahora, una caja negra tiene un interior—el código en una subrutina que en realidad ejecuta la tarea, toda la electrónica dentro de su televisor. El interior de una caja negra se le llama *implementación*. La segunda regla en una caja negra es que:

> **Para usar una caja negra, usted no necesitaría saber cualquier cosa acerca de su implementación; todo lo que usted necesita saber es su interfaz.**

De hecho, debería ser posible **cambiar** la implementación, así como la conducta de la caja, como se ve desde el exterior, manteniéndose sin cambios. Por ejemplo, cuyo el interior del equipo de TV pasó de usar tubos de vacío a usar transistores, el usuario del equipo no necesitaba saber acerca de eso—o aún saber lo que significaba. Similarmente, debería ser posible reescribir el interior de la subrutina, para usar código más eficiente, por ejemplo, sin afectar los programas que usa la subrutina.

Por supuesto, para tener una caja negra, alguien tiene que haber diseñado y construido la implementación en primer lugar. La idea de la caja negra se basa en la ventaja del implementador así como la del usuario de la caja negra. Después de todo, la caja negra podría ser usada en un número ilimitado de situaciones diferentes. El implementador de la caja negra no necesita saber acerca de nada de eso. El implementador solo necesita asegurarse que la caja ejecuta las tareas asignadas y interactúa correctamente con el resto del mundo. Esta es la tercera regla de las cajas negras:

> **El implementador de una caja negra no debería necesitar saber nada acerca de los gryes sistemas en los cuales la caja será usada.**

De alguna manera, una caja negra divide el mundo en dos partes: el interior (implementación) y el exterior. La interfaz es la frontera, conectyo esas dos partes.

* * *

De esta manera, usted **no** debería pensar en una interfaz como la conexión física entre la caja y el resto del mundo. La interfaz támbien incluye una *especificación* de lo que hace la caja y de como puede ser controlada usyo los elementos de la interfaz física. No es suficiente decir que un aparato de TV tiene un interruptor; usted debe especificar que el interruptor es usado para encender y apagar el televisor!

Para colocar esto en términos científicos computacionales, la interfaz de una subrutina tiene una un componente semántico así como uno sintáctico. La parte sintáctica de la interfaz le dice lo que tiene que transcribir con la finalidad de llamar la subrutina. El componente semántico especifica exactamente que actividad hará la subrutina. Para escribir un programa legal, usted necesita saber la especificación sintáctica de la subrutina. Para entender el propósito de la subrutina y usarla efectivamente, usted necesita saber la especificación semántica de la subrutina. Me referiré a ambas partes de la interfaz—sintáctica y semántica—colectivamente como el **contrato** de la subrutina.

El contrato de la subrutina dice, esencialmente, "Aquí esta lo que usted tiene que hacer para usarme, y aquí esta lo que yo haré para usted, garantizado.Çuyo usted escribe una subrutina, los comentarios que usted escribe para la subrutina deberían hacer el contrato muy claro. (Debería admitir que en la práctica, los contratos de la subrutina son especificados inadecuadamente con mucha frecuencia, mucho para la desgracia y molestia del programador que tiene que usarlas.)

Para el resto de este capítulo, paso a ideas generales acerca de las cajas negras y subrutinas en general a lo específico de escribir y usar subrutinas en Java. Pero mantenga los principios e ideas generales en mente. Ellos son la razón por lo que las subrutinas existen en primer lugar, y son sus guías para usarlas. Esto debería ser especialmente claro en la Sección 4.6, donde discutiré las subrutinas como una herramienta en el desarrollo de programas.

* * *

Usted debería mantener en mente que las subrutinas no son el único ejemplo de cajas negras en programación. Por ejemplo, una clase es una caja negra. Veremos que una clase puede tener una parte "pública", representyo su interfaz, y una parte "privada"que están completamente ocultas dentro de la implementación. Todos los principios de las cajas negras aplica tanto a las clases como a las subrutinas.

4.2. Subrutinas Estáticas y Variables Estáticas

Cada subrutina en Java debe ser definida dentro de alguna clase. Esto hace a Java bastante inusual entre los lenguajes de programación, debido a que la mayoría de los lenguajes de programación permiten subrutinas independientes y libres. Un propósito de una clase es agrupar variables y rutinas relacionadas. Tal vez los diseñadores de Java sintieron que todas las cosas tienen que estar relacionadas a algo. Como una motivación poco filosófica, los diseñadores de Java quisieron colocar controles firmes en la forma de como se les da los nombres a las cosas, debido a que un programa de Java tiene acceso potencialmente alto a un enorme número de subrutinas creadas por programadores muy diferentes. El hecho de que esas subrutinas estén agrupadas en clases con nombre (y que las clases estén agrupadas es "paquetesçon nombre) ayuda a controlar la confusión que podría resultar de muchos nombres distintos.

Una subrutina que es miembro de una clase se le llama con frecuencia *método*, y "método.es el término que la mayoría de la gente prefiere para las subrutinas en Java. Iniciaré usyo el termino "método.ºcasionalmente; sin embargo, continuaré dándole más preferencia al termino general "subrutina"para subrutinas estáticas. usaré el término "métodoçon mayor frecuencia para referirme a subrutinas no estáticas, las cuales pertenecen más a objetos que a clases. Este capítulo tratará l con subrutinas estáticas casi exclusivamente. Pasaremos a métodos no estáticos y programación orientada a objeto en el próximo capítulo.

4.2.1. Definición de Subrutinas

Una definición de subrutina en Java toma la forma:

⟨*modificadores*⟩ ⟨*tipo-retornado*⟩ ⟨*nombre-de-subrutina*⟩ (⟨*lista-de-parámetros*⟩) ⟨*declaraciones*⟩

Nos llevará un tiempo—en la mayoría de los capítulos—comprender todo lo que esto significa en detalle. Por supuesto, ya usted ha visto ejemplos de subrutinas en capítulos previos, tales como la rutina `main()` de un programa y la rutina `paint()` de un applet. Por lo que usted ya esta familiarizado con el formatoo general.

Las ⟨*declaraciones*⟩ entre llaves, y , en una definición de subrutina preparan el ***cuerpo*** de la subrutina. Estas declaraciones son el interior, o la parte de la implementación, de la "caja negra", como se discutió en la secciones previas. Ellas son las instrucciones que la computadora ejecuta cuyo el método es llamado. Las subrutinas pueden contener cualquiera de las declaraciones discutidas en el Capítulo 2 y Capítulo 3.

Los ⟨*modificadores*⟩ que pueden ocurrir al inicio de la definición de la subrutina son palabras que le dan ciertas características a la subrutina, tales como sí es estática o no. Los modificadores que usted ha visto hasta ahora son `static` y "`public`". Hay solo como media docena de modificadores.

Sí la subrutina es una función, cuyo trabajo es calcular algún valor, entonces el ⟨*tipo - retornado*⟩ es usado para especificar el tipo de valor que es retornado por la función. Estaremos viendo funciones y retorno de tipos en algún detalle en la Seccion 4.4. Sí la subrutina no es una función, entonces el ⟨*retorno-de-tipo*⟩ es remplazado por el valor especial `void`, el cual indica que ningún valor es retornado. El término "void.[es] para indicar que el valor retornado esta vacío o no existe.

Finalmente, llegamos a la ⟨*lista-de-parámetros*⟩ del método. Los parámetros son parte de la interfaz de una subrutina. Ellos representan información que es pasada dentro de la subrutina desde el exterior, para ser usada para los cálculos computacionales internos de la subrutina. Para un ejemplo concreto, imagine una clase llamada *Televisión* que incluye un método llamado `cambiarCanal()`. La pregunta inmediata es: A qué canal debería cambiar? Un parámetro puede ser usado para responder esta pregunta. Como el número del canal es un entero, el tipo de parámetro sería `int`, y la declaración del método `cambiarCanall()` se podría parecer a

    public void cambiarCanal(int canallNum)   ...

Esta declaración especifica que `cambiarCanal()` tiene un parámetro llamado `canalNum` de tipo `int`. Sin embargo, `canalNum` aun no tiene ningún valor particular. El valor de `canalNum` es proporcionado cuyo la subrutina es llamada; por ejemplo: `cambiarCanal(17);`

El parámetro listado en una subrutina puede ser vacio, o puede consistir de uno o más declaración de parámetros de la forma ⟨*tipo*⟩ ⟨*nombre-del-parámetro*⟩. Sí hay múltiples declaraciones, son separadas por comas. noe que cada declaración se puede referir solo a un parámetros. Por ejemplo,sí usted quiere dos parámetros del tipo **double**, usted tiene que decir "`double x, double y`", en vez de "`double x, y`".

Los parámetros son cubiertos en más detalles en la próxima sección.

Aquí hay algunos pocos ejemplos de definiciones de subrutinas, obviyo las declaraciones que definen lo que la subrutina hace:

```
public static void playGame() {
  // "public" y "static" son modificadores; "void" es el
  // tipo-retornado; "playGame" es el nombre de la subrutina;
  // la lista de parámetros esta vacía.
   . . .   // Las declaraciones que definen lo que playGame hace van aquí.
}
int getNextN(int N) {
  // No hay modificadores; "int" en el tip-retornado
  // "getNextN" es el nombre de la subrutina;la lista de parámetros
  // incluye un parámetro cuyo nombre es "N" y cuyo
```

4.2. SUBRUTINAS Y VARIABLES ESTÁTICAS

```
    // tipo es "int".
    ...  // Las declaraciones que definen lo que  getNextN hace van aquí.
  }
  static boolean lessThan(double x, double y) {
    // "static" es un modificador; "boolean" es el
    // tipo-retornado; "lessThan" es el nombre de la subrutina; la lista de parámetros
    //incluye dos parámetros cuyos nombres son
    // "x" y "y", y el tipo de cada uno de estos parámetros
    // es "double".
    ...  // Las declaraciones que definen lo que lessThan hace van aquí.
  }
```

En el segundo ejemplo dado aquí, `getNextN` es un método no-estático, debido a que su definición no incluye el modificador "`static`-y por eso no es un ejemplo queo debieramos ver en este capítulo! El otro modificador mostrado en el ejemplo es "`public`". Este modificador indica que el método puede ser llamado de cualquier parte del programa, áun desde fuera de la clase donde el método esta definido. Hay otro modificador, "`private`", lo cual indica que el método puede ser llamado **solo** desde dentro de la misma clase. Los modificadores `public` y `private` son llamados *especificadores de acceso*. Sí ningún especificador de acceso es dado por un método, entonces por defecto, ese método puede ser llamado desde cualquier parte en el "paquete"que contenga esa clase, pero no desde fuera del paquete. (Los paquetes fueron introducidos en la Subsección 2.6.4), y usted aprenderá más acerca de ellos posteriormente en este capítulo, en la Sección 4.5.) Hay otro modificador de acceso, `protected`, el cual solo sen hará relevante cuyo entremos a la programación orientada a objeto en el Capítulo 5.

Note, de esta manera, que la rutina `main()` de un programa sigue las reglas usuales de sintaxis para una subrutina. En

`public static void main(cadena de caracteres[] args)` ...

los modificadores son `public` y `static`, el tipo retornado es `void`, el nombre de la subrutina es `main`, y el parámetro listado es "`cadena de caracteres[] args`". la única pregunta podría ser acerca de "`cadena de caracteres[]`", lo cual tiene que ser un tipo sí se ajusta a la sintaxis de una lista de parámetros. De hecho, `cadena de caracteres[]` representa a lo que se conoce como "arreglo de tipos", así la sintaxis es valida. Cubriremos los arreglos en el Capítulo 7. (El parámetro, `args`, representa información suministrada al programa cuyo la rutina `main()` es llamada por el sistema. En caso de que usted conozca los términos, la información consiste de cualquier "argumentos de líneas de comyo.[es]pecificados en el comyo que el usuario transcribió para ejecutar el programa.)

Ya usted ha tenido alguna experiencia con el cumplimiento de la implementación de una subrutina. En este capítulo, usted aprenderá todo acerca de escribir sus propias definiciones completadas de subrutinas, incluyendo la parte de la interfaz.

4.2.2. Llamado de Subrutinas

Cuyo usted define una subrutina,todo lo que usted esta haciendo es decirle a la computadora que la subrutina existe y lo que hace. La subrutina de hecho no se ejecuta hasta que es llamada. (Esto es verdad aun para la rutina `main()` en una clase—aunque **usted** no la llame, es llamada por el sistema cuyo el sistema ejecuta su programa.) Por ejemplo,el método `playGame()` dado como un ejemplo arriba podría ser llamado usyo la siguiente declaración de llamado de subrutina:

`playGame();`

Esta declaración pudo ocurrir en cualquier lugar en la misma clase que incluye la definición de `playGame()`, también en un método `main()` o en alguna otra subrutina. Debido a que playGame() es un método **público**, también puede ser llamado desde otras clases, pero en ese caso, usted debe decirle a la computadora de que clase viene. Debido a que playGame() es un método **estático**, su nombre completo incluye el nombre de la clase en la cual esta definido. Digamos, por ejemplo, que playGame() esta definido en una clase llamada Poker. Entonces para llamar a playGame() desde el **exterior** de la clase Poker, usted debería decir

Poker.playGame();

El uso del nombre de la clase aquí le dice a la computadora en cual clase tiene que mirar para encontrar el método. También le permitirá distinguir entre Poker.playGame() y otros métodos potenciales playGame() definidos en otras clases, tales como Roulette.playGame() o Blackjack.playGame().

Más generalmente, una ***declaración de llamado de subrutina*** para una subrutina **estática** toma la forma

⟨nombre de subrutina⟩(⟨parámetros⟩);

sí la subrutina que esta siendo llamada esta en la misma clase, o

⟨nombre de la clase⟩.⟨nombre de la subrutina⟩(⟨parámetros⟩);

sí la subrutina esta definida en cualquier otra parte, en una clase diferente. (Los métodos no estáticos pertenecen más a los objetos que a las clases, y ellos son llamados usyo los nombres de los objetos en vez del nombre de las clases. Hablaremos más tarde de eso.) noe que la lista de parámetros puede estar vacía, así como en el ejemplo playGame(), pero los paréntesis debes estar presentes aun así no haya nada entre ellos.

4.2.3. Subrutinas en Programas

Es tiempo de dar un ejemplo de como se ve un programa completo, cuyo incluye otras subrutinas en adición a la rutina main(). Escribamos un programa que haga un juego de adivinanzas con el usuario. La computadora elegirá un número aleatorio entre 1 y 100, y el usuario tratará de adivinarlo. La computadora la dirá al usuario sí el valor esta por encima o por debajo o sí es correcto. Sí el usuario obtiene el número después de seis adivinanzas o menos, el usuario gana el juego. Después de cada juego, el usuario tiene la opción de continuar con otro juego.

Debido a que hacer un juego puede parecer como una simple actividad coherente, tiene sentido escribir una subrutina que juegue a las adivinanzas con el usuario. La rutina main() usará un bucle para llamar a la subrutina playGame() una y otra vez, tantas veces como el usuario quiera jugar. Abordamos el problemaa de diseñar la subrutina playGame() de la misma manera que escribimos una rutina main(): Iniciar con un esbozo del algoritmo y aplicamos refinamiento paso a paso. Aquí hay un pequeño algoritmo de pseudocódigo para un programa de juegos de adivinanzas:

```
Tome un número aleatorio
mientras el juego no se termine:
   Obtenga la adivinanza del usuario
   Digale al usuario sí la adivinanza es más alta, baja o correcta.
```

La prueba para saber si el juego se terminó es complicada, debido a que el juego termina ya sea porque el usuario hace una adivinanza correcta o el número de adivinanzas es seis. Como en muchos casos, la cosa más fácil es hacer uso de un bucle "mientras (verdad) z usar interrupciones para culminar el bucle cuyo quiera que encontremos una razón para hacerlo. También, sí vamos a terminar el juego después de seis adivinanzas, debemos mantener registro del número de intentos que el jugador ha hecho. Completyo el algoritmo se obtiene:

4.2. SUBRUTINAS Y VARIABLES ESTÁTICAS

```
Haga computadoraNúmero un número aleatorio entre 1 y 100
Haga cuentaAdivinanzas = 0
mientras (verdad):
    Obtenga el intento del usuario
    Cuente los intentos sumándole 1 al número de intentos
    sí la adivinanza del usuario es igual a computadoraNúmero:
          Digale al usuario que ganó
          interrumpa el bucle
    sí el número de intentos es 6:
           Digale al usuario que perdió
           interrumpa el bucle
        sí el intento del usuario es menor que computadoraNúmero:
           Digale al usuario que el intento fue bajo
    si no si el intento del usuario es mayor que computadoraNúmero:
           Digale al usuario que el intento fue alto
```

Con las declaraciones de las variables adicionadas y traducidas a Java, esto se vuelve la definición de la rutina `playGame()`. Un entero aleatorio entre 1 y 100 puede ser calculado como `(int)(100 * Math.ryom()) + 1`. He aclarado la interacción con el usuario para hacerla fluir mejor.

```java
static void playGame() {
  int computadorasNumber; // Un número aleatorio tomado por la computadora.
  int usersGuess;         // Un número introducido por el usuario como una adivinanza.
  int guessCount;         // Número de adivinanzas que el usuario ha hecho.
  computadorasNumber = (int)(100 * Math.ryom()) + 1;
          // El valor asignado a computadorasNumber es un entero elegido
          //    aleatoriamente entre 1 y 100, ambos inclusive.
  guessCount = 0;
  TextIO.putln();
  TextIO.put("Cuál es tu primera adivinanzas? ");
  while (true) {
     usersGuess = TextIO.getInt();   // Obtiene la adivinanza del usuario.
     guessCount++;
     if (usersGuess == computadorasNumber) {
        TextIO.putln("Lo lograste en " + guessCount
                  + " adivinanzas!  Mi número fue" + computadorasNumber);
        break;   // TSe acabó el juego; el usuario ha ganado.
     }
     if (guessCount == 6) {
        TextIO.putln("No obtuvó el número en seis adivinanzas.");
        TextIO.putln("Has perdido.  Mi número fue " + computadorasNumber);
        break;   // El juego se acabó; el usuario ha perdido.
     }
     // Sí llegamos a este punto, el juego continua.
     // Digale al usuario que la adivinanza estaba muy alta o muy baja.
     if (usersGuess < computadorasNumber)
        TextIO.put("Eso es muy bajo.  Trata de nuevo: ");
     else if (usersGuess > computadorasNumber)
        TextIO.put("Eso es muy alto.  Trata de nuevo: ");
       }
  TextIO.putln();
  } // end of playGame()
```

Ahora, exactamente, donde debería ser puesto esto? Debería ser parte de la misma clase que la rutina **main()**, pero **no** dentro de la rutina principal. No es legal tener una subrutina físicamente anidada dentro de otra. La rutina **main()** **llamará** a **playGame()**, pero no la contiene físicamente. Usted puede poner la definición de **playGame()** aun antes o después de la rutina **main()**. Java no es muy exigente con respecto a tener los miembros de una clase en cualquier orden particular.

Es muy fácil escribir una rutina principal. Usted ha hecho cosas como esta antes. Aquí se muestra como se vería un programa completo (excepto que un programa serio necesitaría más comentarios de los que yo he incluido aquí).

```
public class GuessingGame {
  public static void main(cadena de caracteres[] args) {
    TextIO.putln("Hagamos un juego.  Tomaré un número entre");
    TextIO.putln("1 y 100, y usted trata de adivinarlo.");
    boolean playAgain;
    do {
       playGame();  // llama a una subrutina para jugar
       TextIO.put("Le gustaría jugar de nuevo? ");
       playAgain = TextIO.getlnBoolean();
    } while (playAgain);
    TextIO.putln("Gracias por jugar.  Hasta luego.");
  } // fin de main()

  static void playGame() {
    int computadorasNumber; // Un número aleatorio tomado por la computadora.
    int usersGuess;         // Un número introducido por el usuario como una adivinanza.
    int guessCount;         // Número de adivinanzas que el usuario ha hecho.
    computadorasNumber = (int)(100 * Math.ryom()) + 1;
            // El valor asignado a computadorasNumber es un entero
            //    electo aleatoriamente entre 1 y 100, ambos inclusive.
    guessCount = 0;
    TextIO.putln();
    TextIO.put("Cuál es su primera adivinanza? ");
    while (true) {
       usersGuess = TextIO.getInt();  // Obtenga la adivinanza del usuario.
       guessCount++;
       if (usersGuess == computadorasNumber) {
          TextIO.putln("Lo lograste en" + guessCount
                 + " adivinanzas!  Mi número era" + computadorasNumber);
          break;  // El juego se acabó; el usuario ha ganado.
       }
       if (guessCount == 6) {
          TextIO.putln("Usted no obtuvo el número en 6 adivinanzas.");
          TextIO.putln("Perdió.  Mi número era" + computadorasNumber);
          break;  // El juego se acabó; el usuario ha perdido.
       }
       // Sí llegamos a este punto, el juego continua.
       // Digale al usuario que la adivinanza estaba muy alta o muy baja.
       if (usersGuess < computadorasNumber)
          TextIO.put("Eso es muy bajo.  Trata de nuevo: ");
       else if (usersGuess > computadorasNumber)
          TextIO.put("Eso es muy alto.  Trata de nuevo: ");
    }
```

4.2. SUBRUTINAS Y VARIABLES ESTÁTICAS

```
        TextIO.putln();
   } // fin de playGame()

} // fin de clase GuessingGame
```

Tómese un tiempo para leer el programa cuidadosamente y comprenda como trabaja. Y trate de convencerse usted mismo que aun en esta caso relativamente simple, interrumpiendo el programa en dos métodos hace el programa más fácil de entender y probablemente hizo más fácil escribir cada pieza.

4.2.4. Variables Miembros

Una clase puede incluir otras cosas además de rutinas. En particular, también puede incluir declaraciones de variables. Por supuesto, usted puede declarar variables **dentro** de subrutinas. Esas son llamadas *variables locales*. Sin embargo, usted también puede tener variable que no son parte de ninguna subrutina. Para distinguir tales variables de las variables locales, las llamaremos *variables miembros*, debido a que son miembros de una clase.

Al igual que con las subrutinas, las variables miembros pueden ser aun estáticas o no-estática. En este capitulo, nos adheriremos a las variables estáticas. Una variable miembro estático pertenece a la clase en si misma, y existe mientras la clase exista. Se aparta memoria para la variable cuyo la clase es cargada por primera vez por el interpretador de Java. Cualquier declaración que asigna un valor a la variable cambia el contenido de esa memoria, no importa en donde este localizada esa declaración de asignación en el programa. En cualquier momento que la variable es usada en una expresión, el valor es extraído de la misma memoria, no importa en donde este ubicada la expresión en el programa. Esto significa que el valor de una variable miembro estático puede ser colocado en una subrutina y usado en otra subrutina. Las variables miembros estáticos son "compartidas" por todas las subrutinas estáticas en la clase. Una variable local en una subrutina, por otro lado, solo existe mientras la subrutina esta siendo ejecutada, a es completamente inaccesible desde el exterior de esa subrutina.

Las declaraciones de una variable miembro se parece a la declaración de una variable local excepto por dos cosas: La variable miembro es declarada fuera de cualquier subrutina (aunque aun tiene que ser declarada dentro de una clase), y la declaración puede ser marcada con modificadores tales como `static`, `public`, y `private`. Debido a que solo estamos trabajyo con variables miembros por ahora, cada declaración de una variable miembro en este capitulo incluirá el modificador `static`. Ellas también podrían ser marcados como `public` o `private`. Por ejemplo:

```
        static String nombredeUsuario;
        public static int numerodeJugadores;
        private static double velocidad, tiempo;
```

Una variable miembro estatico que no es declarada para ser `private` puede ser accesada desde fuera de la clase donde estan definidas, al igual que dentro. Cuyo es usada en alguna otra clase, debe ser referida con un identificador compuesto de la forma ⟨nombre-clase⟩.⟨nombre-variable⟩. Por ejemplo, la clase *System* contiene la variable miembro estatico publico llamada `out`, y usted usa esta variable en su propia clase refiriéndose a `System.out`. Si `numeroDeJugadores` es una variable miembro estático publico en una clase llamada `Poker`, entonces las subrutinas en la clase `Poker` serian referidas simplemente como `numeroDeJugadores`, mientras las subrutinas en otras clases serian referidas como `Poker.numeroDeJugadores`.

Como un ejemplo, sumemos una variable miembro estático a la clase `GuessingGame` que escribimos hace rato en esta sección. Esta variable sera usada para llevar un registro de cuantos juegos gana el usuario. Llamaremos a la variable `gamesWon` y la declararemos con la declaración "`static int gamesWon;`". En la rutina `playGame()`, le sumamos 1 a `gamesWon` si el usuario gana el juego. Al final de la rutina `main()`, imprimimos el valor de `gamesWon`. Seria imposible hacer la misma cosas con una variable local, debido a que necesitamos acceso a la misma variable desde ambas subrutinas.

Cuyo usted declara una variable local en una subrutina, tiene que asignarle un valor a esa variable antes de que pueda hacer algo con ella. Las variable miembros, por otro lado son inicializadas automáticamente con un valor por defecto. Para variables numéricas, el valor por defecto es cero. Para variables **booleanas**, el valor por defecto es `falso`. Y para variables **char**, es el carácter no imprimible que tiene Unitexttt texttt número cero. (Para objetos, tales como `Strings`, el valor inicial por defecto es un valor especial llamado `null`, el cual no encontraremos oficialmente hasta más tarde.)

Debido a que es de tipo **int**, la variable miembro estático `gamesWon` automáticamente se le asigna un valor inicial de cero. Esto ocurre como el valor inicial correcto para una variable que esta siendo usada como un contador. Usted puede, por supuesto, asignar un valor diferente a la variable al principio de la rutina `main()` sí no esta satisfecho con el valor inicial por defecto.

Aquí esta una versión revisada de `GuessingGame.java` que incluye la variable `gamesWon`. Los cambios de la versión previa están indicados en itálica:

```
public class GuessingGame2 {
    static int gamesWon;      // Número de juegos ganados por
                              //     el usuario.
    public static void main(cadena de caracteres[] args) {
        gamesWon = 0;   // Esto es actualmente redundante, debido a que 0 es
        //                 el valor inicial por defecto.}
        TextIO.putln("Jugemos.  Tomaré un número entre");
        TextIO.putln("1 y 100, y usted trata de adivinarlo.");
        boolean playAgain;
        do {
            playGame();  // llama una subrutina para jugar
            TextIO.put("Quisiera jugar de nuevo? ");
            playAgain = TextIO.getlnBoolean();
        } while (playAgain);
        TextIO.putln();
        TextIO.putln("Ha ganado " + gamesWon + " juegos.");
        TextIO.putln("Gracias por jugar.  Hasta luego.");
    } // fin de main()
    static void playGame() {
      int computadorasNumber; // Un número aleatorio tomado por la computadora.
      int usersGuess;      // Un número introducido por el usuario como adivinanza.
      int guessCount;      // Número de intentos que el usuario ha hecho.
      computadorasNumber = (int)(100 * Math.ryom()) + 1;
            // El valor asignado a la computadora es
            //    elegido aleatoriamente entre 1 y 100, inclusive.
      guessCount = 0;
      TextIO.putln();
      TextIO.put("Cual es su primera adivinanza? ");
      while (true) {
         usersGuess = TextIO.getInt();   // Obtiene la adivinanza del usuario.
         guessCount++;
         if (usersGuess == computadorasNumber) {
            TextIO.putln("Lo lograste en " + guessCount
```

```
                     + " adivinanzas!  Mi número fue" + computadorasNumber);
            gamesWon++;  // Cuenta este juego incrementyo gamesWon
            break;       // El juego se acabó ; el usuario ha ganado.
        }
        if (guessCount == 6) {
           TextIO.putln("Usted no obtuvo el número en 6 adivinanzas.");
           TextIO.putln("Usted pierde.  Mi número fue " + computadorasNumber);
           break;   // El juego se acabo; el usuario ha perdido.
        }
        // Sí hemos llegado a este punto, el juego continua.
        // Digale al usuario sí la adivinanza fue muy alta o muy baja.
        if (usersGuess < computadorasNumber)
           TextIO.put("Eso es bajo támbien.  Trata de nuevo: ");
        else if (usersGuess > computadorasNumber)
           TextIO.put("Eso es muy alto.  Trata de nuevo: ");
          }
            TextIO.putln();
      } // end of playGame()

   // fin de la clase GuessingGame2
```

4.3. Parámetros

Sí una subrutina es una caja negra, entonces un parámetro provee un mecanismo para pasar información desde el mundo exterior hacia la caja. Los parámetros son parte de la interfaz de una subrutina. Ellas le permiten configurar la conducta de una subrutina para adaptarse a una situación particular.

Como una analogía, considere un termostato—una caja negra cuyo trabajo es mantener su casa a una cierta temperatura. El termostato tiene una parámetro, llamado el selector que es usado para colocar una temperatura deseada. El termostato siempre ejecuta la misma tarea: mantener una temperatura constante. Sin embargo, la actividad exacta que él ejecuta—eso es, **por lo cual** la temperatura se mantiene—es configurada por la preselección de su selector.

4.3.1. Uso de Parámetros

Como un ejemplo, volvamos al problema de "3N+1"que fue discutido en la subSeccion 3.2.2. (Recordemos que una secuencia 3N+1 es calculada de acuerdo a la regla, "si N es par, multiplique por 3 y sume 1; sí N es impar, divida por 2; continue hasta que N es igual a 1."Por ejemplo, iniciyo de N=3 obtenemos la secuencia : 3, 10, 5, 16, 8, 4, 2, 1.) Suponga que queremos escribir una subrutina para imprimir esa secuencia. La subrutina siempre ejecutará la msma tarea: Imprimir una secuencia 3N+1. Pero la secuencia exacta que imprima dependerá del valor inicial de N. De esa manera, el valor inicial de N sería un parámetro de la subrutina. La subrutina podría ser escrita como esto:

```
/**
 * Esta subrutina  imprime una secuencia 3N+1 a la salida normalizada, usyo
 * startingValue como el valor inicial de N.  También imprime el número de
 * términos en la secuencia. El valor del parámetro, startingValue,
 * debe ser un entero positivo.
 */
```

```
static void print3NSequence(int startingValue) {
    int N;      // Uno de los términos en la secuencia.
    int count;  // El número de términos.
    N = startingValue;  // El primer termino es cualquier valor
                        //    que es pasado a la subrutina como
                        //    un parámetro.
    int count = 1; // Tenemos un termino, hasta el momento, el valor inicial.
    System.out.println("La secuencia 3N+1 iniciyo desde  " + N);
    System.out.println();
    System.out.println(N);  // imprime los términos iniciales de la secuencia
    while (N > 1) {
            if (N \% 2 == 1)    // es N par?
              N = 3 * N + 1;
          else
              N = N / 2;
          count++;   // cuenta este termino
             System.out.println(N);  // imprime este término
      }
        System.out.println();
         System.out.println("Habia " + count + " términos en la secuencia.");
} // fin de print3NSequence
```

La lista de parámetros de esta subrutina, "(int startingValue)", especifica que la subrutina tiene un parámetro, de tipo **int**. A través del cuerpo de la subrutina, el nombre del parámetro puede ser usado de la misma manera como sí fuera un nombre de variable. Sin embargo, el parámetro obtiene su valor inicial de **fuera de** la subrutina. Cuyo la subrutina es llamada, un valor debe ser suministrado para este parámetro en la declaración del llamado de la subrutina. Este valor será asignado al parámetro, startingValue, antes de que el cuerpo de la subrutina sea ejecutado. Por ejemplo, la subrutina podría ser llamada usyo la declaración de llamado de subrutina "print3NSequence(17);". Cuyo la computadora ejecuta esta declaración, la computadora asigna el valor 17 a startingValue y entonces ejecuta la declaración de la subrutina. Esta imprime la secuencia 3N+1 iniciyo con 17. Sí K es una variable de tipo **int**, entonces cuyo la computadora ejecuta la declaración de llamado de subrutina "print3NSequence(K);", tomará el valor de la variable K, la asignará el valor a startingValue, y ejecutará el cuerpo de la subrutina.

La clase que contiene print3NSequence puede contener una rutina main() (o otras subrutinas) que llaman a print3NSequence. Por ejemplo, aquí hay un programa main() que imprime la secuencia 3N+1 para varios valores iniciales especificados por el usuario:

```
public static void main(cadena de caracteres[] args) {
    TextIO.putln("Este programa imprimirá la secuencia 3N+1");
    TextIO.putln("para los valores iniciales que usted especifique.");
    TextIO.putln();
     int K;  // Entrada del usuario; bucle termina cuyo K < 0.
     do {
         TextIO.putln("Introduzca el valor inicial;")
         TextIO.put("Para terminar el programa, introduzca 0: ");
         K = TextIO.getInt();  // Obtenga el valor inicial del usuario.
         if (K > 0)   // Imprima la secuencia, pero solo sí K es > 0.
             print3NSequence(K);
     } while (K > 0);   // Continue solo sí K > 0.
  } //fin main
```

4.3. PARÁMETROS

Recuerde que antes de que usted pueda usar este programa, la definición de `main` y de `print3NSequence` debe ser ambas embebidas en la definición de una clase.

4.3.2. Formal y Actual parámetros

Note que el término "parámetro.[es] usado para referirse a dos conceptos, diferentes, pero relacionados. Hay parámetros que son usados en la definición de las subrutinas, tales como `startingValue` en el ejemplo anterior. Y hay parámetros que son usados en declaraciones de llamados de subrutinas, tales como la K en la declaración "`print3NSequence(K);`". Los parámetros en una definición de subrutina son llamados **parámetros formales** o **parámetros postizos**. Los parámetros que son pasados a una subrutina cuyo es llamada son llamados **parámetros actuales** o **argumentos**. Cuyo una subrutina es llamada, los parámetros actuales en la declaracion de llamado de subrutina son evaluados y los valores son asignados a los parámetros formales en la definición de la subrutina. Entonces el cuerpo de la subrutina es ejecutado.

Un parámetro formal debe ser un **nombre**, que es, un identificador simple. Un parámetro formal es muy parecido a una variable, y —como una variable— tiene un tipo especificado tal como **int**, **boolean**, o *cadena de caracteres*. Un parámetro actual es un **valor**, y asi puede ser especificado por una expresión, haciendo que la expresión calcule un valor del tipo correcto. El tipo de parámetro actual debe ser uno que pudiera ser asignado legalmente al parámetro formal con una declaración de asignacion. Por ejemplo, sí el parámetro formal es de tipo **double**, entonces sería legal pasar un **int** como el parámetro actual debido a que los **int**s pueden ser asignados legalmente a **double**s. Cuyo usted llama una subrutina, usted debe suministrar un parámetro actual para cada parámetro formal en la definicion de la subrutina. Considere, por ejemplo, una subrutina

```
static void hacerTarea(int N, double x, boolean test) {
    // declaraciones para ejecutar la tarea van aquí
}
```

Esta subrutina podría ser llamada con la declaración
```
   hacerTarea(17, Math.sqrt(z+1), z >= 10);
```
Cuyo la computadora ejecuta esta declaración, tiene esencialmente el mismo efecto que el bloque de las declaraciones:

```
{
  int N;         // Reserva locaciones de memoria para los parámetros formales.
  double x;
  boolean test;
  N = 17;        // Asigna 17 al primer parámetro, N.
  x = Math.sqrt(z+1);  // Calcula Math.sqrt(z+1), y lo asigna a
                 //     el segundo parámetro formal, x.
  test = (z >= 10);    // Evalua "z >= 10" y asigna  el valor resultante
                 //     true/false al tercer
                 //     parámetro formal, test.
  // las declaraciones para ejecutar la tarea van aca
}
```

(Hay algunas diferencias entre esto y "`hacerTarea(17, Math.sqrt(z+1), z>=10);`–además de la cantidad de trascripción—debido a las preguntas acerca del alcance de las variables y de lo que ocurre cuyo múltiples variables o parámetros tienen el mismo nombre.)

Estudiantes novatos de programación con frecuencia encuentran que los parámetros son sorpresivamente confusos. Llamar a una subrutina que ya existe no es un problema—la idea de proveer informacion a la subrutina en un parámetro es suficiente claro. Escribir la definicion de la subrutina es otro asunto. Un error comun es asignar valores a los parámetros formales al principio de la subrutina, o para preguntarle al usuario que introduzca sus valores. Esto representa una confusion fundamental. Cuyo las declaraciones en la subrutina son ejecutadas, los parámetros formales ya tendrán valores. Los valores vienen de la declaracion del llamado de subrutina. Recuerde que una subrutina no es independiente. Es llamada por alguna otra rutina, y es responsabilidad de la rutina que llama el proveer valores apropiados para los parámetros.

4.3.3. Sobrecarga

Con la finalidad de llamar una subrutina legalmente, usted necesita saber su nombre, cuantos parámetros formales tiene, y necesita saber el tipo de cada parámetro. Esta informacion es llamada la *firma* de la subrutina . La firma de la subrutina `dotarea`, usada como un ejemplo antes, puede ser expresada como: `dotarea(int,double,boolean)`. note que la firma usada **no** incluye los nombres de los parámetros; de hecho, sí usted quiere **usar** la subrutina, usted no necesita saber cuales son los nombres de los parámetro formales, así los nombres no son parte de la interfaz.

Java es de alguna manera inusual en que permite a dos subrutinas diferentes en la misma clase tener el mismo nombre, dado que sus firmas son diferentes. (El lenguaje C++ en el cual se basa Java tambien tiene esta caracteristica.) Cuando esto ocurre, decimos que el nombre de la subrutina es ***sobrecargado*** porque tiene muchos significados diferentes. La computadora no mezcla las subrutinas. Puede decir cual usted quiere llamar en funcion del numero y tipos de los parámetros actuales que usted provee en la declracion de llamado de la subrutina. Ya usted ha visto como se ha usado la sobre carga en la clase *TextIO*. Esta clase incluye muchos métodos diferentes nombrados `putln`, por ejemplo. Estos metodos tienes todos diferentes firmas, tales comosuch as:

```
putln(int)            putln(double)
putln(String)         putln(char)
putln(boolean)        putln()
```

La computadora sabe cual de estas subrutinas ustedquiere usar basado en el tipo de parámetro actual que usted provee. `TextIO.putln(17)` llama a la subrutina con firma `putln(int)`, mientras `TextIO.putln("Hola")` llama a la subrutina con firma `putln(cadena de caracteres)`. Por supuesto todas estas subrutinas diferentes estan semánticamente relacionadas, lo cual por lo que es un estilo de programación aceptable usar el mismo nombre para todas ellas. Pero a medida que la computadora se da cuenta que , que imprimir un **int** es muy diferente de imprimir un *cadena de caracteres*, el cual es diferente de imprimir un **boolean**, y asi sucesivamente—de esa manera cada una de estas operaciones requiere un metodo diferente.

Note, de esta manera, that the firma **no** incluye el tipo de retorno de la subrutina. Es ilegal tener dos subrutinas en la misma clase que tiene la misma firma pero que tiene diferente tipos de retorno. Por ejemplo, sería un error de sintaxis para una clase contener dos metodos definidos como:

```
int    getln() { ... }
double getln() { ... }}
```

4.3. PARÁMETROS

De esa manera no deberia ser una sorpresa que en la clase *TextIO*, los metodos para leer diferente tipos no son todos nombrados `getln()`. En una clase dada, solo puede haber una rutina que tiene el nombre `getln` y no tiene parámetros. De esa manera, las rutinas de entrada en *TextIO* son distinguidas por tener diferente nombres, tales como `getlnInt()` y `getlnDouble()`.

Java 5.0 introduso otra complicacion: Es posible tener una subrutina sencilla que tome una variable numerica de los parámetros actuales. Ya usted ha usado subrutinas que hacen esto—las rutinas de salida formatoeada `System.out.printf` y `TextIO.putf`. Con las que usted llama a estas subrutinas, el numero de parámetros en el llamado de subrutina puede ser arbitrariamente grande, de esa manera sería imposible tener subrutinas diferentes para manejar cada caso. Desafortunadamente, escribir una definicion de esta subrutina requiere algun conocimiento de arreglos, los cuales no seran cubiertos hasta el Capítulo **??**. Cuando llegemos a ese capitulo, usted aprendera como escribir subrutinas con un numero de parámetros de variables. Por ahora, ignoraremos esta complicacion.

4.3.4. Subrutina Ejemplos

Hagamos unos pocos ejemplos de escribir pequenas subrutinas para ejecutar tareas asignadas. Por supuesto, esto es solo un lado de la programacion con subrutinas. La tarea ejecutada por una subrutina es siempre a subtarea en un programa mas grande. El arte de disenar esos programas—de decidir como se les subdividen en subtareas —es el otro lado de la programacion con subrutinas. Volveremos a esa pregunta del diseno de programas en la Seccion 4.6.

Como un primer ejemplo, escribamos una subrutina para calcular e imprimir todos los divisores de un entero positivo dado. El entero será un parámetro para la subrutina. Recuerde que la sintaxis de cualquier subrutina es:

⟨*modificador*⟩ ⟨*tipo-a-retornar*⟩ ⟨*subrutina-nombre*⟩ (⟨*lista-de-parámetros*⟩){
⟨*declaraciones*⟩
}

Escribir una subrutina siempre significa llenar este formato. En este caso, la declaracion del problema nos dice que hay parámetro, de tipo **int**, y nos dice que las declaraciones en el cuerpo de la subrutina deberia hacer. Debido a que solo estamos trabajando con subrutinas estaticas por ahora, necesitaremos usar **static** como un modificador. Podriamos agregar un modificador de acceso (**public** o **private**), pero en la ausencia de cualquier instruccion, lo dejare asi. Debido a que no se nos ha pedido retornar un valor, el tipo retornado es **void**. Considerando que no se especifican nombres, tendremos que preparar nombres para los parámetro formales y para las subrutinas en si mismo. Usare N para el nombre del parámetro y `printDivisors` para la subrutina. La subrutina se verá como:

    static void printDivisors(int N) ⟨declaraciones⟩

y todo los que nos queda por hacer es escribir las declaraciones que hacen el cuerpo de la rutina. Esto no es dificil. Solo recuerde que tiene que escribir el cuerpo asumiendo que N ya tiene un valor! El algoritmo es: "Para cada divisor posible D en el rango de 1 a N, sí D divide a N de forma impar, entonces imprima D..Escrito en Java, esto se vuelve:

```
/**
 * Imprima todos los divisores de N.
 * Asumimos que N es un entero positivo.
 */
static void printDivisors( int N ) {
    int D;   // Uno de los posibles divisores de N.
    System.out.println("Los divisores de " + N + " son:");
```

```
   for ( D = 1; D <= N; D++ ) {
      if ( N \% D == 0 )
         System.out.println(D);
   }
}
```

He agregado un comentario antes de la definicion de la subrutina indicando el contrato de la subrutina—eso es, lo que hace y lo que asume. El contrato incluye la presuncion de que N es un entero positivo. Corresponde al invocador de la subrutina asegurarse que esta presuncion es satisfecha.

Como un segundo ejemplo pequeño, considere el problema: Escriba una subrutina llamada printRow. Deberia tener un parámetro ch de tipo **char** y un parámetro N de tipo **int**. La subrutina deberia imprimir una linea de texto que contenga N copias del carácter ch.

Aqui, hemos dicho el nombre de la subrutina y los nombres de los dos parámetros, por lo que no tenemos muchas acerca de la primera linea de la definicion de la subrutina. La tarea es muy simple en este caso, por lo que el cuerpo de la subrutina es facil de escribir. La subrutina completa es dada por

```
/**
 * Escriba una linea de salidad que contenga N copias del
 * caracter ch.  Sí N <= 0, una linea vacia es mostrada en la salida.
 */
static void printRow( char ch, int N ) {
    int i;  // Variable del bucle de control para el conteo de las copias.
    for ( i = 1; i <= N; i++ ) {
        System.out.print( ch );
    }
    System.out.println();
}
```

text t Note que en este caso, el contrato no hace presunciones acerca de N, pero deja claro lo que ocurrira en todos los casos, incluyendo el caso inesperado de N <0.

Finalmente, hagamos un ejemplo que muestre como una subrutina puede ser construida sobre otra. Escribamos una subrutina que tome un *cadena de caracteres* como un parámetro. Para cada caracter en la cadena de caracteres, imprimira una linea de salida conteniendo 25 copias de ese caracter. Deberia usar la subrutina printRow() para producir la salida.

De nuevo, elegimos un nombre para la subrutina y un nombre para el parámetro. Llamare a la subrutina printRowsFromString y al parámetro str. El algoritmo es muy claro: Para cada posicion i en la cadena de caracteres str, llamar a printRow(str.charAt(i),25) para imprimir una linea de la salida. Asi, obtenemos:

```
/**
 * Para cada caracter en str, escriba una linea de salida
 * conteniendo 25 copias de ese caracter.
 */
static void printRowsFromString( String  str ) {
    int i;  // Variable del bucle de control variable para contar los caracteres.
    for ( i = 0; i < str.length(); i++ ) {
        printRow( str.charAt(i), 25 );
    }
}
```

4.3. PARÁMETROS

Podriamos usar `printRowsFromString` en una rutina `main()` tal como

```
public static void main(String[] args) {
    String  inputLine;  // linea de texto introducido por el usuario.
    TextIO.put("Introduzca una linea de texto: ");
    inputLine = TextIO.getln();
    TextIO.putln();
    printRowsFromString( inputLine );
}
```

Por supuesto, las tres rutinas, `main()`, `printRowsFromString()`, y `printRow()`, deberian ser colectadas juntas dentro de la misma clase. El programa es bastante inutil, pero demuestra el uso de las subrutinas. Encontrara el programa en el archivo *RowsOfChars.java*, sí quiere hechar una mirada.

4.3.5. Lanzar Excepciones

He estado hablando acerca del "contrato" de una subrutina. El contrato dice lo que la subrutina hará, dado eso el llamador de la subrutina proveera valores aceptables para los parámetros de la subrutina. Sin embargo, la pregunta que aparece, es que deberia saber la subrutina cuando el llamador viola el contrato proveyendo malos valores parámetro?

Ya hemos visto que algunas subrutinas responden a malos valores de parámetros lanzando excepciones. (Ver Seccion 3.7.) Por ejemplo, el contrato de la subrutina preconstruida `Double.parseDouble` dice que el parámetro deberia ser una representacion de cadena de caracteres de un numero de tipo **double**; sí esto es verdad, entonces la subrutina convertira la cadena de caracteres en el valor numerico equivalente. Sí el llamador viola el contrato pasando una cadena de caracteres invalida como el parámetro actual, la subrutina respondera lanzando una excepcion de tipo *NumberFormatException*.

Muchas subrutinas lanzan *IllegalArgumentExceptions* en respuesta a parámetro con valores incorrectos. Usted podria querer tomar esta respuesta en sus propias subrutinas. Esto puede ser hecho con una ***declaracion de lanzar***. Una excepcion es un objeto, y con la finalidad de lanzar una excepcion, usted debe crear un objeto de excepcion. Usted no aprendera esto oficialmente hasta en Capitulo 5, pero por ahora, usted puede usar la siguiente sintaxis para una declaracion de `lanzar` que lance una *IllegalArgumentException*:

```
throw new IllegalArgumentException( ⟨mensaje-de-error⟩ );
```

donde ⟨*mensaje-de-error*⟩ es una cadena de caracteres que describe el error que ha sido detectado. (La palabra "new."en esta declaracion es lo que crea el objeto.) Para usar esta declaracion en una subrutina, usted verificaria sí los valores de los parámetros son legales. Sí no, usted lanzaria la excepcion. Por ejemplo, considere la subrutina `print3NSequence` del principio de esta Seccion. El parámetro de `print3NSequence` se supone que es un entero positivo. Podemos modificar la definicion de la subrutina para hacer lanzar la excepcion cuando esta condicion es violada:

```
static void print3NSequence(int startingValue) {
    \newtexttt{if (startingValue <= 0)   // El contrato es violado!
        throw new IllegalArgumentException( "Valor inicial debe ser positivo." );}
    .
    . // (El resto de la subrutina es lo mismo que antes.)
    .}
```

Sí el valor inicial es incorrecto, la computadora ejecuta la declaracion de `lanzar`. Esto inmediatamente terminará la subrutina, sin ejecutar el resto del cuerpo de la subrutina. Ademas, el programa como un todo se detendra si la excepcion no es "capturada" y manipulada desde cualquier otro lugar en el programa por una declaracion `try..catch`, tal y como se discute en la Seccion 3.7.

4.3.6. Variables Globales y Locales

Finalizare esta Seccion sobre parámetros haciendoles notar que ahora tenemos tres clases diferente de variables que pueden ser usadas dentro de una subrutina: variables locales declaradas en la subrutina, nombres de parámetro formales, y variables miembros estaticos que son declaradas fuera de las subrutinas pero dentro de la misma clase de la subrutina.

Las variables locales no tienen conexión con el mundo exterior; ellas son parte puramente interna de la subrutina. Los parámetros son usados para "cargar" los valores dentro de la subrutina cuando es llamada, pero una vez que la subrutina inicia su ejecución, los parámetros actuan de forma muy parecida a las variables locales. Los cambios hechos dentro de una subrutina a un parámetro formal no tienen efecto en el resto del programa (al menos sí el tipo de parámetro es uno de los tipos primitivos—las cosas son más complicadas en el caso de los objetos, como veremos posteriormente).

Las cosas son diferentes cuando una subrutina usa una variable que esta definida más afuera de la subrutina. Esa variable existe independientemente de la subrutina, y es accesible a otras partes del programa, al igual que a la subrutina. Tal variable se le llama ***global*** a la subrutina, en oposición a las variables locales definidas dentro de la subrutina. El alcance de una variable global incluye a toda la clase en donde esta definida. Los cambios hechos a una variable global pueden tener efectos que se extienden fuera de la subrutina donde los cambios son hechos. Usted ha visto como esto trabaja en el ejemplo anterior de la Sección previa, donde el valor de la variable global, `gamesWon`, es calculado dentro de la subrutina y y es usada en la rutina `main()`.

No siempre es malo usar variables globales en subrutinas, pero usted debería darse cuenta que las variables globales tienen que ser consideradas parte de la interfaz de la subrutina. La subrutina usa las variable globales para comunicarse con el resto del programa. Esto es una clase de comunicación furtiva que es menos visible que la comunicación hecha a través de parámetros, y se ariesga violando la regla de que la interfaz de una caja negra deberia ser sencilla y facil de entender. Por lo que antes de que usted use una variable global en una subrutina, deberia considerar sí es realmente necesario.

No le recomiendo que tome una posicion absolutamente contraria al uso de variables globales dentro de subrutinas. Hay al menos una buena razon para hacerlo: Sí usted piensa que la clase como un todo es una clase de caja negra, puede ser muy razonable permitirle a las subrutinas que se comuniquen de manera furtiva entre ellas, sí eso hiciera ver a la clase como un todo mas simple desde afuera.

4.4. Valores de Retorno

UNA SUBRUTINA QUE RETORNA UN VALOR es llamada ***función***. Una funcion dada solo puede retornar un valor de un tipo especificado, llamado el ***tipo retornado*** de la funcion. Un llamado de funcion generalmente ocure en una posicion donde la computadora esta esperando encontrar un valor, tal como el lado derecho de una declaracion de asignacion, como en un parámetro actual en un llamado de subrutina, o en el medio de alguna expresion mas grande. Un funcion de valor booleano aun puede ser usada como la prueba de una condicion en una declaracion `if`, `while`, `for` o `do..while`.

4.4. VALORES DE RETORNO

(Tambien es legal usar un llamado de funcion como una declaracion independiente, como sí fuera una subrutina regular. En este caso, la computadora ignora el valor calculado por la subrutina. A veces esto tiene sentido. Por ejemplo, la funcion `TextIO.getln()`, con un tipo de retorno *String*, lee y retorna una linea de entrada transcrita por el usuario. Usualmente, la linea que es retornada es asignada a la variable para ser usada posteriormente en el programa, como en la declaracion "`nombre = TextIO.getln();`". Sin embargo, esta funcion tambien es util como un llamado de declaración de una subrutina "`TextIO.getln();`", el cual aun lee todas las entradas e incluyendo el proximo retorno de carro. Debido a que el valor retornado no es asignado a una variable o usado en una expresion, este es simplemente descartado. Por eso, el efecto del llamado de la subrutina es leer **y descartar** alguna entrada. A veces, descartando entradas inesperadas es exactamente lo que usted necesita hacer.)

4.4.1. La declaración de retorno

Ya usted ha visto como funciones tales como `Math.sqrt()` y `TextIO.getInt()` pueden ser usadas. Lo que usted no ha visto es como escribir funciones propias. Una funcion toma la misma forma que una subrutina regular, excepto que usted tiene que especificar el valor que debe ser retornado por la subrutina. Esto es hecho con una ***declaracion de retorno***, la cual tiene la siguiente sintaxis:

`retorne` ⟨*expresion*⟩ `;`

Tal declaracion de **retorno** solo puede ocurrir dentro de la definicion de una funcion, y el tipo de la ⟨*expresion*⟩ debe ajustarse al tipo de retorno que especifica la funcion. (más exactamente, debe ser legal la asignacion de la expresion a una variable cuyo tipo es especificada por el tipo de retorno.) Cuando la computadora ejecuta esta declaracion de **retorno**, evalua la expresion, termina la ejecution de la funcion, y usa el valor de la expresion como el valor retornado de la funcion.

Por ejemplo, considere la definicion de la funcion

```
static double pitagoras(double x, double y) {
    // Calcule la longitud de la hipotenusa de un
    // triangulo derecho, donde los lados del triangulo son x y y.
   return  Math.sqrt( x*x + y*y );
}
```

Suponga que la computadora ejecuta la declaracion "`totalLength = 17 + pythagoras(12,5);`". Cuando llega al término `pythagoras(12,5)`, asigna los parámetros actual 12 y 5 a los parámetros formales x y y en la función. En el cuerpo de la funcion, evalua `Math.sqrt(12.0*12.0 + 5.0*5.0)`, lo cual resuleve a `13.0`. Este valor es "retornado"por la funcion, de esa manera `13.0` esencialmente remplaza al llamado de funcion en la declaracion "`totalLength = 17 + pythagoras(12,5);`". El valor retornado es sumado a 17, y el resultado, 30.0, es almacenado en la variable, `totalLength`. El efecto es el mismo como sí la declaracion hubiera sido "`totalLength = 17 + 13.0;`".

Note que una declaracion de **retorno** no tiene que ser la última declaracion en la definicion de funcion. En cualquier punto de la funcion donde usted sepa el valor que usted quiere retornar, usted puede retornarlo. Retornar un valor terminará la funcion immediatamente, saltando sobre cualesquiera declaraciones de funciones subsecuentes. Sin embargo, debe ser el caso que la funcion definitivamente hace retornar algún valor, no importa que camino tome la ejecución de la funcion a traves del codigo.

Usted puede usar una declaracion de **retorno** dentro de una subrutina ordinaria, una con tipo de retorno declarado "vacio". Debido a que una subrutina vacia no retorna un valor, la declaracion de **retorno** no incluye una expresion; simplemente toma la forma "`return;`". El efecto de esta declaracion es terminar la ejecucion de la subrutina y retorna el control al punto del programa desde donde la subrutina fue llamada. Esto puede ser conveniente sí usted quiere terminar la ejecución en algún lugar en el medio de la subrutina, pero las declaraciones de **retorno** son opcionales en subrutinas no funcionales. En una funcion, por otro lado, una declaracion de retorno, con expresion, es requerida siempre.

4.4.2. Ejemplos de Funciones

aquí hay una funcion muy simple que popdria ser usada en un programa para calcular 3N+1 secuencias. (El problema de la secuencia 3N+1 es uno que ya hemos visto en multitud de oportunidades, incluyendo en la Sección previa). Dado un término en una secuencia 3N+1, esta funcion calcula el siguiente término de la secuencia:

```
static int nextN(int currentN) {
   if (currentN \% 2 == 1)      // prueba sí currentN es par
      return 3*currentN + 1;  // sí es así, retorna este valor
   else
      return currentN / 2;    // sí no, entonces retorna este
}
```

Esta funcion tiene dos declaraciones de **retorno**. Exactamente una de las dos declaraciones de **retorno** es ejecutada para dar el valor a la funcion. Alguna gente prefiere usar una declaracion de **retorno** sencilla al final de la función funcion cuando sea posible. Esto le permite al lector encontrar la declaracion de **retorno** facilmente. Usted podria elegir escribir `nextN()` como esto, por ejemplo:

```
static int nextN(int currentN) {
   int answer;  // answer será el valor retornado
   if (currentN \% 2 == 1)      // prueba sí currentN es par
      answer = 3*currentN+1; // sí es así, esta es la respuesta
   else
      answer = currentN / 2; // sí no, esta es la respuesta
   return answer;   // (No se le olvide retornar la respuesta!)
}
```

Aquí hay una subrutina que usa esta función `nextN`. En este caso, la mejora de la version de esta subrutina en la Sección 4.3 no es grande, pero sí `nextN()` fuera una gran función que ejecutara un calculo complejo, entonces tendria mucho sentido esconder esa complejidad dentro de una funcion:

```
static void print3NSequence(int startingValue) {
   int N;       // Uno de los terminos de la secuencia.
   int count;   // La cantidad de terminos encontrados.
   N = startingValue;   // Inicia la secuencia con startingValue.
   count = 1;
   TextIO.putln("La secuencia 3N+1 inicia en " + N);
   TextIO.putln();
   TextIO.putln(N);   // imprime el termino inicial de la secuencia
   while (N > 1) {
```

4.4. VALORES DE RETORNO

```
            \newtexttt{N = nextN( N );   // Calcula el proximo termino, usando la función nextN.}
            count++;            // Cuenta este término.
            TextIO.putln(N);    // Imprime este término.
        }
        TextIO.putln();
        TextIO.putln("Habia" + count + " términos en la secuencia.");
    }
```

* * *

Aquí hay unos pocos ejemplos más de funciones. La primera calcula el grado de una letra correspondiente a un grado numerico dado, en una escala numerica tipica dada:

```
/**
 * Retorna el grado de la letra correspondiente al grado numerico
 * que es pasado a esta funcion como un parámetro.
 */
static char letterGrade(int numGrade) {
    if (numGrade >= 90)
       return 'A';    // 90 o superior obtiene una A
    else if (numGrade >= 80)
       return 'B';    // 80 hasta  89  obtiene una B
    else if (numGrade >= 65)
       return 'C';    // 65 hasta 79 obtiene una C
    else if (numGrade >= 50)
       return 'D';    // 50 hasta 64 obtiene una D
    else
       return 'F';    // cualquier otra cosa obtiene una F

} // fin de funcion letterGrade
```

El tipo de valor retonrado de `letterGrade()` es **char**. Las funciones pueden retornar valores de cualquier tipo. Aquí hay una funcion cuyo valor de retorno es de tipo **boolean**. Demuestra algunos puntos de programacion interesantes, por lo que deberia leer los comentarios:

```
/**
 * La funcion retorna true sí N es un numero primo.  Un numero primo
 * es un numero entero mayor que 1 que no es divisible por ningun entero positivo,
 * excepto el mismo y 1.  Sí N tiene cualquier divisor, D, en el rango
 * 1 < D < N, entonces tiene un divisor en el rango 2 a Math.sqrt(N), llamado
 * D ien sí mismo o N/D.  Asi solo podemos probar posibles divisores desde 2 a
 * Math.sqrt(N).
 */
static boolean isPrime(int N) {
   int divisor;  // Un numero que probaremos para ver sí divide a N de manera impar.
   if (N <= 1)
      return false;  // Ningun numero <= 1 es primo.
   int maxToTry;    // El mayor divisor que necesitamos probar.
   maxToTry = (int)Math.sqrt(N);
        // Trataremos de dividir N por numeros entre 2 y maxToTry.
        // Sí N no es divisible impar por cualquiera de estos numeros, entonces
        // N es primo.  (note que como Math.sqrt(N) esta definido para
        // retornar un valor de tipo doble, el valor debe ser convertido en
```

```
            // tipo int antes de que pueda ser asignado a maxToTry.)
    for (divisor = 2; divisor <= maxToTry; divisor++) {
        if ( N \% divisor == 0 )  // Prueba sí divisor hace division impar a N.
           return false;          // Sí es asi, sabemos que N no es primo.
                                  // No se necesita continuar haciendo pruebas!
    }
    // Sí llegamos a este punto, N debe ser primo. DE otra manera,
    // la funcion ya habria sido terminada por
    // una declaracion de retorno en el bucle previo.
    return true;  // Si, N es primo.
}  // fin de la funcion isPrime
```

Finalmente, aqui hay una funcion con tipo de retorno *String*. Esta funcion tiene un *String* como parámetro. El valor retornado es una copia invertida del parámetro. Por ejemplo, el invertido de "Hello World.ᵉˢ "dlroW olleH". El algoritmo para calcular el inverso de una cadena de caracteres, str, inicia con una cadena de caracteres vacia y entonces toma cada caracter de str, iniciando del ultima carácter de str y trabaja en reverso hacia la primera:

```
static String reverse(String str) {
    String copy;    // Cadena invertida.
    int i;          // Una de las posiciones en str,
                    //      desde str.length() - 1 hacia 0.
    copy = "";      // Inicia con una cadena de caracteres.
    for ( i = str.length() - 1;  i >= 0;  i-- ) {
            // Toma el i-mo carácter de str para copiarlo.
        copy = copy + str.charAt(i);
    }
    return copy;
}
```

Un **palindromo** es una cadena de caracteres que se lee de la misma forma hacia delante y hacia atras, tal como "radar". La funcion reverse() podria ser usada para verificar sí una cadena de caracteres, word, es un palindrome verificando "if (word.equals(reverse(word)))".

De esta manera, un error tipico de principiante al escribir funciones es imprimir la respuesta, en vez de retornarla. Esto representa una confusion fundamental. La tarea de una funcion es calcular un valor y retornarlo al punto en el programa de donde la funcion fue llamada. Alli es donde el valor es usado. Quizas será impreso.. Quizas será asignado a una variable. Quizas será usado en una expresion. Pero eso no es decidido por la funcion.

4.4.3. 3N+1 Revisado

Terminaré esta Seccion con una version completamente nueva programa 3N+1. Esto me dara una oportunidad de mostrarle la funcion nextN(), la cual fue definida arriba, usandola en un programa completo. Tambien tendre la oportunidad de mejorar el programa haciendolos imprimir terminos de la secuencia en columnas, con cinco terminos en cada linea. Esto hara la salida más presentable. Esta idea es asi: Mantener un registro de como muchos terminos han sido impresos en la linea; Cuando ese numero se hace mayor a 5, se inicia una nueva linea de salida. Para alinear los terminos en columnas, uso la salida formateada.

```
/**
 * Un programa que calcula y muestra muchas secuencias 3N+1.
```

4.4. VALORES DE RETORNO

```
 * Los valores iniciales para las secuencias son introducidos por el usuario.
 *Los terminos en la secuencia
 * son impresos en columnas, con cinco terminos en cada linea de salida.
 * Despues de que una secuencia ha sido mostrada, el numero de terminos en esa
 * secuencia es reportado por el usuario.
 */
public class ThreeN2 {
   public static void main(Strings[] args) {
      TextIO.putln("Este programa imprimira la secuencia 3N+1");
      TextIO.putln("para valores iniciales que usted especifique.");
      TextIO.putln();
      int K;   // Punto inicial de la secuencia, especificado por el usuario.
      do {
         TextIO.putln("Introduzca un valor inicial;");
         TextIO.put("Para finalizar el programa, introduzca 0: ");
         K = TextIO.getInt();   // obtenga el valor inicial del usuario
         if (K > 0)             // imprima la secuencia, pero solo sí K es > 0
            print3NSequence(K);
      } while (K > 0);          // continue solo sí K > 0
   } // fin de main
   /**
    * print3NSequence imprime una secuencia 3N+1 a la salida normalizada, usando
    * startingValue como el valor inicial de N.  Tambien imprime el numero
    * de terminos en la secuencia. El valor del parámetro, startingValue,
    * debe ser un entero positivo.
    */
   static void print3NSequence(int startingValue) {
      int N;       // Uno de los terminos en la secuencia.
      int count;   // El numero de terminos encontrado.
      int onLine;  // El numero de terminos que han sido salida hasta ahora
                   //    de la linea.
      N = startingValue;   // Inicio de la secuencia con startingValue;
      count = 1;           // Tenemos un termino hasta ahora.
      TextIO.putln("La secuencia 3N+1 inicia en" + N);
      TextIO.putln();
      TextIO.put(N, 8); // Imprime el termino inicial, usando 8 caracteres.
      onLine = 1;          // Ahora hay 1 termino en la salida de la linea.
      while (N > 1) {
         N = nextN(N);   // calcula el proximo termino
         count++;   // cuenta este termino
         if (onLine == 5) {  // Sí la linea de salida esta completa
            TextIO.putln();   // ...entonces hay un retorno de carro en la salida
            onLine = 0;       // ...y note que no hay terminos
                              //             en la nueva linea.
         }
         TextIO.putf("\%8d", N); // Imprime este termino en una columna de  8 caracteres.
         onLine++;   // Suma 1 al numero de terminos en esta linea.
      }
      TextIO.putln();  // finaliza la linea de salida
      TextIO.putln();  // y entonces suma un espacio de linea
      TextIO.putln("Habia " + count + " terminos en la secuencia.");
   } // fin de Print3NSequence
   /**
    * nextN calcula y retorna el proximo termino en una secuenica 3N+1,
```

```
     * dado que el termino actual es currentN.
     */
    static int nextN(int currentN) {
       if (currentN \% 2 == 1)
          return 3 * currentN + 1;
       else
          return currentN / 2;
    } // fin de nextN()
} // fin de clase ThreeN2
```

Usted deberia leer este programa cuidadosamente y tratar de entender como trabaja. (Trate de usar 27 para el valor inicial!)

4.5. APIs, Paquetes, y Javadoc

A medida que las computadoras y sus interfaces de usuario se han hecho mas faciles de usar, tambien para los programadores se ha hecho más complejas lidear con ellas. Usted puede escribir programas para un estilo simple de interfaz de usuario usando solo unas pocas subrutinas que escriban salida a la consola y lean la replica transcrita por el usuario. Una interfaz grafica moderna de usuario, con ventanas, botones, barras desllizantes, menues, cajas para entrada de texto, y asi sucesivamente, podria hacer las cosas mas faciles para el usuario, pero forza al programador a enfrentarse con una cantidad enormemente extensa de posibilidades. El programador ve esta complejidad incrementada en la forma de un gran numero de subrutinas que son suministradas para manejar la interfaz de usuario, asi como para otros propositos.

4.5.1. Cajas de herramientas

Alguien que quiera programar para computadoras Macintosh—y producir programas que se vean y comporten de la manera que los usuarios esperan de ellos—deben lidear con la Caja de herramientas de Macintosh, una colleccion de por encima de mil subrutinas diferentes. Hay rutinas para abrir y cerrar ventanas, para dibujar figuras geometricas y texto en las ventanas, para agregar botones en las ventanas, y para responder al clickeo del raton en la ventana. Hay otras rutinas para crear menues y para reaccionar a la selección de menues por parte del usuario. A parte de la interfaz de usuario, hay rutinas para abrir archivos y leer datos desde ellos, para comunicación sobre una red, para enviar datos de salida a una impresora, manejar comunicacion entre programas, y en general para hacer todas las cosas normalizadas que una computadora tiene que hacer. Microsoft Windows provee su propio grupo de subrutinas para que las usen los programadores, y son bastante diferentes de las subrutinas usadas en la Mac. Linux tiene muchas cajas de herramientas GUI diferente de la que el programador puede elegir.

La analogia de una "caja de herramientas."es algo bueno para mantener en mente. Cada proyecto de programacion envuelve una mezcla de innovacion y reutilizacion de herraminetas existentes. Un programador se le da un grupo de herramientas con las cuales trabajar, comenzando con el grupo de herramientas que son construidas dentro del lenguaje: Cosas como variables, declaraciones de asignacion, declaraciones sí, y bucles. Para esto, el programador can adicionar cajas de herramientas completas de rutinas que ya han sido escritas para ejecutar ciertas tareas. Estas herramientas, sí estan bien disenadas, pueden ser usadas como verdaderas cajas negras: Pueden ser llamadas para ejecutar la tarea que se les ha asignado sin preocuparse acerca de los pasos particulares a traves de los cuales ellos deben ir para cumplir con sus tareas. La parte innovativa de la programacion es tomar todas esas herramintas y aplicarlas a algún

4.5. APIS, PAQUETES, Y JAVADOC

proyecto particular o problema (procesamiento de texto, mantener registro de cuentas bancarias, procesamiento de datos de imagenes de un espacio de prueba, exploracion Web, juegas de computadora, ...). A esto se le llama *aplicaciones de programacion*.

Una caja de herramientas de software es una clase de caja negra, y presenta una cierta interfaz al programador. Esta interfaz es una especificacion de cuales rutinas hay en la caja de herramientas, que parámetros usan ellos, y que tareas ejecutan ellos. Esta informacion constituye el **API**, o *Interfaz para Programacion de Aplicaciones*, asociada con la caja de herramientas. El API de Macintosh es una especificacion de todas las rutinas disponibles en la caja de herramientas de Macintosh. Una compania que hace algún dispositivo de hardware—digamos una tarjeta para conectar una computadora a la red—podria publicar un API para ese dispositivo que consista de una lista de routines que los programadores puedan llamar con la finalidad de comunicarse con el dispositivo y controlarlo. Los cientificos que escriben un grupo de rutinas para hacer alguna clase de calculo complejo —tales como solucionar una "ecuacion diferencial," por decir algo—proveerian un API que le permita a otros usar esas rutinas sin entender los detalles de los calculos que ellas ejecutan.

* * *

El lenguaje de programacion Java esta complementado por una gran y normalizada API. Usted ha visto ya parte de esta API, en la forma de subrutinas matematicas tales como `Math.sqrt()`, el tipo de dato *String* y sus rutinas asociadas, y la rutina `System.out.print()`. El API de Java normalizado incluye rutinas para trabajar con interfaces graficas de usuario, para comunicación de red, para lectura y escritura de archivos, y más. Es tentador pensar estan construidas dentro del lenguaje Java, pero son technicamente subrutinas que han sido escritas y hechas disponibles para ser usadas en los programas Java.

Java es de plataforma independiente. Eso es, el mismo programa puede ser ejecutado en plataformas tan diversas como Macintosh, Windows, Linux, y otras. La misma API de Java debe trabajar en todas estas plataformas. pero note que es la **interfaz** la que es de plataforma-independiente; la **implementacion** varia de una plataforma a otra. Un sistema Java en una computadora particular incluye implementaciones de todas las rutinas normalizadas API. Un programa Java incluye solo **llamados** a esas rutinas. Cuando el interpretador de Java ejecuta un programa y encuentra un llamado a una de las rutinas normalizadas, arrancara y ejecutara la implementacion de esa rutina lo cual es apropiado para la plataforma particular en la cual se ejecuta. Esta es una idea muy poderosa. Significa que usted solo necesita aprender un API para programar en una gran variedad de plataformas.

4.5.2. Paquetes Normalizados de Java

Como todas las subrutinas en Java, las rutinas en la API normalizada estan agrupadas en clases. Para proveer organización de mayor escala, clases en Java pueden estar agrupadas en *paquetes*, los cuales fueron introducidos resumidamente en la Subseccion 2.6.4. Usted aun puede tener mayores niveles de agrupamiento, debido a que los paquetes tambien pueden contener otros paquetes. De hecho, todo el API normalizado de Java esta implementado en multiples paquetes. Uno de estos, el cual es llamado "`java`", contiene multiples paquetes no GUI al igual que las clases de interfaces graficas de usuario original AWT. Otro paquete, "`javax`", fue adicionado en la version 1.2 de Java y contiene las clases usadas por la interfaz grafica de usuario Swing y otras adiciones a el API.

Un paquete puede contener tanto clases como otros paquetes. Un paquete que esta contenido en otro paquete es llamado a veces un "sub-paquete..Ambos el paquete `java` paquete y el paquete `javax` contienen sub-paquetes. Uno de los sub-paquetes de `java`, por ejemplo, es llamado "awt". Debido a que `awt` esta contenido dentro de `java`, su nombre completo es de hecho `java.awt`. Este paquete contiene clases que representan componentes GUI tales como botones y menues en el AWT, la mas vieja de las dos cajas de herraminetas GUI de Java, la cual ya no es usada tan ampliamente. Sin embargo, `java.awt` tambien contiene un numero de clases que forman la foundamentacion para toda la programacion GUI, tal como la clase **Graphics** la cual provee rutinas para dibujar en la pantalla, la clase **Color** la cual representa colores, y la clase **Font** la cual which representa las fuentes que son usadas para mostrar caracteres en la pantalla. Debido a que estas clases estan contenidas en el paquete `java.awt`, sus nombres completos son de hecho `java.awt.Graphics`, `java.awt.Color`, y `java.awt.Font`. (Espero que por ahora haya comprendido la forma como trabajan esta forma de nombrar las cosas en Java.) Similarmente, `javax` contiene un sub-paquete llamado `javax.swing`, el cual incluye clases tales como `javax.swing.JButton`, `javax.swing.JMenu`, y `javax.swing.JFrame`. Las classes GUI en `javax.swing`, junto con las clases fundacionales en `java.awt`, son todas parte de la API que hace posible programar interfaces graficas de usuario en Java.

El paquete `java` incluye muchos otros sub-paquetes, tales como `java.io`, el cual provee facilidades para entrada/salida de datos, `java.net`, el cual trata con la comunicación en red, y `java.util`, el cual provee una variedad de clases de "utilidades". El paquete mas basico es llamado `java.lang`. Este paquete contiene clases fundamentales tales como *String*, *Math*, *Integer*, y *Double*.

Podria ser util mirar en una representacion grafica de los niveles de anidamiento en los paquetes `java`, sus sub-paquetes, las clases en esos sub-paquetes, y las subrutinas en esas clases. Esto no es un dibujo completo, debido a que muestra solo un poco de muchos items en cada elemento:

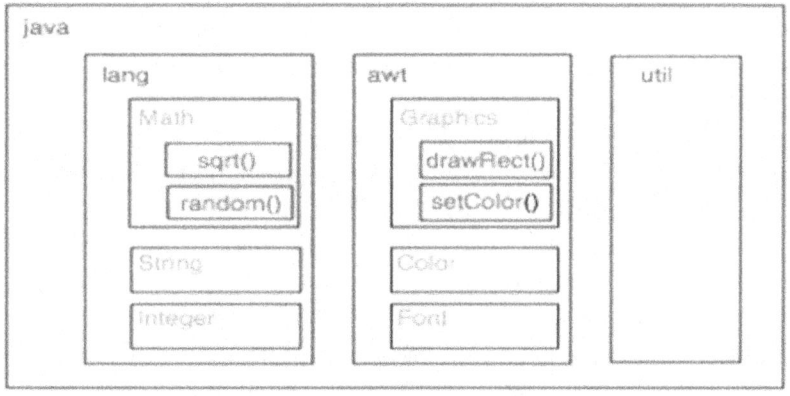

Las Subrutinas estan anidadas en clases, que a su vez estan anidadas en dos capas de paquetes. El nombre completo de sqrt() es java.lang.Math.sqrt()

La documentacion oficial para la API normalizada de Java 5.0 lista 165 paquetes diferente, incluyendo sub-paquetes, y lista 3278 clases en estos paquetes. Muchos de estos son bastante oscuros o muy especializados, pero usted podria querer navegar a traves de la documentacion para ver lo que esta dispponible. Asi como lo describo, la documentacion para el API completo puede ser encontrado en `http://java.sun.com/j2se/1.5.0/docs/api/index.html`

Aun un programador experto no estara familiarizado con todo el API, o aun la mayor de él. En este libro, usted solo encontrara algunas docenas de clases, y esas seran suficientes para escribir una amplia variedad de programas.

4.5.3. Usando Clases de los Paquetes

Digamos que usted quiere usar la clase `java.awt.Color` en un programa que usted esta escribiendo. Como cualquier clase, `java.awt.Color` es un tipo, lo cual significa que usted puede usar lo para declarar variables y parámetros y para especificar el tipo retorno de una funcion. Una forma de hacer esto es usando el nombre completo de la clase como el nombre del tipo. Por ejemplo, suponga que usted quiere declarar una variable llamada `rectColor` de tipo `java.awt.Color`. Usted podria decir:

```
java.awt.Color rectColor;
```

Esto es una declaration ordinaria de variable de la forma "⟨*tipo-nombre*⟩ ⟨*variable-nombre*⟩;". Por supuesto, usar el nombre completo de cada clase puede ser agotador, por eso Java hace posible evitar el uso del nombre completo de una clase por medio de la clase ***import***. Sí usted escribe

```
import java.awt.Color;
```

al principio de un archivo de codigo fuente de Java, entonces, en el resto del archivo, usted puede abreviar el nombre completo `java.awt.Color` a solo el nombre simple de la clase, `Color`. note que la linea `import` viene al inicio de un archivo y no esta dentro de ninguna clase. Aunque a veces es referida a una declaracion, es llamada más apropiadamente una ***directiva de importacion*** debido a que no es una declaracion en el sentido usual. Usar esta directvia de `importacion` permitiria decir

```
Color rectColor;
```

para declarar la variable. Note que el unico efecto de la directiva de `import` es permitir que ustes use nombres de clases simples en vez de nombres completos "paquete.clase"; usted realmente no esta importando nada substancial. Sí usted obvia la directiva `import`, aun usted puede accesar a la clase—solo tiene que usar su nombre completo. Hay una via rapida para importar todas las clases de un paquete dado. Usted puede importar todas las clases de `java.awt` diciendo

```
import java.awt.*;
```

El "*.^{es} un *comodin* que incluye a todas la clases en el paquete. (Sin embargo, no incluye sub-paquetes; usted **no puede** importar todo el contenido de los sub-paquetes del paquete `java` diciendo `import java.*`.)

Algunos programadores piensan que usando un comodin en declaracion de `import` es un mal estilo, debido a que puede hacer disponible un gran numero de nombres de clases que usted no va a usar y podria aun no saberlo. Ellos piensan que es mejor importar explicitamente cada clase individual que usted quiera usar. En mi propia programacion, Con frecuencia uso comodines para importar todas las clases desde los paquetes mas relevantes, y uso importacion individual cuando estoy usando uno o dos clases de un paquete dado.

De hecho, cualquier programa Java que uses una interfaz grafica de usuario es como usar muchas clases de los paquetes `java.awt` y `javax.swing` al igual que desde otro paquete llamado `java.awt.event`, y yo usualmente comienzo estos programas con

```
import java.awt.*;
import java.awt.event.*;
import javax.swing.*;
```

Un programa que trabaja con redes podria incluir la linea "`import java.net.*;`", mientras uno que lee o escribe archivos podria usar "`import java.io.*;`". (pero cuando usted comienza a importar muchos paquetes de esta manera, usted tiene que ser cuidadoso con una cosa: Es posible para dos clases que estan en paquetes diferentes tener el mismo nombre. Por ejemplo, ambos el paquete `java.awt` y el paquete `java.util` contienen clases llamadas `List`. Sí usted importa ambos `java.awt.*` y `java.util.*`, el nombre simple `List` será ambiguos. Sí usted trata de declarar una variable de tipo `List`, usted obtendra un mensaje de error de compilacion acerca de un nombre de clase ambiguo. La solucion es simple: Use el nombre completo de la clasa, ya sea `java.awt.List` o `java.util.List`. Otra solucion, por supuesto, es usar `import` para importar la clase individual que usted necesita, en vez de importar todo el paquete entero.)

Debido a que el paquete `java.lang` no es tan fundamental, todas las clases dentro de `java.lang` son **automaticamente** importadas dentro de cada programa. Es como sí cada programa comenzara con la declaracion "`import java.lang.*;`". Por esto es que hemos sido capaces de usar el nombre de la clase *String* en vez de `java.lang.String`, y `Math.sqrt()` en vez de `java.lang.Math.sqrt()`. Aunque, sin embargo, sería perfectamente legal usar la forma mas larga de los nombres.

Los programadores pueden crear nuevos paquetes. Suponga que usted quiere tener algunas clases de las que esta escribiendo para que este en un paquete llamado **utilidades**. Entonces el codigo fuente que define esas clases debe comenzar con esa linea

```
package utilidades;
```
Esto vendria aun antes de cualquier directiva de `import` en ese archivo. Ademas, como se menciono en la subSeccion 2.6.4, el codigo fuente se colocaria en una carpeta con el mismo nombre que en el paquete. Una clase que esta automaticamente en un paquete tiene aceso a otra clase en el mimso paquete; eso es, una clase no tiene que importar el paquete en lo cual esta definido.

E proyectos que definen gran numero de clases, tiene sentido organizar esas clases en paquetes. Tambien tiene sentido para los programadores el crear nuevos paquetes al igual que cajas de herramientas que provean funcionalidad y APIs para lidear con areas no cubiertas en el API normalizado de Java. (y de hecho tales programadores "hacedores de herramientasçon frecuencia tienen más prestigio que los programadores de aplicaciones que usan sus herramientas.)

Sin embargo, no estare creando ningun paquete en este libro de texto. Para el proposito de este libro, usted necesita saber acerca de paquetes de forma general de manera tal que sea capaz de importar los paquetes normalizados. Estos paquetes estan siempre disponibles a los programas que usted escribe. Usted podria preguntarse donde estan localizadas las clases normalizadas. De nuevo, eso puede depender de alguna extension en la version de Java que usted esta usando, pero en Java 5.0 normalizado, estan almacenados en los ***archivos jar*** dentro de un subdirectorio de la instalacion principal de Java. Un jar (or "archivo Java") es un archivo individual que puede contener muchas clases. La mayoria de las clases normalizadas pueden ser encontradas en un archivo jar llamado `classes.jar`. De hecho, los programas Java son generalmente distribuidos en la forma de archivos jar, en vez de archivos de individuales.

Aunque no crearemos paquetes explícitamente, **cada** clase es de hecho una parte de un paquete. Sí una clase no es especificamente colocada en un paquete, entonces es puesto en algo llamado el ***paquete por defecto***, el cual no tiene nombre. Todos los ejemplos que usted vera en este libro estan en el paquete por defecto.

4.5.4. Javadoc

Para usar un API efectivamente, usted necesita buena documentacion para ello. La documentacion para la mayoria de las APIs de Java esta preparada usando un sistema llamado ***Javadoc***. Por ejemplo, este sistema es usado para preparar la documentacion para los paquetes normalizados de Java. y casi todo el que crea una caja de herramientas en Java publica documentacion Javadoc para ella.

La documentacion Javadoc es preparada a partir de comentarios especiales que son colocados en el codigo fuente de Java. Recordemos que un tipo de comentario en Java comienza con `/*` y

4.5. APIS, PAQUETES, Y JAVADOC

termina con */. Un comentario Javadoc toma la misma forma, pero comienza con /** en vez de simplemente /*. Ya usted ha visto comentarios de esta forma en algunos de lo ejemplos en este libro, tales como esta subrutina de la Seccion 4.3:

```
/**
 * Esta subrutina imprime una secuencia 3N+1 a la salida normalizada, usando
 * startingValue como el valor de N.  También imprime el numero
 * de terminos en la secuencia. El valor del parámetro, startingValue,
 * debe ser un entero positivo.
 */
static void print3NSequence(int startingValue) {...}
```

note que el comentario Javadoc esta colocado justo **antes** de la subrutina que esta siendo comentado. Esta regla siempre es seguida. Usted puede hacer comentarios Javadoc para subrutinas, para variables miembros, y para clases. El comentario Javadoc siempre precede immediatamente la cosa que esta siendo comentada.

Como cualquier comentario, un comentario Javadoc es ignorado por la computadora cuando el archivo es compilado. pero hay una herramienta llamada `javadoc` que le archivos de codigo fuente Java, extrae cualquier comentario Javadoc que es encontrado, y crea un grupo de paginas Web que contienen el comentario en una forma entrelazada de formato. Por defecto, el `javadoc` solo colectara informacion acerca de clases `publicas`, subrutinas, y variables miembros, pero permite la opcion de crear documentacion para cosas no publicas igualmente. Sí el `javadoc` no encuentra ningun comentario Javadoc para algo, costruira uno, pero el comentario contendra solo informaciones basicas tales como el nombre y tipo de una variable miembro o el nombre, tipo de retorno, y lista de parámetros de una subrutina. Esto es informacion **sintactica**. Para adicionar informacion acerca de semanticas y pragmaticas, usted tiene que escribir un comentario Javadoc.

Como un ejemplo, usted puede mirar en la pagina Web de documentacion *TextIO*. La pagina de documentacion fue creada aplicando la herramienta `javadoc` al codigo fuente, *TextIO.java*. Sí usted ha descargado la version en-linea de este libro, la documentacion puede ser encontrada en el directorio `TextIO_Javadoc`, o usted puede encontrar un enlace a él en la version en-linea de esta Seccion.

En un comentario Javadoc, los *'s al principio de cada linea son opcionales. La herramienta `javadoc` los removera. En adicion al texto normal, el comentario puede contener cierto codigo especial. Para una cosa, el comentario puede contener comandos ***HTML mark-up***. HTML es el lenguaje que es utilizado para crear paginas Web, y los comentarios Javadoc son recursos a ser mostrados en paginas Web. La herramienta `javadoc` copiara cualquier comentario HTML en los comentarios de la pagina web que es creada. Usted aprendera algo de HTML basico en la Seccion 6.2, pero como un ejemplo, usted puede adicionar <p> para indicar el inicio de un parrafo nuevo. (Generalmente, en la ausencia de comentarios HTML, lineas en blanco y espacios extra son ignorados en los comentario.)

En adicion a los comentarios HTML, los comentarios Javadoc pueden incluir ***doc tags***, los cuales son procesados como comentarios por la herramienta `javadoc`. Un doc tag tiene un nombre que comienza con el caracter @. Solo discutire tres tags: @param, @return, y @throws. Estos tags son usados en comentarios Javadoc para subrutinas que proveen informacion acerca de sus parámetros, su valor de retorno, y las excepciones que podria lanzar. Estos tags son siempre colocados al final del comentario, despues de cualquier descripcion de la subrutina en si misma. La sintaxis para usarlos es:

```
@param    \bnf{parámetro-nombre}     \bnf{description-of-parámetro}
@return   \bnf{descripcion-del-valor-de-retorno}
@throws   \bnf{nombre-clase-excepcion}    \bnf{descripcion-de-excepcion}
```

Las ⟨*descripciones*⟩ se pueden extender sobre multiples lineas. La descripcion termina en el proximo tag o al final del comentario. Usted puede incluir un tag `@param` para cada parámetro de la subrutina y a `@throws` para tantos tipos de excepcion como usted quiera documentar. Usted deberia tener un tag `@return` solo para una subrutina que no sea void. Estos tags no tienen que tener ningun orden particular.

aqui hay un ejemplo que no tiene nada emocionante pero que usa todos los tres tipos de doc tag:

```
/**
 * Esta subrutina calcula el area de un rectangulo, dado su ancho
 * y su altura.  La longitud y el ancho deberian ser numeros positivo.
 * @param ancho la longitud de un lado del rectangulo
 * @param altura la longitud del segundo lado del rectangulo
 * @return el area del rectangulo
 * @throws IllegalArgumentException sí el largo o el ancho son
 *    numeros negativos.
 */
public static double areaOfRectangle( double length, double width ) {
   if ( width < 0 || height < 0 )
      throw new IllegalArgumentException("Los lados deben tener longitud positiva.");
   double area;
   area = width * height;
   return area;
}
```

usare comentarios Javadoc para algunos de mis ejemplos. Te recomiendo que los uses en tus propios codigos, aunque no planee generar documentacion en paginas Web de su trabajo, debido a que es un formato normalizado con el que otros programadores Java estan familiarizados.

Sí usted quiere crear documentacion en paginas Web, necesita ejecutar la herramienta `javadoc`. Esta herramienta esta disponible como un comando en el Kit de Desarrollo de Java que fue discutido en la Sección 2.6. Usted puede usar `javadoc` en una interfaz de lineas de comando de manera similar a la manera que `javac` y `java` son usadas comunmente. Javadoc tambien puede ser aplicada en el ambiente integrado de desarrollo de Eclipse que tambien fue discutido en la Seccion 2.6: Clickee el boton derecho de la clase o paquete que usted quiere documentar en el Explorador de paquetes, seleccione "Export,z selecione "Javadoc.[en] la ventana que aparece. No entrare en detalles aqui; vea la documentacion.

4.6. Más en Diseño de Programas

EL COMPRENDER COMO LOS PROGRAMAS TRABAJAN es una cosa. Diseñar un programa para ejecutar un tarea particular es otra cosa. En la Seccion 2.2, Yo discuti como el pseudocodigo y refinamiento paso a paso puede ser usado para desarrollar metodicamente un algoritmo. Ahora podemos ver como las subrutinas pueden ajustar dentro de este proceso.

El refinamiento paso a paso es inherente un proceso aguas abajo, pero el proceso tiene un "hacia abajo," que es, un punto en el cual usted deja de refinar el algoritmo de pseudocodigo y tranduce lo que usted tiene directamente en lenguaje de programacion adecuado. En la ausencia

4.6. MÁS EN DISEÑO DE PROGRAMAS

de subrutinas, el proceso no dejara de refinarse hasta que se llege al nivel de asignacion de declaraciones y operaciones de entrada/salida muy primitivas. Pero sí usted tiene subrutinas a los lados ejecutando ciertas tareas utiles, no puede detener el refinamiento hasta que haya logrado expresar sus algoritmos en terminos de esas tareas.

Esto le permite agregar un elementos aguas arriba a la aproximacion aguas abajo del refinamiento paso a paso. Dado un problema, usted podria iniciarlo escribiendo algunas subrutinas que ejecutan tareas relevantes al dominio del problema. Las subrutinas se vuelven una caja de herramientas listas para usar que usted puede integrar dentro de su algoritmo tal y como lo desarrollo. (Alternativamente, usted podria ser capaz de comprar o encontrar una herramienta de software escrita por alguien mas, conteniendo subrutinas que usted puede usar en su proyecto como una caja negra.)

Las subrutinas tambien puede ser util aun cuando sea una aproximacion extrictamente aguas abajo. A medida que usted refina su algoritmo, usted tiene libertad para que en cualquier punto tome cualquier sub-tarea en el algoritmo y hacerlo en una subrutina. Desarrollando esa subrutina entonces se vuelve un problema separado, lo cual usted puede trabajar separadamente. Su algoritmo principal simplemente llama a la subrutina. Esto, por supuesto, es una forma de dividir su problema en problemas separados, mas pequenos. Aun hay una aproximacion aguas abajo porque el analisis aguas abajo del problema le dice que subrutinas escribir. En la aproximacion aguas arriba, usted inicia escribiendo o obteniendo subrutinas que son relevantes al dominio del problema, y usted construye su solucion del problema sobre la fundacion de subrutinas.

4.6.1. Precondiciones y Postcondiciones

Cuando este trabajando con subrutinas tales como bloques de construccion, es importante estar claro acerca de como una subrutina interactua con el resto del programa. Esta interaccion es especificada por el **contrato** de la subrutina, como se discutio en la Seccion 4.1. Una via conveniente para expresar el contrato de una subrutina es en terminos de **precondiciones** y **postcondiciones**.

La precondicion de una subrutina es algo que debe ser cierto cuando la subrutina es llamada, sí la subrutina esta para trabajar correctamente. Por ejemplo, para funcion preconstruida `Math.sqrt(x)`, una precondicion es que el parámetro, x, es mayor que o igual a cero, debido a que no es posible tomar la raiz cuadrada de un numero negativo. En termino de un contrato, una precondicion representa una obligacion del *llamador* de la subrutina. Sí usted llama una subrutina sin cumplir sus precondicion, entonces no hay razon para esperar que trabaje apropiadamente. El programa podria detenerse o dar resultados incorrectos, pero usted puede solo culparse a usted mismo, no a la subrutina.

Una postcondicion de una subrutina representa el otro lado del contrato. Es algo que sera verdad despues que la subrutina haya arrancado (asumiendo que sus precondiciones fueron alcanzadas—y que no hay problemas en la subrutina). La postcondicion de la funcion `Math.sqrt()` es que el cuadrado de valor que es retornado por esta funcion es igual al parámetro que es suministrado cuando la subrutina es llamada. Por supuesto, esto solo sera verdad sí la precondicion— que el parámetro es mayor que o igual a cero—es alcanzada. Una postcondicion de la subrutina preconstruida `System.out.print()` es que el valor del parametro haya sido mostrado en la pantalla.

Las precondiciones la mayoria de las veces con frecuencia dan restricciones en los valores aceptables de los parámetros, como en el ejemplo de `Math.sqrt(x)`. Sin embargo, ellos tambien pueden referirse a variables globales que son usadas en las subrutinas. La postcondicion de una subrutina especifica la tarea que es ejecutada. Para una funcion, la postcondicion deberia aspecificar el valor que la función retorna.

Las subrutinas son descritas con frecuencia por coemntarios que explicitamente especica sus precondiciones y postcondiciones. Cuando usted esta dando una subrutina pre-escrita, una declaracion de sus precondiciones y postcondiciones le dice como usarlo y lo que hace. Cuando se le asigna escribir una subrutina, las precondiciones y postcondiciones le dan una especificacion exacta de lo que se espera que la subrutina haga. Usare esta aproximacion en el ejemplo que constituye el resto de esta Seccion. Los comentarios son dados en la forma de comentarios Javadoc, pero yo etiquetare explicitamente las precondiciones y postcondiciones. (Muchas cientificos de la computacion piensan que los nuevos doc tags `@precondicion` y `@postcondicion` deberian ser adicionado al sistema Javadoc para etiquetar explicitamente las precondiciones y postcondiciones, pero que aun no ha sido hecho.)

4.6.2. Un Ejemplo de Diseño

Trabajemos a traves de un ejemplo de diseno de programa usando subrutinas. En este ejemplo, usaremos rutinas preelaboradas subrutinas como bloques de construccion y tambien disenaremos nuevas subrutinas que necesitemos para completar el proyecto.

Supongamos que he econtrado una clase ya escrita llamada `Mosaic`. Esta clase le permite a un programa trabajar con una ventana que muestre rectangulos pequenos coloreados ordenados en filas y columnas. La ventana puede ser abierta, cerrada, y por otra parte ser manipulada con subrutinas miembros estaticos definas en la clase `Mosaic`. De hecho, la clase define una caja de herramientas o API que puede ser usada para trabajar con tales ventanas. Aqui hay algunas de las rutinas disponibles en el API, con comentarios al estilo Javadoc:

```
/**
* Abre una ventana de "mosaico" en la pantalla.
*
* precondicion:   Los parámetros rows, cols, w, y h son enteros positivos.
* postcondicion:  Una ventana que puede mostrar filas y columnas de rectangulos
*                 coloreados es abierta en la pantalla.
*                 cada rectangulo tiene un ancho de  w pixeles
*                 y h pixeles de alto.  El numero de filas es dado por
*                 el primer parámetro y el numero de columnas por el
*                 segundo.  Inicialmente, todos los rectangulos son negros.
* nota: Las filas estan numeradas desde 0 a fila  - 1, y las columnas estan numeradas
* desde 0 a cols - 1.
*/
public static void open(int rows, int cols, int w, int h)
/**
* Coloca el color de un rectangulo en la ventana.
*
* precondicion:   row y col estan en el rango valido de numero de filas y columnas,
*                 y r, g, y b estan en el rango de 0 a 255, inclusive.
* postcondicion:  El color del rectangulo en la fila numero row y la columna
*                 numero col ha sido colocado al color especificado por r, g,
*                 y b.  r da la cantidad de rojo en el color con 0
*                 representando que no hay color rojo y 255 representando la maxima
*                 cantidad posible de rojo.  Mientras mas grande es el valor de r, mayor
*                 es el color rojo.  g y b trabajan similarmente
*                 para los componentes verde y azul.
```

4.6. MÁS EN DISEÑO DE PROGRAMAS

```
 */
public static void setColor(int row, int col, int r, int g, int b)
/**
 * Obtiene los componentes rojos del color de uno de los rectangulos.
 *
 * precondicion:   row y col estan el el rango valido de numero de filas y columnas.
 * postcondicion:  El componente rojo del color del rectangulo especificado es
 *                 retornado como un entero en el rango de 0 a 255 inclusive.
 */
public static int getRed(int row, int col)
/**
 * Como getRed, pero retorna el componente verde del color.
 */
public static int getGreen(int row, int col)
/**
 * Como getRed, pero retorna el componente azul del color.
 */
public static int getBlue(int row, int col)
/**
 * Prueba sí la ventana del  mosaico es abierta.
 *
 * precondicion:   Ninguno.
 * postcondicion:  El valor retornado es verdad sí la ventana esta abierta cuando esta
 *                 funcion es llamada, y es falso sí la ventana esta
 *                 cerrado.
 */
public static boolean isOpen()
/**
 * Inserta un retardo en el programa (para regular la velocidad a la cual
 * los colores son cambiados, por ejemplo).
 *
 * precondicion:   milisegundos es un entero positivo.
 * postcondicion:  El programa ha sido pausado por lo menos el numero especificado
 *                 de milisegundos, donde un segundo es igual a 1000
 *                 milisegundos.
 */
public static void delay(int milliseconds)
```

Recuerde que estas subrutinas son miembros estaticos de la clase `Mosaic`, asi cuando son llamados desde fuera `Mosaic`, el nombre de la clase debe ser incluido como parte del nombre de la rutina. Por ejemplo, tendremos que usar el nombre `Mosaic.isOpen()` en vez de simplemente `isOpen()`.

* * *

Mi idea es usar la clase `Mosaic` como la base para una animacion elegante. Quiero llenar la ventana con rectangulos coloreados aleatorios, y entonces cambiar los colores aleatoriamente en un bucle que continue mientras la ventana esta abierta. "Cambiar el color aleatoriamente" podria significar muchas cosas diferentes, pero despues de pensar un momento, decidí que sería interesante tener una "pertubacion" que deambule aleatoriamente alrededor de la ventana, cambiando el color de cada rectangulo que encuentre. Aquí hay una imagen mostrando lo que podria parecerse al contenido de la ventana en un punto del tiempo:

Con rutinas básicas o manipulando la ventana como una fundacion, puedo a su vez especificar el problema a mano. U esquema basico de mi mi programa es

```
Abrir un ventana Mosaico
Llenar la ventana con colores aleatorios;
Muevase al rededor, cambie los recuadros aleatoriamente.
```

Llenar la ventana con colores aleatorios parece como una tarea coherente y divertida en la cual se puede trabajar separadamente, por lo que decidamonos a escribir una subrutina separada para hacerlo. El tercer paso puede ser expandido un poco más, en los pasos: Iniciar en el medio de la ventana, entonces mantenerse moviendose a un nuevo recuadro y cambiando el color de ese recuadro. Esto deberia continuar mientras la ventana de mosaico aun esta abierta. Asi podemos refinar el algoritmo de la siguiente manera:

```
Abrir un ventana Mosaico
Llenar la ventana con colores aleatorios;
Coloque la posicion actual al medio del recuadro en la ventana;
Mientras la ventana de mosaico esta abierta:
   Cambie aleatoriamente el color de los recuadros de la posicion actual;
   Mover la posicion actual arriba, abajo, a la derecha, o a la izquierda, aleatoriamente;
```

Necesito representar la posicion actual de alguna manera. Eso puede ser hecho con two **int** variables llamadas `currentRow` y `currentColumn` que mantienen el numero de filas y el numero de columnas del cuadro donde la perturbacion esta localizada. Usare 10 filas y 20 columnas de recuadros en mi mosaico, asi obteniendo la posicion actual para que este en el centro significa colocar `currentRow` a 5 y `currentColumn` a 10. Ya tengo una subrutina, `Mosaic.open()`, para abrir la ventana, y tengo una funcion, `Mosaic.isOpen()`, para probar si la ventana esta abierta. Para mantener la rutina principal en una forma simple, decidi que escribire dos subrutinas mas de por mi cuenta para ejecutar dos tareas mas en el bucle mientras. El algoritmo puede entonces ser escrito en Java como:

```
Mosaic.open(10,20,10,10)
fillconRyomColors();
currentRow = 5;      // Fila del medio, a medio camino de la ventana.
currentColumn = 10;  // Columna media.
while ( Mosaic.isOpen() ) {
    changeToRyomColor(currentRow, currentColumn);
    ryomMove();
}
```

Con el embebido adecuado, esto es esencialmente la rutina **main()** de mi programa. Parece que tengo que hacer una modificacion: Para prevenir que la animacion corra demasiado rapido, la linea "`Mosaic.delay(20);`"se adiciona al bucle **while**.

La rutina **main()** es tomada en cuenta, pero para completar el programa, aun tengo que escribir las subrutinas `fillWithRandomColors()`, `changeToRandomColor(int,int)`, y `randomMove()`. Escribir cada una de estas subrutinas es una pequena tarea separada. La rutina `fillWithRandomColors()` esta definida por la postcondicion que "cada uno de los rectangulos en el mosaico ha sido cambiado a un color aleatorio..[El] pseudocodigo para un algoritmo que cumple con esta tarea puede ser dado como:

```
Para cada fila:
   Para cada columna:
      coloque el recuadro en esa fila y columna en un color aleatorio
```

4.6. MÁS EN DISEÑO DE PROGRAMAS

"Por cada fila≈ "por cada columna" pouede ser implementado como bucles para. Ya hemos planeado escribir una subrutina `changeToRyomColor` que puede ser usada para colocar el color. (La posibilidad de reusar subrutinas en muchos lugares es uno de los grandes beneficios de usarlas!) Asi, `fillconRyomColors()` puede ser escrito en Java adecuadamente como:

```
static void fillconRyomColors() {
   for (int row = 0; row < 10; row++)
      for (int column = 0; column < 20; column++)
         changeToRyomColor(row,column);
}
```

Vamos a la subrutina `changeToRandomColor`, ya tenemos un metodo en la clase `Mosaic`, `Mosaic.setColor()`, que puede ser usado para cambiar el color de un recuadro. Sí queremos un color aleatorio, tenemos que elegir valores aleatorios para r, g, y b. DE acuerdo a la precondicion de la subrutina `Mosaic.setColor()`, estos valores aleatorios deben ser enteros en el rango desde 0 a 255. Una formula para selección aleatoria de ese entero es "`(int)(256*Math.ryom())`". Asi el color aleatorio de la subrutina se vuelve:

```
static void changeToRyomColor(int rowNum, int colNum) {
   int red = (int)(256*Math.ryom());
   int green = (int)(256*Math.ryom());
   int blue = (int)(256*Math.ryom());
   mosaic.setColor(rowNum,colNum,red,green,blue);
}
```

Finalmente, considere la subrutina `randomMove`, la cual se supone que mueve la perturbacion aleatoriamente hacia arriba, abajo, a la izquierda, o a la derecha. Para hacer una eleccion aleatoria entre cuantro direcciones, podemos elegir un entero aleatorio en el rango de 0 a 3. Sí el entero es 0, muevase en una direccion; sí es 1, muevase en otra direccion; y asi sucesivamente. La posicion de la perturbacion es dada por las variables `currentRow` y `currentColumn`. "Moverse hacia arriba" significa sustraer 1 de `currentRow`. Esto deja abierta la pregunta de que hacer sí `currentRow` se vuelve -1, lo cual deberia colocar una perturbacion sobre la ventana. En vez de dejar que esto pase, decidi mover la perturbacion hacia el lado opuesto del applet colocando `currentRow` a 9. (Recuerde que las 10 filas estan numeradas desde 0 a 9.) Mover la perturbacion hacia abajo, a la izquierda, o a la derecha is manejado similarmente. Sí usamos una declaracion de `interruptor` para decidir en que direccion nos movemos, el codigo de `randomMove` se hace:

```
int directionNum;
directionNum = (int)(4*Math.ryom());
switch (directionNum) {
   case 0:  // move up
      currentRow--;
      if (currentRow < 0)   // CurrentRow esta fuera del mosaico;
         currentRow = 9;    // lo mueve al lado opuesto.
      break;
   case 1:  // move right
      currentColumn++;
      if (currentColumn >= 20)
         currentColumn = 0;
      break;
   case 2:  // move down
      currentRow++;
```

```
            if (currentRow >= 10)
               currentRow = 0;
            break;
        case 3:   // move left
            currentColumn--;
            if (currentColumn < 0)
                currentColumn = 19;
            break;
    }
}
```

4.6.3. El Programa

Colocando todo esto junto, obtenemos el siguiente programa complete. Note que he adicionado comentarios de Javadoc para la clase en sí misma y para cada una de las subrutinas. Las variables `currentRow` y `currentColumn` estan definidas como miembros estaticos de la clase, en vez de variables locales, porque cada una de ellas es usada en muchas subrutinas diferentes. Este programa de hecho depende de otras dos clases, `Mosaic` y otra clase llamada `MosaicCanvas` que es usado por `Mosaic`. Sí usted quiere compilar y ejecutar este programa, ambas clases deben estar disponibles para el programa.

```java
/**
 * Este programa abre una ventana completa de recuadros coloreados.  Una "perturbacion"
 * se mueve aleatoriamente alrededor de la ventana, cambia aleatoriamente el color de cada
 * recuadro que es visitado.  El programa corre hasta que el usuario cierra la ventana.
 */
public class RyomMosaicWalk {
    static int currentRow;     // La fila que contiene la perturbacion.
    static int currentColumn;  // La columna que contiene la perturbacion.
    /**
     * El programa principal crea una ventana, lo llena con colores aleatorios,
     * y entonces mueve la perturbacion en un camino aleatorio alrededor de la ventana
     * mientras la ventana esta abierta.
     */
    public static void main(String[] args) {
        Mosaic.open(10,20,10,10);
        fillconRyomColors();
        currentRow = 5;    // Inicia en el centro de la ventana
        currentColumn = 10;
        while (Mosaic.isOpen()) {
            changeToRyomColor(currentRow, currentColumn);
            ryomMove();
            Mosaic.delay(20);
        }
    } // fin de main

    /**
     * Llena la ventana con recuadros aleatorios coloreados.
     * precondicion:    La ventana de mosaico esta abierta.
     * postcondicion:   cada recuadro ha sido colocado en un color aleatorio.
     */
    static void fillconRyomColors() {
        for (int row=0; row < 10; row++) {
            for (int column=0; column < 20; column++) {
```

4.6. MÁS EN DISEÑO DE PROGRAMAS

```
                    changeToRyomColor(row, column);
            }
        }
    } // fin de  fillconRyomColors
    /**
     * Cambia un recuadro a  color aleatorio seleccionado.
     * precondicion:   Los rowNum y colNum especificados estan en el rango valido
     *                 de numero de filas y columnas.
     * postcondicion:  El recuadro en la fila y columna especificada ha
     *                 sido colocado como un color aleatorio.
     * @param rowNum el numero de filas del recuadro, contando las filas hacia abajo
     *      desde 0 hacia arriba
     * @param colNum el numero de columnas del recuadro, contando las columnas arriba
     *      desde 0 al la izquierda
     */
    static void changeToRyomColor(int rowNum, int colNum) {
        int red = (int)(256*Math.ryom());      // Elige niveles aleatorios en el rango de
        int green = (int)(256*Math.ryom());    //    0 a 255 para los componentes rojo, verde,
        int blue = (int)(256*Math.ryom());     //    y azul.
        Mosaic.setColor(rowNum,colNum,red,green,blue);
    } // fin de changeToRandomColor()
    /**
     * Mueve la perturbación.
     * precondición:   La variables globales currentRow y currentColumn
     *                 estan en el rango legal de numero de filas y columnas.
     * postcondición:  currentRow o currentColumn es cambiado a una de las posiciones
     *                 vecinas en la cuadricula -- arriba, abajo, a la izquierda, o
     *                 a la derecha desde la posición actual.  Sí esto mueve la
     *                 posicion fuera de la cuadricula, entonces se mueve al lado opuesto
     *                 de la cuadricula.
     */
    static void randomMove() {
        int directionNum; // Coloca aleatoriamente 0, 1, 2, o 3 para elegir la dirección.
        directionNum = (int)(4*Math.ryom());
        switch (directionNum) {
           case 0:  // sube currentRow--;
              if (currentRow < 0)
                 currentRow = 9;
              break;
           case 1:  // mueve a la derecha  currentColumn++;
              if (currentColumn >= 20)
                 currentColumn = 0;
              break;
           case 2:  // baja currentRow++;
              if (currentRow >= 10)
                 currentRow = 0;
              break;
           case 3:  // mueve a la derecha currentColumn--;
              if (currentColumn < 0)
                 currentColumn = 19;
              break;
        }
    } // fin de  randomMove
```

```
} // fin de clase RandomMosaicWalk
```

4.7. La Verdad acerca de la Declaraciones

Los nombres son fundamentales en la programacion, tal y como lo dice hace algunos capitulos atras. Hay muchos detalles envueltos en la declaracion y uso de nombres. He estado evitando algunos de esos detalles. En esta seccion, revelaré mas de la verdad (aunque todavia no toda la verdad) acerca la declaracion y uso de variables en Java. El material en las subSecciones "Inicializacion en las Declaracionesz "Constantes etiquetadas.es particularmente importante, debido a que lo estare usando regularmente en futuros capitulos.

4.7.1. Inicialización en las Declaraciones

Cuando una declaracion de variable es ejecutada, se reserva memoria para la variable. Esta memoria debe ser inicializada para contener algunos valores definidos antes de que la variable puede ser usada en una expresion. En el caso de una variable local, la declaracion es frecuentemente seguida muy de cerca por una declaracion de asignacion que hace la inicializacion. Por ejemplo,

```
int cuenta;    // Declara una variable llamada cuenta.
count = 0;     // Le da a cuenta su valor inicial.
```

Sin embargo, la verdad acerca de las declaraciones es que es legal incluir la inicializacion de la variable en la declaracion. Por lo tanto, las dos declaraciones arriba pueden ser abreviadas de la siguiente manera
```
int cuenta = 0; // Declara cuenta y le da un valor inicial.
```
La computadora aun ejecuta esta declaracion en dos pasos: Declara la variable **cuenta**, entonces asigna el valor 0 a la variable recientemente creada. El valor inicial no tiene por que ser constante. Puede ser cualquier expresion. Es legal inicializar muchas variables en una declaracion. Por ejemplo,

```
char primeroInicial = 'D', segundoInicial = 'E';
int x, y = 1;              // OK, pero solo y ha sido inicializada!
int N = 3, M = N+2;   // OK, N es inicializada
                      //antes de que su valor sea usado.
```

Esta caracteristica es especialmente comun en bucles **para**, debido a que hace posible declarar una variable para el control del bucle en el mismo punto del bucle en donde es inicializado. Debido a que la variable del bucle de control generalmente no tiene nada que ver con el resto del programa fuera del bucle, es razonable tener su declaracion en la parte del programa donde esta siendo usado. Por ejemplo:

```
for ( int i = 0;  i < 10;  i++ ) {
   System.out.println(i);
}
```

De nuevo, usted deberia recordar que esto es simplemente una abreviacion para lo siguiente, donde he agregado un par extra de llaves para mostrar que **i** es considerada como local para la declaracion **for** y no existira mas despues de que se termine el bucle **for**:

4.7. LA VERDAD ACERCA DE LA DECLARACIONES

```
{
    int i;
    for ( i = 0;  i < 10;  i++ ) {
       System.out.println(i);
    }
}
```

(Usted podria recordar, de esta manera, que en los bucles "para-cada", el tipo especial de declaracion **para** que es usado con tipos enumerados, declarando la variable en el **para** es **requerido**. Ver subSeccion 3.4.4.)

Una variable miembro tambien puede ser nicializada en el punto donde es declarada, al igual que con una variable local. Por ejemplo:

```
public class Bank {
        static double interestRate = 0.05;
        static int maxcondrawal = 200;
          .
          .   // más variables y subrutinas.
          .
}
```

Una variable miembro estatico es creada tan pronto como la clase es cargada por el interpretador Java, y la inicializacion es hecha tambien en ese momento. En el caso de variables miembros, esto no es simplemente una abreviacion para una declaracion seguida por una declaracion de asignacion. Las declaraciones son el unico tipo de declaracion que puede ocurrir fuera de una subrutina. Las declaraciones de asignacion no pueden, por lo que lo siguiente es ilegal:

```
public class Bank {
   static double interestRate;
   interestRate = 0.05;   // \newtexttt{ILEGAL:}
     .                    //    \newtexttt{No puede estar fuera de una subrutina!}:
     .
     .
```

Debido a esto, las declaraciones de las variables miembros con frecuencia incluyen valores iniciales. De hecho, como se menciono en la subSeccion 4.2.4, sí no se le da valores iniciales a las variables miembros, entonces un valor inicial por defecto es usado. Por ejemplo, cuando se declara una variable miembro entero, count, "`static int count;`"[es] equivalente a "`static int count = 0;`".

4.7.2. Constantes con Nombres

A veces, se supone que deba cambiar el valor de una variable despues de haber sido inicializada. Por ejemplo, en el ejemplo indicado arriba donde `interestRate` es inicializado al valor `0.05`, es bastante posible que ese sea el valor asignado a lo largo de todo el programa. en este caso, el programador esta probablemente definiendo la variable, `interestRate`, para darle un nombre significativo a un numero que de otra manera seria insignificante, `0.05`. Es mas facil de entender lo que ocurre cuando un programa dice "`principal += principal*interestRate;`"[en] vez de "`principal += principal*0.05;`".

En Java, el modificador "`final`" puede ser aplicado a una declaracion de variable para asegurar que el valor almacenado en la variable no puede ser cambiado despues de que la variable ha sido inicializada. Por ejemplo, sí la variable miembro `interestRate` es declarada con

```
final static double interestRate = 0.05;
```
entonces seria imposible cambiar el valor de `interestRate` en cualquier otro lugar del programa. Cualquier declaracion de asignacion que trate de asignar un valor a `interestRate` sera rechazada por la computadora como un error de sintaxis cuando el programa sea compilado.

Es legal aplicar el modificador **final** a variables locales y aun a parámetros formales, pero es mas util para variables miembros. Con frecuencia me voy a referir a variables miebros estaticos que estan declaradas para ser **final** como una *constante con nombre*, debido a que su valor se mantiene constante por todo el tiempo que el programa esta siendo ejecutado. La legibilidad de un programa puede ser mejorado mucho usando constantes con nombre para darle nombres significativos a cantidades importantes en el programa. Un estilo de regla recomendado para constantes con nombre es es darles nombres que consisten enteramente de caracteres con letras mayusculas, con caracteres subrayados para separar palabras sí es necesario. Por ejemplo, el estilo para la constante tasa de interes sería

```
final static double TASA_INTERES = 0.05;
```
Este es el estilo que es generalmente usado en las clases normalizadas de Java, las cuales definen muchas constantes con nombre. Por ejemplo, ya hemos visto que la clase *Math* contiene una variable `Math.PI`. Esta variable esta declarada en la clase *Math* como una variable "final publica estatica" de tipo **double**. Similarmente, la clase `Color` contiene constantes con nombre tales como `Color.RED` y `Color.YELLOW` las cuales son variables publicas finales estaticas de tipo `Color`. Muchas constantes con nombres son creadas para dar nombres significativos que son usados como parámetros en llamados de subrutina. Por ejemplo, la clase normalizada llamada `Font` contiene constantes con nombres `Font.PLAIN`, `Font.BOLD`, y `Font.ITALIC`. Estas constantes son usados para especificar diferentes estilos de texto cuando se llama varias subrutinas en la clase `Font`.

Constantes de tipo enumerado (Ver Subseccion 2.3.3) tambien son ejemplos de constantes con nombres. La definicion de tipo enumerado

```
    enum Alignment   LEFT, RIGHT, CENTER
```
define las constantes `Alignment.LEFT`, `Alignment.RIGHT`, y `Alignment.CENTER`. Tecnicamente, *Alignment* es una clase, y las tres constantes son miembros estaticos publicos finales de esa clase. Definir los tipos enumerados es similar a definir tres constantes de tipo, es decir, **int**:

```
public static final int ALIGNMENT_LEFT = 0;
public static final int ALIGNMNENT_RIGHT = 1;
public static final int ALIGNMENT_CENTER = 2;}
```

De hecho, esto es como cuando las cosas eran genralmente hechas antes de la introduccion de los tipos enumerados en Java 5.0, y es lo que es hecho con las constantes `Font.PLAIN`, `Font.BOLD`, y `Font.ITALIC` mencionadas arriba. Usando las constantes enteras, usted podria definir una variable de tipo **int** y asignarle los valores `ALIGNMENT_LEFT`, `ALIGNMENT_RIGHT`, o `ALIGNMENT_CENTER` para representar tipos diferentes de alineacion. El unico problema con esto es que la computadora no tiene manera de saber que usted tiene la intencion de que el valor de la variable represente una alineacion, y presentara ninguna objecion sí el valor que es asignado a la variable no es uno de los tres valores validos de alineacion.

con el tipo enumerado, del otro lado, los unicos valores que pueden ser asignados a una variable tipo *Alignment* son los valores constantes que estan listados en la definicion del tipo enumerado. Cualquier intento de asignar un valor ilegal a la variable genera un error de sintaxis el cual detectara la computadora cuando el programa sea compilado. Esta seguridad extra es una de las mayores ventajas de los tipos enumerados.

4.7. LA VERDAD ACERCA DE LA DECLARACIONES

* * *

Curiosamente, una de las mayores razones para usar constantes con nombres es que es facil cambiar el valor de la constante con nombre. Por supuesto, el valor no puede mientras el programa se esta ejecutando. Pero entre corridas del programa, es facil cambiar el valor del codigo fuente y recompilar el programa. Considere el ejemplo de la tasa de interes. Es bastante posible que el valor de la tasa de interes sea usado muchas veces a lo largo del programa. Suponga que el banco cambia la tasa de interes y el programa tiene que ser modificado. Sí el numero literal 0.05 fuera usado a lo largo del programa, el programador tendria que buscar cada lugar donde la tasa de interes es usada en el programa y cambiar la tasa al nuevo valor. (Esto se hace mas dificil por el hecho de que el numero 0.05 podria estar en el programa con otros significados en vez de la tasa de interes, al igual que el hecho de que alguien podria haber usado 0.025 para representar la mitad de la tasa de interes.) Por otro lado, sí la constante con nombre **INTEREST_RATE** es declarada y usada consistentemente a lo largo del programa, entonces la unica linea donde la constante es inicializada necesita ser cambiada.

Como un ejemplo extendido, les dare una nueva version del programa `RyomMosaicWalk` de la Sección previa. Esta version usa constantes con nombre para representar el numero de filas en el mosaico, el numero de columnas, y el tamaño de cada recuadro pequeño. Las tres constantes estan declaradas como variables miembros **estaticos finales** con las lineas:

```
final static int ROWS = 30;       // Numero de filas en el mosaico.
final static int COLUMNS = 30;    // Numero de columnas en el mosaico.
final static int SQUARE_SIZE = 15; // Tamano de cada recuadro en el mosaico.
```

El resto del programa es cuidadosamente modificado para usar las constantes con nombres. Por ejemplo, en la nueva version del programa, la ventana de Mosaico es abierta con la declaracion

```
Mosaic.open(ROWS, COLUMNS, SQUARE_SIZE, SQUARE_SIZE);
```

A veces, no es facil encontrar todos los lugares donde una constante con nombre necesite ser usada. Sí usted no usa constantes con nombre consistentemente, usted habra más o menos perdido el proposito. Siempre es una buena idea correr un programa usando muchos valores diferentes para cada constante con nombre, para probar que trabaja apropiadamente en todos los casos.

Aqui esta el programa completamente nuevo, `RandomMosaicWalk2`, con todas las modificaciones de la version previa mostradas en italica. Dejare fuera algunos comentarios para ahorrar espacio.

```
public class RandomMosaicWalk2 {
    \newtexttt{final static int ROWS = 30;        // Numero de filas en mosaico.
    final static int COLUMNS = 30;     // Numero de columnas en mosaico.
    final static int SQUARE_SIZE = 15; // Tamano de cada recuadro en mosaico.}
    static int currentRow;    // Fila que actualmente contiene la perturbacion.
    static int currentColumn; // Columna que actualmente contiene la perturbacion.
    public static void main(String[] args) {
        \newtexttt{Mosaic.open( ROWS, COLUMNS, SQUARE_SIZE, SQUARE_SIZE )};
        fillconRyomColors();
        \newtexttt{currentRow = ROWS / 2};    // inicia al centro de la ventana
        \newtexttt{currentColumn = COLUMNS / 2};
        while (Mosaic.isOpen()) {
            changeToRyomColor(currentRow, currentColumn);
            ryomMove();
```

```
            Mosaic.delay(20);
        }
    } // fin main
    static void fillconRyomColors() {
        for (int row=0; row < ROWS; row++) {
            for (int column=0; column < COLUMNS; column++) {
                changeToRyomColor(row, column);
            }
        }
    } // fin de  fillconRyomColors
    static void changeToRyomColor(int rowNum, int colNum) {
        int red = (int)(256*Math.ryom());      // Choose ryom levels in range
        int green = (int)(256*Math.ryom());    //     0 to 255 for red, green,
        int blue = (int)(256*Math.ryom());     //     y blue color components.
        Mosaic.setColor(rowNum,colNum,red,green,blue);
    } // fin de changeToRyomColor
    static void ryomMove() {
        int directionNum; // Coloca aleatoriamente a 0, 1, 2, o 3 para elegir la direccion.
        directionNum = (int)(4*Math.ryom());
        switch (directionNum) {
            case 0:  // move up
                currentRow--;
                if (currentRow < 0)
                    currentRow = ROWS - 1;
                break;
            case 1:  // move right
                currentColumn++;
                if (currentColumn >= COLUMNS)
                    currentColumn = 0;
                break;
            case 2:  // move down
                currentRow ++;
                if (currentRow >= ROWS)
                    currentRow = 0;
                break;
            case 3:  // move left
                currentColumn--;
                if (currentColumn < 0)
                    currentColumn = COLUMNS - 1;
                break;
        }
    } // fin randomMove
} // fin de clase RandomMosaicWalk2
```

4.7.3. Reglas de Nombre y Alcance

Cuando una declaracion de variable es ejecutada, se reserva memoria para esa variable. El nombre de la variable puede ser usada en al menos alguna parte del codigo fuente del programa para referirse a esa memoria o a los datos que estan almacenados en la memoria. La porcion del codigo fuente del programa donde el nombre de la variable es valido es llamado el *alcance* de la variable. Similamente, podemos referirnos al alcance de los nombres de las subrutinas y nombres de los parámetros formales.

Para subrutinas miembros estaticos, el alcance es mas sencillo. El alcance de una subrutina

4.7. LA VERDAD ACERCA DE LA DECLARACIONES

estatica es todo el codigo fuente de la clase en la cual esta definida. Eso es, es posible llamar a la subrutina desde cualquier punto de la clase, incluyendo en un punto en el codigo fuente antes del punto donde aparece la definicion de la subrutina. Aun es posible llamar una subrutina desde si misma. Esto es un ejemplo de algo llamado "recursion,ün topico bastante avanzado al que retornaremos mas tarde.

Para una variable que es declarada como una variable miembro estatico en una clase, la situacion es similar, pero con una complicacion. Es legal tener una variable local o un parámetro formal que tenga el mismo nombre que una variable miembro. En ese caso, por medio del alcance de la variable local o parámetro, la variable miembro es **ocultada**. Considere, por ejemplo, una clase llamada `Game` que tenga la forma:

```
public class Game {
    static int count;   //  variable miembro
    static void playGame() {
        int count;   // variable local
           .
           .   // Algunas declaraciones para definir playGame()
           .
    }
       .
       .   // más variables y subrutinas.
       .
}  // fin Game
```

En las declaraciones que preparan el cuerpo de la subrutina `playGame()`, el nombre "`count`" se refiere a las variables locales. En el resto de la clase `Game`, "`count`" se refiere a la variable miembro, a menos que sea ocultada por otras variables locales o parámetros con nombres `count`. Sin embargo, ademas hay una complicacion. La variable miembro con nombre `count` tambien puede ser referida por el nombre completo `Game.count`. Usualmente, el nombre completo solo es usado fuera de la clase donde `count` esta definida. Sin embargo, no hay reglas contra su uso dentro de la clase. El nombre completo, `Game.count`, puede ser usado dentro de la subrutina `playGame()` para referirse a una variable miembro. Asi, el alcance completo de la regla es que el alcance de una variable miembro estatico incluye todas las clase en la cual esta definido, pero donde el nombre simple de la variable miembro esta oculto por la variable local o el nombre del parámetro formal, la variable miembro debe estar referida por su monbre completo de la forma ⟨*nombredelaclase*⟩.⟨*variablenombre*⟩. (Las reglas del alcance para miembros no estaticos son similares a las de los miembros estaticos, excepto que, tal y como veremos, los miembros no estaticos no pueden ser usados en subrutinas estaticas.)

El alcance del parámetro formal de una subrutina es el bloque que forma el cuerpo de la subrutina. El alcance de una variable local se extiende desde la declaracion que define la variable hasta el final del bloque en el cual la declaracion ocurre. Como se noto arriba, es posible declarar una variable de bucle `para` en la declaracion `para`, como en "`for (int i=0; i <10; i++)`". El alcance de tal declaracion es considerado como un caso especial: Solo es valido en la declaracion `para` y no se extiende al resto del bloque que contiene la declaracion `para`.

No es legal redefinir el nombre de un parámetro formal o variable local a lo largo de su alcance, aun en un bloque anidado. Por ejemplo, esto no esta permitido:

```
void  badSub(int y) {
    int x;
    while (y > 0) {
```

```
        int x;  // \newtextttt{ERROR:  x ya esta definida.}
           .
           .
           .
    }
}
```

En muchos lenguajes, esto seria legal; la declaracion de x el el bucle **mientras** ocultaria la declaracion original. No es legal en Java; sin embargo, una vez que el bloque en el cual una variable es declarada termina, su nombre se hace disponible para ser reutilizado en Java. Por ejemplo:

```
void goodSub(int y) {
   while (y > 10) {
      int x;
        .
        .
        .
      // El alcance de x termina aqui.
   }
   while (y > 0) {
      int x;  // OK: La declaracion previa de x ha expirado.
        .
        .
        .
   }
}
```

Usted podria preguntarse sí los nombres de las variables locales pueden ocultar los nombres de las subrutina. Esto no puede ocurrir, por una razon que podria ser sorprendente. No hay regla la cual diga que las variables y las subrutinas tengan que tener nombres diferentes. La computadora siempre puede decir sí un nombre se refiere a una variable o a una subrutina, porque un nombre de subrutina siempre es seguido por un parentesis izquierdo. Es perfectamente legal tener una variable llamada **cuenta** y una subrutina llamada **cuenta** en la misma clase. (Esta es una razon por la cual siempre escribo nombres de subrutinas con parentesis, como cuando hablo acerca de la rutina **main()**. Es una buena idea pensar que los parentesis son parte del nombre.) Aun más es verdad: Es legal reusar nombres de clases como nombres de variables y subrutinas. Las reglas de sintaxis de Java garantizan que la computadora siempre pueda decir cuando un nombre es siendo usado como un nombre de un clase. Un nombre de una clase es un tipo, y asi puede ser usado para declarar variables y parámetros formales y para especificar el tipo de retorno de una funcion. Esto significa que usted podria tener legalmente una clase llamada **Insanity** en la cual usted declare una funcion

```
    static Insanity Insanity( Insanity Insanity )  ...
```

La primera **Insanity** es el tipo de retorno de la funcion. La segunda es el nombre de la funcion, la tercera es el tipo del parámetro formal, y el cuarto es un nombre de parámetro formal. Sin embargo, por favor recuerde que no todo lo que es posible es una buena idea!

Ejercicios para el Capítulo 4

1. "Capitalizar"una cadena de caracteres significa cambiar la primera letra de cada palabra en la cadena de caracteres a mayusculas (sí ya no es mayuscula). Por ejemplo, una version capitalizada de "ahora es el tiempo de actuar!", es "Ahora Es El Tiempo De Actuar!". Escriba una subrutina llamada `printCapitalized` que imprimira una version capitalizada de una cadena de caracteres a la salida normalizada. La cadena de caracteres a ser impresa deberia ser un parámetro de la subrutina. Pruebe su subrutina con una rutina `main()` que obtenga una linea de entrada del usuario y apliquele la subrutina a ella.

    note que una letra es la primera letra de una palabra sí no es precedida inmediatamente en la cadena de caracteres por otra letra. Recordemos que hay una función de valor **boolean** `caracter.isLetter(char)` que puede ser usado para probar si un parametro es una letra. Hay otra función de valor **char**, `caracter.toUpperCase(char)`, que retorna una version capitalizada de un carácter sencillo pasado a ella como un parámetro. Eso es, sí el parámetro es una letra, retorna la version mayuscula. Sí el parámetro no es una letra, retorna una copia del parámetro.

2. Los digitos hexadecimales son los ordinariosy, digitos de base-10 '0' hasta '9' mas las letras 'A' hasta 'F'. En el sistemas hexadecimal, estos digitos representan los valores 0 a 15, respectivamente. Escriba una función con nombre `hexValue` que use una declaracion de **interruptor** para encontrar el valor hexadecimal de un carácter dado. El caracter es un parámetro de la funcion, y su valor hexadecimal es el valor de retorno de la funcion. Usted deberia contar letras minusculas desde la 'a' hasta la 'f' como sí tuvieran el mismo valor que su letra mayuscula correspondiente. Sí el parámetro no es ninguno de los digitos hexadecimales legales, retorna -1 como el valor de la funcion.

    Un entero hexadecimal es una secuencia de digitos hexadecimales, tales como 34A7, FF8, 174204, o FADE. Sí `str` es una cadena de caracteres que contiene un entero hexadecimal, entonces el entero base-10 correspondiente puede ser calculado de la siguiente manera:

    ```
    value = 0;
    for ( i = 0; i < str.length();  i++ )
       value = value*16 + hexValue( str.charAt(i) );
    ```

    Por supuesto, esto no es valido sí `str` contiene algunos caracteres que no son digitos hexadecimales. Escriba Un programa que lea una cadena de caracteres desde la entrada de usario. Sí todos los caracteres en la cadena de caracteres son digitos hexadecimal, imprime los correspondientes valores de base 10. Sí no, imprima un mensaje de error.

3. Escriba una funcion que simule el lanzamiento de un par de dados hasta que el total de los dados llege a un numero dado. El numero que usted esta lanzando es un parámetro de la funcion. El numero de veces que usted tiene que lanzar los dados es el valor de retorno de la funcion. El parámetro deberia se uno de los posibles totales: 2, 3, ..., 12. La funcion deberia lanzar una *IllegalArgumentException* sí este no es el caso. Use su funcion en un programa que calcula e imprime el numero de lanzamientos que llevar obtener unos ojos de serpiente. (Ojos de serpiente significa que el total mostrado en el dado es 2.)

4. Este ejercicio se construye en base al Ejrcicio 4.3. Cada vez que usted lance el dado repetidamente, tratando de obtener un total dado, el numero de lanzamientos que toma pueden ser diferentes. Naturalmente la pregunta aparece, cual es el numero promedio de

lanzamientos para obtener un total dado? Escriba una funcion que ejecute el experimento de lanzar para obtener un total de 10000 veces. El total deseado es un parámetro de la subrutina. El numero promedio de lanzamientos es el valor de retorno. Cada experimento individual deberia ser hecho para llamar la funcion que usted escribio para el Ejercicio 4.3. ahora, escriba un programa principal que llamara su funcion una vez por cada uno de los posibles totales (2, 3, ..., 12). Deberia hacer una tabla de los resultados, algo como:

```
Total en los Dados      Numero Promedio de Lanzamientos
--------------------    -------------------------------
         2                          35.8382
         3                          18.0607
         .                             .
         .                             .
```

5. El programa ejemplo *RyomMosaicWalk.java* de la Seccion 4.6 muestra una "perturbacion" que anda alrededor de una cuadricula de recuadros coloreados. Cuando la perturbacion visita un recuadro, el color de ese recuadro cambia. El applet en la parte de abajo de la Seccion 4.7 en la version en linea de este libro muestra una variacion en esta idea. En este applet, todos los recuadros inician con el color por defecto, negro. Cada vez que la perturbacion visita un recuadro, una pequeña cantidad es adicionada para leer el componente del color del recuadro. Escriba una subrutina que adicionara 25 al componente rojo de uno de los recuadros en el mosaico. Los numeros de filas y columnas del recuadro deberian ser pasado como parámetros a la subrutina. Recuerde que usted puede descubrir el componete rojo actual del recuadro en la fila `r` y la columna `c` con el llamado de funcion `Mosaic.getRed(r,c)`. Use su subrutina como un sustituto para la subrutina `changeToRyomColor()` en el programa *RyomMosaicWalk2.java*. (Esta es una version mejorada del programa de la Seccion 4.7 que usa constantes con nombres para el numero de filas, numero de columnas, y tamano de recuadros.) Coloque el numero de filas y el numero de columnas a 80. Coloque el tamano del recuadro a 5.

6. Para este ejercicio, usted escribira otro programa basado en la clase no normalizada `Mosaic` que fue presentada en la Sección 4.6. Mientras el programa no hace nada particularmente interesante, es interesante como un problema de programacion. Un applet que hace la misma cosa que el programa puede ser visto en la version en linea de este libro. Aqui esta una figura mostrando lo que se ve en muchos momentos diferentes:

El programa mostrara un rectangulo que crece desde el centro del applet a los extremos, volviendose mas claro a medida que crece. El rectangulo es hecho con los pequenos recuadros del mosaico. Usted deberia escribir primero una subrutina que dibuje un rectangulo en una ventana `Mosaic`. más especificamente, escriba una subrutina llamada `rectangle` de manera tal que la declaracion de subrutina

```
rectangle(top,left,height,width,r,g,b);
```

llamara `Mosaic.setColor(row,col,r,g,b)` por cada pequeño recuadro que se encuentre fuere del rectangulo. La fila mas alta del rectangulo es especificada por `top`. El numero de filas en el rectangulo es especificado por `height` (asi la fila mas baja es `top+height-1`). La columna mas a la izquierda del rectangulo es especificada por `left`. El numero de columnas en el rectangulo es especificado por `width` (asi la columna mas a la derecha es `left+width-1`.)

Los bucles de animacion siguen la misma secuencia de pasos una y otra vez. En cada paso, un rectangulo es dibujado en griz (eso es, con todos los componentes del color teniendo el mismo valor). Hay una pausa de 200 milisegundos asi el usuario puede ver el rectangulo. Entonces el mismo rectangulo es dibujado en negro, efectivamente borrando el rectangulo griz. Finalmente, las variables que dan la fila superior, columna izquierda, tamano, y nivel de color del rectangulo son ajustadas a fin de que esten listas para el proximo paso. En el applet, el nivel del color inicia en 50 e incrementa por 10 despues de cada paso. Cuando el rectangulo llega al borde mas externo del applet, el bucle termina. La animacion entonces inicia al principio del bucle. Usted podria querer hacer una subrutina que haga un bucle a traves de todos los pasos de la animacion.

La rutina `main()` simplemente abre una ventana Mosaic y entonces hace el bucle de animacion una y otra vez hasta que el usuario cierra la ventana. Hay un retardo de 1000 milisegundos entre un bucle de animacion y el proximo. Use una ventana Mosaic que tiene 41 filas y 41 columnas. (Le recomiendo **no** usar constantes con nombre para el numero de filas y columnas, debido a que el problema ya es suficientemente complicado.)

Prueba del Capítulo 4

1. Una "caja negra" tiene una interfaz y una implementación. Explique que se quiere decir con los terminos *interfaz* e *implementación*.

2. Se dice que una subrutina tiene un *contrato*. Qué se quiere decir con el contrato de una subrutina? Cuándo usted quiere usar una subrutina, porqué es importante la comprensión de su contrato? El contrato tiene ambos aspectos "sintácticosz "semánticos". Cuál es el aspecto sintáctico? Cuál es el aspecto semántico?

3. Explique brevemente como las subrutinas pueden ser herramientas utiles en el diseno de programas aguas abajo.

4. Discuta el concepto de *parámetros*. Para qué son los parámetros? Cuál es la diferencia entre *parámetros formales* y *parámetros actuales*?

5. De dos razones diferentes para usar constantes con nombres (declaradas con el modificador `final`).

6. Qué es un API? De un ejemplo.

7. Escriba una subrutina llamada "estrellas" que dara como salida una linea de estrellas a la salida normalizada. (Una estrella es el caracter "*".) El numero de estrellas deberia ser dado como un parámetro a la subutina. Use un bucle *para*. Por ejemplo, el comando "estrella(20)" daria la salida ********************

8. Escriba una rutina `main()` que use la subrutina que usted escribio para la Pregunta 7 para la salida de 10 lineas de estrellas con 1 estrella en la primera linea, 2 estrellas en la segunda linea, y asi sucesivamente, como se muestra abajo.

   ```
   *
   **
   ***
   ****
   *****
   ******
   *******
   ********
   *********
   **********
   ```

9. Escriba una función con nombre `countChars` que tenga una *String* y un **char** como parámetros. La funcion deberia contar el numero de veces que el caracter ocurre en la cadena de caracteres, y deberia retornar el resultado como el valor de la funcion.

10. Escriba una subrutina con tres parámetros de tipo *int*. La subrutina deberia determinar cual de sus parametros es el más pequeño. El valor del parámetro mas pequeño debería ser retornado como el valor de la subrutina.

Capítulo 5

Programando en Grande II: Objetos y Clases

Visto que una subrutina representa una tarea individual, un objeto puede encapsular ambos datos (en la forma de variables instanciadas) y un numero de tareas diferentes o "conductasrelacionadas con esos datos (en la forma de metodos intanciados). Por lo tanto los objetos proveen otro tipo de estructura más sofisticada que puede ser usada para ayudar a manejar la complejidad de grandes programas.

Este capítulo cubre la creacion y uso de objetos en Java. La Seccion 5.5 cubre las ideas centrales de programacion orientada a objeto: herencia y polimorfismo. Sin embargo, en este libro de texto, generalmente usaremos estas ideas en una forma limitada, creando clases independientes y construyendo sobre clases existentes en vez de disenar jerarquias de clases completas desde el principio. En la Seccion 5.6 y Seccion 5.7 se cubren algunos de los muchos detalles de programacion orientada a objeto en Java. Aunque estos detalles seran usados occasionalmente posteriormente en este libro, usted podria querer hecharles una hojeada ahora y volver a ellos posteriormente cuando sean realmente necesarios.

5.1. Objetos, Metodos Instanciados, y Variables Instanciadas

La Programacion Orientada a Objeto (OOP) representa un intento para hacer programas más cercano al modelar la forma en como la gente piensa y trata con el mundo. En los estilos más antiguos de programacion, un programador quien esta enfrentandose con algún problema debe identificar una tarea computacional que necesita ser ejecutada para solucionar el problema. La programacion consiste entonces en encontrar una secuencia de instrucciones que lograran hacer esa tarea. Pero en el corazon de la programacion orientada a objeto, en vez de tareas encontramos objetos—entidades que tienen conductas, que guardan informacion, y que pueden interactuar con otro. La programacion consiste en el diseno de un grupo de objetos que de alguna manera modelan el problema a mano. Los objetos de software en el programa pueden representar entidades reales o abstractas en el dominio del problema. Esto se supone que hace el diseno de los programas más natural y por lo tanto más faciles de hacerlos correctos y de entender.

Hasta cierto punto, OOP es un cambio en un punto de vista. Podemos pensar que un objeto es en terminos de programacion normalizada nada más que un grupo de variables juntas con algunas subrutinas para manipular esas variables. De hecho, es posible usar tecnicas orientadas a objeto en cualquier lenguaje de programacion. Sin embargo, hay una gran diferencia entre un lenguaje que hace la OOP posible y uno que lo soporta activamente. Un lenguaje de programacion orientada a objeto tal como Java incluye un numero de caracteristicas que lo hacen muy diferente de un lenguaje normalizado. Con la finalidad de hacer uso efectivo de esas caracteristicas, usted tiene que "orientar" su pensamiento correctamente.

5.1.1. Objetos, clases, e Instancias

Los objetos estan intimamente relacionados a las clases. Ya hemos estado trabajando con las clases por muchos capitulos, y hemos visto que una clase puede contener variables y subrutinas. Sí un objeto tambien es una coleccion de variables y subrutinas, como se diferencia de las clases? y por que requiere un tipo diferente de pensamiento para entenderlos y usarlos efectivamente? En la Seccion donde trabajamos con objetos en vez de clases, Seccion OJO.8, no parecia tener mucha diferencia: Dejamos afuera la palabra "`static`" de la definicion de las subrutinas!

He dicho que las clases "describen."objetos, o más exactamente que las porciones no estaticas de las clases describen objetos. Pero es probable que no este muy claro lo que esto significa. La terminologia más usual es decir que los objetos **pertenecen a** las clases, pero esto podria no ser muy claro. (hay una escasez real de palabras en Ingles para distinguir apropiadamente todos los conceptos envueltos. Un objeto ciertamente no "pertenece.a" una clase de la misma manera que una variable miembro "pertenece.a" una clase.) Desde el punto de vista de la programacion, es más exacto decir que las clases son usadas para crear objetos. Una clase es una clase de compania para construir objetos. La parte no estatica de la clase especifica, o describe, que variables y subrutinas contendra el objeto. Esta es la parte de la explicacion de como los objetos se diferencian de las clases: los objetos son creados y destruidos a medida que el programa se ejecuta, y puede haber muchos objetos con la misma estructura, sí son creados usando la misma clase.

Considere una simple clase cuyo trabajo sea agrupar juntas unas pocas variables miembros estaticas. Por ejemplo, la siguiente clase podria ser usada para almacenar informacion acerca de la persona quien esta usando el programa:

```
class UserData {
    static String name;
    static int age;
}
```

En un programa que use esta clase, hay solo una copia de cada una de las variables `UserData.name` y `UserData.age`. Solo puede haber un "usuario," debido a que solo tenemos espacio de memoria para almacenar datos acerca de un usuario. La clase, `UserData`, y las variables que contiene existe mientras el programa se ejecuta. Ahora, considere una clase similar que incluya variables no estaticas:

```
class PlayerData {
    String name;
    int age;
}
```

En este caso, no hay tal variable como `PlayerData.name` o `PlayerData.age`, debido a que `name` y `age` son miembros no estaticos de `PlayerData`. Asi, no hay mucho más del todo en la clase—excepto por el potencial de crear objetos. Pero, es mucho potencial, debido a que puede ser usado para crear cualquier numero de objetos! Cada objeto tendra su **propias** variables llamadas `name` y `age`. Ellas pueden ser muchos "jugadores" porque podemos hacer nuevos objetos para representar nuevos jugadores contra pedido. Un programa podria usar esta clase para almacenar informacion acerca de multiples jugadores en un juego. Cada jugador tiene un nombre y una edad. Cuando un jugador se une al juego, un nuevo objeto `PlayerData` puede ser creado para representar ese jugador. Sí un jugador deja el juego, el objeto `PlayerData` que representa ese jugador puede ser destruido. Un sistema de objetos en el programa esta siendo usado para modelar dinamicamente lo que esta ocurriendo en el juego. Usted no puede hacer esto con variables "estaticasi

En la Seccion 3.8, trabajamos con applets, los cuales son objetos. La razon por la cual ellos no parecian ser nada diferente de las clases es porque solo estuvimos trabajando con un applet en cada clase que observamos. Pero una clase puede ser usada para hacer muchos applets. Piense en un applet que corra un mensaje a lo largo de una pagina Web. Podria haber muchos de estos applets en la misma pagina, todos creados desde la misma clase. Sí el mensaje en movimiento en el applet es almacenado en una variable no estatica, entonces cada applet tendra su propia variable, y cada applet puede mostrar un mensaje diferente. La situacion es aun más clara sí usted piensa acerca de las ventanas, las cuales, como los applets, son objetos. A medida que un programa se ejecuta, muchas ventanas podrian ser abiertas y cerradas, pero todas esas ventanas pueden pertenecer a la misma clase. Aquí de nuevo, tenemos una situacion dinamica donde multiples objetos son creados y destruidos a medida que un programa se ejecuta.

∗ ∗ ∗

Un objeto que pertenece a una clase se dice que es una *instancia* de una clase. Las variables que contiene el objeto se llaman *variables de la instancia*. Las subrutinas que el objeto contiene son llamadas *metodos de la instancia*. (Retomemos que en el contexto de programacion orientada a objeto, *metodo* es un sinonimo para "subrutina". Desde ahora, como estamos haciendo programacion orientada a objeto, preferire el termino "metodo.") Por ejemplo, sí la clase `PlayerData`, como se definio arriba, es usada para crear un objeto, entonces ese objeto es una instancia de la clase `PlayerData`, y `name` y `age` son variables de la instancia en el objeto. Es importante recordar que la clase de un objeto determina los **tipos** de las variables de la instancia; Sin embargo, los datos actuales estan contenidos dentro de los objetos individuales, no en la clase. Asi, cada objeto tiene su propio grupo de datos.

Un applet que desplace un mensaje a lo largo de una pagina Web podria incluir una subrutina llamada `scroll()`. Debido a que el applet es un objeto, esta subrutina es un metodo instanciado del applet. El codigo fuente para el metodo esta en la clase que es usada para crear el applet. Aun, es mejor pensar en el metodo instanciado como perteneciente al objeto, no a la clase. Las subrutinas no estaticas en la clase simplemente especifican los metodos instanciados de la clase que cada objeto creado contendra. Los metodos `scroll()` en dos applets diferente hacen la misma cosa en el sentido de que ambos deslizan mensajes a lo largo de la pantalla. Pero hay una diferencia real entre los dos metodos `scroll()`. Los mensajes que ellos deslizan pueden ser diferentes. Usted podria decir que la definicion del metodo en la clase especifica que tipo de comportamiento tendras los objetos, pero la conducta especifica puede variar de objeto a objeto, dependiendo de los valores de sus variables instanciadas.

Como usted puede ver, las porciones estaticas y no-estaticas de una clase son cosas muy diferentes y sirven a propositos muy diferentes. Muchas clases contienen solo miembros estaticos, o solo no estaticos. Sin embargo, es posible mezclar miebros estaticos y no estaticos en una sola clase, y veremos unos pocos ejemplos posteriormente en este capítulo donde sea razonable hacerlo. Usted deberia distinguir entre el **codigo fuente** para la clase, y la **clase en si misma**. El codigo fuente determina ambos la clase y los objetos que son creados desde esa clase. Las definiciones "estaticas.en el codigo fuente especifican las cosas que son parte de la clase en si mismo, mientras las definiciones no estaticas en el codigo fuente especifican las cosas que se haran parte de cada objeto instanciado que es creado desde la clase. De esta manera, las variables miembros estaticos y las subrutinas miembros estaticos en una clase son llamados a veces *variables* y *metodos de la clase*, debido a que ellos pertenecen a la clase en si misma, en vez de a las instancias de esa clase.

5.1.2. Fundamentos de objetos

Hasta ahora, he estado hablando mayormente de generalidades, y no le he dado muchas ideas que tener para sí quiere poder trabajar con objetos en el programa. Veamos un ejemplo especifico para ver como trabaja. Considere esta version extremadamente simplificada de una clase `Student`, la cual podria ser usada para almacenar informacion acerca de estudiantes tomando un curso:

```
{public class Student {
   public String name;  // Nombre del estudiante.
   public double test1, test2, test3;   // Nota de los tres examenes.
   public double getAverage() {  // calcule el promedio de las tres notas
      return (test1 + test2 + test3) / 3;
   }
} // fin de la clase Student}
```

Ninguno de los miembros de esta clase estan declarados para ser `static`, por lo que las clases existen solo para la creacion de objetos. Esta definicion de clases dice que cualquier objeto que sea una instancia de la clase `Student` incluira variables instanciadas llamadas `name`, `test1`, `test2`, y `test3`, e incluira un metodo instanciado llamado `getAverage()`. Los nombres y pruebas en objetos diferentes generalmente tendra valores diferentes. Cuando se llame por un estudiante particular, el metodo `getAverage()` calculara un promedio usando las notas **de ese estudiante**. Estudiantes diferentes pueden tener promedios diferentes. (De nuevo, esto es lo que significa decir que un metodo instanciado pertenece a un objeto individual, no a la clase.)

En Java, una clase es un **tipo**, similar a los tipos preconstruidos tales como **int** y **boolean**. Asi, un nombre de una clase puede ser usado para especificar el tipo de una variable en una declaracion, el tipo de un parametro formal, o el tipo retornado de una funcion. Por ejemplo, un programa podria definir una variable llamada `std` de tipo `Student` con la declaracion

```
{Student std;}
```

Sin embargo, declarar una variable **no** crea un objeto! Este es un punto importante, lo cual esta relacionado a Hechos Muy Importantes:

En Java, ninguna variable puede mantener un objeto.
Una variable solo puede mantener una referencia a un objeto.

Usted debería pensar que los objetos son cosas flotando independientemente en la memoria del computador. De hecho, hay una porción importante de memoria llamada *pila* donde los objetos viven. En vez de mantener un objeto en sí mismo, una variable mantiene la información necesaria para encontrar el objeto en la memoria. Esta información es llamada una *referencia* o *apuntador* al objeto. En efecto, una referencia a un objeto es la dirección de la localidad de memoria donde el objeto esta almacenado. Cuando usted usa una variable de clase tipo, el computador usa la referencia en la variable para encontrar el objeto actual.

5.1. OBJETOS Y MÉTODOS INSTANCIADOS

En un programa, los objetos son creados usando un operador llamado **new**, el cual crea an objeto y retorna a referencia a ese objeto. Por ejemplo, asumiendo que `std` es una variable de tipo `Student`, declarada como arriba, la declaracion de asignacion

```
std = new Student();
```

crearia un objeto nuevo el cual es una instancia de la clase `Student`, y almacenaria una referencia a ese objeto en la variable `std`. El valor de la variable es una referencia al objeto, no el objeto en si mismo. Entonces, no es muy cierto, decir que el objeto es el "valor de la variable `std`" (aunque a veces es dificil evitar usar esta terminologia). Ciertamente **no es del todo cierto** decir que el objeto

esta "almacenado en la variable `std`." La terminologia adecuada es que "la variable `std` *se refiere al* objeto,z trataré de enfatizar en esa terminologia tanto como sea posible.

Entonces, suponga que la variable `std` se refiere a un objeto que pertenece a la clase `Student`. Ese objeto tiene variables de la instancia `name`, `test1`, `test2`, y `test3`. Estas variables de la instancia pueden ser referidas como `std.name`, `std.test1`, `std.test2`, y `std.test3`. Esto sigue la convención usual de nombres en la que cuando B es parte of A, entonces el nombre completo de B es A.B. Por ejemplo, un programa podria incluir las lineas

```
System.out.println("Hola, " + std.name + ". Tus notas de los examenes son:");
System.out.println(std.test1);
System.out.println(std.test2);
System.out.println(std.test3);}
```

Esto entregaria el nombre y notas de los examenes del objeto al cual `std` se refiere. Similarmente, `std` puede ser usado para llamar al metodo `getAverage()` instanciado en el objeto diciendo `std.getAverage()`. Para imprimir el promedio del estudiante, usted podria decir:

```
{System.out.println( "Su promedio es" + std.getAverage() );}
```

más generalmente, usted podria usar `std.name` en cualquier lugar donde una variable de tipo *String* sea legal. Usted puede usar estas expresiones. Puede asignarle un valor a ella. Aun puede usarla para llamar subrutinas desde la clase *String*. Por ejemplo, `std.name.length()` es el numero de caracteres en el nombre del estudiante.

Es posible para una variable como `std`, cuyo tipo es dado por la clase, referirse a no objetos del todo. Decimos en este caso que `std` mantiene una *referencia nula*. Una referencia nula esta escrita en Java como "`null`". Usted puede almacenar una referencia nula en la variable `std` diciendo

```
std = null;
```

y usted podria probar si el valor de `std` es nulo haciendo

```
if (std == null) . . .
```

Sí el valor de una variable es `null`, entonces, por supuesto, es ilegal para referirse a variables de la instancia o metodos instanciados a traves de esa variable—debido a que no hay objetos, y entonces no hay variables de la instancia a las cuales referirse. Por ejemplo, sí el valor de la variable `std` es `null`, entonces sería ilegal referirse a `std.test1`. Sí su programa trata de usar una referencia nula como esta ilegalmente, el resultado es un error llamado una **null pointer exception**.

Veamos una secuencia de declaraciones que trabaje con objetos:

```
Student std, std1,         // Declare cuatro variables del
        std2, std3;        //    tipo Student.
std = new Student();       // Crea un nuevo objeto que pertenece
                           //    a la clase Student, y
                           //    almacena una referencia a ese
                           //    objeto en la variable std.
std1 = new Student();      // Crea un segundo objeto  Student
                           //    y almacena una referencia a
                           //    la variable std1.
std2 = std1;               // Copia la referencia al valor en std1
                           //    into the variable std2.
std3 = null;               // Almacena una referencia nula en la
                           //    variable std3.

std.name = "John Smith";   // Coloca los valores de algunas variables de la instancia.
std1.name = "Mary Jones";

    // (Otras variables de la instancia tienen valores iniciales
    //    de cero por defecto)}
```

Despues de que la computadora ejecuta estas declaraciones, la situacion en la memoria de la computadora se parece a esto:

Esta imagen muestra las variables como una cajita, etiquetada con los nombres de las variables. Los objetos son mostrados en cajas con bordes redondeados. Cuando una variable contiene una referencia a un objeto, el valor de esa variable es mostrado como una flecha apuntando al objeto. La variable std3, con un valor de null, no apunta a ninguna parte. Las flechas desde std1 y std2 ambas apuntan al mismo objeto. Esto ilustra un punto muy importante:

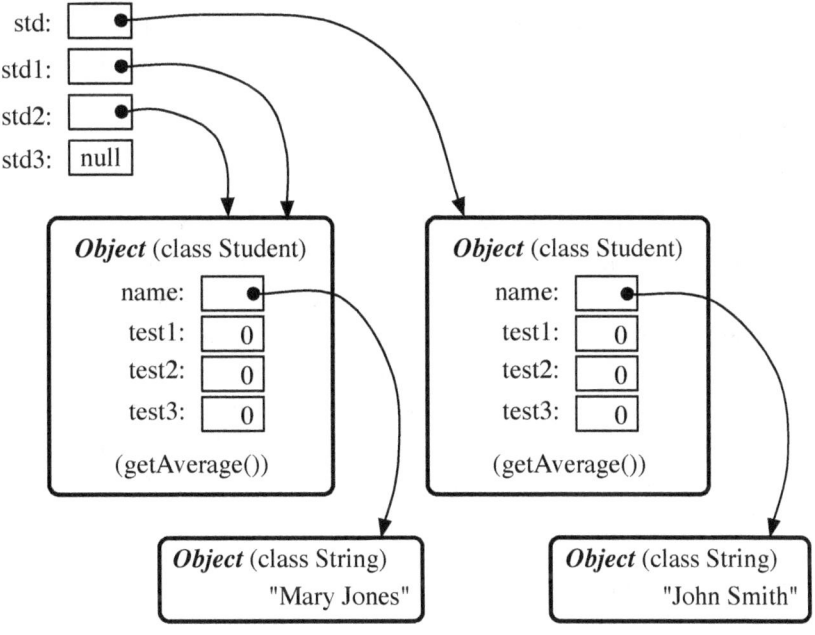

Cuando una variable objeto es asignada a otra, solo una referencia es copiada. El objeto referido no es copiado

Cuando la asignacion "st2 = st1;" fue ejecutada, ningun objeto nuevo fue creado. En vez de eso, st2 fue referido al mismo objeto que refiere st1. Esto tiene algunas consecuencias que pudieran ser sorpresivas. Por ejemplo, std1.name y st2.name son dos nombres diferentes para la misma variable, a saber la variable instanciada en el objeto a que ambas st1 y st2 se refieren. Despues de que la cadena "Mary Jones" es asignada a la variable std1.name, tambien es verdad que std2.name es "Mary Jones". Hay mucho potencial para una gran confusion aquí, pero usted puede ayudar a protegerse a si mismo diciendose, "El objeto no esta en la variable. La variable mantiene un apuntador al objeto."

Usted puede probar si dos objetos son iguales o diferentes usando el operador == y !=, pero de nuevo aquí, las semanticas son diferentes a lo que usted acostumbra. Cuando usted hace la prueba "sí (std1 == std2), usted esta probando sí el valor almacenado en std1 y std2 son los mismos. Pero los valores son referencias a objetos, no objetos. Por lo que, usted esta probando sí std1 y std2 se refieren al mismo objeto, eso es, sí apuntan a la misma locacion de memoria. Esto esta bien, sí es lo que usted quiere hacer. Pero a veces, lo que usted quiere verificar es sí las variables instanciadas en el objeto tienen el mismo valor. Para hacer eso, usted necesita preguntar sí "`std1.test1 == std2.test1 && std1.test2 == std2.test2 && std1.test3 == std2.test3 && std1.name.equals(std2.name)`".

He remarcado previamente que las cadenas de caracteres son objetos, y he mostrado las cadenas de caracteres "Mary Jones" y "John Smith" como objetos en la ilustracion anterior. Una variable de tipo String solo puede mantener una referencia a una cadena de carcateres, no a la cadena de caracteres en si misma. Tambien podria mantener el valor "null", lo cual significa que no se refiere a ninguna cadena del todo. Esto explica porque usar el operador == para probar la igualdad de la cadena no es una buena idea. Suponga que saludo es una variable del tipo String, y que la cadena de caracteres se refiere a "Hola". Entonces sera verdad la prueba saludo == "Hola"?. Bien, quizas sí, quizas no. la variable saludo y la cadena literal "Hola" se refieren a una cadena que contiene los caracteres H-o-l-a. Pero aun podria ser objetos diferentes que contienen los mismos caracteres. La función saludo.equal("Hola") prueba sí saludo y "Hola" contienen los mismos caracteres, lo cual es casi ciertamente la pregunta que usted quiere hacer. La expresion saludo == "Hola" prueba sí saludo y "Hola" contienen los mismos caracteres almacenados en la misma locacion de memoria.

* * *

El hecho de que las variables mantienen referencias a objetos, no a los objetos en si mismos, tiene un par de consecuencias más de las que usted deberia estar consciente. Ellos siguen lógicamente, sí usted mantiene en mente el hecho basico de que los objetos no son almacenados en las variables. El objeto esta en algún otro lugar; la variable apunta a él.

Suponga que una variable que se refiere a un objeto es declarada para ser final. Esto significa que el valor almacenado en la variable nunca puede ser cambiado, una vez que la variable ha sido inicializada. El valor almacenado en la variable es referido al objeto. Asi la variable continuara refiriendose al mismo objeto mientras la variable exista. Sin embargo, esto no previene que los datos del objeto sean cambiados. La variable es final, no el objeto. Es perfectamente legal decir

```
final Student stu = new Student();
stu.name = "John Doe";   // Cambia los datos en el objeto;
                         // El valor almacenado en stu no es cambiado!
                         // Aun se refiere al mismo objeto.}

void dontChange(int z) {            void change(Student s) {
    z = 42;                             s.name = "Fred";
```

```
}                                              }
\newcode{Las lineas:                           Las lineas:}

   x = 17;                                        stu.name = "Jane";
   dontChange(x);                                 change(stu);
   System.out.println(x);                         System.out.println(stu.name);

\newcode{muestra el valor 17.                  muestra el valor "Fred".

El valor de x no es                         El valor de stu no es
cambiado por la subrutina,                  cambiado, pero es stu.name.
Lo cual es equivalente a                    Esto es equivalente a}

   z = x;                                         s = stu;
   z = 42;                                        s.name = "Fred";}
```

5.1.3. Getters y Setters

Cuando se escribe nuevas clases, es una buena idea prestar atencion al hecho de control de acceso. Recordemos que el hacer `publico` a un miembro de una clase lo hace accesible desde cualquier parte, incluyendo desde otras clases. Por otro lado, un miembro `privado` solo puede ser usado en la clase en donde esta definido.

En la opinion de muchos programadores, casi todas las variables miembros deberian ser declaradas `private`. Esto le da control completo sobre lo que puede ser hecho con la variable. Aun sí la variable en sí misma es privada, usted le puede permitir a otras clases encontrar cual es su valor proveyendo un *metodo accesor* publico que retorna el valor de la variable. Por ejemplo, sí su clase contiene una variable miembro `privada`, `title`, de tipo *String*, puede proveer un metodo

```
public String getTitle() {
    return title;
}
```

eso retorna el valor de `title`. Por convencion, el nombre de un metodo accesor para una variable es obtenido colocando en mayuscula la inicial del nombre de la variable y adicionando "get.[en] frente del nombre. Asi, para la variable `title`, obtenemos un metodo accesor llamado "get"+ "Title", o `getTitle()`. Debido a esta convencion de nombre, los metodos accesores son referidos con más frecuencia como ***metodos getters***. Un metodo getter provee "acceso de lectura.[a] una variable.

Usted tambien podria querer dar "acceso de escritura.[a] una variable `privada`. Eso es, usted podria querer hacer posible que otras clases especifiquen un nuevo valor para la variable. Esto es hecho con un ***metodo setter***. (Sí no le gustan las simples palabras Anglo-Sajonas, usted puede usar el termino imaginario ***metodo mutador***.) el nombre de un metodo setter deberia consistir de "set"seguido por el nombre de la variable con su inicial en mayuscula, y deberia tener un parametro con el mismo tipo que la variable. Un metodo setter para la variable `title` podria ser escrita

```
public void setTitle( String newTitle ){
        title = newTitle;
}
```

De hecho es muy comun proveer ambos un metodo getter y a setter para una variable miembro privado. Debido a que esto le permite a otras clases leer y escribir el valor de la variable, usted podria preguntarse por que no hacer la variable `publica`? La razon es que los getters y setters no estan restringidos a simplemente la lectura y escritura de los valores de la variable. De hecho, pueden tomar cualquier accion del todo. Por ejemplo, un metodo getter podria mantener registro del numero de veces que la variable ha sido accesada:

```
public String getTitle(){
    titleAccessCount++;  // Incrementa la variable miembro titleAccessCount.
    return title;
}
```

y un metodo setter podria verificar que el valor que esta siendo asignado a la variable es legal:

```
public void setTitle( String newTitle ){
    if ( newTitle == null )//No permite cadenas de caracteres nulas como titulos!
        title = "(Untitled)";//Usa un valor apropiado como valor por defecto.
    else
        title = newTitle;
}
```

Aun sí usted no puede pensar en ninguna tarea extra para hacer en un metodo getter o setter, usted podria cambiar su opinion en el futuro cuando rediseñe y mejore su clase. Sí usted ha usado metodos getter y setter desde el principio, usted puede hacer la modificacion a su clase sin afectar ninguna de las clases que usan su clase. La variable miembro **privado** no es parte de la interface publica de su clase; solo los metodos getter y setter **publicos** lo son. Sí usted **no ha** usado get y set desde el principio, tendra que contactar a todos los que usen sus clases y decirles, "Lo siento chicos, tendran que localizar cada uso que han hecho de esta variable y cambiar su codigo para usar mis nuevos metodos get y set."

Un par de notas finales: Algunos aspectos avanzados de Java se basan en la convencion de nombres de los metodos getter y setter, por lo que es una buena idea seguir la convencion rigurosamente. y aunque he estado hablando acerca de usar metodos getter y setter para una variable, usted puede definir metodos get y set aun sí no hay variables. Un metodo getter y/o setter define una *propiedad* de la clase, que podria corresponder o no a una variable. Por ejemplo, sí una clase incluyes un metodo `public void` instanciado con la firma `setValue(double)`, entonces la clase tiene una "propiedad"llamada `value` de tipo **double**, y tiene esta propiedad ya sea que la clase tenga una variable miembro llamada `value` o no.

5.2. Constructores e Inicializacion de objetos

Los tipos objeto en Java son muy diferentes de los tipos primitivos. Simplemente declarando una variable cuyo tipo es dado como una clase no crea automaticamente un objeto de esa clase. Los objetos deben ser **construidos** explicitamente. Para la computadora, el proceso de construccion de un objeto significa, primero, encontrar algo de memoria no usada en la pila que pueda ser usada para mantener el objeto y, segundo, llenar las variables instanciadas del objeto. Como un programador, usted no se preocupa por donde es almacenado el objeto en la memoria, pero usted usualmente quiere ejercer algo de control sobre los valores iniciales que son almacenados en las nuevas variables instanciadas del objeto. En muchos casos, usted tambien querra hacer inicializaciones mas complicadas o tener un registro de cada vez que un objeto es creado.

5.2.1. Inicialización de variables instanciadas

A una variable instanciada la puede ser asignada un valor inicial en su declaracion, como cualquier otra variable. Por ejemplo, considere una clase llamada `PairOfDice`.Un Objeto de esta clase representa un par de dados. Lo contendrá dos variables de la Instancia para representar los números mostrados en todos los dados y un metodo para instanciado la tirada de los dados:

```java
public class PairOfDice {
    public int die1 = 3;   // numero mostrando el primer dado.
    public int die2 = 4;   // numero mostrando el segundo dado.
    public void roll() {
          // Lanza los dados colocando cada uno de los dados para que
          // sea un numero aleatorio entre 1 y 6.
        die1 = (int)(Math.random()*6) + 1;
        die2 = (int)(Math.random()*6) + 1;
    }
} // fin clase PairOfDice}
```

Las variables instanciadas `die1` y `die2` son inicializadas a los valores 3 y 4 respectivamente. Estas inicializaciones son ejecutadas cuando quiera que un objeto `PairOfDice` es construido. Es importante entender cuando y como tocurre esto. Puede haber muchos objetos `PairOfDice`. Cada vez que uno es creado, obetien sus propias variables instanciadas, y la asignacion "die1 = 3z "die2 = 4"son ejecutadas para llenar los valores de esas variables. Para hacer esto claro, considere una variacion de la clase `PairOfDice`:

```java
public class PairOfDice {
    public int die1 = (int)(Math.random()*6) + 1;
    public int die2 = (int)(Math.random()*6) + 1;
    public void roll() {
        die1 = (int)(Math.random()*6) + 1;
        die2 = (int)(Math.random()*6) + 1;
    }
} // fin clase PairOfDice}
```

Aqui, los dados son inicializados a vaolres aleatorios, como sí un nuevo par de dados estuvieran siendo lanzados sobre la tabla de juegos. Debido a que la inicializacion es ejecutada por cada nuevo objeto, un grupo de valores iniciales aleatorios sera calculado por cada nuevo para de dados. Pares de dados diferentes pueden tener valores iniciales diferentes. Para la inicializacion de variables miembros **static**, por supuesto, la situacion es bastante diferente. Solo hay una copia de una variable **estatica**, y la inicializacion de esa variable es ejecutada solo una vez, cuando la clases es cargada por primera vez.

Sí usted no provee ningun valor inicial para una variable instanciada, un valor inicial por defecto es suministrado automaticamente. Las variables instanciadas de tipo numerico (**int**, **double**, etc.) son automaticamente inicializadas a cero sí usted no provee otros valores; las variables **booleanas** son inicializadas a `false`; y las variables **char**, al carácter Unicodecon el codigo numero cero. Una variable instanciada tambein puede ser una variable de tipo objeto. Para tales variables, el valor por defecto inicial es `null`. (En particular, debido a que los **Strings** son objetos, el valor inicial por defecto para variables *String* es `null`.)

5.2.2. Constructores

Los objetos son creados con the operador, `new`. Por ejemplo, un programa que quiere usar un objeto `PairOfDice` podria decir:

```
PairOfDice dice;   // Declare una variable de tipo PairOfDice.
dice = new PairOfDice();  // Construye un nuevo objeto y almacena una
                          //   referencia a él en la variable.}
```

En este ejemplo, "`new PairOfDice()`.^{es} una expresion que reserva memoria para el objeto, inicializa las variables instanciadas del objeto, y entonces retorna una referencia al objeto. Esta referencia es el valor de la expresion, y ese valor es almacenado por la declaracion de asignacion en la variable, `dice`, asi despues que la declaracion de asignacion es ejecutada, `dice` se refiere al objeto recientemente creado. Parte de esta expresion, "`PairOfDice()`", se parece a un llamado de subrutina, y eso no es accidente. Es, de hecho, un llamado a un tipo especial de subrutina llamado *constructor*. Esto podria desconcertarle, debido a que no hay tal subrutina en la definicion de la clase. Sin embargo, cada clase tiene al menos un constructor. Sí el programador no escribe una definicion de constructor en una clase, entonces el sistema proveera un ***constructor por defecto*** para esa clase. Este constructor por defecto no hace nada mas que lo basico: reserva espacio de memoria e inicializa las variables instanciadas. Sí usted quiere que ocurra mas que eso cuando un objeto es creado, usted puede incluir uno o mas constructores en la definicion de la clase.

La definicion de un constructor se parece mucho a la definicion de cualquier otra subrutina, con tres excepciones. Un constructor no tiene ningun tipo de retorno (ni siquiera `void`). El nombre del constructor debe ser el mismo nombre de la clase en la cual esta definida. Los unicos modoficadores que pueden ser usados en una definicion de constructor son los modificadores de acceso `public`, `private`, y `protected`. (En particular, un constructor no puede ser declarado `static`.)

Sin embargo, un constructor tiene un cuerpo de subrutina de la forma usual, un bloque de declaraciones. No hay restricciones de en cuales declaraciones pueda ser usado. y puede tener una lista de parametros formales. De hecho, la habilidad de incluir parametros es una de las principales razones para usar constructores. Los parametros can provide datos to be used in the construction of the objeto. Por ejemplo, un constructor para la clase `PairOfDice` podria proveer los valores que son mostrados inicialmente en el dado. Aquí se presenta el como se veria la clase en ese caso:

```
public class PairOfDice {
    public int die1;   // numero mostrando el primer dado.
    public int die2;   // numero mostrando el segundo dado.
    public PairOfDice(int val1, int val2) {
          // Constructor.  crea un par de dados que
          // son inicializados mostrando los valores val1 y val2.
        die1 = val1; // Asigna valores especificos
        die2 = val2; //          a las variables instanciadas.
    }
    public void roll() {
          // Lanza el dado colocando cada uno de los dados para que sea
          // un numero aleatorio entre 1 y 6.
        die1 = (int)(Math.random()*6) + 1;
        die2 = (int)(Math.random()*6) + 1;
```

    }
} // fin de la clase PairOfDice}

El constructor es declarado como "public PairOfDice(int val1, int val2) ...", sin tipo de retorno y con el mismo nombre de la clase. Esta es la forma como el compilador de Java reconoce un constructor. El constructor tiene dos parametros , y los valores de estos parametros deben ser proveidos cuando el constructor es llamado. Por ejemplo, la expresion "new PairOfDice(3,4)¿crearia objeto PairOfDice en el cual los valores de las variables instanciadas die1 y die2 son inicialmente 3 y 4. Por supuesto, en un programa, el valor retornado por el constructor deberia ser usado de alguna manera, como en

```
PairOfDice dado;           // Declara una variable de tipo PairOfDice.
dado = new PairOfDice(1,1); // Hace que dado se refiera a un nuevo objeto PairOfDice
                            //    que inicialmente muestra  1, 1.}
```

Ahora que hemos adicionado un constructor a la clase PairOfDice, ya no podemos crear un objeto diciendo "new PairOfDice()¡. El sistema provee un constructor por defecto para una clase **solo** sí la definicion de la clase no incluye ya un constructor, asi solo hay un constructor en la clase, y requiere dos parametros actuales. Sin embargo, esto no es un gran problema, debido a que podemos adicionar un segundo constructor a la clase, uno que no tiene parametros. De hecho, puede tener tantos constructores diferente como quiera, mientras que sus firmas sean diferente, eso es, mientras ellos tengan numeros diferentes de tipos de parametros formales. En la clase PairOfDice, podriamos tener un constructor sin parametros el cual produce un par de dados mostrando numeros aleatorios:

```java
public class PairOfDice {
    public int die1;   // numero mostrando el primer dado.
    public int die2;   // numero mostrando el segundo dado.
    public PairOfDice() {
           // Constructor.  Lanza los dados, de manera tal que inicialmente
           // muestra algún valor aleatorio.
        roll();  // Llama al metodo roll() para lanzar el dado.
    }
    public PairOfDice(int val1, int val2) {
           // Constructor.  crea un par de dados que
           // son inicializados mostrando los valores val1 y val2.
        die1 = val1; // Asigna valores especificos
        die2 = val2; //           a las variables instanciada.
    }
    public void roll() {
           // Lanza el dado colocando a cada uno de los dados para que
           // sea un numero aleatorio entre 1 y 6.
        die1 = (int)(Math.random()*6) + 1;
        die2 = (int)(Math.random()*6) + 1;
    }
} // fin de la clase PairOfDice}
```

Ahora tenemos la opcion de construir un objeto PairOfDice tambien con "new PairOfDice().º con "new PairOfDice(x,y)", donde x y y son expresiones de valores **int**.

Esta clase, una vez que es escrita, puede ser usada en cualquier programa que necesite trabajar con uno o mas pares de dados. Ninguno de esos programas tendra que usar el obscuro

5.2. CONSTRUCTORES E INICIALIZACION DE OBJETOS

conjuro "(int)(Math.random()*6)+1", porque esta hecho dentro de la clase `PairOfDice`. Y el programador, habiendo logrado que la cosa que lanza dados, funcione de forma correcta, nunca tendra que preocuparse acerca de eso nuevamente. Aqui, por ejemplo, hay un program principal que usa la clase `PairOfDice` para contar cuantas veces dos pares de dados son lanzados antes de que los dos pares muestren el mismo valor. Esto ilustra de nuevo que usted puede crear multiples instancias de la misma clase:

```
public class RollTwoPairs {
    public static void main(String[] args) {
        PairOfDice firstDice;   // Se refiere al primer par de dados.
        firstDice = new PairOfDice();
        PairOfDice secondDice; // Se refiere al segundo para de dados.
        secondDice = new PairOfDice();
        int countRolls;   // Cuenta cuantas veces los dos pares de
                          //    dados han sido lanzados.
        int total1;    // Total que muestra el primer par de dados.
        int total2;    // Total que muestra el segundo par de dados.
        countRolls = 0;
        do { // Lanza los dos pares de dados hasta que los totales sean los mismos.
            firstDice.roll();    // Lanza el primer par de dados.
            total1 = firstDice.die1 + firstDice.die2;   // Obtiene el total.
            System.out.println("El primer par muestra  " + total1);
            secondDice.roll();    // Lanza el segundo para de dados.
            total2 = secondDice.die1 + secondDice.die2;   // Obtiene el total.
            System.out.println("El segundo para muestra " + total2);
            countRolls++;    // Cuenta este lanzamiento.
            System.out.println();   // Linea blanca.
        } while (total1 != total2);
        System.out.println("Tomo " + countRolls
                + " lanzamientos hasta que los totales fueron los mismos.");
    } // fin main()
} // fin de la clase RollTwoPairs}
```

* * *

Los constructores son subrutinas, pero son subrutinas de un tipo especial. Ciertamente no son metodos instanciados, debido a que no pertenecen a objetos. Debido a que son responsables de la creacion de objetos, existen antes de que cualquier objeto haya sido creado. Son mas parecidos a subrutinas miembros **estaticos**, pero no son y no pueden ser declarados **estaticos**. De hecho, de acuerdo a la especificacion del lenguaje Java, ellos no son del todo miembros de la clase! En particular, los constructores **no** son referidos como "metodos."

A diferencia de otras subrutinas, un constructor solo puede ser llamado usando el operador **new**, en una expresion que tiene la forma

new ⟨*class-name*⟩ (⟨*lista-parametros*⟩)

donde la ⟨*lista-parametros*⟩ posiblemente esta vacia. Llamo a esta expresion porque calcula y retorna un valor, llamado una referencia al objeto que es construido. Con mayor frecuencia, usted almacenara la referencia retornada en una variable, pero tambien es legal el usar un constructor llamandolo de otra arena, por ejemplo como un parametro en un llamado de subrutina o como parte de una expresion mas compleja. Por supuesto, sí usted no guarda la referencia en una variable, no tendra ninguna manera de referirse al objeto que ya fue creado.

Una llamada de constructor es mas complicada que una subrutina ordinaria o llamado de funcion. Es util entender los pasos exactos que la computadora sigue para ejecutar un llamado de constructor:

1. Primero, la computadora obtiene un bloque de memoria desocupada en la memoria, suficientemente grande para mantener un objeto del tipo especificado.

2. Inicializa las variables instanciadas del objeto. Sí la declaracion de una variable instanciada especifica un valor inicial, entonces ese valor es calculado y almacena en la variable instanciada. De otra manera, el valor inicial por defecto es usado.

3. Los parametros actuales en el constructor, sí hay alguno, son evaluados, y los valores son asignados a los parametros formales del constructor.

4. Las declaraciones en el cuerpo del constructor, sí hay alguno, son ejecutados.

5. Una referencia al objeto es retornado como el valor del llamado del constructor.

El resultado final de esto es que usted tiene una referencia a un objeto recientemente construido. Usted puede usar esta referencia para obtener las variables instanciadas en ese objeto o llamar a sus metodos instanciados.

* * *

Para otro ejemplo, rescribamos la clase **Student** que fue usada en Seccion 1. Le adicionare un constructor, y tambien tomare la oportunidad para hacer privada a la variable instanciada, **name**.

```
public class Student {
   private String name;                // Nombre del estudiante.
   public double test1, test2, test3;  // Notas de las tres pruebas.
   Student(String theName) {
       // Constructor para los objetos Student;
       // se provee un nombre para el etudiante.
      name = theName;
   }
   public String getName() {
       //Metodo Getter para leer el valor de la
       // variable privada instanciada, name.
      return name;
   }
   public double getAverage() {
       // Calcula el promedio de notas de los examenes.
      return (test1 + test2 + test3) / 3;
   }
} // fin de la clase Student}
```

Un objeto de tipo **Student** contiene informacion acerca de algun estudiante particular. El constructor en esta clase tiene un parametro de tipo *String*, el cual especifica el nombre de ese estudiante. Los objetos de tipo **Student** puede ser creado con declaraciones tales como:

```
std = new Student("John Smith");
std1 = new Student("Mary Jones");}
```

5.2. CONSTRUCTORES E INICIALIZACION DE OBJETOS

En la version original de esta clase, el valor del `name` tenia que ser asignado por un programa despues de que se creó el objeto de tipo `Student`. No hubo garantia de que el programador siempre recordaria colocar el codename apropiadamente. En la nueva version de la clase, no hay manera de crear un objeto `Student` excepto llamando al constructor, y que el constructor coloque automaticamente el `nombre`. La vida del programador se hace mas facil, y todas las hordas de errores frustantes son acabados antes de que al menos tengan oportunidad de nacer.

Otro tipo de garantias es suministrada por el modificador `private`. Debido a que la variable instanciada, `name`, es `private`, no hay manera de que alguna parte del programa fuera de la clase `Student` logre acceso directamente a `name`. El programa coloca el valor de `name`, indirectamente, cuando llama al constructor. He suministrado una funcion, `getName()`, que puede ser usada desde el exterior de la clase para encontrar el `name` of the student. Pero I haven't provided any metodo setter or other way to change the nombre. Una vez que un objeto estudiante es creado, mantiene el mismo nombre mientras exista.

5.2.3. Recolector de Basura

Hasta el momento, esta Seccion ha sido acerca de la creacion de objetos. Que podemos decir acerca de su destruccion? En Java, la destruccion de objetos ocurre automaticamente.

Un objeto existe en la pila, y solo puede ser accesado por medio de variables que mantienen referencias al objeto. Que deberia ser hecho con un objeto sí no hay variables que se refieran a él? Tales cosas pueden suceder. Considere las dos declaraciones siguientes (aunque en realidad, usted nuca deberia hacer algo como esto):

```
Student std = new Student("John Smith");
std = null;}
```

En la primera linea, una referencia objeto `Student` recientemente creado es almacenado en la variable `std`. Pero en la proxima linea, el valor de `std` es cambiado, y la referencia al objeto `Student` es hecho. De hecho, ahora no hay referencias que sea a ese objeto almacenado en cualquier variable. Asi no hay ninguna manera para que el programa use el objeto de nuevo. Tambien podria no existir. De hecho, la memoria ocupada por el objeto deberia ser reclamada para ser usada para otro proposito.

Java usa un procedimiento llamado ***recoleccion de basura*** para reclamar memoria ocupada por objetos que ya no son accesibles a los programas. Es responsabilidad del sistema, no del programador, mantener registro de cuales objetos son "basura..En el ejemplo de arriba, fue muy facil ver que el objeto `Student` se convirtio en basura. Usualmente, es mucho mas dificil. Sí un objeto ha sido usado por un tiempo, podria haber muchas referencias al objeto almacenado en varias variables. El objeto no se vuelve basura hasta que todas esas referencias han sido abandonadas.

En muchos otros lenguajes de programacion, borrar la basura es responsabilidad de programador. Desafortunadamente, mantener registro del uso de la memoria es muy propenso a errores, y muchos errores serios de los programas son causados por tales errores. Un programador podria borrar accidentalmente un objeto aunque haya todavia referencias a ese objeto. Esto es llamado ***colgar errores de puntero***, y cunduce a problemas cuando el programa trata de acceder a un objeto que ya no esta alli. Otro tipo de error es a ***perdida de memoria***, donde un programador deja de borrar objetos que ya no estan en uso. Esto puede llevar a llenar la memoria con objetos que son completamente inacesibles, y el programa podria agotar la memoria aunque, De hecho, grandes cantidades de memoria esten siendo mal gastadas.

Debido a que Java usa recoleccion de basura, tales errores son simplemente imposibles. La recoleccion de basura es una vieja idea y ha sido usada en algunos lenguajes de programacion desde los años 60. Usted podria preguntarse porque no todos los lenguajes usan recolector de basura. En el pasado, era considerado muy lento y costoso. Sin embargo, investigacion en las tecnicas de recoleccion de basura combinada con la increible velocidad de las computadoras modernas se han combinado para hacer factible a la recoleccion de basura. Los programadores deberian regocijarse.

5.3. Programando con objetos

HAY VARIAS MANERAS en las cuales conceptos orientados a objeto pueden ser aplicados a los procesos de diseno y escritura de programas. El mas amplio de estos es *el diseno y analisis orientado a objeto* el cual aplica una metodologia orientada a objeto a la etapa mas temprana del desarrollo del programa, durante el cual todo el diseno de un programa es creadp. Aqui, la idea es identificar cosas en el dominio del problema que puedan ser modelados como objetos. En otro nivel, la programacion orientada a objeto entimula a los programadores a producir *componentes de software generalizados* que pueden ser usados en una amplia variedad de proyectos de programacion.

Por supuesto, para la mayor parte, usted experimentara "componentes de software generalizadosüsando las clases normalizadas que vienen con Java. Comenzamos esta Sección mirando algunas clases precosntruidas que son usadas para crear objetos. Al final de la Seccion, volveremos a las generalidades.

5.3.1. Algunas Clases Pre Construidas

Aunque el foco de la programacion orientada a objeto es generalmente el diseno e implementacion de nuevas clases, es importante no olvidar que los disenadores de Java ya proveyeron un gran numero de clases reusables. Algunas de estas clases tienen por objetivo ser extendidas para producir nuevas clases, mientras otras pueden ser usadas directamente para crear objetos utiles. Un verdadero dominio de Java requiere familiaridad con un gran numero de clases precosntruidas —algo que toma mucho tiempo y experiencia de desarrollo. En el proximo capitulo, comenzaremos a estudiar las clases GUI de Java, y usted encontrara otras clases preconstruidas a lo largo del resto de libro. Pero tomemos un momento para mirar unas pocas clases precosntruidas que usted podria encontrar util.

Una cadena de caracteres puede ser reunida a partir de pequeñas piezas usando el operador +, pero esto no es muy eficiente. Sí str es un *String* y ch es un caracter, entonces ejecutar el comando "str = str + ch;.[en]vuelve la creacion de toda una nueva cadena de caracteres que es una copia de str, con el valor de ch anexado a su final. Copiar la cadena de caracteres toma algún tiempo. Construir una gran cadena de caracteres letra por letra requeriria una sorpresiva cantidad de procesamiento. La clase *StringBuffer* lo hace posible el ser eficiente la la union de una gran cadena de caracteres desde un numero de pequeñas piezas. Para hacer esto, debe hacer un objeto que pertenezca a la clase *StringBuffer*. Por ejemplo:

```
StringBuffer buffer = new StringBuffer();}
```

(Estos dos declaraciones declaran a la variable `buffer` y la inicializa para referirse a un objeto *StringBuffer* recientemente creado. La combinacion de declaracion con inicializacion fue cubierta en la Subseccion ?? y trabaja para objetos asi como lo hace para tipos primitvos.)

5.3. PROGRAMANDO CON OBJETOS

Al igual que un *String*, un *StringBuffer* contiene una secuencia de caracteres. Sin embargo, es posible sumar nuevos caracteres al final de un `StringBuffer` sin hacer una copia de los datos que ya contiene. Sí `x` es un valor de cualquier tipo y `buffer` es la variable definida arriba, entonces el comando `buffer.append(x)` adicionara x, convertido en una representacion de cadena de caracteres, al final de los datos que ya estaban en el registro. Este comando de hecho modifica el registro, en vez de hacer una copia, y eso puede ser hecho eficientemente. Una cadena de caracteres larga puede ser unida en un *StringBuffer* usando una secuencia de comandos `append()`. Cuando la cadena de caracteres esta completa, la funcion `buffer.toString()` retornará una copia de la cadena de caracteres en el registro como en valores ordinarios de tipo *String*. La clase *StringBuffer* esta en el paquete normalizado `java.lang`, asi usted puede usar un nombre simple sin importarlo.

Un numero de clases utiles estan contenidas en el paquete `java.util`. Por ejemplo, este paquete contiene clases para trabajar con colecciones de objetos. Estudiaremos estas colecciones de clases en el Capitulo \0. Otra clase en este paquete, `java.util.Date`, es usada para representar tiempos. Cuando un objeto `Date` es construido sin parametros, el resultado representa la fecha y hora actual, asi una manera facil de mosttrar esta informacion es:

```
System.out.println( new Date() );}
```

Por supuesto, para usar la clase `Date` de esta manera, usted debe tenerla disponible para importarla con una de las declaraciones "import java.util.Date;.º "import java.util.*;.ªl principio de su programa. (Vea la Subsection 4.5.3) para una discusion de paquetes e `importacion`.)

Tambien mencionare la clase `java.util.Random`. Un objeto que pertenece a esta clase es una *fuente* de numeros aleatorios (or, mas precisamente numeros pseudoaleatorios). La función normalizada `Math.random()` usa uno de estos objetos detras de la escena para generar sus numeros aleatorios. Un objeto de tipo `Random` puede generar enteros aleatorios, al igual que numeros reales aleatorios. Sí `randGen` es creado con el comando:

```
Random randGen = new Random();}
```

y sí `N` es un entero positivo, entonces `randGen.nextInt(N)` genera un entero aleatorio en el rango de 0 a N-1. Por ejemplo, esto hace un poco mas facil lanzar un par de dados. En vez de decir "die1 = (int)(6*Math.random())+1;", uno puede decir "die1 = randGen.nextInt(6)+1;". (Desde que usted tambien tiene que importar la clase `java.util.Random` y crea el objeto `Random`, usted podria no esta de acuerdo en que es mas facil.) Un objeto de tipo `Random` tambien puede ser usado para generar los llamados numeros reales aleatorios de distribucion Gaussiana.

El punto principal aqui, de nuevo, es que muchos problemas ya han sido resueltos, y las soluciones ya estan disponibles en las clases normalizadas de Java. Sí usted se enfrenta con con una tarea que le parece deberia ser bastante comun, podria ser bueno mirar una referencia de Java para ver sí alguien ya tiene escrita una clase que usted pueda usar.

5.3.2. Clases Contenedoras y Autoboxing

Ya hemos encontrado las clases *Double* e *Integer* en la Subseccion 2.5.7. Estas clases contienen los metodos estaticos `Double.parseDouble` e `Integer.parseInteger` que son usados para convertir cadenas de caracteres en valores numericos. Tambien hemos encontrado la clase *Character* en algunos ejemplos, y metodos estaticos tales como `Character.isLetter`, los cuales pueden ser usados para probar sí un valor dado de tipo `char` es una letra. Hay una clase similar por cada uno de los otros tipos primitivos, *Long*, *Short*, *Byte*, *Float*, y *Boolean*. Estas clases son llamadas *clases contenedoras*. Aunque contienen miembros estaticos utiles, tienen otro uso como tambien: Son usados para crear objetos que representan valores de tipo primitivo.

Recuerdo que los tipos primitivos no son clases, y values of primitive tipo are not objetos. Sin embargo, a veces es util tratar a un valor primitivo como sí fuera un objeto. Usted no puede hacer eso literalmente, pero usted puede "contener.[el] valor de tipo primitivo en un objeto que pertenezca a una de las clases contenerdoras.

Por ejemplo, un objeto del tipo *Double* contiene una variable instanciada sencilla, de tipo **double**. El objeto es un contenedor para el valor **double**. Por ejemplo, usted puede crear un objeto que contenga el valor **double** 6.0221415e23 con

Double d = new Double(6.0221415e23);

el valor de d contiene la misma informacion que el valor de tipo **double**, pero es un objeto. Sí usted quiere recobrar el valor **double** que esta contenido en el objeto, usted puede llamar a la funcion d.doubleValue(). Similarmente, usted puede envolver un **int** en un objeto de tipo *Integer*, un valor **boolean** en un objeto de tipo *Boolean*, y asi sucesivamente. (Como un ejemplo de donde esto sería util, la coleccion de clases que seran estudiadas en el Capitulo 10 solo puede mantener objetos. Sí usted quiere agregar un valor de tipo primitivo a una coleccion, tiene que ser puesto en una objeto contenedor primero.)

En Java 5.0, las clases contenedoras se han vuelto mas faciles de usar. Java 5.0 introdujo la conversion automatica entre un tipo primitivo y la correspondiente clase contenedora. Por ejemplo, sí usted usa un valor de tipo **int** en un contexto que requiere un objeto de tipo *Integer*, el **int** automaticamente sera contenido en un objeto *Integer*. Por ejemplo, usted puede decir

Integer answer = 42;

y la computadora silenciosamente leera esto sí fuera asi

Integer answer = new Integer(42);

Esto es llamado *autoboxing*. Trabaja en la otra direcccion, tambien. Por ejemplo, sí d se refiere a un objeto de tipo Double, usted puede usar d en una expresion numerica tales como 2*d. El valor **double** dentro de d es *sacado de la caja* automaticamente y multiplicado por 2. Autoboxing y sacar de caja tambien aplica a llamados de subrutinas. Por ejemplo, usted puede pasar un parametro actual de tipo **int** a una subrutina que tiene un parametro formal de tipo *Integer*. De hecho, autoboxing y sacar de caja hacen posible, en muchas circunstancias, ignorar la diferencia entre tipos primitivos y objetos.

∗ ∗ ∗

Las clases contienen unas pocas cosas que requieren ser mencionados. *Integer*, Por ejemplo, contiene las constantes Integer.MIN_VALUE y Integer.MAX_VALUE, las cuales son iguales a los posibles valores mas grandes y mas pequenos de tipo **int**, que es, desde -2147483648 y 2147483647 respectivamente. Ciertamente es mas facil recordar los nombres que los valores numericos. Hay constantes de nombres similares en *Long*, *Short*, y *Byte*. *Double* y *Float* tambien tienen constantes llamadas MIN_VALUE y MAX_VALUE. MAX_VALUE tambien dan los numero mas altos que pueden ser representados en u tipo dado, pero MIN_VALUE representa el valor **positivo** mas pequeño posible. Para los tipos **double**, Double.MIN_VALUE es 4.9 veces 10^{-324}. Debido a que los valores **double** solo tienen una precision ajustada, ellos no pueden acercanse a acero arbitrariamente. Esto es lo mas cercano que pueden llegar sin ser de hechos igual a cero.

5.3. PROGRAMANDO CON OBJETOS

La clase *Double* merece especial mencion, debido a que los **double**s son mucho mas complicados que enteros. La codificacion de numeros reales en valores de tipo **double** tiene espacio para unos pocos valores especiales que no son numeros reales del todo en el sentido matematico. Estos valores son dados por constantes con nombres en la clase *Double*: `Double.POSITIVE_INFINITY`, `Double.NEGATIVE_INFINITY`, y `Double.NaN`. El valor infinito puede ocurrir como el valor de cierta expresion matematica. Por ejemplo, dividir un numero positivo por cero dara el resultado `Double.POSITIVE_INFINITY`. (Aun es mas complicado que eso, de hecho, debido a que el tipo **double** incluye un valor llamado "cero negativo", escrito `-0.0`. Dividir un numero positivo por un cero negativo da `Double.NEGATIVE_INFINITY`.) Usted tambein obtiene `Double.POSITIVE_INFINITY` cuando quiera que el valor matematico de una expresion es mayor que `Double.MAX_VALUE`. Por ejemplo, `1e200*1e200` es considerado infinito. El valor `Double.NaN` es mas interesante aun. "NaN" se tienen como *No numero*, y representa un valor indefinido tal como la raiz cuadrada de una numero negativo o el resultado de dividir cero por cero. Debido a la existencia de `Double.NaN`, ninguna operacion matematica en numeros reales lanzara una excepcion; simplemente da `Double.NaN` como el resultado.

Usted puede probar sí un valor, `x`, de tipo **double** es infinito o indefinido llamando a las funciones estaticas de valores booleanos `Double.isInfinite(x)` y `Double.isNaN(x)`. (Es especialmente importante usar `Double.isNaN()` para probar los valores indefinidos, porque `Double.NaN` tiene un comportamiento extrano en realidad cuando es usado con operaciones relacionales tales como ==. De hecho, los valores de `x == Double.NaN` y `x != Double.NaN` siempre son **ambos falsos**—sin importar lo que sea el valor de `x` —asi usted no puede usar estas expresiones para probar sí `x` es `Double.NaN`.)

5.3.3. La clase Object

Ya hemos visto que una de las mayores caracteristicas de la programacion orientada a objeto es la habilidad para crear subclases de una clase. La subclase hereda todas las propiedades o conductas de la clase, pero puede modificar y adiconarle a lo que hereda. En la Seccion 5.5, usted aprendera como crear subclases. Lo que usted no sabe todavia es que **cada** clase en Java (con una excepcion) es una subclase de alguna otra clase. Sí usted crea una clase y no la hace explicitamente una subclase de alguna otra clase, entonces automaticamente se vuelve una subclase de la clase especial llamada *Object*. (*Object* es la unica clase que no es una subclase de ninguna otra clase.)

La clase *Object* define varios metodos instanciados que son heredados por cada otra clase. Estos metodos pueden ser usados con cualquier objeto que sea. Le mencionare uno de esos aqui. Usted encontrara mas de ellos posteriormente en el libro.

El metodo instanciado `toString()` en la clase *Object* retorna un valor de tipo *String* que se supone ser una representacion de cadena de caracteres del objeto. Ya usted ha usado este metodo implicitamente, cada vez que Usted ha impreso un objeto o concatenado un objeto en una cadena de caracteres. Cuando usted usa un objeto en un contexto que requiere una cadena de caracteres, el objeto is convertido automaticamente al tipo *String* llamando su metodo `toString()`.

La version de `toString` que esta definida en el *Object* retorna el nombre de la clase a la que pertenece el objeto, concatenado con un numero llamado el ***codigo hash*** del objeto; esto no es muy util. Cuando usted crea una clase, usted puede escribir un metodo `toString()` nuevo para ella, lo cual remplazara la version heredada. Por ejemplo, nosotros podriamos sumar el siguiente metodo a cualquiere de las clases *PairOfDice* de la Sección previa:

```
public String toString() {
    // Retorna una representacion String de una par de dados, donde die1
```

```
        // y die2 son variables instanciadas que contienen los numeros que son
        // mostrados en los dos dados.
    if (die1 == die2)
        return "double " + die1;
    else
        return die1 + " y " + die2;
}
```

Sí `dice` se refiere a un objeto *PairOfDice*, entonces `dice.toString()` retornara cadenas de caracteres tales como "3 y 6", "5 y 1", y "double 2", dependiendo de los numeros que se muestren en el dado. Este metodo seria usado automaticamente para convertir `dice` a tipo *String* en una declaraccion tal como

`System.out.println( "El dado sacó " + dice );`

asi esta declaracion podria mostrart, "El dado sacó 5 y 1.°r "El dado sacó double 2". Usted vera otro ejemplo de un metodo `toString()` en la proxima Seccion.

5.3.4. Analisis y Diseño Orientado a Objeto

Todo programador reune un repertorio de tecnicas y experiencias expresadas como fragmentos de codigo que pueda ser reusado en programas nuevos usando el metodo provado y vailado de cortar y pegar: El viejo codigo es fisicamente copiado y validado en un nuevo programa y entonces editado para adecuarlo como sea necesario. El problema es que la edicion tiende a errores y consume tiempo, y toda la empresa depende de la abilidad del programador para sacar esa pieza particular de codigo del proyecto del año pasado que parecia podria ajustarse. (Al nivel de corporaciones que quieren ahorrar dinero sin tener que reinventar la rueda para cada proyecto nuevo, llevar un registro de todas las ruedas viejas se hae una tarea mayor.)

Clases bien disenadas son componentes de software que pueden ser reusados sin editarlos. Una clase bien disenada no es cuidadosamente hecha para hacer un trabajo particular en una programa particular. En vez de eso, es hecha para modelar algún tipo particular de objeto o un unico concepto coherente. Debido a que los objetos y los conceptos pueden repetirse en muchos problemas, una clase bien disenada probablemente puede ser reusable sin modificacion en una variedad de proyectos.

Ademas, en un lenguaje de programacion orientada a objeto, es posible hacer **subclases** de una clase existente. Esto hace a las clases aun mas reusable. Sí una clase necesita ser personalizada, una subclase puede ser creada, y adiciones o modificaciones pueden ser hechas en la subclase sin hacer ningun cambio a la clase original. Esto puede ser hecho aun sí el programador no tiene acceso al codigo fuente de la clase y no sabe ningun detalle detalle de su implementación interna oculta.

* * *

La clase *PairOfDice* de la Sección previa ya es un ejemplo de un componente de software generalizado, aunque ciertamente ya puedo ser mejorada. La clase representa un concepto sencillo, y coherente, "un par de dados."Las variables instanciadas mantienen los datos relevantes del estado de los dados, eso es, el numero mostrado en cada uno de los dados. El metodo instanciado representa la conducta de un par de dados, la habilidad de ser lanzados. Esta clase sería reusable en muchos proyectos de programacion diferentes.

Por otro lado, la clase *Student* de la Seccion previa no es muy reusable. Parece hecha para representar estudiantes en una curso particular donde la nota estara basada en tres examenes.

5.3. PROGRAMANDO CON OBJETOS

Sí hay mas pruebas o examenes o trabajos, se hace inutil. Sí hay dos personas en la clase que tenga el mismo nombre, estamos en problemas (una de las razones por las que las identificaciones numericas de los estudiantes son usadas con frecuencia).Es cierto que, es mucho mas dificil desarrollar una clase estudiante de proposito general que una clase par de dados de proposito general. Pero esta clase *Student* particular es mayormente buena como un ejemplo en un libro de programacion.

* * *

Un proyecto de programacion pasa a traves de un numero de pasos, comenzando con la ***especificacion*** del problema a ser resuelto, seguido por el ***analisis*** del problema y ***diseno*** de un programa para resolverlo. Entonces viene la ***codificacion***, en la cual el diseno del programa es expresado en algún lenguaje de programacion actual. Esto es seguido por la ***prueba*** y ***depuracion*** del programa. Despues de eso viene un largo periodo de ***mantenimiento***, lo cual significa corregir cualquier nuevos problemas que son encontrados en el programa y modificarlo para adaptarlo a los cambios de requerimientos. Juntas, estas etapas forman lo que es llamado el ***cilco de vida del producto***. (En el mundo real, las etapas consecutivas ideales son raras veces alcanzadas. Durante la etapa de analisis, podria pasar que las especificaciones sean incompletas o inconsistentes. Un problema encontrado durante la prueba requiere al menos un breve retorno a la etapa de codificacion. Sí el problema es suficientemente serio, aun podria requerir un diseno nuevo. El mantenimiento usualmente incluye rehacer algo del trabajo de etapas previas . . . .)

Los proyectos de programacion grandes y complejos solo tienen posibilidad de ser exitosos sí una aproximacion cuidadosa y sistematica es adoptada durante todas las etapas del ciclo de vida del software. La aproximacion sistematica para programar, usando principios aceptados de buen diseno, es llamada ***ingenieria de software***. La ingenieria de software trata de construir eficientemente programas que de manera verificable alcancen sus especificaciones y que sean faciles de modificar sí es necesario. Hay un amplio rango de "metodologias" que pueden ser aplicadas para ayudar en el diseno sistematico de programas. (La mayoria de estas metodologias parecen estar envueltas en el dibujo de pequenas cajas negras que representan componentes del programa, con flechas etiquetadas que representan relaciones entre las cajas.)

Hemos estado discutiendo orientation a objeto en los lenguajes de programacion, en los cuales es relevante codificar etapas del desarrollo del programa. Pero tambien estan metodologias orientadas a objeto para el analisis y el diseno. La pregunta en esta etapa del ciclo de vida del software es, como puede uno descubrir o inventar toda la estructura de un programa? Como un ejemplo de una aproximacion orientada a objeto bastante simple para analisis y design, considere este consejo: Escriba una descripcion del problema. Subraye todos los sustantivos en la descripcion. Los sustantivos deberian ser considerados como candidatos para convertirse en clases u objetos en el diseno del programa. Similarmente, subraye todos los verbos. Estos son los candidatos para los metodos. Este es su punto de inicio. Analisis adicional podria descubrir la necesidad de mas clases y metodos, y podria revelar que la subclasificacion puede ser usada para tomar ventaja de la similitud entre clases.

Esto esta pensado quizas de un modo un poco simple, pero la idea es clara y la aproximacion general puede ser efectiva: Analizar el problema para descubrir los conceptos que estan envueltos, y crear clases para representar esos conceptos. El diseno deberia surgir del problema en si mismo, y usted deberia culminar con un programa cuya estructura refleje la estructure del problema de una manera natural.

5.4. Ejemplo de programación: Card, Hand, Deck

En esta Seccion, veremos algunos ejemplos especificos de diseno orientado a objeto en un dominio que es suficientemente simple para que tengamos una oportunidad de acercarnos con algún nivel de reusabilidad. Considere los juegos de carta que son jugados con un juego de cartas normalizadas (unas conocidas cartas de "poker", porque son usadas en los juegos de poker).

5.4.1. Diseñando las clases

En un juego de cartas tipico, cada jugador obtiene una mano de cartas. La pila es barajada y las cartas son compartidas una a la vez desde la pila y adicionadas a la mano del jugador. En algunos juegos, las cartas pueden ser removidas de una mano, y nuevas cartas pueden ser adicionadas. El juego es ganado o perdido dependiendo del valor (as, 2, ..., rey) y el conjunto (espadas, diamantes, clubs, corazones) de las cartas que un jugador recive. Sí buscamos por los sustantivos en esta descripcion, hay varios candidatos para objetos: juego, jugador, mano, carta, pila, valor, y conjunto. De estos, el valor y el conjunto de una carta son valores simples, y seran representados como variables de la instancia en un objeto *Card*. En un programa completo, los otros cinco sustantivos podrian ser representados por clases. Pero trabajemos en los que son mas obviamente reusable: carta, mano, y pila.

Sí vemos por los verbos en la descripcion de un juego de cartas, vemos que podemos barajar una pila y repartir una carta desde una pila. Esto nos da dos candidatos para metodos instanciados en una clase *Deck*: `shuffle()` y `dealCard()`. Las cartas pueden ser adicionadas y removidas de la mano. Esto les da dos candidatos para los metodos instanciados en una clase *Hand*: `addCard()` y `removeCard()`. Las cartas son cosas relativamente pasivas, pero necesitamos ser capaces de determinar sus conjuntos y valores. Descubriremos mas metodos instanciados a medida que continuamos.

Primero, disenaremos la clase pila en detalle. Cuando una pila de cartas es creada primero, contiene 52 cartas en algún orden normalizado. La clase *Deck* necesitara un constructor para crear una pila nueva. El constructor no necesita parametros porque cualquier pila nueva es lo mismo que cualquier otra. Habra un metodo instanciado llamado `shuffle()` que reordenara las 52 cartas en un orden aleatorio. El metodo instanciado `dealCard()` obtendra la proxima carta de la pila. Esto sera una funcion con un tipo de retorno *Card*, debido a que el llamador necsita saber que carta esta siendo repartida. No tiene parametros —cuando usted distribuye la proxima carta de la pila, usted no provee ninguna informacion a la pila; usted obtiene la proxima carta, cualquiera que esta sea. Que ocurrira sí no hay mas cartas enla pila cuando su metodo `dealCard()` es llamado? Probablemente deberia ser considerado un error el tratar de distribuir una carta desde cualquier pila vacia, asi la pila puede lanzar una excepcion en ese caso. Pero esto hace aparecer otra pregunta: como sabra el resto del programa sí la pila esta vacia? Por supuesto, el programa podria mantener un registro de cuantas ha usado. Pero la pila en si misma deberia saber cuantas cartas le quedan, asi el programa deberia ser capaz de preguntarle al objeto pila. Podemos hacer esto posible especificando otro metodo instanciado, `cardsLeft()`, que retorna el numero de cartas que quedan en la pila. Esto conduce a una especificacion completa de todas las subrutinas en la clase *Deck*:

Constructor y metodos instanciados en la clase Deck:

```
public Deck()
      // Constructor.  crea una pila de cartas sin barajar.
public void shuffle()
      // Coloca todas las cartas usadas de regreso el la pila,
```

5.4. EJEMPLO DE PROGRAMACIÓN: CARD, HAND, DECK

```
        // y las baraja en un orden aleatorio.
public int cardsLeft()
        // Como las cartas son repartidas desde la pila, el numero de
        // cartas disminuye.  Esta funcion retorna ele
        // numero de cartas que quedan en la pila.
public Card dealCard()
        // Reparte una carta desde la pila y la retorna.
        // Lanza una excepcion sí no queda mas cartas.
```

Esto es todo lo que usted necesita saber con la finalidad de usar la clase *Deck*. Por supuesto, no nos dice como escribir la clase. Esto ha sido un ejercicio en diseno, no en programacion. De hecho, escribir la clase envuelve una tecnica d eprogramacion, arreglos, que no seran cubiertos hasta el Capitulo 7. Sin embargo, usted puede echarle una mirada al codigo fuente, *Deck.java*, sí usted quiere. Aunque no entendera la implementacion, los comentarios Javadoc le daran toda la informacion que necesite para entender la interfaz. Con esta informacion, usted puede usar la clase en sus programas sin entender la implementacion.

Podemos hacer un analisis similar para la clase *Hand*. Cuando un objeto mano es creado por primera vez, no tiene no cartas en él. Un metodo instanciado **addCard()** adicionara una carta a la mano. Este metodo necesita un parametro de tipo *Card* para especificar cual carta esta siendo adicionada. Para el metodo **removeCard()**, se necesita un parametro que especifica cual carta va a ser removida. Pero deberiamos especificar la carta en sí misma ("Remueva el az de espadas"), o deberiamos especificar la carta por su posicion en la mano ("Remueva la tercera carta en la mano")? De hecho, no tenemos que decidir, debido a que podemos permitir ambas opciones. Tendremos dos metodos **removeCard()** instanciados, uno con un parametro de tipo *Card* especificando la carta a ser removida y uno con un parametro de tipo **int** especificando la posicion de la carta en la mano. (Recuerde que usted puede tener dos metodos en una clase con el mismo nombre, siempre y cuando tengan diferente tipos de parametros .) Debido a que una mano puede contener una variable de numero de cartas, es conveniente ser capaz de preguntar a un objeto mano cuantas cartas contiene. Asi, necesitamos un metodo instanciado **getCardCount()** que retorne el numero de cartas en la mano. Cuando juego cartas, me gusta ordenar las cartas en mi mano de esta manera las cartas del mismo valor estan cerca una a cada otra. Debido a que esto es una cosa generalmente util que debemos ser capaces de hacer, podemos proveer metodos instanciados para clasificar las cartas en la mano. Aquí hay una especificacion completa para una clase reusable *Hand*:

Constructor y metodos instanciados en la clase Hand:

```
public Hand() {
        // crea un objeto Hand que esta inicialmente vacio.
public void clear() {
        // Descarta todas las cartas de la mano, dejando la mano vacia.
public void addCard(Card c) {
        // Adiciona la carta c a la mano.  c no deberia ser nula.
        // Sí c es nula, una NullPointerException es lanzada.
public void removeCard(Card c) {
        // Sí la carta especificada esta en la mano, esta es removida.
public void removeCard(int position) {
        // Remueva la carta en la posicion especificada de la
        // mano.  Las cartas son numeradas continuamente desde cero.  Sí
        // la posicion especificada no existe, entonces una
        // excepcion es lanzada.
public int getCardCount() {
```

```
                // Retorne el numero de cartas en la mano.
        public Card getCard(int position) {
                // Obtiene la carta de la mano en la posicion dada, donde
                // las posiciones son numeradas comenzando desde 0.  Sí la
                // posicion especificada no es el numero de la posicion de
                // una carta en la mano, una excepcion es lanzada.
        public void sortBySuit() {
            // Clasifica las cartas en la mano de manera tal que las cartas del mismo
            // grupo son agrupadas juntas, y dentro de un grupo las cartas
            // son agrupadas por valores.  Note que los aces se consideran
            // como sí tuvieran el mismo valor, 1.
        public void sortByValue() {
            // Ordena las cartas en la mano de manera tal que se ordenan
            // en valor incremental.  Las cartas con el mismo valor
            // se ordenan por grupo. Note que los aces se consideran
            // con el minimo valor.
```

De nuevo, usted todavia no sabe suficiente para implementar esta clase. Pero dado el codigo fuente, *Hand.java*, usted puede usar la clase en sus propios proyectos de programacion.

5.4.2. La Clase Carta

Hemos cubierto suficiente material para escribir una clase *Card*. La clase tendra un constructor que especifica el valor y tipo de la carta que esta siendo creada. Hay cuatro clases, las cuales pueden ser representadas por los enteros 0, 1, 2, y 3. Aunque se deberia recordar cual numero representa cual grupo, por lo que he definido constantes con constantes con nombres en la clase *Card* para representar las cuatro posibilidades. Por ejemplo, Card.SPADES es una constante que representa el grupo, espada. (Estas constantes se declaran **public final static ints**. Podria ser mejor usar un tipo enumerado, Pero por ahora nos adheriremos a constantes de valores enteros. Retornare a esta pregunta sobre el uso de tipos enumerados en este ejemplo al final de este capitulo.) Los posibles valores de una carta son los numeros 1, 2, ..., 13, con 1 permaneciendo para un az, 11 para una sota, 12 para una reina, y 13 para un rey. De nuevo, he definido algunas constantes con nombre para representar los valores de los aces y las cartas con caras. (Cuando usted lea una clase *Card*, usted vera que tambien he agregado soporte para los Comodines.)

Un objeto *Card* puede ser construido sabiendo el valor y la clase de la carta. Por ejemplo, podemos llamar al constructor con declaraciones tales como:

```
card1 = new Card( Card.ACE, Card.SPADES );   // Construye un az de espadas.
card2 = new Card( 10, Card.DIAMONDS );    // Construye un 10 de diamantes.
card3 = new Card( v, s );   // Esto es OK, mientras que v y s
                            //           sean expresiones enteras.
```

Un objeto *Card* necesita variables instanciadas para representar su valor y clase. Las he hecho **private** para que no puedan ser cambiadas desde fuera de la clase, y he suministrado los metodos getter getSuit() y getValue() de manera tal que sea posible descubrir la clase y el valor desde fuera de la clase. Las variables instanciadas son inicializadas en el constructor, y no se vuelven a cambiar despues de eso. De hecho, he declarado las variables instanciadas suit y value para que sea **final**, debido a que nunca son cambiados despues que son inicalizados. (Una variable instanciada puede ser declarada **final**, tambien se le debe dar un valor inicial en su declaracion o es inicializado en cada constructor en la clase.)

5.4. EJEMPLO DE PROGRAMACIÓN: CARD, HAND, DECK

Finalmente, he adicionado unos pocos metodos covenientes a la clase para hacerlo mas facil de imprimir cartas e una forma leible para los humanos. Por ejemplo, quiero ser capaz de imprimir la clase de una carta como la palabra "Diamantes", en vez del insignificante codigo del numero 2, el cual es usado en la clase que representa diamantes. Debido a que esto es algo que probablemente tendre que hacer en muchos programas, tiene sentido incluir soporte para eso en la clase. Asi, he suministrado los metodos getSuitAsString() y getValueAsString() para retornar una representacion de una cadena de caracteres del tipo y el valor de una carta. Finalmente, he definido el metodo instanciado toString() para retornar una cadena de caracteres con ambos el valor y el tipo, tales como "Reina de Corazones". Recordemos que este metodo sera usado donde quiera que una *Card* necesite ser convertida en un *String*, tal como cuando la carta es concatenada dentro de una cadena de caracteres con el operador +. Asi , la declaracion

```
System.out.println( "Su carta es la " + card );
```

es equivalente a

```
System.out.println( "Su carta es la " + card.toString() );
```

Sí la carta es la reina de corazones, cualquiera de estos imprimira "Su carta es la Reina de Corazones".

Aquí esta la clase *Card*. Es suficientemente general para ser altamente reusable, asi el trabajo que se invirtio en diseno, escritura, y probandola se paga generosamente en el largo plazo.

```java
/**
 * Un objeto def tipo Card representa a carta de una pila
 * normalizada de Poker, incluyendo Comodines.  La carta tiene un grupo, los cuales
 * pueden ser espadas, corazones, diamantes, clubs, o comodines.  Una espada, un corazon,
 * un diamante, o un club tienen uno de los 13 valores: az, 2, 3, 4, 5, 6, 7,
 * 8, 9, 10, sota, reina, o rey.  Note que "az" es considerado el valor
 * menor.  Un comodin tambien puede tener un valor asociado;
 * este valor puede ser cualquiera y puede ser usado para mantener registro de varios
 * comodines diferentes.
 */
public class Card {
   public final static int SPADES = 0;     // Codigos para los 4 tipos, mas Comodin.
   public final static int HEARTS = 1;
   public final static int DIAMONDS = 2;
   public final static int CLUBS = 3;
   public final static int JOKER = 4;
   public final static int ACE = 1;        // Codigo para las cartas no-numericas.
   public final static int JACK = 11;      //    Las cartas desde la 2 hasta 10 tienen sus
   public final static int QUEEN = 12;     //    valores numericos para sus codigos.
   public final static int KING = 13;
   /**
    * Este es el juego de cartas, una de las constantes ESPADAS, CORAZONES, DIAMANTES,
    * CLUBS, or COMODINES. El juego no puede ser cambiado despues que la carta es construida.
    *
    */
   private final int suit;
   /**
    * El valor de la carta.  Para una carta normal, esto es uno de los valores
    * 1 hasta 13, con 1 representando el AZ.  Para un COMODIN, el valor
```

```
 * puede ser cualquiera.  El valor no puede ser cambiado despues que la carta
 * es construida.
 */
private final int value;
/**
 * crea a Comodin, con 1 como el valor asociado.  (Note que
 * "new Card()" es equivalente a "new Card(1,Card.JOKER)".)
 */
public Card() {
   suit = JOKER;
   value = 1;
}
/**
 * crea una carta con un tipo especificado y valor.
 * @param elValor el valor de una nueva carta.  Para una carta regular (no-comodin),
 * el valor debe estar en el rango de 1 hasta 13, con 1 representando un Az.
 * Usted puede usar las constantes Card.ACE, Card.JACK, Card.QUEEN, y Card.KING.
 * Para un Comodin, el valor puede ser cualquiera.
 * @param elTipo el tipo de la nueva carta.  Esto debe ser uno de los valores
 * Card.SPADES, Card.HEARTS, Card.DIAMONDS, Card.CLUBS, or Card.JOKER.
 * @throws IllegalArgumentException sí los valores del parametro no estan en los
 * rangos permisibles
 */
public Card(int theValue, int theSuit) {
   if (theSuit != SPADES && theSuit != HEARTS && theSuit != DIAMONDS &&
         theSuit != CLUBS && theSuit != JOKER)
      throw new IllegalArgumentException("Tipo de carta ilegal");
   if (theSuit != JOKER && (theValue < 1 || theValue > 13))
      throw new IllegalArgumentException("Valor de carta ilegal");
   value = theValue;
   suit = theSuit;
}
/**
 * return el tipo de esta carta.
 * @retorna el tipo, el cual es una de las constantes Card.SPADES,
 * Card.HEARTS, Card.DIAMONDS, Card.CLUBS, or Card.JOKER
 */
public int getSuit() {
   return suit;
}
/**
 * retorna el valor de esta carta.
 * @return el valor, el cual es uno de los numeros desde 1 hasta 13, inclusive para
 * una carta regular, y la cual puede ser cualquier valor para un Comodin.
 */
public int getValue() {
   return value;
}
/**
 * retorna una representacion String del tipo de carta.
 * @return una de las cadenas de caracteres "Spades", "Hearts", "Diamonds", "Clubs"
 * o "Joker".
 */
public String getSuitAsString(){
```

5.4. EJEMPLO DE PROGRAMACIÓN: CARD, HAND, DECK 193

```
      switch ( suit ) {
      case SPADES:   return "Spades";
      case HEARTS:   return "Hearts";
      case DIAMONDS: return "Diamonds";
      case CLUBS:    return "Clubs";
      default:       return "Joker";
      }
   }

   /**
    * retorna una representacion String del valor de una carta.
    * @return para una carta regular, una de estas cadenas de caracteres "Ace", "2",
    * "3", ..., "10", "Jack", "Queen", or "King".  Para un Comodin, la
    * cadena de caracteres siempre es numerica.
    */
   public String getValueAsString() {
      if (suit == JOKER)
         return "" + value;
      else {
         switch ( value ) {
         case 1:    return "Ace";
         case 2:    return "2";
         case 3:    return "3";
         case 4:    return "4";
         case 5:    return "5";
         case 6:    return "6";
         case 7:    return "7";
         case 8:    return "8";
         case 9:    return "9";
         case 10:   return "10";
         case 11:   return "Jack";
         case 12:   return "Queen";
         default:   return "King";
         }
      }
   }

   /**
    * retorna una representacion de una cadena de caracteres de esta carta, incluyendo ambos
    * su tipo y su valor (excepto que para un Comodin con valor 1,
    * el valor retornado es "Joker").  Valores retornados por ejemplo
    * son: "Queen of Hearts", "10 of Diamonds", "Ace of Spades",
    * "Joker", "Joker #2"
    */
   public String toString() {
      if (suit == JOKER) {
         if (value == 1)
            return "Joker";
         else
            return "Joker #" + value;
      }
      else
         return getValueAsString() + " of " + getSuitAsString();
   }
```

} //fin de la clase Card

5.4.3. Ejemplo: Un Juego de Cartas Simple

Culminare esta Seccion presentando un programa completo que usa las clases *Card* y *Deck*. El programa le permite al usuario hacer un juego de cartas muy simple HighLow. Una pila de cartas es barajada, una carta es repartida desde la pila y mostrada al usuario. El usuario predice sí la proxima carta de la pila sera mayor o menor que la carta actual. Sí el usuario predice corectamente, entonces la proxima carta de la pila se vuelve la carta actual, y el usuario hace otra prediccion. Esto continua hasta que el usuario hace una prediccion incorrecta. El numero de predicciones correctas es la puntuacion del usuario.

Mi program tiene una subrutina que realiza un juego de HighLow. Esta subrutina tiene un valor de retorno que representa el puntaje del usuario en el juego. La rutina main() le permite al usuario realizar varios juegos de HighLow. Al final, reporta el promedio de puntaje del usuario.

No revisare el desarrollo de los algoritmos usados en este programa, pero les recomiendo que los lea cuidadosamente y se asegure que entiende como trabaja. Note en particular que la subrutina que realiza el juego de HighLow retorna el puntaje del usuario en el juego como su valor de retorno. Este retorna el puntaje al programa principal, donde se necesita. Aquí esta el programa:

```java
/**
 * Este programa le permite al usuario jugar HighLow, un juego de cartas simple
 * que esta descrito el las declaraciones de salida al principio de la
 * rutina main().  Despues de que el ususario realiza varios juegos,
 * el promedio del puntaje es reportado.
 */

public class HighLow {
   public static void main(String[] args) {
      System.out.println("Este programa le permite realizar un juego de cartas simple,");
      System.out.println("HighLow.  Una carta es repartida desde la pila de cartas.");
      System.out.println("Usted tienen que predecir sí la proxima carta será");
      System.out.println("mayor o menor.  Su promedio en el juego es el");
      System.out.println("numero de predicciones correctas que usted hace antes");
      System.out.println("de equivocarse.");
      System.out.println();
      int gamesPlayed = 0;      // numero de juegos que el usuario ha jugado.
      int sumOfScores = 0;      // La suma de todos los puntajes obtenidos de
                                //      todos los juegos ganados.
      double averageScore;      // Average score, computed by dividing
                                //      sumOfScores por gamesPlayed.
      boolean playAgain;        // Registro de las respuestas cuando el usuario
                                //   se le pregunta sí quiere realizar otro
                                //   juego.
      do {
         int scoreThisGame;        // Puntaje para un juego.
         scoreThisGame = play();   // Realiza un juego y obtiene el resultado.
         sumOfScores += scoreThisGame;
         gamesPlayed++;
         TextIO.put("Juega de nuevo? ");
         playAgain = TextIO.getlnBoolean();
      } while (playAgain);
```

5.4. EJEMPLO DE PROGRAMACIÓN: CARD, HAND, DECK

```java
         averageScore = ((double)sumOfScores) / gamesPlayed;
         System.out.println();
         System.out.println("Usted ha realizadó " + gamesPlayed + " juegos.");
         System.out.printf("Su promedio fue \%1.3f.\n", averageScore);
   } // fin  main()
   /**
    * Le permite al usuario realizar un juego de HighLow, y le retorna
    * el puntaje en ese juego.  El puntaje es el numero de
    * adivinanzas correctas que hace el usuario.
    */
   private static int play() {
      Deck deck = new Deck();  // Obtiene una pila nueva de cartas , y
                               //    almacena una referencia a ella en
                               //    la variable, deck.
      Card currentCard;   // La carta actual, la cual ve e usuario.
      Card nextCard;     // La proxima carta en la pila.  El usuario trata
                         //    de predecir sí esta es mayor o menor que la
                         //    carta actual.
      int correctGuesses ;   // El numero de predicciones correctas que
                             //    el usuario ha hecho.  Al final del juego,
                             //    este será el puntaje del usuario.
      char guess;   // Las adivinanzas del usuario.  'H' sí el usuario predice que
                    //    la proxima carta será mayor, 'L' sí el usuario
                    //    predice que será más bajo.
      deck.shuffle();   // Baraja la pila dentro un orden aleatorio agente
                        //     iniciando el juego.
      correctGuesses = 0;
      currentCard = deck.dealCard();
      TextIO.putln("La primera carta es " + currentCard);
      while (true) {  // El bucle termina cuando la prediccion del usuario  esta equivocada.
         /* Obtiene la prediccion, 'H' or 'L' (or 'h' or 'l'). */
         TextIO.put("Será mas alta la proxima carta más alta (H) o menor (L)?  ");
         do {
            guess = TextIO.getlnChar();
            guess = Character.toUpperCase(guess);
            if (guess != 'H' && guess != 'L')
               TextIO.put("Por favor responda con H or L:  ");
         } while (guess != 'H' && guess != 'L');
         /* Obtiene la proxima carta y la muestra al usuario. */
         nextCard = deck.dealCard();
         TextIO.putln("La proxima carta es " + nextCard);
         /* Verifica la prediccion del usuario. */
         if (nextCard.getValue() == currentCard.getValue()) {
            TextIO.putln("el valor es igual al de la carta previa.");
            TextIO.putln("Usted ha perdido.  Lo siento!");
            break;   // Fin del juego.
         }
         else if (nextCard.getValue() > currentCard.getValue()) {
            if (guess == 'H') {
               TextIO.putln("Su prediccion fue correcta.");
               correctGuesses++;
            }
            else {
               TextIO.putln("Su prediccion fue incorrecta.");
```

```
                break;  // Fin del juego.
            }
        }
        else {  // nextCard is lower
            if (guess == 'L') {
                TextIO.putln("Su prediccion fue correcta.");
                correctGuesses++;
            }
            else {
                TextIO.putln("Su prediccion fue incorrecta .");
                break;  // Fin del juego.
            }
        }
        /* Se prepara para la proxima iteracion del bucle, la nextCard
           se vuelve  currentCard, debido a que la currentCard tiene que ser
           la carta que el usuario ve, y la nextCard será
           colocada para ser la proxima carta en la pila despues de que el usuario haga su
           prediccion.  */
        currentCard = nextCard;
        TextIO.putln();
        TextIO.putln("La carta es" + currentCard);
    } // fin del bucle mientras
    TextIO.putln();
    TextIO.putln("Se acabó el juego.");
    TextIO.putln("Usted ha realizado " + correctGuesses
                                    + " predicciones correctas.");
    TextIO.putln();
    return correctGuesses;
  } // fin de play()
} // fin de la clase}
```

5.5. Herencia, Polimorfismo, y Clases Abstractas

UNA CLASE REPRESENTA UN GRUPO DE OBJETOS los cuales comparten la mismas estructura y conducta. La clase determina la estructura de los objetos especificando variables que estan contenidas en cada instancia de la clase, y determina la conducta proveyendo los metodos instanciados que expresan la conducta de los objetos. Esta es una idea poderosa. Sin embargo, algo como esto puede ser hecho en la mayoria de los jenguajes de programacion. La nueva idea central en la programacion orientada a objeto—la idea que realmente lo distingue de la programacion tradicional—es permitirle a la clases expresar las similitudes entre objetos que comparten **algo**, pero no toda, su estructura y conducta. Tales similitudes pueden ser expresadas usando *herencia* y *polimorfismo*.

5.5.1. Extendiendo Clases Existentes

Los topicos cubiertos finalmente en esta Seccion son aspectos relativamente avanzados de la programacion orientada a objeto. Cualquier programador deberia saber lo que significa subclase, herencia, y polimorfismo. Sin embargo, llevara probablemente un poco antes de que usted efectivamente pueda hacer algo con herencia excepto para extender clases que ya existen. En la primera parte de esta Seccion, veremos como se hace.

5.5. HERENCIA Y POLIMORFISMO

En programacion dia a dia, especialmente para programadores quienes estan comenzando a trabajar con objetos, la subclasificacion es usada pricipalmente en una situacion: hay una clase existente que puede ser adaptada con unos pocos cambios o adiciones. Esto es mucho mas comun que disenar grupos de clases y subclases desde le principio. Las clases existente pueden ser *extendidas* para hacer una subclase. La sintaxis para esto es

```
public class \bnf{nombre-de-la-subclases} extends \bnf{nombre-de-clase-existente} {
   .
   .   // Cambios y adiciones.
   .
}
```

Como un ejemplo, suponga que usted quiere escribir un programa que realiza el juego de cartas, Blackjack. Usted puede usar las clases *Card*, *Hand*, y *Deck* desarrolladas en la Seccion 5.4. Sin embargo, una mano en el juego de Blackjack es un poco diferente de una mano de cartas en general, debido a que debe ser posible calcular el "valor"de una mano de Blackjack de acuerdo a las reglas del juego. Las reglas son como sigue: el valor de una mano es obtenido sumando los valores de las cartas en la mano. el valor de una carta numerica tal como un tres o un diez es su valor numerico. El valor de una Sota, Reina, o Rey es 10. El valor de un As puede ser entre 1 o 11. Un As deberia ser contado como 11 en vez de hacer eso pondria el valor total de la mano sobre 21. Note que esto significa que el segundo, tercero, o cuarto Az en la mano siempre seran contados como 1.

Una manera para manejar esto es extender la clase existente *Hand* mediante la adicion de un metodo que calcule el valor Blackjack de una mano. Aquí esta la definicion de una clase:

```java
public class BlackjackHand extends Hand {
   /**
    * Calcula y retorna el valor de esta mano en el juego
    * de Blackjack.
    */
   public int getBlackjackValue() {
      int val;      // el valor calculado para la mano.
      boolean ace;  // Esto sera colocado como cierto si la
                    //   mano contiene un as.
      int cards;    // numero de cartas en la mano.
      val = 0;
      ace = false;
      cards = getCardCount();
      for ( int i = 0; i < cards; i++ ) {
            // Suma el valor de la enesima carta en la mano.
         Card card;    // La enesima carta;
         int cardVal;  // El valor del blackjack de la enesima carta.
         card = getCard(i);
         cardVal = card.getValue();  // El valor normal , desde 1 a 13.
         if (cardVal > 10) {
            cardVal = 10;   // Para una Sota, Reina o Rey.
         }
         if (cardVal == 1) {
            ace = true;    // hay al menos un as.
         }
         val = val + cardVal;
      }
```

```
            // Ahora, val es el valor de la mano, contando cualquier as como 1.
            // Sí hay un as, y sí cambiar su valor desde 1 a
            // 11 dejaria el puntaje en menos que o igual a 21,
            // entonces se hace asi agregando los  10 puntos extras a val.
            if ( ace == true  &&  val + 10 <= 21 )
                val = val + 10;
            return val;
    }  // finde getBlackjackValue()
}  // fin de la clase BlackjackHand}
```

Como *BlackjackHand* es una subclase de *Hand*, un objeto de tipo *BlackjackHand* contiene todas las variables de la instancia y metodos instanciados definidos en *Hand*, mas el nuevo metodo instanciado llamado `getBlackjackValue()`. Por ejemplo, sí bjh es una variable de tipo BlackjackHand, entonces los siguientes son todos legales: `bjh.getCardCount()`, `bjh.removeCard(0)`, y `bjh.getBlackjackValue()`. Los primeros dos metodos estan definidos en *Hand*, pero son heredados por *BlackjackHand*.

Las variables heredadas y metodos de la clase *Hand* tambien pueden ser usados en la definicion de *BlackjackHand* (excepto por cualquiera que sea declarado para ser `privado`, lo cual previene el acceso aun por las subclases). La declaracion "`cards = getCardCount();`".[en] la definicion arriba de `getBlackjackValue()` llama al metodo instanciado `getCardCount()`, el cual fue definido en *Hand*.

Extender clases existentes es una manera facil de construir sobre trabajo previo. Veremos como muchas clases normalizadas han sido escritas especificamente para ser usadas como la base para hacer subclases.

* * *

Los modificadores de acceso tales como `public` y `private` son usados para controlar el accesos a miembros de una clase. Hay un modificador de acceso mas, ***protected***, que entra en accion cuando las subclases son tomadas en consideracion. Cuando `protected` es aplicado como un modificador de acceso a un metodo o variable miembro de una clase, ese miembro puede ser usado en una subclases—directa o indirectamente—de la clase en la cual esta definida, pero no puede ser usada clases que no sean subclases. (hay una excepcion: Un miembro `protected` tambien puede ser accesado por cualquier clase en el mismo paquete como la clase que contiene el miembro protegido. Recordemos que usar modificadores de no acceso hace a un miembro accesible a las clases del mismo paquete, y a ninguna parte mas. Usar el modificador `protected` es estrictamente mas liberal que no usar ninguno: Esto permite el acceso desde clases en el mismo paquete y desde **subclases** que no estan en el mismo paquete.)

Cuando declare un metodo o variable miembro para que sea `protected`, usted esta diciendo que es parte de la implementacion de la clase, en vez de parte de la interface publica de la clase. Sin embargo, le esta permitiendo a las subclases que usen y modifiquen esa parte de la implementacion.

Por ejemplo, considere una clase *PairOfDice* que tiene variables instanciadas `die1` y `die2` para representar los numeros que aparecen en los dos dados. Podriamos hacer `private` a esas variables para hacer imposible el cambio de sus valores desde el exterior de la clase, mientras aun da permiso de lectura a traves de los metodos getter. Sin embargo, sí pensamos en la posibilidad de que *PairOfDice* sea usada para crear subclases, podriamos querer hacer que las subclases cambien los numeros de los dados. Por ejemplo, una subclase *GraphicalDice* que dibuje el dado podria querer cambiar en otro momento en vez de cuando los dados son lanzados. En ese caso, podriamos hacer `die1` y `die2` `protected`, con lo cual le permitimos a la subclase cambiar sus

5.5. HERENCIA Y POLIMORFISMO

valores sin hacerlas publicas al resto del mundo . (Una idea aun mejor sería definir **protected** a los metodos setter para las variables. Un metodo setter podria, por ejemplo, asegurar que el valor que esta siendo asignado a la variable esta en el rango legal desde 1 hasta 6.)

5.5.2. Herencia y Jerarquía de Clases

El termino **herencia** se refiere al hecho de que una clase puede heredar parte o todas sus estructura y conducta desde otra clase. La clase que hace la herencia se dice que es una **subclase** de la clase desde donde es heredada. Sí la clase B es una subclase de la clase A, tambien decimos que la clase A es una **superclase** de la clase B. (a veces los terminos **clase derivada** y **clase base** son usados en vez de subclase y superclase; esta es la terminologia comun en C++.) Una subclase puede hacer adiciones a la estructura y conducta que es heredada. Tambien puede remplazar o modificar conducta heredada (aunque no estructura heredada). La relacion entre subclases y superclases es a veces mostrada por un diagrama en el cual la subclase es mostrada abajo, y conectada a, su superclase, como se mostro aquí a la izquierda.

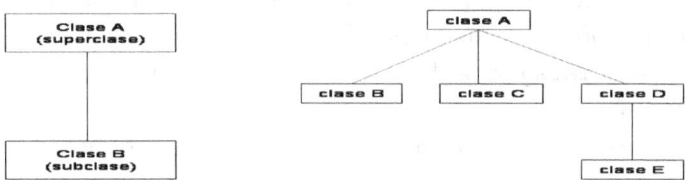

En Java, para crear una clase llamada "Bçomo una subclase de una clase llamada "A", usted escribiria

```
class B extends A {
   .
   .  // adiciones a, y modificaciones de,
   .  // cosas heredadas desde la clase A
   .
}
```

varias clases pueden ser declaradas como subclases de la misma superclase. Las subclases, las cuales podrian ser referidas como "clases hermanas,çomoparten algunas estructuras y conductas— a saber, las que heredan desde su superclase comun. La superclase expresa estas estructuras y conductas. En el diagrama mostrado a la derecha, arriba, las clases B, C, y D son clases hermanas. La herencia tambien puede ser extendida sobre varias "generaciones"de clases. Esto es mostrado en el diagrama, donde la E es una subclase de la clase D la cual es en si misma una subclase de la clase A. En este caso, la clase E es considerada como una subclase de la clase A, aunque no es una subclase directa. Todo este grupo de clases forma una pequeña **jerarquía de clases**.

5.5.3. Ejemplo: Vehículos

Veamos un ejemplo. Suponga que un programa tiene que tratar con motores de vehiculos, incluyendo carros, camiones, y motocicletas. (Esto podria ser un programa usado por un Departmento de Motores de Vehiculos para mantener registro de las inscripciones.) el programa podria usar una clase llamada *Vehicle* que represente todos los tipos de vehiculos. Debido a que

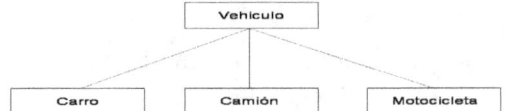

los carros, camiones, y motorcicletas son tipos de vehiculos, serian representados por subclases de la clase *Vehicle*, como se muestra en este diagrama de jerarquia de clases:

La clase *Vehicle* incluiria variables instanciadas tales como `registrationNumber` y `owner` y metodos instanciados tales como `transferOwnership()`. Estas son variables y metodos comunes a todos los vehiculos. Las tres subclases de *Vehicle*—*Car*, *Truck*, y *Motorcycle*— entonces podrian ser usadas para mantener variables y metodos especificos a tipos particulares de vehiculos. La clase *Car* podria adicionar una variable instanciada `numberOfDoors`, la *Truck* podria tener `numberOfAxles`, y la *Motorcycle* podria tener una variable booleana `hasSidecar`. (Bien, podria en teoria al menos, aunque esto podria resultarle gracioso a la gente del Departamento de Vehiculos a Motor.) La declaracion de estas clases en un programa Java se verian, en esquema, como esto (Aunque en la practica, ellos serian probablemente clases `public`, definidas en archivos separatdos):

```
class Vehicle {
   int registrationNumber;
   Person owner;   // (Asumiendo que una clase Person ha sido definida!)
   void transferOwnership(Person newOwner) {
      . . .
   }
   . . .
}
class Car extends Vehicle {
   int numberOfDoors;
   . . .
}
class Truck extends Vehicle {
   int numberOfAxles;
   . . .
}
class Motorcycle extends Vehicle {
   boolean hasSidecar;
   . . .
}
```

Suponga que `myCar` es una variable de tipo *Car* que ha sido declarada e inicializadas con la declaracion

```
Car myCar = new Car();
```

dada esta declaracion, un programa podria referirse `myCar.numberOfDoors`, debido a que `numberOfDoors` es una variable instanciada en la clase `Car`. Pero debido a que la clase `Car` extiende a la clase *Vehicle*, un carro tambien tiene toda la estructura y conducta de un vehiculo. Esto significa que `myCar.registrationNumber`, `myCar.owner`, y `myCar.transferOwnership()` tambien existen.

Ahora, en el mundo real, los carros, camiones, y motocicletas son de hecho vehiculos. Lo mismo es verdad en un programa. Eso es, u objeto de tipo *Car* o *Truck* o *Motorcycle* es automaticamente un objeto de tipo *Vehicle* tambien. Esto nos trae al siguiente Hecho Importante:

Una variable que puede mantener una referencia a un objeto de clase A tambien puede mantener una referencia a un objeto que pertenece a cualquier subclase de A.

5.5. HERENCIA Y POLIMORFISMO

El efecto practico de esto en nuestro ejemplo es que un objeto de tipo *Car* puede ser asignado a una variable de tipo *Vehicle*. Eso es, sería legal decir

```
Vehicle myVehicle = myCar;
```

o aun

```
Vehicle myVehicle = new Car();
```

Despues de cualquiera de estas declaraciones, la variable `myVehicle` mantiene una referencia a un objeto *Vehicle* que funciona como si fuera una instancia de la subclase, *Car*. El objeto "recuerda" que es de hecho un *Carro*, y no **unicamente** un *Vehiculo*. La informacion acerca de la clase actual de un objeto es almacenado como parte de ese objeto. Aun es posible probar sí un objeto dado pertenece a una clase dada, usando el operador `instanceof`. La prueba:

```
if (myVehicle instanceof Car) ...
```

determina sí el objeto referido por `myVehicle` es de hecho un carro.

Por otro lado, la declaracion de asignacion

```
myCar = myVehicle;
```

sería ilegal porque `myVehicle` podria potencialemnte referirse a otros tipos de vehiculos que no son carros. Esto es similar a un problema que vimos previamente en la Subseccion 2.5.6: La computadora no le permitira asignar un valor **int** a una variable de tipo **short**, porque no todo **int** es un **short**. Similarmente, no le permitira asignar un valor de tipo *Vehicle* a una variable de tipo *Car* porque no todo vehiculo es un carro. Como en el caso de **int**s y **short**s, la solucion aquí es usar conversion de tipos. Sí, por alguna razon, usted se entera por casualidad que `myVehicle` de hecho se refiere a *Car*, usted puede usar la conversion de tipo `(Car)myVehicle` para decirle a la computadora que trate a `myVehicle` como sí fuera de hecho de tipo *Car*. Así, usted podria decir

```
myCar = (Car)myVehicle;
```

y usted aun podria referirse a `((Car)myVehicle).numberOfDoors`. Dando un ejemplo de como esto podria ser usado en un programa, suponga que usted quiere imprimir datos relevantes acerca de un vehiculo. Usted podria decir:

```
System.out.println("Datos del Vehiculo:");
System.out.println("Numero de Registro:  "
                      + myVehicle.registrationNumber);
if (myVehicle instanceof Car) {
   System.out.println("Tipo de Vehiculo:  Carro");
   Car c;
   c = (Car)myVehicle;
   System.out.println("numero de puertas:  " + c.numberOfDoors);
}
else if (myVehicle instanceof Truck) {
   System.out.println("tipo de vehiculo:  Camion");
   Truck t;
   t = (Truck)myVehicle;
   System.out.println("numero de ejes:  " + t.numberOfAxles);
}
```

```
else if (myVehicle instanceof Motorcycle) {
   System.out.println("tipo de vehiculos:  Motorcicleta");
   Motorcycle m;
   m = (Motorcycle)myVehicle;
   System.out.println("tiene una Sección:    " + m.hasSidecar);
}
```

Note que para tipos objeto, cuando la computadora ejecuta un programa, verifica sí las conversiones de tipos son validas. Así, por ejemplo, sí `myVehicle` se refiere a un objeto de tipo `Truck`, entonces el tipo de conversion `(Car)myVehicle` sería un error. Cuando esto ocurre, una excepcion de tipo *ClassCastException* aparece.

5.5.4. Polimorfismo

Como otro ejemplo, considere un programa que trate con formas dibujadas en la pantalla. Digamos que las formas incluyan rectangulos, ovalos, y rectangulos redondeados de varios colores. (Un "rectangulo redondeado", es un rectangulo con esquinas redondeadas.)

Tres clases, *Rectangle*, *Oval*, y *RoundRect*, podrian ser usadas para representar los tres tipos de figuras. Estas tres clases tendrian una superclase comun, *Shape*, para representar caracteristicas que todas las tres formas tienen en comun. La clase *Shape* podria incluir variables instanciadas para representar el color, posicion, y tamano de una forma, y podria incluir metodos instanciados para cambiar el color, posicion, y tamano. Cambiar el color, por ejemplo, podria implicar cambiar el valor de una variable instanciada, y entonces redibujar la forma en este nuevo color:

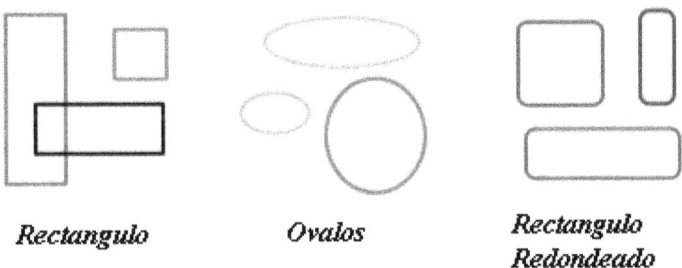

Rectangulo　　　*Ovalos*　　　*Rectangulo Redondeado*

```
class Shape {
    Color color;   // Color de la forma.  (Recordemos que la clase Color
                   // esta definida en el paquete java.awt.  Asuma
                   // que esta clase ha sido importada.)
    void setColor(Color newColor) {
           // metodo para cambiar el color de la forma.
        color = newColor; // cambia el valor de la variable instanciada
        redraw(); // redibuja a shape, la cual aparecera en un color nuevo
    }
    void redraw() {
           // metodo para dibujar la forma
       ? ? ?  // que comandos deberian ir aqui?
    }
      . . .         // mas variables de la instancia y metodos

} // fin de la clase Shape
```

5.5. HERENCIA Y POLIMORFISMO

Ahora, usted podria ver un problema aqui con el metodo `redraw()`. El problema es que cada tipo de forma diferente es dibujada de forma diferente. El metodo `setColor()` puede ser llamado para cualquier tipo de forma. Como hace la computadora para saber cual forma dibujar cuando ejecuta el `redraw()`? Informalmente, podemos responder la pregunta de la siguiente forma: La computadora ejecuta `redraw()` pidiendole a la forma que se dibuje **a si misma**. Cada objeto de forma sabe que tiene que redibujarse a sí misma.

En la practica, esto significa que cada una de las clases especificas de formas tiene su propio metodo `redraw()`:

```
class Rectangle extends Shape {
    void redraw() {
        . . . // comandos para dibujar un rectangulo
    }
    . . . // posiblemente, mas metodos y variables
}
class Oval extends Shape {
    void redraw() {
        . . . // comandos para dibujar un ovalo
    }
    . . . // posiblemente, mas metodos y variables
}
class RoundRect extends Shape {
    void redraw() {
        . . . // comandos para dibujar un rectangulo redondeado
    }
    . . . // posiblemente, mas metodos y variables
}
```

Sí `oneShape` es una variable de tipo *Shape*, podria referirse a objeto de cualquiera de los tipos, *Rectangle*, *Oval*, o *RoundRect*. A medida que un programa se ejecuta, y el valor de `oneShape` cambia, aun podria referirse a objetos de tipos diferente en momentos diferentes! Siempre que la declaracion

`oneShape.redraw();`

sea ejecutada, el metodo redibujar que es llamado es el apropiado para el tipo de objeto al cual `oneShape` se refiere. Podria no haber manera de decir, a partir de la observacion del texto del programa, que forma dibujara esta declaracion, debido a que depende del valor que `oneShape` parece tener cuando el programa es ejecutado. Aun mas es verdad. Suponga que la declaracion esta en un bucle y se ejecuta muchas veces. Sí el valor de `oneShape` cambia a medida que el bucle se ejecuta, es posible que la misma declaracion "`oneShape.redraw();`"llamara diferentes metodos y dibujara diferentes formas a medida que es ejecutado una y otra vez. Decimos que el metodo `redraw()` es *polimorfico*. Un metodo es polimorfico sí la accion ejecutada por el metodo depende del tipo actual del objeto al cual el metodo es aplicado. El polimorfismo es una de las principales caracteristicas distintivas de la programacion orientada a objeto.

Quizas esto se vuelve mas comprensible sí cambiamos un poco nuestra terminologia: En programacion orientada a objeto, llamar a un metodo es referido con frecuencia como enviar un ***mensaje*** a un objeto. El objeto responde al mensaje ejecutando el metodo apropiado. La declaracion "`oneShape.redraw();`.es un mensaje al objeto referido por `oneShape`. Debido a que el objeto sabe que tipo de objeto es, sabe como deberia responder al mensaje. Desde este punto de vista, la computadora siempre ejecuta "`oneShape.redraw();`"de la misma manera: enviando un mensaje. La respuesta al mensaje depende, naturalmente, en quien la recibe. Desde este punto de vista, los objetos son entidades activas que envian mensajes y reciben mensajes, y el polimorfismo es una parte natural, y aun necesaria, de esta vista. El polimorfismo significa que objetos diferentes pueden responder al mismo mensaje de diferentes maneras.

Una delas cosas mas hermosas acerca del polimorfismo es que le permite al codigo que usted escribe hacer cosas que usted no concevia, al momento que lo escribia. Suponga que yo decido adicionar un rectangulo biscelado a los tipos de formas con los que mi programa puede tratar. Un rectangulo biscelado tiene un recorte triangular en cada esquina:

Rectángulo Biscelado

Para implementar rectangulos biscelados, puedo escribir una subclase nueva, *BeveledRect*, de la clase *Shape* y darle su propio metodo `redraw()`. Automaticamente, el codigo que escribi previamente—tal como la declaracion `oneShape.redraw()`—ahora pueden repentinamente comenzar a dibujar rectangulos biscelados, aunque la clase rectangulo biscelado no existia cuando escribi la declaracion!

En la declaracion "`oneShape.redraw();`", el `redraw` mensaje es enviado al objeto `oneShape`. Vuelva al metodo de la clase *Shape* para cambiar el color de una forma:

```
void setColor(Color newColor) {
   color = newColor; // cambia el valor de la variable instanciada
   redraw(); // redibuja la forma, la cual aparecera en el nuevo color
}
```

Un mensaje `redraw` se envia aqui, pero cual objeto es enviado? Bien, el metodo `setColor` es en si mismo un mensaje que fue enviado a algun objeto. La respuesta es que el mensaje `redraw` es enviado al mismo objeto, el que recibio el mensaje `setColor`. Sí ese objeto es un rectangulo, entonces es el metodo `redraw()` de la clase *Rectangle* el que es ejecutado. Sí el objeto es un ovalo, entonces es el metodo `redraw()` de la clase *Oval*. Esto es lo que usted deberia esperar, pero significa que la declaracion "`redraw();`.en el metodo `setColor()` **no** hace necesariamente llamados al metodo `redraw()` en la clase *Shape*! El metodo `redraw()` que es ejecutado podria estar en cualquier subclase de *Shape*.

De nuevo, esto no es una sorpresa real sí usted piensa acerca de esto en la forma correcta. Recuerde que un metodo instanciado esta siempre contenido en un objeto. La clase solo contiene el codigo fuente para el metodo. Cuando un objeto *Rectangle* es creado, contiene un metodo `redraw()`. El codigo fuente para ese metodo esta en la clase *Rectangle*. El objeto tambien contiene un metodo `setColor()`. Debido a que la clase *Rectangle* no define un metodo `setColor()`, el **codigo fuente** para el metodo `setColor()` de la clase *Rectangle* viene de la superclase, *Shape*, pero el **metodo en si mismo** esta en el objeto de tipo *Rectangle*. Aunque los codigos fuente para los dos metodos estan en clases diferente, los metodos en si mismos son parte del mismo objeto. Cuando el metodo `setColor()` del rectangulo es ejecutado y llama a `redraw()`, el metodo `redraw()` que es ejecutado esta en el mismo objeto.

5.5.5. Clases Abstractas

Cuando quiera que un objeto *Rectangle*, *Oval*, o *RoundRect* tenga que dibujarse a si mismo, es el metodo `redraw()` de la clase apropiada que se ejecuta. Esto deja abierta la pregunta, que hace el metodo `redraw()` en la clase *Shape*? como deberia ser definido?

La respuesta podria ser sorpresiva: Deberiamos dejarlo en blanco! El hecho es que la clase *Shape* representa la idea abstracta de una forma, y no hay manera de dibujar tal cosa. Solo unas formas concretas y particulares como rectangulos y ovalos pueden ser dibujados. Asi, por qué deberia haber un metodo `redraw()` en la clase *Shape*? Bien, tiene que estar alli, sería ilegal llamarlo en el metodo `setColor()` de la clase *Shape*, y sería ilegal escribir "oneShape.redraw();", donde oneShape es una variable de tipo *Shape*. El compilador reclamaria que oneShape es una variable de tipo *Shape* y no hay metodo `redraw()` en la clase *Shape*.

Sin embargo la version de `redraw()` en la clase *Shape* en sí misma nuca sera llamada. De hecho, sí usted piensa acerca de eso, nunca habra alguna razon razon para construir un objeto actual de tipo *Shape*! Usted puede tener **variables** de tipo *Shape*, Pero los objetos a los que ellos se refieren siempre perteneceran a una de las subclases de *Shape*. Decimos que *Shape* es una ***clase abstracta***. Una clase abstracta es una que no es usada para construir objetos, Pero solo como una base para hacer subclases. Una clase abstracta existe **solo** para expresar las propiedades comunes de todas las subclases. Una clase que no es abstracta se dice que es ***concreta***. Usted puede crear objetos que pertenezcan a clases concretas, pero no a una clase abstracta. Una variable cuyo tipo es dado por una clase abstracta solo se puede referir a objetos que pertenecen a subclases concretas de la clase abstracta.

Similarmente, decimos que el metodo `redraw()` en la clase *Shape* es un ***metodo abstracto***, debido a que esta para nucna ser llamado. De hecho, no tiene nada que hacer—cualquier redibujado es hecho por metods `redraw()` en las subclases de *Shape*. El metodo `redraw()` en *Shape* tiene que estar alli. Pero esta alli solo para decirle a la computadora que todas las Formas entienden el mensaje redraw. Como en un metodo abstracto, simplemente para especificar la interfaz comun de todas las versiones actuales y concretas de `redraw()` en las subclases de *Shape*. No hay razon para que el `redraw()` abstracto en la clase *Shape* contenga algún codigo del todo.

Shape y su metodo `redraw()` son semanticamente abstractos. Usted tambien puede decirle a la computadora, sintacticamente, que son abstractos adicionando el modificador "**abstract**.[a] sus definiciones. Para un metodo abstracto, el bloque de codigo que da la implementacion de un metodo ordinario es remplazado por un punto y coma. Una implementacion debe ser prevista de un metodo abstracto en cualquier subclase concreta de la clase abstracta. Aquí esta como se veria la clase *Shape* como una clase abstracta:

```
public abstract class Shape {
    Color color;   // color de la forma.
    void setColor(Color newColor) {
          // metodo para cambiar el color de la forma
       color = newColor; // cambia el valor de la variable instanciada
       redraw(); // redibuja la forma, la cual aparecera en un color nuevo
    }
    abstract void redraw();
          // metodo abstracto---debe ser definido en
          // subclases concretas
       . . .         // mas variables de la instancia y metodos
} // fin de la clase Shape
```

Una vez que usted ha declarado la clase para que sea **abstract**, se vuelve ilegal tratar de crear objetos de tipo *Shape*, y la computadora reportara un error de sintaxis sí usted trata de hacer eso.

* * *

Recordemos de la Subseccion 5.3.3 que una clase que no esta explicitamente declarada para que sea una subclase de algúna otra clase es hecha automaticamente una subclase de la clase normalizada*object*. Eso es, una declaracion de clase sin parte "**extends**"tales como

```
public class myClass { . . .}
```

es exactamente equivalente a

```
public class myClass extends object { . . .}
```

Esto significa que la clase *object* esta en el tope de una enorme jerarquia de clases que incluye a todas las otras clases. (Semanticamente, *object* es una clase abstracta, de hecho la clase mas abstracta de todas. Curiousamente, sin embargo, no esta declarada para ser **abstract** sintacticamente, lo cual significa que usted puede crear objetos de tipo *object*. Sin embargo, lo que usted hara con ellos, yo no tengo idea.)

Debido a que cada clase es una subclase de *object*, una variable de tipo *object* puede referirse a cualquier objeto que sea, de cualquier tipo. Java tiene varias estructuras de datos normalizadas que estan disenadas para mantener *objetos*, Pero debido a que cada objeto es una instancia de la clase *object*, estas estructuras de datos pueden de hecho mantener cualquier objeto que sea. Un ejemplo es la estructura de datos "ArrayList", la cual esta definida por la clase *ArrayList* en el paquete `java.util`. (*ArrayList* es discutida mas ampliamente en la Seccion 7.3.) Una *ArrayList* es simplemente una lista de *objetos*. Esta clase es muy conveniente, porque un *ArrayList* puede mantener cualquier numero de objetos, y crecera, cuando necesariamente, a medida que los objetos son adicionados a él. Debido a que los items en la lista son de tipo **object**, la lista puede de hecho mantener objetos de cualquier tipo.

Un programa que quiere mantener registro de varias *Shapes* que han sido dibujadas en la pantalla puede almacenar esas formas en un *ArrayList*. Suponga que el *ArrayList* es llamado `listOfShapes`. Una forma, `oneShape`, puede ser adicionada al final de la lista llamando al metodo instanciado "`listOfShapes.add(oneShape);`". La forma puede ser remivida de la con el metodo instanciado "`listOfShapes.remove(oneShape);`". El numero de formas en la lista es dado por la funcion "`listOfShapes.size()`". y es posible recuperar el enesimo objeto de la lista con el llamado de funcion "`listOfShapes.get(i)`". (Los items en la lista estan numerados desde 0 a `listOfShapes.size() - 1`.) Sin embargo, note que este metodo retorna un *objeto*, no un *Shape*. (Por supuesto, la gente que escribio la clase *ArrayList* no sabia acerca de *Shapes*, por lo que el metodo que ellos escribieron dificilmente podria tener un tipo de retorno de *Shape*!) Debido a que usted sabe que los items en la lista son, de hecho, *Shapes* y no solo *objetos*, usted puede convertir el *objeto* retornado por `listOfShapes.get(i)` para que sea un valor del tipo *Shape*:

```
oneShape = (Shape)listOfShapes.get(i);
```

Digamos, por ejemplo, que usted quiere redibujar todas las formas en la lista. Usted podria hacer esto con un simple bucle **para**, el cual es un ejemplo encantador de programacion orientada a objeto y de polimorfismo:

```
for (int i = 0; i < listOfShapes.size(); i++) {
   Shape s;  // enesimo elemento de la lista, considerado como un Shape
   s = (Shape)listOfShapes.get(i);
   s.redraw();   // lo que es dibujado aquí depende de que tipo de forma es!
}
```

* * *

El archivo de codigo fuente de ejemplo *ShapeDraw.java* usa una clase abstracta *Shape* y una **ArrayList** para mantener una lista de formas. El archivo define un applet en el cual el usuario puede agregar varias formas en un area de dibujo. Una vez que una forma esta en el area de dibujo, el usuario puede usar el raton para moverla alrededor.

Usted podria querer mirar el archivo, aunque no sera capaz de entender todo en esta oprtunidad. Aun las definiciones de las clases de formas son de alguna manera diferentes de las que he descrito en esta Seccion. (Por ejemplo, el metodo **draw()** tiene un parametro de tipo *Graphics*. Este parametro es requerido debido a la forma en que Java maneja todos los dibujos.) Retomare este ejemplo en capitulos posteriores cuando usted sepa mas acerca de programacion GUI. Sin embargo, todavia sería valioso mirar la definicion de la clase *Shape* y sus subclases en el codigo fuente. Usted tambein podria verficar como un **ArrayList** es usado para mantener la lista de formas.

En el applet la unica vez cuando la clase actual de una forma es usada es cuando esa forma es adicionada a la pantalla. Una vez que la forma ha sido creada, es manipulada enteramente como una forma abstracta. La rutina que implementa el arrastrar, por ejemplo, trabaja solo con variables de tipo *Shape*. Como el *Shape* esta siendo arrastrado, la rutina de arrastrado llama al metodo de dibujar *Shape* cada vez que la forma tiene que ser dibujada, asi no tiene que saber como dibujar la forma o aun que tipo de forma es. El objeto es responsable por dibujarse a si mismo. Sí quiero adicionar un nuevo tipo de forma al programa, definiria una nueva subclase de *Shape*, adicionar otro boton al applet, y programar el boton para adicionar el tipo correcto de forma a la pantalla. Ningun otro cambio en la programacion seria necesario.

Sí quiere probar el applet, puede encontrarlo al final de la version en linea de esta Seccion.

5.6. this y super

Aunque las ideas basicas de la programacion orientada a objeto son razonablemente simples y claras, son sutiles, y toma tiempo acostumbrarse. Y desafortunadamente, mas alla de las ideas basicas hay muchos detalles. Esta Sección y la proxima cubren mas de esos detalles engorrosos. Usted no deberia necesariamente ser experto en todo lo que en estas dos secciones se mencione por primera vez, pero deberia leerlo para estar atento a lo que es posible. Para la mayor parte, cuando necesite usar este material posteriormente en el texto, Explicare de nuevo resumidamente, o me referire de nuevo a ello. En esta Seccion, veremos dos variables, **this** y **super**, que estan automaticamente definas en cualquier metodo instanciado.

5.6.1. La Variable Especial this

Un miembro estatico de una clase tiene un nombre simple, elcual solo puede ser usado dentro de la definicion de la clase. Para usarse fuera de la clase, tiene un nombre completo de la forma ⟨*nombre-de-la-clase*⟩.⟨*nombre-simple*⟩. Por ejemplo, "System.out." es una variable miembro estatico con nombre simple "out." en la clase "*System*". Siempre es legal usar el nombre completo de un miembro estatico, aun a traves de la clase donde esta definida. A veces es aun necesario, como cuando los nombres simples de una variable miembro estatico es ocultada por una variable local del mismo nombre.

Las variables y metodos instanciados tambien tienen nombres simples. El nombre simple de tal miembro instanciado puede ser usado en metodos instanciados en la clase donde el miembro instanciado es definido. Los miembros instanciados tambien tienen nombres completos, pero recuerde que las variables instanciadas y los metodos estan de hecho contenidos en objetos, no en clases. El nombre completo de un miembro instanciado tiene que contener una referencia al objeto que contiene el miembro instanciado. Para llegar a una variable instanciada o metodo desde el exterior de la definicion de la clase, usted necesita una variable que se refiera al objeto. Entonces el nombre completo es de la forma $\langle nombre\text{-}de\text{-}la\text{-}variable \rangle.\langle nombre\text{-}simple \rangle$. Pero suponga que esta escribiendo la definicion de un metodo instanciado en alguna clase. como puede obtener una referencia al objeto que contiene ese metodo instanciado? Usted podria necesitar tal referencia, por ejemplo, sí quiere usar el nombre completo de una variable instanciada, porque el nombre simple de la variable instanciada esta oculto por una variable local o parametro.

Java provee una variable especial, predefinida llamada "`this`"que usted puede usar para tales propositos. La variable, `this`, es usada en el codigo fuente de un metodo instanciado para referirse al objeto que contiene el metodo. Esta intension del nombre, `this`, es para referirse a "este objeto,.[el] que esta justo aqui en donde esta mi metodo. Sí `x` es una variable instanciada en el mismo objeto, entonces `this.x` puede ser usado como un nombre completo para esa variable. Sí `otherMethod()` es un metodo instanciado en el mimso objeto, entonces `this.otherMethod()` podria ser usado para llamar a ese metodo. Cuando quiera que la computadora ejecuta un metodo instanciado, automaticamente coloca la variable, `this`, para referirse al objeto que contiene el metodo.

Un uso comun de `this` es en constructores. Por ejemplo:

```
public class Student {
    private String name;  // Nombre del estudiante.
    public Student(String name) {
        // Constructor.  crea un estudiante con nombre especificado.
      this.name = name;
    }
       .
       .   // mas variables y metodos.
       .
}
```

En el constructor, la variable instanciada llamada `name` esta oculta por un parametro formal. Sin embargo, la variable instanciada aun puede ser referida por su nombre completo, `this.name`. En la declaracion de asignacion, el valor del parametro formal, `name`, es asignado a la variable instanciada, `this.name`. Esto es considerado como unestilo aceptable: no hay necesidad de sonar nuevos nombres para los parametros formales que ya son usados para inicializar variables instanciadas. Usted puede usar el mismo nombre para el parametro y para la variable instanciada.

Hay otros usos para `this`. a veces , cuando usted esta escribiendo un metodo instanciado, usted necesita pasar el objeto que contiene el metodo a una subrutina, como un parametro actual. En ese caso, usted puede usar `this` como el parametro actual. Por ejemplo, sí usted quisiera imprimir una representacion de cadena de caracteres del objeto, usted podria decir "`System.out.println(this);`". O usted podria asignar el valor de `this` a otra variable en una declaracion de asignacion. De hecho, usted puede hacer cualquier cosa con `this` que usted pudiera hacer con cualquier otra variable, excepto cambiar su valor.

5.6.2. La Variable Especial super

Java tambien define otra variable especial, llamada "**super**", para usar en las definiciones de metodos instanciados. La variable **super** es para uso en una subclase . Como **this**, **super** se refiere al objeto que contiene el metodo. Pero es olvidadizo. Olvida que el objeto pertenece a a la clase que usted esta escribiendo, y recuerda solo que pertenece a la superclase de esa clase. El punto es que la clase puede contener adiciones y modificaciones a la superclase. **super** no sabe nada acerca de ninguna de esas adiciones y modificaciones; solo puede ser usada para referirse a metodos y variables en la superclase.

Digamos que la clase que usted esta escribiendo contiene un metodo instanciado llamado **doSomething()**. Considere el llamado de declaracion de subrutina **super.doSomething()**. Ahora, **super** no sabe nada acerca del metodo **doSomething()** en la subclase . Solo sabe acerca de las cosas en la superclase, asi trata de ejecutar un metodo llamado **doSomething()** desde la superclase. Sí no hay ninguno—sí el metodo **doSomething()** fue mas una adicion que una modificacion—usted obtendra una error de sintaxis.

La razon de que **super** exista es que asi usted puede lograr acceso a cosas en la superclase que estan **ocultas** por cosas en la subclase . Por ejemplo, **super.x** siempre se refiere a una variable instanciada llamada **x** en la superclase. Esto puede ser util por la siguiente razon: Sí una clase contiene una variable instanciada con el mismo nombre que una variable instanciada en su superclase, entonces un objeto de esa clase contendra dos variables con el mismo nombre: una definida como parte de la clase en si misma y una definida como parte de la superclase. La variable en la subclase no **remplaza** a la variable del mismo nombre en la superclase; simplemente la *oculta*. La variable de la superclase aun puede ser accesada, usando **super**.

Cuando usted escribe un metodo en una subclase que tiene la misma identificacion de un metodo en su superclase, el metodo de la superclase es ocultado de la misma manera. Decimos que el metodo en la subclase *neutraliza* al metodo de la superclase. De nuevo, sin embargo, **super** puede ser usado para accesar al metodo de la superclase.

El principal uso de **super** es neutralizar un metodo con un nuevo metodo que **extiende** la conducta del metodo heredado, en vez de **remplazar** esa conducta enteramente. El nuevo metodo puede usar **super** para llamar al metodo desde la superclase, y entonces puede adicionar codigo adicional para proveer conducta adicional. Como un ejemplo, suponga que usted tiene una clase *PairOfDice* que incluye un metodo **roll()**. Suponga que usted quiere una subclase , *GraphicalDice*, para representar un par de dados dibujados en la pantalla de la computadora. El metodo **roll()** en la clase *GraphicalDice* deberia hacer todo lo que el metodo **roll()** en la clase *PairOfDice* hace. Podemos expresar esto con un llamado a **super.roll()**, el cual llama al metodo en la superclase. Pero en adicion a eso, el metodo **roll()** para un objeto *GraphicalDice* tiene que redibujar el dado para mostrar el nuevo valor. La clase *GraphicalDice* podria parecerse en algo a esto:

```
public class GraphicalDice extends PairOfDice {
    public void roll() {
            // Lanza los dados, y los redibuja.
        super.roll();   // Llama al metodo roll de PairOfDice.
        redraw();       // Llama a un metodo para dibujar los dados.
    }
          .
          .
          .  // mas cosas, incluyendo la definicion de redraw().

}
```

Note que esto le permite a usted extender la conducta del metodo `roll()` aun sin usted saber como es implementado el metodo en la superclase!

Aquí hay un ejemplo mas completo. El applet al final de la Seccion 4.7 en la version en linea de este libro muestra una perturbacion que se mueve alrededor en un mosaico de pequeños recuadros. A medida que se mueve, cada recuadro que es visitado se vuelve una sombra roja mas brillante. El resultado parece interesante, pero creo que sería mas bonito sí los patrones fueran simetricos. Una version simetrica del applet se muestra en la parte inferior de la Seccion 5.7 (en la version en linea). El applet simetrico puede ser programado como una extension sencilla del applet original.

En la version simetrica, cada vez que un recuadro es iluminado, el recuadro que puede ser obtenido desde la reflexion horizontal y vertical a traves del centro del mosaico tambien son iluminiados. Esta imagen podria hacer la idea simétrica más clara:

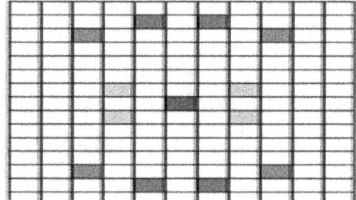

Los cuatro recuadros rojos en la imagen, por ejemplo, forman un grupo de tales recuadros colocados symmetricamente, como hacen los recuadros purpura y verde. (El recuadro azul esta en el centro del mosaico, asi la reflexion no se produce en ninguno de los otros recuadros; es su propia reflexion.)

El applet original esta definido por la clase *RandomBrighten*. En esa clase, la tarea actual de iluminar un recuadro es hecha por un metodo llamado `brighten()`. Sí row y col son los numeros de las filas y las columnas de un recuadro, entonces "`brighten(row,col);`"incremente el brillo de ese recuadro. Todo lo que necesitamos es una subclase de *RandomBrighten* con una rutina modificada `brighten()`. En vez de iluminar un recuadro, la rutina modificada tambien iluminara la reflexion horizontal y vertical de ese recuadro. Pero como sera iluminado cada uno de los cuatros recuadros individuales? Llamando al metodo `brighten()` desde la clase original. Esto se puede hacer llamando `super.brighten()`.

Todavia se tienen el problema de calcular los numeros de filas y columnas de las reflexiones horizontales y verticales. Para hacer esto, usted necesita conocer el numero de filas y columnas. La clase *RandomBrighten* tiene variables instanciadas llamadas ROWS y COLUMNS para representar estas cantidades. Usando estas variables, es posible subir con formulas la reflexion, como se muestra en la definicion del metodo `brighten()` abajo.

Aquí hay una definicion completa de la nueva clase:

```
public class SymmetricBrighten extends RandomBrighten {
   void brighten(int row, int col){
         // Ilumina el recuadro especificado y sus reflexiones horizontal
         // y vertical.  Esto remplaza al
         // metodo de iluminacion de la clase RandomBrighten class, la cual
         // ilumina un recuadro.
      super.brighten(row, col);
      super.brighten(ROWS - 1 - row, col);
      super.brighten(row, COLUMNS - 1 - col);
      super.brighten(ROWS - 1 - row, COLUMNS - 1 - col);
```

5.6. THIS Y SUPER

    }
} // fin de la clase SymmetricBrighten

Esto es todo el codigo fuente para el applet!

5.6.3. Constructores en las subclases

Los constructores no son heredados. Eso es, sí usted extiende una clase existente para hacer una subclase, los constructores en la superclase **no** se hacen parte de la subclase. Sí usted quiere constructores en la subclase, usted tiene que definir constructores nuevos desde cero. Sí usted no define ningun constructor en la subclase, entonces la computadora preparara un constructor por defecto, sin parametros, para usted.

Esto podria ser un problema, sí hay un constructor en la superclase que hace mucho del trabajo necesario. Parece que usted podria tener que repetir todo ese trabajo en la subclase ! Esto podria ser un problema **real** sí no tiene el codigo fuente de la superclase, y no sabe como trabaja, o sí el constructor en la superclase inicializa variables miembros **private** a las que usted no tendra acceso en la subclase !

Obviamente, tiene que haber alguna solucion para esto, y la hay. Implica a la variable especial, **super**. Como la declaracion inicial en un constructor, usted puede usar **super** para llamar a un constructor desde la superclase. La notacion para esto es un poco fea y enganosa, y solo puede ser usada en esta circunstancia particular: Parece que esta llamando a un **super** como una subrutina (aunque **super** no es una subrutina y no puede llamar a los constructores de la misma manera que usted llama a otras rutina de cualquier manera). Como un ejemplo, asuma que la clase *PairOfDice* tiene un constructor que toma dos enteros como parametros. Considere una subclase :

```
public class GraphicalDice extends PairOfDice {
    public GraphicalDice() {  // Constructor para esta clase.
        super(3,4);   // Llama al constructor desde la
                      //   clase PairOfDice, con parametros  3, 4.
        initializeGraphics();  // Haga alguna inicializacion especifica
                               //   para la clase GraphicalDice.
    }
      .
      .  // mas constructores, metodos, variables...
      .
}
```

la declaracion "super(3,4);" llama al constructor desde la superclase. Este llamado debe ser la primera linea del constructor en la subclase. Note que sí usted no llama explicitamente un constructor desde la superclase de esta manera, entonces el constructor por defecto de la superclase, el unico sin parametros, sera llamado automaticamente.

Esto podria parecer bastante tecnico, pero desafortunadamente a veces es necesario. De esta manera, usted puede usar la variable especial **this** de la misma manera exactamente para llamar a otro constructor de la misma clase. Esto puede ser util debido a que puede salvarlo de repetir el mismo codigo en varios constructores.

5.7. Interfaces, Clases anidadas, y Otros detalles

ESTA Seccion simplemente enlaza juntas unas pocas caracteristicas miscelaneas mas de la programacion orientada a objeto en Java. Leala ahora, o revisela y refierase a ella posteriormente cuando necesite este material. (Usted necesitara saber acerca del primer topico, interfaces, casi tan pronto como comencemos la programacion GUI.)

5.7.1. Interfaces

Algunos lenguajes de programacion orientada a objeto, tales como C++, le permiten a una clase extender dos o mas superclases. Esto es llamado **multiple herencia**. En la ilustracion que se muestra abajon, por ejemplo, la clase E es mostrada como sí tuviera a ambas clase A y clase B como superclases directas, mientras clas F tiene tres superclases directas.

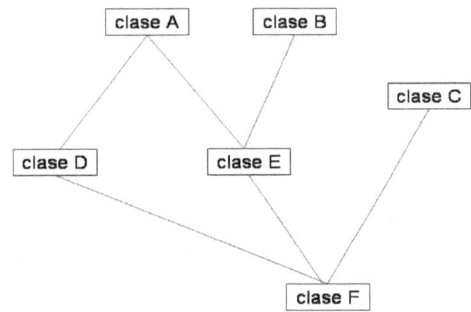

Multiple herencia (NO PERMITIDO en Java)

Semejante herencia multiple **no** es permitida en Java. El disenador de Java quiso mantener al lenguaje razonablemente simple, y hacer sentir que por los beneficios de multiple herencia no valieran la pena incrementar la complejidad. Sin embargo, Java tiene una caracteristica que pudiera ser usada para lograr muchos de los mismos objetivos de la herencia multiple: *interfaces*.

Hemos encontrado el termino "interfaz."antes, en coneccion con las cajas negras en general y subrutinas in particular. La interface de una subrutina consiste del nombre de la subrutina, su tipo de retorno, y el numero y tipos de sus parametros . Esta es la informacion que usted necesita saber sí quiere llamar a la subrutina. Una subrutina tambien tiene una implementacion: el bloque de codigo el cual lo define y el cual es ejecutado cuando la subrutina es llamada.

En Java, una `interfaz` es una palabra reservada con un significado tecnico adicional. Una "`interfaz`."en este sentido consiste de un grupo de metodos interfaces instanciado, sin ninguna implementacion asociada. (De hecho, una interfaz de Java puede contener otras cosas por igual, pero no las discutiremos aqui.) una clase puede *implementar* una `interfaz` proveyendo una implementacion por cada uno de los metodos especificados por la interfaz. Aquí hay un ejemplo de `interfaz` muy simple de Java :

Esto se parece mucho a la definicion de una clase, excepto que la implementacion del metodo `draw()` es omitida. una clase que implementa la `interfaz` *Drawable* debe proveer una implementacion para este metodo. Por supuesto, la clase tambien puede incluir otros metodos y variables. Por ejemplo,

```
public class Line implements Drawable {
   public void draw(Graphics g) {
```

5.7. INTERFACES, CLASES ANIDADAS, Y OTROS DETALLES

```
            . . . // hacer algo---presumiblemente, dibuja una linea
       }
       . . . // otros metodos y variables
}
```

Note que para implementar una interfaz, una clase debe hacer mas que simplemente implementar una implementacion por cada metodo en la interfaz; tambien se debe **establecer** que se implementa la interfaz, usando la palabra reservada `implements` como en este ejemplo: "public class Line **implements** Drawable". Cualquier clase que implemente la interfaz define un metodo instanciado `draw()`. Cualquier objeto creado desde tal clase incluye un metodo `draw()`. Decimos que un **objeto** implementa una **interfaz** sí pertenece a una clase que implementa la interfaz. Por ejemplo, cualquier objeto de tipo *Line* implementa la interfaz *Drawable*.

Mientras una clase solo puede **extender** a otra clase, puede **implementar** cualquier numero de interfaces. De hecho, una clase puede hacer ambas cosas extender otras clases e implementar una o mas interfaces. Asi, podemos tener cosas como

```
class FilledCircle extends Circle
                implements Drawable, Fillable {
   . . .
}
```

El punto de todo esto es que, aunque las interfaces no son clases, son algo muy similar. Una interfaz es algo muy parecido a una clase abstracta, la cual es, una clase que nunca puede ser usada para construir objetos, pero puede ser usada como una base para hacer subclase. Las subrutinas en una interfaz son metodos abstractos, el cual debe ser implementado en cualquier clases concretas que implementa la interfaz. Y como con las clases, aunque usted no puede construir un objeto desde una interfaz, usted puede declarar una variable cuyo tipo es dado por la interfaz. Por ejemplo, sí *Drawable* es una interfaz, y sí *Line* y *FilledCircle* son clases que implementan *Drawable*, entonces usted podria decir:

```
Drawable figure;   // Declara una variable de tipo Drawable.  Se puede
                   //    referir a cualquier objeto que implementa la
                   //    interfaz Drawable.

figure = new Line();   // figure ahora se refiere a un objeto de clase Line
figure.draw(g);   // llama al  metodo draw() desde la clase Line

figure = new FilledCircle();    // Ahora, figure se refiere a un objeto
                                //    de la clase FilledCircle.
figure.draw(g);    // llama al  metodo draw() desde la clase FilledCircle}
```

Una variable de tipo *Drawable* se puede referir a cualquier objeto de cualquier clase que implementa la interfaz *Drawable*. Una declaracion como `figure.draw(g)`, arriba, es legal porque `figure` es de tipo *Drawable*, y **cualquier** objeto *Drawable* tiene un metodo `draw()`. Asi, cualquiera que sea el objeto `figure` al que se refiere, ese objeto debe tener metodo `draw()`.

Note que un *tipo* es algo que puede ser usado para declarar variables. Un tipo tambien puede ser usado para especificar el tipo de un parametro en una subrutina, o el tipo de retorno de una funcion. En Java, un tipo puede ser una clase, una interfaz, o una de las ocho primitivas precostruidas. Estas son las unicas posibilidades. De estas, sin embargo, solo las clases pueden ser usadas para construir nuevo objetos.

Porbablemente usted no requerira escribir sus propias interfaces hasta que llegue al punto de escribir programas bastante complejos. Sin embargo, hay una s pocas interfaces que son usadas de maneras importantes en los paquetes normalizados de Java. Usted aprendera acerca de algunos de estas interfaces en los pocos capitulos siguientes.

5.7.2. Clases Anidadas

Parece que una clase deberia ser una cosa muy importante. Una clase es un bloque de construccion de alto nivel de un programa, representando una idea potentialmente compleja y a sus datos asociados y conducta. Siempre me he sentido un tonto al escribir clases muy pequenas que solo existen para agrupar unos pocos datos residuales. Sin embargo, tales clases triviales son utiles y aun frecuentemente esenciales. Afortunadamente, en Java, puedo ser menos vergonzoso, porque una clase puede ser anidada dentro de otra clase. Mi trivial clasesita no tiene que quedarse sola. Se vuelve parte de una gran clase mas respetable. Esto es particularmente util cuando usted quiere crear una pequena clase especificamente para soportar el trabajo de una clase mas grande. y, mas seriamente, hay otras buenas razones para anidar la definicion de una clase dentro de otra clase.

En Java, una *clase anidada* es cualquier clase cuya definicion es dentro de la definicion de otra clase. Las clases anidadas pueden ser tanto clases con *nombre* o *anonimas*. Retornare al topico de clases anonimas posteriormente en esta Seccion. Una clase anidada con nombre, como la mayoria de otras cosas que ocurren en las clases, pueden ser tanto estaticas o no-estaticas.

La definicion de clases estaticas anidadas se parece a la definicion de cualquier otra clase, excepto que esta anidada dentro de otra clase y tiene el modificador `static` como parte de su declaracion. Una clase anidada estatica es parte de la etructure de la clase contenedora. Puede ser usado dentro de la clase para crear objetos de la forma usual. Sí no ha sido declarada como privada, entonces tambien puede ser usada fuera de la clase contenedora, pero cuando es usado fuera de la clase, su nombre debe indicar su membresia en la clase contenedora. Esto es similar a otros componentes estaticos de una clase: Una clase estatica anidada es parte de la clase en si misma de la misma manera que las variables estaticas miembros son parte de la clase en si misma.

Por ejemplo, suponga que una clase llamada *WireFrameModel* representa un grupo de lineas en el espacio tridimensional. (Tales modelos son usados para representar objetos tridimensionales en programas graficos.) Suponga que la clase *WireFrameModel* contiene una clase estatica anidada, *Line*, que representa una sola linea. Entonces, fuera de la clase *WireFrameModel*, la clase *Line* sería referida como `WireFrameModel.Line`. Por supuesto, esto sigue la convencion normal de nombres para los miembros estaticos de una clase. La definicion de la clase *WireFrameModel* con su clase anidada *Line* se veria, en esquema, como esto:

```
public class WireFrameModel {
   . . . // otros miembros de la clase WireFrameModel
   static public class Line {
       // representa una linea desde el punto (x1,y1,z1)
       // al punto (x2,y2,z2) en el espacio 3-dimensional.
     double x1, y1, z1;
     double x2, y2, z2;
   } // final de la clase Line
   . . . // otros miembros de la clase WireFrameModel
} // fin de la clase WireFrameModel
```

5.7. INTERFACES, CLASES ANIDADAS, Y OTROS DETALLES

Dentro de la clase *WireFrameModel*, un objeto *Line* seria creado creado con el constructor "`new Line()`". Fuera de la clase, "`new WireFrameModel.Line()`" sería usado.

Una clase estatica anidada tiene total acceso a los miembros estaticos de la clase contenedora, aun a los miembros privados. Similarmente, la clase contenedora tiene total acceso a los miembros de la clase anidada. Esto puede ser otra motivacion para declarar una clase anidada, debido a que le permite darle acceso a una clase a los miembros privados de otra clase sin que generalmente tenga que dejar a eso miembros accesibles a otras clases.

Cuando usted compila la definicion de clases arriba indicada, dos archivos de clases seran creados. Aunque la definicion de la *Line* este anidada dentro de *WireFrameModel*, la clase *Line* compilada es almacenada en un archivo separado. El nombre de la clase para *Line* sera `WireFrameModel$Line.class`.

* * *

las clases no estaticas anidadas se refieren a **clases internas**. Las clases internas no son, en la practica, muy diferente de las clases estaticas anidadas, pero una clase no estatica anidada esta de hecho asociada mas con un objeto en vez de con la clase en la cual esta anidada. Esto puede tomar un poco el acostumbrarse.

Cualquier miembro no estatico de una clase no es realmente parte de la clase en si misma (Aunque su codigo fuente esta contenido en la definicion de la clase). Esto es verdad para las clases internas, tal y como es para cualquier otra parte no estatica de la clase. Los miembros no estaticos de una clase especificaran lo que sera contenida en los objetos que son creados desde la clase. Lo mismo es verdad—al menos logicamente—para las clases internas. Es como sí cada objeto que pertenece a la clase contenedora tiene su **propia copia** de la clase anidada. Esta copia tiene acceso a todos los metodos instanciados y variables instanciadas del objeto, aun esos que han sido declaradados `private`. Las dos copias de la clase interna en dos objetos diferentes se diferencian porque las variables y metodos instanciados a los que ellas se refieren estan en objetos diferentes. De hecho, la regla para decidir sí una clase anidada deberia ser estatica o no-estatica es simple: Sí la clase anidada necesita usar cualquier variable instanciada o metodo instanciado de la clase contenedora, haga no estatica a la clase anidada. De otra manera, tambein podria ser estatica.

Desde el exterior de la clase contenedora, una clase no estatica tiene que ser referida usando un nombre de la forma ⟨*Nombredevariable*⟩.⟨*NombredeClaseAnidada*⟩, donde ⟨*Nombredevariable*⟩ es una variable que se refiere al objeto que contiene la clase. Esto es de hecho bastante raro, Sin embargo. Una clase anidada no estatica es generalmente usada dentro de la clase en la cual esta anidada, y alli puede ser referida por su nombre simple.

Con la finalidad de crea un objeto que pertenece a una clase interna, usted primero debe tener un objeto que pertenece a la clase contenedora. (Cuando trabaje dentro de la clase, el objeto "`this`.[es] usado implicitamente.) El objeto de la clase interna esta permanentemente asociado con la clase contenedora del objeto, y tiene completo acceso a los miembros de la clase contenedores del objeto. Mirar a un ejemplo ayudara, y espero se convenza que las clases internas son raramente muy naturales. Considere una clase que representa juegos de poker. Esta clase podria incluir una clase anidada para representar a los jugadores del juego. Esta estructura de la clase *PokerGame* podria ser:

```
public class PokerGame {  // representa un juego de poker.
    private class Player {  // representa uno de los jugadores en \underline{este} juego.
        .
        .
        .
```

```
    } // fin de la clase Player
    private Deck deck;    // Una mano de cartas para hacer el juego.
    private int pot;      // La cantidad de dinero que ha sido apostada.
    .
    .
    .
} // fin de la clase PokerGame
```

Sí game es una variable de tipo *PokerGame*, entonces, conceptualmente, game contiene su propia copia de la clase *Player*. En un metodo instanciado de un objeto *PokerGame*, un nuevo objeto *Player* sería creado diciendo "new Player()", tal y como para cualquier otra clase. (Un objeto *Player* podria ser creado fuera de la clase *PokerGame* con una expresion tal como "game.new Player()". De nuevo, sin embargo, esto es muy raro.) El objeto *Player* tendra acceso a las variables instanciadas deck y pot en el objeto *PokerGame*. Cada objeto PokerGame tiene su propio deck y pot y Players. Los Jugadores de ese juego de poker usan la mano y la apuesta para ese juego; los jugadores de otro juego de poker usan la otra mano y apuesta. Ese es el efecto de hacer a la clase *Player* no-estatica. Esta es la forma mas natural de comportamiento para los jugadores. Un objeto *Player* representa un jugador de un juego de poker particular. Sí *Player* fuera una clase **estatica** anidada, por otro lado, representaria la idea general de un jugador de poker, independientemente de un juego de poker particular.

5.7.3. Clases Internas Anónimas

En algunos casos, usted podria encontrarse escribiendo una class interna y entonces usando esa clase en una solo linea de su programa. Es justo crear tal clase? En efecto, puede ser, pero para casos como este usted tiene la opcion de usar una ***clase anonima interna***. Una clase anonima es creada con una variacion del **nuevo** operador que tiene la forma

new ⟨*superclase-o-interfaz*⟩ (⟨*lista-de-parametro*⟩) { ⟨*métodos-y-variables*⟩ }

Este constructor define una nueva clase, sin darle un nombre, y simultaneamente crea un objeto que pertenece a esa clase. Esta forma de operador **new** puede ser usado en cualquier declaracion donde un "**new**regular pudiera ser usado. La intencion de esta expresion es crear: "un nuevo objeto que pertenezca a una clase que es lo mismo a ⟨*superclase-or-interface*⟩ Pero con estos metodos ⟨*metodos-y-variables*⟩ adicionados..El efecto es crear un objeto unicamente personalizado, justo en el punto del programa donde usted lo nencesita. Note que es mas posible basar en una clase anonima en una interfaz, en vez de una clase. En este caso, la clase anonima debe implementar la interfaz definiendo todos los metodos que estan declarados en la interfaz. Sí una interfaz es usada como una base, la ⟨*lista-de-parametros*⟩ debe estar vacia. De otra manera, puede contener parametros para un constructor en la ⟨*superclase*⟩.

Las clases anonimas son usadas con frecuencia para manejar eventos en interfaces graficas de usuario, y las encontraremos varias veces en los capitulos sobre porgramacion de GUI. Por ahora, veremos un ejemplo no-muy-plausible. Considere la interfaz *Drawable*, la cual fue definida mas temprano en esta Seccion. Suponga que queremos un objeto *Drawable* que dibuja un recuadro, lleno, rojo, de 100 pixeles. En vez de definir una nueva clase separada, y entonces usar esa clase para crear el objeto, podemos usar una clase anonima para crear el objeto en una declaracion:

```
Drawable redSquare = new Drawable() {
        void draw(Graphics g) {
            g.setColor(Color.red);
```

5.7. INTERFACES, CLASES ANIDADAS, Y OTROS DETALLES

```
            g.fillRect(10,10,100,100);
       }
};
```

El punto y coma al final de esta declaracion no es parte de la definicion de la clase. Es el punto y coma que es requerido al final de cada declaracion.

Cuando una clase Java es compilada, cada clase anidada anonima producira un archivo separado de clase. Sí el nombre de la clase principal es `MainClass`, por ejemplo, entonces el nombre del archivo de la clase para las clases anonimas anidadas seran `MainClass$1.class`, `MainClass$2.class`, `MainClass$3.class`, y asi sucesivamente.

5.7.4. Mezclando Estático y No estático

Las clases, como he dicho, tienen dos propositos muy distintos. Una clase puede ser usada para agrupar variables miembros estaticas y subrutinas miembros estaticas. O puede ser usada como una fabrica de objetos. Las variables y subrutinas no estaticas en la definicion de la clase especifican las variables y metodos instanciados de los objetos. En la mayoria de los casos, una clase ejecuta uno u otro de estos roles, no ambos.

A veces, sin embargo, miembros estaticos y no estaticos se mezclan en una sola clase. En este caso, la clase juega un rol dual. A veces, estos roles estan completamente separados. Tambien es posible que las partes estatica y no estatica de una clase interactuen. Esto ocurre cuando los metodos instanciados usan variables miembros estaticas o llaman subrutinas miembros estaticas. Un metodo instanciado pertenece a un objeto, no a la clase en si misma, y pueden ser muchos objetos con su propias versiones de metodos instanciado. Pero solo hay una copia de una variable miembro estatico. Asi, efectivamente, tenemos muchos objetos compartiendo esa unica variable.

Suponga que, por ejemplo, queremos escribir una clase *PairOfDice* que usa la clase *Random* mencionada en la Seccion ?? para lanzar los dados. Para hacer esto, un objeto *PairOfDice* necesita accesar a un objeto de tipo *Random*. Pero no hay necesidad de que cada objeto *PairOfDice* tener un objeto *Random* separado. (De hecho, no seria una buena idea: porque de la forma como los generadores de numero aleatorios trabajan, un programa deberia, en general, usar solo una fuente de numeros aleatorios.) Una solucion divertida es tener una sola variable *Random* como un member `estatico` de la clase *PairOfDice*, asi puede ser compartido por todos los objetos *PairOfDice*. Por ejemplo:

```
import java.util.Random;
public class PairOfDice {
    \newcode{private static Random randGen = new Random();}
    public int die1;   // numero mostrando el primer dado.
    public int die2;   // numero mostrando el segundo dado.
    public PairOfDice() {
          // Constructor.  crea un par de dados que
          // inicialmente muestra valores aleatorios.
       roll();
    }
    public void roll() {
          // Lanza los dados colocando cada uno de los dados para que sea
          // un numero aleatorio entre 1 y 6.
       die1 = randGen.nextInt(6) + 1;
       die2 = randGen.nextInt(6) + 1;
    }
} // fin de la clase PairOfDice
```

Como otro ejemplo, reescribamos la clase *Student* que fue usada en la Seccion 5.2. He adicionado un ID por cada estudiante y un miembro `estatico` llamado `nextUniqueID`. Aunque hay una variable ID en cada objeto student, solo hay una variable `nextUniqueID`.

```
public class Student {
   private String name;  // Nombre del estudiante.
   private int ID;  // numero ID unico para este estudiante.
   public double test1, test2, test3;    // Notas de los tres examenes.
   private static int nextUniqueID = 0;
            // Mantiene registro del proximo unico numero ID disponible
   Student(String theName) {
       // Constructor para los objetos  Student; proveen un nombre a Student,
       // y le asigna un unico numero ID.
     name = theName;
     nextUniqueID++;
     ID = nextUniqueID;
   }
   public String getName() {
       // metodo accesor para leer los valores de la
       // variable privada instanciada, name.
     return name;
   }
   public int getID() {
       // metodo accesor para leer los valores del ID.
     return ID;
   }
   public double getAverage() {
       // Calcula el promedio de las notas de los examenes.
     return (test1 + test2 + test3) / 3;
   }
} // fin de la clase Student
```

La inicializacion "`nextUniqueID = 0`.^{es} hecha solo una vez, cuando la clase es cargada por primera vez. Cuando quiera que un objeto *Student* es construido y el constructor dice "`nextUniqueID++;`", siempre es la misma variable miembro estatica que esta siendo incrementada. Cuando el primer objeto *Student* es creado, `nextUniqueID` se vuelve 1. Cuando el segundo objeto es creado, `nextUniqueID` se vuelve 2. Despues del tercer objeto, se vuelve 3. y asi sucesivamente. El constructor almacena el nuevo valor de `nextUniqueID` en la variable ID del objeto que esta siendo creado. Por supuesto, ID es una variable instanciada, asi cada objeto tiene su propia variable individual ID. La clase es construida de manera tal que cada student automaticamente obtendra un valor diferente para su variable ID. Ademas, la variable ID es `private`, asi no hay manera de que esta variable variable sea manipulada despues de que el objeto ha sido creado. Usted tiene garantizado, de la forma que la clase ha sido disenada, que cada objeto student tendra su propio numero de identificacion permanente. Lo cual es una clase de cosa muy agradable sí piensa acerca de ello.

5.7.5. Importación Estática

La directiva de `import` hace posible referirse a una clase tal como `java.awt.Color` usando su nombre simple, *Color*. Todo lo que usted tiene que hacer es decir `import java.awt.Color` o `import java.awt.*`. Pero usted aun tiene que usar nombres compuestos para referirse a variables miembros estaticas tales como `System.out` y a metodos estaticos tales como `Math.sqrt`.

Java 5.0 introduce una nueva forma de la directiva de `import` que puede ser usada para importar miembros `estaticos` de una clase de la misma manera que directiva ordinaria `import` importa clases desde un paquete. La nueva forma de la directiva es llamada una *static import*, y tiene la sintaxis

    `import static` ⟨*paquete-nombre*⟩.⟨*clase-nombre*⟩.⟨*nombre-miembro-estático*⟩;

para importar un nombre miembro estatico desde una clase, o

    `import static` ⟨*paquete-nombre*⟩.⟨*nombre-clase*⟩.*;

para importar todos los miembros publicos estaticos desde una clase. Por ejemplo, sí usted precede la definicion de una clase con

    `import static java.lang.System.out;`

entonces usted puede usar el nombre simple `out` en vez de el nombre completo `System.out`. Esto significa que usted puede usar `out.println` en vez de `System.out.println`. Sí usted va a trabajar extensivamente con la clase *Math*, puede preceder la definicion de su clase con

    `import static java.lang.Math.*;`

Esto le permitiria decir `sqrt` en vez de `Math.sqrt`, `log` en vez de `Math.log`, `PI` en vez de `Math.PI`, y asi sucesivamente.

Note que la directiva de importacion estatica requiere un ⟨*nombre-de-paquete*⟩, aun para las clases en el paquete normalizado `java.lang`. Una consecuencia de esto es que usted no puede hacer una importacion estatica desde una clase en el paquete por defecto. En particular, no es posible hacer una importacion estatica desde mi clase *TextIO*—sí usted quisiera hacer eso, tendra que mover *TextIO* dentro del a paquete.

5.7.6. Enums como clases

Los tipos enumerados fueron presentados en la Subseccion 2.3.3. Ahora que hemos cubierto mas material sobre clases y objetos, podemos retomar el topico (Aunque sin cubrir aun a los tipos enumerados en su total complejidad).

Los tipos enumerados son de hecho clases, y cada constante de tipo enumerado es una variable miembro `publica`, `final` y `estatica` en esa clase (aunque no son declaradas con estos modificadores). el valor de las variable es un objeto que pertenece a la clase de tipo enumerado. Hay uno de tales objetos por cada constante de tipo enumerado, y estos son los unicos objetos de la clase que pueden ser creados. Son realmente estos objetos los que representan los posibles valores de los tipos enumerados. Los constantes de los tipo enumerados son de hecho variables que se refieren a estos objetos.

Cuando un tipo enumerado es definido dentro de otra clase, es una clase anidada dentro de la clase contenedora. De hecho, es una clase estatica anidada, sí usted la declara para que sea `estatica` o no. Pero tambien puede ser declarada como una clase no anidada, en un archivo propio. Por ejemplo, podriamos definir el siguiente tipo enumerado en un archivo llamado `Suit.java`:

```
public enum Suit {
    SPADES, HEARTS, DIAMONDS, CLUBS
}
```

Este tipo enumerado representa las cuatro tipos posibles de cartas, y podria haber sido usada en el ejemplo *Card.java* de la Subseccion 5.4.2.

Ademas, en adicion a su lista de valores, un tipo enumerado puede contener algunas de las otras cosas que una clase regular puede contener, incluyendo metodos y variables miembros adicionales. Solo anada un punto y coma (;) al final de la lista de valores, y entonces adicione las definiciones de los metodos y las variables en la forma usual. Por ejemplo, podriamos hacer un tipo enumerado para representar los posibles valores de las cartas. Podria ser util tener un metodo que retorne los valores correspondientes en el juego de Blackjack. Como otro ejemplo, suponga que cuando imprimimos uno de los valores, nos gustaria ver algo diferente de la representacion por defecto de la cadena de caracteres (el identificador que identifica las constantes). En ese caso, podemos reescribir metodo codetoString() en la clase para que imprima una representacion diferente de la cadena de caracteres. Esto daria algo como:

```
public enum CardValue {
   ACE, TWO, THREE, FOUR, FIVE, SIX, SEVEN, EIGHT,
       NINE, TEN, JACK, QUEEN, KING;
  /**
   * Retorna el valor de esta CardValue en el juego de Blackjack.
   * Note que el valor retornado por un az es 1.
   */
  public int blackJackValue() {
     if (this == JACK || this == QUEEN || this == KING)
        return 10;
     else
        return 1 + ordinal();
  }

  /**
   * Retorna una representacion String de esta CardValue, usando numeros
   * para las cartas numericas y nombres para el az y las otras cartas.
   */
  public String toString() {
     switch (this) {       // "este" es uno de los valores de tipo enumerado
     case ACE:              // numero ordinal de ACE
        return "Ace";
     case JACK:             // numero ordinal de JACK
        return "Jack";
     case QUEEN:            // numero ordinal de QUEEN
        return "Queen";
     case KING:             // numero ordinal de KING
        return "King";
     default:               // es una carta de valor numerico
        int numericValue = 1 + ordinal();
        return "" + numericValue;
     }
} // fin de CardValue
```

Los metodos `blackjackValue()` y `toString()` sone metodos instanciados en *CardValue*. Debido a que `CardValue.JACK` es un objeto que pertenece a esa clase, usted lo puede llamar `CardValue.JACK.blackjackValue()`. Suponga que esa `cardVal` es declarada como una variable de tipo *CardValue*, de maera tal que puede ser referida a cualquiera de los valores en los tipo enumerados. La podemos llamar `cardVal.blackjackValue()` para encontrar el valor Blackjack del objeto *CardValue* al cual `cardVal` se refiere, y `System.out.println(cardVal)` implicitamente llamara al metodo `cardVal.toString()` para obtener la representacion imprimible de esa *CardValue*. (Otra cosa para tener en cuenta es que debido a que *CardValue* es una clase, el valor de `cardVal` puede ser `null`, lo cual significa que no se refiere a ningun objeto.)

5.7. INTERFACES, CLASES ANIDADAS, Y OTROS DETALLES

Recuerde que `ACE`, `TWO`, ..., `KING` solo son posibles objetos de tipo *CardValue*, asi en un metodo instanciado en esa clase, `this` se referira a uno de esos valores. Recuerde que el metodo instanciado `ordinal()` esta definido en cualquier tipo enumerado y da la posicion del valor del tipo enumerado en la lista de posibles valores, con conteo comenzando desde cero.

(Sí encuentra complicado usar el nombre de la clase como parte del nombre de cada constante de tipo enumerado, puede usar importacion estatica para hace disponibles los nombres simple de las constantes—pero solo sí pone los tipos enumerados dentro de un paquete. Por ejemplo, sí el tipo enumerado *CardValue* es definido en un paquete llamado `cardgames`, entonces usted podria colocar

```
import static cardgames.CardValue.*;
```

noindent al principio del archivo de codigo fuente. Esto le permitiria, por ejemplo, usar el nombre `JACK` en ese archivo en vez de `CardValue.JACK`.)

Ejercicios para el Capítulo 5

1. En todas las versiones de la clase *PairOfDice* en la Seccion 5.2, las variables instanciadas `die1` y `die2` son declaradas para ser `public`. Realmente deberian ser privadas, asi son protegidas de ser cambiadas desde fuera de la clase. Escriba otra version de la clase *PairOfDice* en la cual las variables instanciadas `die1` y `die2` sean `private`. Su clase necesitara metodos "getter" que puedan ser usados para encontrar los valores `die1` y `die2`. (La idea es proteger sus valores de ser cambiados desde el exterior de la clase, pero aun permite que los valores sean leidos.) Incluya otras mejoras en la clase, sí puede pensar en alguna. Evalue su clase con un pequeño programa que cuente cuantas veces es lanzado un par de dados, antes de que el total de los dos dados sea igual a dos.

2. Una tarea comun de programacion es calcular estadisticas de un grupo de numeros. (Una estadistica es un numero que resume alguna propiedad de un grupo de datos.) Estadisticas comunes incluyen la media (tambien conocido como el promedio) y la desviacion estandard (la cual dice cuan separados estan los datos de la media). He escrito una pequena clase llamada *StatCalc* que puede ser usada para calcular estas estadisticas, al igual que la suma de los elementos en el grupo de datos. Usted puede leer el codigo fuente para esta clase en el archivo *StatCalc.java*. Sí `calc` es una variable de tipo *StatCalc*, entonces los siguientes metodos estan definidos:

    - `calc.enter(item);` donde `item` es un numero, adiciona un elemento al grupo de datos.
    - `calc.getCount()` es una funcion que retorna el numero de elementos que han sido adicionados al grupo de datos.
    - `calc.getSum()` es una funcion que retorna la suma de todos los elementos que han sido adicionados al grupo de datos.
    - `calc.getMean()` es una funcion que retorna el promedio de todos los elementos.
    - `calc.getStandardDeviation()` es una funcion que retorna la desviacion estandard de los elementos.

    Tipicamente, todos los datos son adicionados uno despues de otro llamando al metodo `enter()` una y otra vez, a medida que los datos se hacen disponibles. Despues que todos los datos han sido introducidos, cualquiera de los otros metodos puede ser llamado para obetener informacion estadistica acerca de los datos. Los metodos `getMean()` y `getStandardDeviation()` solo deberia ser llamado sí el numero de elementos es mayor que cero.

    Modifique el codigo fuente actual, *StatCalc.java*, para adicionar metodos instanciados `getMax()` y `getMin()`. El metodo `getMax()` deberia retornar el mayor de todos los elementos que han sido adicionados al grupo de datos, y `getMin()` deberia retornar el mas bajo. Usted necesitara adicionar dos variables instanciadas nuevas para mantener registro de los elementos mayor y menor que han sido visto.

    Pruebe su nueva clase usandola en un programa que calcule estadisticas para un grupo de numeros no nulos introducidos por el usuario. Inicie creando un objeto de tipo *StatCalc*:

    ```
    StatCalc calc;   // objeto a ser usado para procesar los datos.
    calc = new StatCalc();
    ```

Lea numeros desde la entrada de usuario y adicionelos al grupo de datost. Use 0 como un valor centinela (eso es, deje de leer los numeros cuando el usuario introduzca 0). Despues de que todos los numeros del usuario no nulos hayan sido introducidos, imprima cada uno de las seis estadisticas que estan disponibles desde `calc`.

3. Este problema usa la clase *PairOfDice* del Ejercicio 5.1 y la clase *StatCalc* del Ejercicio 5.2.

   el programa en el Ejercicio 4.4 ejecuta el experimento de contar cuantas veces es lanzado un par de dados antes de que un total dado sea alcanzado. Repita este experimento 10000 veces y entonces reporte el promedio del numero de lanzamientos. Haga todo este proceso por cada total posible (2, 3, ..., 12).

   Rehacer ese ejercicio. Pero en vez de reportar el promedio del numero de lanzamientos, usted tambien deberia reportar la desviacion estandard y el maximo numero de lanzamientos. Use un objeto *PairOfDice* para representar los dados. Use un objeto *StatCalc* para calcular las estadisticas. (Necesitara un nuevo objeto *StatCalc* por cada total, 2, 3, ..., 12 possible. Puede usar un par de dados nuevos sí quiere, pero no es necesario.)

4. La clase *BlackjackHand* de la Subseccion 5.5.1 es una extension de la clase *Hand* de la Seccion 5.4. Los metodos instanciados en la clase *Hand* son dicutidos en esa Seccion. En adicion a esos metodos, *BlackjackHand* incluye un metodo instanciado, `getBlackjackValue()`, que retorna el valor de la mano para el juego de Blackjack. Para este ejemplo, usted tambien necesitara las clases *Deck* y *Card* de la Seccion 5.4.

   Una mano de Blackjack tipicamente contiene desde dos a seis cartas. Escriba un programa para probar la clase *BlackjackHand*. Usted deberia crear un objeto *BlackjackHand* y un objeto *Deck*. Tome un numero aleatorio entre 2 y 6. Tome mchas cartas de la pila y adiconela a la mano. Imprima todas las cartas en la mano, y entonces imprima el valor calculado para la mano por medio de `getBlackjackValue()`. Repita esto tantas veces como el usuario quiera continuar.

   En adicion a *TextIO.java*, su programa dependera de *Card.java*, *Deck.java*, *Hand.java*, y *BlackjackHand.java*.

5. Escriba un programa que le permita al usuario jugar Blackjack. El juego sera una version simplificada de Blackjack de como es jugada en un casino. La computadora actuara como el repartidor. As en el ejercicio de la Sección previa , su programa necesitara las clases definidas en *Card.java*, *Deck.java*, *Hand.java*, y *BlackjackHand.java*. (Este es el programa mas largo y mas complejo que se ha tenido hasta ahora como ejercicio.)

   Usted primero deberia escribir una subrutina en la cual el usuario realice un juego. La subrutina deberia retornar un valor **boolean** para indicar sí el usuario gana el juego o no. Retorna `true` sí el usuario gana, `false` sí el repartidor gana. El programa necesita un objeto de clase *Deck* y dos objetos de tipo *BlackjackHand*, uno para el repartidor y uno para el usuario. El objeto general en Blackjack es obtener una mano de cartas cuyo valor sea tan cercano a 21 como sea posible, sin salirse. El juego va así.

   - Primero, dos cartas son repartidas en la mano de cada jugador. Sí el repartidor de la mano tiene un valor de 21 en este punto, entonces el repartidor gana. De otra manera, sí el usuario tiene 21, entonces el usuario gana. (Esto es llamado un "Blackjack".) Note que el repartidor gana en un empate, así sí ambos jugadores tienen Blackjack, entonces el repartidor gana.

- Ahora, sí el juego no ha terminado, el usuario obtiene un chance para adicionar algunas cartas a la mano. En esta fase, el usuario ve su mano de cartas y ve **una** de las dos cartas del repartidor. (En un casino, el repartidor se reparte a si mismo una carta con la cara hacia arriaba y otra carta con la cara hacia abajo. Todas las cartas del usuario son repartidas cara arriba.) El usuario toma la decision de sí hacer "Hit", lo cual significa adicionar otra carta a su mano, o 'Aguantarse", lo cual significa dejar de tomar cartas.

- Sí el usuario hace Hits, hay una posibilidad de que se pase de 21. En ese caso, el juego se acaba y el usuario pierde. Sí no, entonces el proceso continua. El usuario debe decidir de nuevo sí hace Hit o Aguantarse.

- Sí el usuario se aguanta, el juego se terminara, pero primero el repartidor tiene la oportunidad de sacar cartas. El repartidor solo sigue reglas, sin ninguna otra opcion. La regla es que mientras el valor de la mano del repartidor sea menor o igual a 16, el repartidor hace Hits (Eso es, toma otra carta). El usuario deberia ver todas las cartas del repartidor en este punto. Ahora, el ganador puede ser determinado: Sí el reaprtidor se ha pasado de 21, el usuario gana. De otra manera, sí el total del repartidor es mayor o igual al total del usuario, entonces el repartidor gana. De otra manera, el usuario gana.

Dos notas de programacion: En cualquier punto en una subrutina, tal pronto como usted sepa quien es el ganador, usted puede decir "`return true;`" o "`return false;`" al final de la subrutina y retornar al programa principal. Para evitar tener una sobre abundancia de variables en su subrutina, recuerde que un llamado de funcion tal como `userHand.getBlackjackValue()` puede ser usado el cualquier lugar que un numero pudiera ser usado, incluyendo en una declaracion de salida o en la condicion de una declaracion `if`.

Escriba un programa principal que le permita al usuario jugar varios juegos de Blackjack. Para hacer las cosas interesantes, dele al usuario 100 dolares, y permitale al usuario hacer apuestas en el juego. Sí el usuario pierde, substraiga la apuesta del dinero del usuario. Sí el usuario gana, agregele una cantidad igual a la apuesta al dinero del usuario. Termine el programa cuando el usuario quiera terminar o cuando se quede sin dinero.

Una version applet de este programa puede ser encontrado en la version en linea de este ejercicio. Usted podria querer probarlo antes de trabajar en el programa.

6. En la Subseccion 5.7.6 se discutio la posibilidad de representar las manos y los valores de las cartas como tipos enumerados. Reescriba la clase *Card* desde la Subseccion 5.4.2 para usar estos tipos enumerados. Pruebe su clase con un programa que imprima las 52 cartas posibles. Sugerencia: Puede modificar el archivo de codigo fuente *Card.java*, pero deberia dejar soporte para los Comodines. En su programa principal, use bucles `for` anidados para generar las cartas de todas las posibles manos y valores; los bucles `for` seran "por-cada" bucle del tipo discutido en la Subseccion 3.4.4. Sería divertido adicionar un metodo `toString()` a la clase *Suit* de la Subseccion 5.7.6, asi una mano se imprimira como "Spades." "Hearts." en vez de "SPADES." "HEARTS".

Prueba del Capítulo 5

1. La programacion orientada a objeto usa *clases* y *objetos*. qué son clases y qué son objetos? Cuál es la relacion entre clases y objetos?

2. Explique cuidadosamente que significa *null* en Java, y porque este valor especial es necesario.

3. qué es un *constructor?* cuál es el proposito de un constructor en una clase?

4. Suponga que `Kumquat` es el nombre de una clase y que `fruit` es una variable de tipo `Kumquat`. cuál es el significado de la declaración "`fruit = new Kumquat();`¿ Eso es, qué hace la computadora cuando ejecuta esta declaración? (Trate de dar una respuesta completa. La computadora hace varias cosas.)

5. qué significan los termino *variable instanciada* y *metodo instanciado*?

6. Explique que significa los terminos *subclase* y *superclase*.

7. Modifique la siguiente clase de manera tal que las dos variables instanciadas sean `private` y haya un metodo getter y un metodo setter por cada variable instanciada:

```
public class Player {
   String name;
   int score;
}
```

8. Explique porque la clase *Player* que esta definida en la pregunta previa tiene un método instanciado llamado `toString()`, aunque ninguna definición de este metodo aparece en la definicion de la clase.

9. Explique el termino *polimorfismo*.

10. Java usa "recolector de basura" para el manejo de la memoria. Explique que se quiere decir aquí con recoleccion de basura. Cuál es la alternativa a la recoleccion de basura?

11. Para este problema, usted debería escribir una clase muy simple pero completa. La clase representa un contador que cuenta 0, 1, 2, 3, 4, ... el nombre de la clase debería ser `Counter`. Tiene una variable `private` instanciada representando el valor del contador. Tiene dos métodos instanciados: `increment()` suma uno al valor del contador, y `getValue()` retorna el valor actual del contador. Escriba una definición completa para la clase, `Counter`.

12. Este problema usa la clase `Counter` de la pregunta previa. El siguiente segmento de programa trata de simular el lanzamiento de una moneda 100 veces. Debería usar dos objetos `Counter`, `headCount` y `tailCount`, para contar el número de caras y el número de escudos. Llene los espacios en blanco de manera tal que lo haga así:

```
Counter headCount, tailCount;
tailCount = new Counter();
headCount = new Counter();
for ( int flip = 0;  flip < 100;  flip++ ) {
   if (Math.random() < 0.5)    // Hay una probabilidad del 50/50 de que sea verdad.
      _____ ;    // Cuenta una "cara".
```

```
      else
           _____ ;    // Cuenta un "escudo".
}
System.out.println("There were " + _____ + " heads.");
```

Capítulo 6

Introducción a la Programación GUI

Los usuarios de computadoras hoy en día esperan interactuar con sus computadoras usando una interfaz gráfica de usuario (GUI). Java puede ser usado para escribir programas GUI que van desde simple applets los cuales corren en una página Web a sofisticadas aplicaciones independientes .

Los programas GUI difieren de los programas tradicionales "que van recto"los cuales usted ha encontrado en los primeros pocos capítulos de este libro. Una gran diferencia es que los programas GUI son *manejados por eventos*. Eso es, las acciones del usuario tales como clickear sobre un botón o presionar una tecla del teclado genera eventos, y el programa debe responder a estos eventos a medida que ellos ocurren. La Programación manejada por eventos se construye sobre todas las habilidades que usted ha aprendido en los primeros cinco capítulos de este texto. Usted necesita ser capaz de escribir las subrutinas que respondan a los eventos. dentro estas subrutinas, usted esta haciendo la clase de Programación-en-detalle que fue cubierta en los Capitulos 2 y 3.

y por supuesto, los objetos están en todas partes en la Programación GUI. Los eventos son objetos. Los colores y fuentes son objetos. Los componentes GUI tales como botones y menús son objetos. Los eventos son manejado por métodos instanciados contenidos en objetos. En Java, la Programación GUI es Programación orientada a objeto.

Este Capítulo cubre lo básico de la Programación GUI. La discusión continuara en el Capítulo 12 con más detalles y con más técnicas avanzadas.

6.1. La Aplicación GUI Básica

Hay dos tipos basicos de programa GUI en Java: *aplicaciones independientes* y *applets*. Un applet es un programa que corre en un área rectangular de una página Web. Los applets son generalmente programas pequeños, con la finalidad de hacer cosas simples, aunque no hay nada que los detengan de ser muy complejos. Los applets fueron responsables de mucha de la agitacion por Java cuando fue introducido, debido a que ellos podian hacer cosas que de otra manera no podian ser hechas en páginas Web. Sin embargo, ahora hay formas más faciles de hacer muchas de las cosas más básica que pueden ser hechas con los applets, y ya no son más el foco principal de interes en Java. No obstante, aún hay algunas cosas que pueden ser hechas mejor con applets, y ellos son aún bastante comunes en la Web. Veremos los applets en la proxima sección.

Un Aplicación independiente es un programa que corre por su cuenta, sin depender de un navegador Web. Usted ha estado escribiendo aplicaciones independientes todo el tiempo.

Cualquier clase que tenga una rutina `main()` define una aplicación independiente; correr el programa significa ejecutar esta rutina `main()`. Sin embargo, los programas que usted ha visto hasta ahora han sido programas de "líneas de comandos", donde el usuario y la computadora interactuan transcribiendo cosas de ida y vuelta de uno a otro. Un programa GUI ofrece un tipo de interfaz de usuario mucho más rico, donde el usuario usa un ratón y un teclado para interactuar con componentes GUI tales como ventanas, menús, botones, cajas de verificación, cajas de entrada de texto, barras de deslizamiento, y así sucesivamente. La rutina principal de un programa GUI crea uno o más de tales componentes y los muestra en la pantalla de la computador. Muy frecuentemente, eso es todo lo que hace. Una vez que un componente GUI ha sido creado, sigue su **propia** programación —programación que dice como dibujarse a si misma en la pantalla y como responder a eventos tales como ser clickeado por el usuario.

Un programa GUI no tiene que ser inmensamente complejo. Podemos, por ejemplo, escribir un programa GUI muy simple "Hello World"que diga "Hello", al usuario, pero haciendolo por medio de la apertura de una ventana donde el saludo sea mostrado:

```
        import javax.swing.JOptionPane;
        public class HelloWorldGUI1 {
            public static void main(String[] args) {
                JOptionPane.showMessageDialog( null, "Hola Mundo!" );
    }
}
```

Cuando este programa es corrido, aparece una ventana en la pantalla la cual contiene el mensaje "Hola Mundo!". La ventana también contiene un botón "OK"para que el usuario lo clickee despues de leer el mensaje. Cuando el usuario clickea este botón, la ventana se cierra y el programa termina. De esta manera, este programa puede ser colocado en un archivo llamado *HelloWorldGUI1.java*, compilado, y corrido tal como cualquier otro programa Java.

Ahora, este programa ya se esta haciendo una cosa algo lujosa. Crea una ventana, dibuja los contenidos de esa ventana, y maneja el evento que es generado cuando el usuario clickea el botón. La razon de porque el programa fue tan fácil para escribir es que todo el trabajo es hecho por `showMessageDialog()`, un método **estático** en la clase preconstruida *JOptionPane*. (Note que el código fuente "importa"la clase `javax.swing.JOptionPane` para hacer posible la referencia a la clase *JOptionPane* usando su nombre simple. Vea la Subsección 4.5.3 para información acerca de importacion de clases desde los paquetes normalizados de Java.)

Sí usted quiere mostrar un mensaje al usuario en un programa GUI, esta es una buena manera de acerlo: sólo usar una clase normalizada que ya sepa como hace el trabajo! y de hecho, *JOptionPane* es usada regularmente para este proposito (pero como parte de un programa más largo, usualmente). por supuesto, sí usted quiere hacer alguna cosa seria en un programa GUI, hay mucho más para aprender. Para darle una idea de los tipos de cosas que estan involucradas, veremos un programa GUI pequeño que hace las mismas cosas que el programa previo—abrir una ventana que contiene una mensaje y un botón OK, y responde a un click en el botón terminando el programa—pero hace todo manualmente en vez de usar la clase preconstruida *JOptionPane*. Fijese, que esta **no** es una buena manera de escribir el programa, pero le ilustrará algunos aspectos importantes de Programación GUI en Java.

Aquí esta el código fuente para el programa. No se espera que lo entienda todavia. Le explicaré como trabaja abajo, pero tomará el resto del Capítulo antes de que usted realmente entienda completamente. En esta sección, obtendrá una visión general resumida de la Programación GUI.

6.1. LA APLICACIÓN GUI BÁSICA

```java
import java.awt.*;
import java.awt.event.*;
import javax.swing.*;
public class HelloWorldGUI2 {
   private static class HelloWorldDisplay extends JPanel {
      public void paintComponent(Graphics g) {
         super.paintComponent(g);
         g.drawString( "Hello World!", 20, 30 );
      }
   }
   private static class ButtonHandler implementa ActionListener {
      public void actionPerformed(ActionEvent e) {
         System.exit(0);
      }
   }
   public static void main(String[] args) {
      HelloWorldDisplay displayPanel = new HelloWorldDisplay();
      JButton okButton = new JButton("OK");
      ButtonHandler listener = new ButtonHandler();
      okButton.addActionListener(listener);
      JPanel contenido = new JPanel();
      contenido.setLayout(new BorderLayout());
      contenido.adicionar(displayPanel, BorderLayout.CENTER);
      contenido.adicionar(okButton, BorderLayout.SOUTH);
      JFrame ventana = new JFrame("GUI Test");
      ventana.setContentPane(contenido);
      ventana.setSize(250,100);
      ventana.setLocation(100,100);
      ventana.setVisible(true);
   }
}
```

6.1.1. JFrame y JPanel

En un programa GUI de Java, cada componente GUI en la interfaz es representado por un objeto en el programa. Uno de los tipos fundamentales de componentes es la ***ventana***. Las ventanas tienen muchas conductas. Pueden ser abiertas y cerradas. Pueden ser redimensionadas. Tienen "títulos"que son mostradas en la barra de título sobre la ventana. Y lo más importante, pueden contener otros componentes GUI tales como botones y menues.

Java, por supuesto, tiene una clase preconstruida para representar ventanas. Hay de hecho diferentes tipos de ventana, pero el tipo más común es representado por la clase *JFrame* (la cual esta incluida en el paquete `javax.swing`). Un *JFrame* es una ventana independiente que puede, por ejemplo, actuar como la ventana principal de una aplicación. Una de las cosas más importante por comprender es que un objeto *JFrame* viene con muchas de las conductas de ventanas ya programada en ella. En particular, viene con las propiedades básicas compartidas por todas las ventanas, tales como una barra de título y la habilidad para ser abiertas y cerradas. Debido a que una *JFrame* viene con estas conductas, usted no tiene que programarlas usted mismo! esto es, por supuesto, una de las ideas centrales de la Programación orientada a objeto. Lo que no viene con una *JFrame*, por supuesto, es el ***contenido***, las cosas que estan contenidas en la ventana. Si usted no adiciona cualquier otro contenido a una *JFrame*, esta mostrará una gran área blanca. Usted puede adicionar contenido también creando un objeto *JFrame* y entonces adicionandole el contenido a ella o por medio de la creación de una subclase de *JFrame* y adicionandole el contenido en el constructor de esa subclase.

El programa principal de arriba declara una variable, `ventana`, de tipo *JFrame* y la refiere a un nuevo objeto ventana con la declaración:

```
JFrame ventana = new JFrame("GUI Test");
```

El parámetro en el constructor, "GUI Test", especificara el título que será mostrado en la barra de título de la ventana. Esta línea crea el objeto ventana, pero la ventana en si misma aún no es visible en la pantalla. Antes de hacer visible la ventana, alguna de sus propiedades son clolocadas con estas declaraciones:

```
ventana.setContentPane(contenido);
ventana.setSize(250,100);
ventana.setLocation(100,100);
```

aquí la primera línea coloca el contenido de la ventana. (El contenido en si mismo fue creado inicialmente en el programa principal.) La segunda línea dice que la ventana Tendrá 250 pixeles de ancho y 100 pixeles de alto. La tercera línea dice que la esquina superior izquierda de la ventana estará 100 pixeles hacia arriba desde el extremo izquierdo de la pantalla y 100 pixeles hacia abajo desde la parte superior. Una vez que todos estos valores han sido asignados, La ventana es de hecho hecha visible en la pantalla con el comando:

```
ventana.setVisible(true);
```

podría parecer como sí el programa termina en ese punto, y, de hecho, la rutina `main()` finaliza. Sin embargo, La ventana esta aún en la pantalla y el programa como un todo no termina hasta el usuario clickea el botón OK.

* * *

El contenido que es mostrado en una *JFrame* es llamado su **panel de contenido**. (En adición a su panel de contenido, una *JFrame* también puede tener una barra de menú, lo cual es una cosa separada acerca de la que hablare más tarde.) Una *JFrame* básica ya tiene un panel de contenido en blanco; usted también puede adicionar cosas a ese panel o usted puede remplazar el panel de contenido básico completamente. En mi programa ejemplo, la línea `ventana.setContentPane(contenido)` remplaza al panel vacio original de contenido con un componente diferente. (Recuerde que un "componente", es sólo un elemento visual de una interfaz gráfica de usuario.) En este caso, el nuevo contenido es un componente de tipo *JPanel*.

JPanel es otra de las clases fundamental que esta en Swing. El *JPanel* básico es, de nuevo, sólo un rectángulo en blanco. Hay dos maneras de hacer un *JPanel* útil: La primera es **adicionar otros componentes** al panel; la segunda es **dibujar algo** en el panel. Ambas técnicas son illustradas en el programa ejemplo. De hecho, usted encontrara dos *JPanels* en el programa: `contenido`, el cual es usado para contener otros componentes, y `displayPanel`, el cual es usado como una superficie de dibujo.

Veamos más de cerca en `displayPanel`. Esta variable es de tipo *HelloWorldDisplay*, el cual es una clase estática anidada dentro de la clase *HelloWorldGUI2*. (Clases anidadas fueron introducidas en la Subsección 5.7.2.) Esta clase define un método instanciado, `paintComponent()`, el cual remplaza un método con el mismo nombre en la clase *JPanel*:

6.1. LA APLICACIÓN GUI BÁSICA

```
private static class HelloWorldDisplay extends JPanel {
   public void paintComponent(Graphics g) {
      super.paintComponent(g);
      g.drawString( "Hello World!", 20, 30 );
   }
}
```

El método `paintComponent()` es llamado por el sistema cuando un componente necesita ser pintado en la pantalla. En la clase *JPanel*, el método `paintComponent` simplemente llena el panel con el color de fondo del panel. El método `paintComponent()` en *HelloWorldDisplay* comienza llamando a `super.paintComponent(g)`. Este llama a la versión de `paintComponent()` que esta definido en la superclase, *JPanel*; Eso es, llena el panel con el color de fondo. (Vea la Subsección 5.6.2 para una discusión de la variable especial `super`.) Entonces llama a `g.drawString()` para pintar la cadena de caracteres "Hello World!"dentro del panel. El resultado es que cuando quiera que un *HelloWorldDisplay* sea mostrado en la pantalla, se muestra la cadena de caracteres "Hello World!".

Con frecuencia usaremos a los *JPanels* de esta manera, como superficies de dibujo. Usualmente, cuando hagamos esto, definiremos una clase anidada eso es una subclase de *JPanel* y escribiremos un método `paintComponent` en esa clase para dibujar el contenido deseado en el panel.

6.1.2. Componentes y Layout

Otra manera de usar un *JPanel* es como un **contenedor** para mantener otros componentes. Java tiene muchas clases que definen componentes GUI. Antes de que estos componentes pueden aparecer en la pantalla, deben ser ***adicionados*** al contenedor. En este programa, la variable llamada `contenido` se refiere a un *JPanel* que es usado como un contenedor, y los otros dos componentes son adicionados a ese contenedor. Esto es hecho en las declaraciones:

```
contenido.add(displayPanel, BorderLayout.CENTER);
contenido.add(okButton, BorderLayout.SOUTH);
```

Aquí, `contenido` se refiere a un objeto de tipo *JPanel*; posteriormente en el programa, este panel se vuelve el panel de contenido de la ventana. El primer componente que es agregado a `contenido` es `displayPanel` lo cual, como se discutio arriba, muestra el mensaje, "Hello World!". El segundo es `okButton` lo cual representa el botón que el usuario clickea para cerrar la ventana. La variable `okButton` es de tipo *JButton*, la clase Java que representa botones pulsadores.

El asunto del "BorderLayout", en estas declaraciones tiene que ver con como los dos componentes son organizados en el contenedor. Cuando los componentes son agregados a un contenedor, tiene que haber alguna manera de decidir como esos componentes son organizados dentro del contenedor. Esto es llamado "organizar"los componentes en el contenedor, y la técnica más común para organizar componentes es usar un ***administrador de organización***. Un administrador de organización es un objeto que implementa alguna política de como organizar los componentes en un contenedor; diferentes tipos de administrador de organización implementan diferentes políticas. Un tipo de administrador de organización es definido por la clase *BorderLayout*. En el programa, la declaración

```
contenido.setLayout(new BorderLayout());
```

Crear un nuevo objeto *BorderLayout* y decirle al panel de `contenido` que usa el nuevo objeto como su administrador de organización. Esencialmente, esta línea determina como los componentes que son agregados al panel de contenido serán organizados dentro del panel. Cubriremos a los administradores de organización en mucho más detalle posteriormente, pero por ahora todo lo que usted necesita saber es que adicionando el `okButton` en la posición `BorderLayout.SOUTH` coloca el botón en la parte baja del panel, y colocar el `displayPanel` en la posición `BorderLayout.CENTER` lo hace llenar cualquier espacio que no es tomado por el botón.

Este ejemplo muestra una técnica general para crear una GUI: Cree un contenedor y asignele un administrador de organización, cree los componentes y adicionelos al contenedor, y usar el contenedor como el panel de contenido de una ventana o applet. Un contenedor es en si mismo un componente, así es posible que alguno de los componentes que son agregados al nivel superior del contenedor sean en si mismo contenedores, con sus propios administradores de organización y componentes. Esto hace posible construir interfaces de usuario complejas en una manera jerarquica, con contenedores dentro contenedores dentro contenedores...

6.1.3. Eventos y oyentes

La estructura de los contenedores y componentes establece la apariencia física de una GUI, pero no dice nada acerca de como la GUI **se debe comportar**. Eso es, que puede hacer el usuario con la GUI y cómo le responderá? Las GUI son ampliamente *manejadas por eventos*; Eso es, el programa espera por eventos que son generados por las acciones del usuario (o por alguna otra causa). Cuando un evento ocurre, el programa responde ejecutando un *método manejador de eventos*. Con la finaliad de programar la conducta de una GUI, usted tiene que escribir métodos manejador de eventos para responder a los eventos en los que usted esta interesado.

La técnica más común para manejar eventos en Java es usar *oyentes de eventos*. Un oyente es un objeto que incluye uno o más métodos manejadores de eventos. Cuando un evento es detectado por otro objeto, tales como un botón o menú, el objeto oyente es notificado y responde corriendo el método manejador de eventos apropiado. Un evento es detectado o generado por un objeto. Otro objeto, el oyente, tiene la responsabilidad de responder al evento. El evento en si mismo es de hecho representado por un tercer objeto, el cual transporta información acerca del tipo de evento, cuando ocurrió, y así sucesivamente. Esta división de responsabilidades hace más fácil organizar programas grandes.

Como un ejemplo, considere el botón OK en el programa ejemplo. Cuando el usuario clickea el botón, un evento es generado. Este evento es representado por un objeto que pertenece a la clase *ActionEvent*. El evento que es generado es asociado con el botón; decimos que el botón es la *fuente* del evento. El objeto oyente en este caso es un objeto que pertenece a la clase *ButtonHandler*, la cual esta definida como una clase anidada dentro *HelloWorldGUI2*:

```java
private static class ButtonHandler implements ActionListener {
   public void actionPerformed(ActionEvent e) {
      System.exit(0);
   }
}
```

Esta clase implementa la interfaz *ActionListener* —un requerimiento para objetos oyentes que manejan eventos de botones. (Las interfaces fueron introducidas en la Subsección 5.7.1.) el método manejador de eventos es llamado `actionPerformed`, como fue especificado por la interfaz *ActionListener*. Este método contiene el código que es ejecutado cuando el usuario clickea el botón; en este caso, el código es un llamado a `System.exit()`, lo cual terminará el programa.

6.2. Applets y HTML

Hay un ingrediente más que es necesario para llevar el evento desde el botón al objeto oyente: El objeto oyente se debe *registrar* a si mismo con el botón como un oyente de eventos. Esto es hecho con la declaración:

```
okButton.addActionListener(listener);
```

Esta declaración le dice a `okButton` que cuando el usuario clickea el botón, el ActionEvent que es generado debería ser enviado al `listener`. Sin esta declaración, el botón no tiene manera de saber si a cualquier otro objeto le gustaria oir los eventos del botón.

Este ejemplo muestra una técnica general para programar la conducta de una GUI: Escriba clases que incluyan métodos manejadores de eventos. Cree objetos que pertenzcan a estas clases y registrelas como oyentes con los objetos que de hecho detectarán o generarán los eventos. Cuando un evento ocurre, el oyente es notificado, y el código que usted escribio en uno de sus métodos manejadores de eventos es ejecutado. Al principio, esto podría parecer como una manera muy indirecta y complicada para obtener las cosas, pero a medida que usted gane experiencia con ello, encontrará que es muy flexible y que va muy bien con la programación orientada a objeto. (Retornaremos a los eventos y los oyentes en mucho más detalle en la Sección 6.3 y secciones posteriores, y no espero que usted los entienda completamente en este momento.)

6.2. Applets y HTML

AUNQUE LAS APLICACIONES INDEPENDIENTES son probablemente más importante que los applets en este punto en la historia de Java, los applets son aún ampliamente usados. Ellos pueden hacer cosas el las páginas Web que no pueden ser hechas facilmente con otras tecnologias. Es fácil distribuir applets a los usuarios: el usuario tiene que abrir una página Web, y el applet esta allí, sin requerir instalacion especial (aunque el usuario debe tener una versión apropiada de Java instalada en su computadora). y por supuesto, los applets son divertidos; Ahora que el Internet se ha vuelto una parte común de la vida, es agradable ser capaz de ver su trabajo corriendo en una página Web.

La buena noticia es que escribir applets no es muy diferente de escribir aplicaciones independientes . La estructura de un applet es esencialmente la misma estructura de las *JFrames* que fueron introducidas en las Sección previa, y los eventos son manejados de la misma manera en ambos tipos de programa. Así, la mayoria de lo que usted ha aprendido acerca de aplicaciones independientes aplica a los applets, y *vice versa*.

Por supuesto, una diferencia es que Un applet es dependiente de una página Web, así para usar applets efectivamente, usted tiene que aprender al menos un poco acerca de la creación de páginas Web. Las páginas Web son escritas usando un lenguaje llamado **HTML** (HyperText Markup Language). En la Subsección 6.2.3, abajo, usted aprenderá como usar HTML para crear páginas Web que muestren applets.

6.2.1. JApplet

La clase *JApplet* (en el paquete `javax.swing`) puede ser usada como una base para escribir applets en la misma manera que *JFrame* es usado para escribir aplicaciones independientes . La clase *JApplet* básica representa un área rectangular en blanco. Debido a que un applet no es una aplicación independiente, esta área debe aparecer en una página Web, o en algún otro ambiente que sepa como mostrar un applet. Como un *JFrame*, un *JApplet* contiene un panel de contenido (y puede contener una barra de menú). Usted también puede adicionar contenido a un applet adicionandole contenido a su panel de contenido o remplazando el panel de contenido con otro componente. En mis ejemplos, generalmente crearé un *JPanel* y lo usaré como un remplazo al panel de contenido del applet.

Para crear un applet, usted escribirá una subclase de *JApplet*. La clase *JApplet* define varios métodos instanciados que son únicos para los applets. Estos métodos son llamados por el ambiente del applet en ciertos puntos durante el "ciclo de vida"del applet. En la clase *JApplet* en si misma, estos métodos no hacen nada; usted puede anular estos métodos en una subclase. El más importante de estos métodos especiales de applet es

```
public void init()
```

Un método applet `init()` es llamado cuando el applet es creado. Usted puede usar el método `init()` como un lugar en donde se establece la estructura física del applet y el manejo de eventos que determinara su conducta. (usted también puede hacer alguna inicializacion en el constructor de su clase, pero hay ciertos aspectos del ambiente del applet que son establecidos despues de que su constructor es llamado pero antes de que el método `init()` sea llamado, así hay unas pocas operaciones que trabajaran en el método `init()` pero que no trabajaran en el constructor.) Los otros métodos del ciclo de vida del applet son `start()`, `stop()`, y `destroy()`. No usaré estos métodos por ahora y no los discutiré aquí excepto para mencionar que `destroy()` es llamado al final del ciclo de vida del applet y puede ser usado como un lugar para hacer cualquier limpieza necesaria, tales como cerrar cualquier ventana que hubiera sido abierta por el applet.

Con esto en mente, podemos mirar nuestro primer ejemplo de un *JApplet*. Es, por supuesto, un applet que diga "Hola Mundo!". Para hacerlo un poco más interesante, he agregado un botón que cambia el texto del mensaje, y una variable de estado, `currentMessage`, que mantiene el texto del mensaje real. Este ejemplo es muy similar a la aplicación independiente *HelloWorldGUI2* de la la sección previa. Usa una clase manejadora de eventos para responder cuando el usuario clickea el botón, un panel muestra el mensaje, y otro panel que sirve como un contenedor para el mensaje del panel y el botón. El segundo panel se vuelve el panel de contenido del applet. Aquí esta el código fuente para el applet; de nuevo, no se espera que comprenda todos los detalles en este momento:

```java
import java.awt.*;
import java.awt.event.*;
import javax.swing.*;
/**
 * Un applet simple que puede mostrar los mensajes "Hola Mundo"
 * y "Adios Mundo".  El applet contiene un botón, e
 * intercambia de un mensaje a los otros cuando el botón es
 * clickeado.
 */
public class HelloWorldApplet extends JApplet {
   private String currentMessage = "Hola Mundo!"; // Mensaje real mostrado.
   private MessageDisplay displayPanel;  // El panel donde el mensaje es mostrado.
   private class MessageDisplay extends JPanel {   // definir el panel que se muestra.
      public void paintComponent(Graphics g) {
         super.paintComponent(g);
         g.drawString(currentMessage, 20, 30);
      }
   }
   private class ButtonHandler implement ActionListener {  // el oyente de eventos.
      public void actionPerformed(ActionEvent e) {
```

6.2. APPLETS Y HTML

```java
            if (currentMessage.equals("Hola Mundo!"))
               currentMessage = "Adios Mundo!";
            else
               currentMessage = "Hola Mundo!";
            displayPanel.repaint(); // Pinta el panel que se muestra con el mensaje nuevo.
         }
      }
      /**
       * El  método init() del applet crea el botón y muestra el panel y
       * lo adiciona al applet, y  coloca un oyente para responder  al
       * clickeo en el botón.
       */
      public void init() {
         displayPanel = new MessageDisplay();
         JButton changeMessageButton = new JButton("Cambiar mensaje");
         ButtonHandler listener = new ButtonHandler();
         changeMessageButton.addActionListener(listener);
         JPanel contenido = new JPanel();
         contenido.setLayout(new BorderLayout());
         contenido.adicionar(displayPanel, BorderLayout.CENTER);
         contenido.adicionar(changeMessageButton, BorderLayout.SOUTH);
         setContentPane(contenido);
      }
   }
```

Usted debería comparar esta clase con *HelloWorldGUI2.java* de la sección previa. Una diferencia sutíl que usted notará es que las variables miembros y las clases anidadas en este ejemplo son no-estáticas. Recuerde que Un applet es un objeto. Una sola clase puede ser usada para hacer varios applets, y cada uno de esos applets necesitará su propia copia de los datos del applet, así las variables miembros en las cuales los datos estan almacenados deben ser variables instanciadas no - estáticas. Debido a que las variables son no-estáticas, las dos clases anidadas, las cuales usan esas variables, también deben ser no-estáticas. (Las clases estáticas anidadas no pueden accesar a variables miembros no-estáticas en la clase contenedora; Vea la Subsección 5.7.2. Recuerde la regla básica para decidir sí una clase anidada se hace estática: Sí se necesita acceso a cualquier variable instanciada o método instanciado en la clase contenedora, la clase anidada debe ser no-estática; de otra manera, puede ser declarada `static`.

6.2.2. Reutilizando sus JPanels

Ambos applets y frames puede ser programados de la misma manera: Diseñe un *JPanel*, y uselo para remplazar el panel de contenido por defecto en el applet o frame. Esto hace muy fácil escribir dos versiones de un programa, uno los cuales corre como un applet y otro de los cuales corre como un frame. La idea es crear una subclase de *JPanel* que representa al panel de contenido para su programa; todo el trabajo duro de Programación es hecho en esta clase panel. Un objeto de esta clase entonces puede ser usado como el panel de contenido tanto en el frame o en un applet. sólo se necesita un programa `main()` muy simple para mostrar su panel en un frame, y sólo se necesita una clase applet muy simple para mostrar su panel en un applet, así es fácil hacer ambas versiones.

Como un ejemplo, podemos reescribir *HelloWorldApplet* escribiendo una subclase de *JPanel*. Esa clase entonces puede ser reusada para hacer un frame en una aplicación independiente. Esta clase es muy similar a *HelloWorldApplet*, pero ahora la inicializacion es hecha en un constructor en vez de en un método `init()`:

```java
import java.awt.*;
import java.awt.event.*;
import javax.swing.*;
public class HelloWorldPanel extends JPanel {
   private String currentMessage = "Hello World!"; // mensaje mostrado.
   private MessageDisplay displayPanel;  // El panel donde el mensaje es mostrado.
   private class MessageDisplay extends JPanel {   // definir el panel a mostrar.
      public void paintComponent(Graphics g) {
         super.paintComponent(g);
         g.drawString(currentMessage, 20, 30);
      }
   }
   private class ButtonHandler implementa ActionListener {  // El oyente de eventos.
      public void actionPerformed(ActionEvent e) {
         if (currentMessage.equals("Hello World!"))
            currentMessage = "Goodbye World!";
         else
            currentMessage = "Hello World!";
         displayPanel.repaint(); // Se pinta el panel con el nuevo mensaje.
      }
   }
   /**
    * El constructor crea los componentes que serán contenidos dentro este
    * panel, y entonces adicionan esos componentes a este  panel.
    */
   public HelloWorldPanel() {
      displayPanel = new MessageDisplay();  // Crea el subpanel.
      JButton changeMessageButton = new JButton("Cambia mensaje"); // el botón.
      ButtonHandler listener = new ButtonHandler();
      changeMessageButton.addActionListener(listener);
      setLayout(new BorderLayout());  // Coloca el aadministrador de organización para este  panel.
      add(displayPanel, BorderLayout.CENTER);  // adiciona al panel.
      add(changeMessageButton, BorderLayout.SOUTH);  // adiciona al botón.
   }
}
```

Una vez que esta clase existe, puede ser usada en un applet. La clase applet sólo ha creado un objeto de tipo *HelloWorldPanel* y usa a ese objeto como su panel de contenido:

```java
import javax.swing.JApplet;
public class HelloWorldApplet2 extends JApplet {
        public void init() {
              HelloWorldPanel contenido = new HelloWorldPanel();
              setContentPane(contenido);
              }
    }
```

Similarmente, es fácil hacer un frame que usa un objeto de tipo *HelloWorldPanel* como su panel de contenido:

6.2. APPLETS Y HTML

```
import javax.swing.JFrame;
public class HelloWorldGUI3 {
   public static void main(String[] args) {
      JFrame ventana = new JFrame("GUI Test");
      HelloWorldPanel contenido = new HelloWorldPanel();
      ventana.setContentPane(contenido);
      ventana.setSize(250,100);
      ventana.setLocation(100,100);
      ventana.setDefaultCloseOperation( JFrame.EXIT_ON_CLOSE );
      ventana.setVisible(true);
   }
}
```

Una nueva caracteristica de este ejemplo es la línea

`ventana.setDefaultCloseOperation( JFrame.EXIT_ON_CLOSE );`

Esto dice que cuando el usuario cierre la ventana al clickear la caja de cierre en la barra de título de la ventana, el programa debería ser terminado. Esto es necesario porque no esta prevista ninguna otra manera de terminar el programa. Sin esta línea, la operación de cierre por defecto de la ventana simplemente escondería la ventana cuando el usuario clickea la caja de cierre, dejando al programa corriendo. Esto trae a colación una de las dificultades de reusar la misma clase panel en ambos en un applet y en un frame: hay algunas cosas que una aplicación independiente puede hacer que un applet no puede hacer. Terminar el programa es una de esas cosas. Sí un applet llama `System.exit()`, no tiene más efecto que generar un error.

No obstante, a pesar de menores dificultades adicionales, mucho de los GUI ejemplos en este libro serán escritos como subclases de *JPanel* que pueden ser usados tanto en un applet o en un frame.

6.2.3. HTML Básico

Antes de que usted de hecho pueda usar un applet que haya escrito, necesita crear una página Web en la cual colocar el applet. Tales páginas son en si mismas escritas en un lenguaje llamado **HTML** (HyperText Markup Language). Un documento HTML describe los contenidos de una página. Un navegador Web interpreta el código HTML para determinar que debe mostrar en la página. El código HTML no se parece mucho a la página resultante que aparece en el navegador. El documento HTML contiene todo el texto que aparece en la página, pero ese texto es "marcado", con comandos que determinan la estructura y apariencia del texto y determinan lo que aparecerá en la página en adición al texto.

HTML se ha vuelto un lenguaje bastante complicado. En esta sección, cubriré sólo los aspectos más básicos del lenguaje. Usted puede encontrar facilmente más información en la Web, sí quiere aprender más. Aunque hay muchos programas editores Web que hacen posible crear páginas Web sin tener que mirar al código HTML subyacente, es posible escribir una página HTML usando un editor de texto ordinario, tipeando todos los comandos de marcado manualmente, y vale la pena aprender a crear al menos páginas simples de esta manera.

Hay una sintaxis para los documentos HTML (Aunque en la práctica los navegadores Web haran lo mejor de su parte para mostrar una página aunque no siga la sintaxis estrictamente). Dejando de lado caracteristicas opcionales, un documento HTML tiene la forma:

```
<html>
<head>
```

```
<title>{título del documento}</title>
</head>
<body>
contenido del documento
</body>
</html>
```

El ⟨*título del documento*⟩ es un texto que aparecerá en la barra de título de la ventana del navegador Web cuando la página sea mostrada. El ⟨*contenido del documento*⟩ es lo que es mostrado en la página en si misma. El resto de esta sección describe alguna de las cosas que pueden ir dentro de la sección del ⟨*contenido del documento*⟩de un documento HTML

* * *

Los comandos de marcado usados por el HTML son llamados ***tags***. Algunos ejemplos incluyen `<html>` y `<title>` en el esquema del documento dado arriba. Un tag de HTML toma la forma

⟨*nombre del tag*⟩ ⟨*modificadores opcionales*⟩>

Donde el ⟨*nombre del tag*⟩ es una palabra que especifica el comando, y los ⟨*modificadores opcionales*⟩, sí estan presentes, son usados para proveer información adicional al comando (muy parecido a los parámetros en las subrutinas). Un modificador toma la forma

⟨*nombre del modificador*⟩ = ⟨*valor*⟩

Usualmente, el ⟨*valor*⟩ es encerrado entre llaves, y debe ser así sí tiene más de una letra de largo o sí contiene ciertos carácteres especiales. Hay unos pocos modificadores los cuales no tienen valores, en cuyos casos sólo el nombre del modificador es presentado. HTML no es sensible al cambio entre mayusculas y minusculas, lo cual significa que usted puede usar letras mayuscula y minusculas intercambiadas en los tags y modificadores. (Sin embargo, las minusculas son generalmente usadas porque XHTML, un lenguaje sucesor de HTML, requiere minusculas.)

Un ejemplo simple de un tag es `<hr>`, el cual dibuja una línea—también llamado una "regla horizontal–a lo largo de la página. El tag `hr` puede tomar muchos modificadores posibles tales como `width` y `align`. Por ejemplo, una línea horizontal que se extiende a la mitad de la página podría ser generada con el tag:

`<hr width="50%">`

El `ancho` es especificado como 50 % del espacio disponible, lo cual es una línea que se extiende a la mitad de la página. El ancho también podría ser dado como un número fijo de pixeles.

Muchos tags requieren otros tags que verifiquen el cierre del comando, los cuales toman la forma

</⟨*nombre del tag*⟩>

Por ejemplo, el tag `<html>` al inicio de un documento HTML debe ser emparejado por un tag de cierre `</html>` al final del documento. Como otro ejemplo, el tag `<pre>` siempre debe tener un tag emparejador de cierre `</pre>` posteriormente en el documento. Un par de tags de apertura y cierre aplican a todo lo que viene entre el tag de apertura y el tag de cierre. El tag `<pre>` le dice a un navegador Web que muestre todo lo que este entre el `<pre>` y el `</pre>` tal cual es formateado en el código fuente original HTML, incluyendo todos los espacios y retornos de carros. (pero los tags entre `<pre>` y `</pre>` aún tiene que ser interpretados por el navegador.) "Pre"se coloca para texto preformateado. Todos los programas de ejemplo en la versión en línea de este libro son formateados usando el comando `<pre>`.

Es importante para usted comprender que cuando no usa `<pre>`, la computadora ignorará completamente el formateo del texto en el código fuente HTML. La única cosa a la que hay que prestar atencion es a los tags. Cinco líneas en blanco en el código fuente no tienen más efecto que una línea en blanco o aún un espacio en blanco sencillo. Fuera de el `<pre>`, sí usted quiere forzar una nueva línea en la página Web, usted puede user el tag `<br>`, el cual se usa para "interrumpir". Por ejemplo, podría darles mi dirección como:

```
David Eck<br>
Departamento de Matemáticas y Ciencias de la Computación<br>
Hobart y William Smith Colleges<br>
Geneva, NY 14456<br>
```

Sí usted quiere espacio vertical extra en su página Web, usted puede usar muchos `<br>` en una fila.

Similarmente, usted necesita un tag para indicar como el texto debería ser dividido en paragrafos. Esto es hecho con el tag `<p>`, lo cual debería ser colocado al inicio de cada paragrafo. El tag `<p>` tiene una pareja `</p>`, el cual debería ser colocado al final de cada paragrafo. El `</p>` de cierre es tecnicamente opcional, pero se considera una buena práctica el usarlo. Sí usted quiere que todas las líneas del paragrafo sean alineadas a la derecha, puede usar `<p align=right>` en vez de de `<p>`. (Este es mayormente útil cuando es usado con una línea corta, o cuando es usado con `<br>` para hacer varias líneas cortas.) Usted también puede usar `<p align=center>` para líneas centradas.

De esta manera, sí los tags como `<p>` y `<hr>` tienen significados especiales en HTML, usted podría preguntarse como uno puede hacer que ellos aparezcan literalmente en una página Web. Para hacer que ciertos caracteres especiales aparezcan en la página, usted tiene que usar un **nombre de entidad** en el código fuente HTML. El nombre de la entidad para < es `&lt;`, y el nombre de la entidad para > es `&gt;`. Los nombres de entidades comienzan con & y terminan con un punto y coma. El caracter & es en si mismo un caracter especial cuyo nombre de la entidad es `&amp;` también hay nombres de entidades para caracteres no normalizados tales como una "e.ªcentuada, lo cual tiene el nombre de la entidad `&eacute;`.

Hay varios tags útiles que cambian la apariencia del texto. Por ejemplo, para obtener texto itálico, encierre el texto entre `<i>` y `</i>`. por ejemplo,

```
<i>Introducción a la Programación usando Java</i>}
```

en un documento HTML da *Introducción a la Programación Usando Java* en itálicas cuando el documento es mostrado como una página Web. Similarmente, los tags `<b>`, `<u>`, y `<tt>` pueden ser usados para **negrilla**, subrayado, y texto con `estilo de máquina de escribir` ("un espacio ").

Un encabezado, con texto muy grande, puede ser hecho colocando el texto entre `<h1>` y `</h1>`. Los encabezados con texto más pequeño pueden ser hechos usando `<h2>` o `<h3>` en vez de `<h1>`. Note que estos tags de encabezado se mantienen por su cuenta; no son usado dentro de paragrafos. Usted puede adicionar el modificador `align=center` para centrar el encabezado, y usted puede incluir tags de interrupción (`<br>`) en un encabezado dividirlo en multiples líneas. Por ejemplo, el siguiente código HTML producirá un encabezado de tamaño medio, centrado, a dos líneas:

```
<h2 align=center>Capítulo 6:<br>Introducción to Programación GUI</h2>}
```

* * *

La caracteristica más distintiva de HTML es que los documentos pueden contener **enlaces** a otros documentos. El usuario puede seguir los enlaces de página una página y en el proceso visitar páginas de todo tipo en Internet.

El tag `<a>` es usado para crear un enlace. El texto entre el `<a>` y su par `</a>` aparecen en la página como el texto del enlace; el usuario puede seguir el enlace al clickear en este texto. El tag `<a>` usa el modificador `href` para decir a cual documento debería ser conectado el enlace. El valor para `href` debe ser un **URL** (Localizador Uniforme de Recursos). Un URL es un grupo codificado de instrucciones para encontrar un documento en Internet. Por ejemplo, la URL para mi propia "página Web.es

```
http://math.hws.edu/eck/
```

para hacer un enlace a esta página, Yo usaria el código fuente HTML

```
<a href="http://math.hws.edu/eck/">Página Web de David</a>
```

El mejor lugar para encontrar URLs es en páginas Web existentes. Los navegadores Web muestran la URL de la página que usted esta viendo actualmente, y ellos pueden mostrar el URL de un enlace sí apunta al enlace con el ratón.

Sí usted esta escribiendo un documento HTML y quiere hacer un enlace a otro documento que esta en el mismo directorio, usted puede usar una **URL relativa**. La URL relativa consiste del nombre del archivo. Por ejemplo, crear un enlace a archivo llamado "s1.html.en el mismo directorio que el documento HTML que usted esta escribiendo, podría usar

```
<a href="s1.html">Sección 1</a>}
```

también hay URLs relativa para enlazar a archivos que estan en otros directorios. Usar URLs relativas es una buena idea, debido a que sí usted las usa, puede mover toda una coleccion de archivos sin cambiar ninguno de los enlaces entre ellos (mientras usted no cambie las localizaciones relativas de los archivos).

Cuando usted transcriba una URL dentro de un navegador Web, puede omitir el "http://", al principio del URL. Sin embargo, en un tag `<a>` en un documento HTML, el "http://"sólo puede ser omitido sí el URL es una URL relativa. Para una URL normal, es requerida.

* * *

Usted puede adicionar imagenes a una página Web con el tag `<img>`. (Este es un tag que no tiene tag pareja de cierre.) La imagen real debe ser almacenada en un archivo separado del documento HTML. El tag `<img>` requiere un modificador, llamado `src`, para especificar la URL de la imagen archivo. Para la mayoria de los navegadores, la imagen debería estar en uno de los formatos PNG (con un nombre de archivo con terminacion en ".png"), JPEG (con un nombre de archivo terminando en ".jpeg.ºr ".jpg"), o GIF (con un nombre de archivo terminando en ".gif"). Usualmente, la imagen es almacenada en el mismo lugar que el documento HTML, y una URL relativa—Eso es, el nombre del archivo de la imagen—es usado para especificar el archivo de la imagen.

El tag `<img>` también tiene varios modificadores opcionales. Siempre es una buena idea incluir a los modificadores `height` y `width`, los cuales especifican el tamaño de la imagen en pixeles. Algunos navegadores manejan a las imagenes mejor sí saben por adelantado cuan grande son. El modificador de `alineación` puede ser usado para afectar la ubicación de la imagen: "align=right", alineará la imagen al extremo derecho de la página, y el texto de la página fluira alrededor la imagen; "align=left"trabaja similarmente. (Desafortunadamente, "align=center"no tiene el significado que usted esperaría. Los navegadores tratan a las imagenes como sí fueran grandes caracteres. Las imagenes pueden aparecer dentro de paragrafos, los enlaces, y encabezados, por ejemplo. Los valores de alineación de **center**, **top**, y **bottom** son usados para especificar como la imagen debería alinearse con otros caracteres en una línea del texto: la base del texto debería estar al centro, la parte superior, o la parte inferior de la imagen? los valores de alineación de **right** y **left** fueron agregados posteriormente al HTML, pero son los valores más utiles. Sí usted quiere una imagen centrada en la página, coloquela dentro de un tag **<p align=center>**.)

Por ejemplo, Aquí esta el código HTML que colocará una imagen desde un archivo llamado figure1.png en la página.

```
<img src="figure1.png" align=right height=150 width=100>}
```

La imagen tiene 100 pixeles de ancho y 150 pixeles de alto, y aparecerá en el extremo derecho de la página.

6.2.4. Los Applets en las Páginas Web

El punto principal de toda esta discusión del HTML es aprender como usar applets en la Web. El tag **<applet>** puede ser usado para adicionar un applet de Java a una página Web. Este tag debe tener una pareja **</applet>**. Un modificador requerido llamado **code** da el nombre de la clase archivo compilada que contiene la clase applet. Los modificadores **height** y **width** se requieren para especificar el tamaño del applet, en pixeles. Sí usted quiere que el applet este centrado en la página, puede colocar el applet en un paragrafo con alineación **center** así, un tag de applet que muestre un applet llamado **HelloWorldApplet** centrado en una página Web se pareceria a este :

```
<p align=center>
<applet code="HelloWorldApplet.class" height=100 width=250>
</applet>
</p>
```

Este asume que the archivo **HelloWorldApplet.class** esta localizado en el mismo directorio con el documento HTML. Sí este no es el caso, usted puede usar otro modificador, **codebase**, para dar el URL del directorio que contiene el archivo clase. El valor de **code** en si mismo siempre es una clase, no una URL.

Sí el applet usa otras clases en adición a la clase applet en si misma, entonces esos archivos de clases deben estar en el mismo directorio que en la clase applet (asumiendo siempre que sus clases estan todas en el "paquete por defecto"; Vea la Subsección 2.6.4). Sí un applet requiere más de uno o dos archivos clases, es una buena idea colectar todos los archivos clases dentro de un sólo archivo Jar. Los archivos Jar son "archivos de archivos"los cuales mantienen un número de archivos más pequeños. Sí sus archivos de clases estan un archivo jar, entonces usted tiene que especificar el nombre del archivo jar en un modificador de **archivo** dentro del tag **<applet>**, como en

```
<applet code="HelloWorldApplet.class" archive="HelloWorld.jar" height=50...
```

Tendré más que decir acerca de crear y usar archivos jar al final de este Capítulo.

Los applets pueden usar ***parámetros applet*** para personalizar su conducta. Los parámetros applet son especificado usando los tags **<param>**, los cuales sólo pueden ocurrir entre un tag

`<applet>` y el cierre `</applet>`. El tag **param** requiere modificadores llamados **name** y **value**, y toma la forma

<param name="⟨*nombre del parámetro*⟩" value="⟨*nombre del valor*⟩">

Los parámetros estan disponibles para el applet cuando corre. Un applet puede usar el método predefinido **getParameter()** para verificar los parámetros especificado en los tags **param**. El método **getParameter()** tiene la siguiente interfaz:

```
String getParameter(String paramName)}
```

El parámetro **paramName** corresponde al ⟨*nombre del parámetro*⟩ en un tag **param**. Sí el **paramName** especificado de hecho ocurre en uno de los tags **param**, entonces getParameter(paramName) retorna el ⟨*nombre del valor*⟩ asociado. Sí el **paramName** especificado no ocurre en ningun tag **param**, entonces getParameter(paramName) retorna el valor **null**. Los nombres del parámetros son sensibles a minusculas y mayusculas, por lo que usted no puede usar "tamaño", en el tag **param** y preguntar por "tamaño", en **getParameter**. El método getParameter() es frecuentemente llamado en los métodos **init()** de los applets. No trabajará correctamente en el constructor del applet, debido a que depende de información acerca del ambiente del applet que no esta disponible cuando el constructor es llamado.

Aquí hay un ejemplo de un tag **applet** con varios **parámetros**:

```
<applet code="ShowMessage.class" width=200 height=50>
   <param name="mensaje" value="Hasta luego Mundo!">
   <param name="font" value="Serif">
   <param name="tamaño" value="36">
</applet>
```

El applet **ShowMessage** presumiblemente leería estos parámetros en su método **init()**, los cuales podrían ir de alguna manera como este :

```
String mensaje;   // variable instanciada: mensaje a ser mostrado.
String fontName;  // variable instanciada: fuente a usar para mostrar.
int fontSize;     // variable instanciada: tamaño de  la fuente mostrada.
public void init() {
   String value;
   value = getParameter("mensaje"); // Obtiene el parámetro del mensaje, si hay alguno.
   if (value == null)
      mensaje = "Hola Mundo!";  // Valor por defecto, si ningun parámetro esta presente.
   else
      mensaje = value;  // Valor del tag PARAM.
   value = getParameter("font");
   if (value == null)
      fontName = "SansSerif";  // Valor por defecto, sí ningun valor de parámetro esta presente.
   else
      fontName = value;
   value = getParameter("tamaño");
   try {
      fontSize = Integer.parseInt(value);  // Convierte cadenas de caracteres a números.
   }
   catch (NumberFormatException e) {
      fontSize = 20; // Valores por defecto, sí no hay parámetros presentes, o sí
   }              //    el valor del parámetro no es un entero legal.
```

.}

En cualquier otro lugar del applet, las variables instanciadas `mensaje`, `fontName`, y `fontSize` serían usadas para determinar el mensaje mostrado por el applet y la apariencia de ese mensaje. Note que el valor retornado por `getParameter()` es siempre un *String*. Sí el `param` representa un valor numérico, la cadena de caracteres debe ser convertida en un número, como es hecho aquí para el parámetro `tamaño`.

6.3. Gráficos y Pinturas

Todo lo que usted vea en una pantalla de computadora tiene que ser dibujado allí, aún el texto. El API de Java incluye un rango de clases y métodos que estan dedicados al dibujo. En esta sección, hecharemos un vistazo en algunos de los más básicos de estos.

La estructura física de un GUI es construida con componentes. El termino **componente** se refiere a un elemento visual en un GUI, incluyendo botones, menues, cajas de entrada de texto, barras de deslizamiento, cajas de verificación, y así sucesivamente. En Java, los componentes GUI son representados por objetos que pertenecen a subclases de la clase `java.awt.Component`. La mayoría de los componentes en el GUI de Swing —aunque no los componentes de alto nivel como los JApplet y Jframe— pertenecen a subclases de la clase `javax.swing.JComponent`, la cual es en si misma una subclase de `java.awt.Component`. Cada componente es responsable por dibujarse a si mismo. Sí usted quiere usar un componente normalizado, sólo tiene que adicionarlo a su applet o frame. Usted no tiene que preocuparse acerca de como pintarlo en la pantalla. Eso ocurrira automaticamente, debido a que él ya sabe como dibujarse a si mismo.

A veces, sin embargo, usted quiere dibujar sobre un componente. Tendrá que hacer esto cuando quiera mostrar algo que no esta incluido dentro de las clases componentes normalizadas y pre-definidas. Cuando usted quiera hacer esto, tiene que definir su propia clase componente y proveer un método en esa clase para dibujar el componente. Siempre usaré una subclase de *JPanel* cuando necesite una superficie de dibujo de esta clase, como hice para la clase *MessageDisplay* en el ejemplo *HelloWorldApplet.java* de la sección previa. Un JPanel, como cualquier JComponent, dibuja su contenido en el método

```
public void paintComponent(Graphics g)}
```

Crea una superficie de dibujo, usted debería definir una subclase de `JPanel` y proveer un método `paintComponent()` personalizado. Crear un objeto perteneciente a esta clase y lo usa en su applet o frame. Cuando llegue el momento de que su componente sea dibujado en la pantalla, el sistema llamará a su `paintComponent()` para hacer el dibujo. Eso es, el código que usted puso dentro de su método `paintComponent()` será ejecutado cuando quiera que el panel necesite ser dibujado en la pantalla; escribiendo este método, usted determina la imagen que será mostrada en el panel.

Note que el método `paintComponent()` tiene un parámetro de tipo *Graphics*. El objeto *Graphics* será proveido por el sistema cuando se llame a su método. Usted necesita este objeto para hacer el dibujo real. Para hacer cualquier dibujo en Java, usted necesita un **contexto gráfico**. Un contexto gráfico es un objeto que pertence a la clase `java.awt.Graphics`. Los métodos instanciados son proveidos en esta clase para dibujar formas, texto, e imagenes. Cualquier objeto *Graphics* dado puede dibujarse a una sola locación. En este Capítulo, esa locación siempre será un componente GUI que pertenezca a alguna subclase de `JPanel`. La clase *Graphics* es una clase abstracta, lo cual significa que es imposible crear un contexto gráfico directamente, con un constructor. De hecho hay dos maneras de hacer que un contexto gráfico se dibuje en un componente: primero que todos, por supuesto, cuando el método `paintComponent()` de un componente es llamado por el sistema, El parámetro de ese método es un contexto gráfico para dibujar en el componente. Segundo, cada componente tiene un método instanciado llamado `getGraphics()`. Este método es una función que retorna un contexto gráfico que puede ser usado para dibujar en el componente fuera de su método `paintComponent()`. La línea oficial es que usted **no** debería hacer esto, y lo evitaré para la mayor parte. Pero he encontrado conveniente usar `getGraphics()` en unos pocos casos.

El método `paintComponent()` en la clase *JPanel* simplemente llena el panel con el color de fondo. Cuando se defina una subclase de *JPanel* para usar como una superficie de dibujo, usted casi siempre quiere llenar el panel con el color de fondo antes de dibujar otros contenido sobre el panel (aunque no es necesario hacer esto sí los comandos de dibujo en el método cubren el fondo del componente completamente.) Esto es tradicionalmente hecho con un llamado a `super.paintComponent(g)`, así lla mayoria de los métodos `paintComponent()` que usted escriba tendran la forma:

```
public void paintComponent(g) {
   super.paintComponent(g);
   . . . // dibuja el contenido del componente.
}
```

* * *

La mayoria de los componentes, de hecho, hacen todas las operaciones de dibujo en sus métodos `paintComponent()`. Que ocurre sí, en la mitad de algún otro método, usted se da cuenta que el contenido del componente necesita ser cambiado? usted **no** debería llamar a `paintComponent()` directamente para hacer el cambio; este método debe ser llamado sólo por el sistema. En vez de eso, usted tiene que informar al sistema que el componente necesita ser redibujado, y dejar que el sistema haga su trabajo llamando a `paintComponent()`. Usted hace esto llamando al método `repaint()` del componente. El método

```
public void repaint();
```

esta definido en la clase `Componente`, y así puede ser usado con cualquier componente. Usted debería llamar a `repaint()` para informarle al sistema que el componente necesita ser redibujado. El método `repaint()` retorna inmediatamente, sin pintar nada en si mismo. El sistema llamará al método `paintComponent()` del componente *posteriormente*, tan pronto como tenga una oportunidad para hacerlo, despues de procesar otros eventos que tenga pendiente sí hay alguno.

Note que el sistema también puede llamar a `paintComponent()` por otras razones. Es llamado cuando el componente aparece por primera vez en la pantalla. También será llamado sí el componente es redimensionado o sí es cubierto por otra ventana y despues descubierto. El sistema no salva una copia de los contenidos del componente cuando es cubierto. Cuando es descubierto, el componente es responsable por redibujarse a si mismo. (Como usted verá, algunos de nuestros ejemplos previos no serán capaces de hacer esto correctamente.)

Esto significa que, para trabajar adecuadamente, el método `paintComponent()` debe ser suficientemente inteligente para redibujar correctamente al componente en cualquier momento. Para hacer esto posible, un programa debería almacenar información acerca del estado del componente en sus variables instanciadas. Estas variables deberian contener todas la información

6.3. GRÁFICOS Y PINTURAS

necesaria para redibujar al componente completamente. El método `paintComponent()` debería usar los datos de estas variables para decidir que dibujar. Cuando el programa quiere cambiar el contenido del componente, no debería dibujar el nuevo contenido simplemente. Debería cambiar los valores de las variables relevantes y llamar a `repaint()`. Cuando el sistema llama a `paintComponent()`, ese método usará los nuevos valores de las variables y dibujará el componente con las modificaciones deseadas. Este podría parecer un procedimiento complicado de hacer las cosas. Por qué no sólo dibujar las modificaciones directamente? hay al menos dos razones. Primero que todos, realmente resulta ser más fácil hacer las cosas bien sí todo dibujo es hecho en un método. Segundo, aún sí usted hizo modificaciones directamente, usted aún tendría que hacer consciente al método `paintComponent()` de alguna manera de dichas modificaciones para que este método sea capaz de **redibujar** al componente correctamente contra demanda.

Usted verá como todo esto trabaja en la práctica a medida que trabajamos a traves de los ejemplos en el resto de este Capítulo. Por ahora, pasaremos el resto de esta sección mirando como hacer algún dibujo real.

6.3.1. Coordenadas

La pantalla de una computadora es una cuadrícula de cuadros pequeños llamados ***pixeles***. El color de cada pixel puede ser establecido individualmente, y dibujar en la pantalla significa exactamente establecer los colores de pixeles individuales.

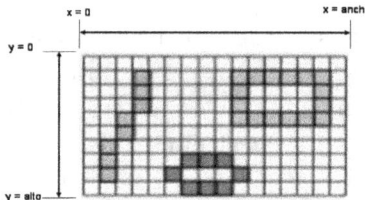

Un contexto gráfico dibuja en un rectángulo hecho de pixeles. Una posición en el rectángulo es especificada por un par de coordenadas enteras, `(x,y)`. La esquina superior izquierda tiene coordenadas `(0,0)`. La coordenada `x` se incrementa de derecha a izquierda, y la coordenada `y` se incrementa desde arriba hacia abajo. La ilustración muestra un componente de 16-por-10 pixeles (con pixeles muy grande). Son mostrados una línea pequeña, un rectángulo, y un ovalo tal y como serían dibujados al colorear pixeles individuales. (Note que, adecuadamente hablando, las coordenadas no pertenecen a los pixeles pero si a las líneas de la cuadricula entre ellas.)

Para cualquier componente, usted puede encontrar el tamaño del rectángulo que ocupa llamando a los métodos instanciados `getWidth()` y `getHeight()`, los cuales retornan el número de pixeles en las direcciones horizontal y vertical, respectivamente. En general, no es una buena idea asumir que usted sabe el tamaño de un componente, debido a que el tamaño es frecuente asignado por un administrador de organización y aún puede cambiar sí el componente esta en una ventana y esa ventana es redimensionada por el usuario. Esto significa que es una buena idea verificar el tamaño de un componente antes hacer cualquier dibujo en ese componente. Por ejemplo, usted puede usar un método `paintComponent()` que se parezca a este:

```
public void paintComponent(Graphics g) {
   super.paintComponent(g);
   int width =  getWidth();    // encuentra el ancho de este  componente.
   int height = getHeight();   // encuentra su altura.
```

```
    ...    // dibuja el contenido del componente.
}
```

Por supuesto, sus comandos de dibujo tendrán que tomar en cuenta el tamaño. Eso es, tendrán que usar coordenadas (x,y) que estan calculadas con base a la altura y anchura real del componente.

6.3.2. Colores

Usted probablemente querra usar algún color cuando dibuja. Java esta diseñado para trabajar con el *sistema de color RGB*. Un color RGB es especificado por tres números que dan el nivel de rojo, verde, y azul, respectivamente, en el color. Un color en Java is un objeto de la clase, java.awt.Color. Usted puede construir un color nuevo especificando sus componentes rojo, azul, y verde. Por ejemplo,

```
Color myColor = new Color(r,g,b);
```

Hay dos constructores que usted puede llamar de esta manera. En el que yo casi siempre uso, r, g, y b son enteros en el rango de 0 a 255. En los otros, son números de tipo **float** en el rango 0.0F a 1.0F. (recuerde que un literal de tipo **float** es escrito con una "F" para distingirlo de un número **double**.) Frecuentemente, usted puede evitar construir nuevos colores completamente, Debido a que la clase *Color* define varias constantes que representan colores comunes: Color.WHITE, Color.BLACK, Color.RED, Color.GREEN, Color.BLUE, Color.CYAN, Color.MAGENTA, Color.YELLOW, Color.PINK, Color.ORANGE, Color.LIGHT_GRAY, Color.GRAY, y Color.DARK_GRAY. (hay nombres alternativos más viejos para estas constantes que usan minusculas en vez de mayuscula constantes, tales como Color.rojo en vez de Color.RED, pero las versiones mayuscula son las preferidas porque siguen la convención de que los nombres de constantes deberian ser en mayuscula.)

Una alternativa a RGB es el *sistema de color HSB*. En el sistema HSB, un color es especificado con tres números llamados el *matiz*, la *saturación*, y el *brillo*. El matiz e el color básico, en un rango desde rojo hasta naranja a ttraves de todos los otros colores del arco iris. El brillo es mucho más de lo que pueda sonar. Un color cmpletamente saturado es una tono de color puro. Disminuir la saturación es como mezclar blanco o griz dentro del color puro. En Java, el matiz, la saturación y brillo siempre son especificados por valores de tipo **float** en el rango de 0.0F a 1.0F. La clase *Color* tiene una función miembro **estático** llamada getHSBColor para crear HSB colores. Para crear el color con valores HSB dados por h, s, y b, usted puede decir:

```
Color myColor = Color.getHSBColor(h,s,b);
```

por ejemplo, para hacer un color con un matiz aleatorio que es con brillo y tan saturado como sea posible, usted podría usar:

```
Color randomColor = Color.getHSBColor( (float)Math.random(), 1.0F, 1.0F );
```

La conversión de tipo es necesaria porque el valor retornado con Math.random() es de tipo **double**, y Color.getHSBColor() requiere valores de tipo **float**. (De esta manera, usted podría preguntarse por que los colores RGB son creados usando un constructor mientras los colores HSB son creados usando una función miembro estático. El problema es que necesitariamos dos constructores diferente, ambos con tres parámetros de tipo **float**. Desafortunadamente, esto es

6.3. GRÁFICOS Y PINTURAS

imposible. Usted puede tener dos constructores sólo sí el número de parámetros o los tipos de parámetros difieren.)

El sistema RGB y el sistema HSB son diferentes formas de describir el mismo grupo de colores. Es posible traducir entre un sistema y otro. La mejor manera de entender los sistemas colores es experimentando con ellos. En la versión en línea de esta sección, usted encontrara un applet que puede usar para experimentar con los colores RGB y HSB.

Una de las propiedades de un objeto *Graphics* es el color actual del dibujo, el cual es usado para todos los dibujos de formas y texto. Sí g es un contexto gráfico, usted puede cambiar el color actual del dibujo por g usando el método g.setColor(c), donde c es un *Color*. Por ejemplo, sí usted quiere dibujar en verde, diría g.setColor(Color.GREEN) antes de hacer el dibujo. El contexto gráfico continuará usando el color hasta que usted lo cambie explicitamente con otro comando setColor(). Sí usted quiere saber cual color esta siendo usado actualmente por el dibujo, puede llamar a la función g.getColor(), la cual retorna un objeto de tipo *Color*. Este puede ser útil sí usted quiere cambiar a otro color de dibujo temporalmente y entonces restaurar el color del dibujo previo.

Cada componente tiene un **color de primer plano** y **color de fondo** asociado. Generalmente, el componente es llenado con el color de fondo antes de que cualquier otra cosa sea dibujada (aunque algunos componentes sean "transparentes,"lo cual significa que el color de fondo es ignorado). Cuando un contexto gráfico nuevo es creado para una componente, el color del dibujo actual es colocado en el primer plano. Note que los colores de primer plano y de fondo son propiedades del componente, no de un contexto gráfico.

Los colores de primer plano y fondo pueden ser colocados por medio de los métodos instanciados setForeground(c) y setBackground(c), los cuales son definidos en la clase componente y por lo tanto estan disponible para usar con cualquier componente. Esto puede ser útil aún para componentes normalizados, sí usted quiere que ellos usen colores que sean diferentes a los que estan por defecto.

6.3.3. Fuentes

Una *fuente* representa un tamaño y estilo particular del texto. El mismo carácter se verá diferente en diferentes fuentes. En Java, una fuente es caracterizada por un nombre de fuente, un estilo, y un tamaño. Los nombres de fuentes disponibles son dependientes el sistema, pero usted siempre puede usar las siguientes cuatro cadenas de caracteres como nombres de fuentes: "Serif", "SansSerif", "Monospaced", y "Dialog". (Una "serif", es una pequeña decoración en un caracter, tales como una línea horizontal pequeña en la parte de abajo de la letra i. "SansSerif"significa "sin serifs". "Monospaced"significa que todos los caracteres en la fuente tienen el mismo ancho. La fuente "Dialog.es la que es tipicamente usada en las cajas de dialogo.)

El estilo de una fuente es especificado usando constantes con nombres que estan definidas en la clase *Font*. Usted puede especificar el estilo como uno de los cuatro valores:

- Font.PLAIN,
- Font.ITALIC,
- Font.BOLD, or
- Font.BOLD + Font.ITALIC.

El tamaño de una fuente es un entero. El tamaño esta en un rango tipicamente desde cerca de 10 a 36, aunque también pueden ser usados tamaños más grandes. El tamaño de una fuente es usualmente más o menos igual a la altura de los caracteres más grandes en la fuente, en pixeles, pero esta no es una regla exacta. El tamaño por defecto de la fuente es 12.

Java usa la clase llamada `java.awt.Font` para representar fuentes. Usted puede construir una nueva fuente especificando el nombre de su fuente, estilo, y tamaño en un constructor:

```
Font plainFont = new Font("Serif", Font.PLAIN, 12);
Font bigBoldFont = new Font("SansSerif", Font.BOLD, 24);
```

Cada contexto gráfico tiene una fuente actual, la cual es usada para dibujar texto. Usted puede cambiar la fuente actual con el método `setFont()`. Por ejemplo, sí g es un contexto gráfico y `bigBoldFont` es una fuente, entonces el comando `g.setFont(bigBoldFont)` colocará la fuente actual de g como `bigBoldFont`. La nueva fuente será usada para cualquier texto que sea dibujado *despues* que el comando `setFont()` sea dado. Usted puede encontrar la fuente actual de g llamando al método `g.getFont()`, el cual retorna un objeto de tipo *Font*.

Cada componente tiene una fuente asociada. Puede ser asignada con el método instanciado `setFont(font)`, el cual esta definido en la clase `Componente`. Cuando un contexto gráfico es creado para dibujar en un componente, la fuente actual del contexto gráfico es colocada igual a la fuente del componente.

6.3.4. Formas

La clase *Graphics* incluye un gran número de métodos instanciados para dibujar varias formas, tales como líneas, rectángulos, y ovalos. Las formas son especificadas usando el sistema de coordenadas (x,y) descrito arriba. Son dibujados en el color de dibujo actual del contexto gráfico. El color de dibujo actual es colocado como el color de primer plano del componente cuando el contexto gráfico es creado, pero puede ser cambiado en cualquier momento usando el método `setColor()`.

Aquí esta una lista de algunos de los métodos de dibujo más importantes. Con todos estos comandos, cualquier dibujo que es hecho fuera de los limites del componente es ignorado. Note que todos estos métodos estan en la clase *Graphics*, por lo que todos ellos debe ser llamados a traves de un objeto de tipo *Graphics*.

- `drawString(String str, int x, int y)` — Dibuja el texto dado por la cadena de caracteres `str`. La cadena de caracteres es dibujada usando el color actual y la fuente del contexto gráfico. x especifica la posición del lado izquierdo de la cadena de caracteres. y es la coordenada y de la línea base de la cadena de caracteres. La línea base es una línea horizontal en la cual los caracteres descansan. Algunas partes de los caracteres, tales como la cola en la a y o la g, se extienden abajo de la línea base.

- `drawLine(int x1, int y1, int x2, int y2)` — dibuja una línea desde el punto (x1,y1) al punto (x2,y2). La línea es dibujada como sí se sostuviera un lapiz un pixel a la derecha y un pixel por debajo del punto (x,y) de donde el lapiz esta localizado. Por ejemplo, sí g se refiere a un objeto de tipo *Graphics*, entonces el comando `g.drawLine(x,y,x,y)`, el cual corresponde a colocar el lapiz debajo del punto, colorea al pixel en la esquina superior izquierda del punto (x,y).

- `drawRect(int x, int y, int ancho, int alto)` — dibuja el contorno de un rectángulo. La esquina superior izquierda esta en (x,y), y el ancho y alto de rectángulo son como se especifica. Sí el `ancho` es igual a el `largo`, entonces el rectángulo es un cuadrado. Sí el ancho o el alto es negativo, entonces nada es dibujado. El rectángulo es dibujado con el mismo lapiz que es usado para drawLine(). Esto significa que el ancho real del rectángulo como es dibujado es ancho+1, y similarmente para la altura. Hay un pixel extra a lo largo del extremo derecho y el extremo inferior. Por ejemplo, Sí usted quiere dibujar un rectángulo alrededor de los bordes del componente, usted puede decir "g.drawRect(0, 0, getWidth()-1, getHeight()-1);", donde g es un contexto gráfico para el componente. Sí usted usa "g.drawRect(0, 0, getWidth(), getHeight());", entonces los bordes izquierdo y derecho del rectángulo serán dibujados *fuera del* componente.

- drawOval(int x, int y, int ancho, int alto) — dibuja el contorno de un ovalo. El ovalo se ajusta dentro del rectángulo especificado por x, y, ancho, y alto. Sí ancho es igual a alto, el ovalo es un circulo.

- drawRoundRect(int x, int y, int ancho, int alto, int xdiam, int ydiam) — dibuja el contorno de un rectángulo con esquinas redondeadas. El rectángulo básico es especificado por x, y, ancho, y alto, pero las esquinas son redondeados. El grado de redondeo es dado por xdiam y ydiam. Las esquinas son arcos de una elipse con diametro horizontal xdiam y diametro vertical ydiam. Un valor típico para xdiam y ydiam es 16, pero el valor usado realmente debería depender de cuan grande es el rectángulo.

- draw3DRect(int x, int y, int ancho, int alto, boolean elevación) — dibuja el contorno de un rectángulo que se supone tiene un efecto dimensional, como sí fuera levantado desde la pantalla o presionado dentro de la pantalla. El rectángulo basico es especificado por x, y, ancho, y alto. El parámetro de elevación dice sí el rectángulo pareciera estar levantado desde la pantalla o presionado dentro de ella. El efecto 3D es logrado usando versiones más claras y más oscuras de color para bordes diferentes del rectángulo. La documentación recomienda establecer el color del dibujo igual al color de fondo antes de usar este método. El efecto no trabajara bien para algunos colores.

- drawArc(int x, int y, int ancho, int alto, int Angulo de inicio, int Angulo del Arco) — dibuja parte del ovalo que ajusta dentro del rectángulo especificado por x, y, ancho, y alto. La parte dibujada es un arco que se extiende tanto Angulo del Arco desde el Angulo de Inicio. Los angulo son medidos con 0 grados a partir de la posición de las 3 en punto (la dirección positiva del eje horizontal). Los angulos positivos son medidos en el sentido contrario de las agujas del reloj desde cero, y los angulos negativos son medidos en el sentido de las agujas del reloj. Para obtener un arco de un circulo, asegurese que el ancho sea igual a el alto.

- fillRect(int x, int y, int ancho, int alto) — dibuja un rectángulo lleno. Este llena el interior del rectángulo que seria dibujado por drawRect(x,y, ancho, alto). Los pixeles alrededor de los bordes derecho e inferior no estan incluidos. Los parámetros ancho y alto dan el ancho y alto exacto del rectángulo. Por ejemplo, Sí usted queria llenar todo el componente, pudo decir "g.fillRect(0, 0, getWidth(), getHeight());"

- fillOval(int x, int y, int ancho, int alto) — dibuja un ovalo lleno.

- fillRoundRect(int x, int y, int ancho, int alto, int xdiam, int ydiam) — dibuja un rectángulo redondeado lleno.

- fill3DRect(int x, int y, int ancho, int alto, boolean elevación) — dibuja un rectángulo tridimensional relleno.

- `fillArc(int x, int y, int ancho, int alto, int Angulo de inicio, int Angulo del arco)` — dibuja un arco relleno. Este se parece un un pedazo de pastel, cuya corteza es el arco que seria dibujado por el método `drawArc`.

6.3.5. Graphics2D

Todo dibujo en Java es hecho a través de un objeto de tipo *Graphics*. La clase *Graphics* provee comandos básicos para cosas tales como dibujo de formas y texto y para seleccionar un color de dibujo. Estos comandos son adecuados en mucho casos, pero se quedan cortos de lo que se necesita en un programa gráfico de computadora serio. Java tiene otra clase, *Graphics2D*, que provee un grupo más grande de operaciones de dibujo. *Graphics2D* es una sub-class de *Graphics*, por lo que todos los métodos de la clase *Graphics* también estan disponible en *Graphics2D*.

El método `paintComponent()` de `JComponent` le da a usted un contexto gráfico de tipo *Graphics* que se puede usar para dibujar en el componente. De hecho, el contexto gráfico pertenece a la subclase *Graphics2D* (en Java versión 1.2 y posterior), y puede ser convertida para ganar aceso a los métodos avanzadas de dibujo*Graphics2D*:

```
public void paintComponent(Graphics g) {
   super.paintComponent(g);
   Graphics2D g2;
   g2 = (Graphics2D)g;
    .
    . // dibuja en el componente usando g2.
    .
}
```

El dibujo en *Graphics2D* se basa en formas, los cuales son objetos que implementan una interfaz llamada *Shape*. Las clases Shape incluyen *Line2D*, *Rectangle2D*, *Ellipse2D*, *Arc2D*, y *CubicCurve2D*, entre otros; todas estas clases estan definidas en el paquete `java.awt.geom`. La clase *CubicCurve2D* puede ser usada para dibujar las curvas de Bezier, las cuales son usadas en muchos programas gráficos. *Graphics2D* tiene los métodos `draw(Shape)` y `fill(Shape)` para dibujar el esquema de una forma y para llenar su interior. Las capacidades avanzadas incluyen: líneas que son más de un pixel de grueso, punteadas y líneas discontinuas, llenar una forma con una textura (Eso es, con con una imagen repetida), llenar una forma con un gradiente, y dibujar objetos traslucidos que se mezclarán con su fondo.

En la clase *Graphics*, las coordenadas son especificadas como enteros y se basan en pixeles. Las formas que son usadas con *Graphics2D* usan números reales para las coordenadas, y no son necesariamente limitados a los pixeles. De hecho, usted puede cambiar el sistema de coordenadas y usar cualquier sistema de coordenadas que sean convenientes a su aplicación. En términos gráficos de computadora, usted puede aplicar una "transformación", al sistema de coordenadas. La transformación puede ser cualquier combinacion de translación, escala, y rotación.

Menciono *Graphics2D* Aquí por completitud. No usaré ninguna de las capacidades avanzadas de *Graphics2D* en este Capítulo, pero cubriere un poco de ellas en la Sección 12.2.

6.3.6. Un Ejemplo

Usemos algo del material cubierto en esta sección para escribir una subclase de *JPanel* que usaremos como una superficie de dibujo. El panel entonces puede ser usado tanto en un applet o en un frame, como se discutio en la Subsección 6.2.2. Todo el dibujo será hecho en el método `paintComponent()` de la clase panel. El panel dibujará multiple copias de un mensaje en un fondo negro. Cada copia del mensaje esta en un color aleatorio. Cinco fuentes diferente son usadas, con diferente tamaños y estilos. El mensaje puede ser especificado en el constructor; Sí el constructor por defecto es usado, el mensaje es la cadena de caracteres "Java!". El panel trabaja OK sin importar cual sea su tamaño. Aquí esta como se ve el panel:

Hay uno problema con la forma en que esta clase trabaja. Cuando el método del panel `paintComponent()` es llamado, elige colores aleatorios, fuentes, y locaciones para los mensajes. La información acerca de cuales colores, fuentes, y locaciones son usados no es almacenada en ningun lugar. La proxima vez que `paintComponent()` sea llamada, hará elecciones aleatorias diferentes y dibujará una figura diferente. Para este applet en particular, el problema sólo aparece realmente cuando el panel es cubierto *parcialmente* y entonces descubierto (y aún entonces el problema no se muestra en todos sus ambientes). Es posible que sólo la parte que fue cubierta sea redibujada, y en la parte que no es redibujada, se mantenga la figura antigua. El usuario podría ver mensajes parciales, cortados por la línea divisoria entre la nueva figura y la vieja. Una mejor aproximación sería calcular los contenidos de la imagen en cualquier lugar, fuera del método `paintComponent()`. La información acerca de la imagen debería ser almacenada en variables instanciadas, y el método `paintComponent()` debería usar esa información para dibujar la figura. Sí `paintComponent()` es llamado dos veces, debería dibujar la misma figura dos veces, a menos que los datos hayan cambiado en el intermedio. Desafortunadamente, para almacenar los datos de la imagen en este applet, también necesitariamos usar registros, los cuales no serán cubiertos hasta el Capítulo 7, o imagenes fuera de pantalla, lo cual no será cubierto hasta el Capítulo 12. Otros ejemplos en este Capítulo sufrirán del mismo problema.

El código fuente para la clase panel es mostrada abajo. Uso una variable instanciada llamada **mensaje** para mantener el mensaje que el panel mostrará. Hay cinco variables instancias de tipo *Font* que representan tamaños diferentes y estilos del texto. Estas variables son inicializadas en el constructor y son usadas en el método `paintComponent()`.

El método `paintComponent()` para el panel simplemente dibuja 25 copias del mensaje. Para cada copia, elige una de las cinco fuentes aleatorias, y llama a `g.setFont()` para seleccionar la fuente que dibuja el texto. Crea un color HSB aleatorio y usa `g.setColor()` para seleccionar que color va a dibujar. Entonces elige coordenadas (x,y) aleatorias para la locación del mensaje. La coordenada x da la posición horizontal del extremo izquierdo de la cadena de caracteres. La formula usada para la coordenada x, "-50 + (int)(Math.random() * (ancho+40))" da un entero aleatorio en el rango desde -50 a `ancho-10`. Esto hace posible que la cadena de caracteres se extienda hacia el lado izquierdo o el lado derecho del panel. Similarmente, la formula para y le permite a la cadena de caracteres extenderse hacia arriba y hacia abajo del applet.

Aquí esta el código fuente completo para el `RandomStringsPanel`

```
import java.awt.Color;
import java.awt.Font;
```

```java
import java.awt.Graphics;
import javax.swing.JPanel;
/**
 * Este  panel muestra 25 copias de un mensaje.  El color y
 * posición de cada mensaje es selecionado de forma aleatorio.  La fuente
 * de cada mensaje es seleccionado aleatoriamente de entre cinco posibles
 * fuentes.  Los mensajes son mostrada en un fondo negro.
 * <p>Nota:  El estilo de dibujo usado Aquí es malo, porque cada
 * cada vez que el  método paintComponent() es llamado, nuevos valores aleatorios son
 * usado.  Esto  significa que una imagen diferente será dibujada cada
 * vez.  Esto  es particularmente malo sí sólo parte del panel
 * necesita ser redibujado, debido a que entonces el panel contendra
 * piezas recortadas del mensajes.
 * <p>este  panel esta para ser usado  como el panel de contenido tanto
 * en un applet o un frame.
 */
public class RandomStringsPanel extends JPanel {
   private String mensaje;  // El mensaje a ser mostrado.  Este  puede ser puesto en
                            // el constructor.  Si no se coloca ningun valor en el constructor,
                            // se usa la cadena de caracteres "Java!".
   private Font font1, font2, font3, font4, font5;  // The cinco fuentes.
   /**
    * Constructor por defecto crea un panel que muestra el mensaje "Java!".
    *
    */
   public RandomStringsPanel() {
      this (null);  // Llamar a los otros constructor, con parámetro null.
   }
   /**
    * Constructor crea un panel que muestra 25 copias de un mensaje especificado.
    * @param messageString el mensaje a ser mostrado.  Sí este  es null,
    * entonces el mensaje por defecto "Java!" es mostrado.
    */
   public RandomStringsPanel(String messageString) {
      mensaje = messageString;
      if (mensaje == null)
         mensaje = "Java!";
      font1 = new Font("Serif", Font.BOLD, 14);
      font2 = new Font("SansSerif", Font.BOLD + Font.ITALIC, 24);
      font3 = new Font("Monospaced", Font.PLAIN, 30);
      font4 = new Font("Dialog", Font.PLAIN, 36);
      font5 = new Font("Serif", Font.ITALIC, 48);
      setBackground(Color.BLACK);
   }
   /**
    * El método paintComponent es responsable de dibujar el contenido del panel.
    * Dibuja 25 copias del mensaje en cadena de caracteres, usando color, fuente, y
    * posición aleatorio  para cada cadena de caracteres.
    */
   public void paintComponent(Graphics g) {
      super.paintComponent(g);  // llama al método paintComponent de la
         // superclase, JPanel.  Este  simplemente llena todo
         // el panel con el color de fondo, negro.
      int ancho = getWidth();
```

6.3. GRÁFICOS Y PINTURAS

```
            int alto = getHeight();
            for (int i = 0; i < 25; i++) {
                // Dibuja una cadena de caracteres.
                // Primero, coloca la fuente para que sea una de las cinco
                // fuentes disponibles, de forma aleatoria.
                int fontNum = (int)(5*Math.aleatorio()) + 1;
                switch (fontNum) {
                    case 1:
                        g.setFont(font1);
                        break;
                    case 2:
                        g.setFont(font2);
                        break;
                    case 3:
                        g.setFont(font3);
                        break;
                    case 4:
                        g.setFont(font4);
                        break;
                    case 5:
                        g.setFont(font5);
                        break;
                } // fin del  switch
                // Coloca el color como brillante y saturado, con matiz aleatorio.
                float hue = (float)Math.aleatorio();
                g.setColor( Color.getHSBColor(hue, 1.0F, 1.0F) );
                // Selecciòna la posición de la cadena de caracteres, aleatoriamente.
                int x,y;
                x = -50 + (int)(Math.aleatorio()*(ancho+40));
                y = (int)(Math.aleatorio()*(alto+20));
                // Dibuja el mensaje.
                g.drawString(mensaje,x,y);
            } // fin del bucle para
        } // fin del método paintComponent()
} // fin del método   class RandomStringsPanel
```

Esta clase define un panel, lo cual no es algo que se pueda mantener sólo por su cuenta. Para verlo en la pantalla, tenemos que usarlo en un applet o un frame. Aquí esta una clase applet simple que usa un *RandomStringsPanel* como su panel de contenido:

```
import javax.swing.JApplet;
/**
 * Un RandomStringsApplet muestra 25 copias de una cadena de caracteres, usando colores,
 * fuentes, y posiciones aleatorias para las copias.  El mensaje puede ser especificado como el
 * valor de un param applet con nombre "mensaje."  Sí ningun param con nombre
 * "mensaje" es presentado, entonces el mensaje por defecto "Java!" es mostrado.
 * El contenido real  del applet es un objeto de tipo RandomStringsPanel.
 */
public class RandomStringsApplet extends JApplet {
   public void init() {
      String mensaje = getParameter("mensaje");
      RandomStringsPanel contenido = new RandomStringsPanel(mensaje);
      setContentPane(contenido);
   }
```

Note que el mensaje que será mostrado en el applet puede ser asignado usando un parámetro applet cuando el applet es agregado a un documento HTML. Usando applets en páginas Web fue discutido en la Subsección 6.2.4. Recuerde usar el applet en una página Web, usted debe incluir ambos el archivo de la clase panel, `RandomStringsPanel.class`, y el archivo de la clase applet, `RandomStringsApplet.class`, en el mismo directorio que el documento HTML (o, alternativamente, empaquetar los dos archivos clases dentro a archivo jar, y poner el archivo jar en el directorio del documento).

En vez de escribir un applet, por supuesto, podriamos usar el panel en la ventana de una aplicación independiente. Usted puede encontrar el código fuente para un programa principal que hace esto en el archivo *RandomStringsApp.java*.

6.4. Eventos de Ratón

Los eventos son centrales para programar una interfaz gráfica de usuario. Un programa GUI no tiene una rutina `main()` que de una idea de lo que ocurrirá cuando el programa es corrido, en un proceso paso a paso desde el principio al fin. En vez de eso, el programa debe ser preparado para responder a varias clases de eventos que pueden ocurrir en momentos inpredecibles y en un orden que el programa no controla. Las clases más básicas de eventos son generados por el ratón y teclado. El usuario puede presionar cualquier tecla en el teclado, mover el ratón, o presionar un botón en el ratón. El usuario puede hacer cualquiera de estas cosas en cualquier momento, y la computadora tiene que responder apropiadamente.

En Java, los eventos son representados por objetos. Cuando un evento ocurre, el sistema colecta toda la información relevante al evento y construye un objeto para contener esa información. Diferente tipos de eventos son representados por objetos que pertenecen a clases diferentes. Por ejemplo, cuando el usuario presiona uno de los botones en un ratón, un objeto que pertenece a una clase llamada *MouseEvent* es construido. El objeto contiene información tal como el origen del evento (Eso es, el componente sobre el cual el usuario ha clickeado), las coordenadas (x,y) del punto del componente en donde el click ocurrió, y cual de los botónes fue presionado en el ratón. Cuando el usuario presiona una tecla en el teclado, un *KeyEvent* es creado. Despues que el objeto evento es construido, es pasado como un parámetro a una subrutina designada. Escribiendo esa subrutina, el programador dira que debería ocurrir cuando el evento se produce.

Como un programador Java, usted obtiene una visión bastante alta de los eventos. Hay una cantidad de procesamiento que se ejecuta entre el tiempo que el usuario presiona una tecla o mueve el ratón y el tiempo en que una subrutina en su programa es llamada para responder al evento. Afortunadamente, usted no necesita saber mucho acerca de procesamiento. Pero usted debería entender esto muy bien: aunque su programa GUI no tiene una rutina `main()`, hay una especie de rutina principal corriendo en algún lugar que ejecuta un bucle de la forma

```
mientras el programa esta corriendo:
    Espere por el próximo evento a ocurrir
    llamar a subrutina para manejar el evento
```

Este bucle es llamado un **bucle de eventos**. Cada programa GUI tiene un un bucle de eventos. En Java, usted no tiene que escribir el bucle. Es parte "del sistema." Sí usted escribe un programa GUI en algún otro lenguaje, podría tiene que proveer una rutina principal que corre un bucle de eventos.

En esta sección, veremos un manejador de eventos de ratón en Java, y cubriremos el marco para manejo de eventos en general. La proxima sección cubrirá eventos relacionados con el

6.4. EVENTOS DE RATÓN

teclado y temporizadores de eventos. Java también tiene otros tipos de eventos, los cuales son producido por componentes GUI. Estos serán introducidos en la Sección 6.6.

6.4.1. Manejo de Eventos

Para que un evento tenga cualquier efecto, un programa debe detectar el evento y reaccionar a él. Con la finaliad de detectar un evento, el programa debe "escucharlo". Escuchar eventos es algo que es hecho por un objeto llamado **oyente de eventos**. Un objeto oyente de eventos debe contener métodos instanciados para manejar los eventos los cuales oye. Por ejemplo, Sí un objeto esta para servir como un oyente de eventos de tipo *MouseEvent*, entonces debe contener el siguiente método (entre otros varios):

```
public void mousePressed(MouseEvent evt) { . . . }
```

El cuerpo del método define como el objeto responde cuando es notificado que un botón de ratón ha sido presionado. El parámetro, `evt`, contiene información acerca del evento. Esta información puede ser usada por el objeto oyente para determinar su respuesta.

Los métodos que son requeridos en un oyente de evento de ratón son especificados en una `interfaz` llamada *MouseListener*. Para ser usado como un oyente de eventos de ratón, un objeto debe implementar esta interfaz *MouseListener*. Las `interfaces` de Java fueron cubiertas en la Subsección 5.7.1. (Para repasar resumidamente: Una `interfaz` en Java es una una lista de métodos instanciados. Una clase puede "implementar", una interfaz haciendo dos cosas. Primero, la clase debe ser declarada para implementar la interfaz, como en "`class MyListener implement MouseListener`", o "`class MyApplet extends JApplet implement MouseListener`". Segundo, la clase debe incluir una definicion para cada método instanciado especificado en la interfaz. Una `interfaz` puede ser usada como el tipo para una variable o parámetro formal. Decimos que un objeto implementa la interfaz *MouseListener* sí pertenece a una clase que implementa la interfaz *MouseListener*. Note que no es suficiente para el objeto el incluir los métodos especificados. También debe pertenecer a una clase que es especificamente declarada para implementar la interfaz.)

Muchos eventos en Java son asociados con componentes GUI. Por ejemplo, cuando el usuario presiona un botón en el ratón, el componente asociado es donde el usuario clickea. Antes que un objeto oyente pueda "oir", eventos asociado con un componente dado, el objeto oyente debe ser registrado con el componente. Sí un objeto *MouseListener*, mListener, necesita oir eventos asociados al ratón con un objeto **componente**, comp, el oyente debe ser **registrado** con el componente llamando "`comp.addMouseListener(mListener);`". El método `addMouseListener()` es un método instanciado en la clase `componente`, y así puede ser usado con cualquier componente objeto GUI. En nuestros primeros pocos ejemplos, oiremos eventos en un JPanel que esta siendo usado como una superficie de dibujo.

Las clases eventos, tales como *MouseEvent*, y las interfaces oyentes, tales como *MouseListener*, estan definidas en el paquete `java.awt.event`. Esto significa que sí usted quiere trabajar con eventos, también debería incluir la línea "`import java.awt.event.*;`", al inicio de su archivo de código fuente o importar las clases individuales e interfaces.

Es cierto que, hay un gran número de detalles a tomar en cuenta cuando se quiere usar eventos. Para resumir, usted debe

1. Coloque la especificacion de importacion "`import java.awt.event.*;`"(o importaciones individuales) al inicio de su código fuente;

2. Declare que alguna clase implementa la interfaz oyente apropiada, tal como *MouseListener*;

3. Proveer definiciones en esa clase para las subrutinas de la interfaz;

4. Registrar el objeto oyente con el componente que generara los eventos llamando un método tales como **addMouseListener()** en el componente.

Cualquier objeto puede actuar como un oyente de eventos, siempre que implemente la interfaz apropiada. Un componente puede oir los eventos que en si mismo genera. Un panel puede oir eventos de componentes que estan contenidos en el panel. Una clase especial puede ser creada con el proposito de definir un objeto oyente. Mucha gente lo considera como una buena forma de usar clases anonimas internas para definir objetos oyentes (Vea la Subsección 5.7.3). Usted verá todos estos patrones en ejemplos de este texto.

6.4.2. MouseEvent y MouseListener

La interfaz *MouseListener* especifica cinco métodos instanciados diferentes:

```
public void mousePressed(MouseEvent evt);
public void mouseReleased(MouseEvent evt);
public void mouseClicked(MouseEvent evt);
public void mouseEntered(MouseEvent evt);
public void mouseExited(MouseEvent evt);
```

El método `mousePressed` es llamado tan pronto como el usuario presiona en uno de los botones del ratón, y `mouseReleased` es llamado cuando el usuario suelta el botón. Estos son los dos métodos más comunmente usados, pero cualquier objeto oyente de ratón debe definir todos los cinco métodos; usted puede dejar vacio el cuerpo de un método sí no quiere definir una respuesta. El método `mouseClicked` es llamado sí el usuario presiona un botón de ratón y lo suelta rapidamente, sin mover el ratón. (Cuando el usuario hace esto, todas las tres rutinas—`mousePressed`, `mouseReleased`, y `mouseClicked`—serán llamadas en ese order.) En los demás casos, usted debería definir `mousePressed` en vez de `mouseClicked`. Los métodos `mouseEntered` y `mouseExited` son llamados cuando el cursor del ratón entra o deja el componente. Por ejemplo, sí usted quiere que un componente cambie de apariencia cuando el usuario quiera mover el ratón sobre los componente, podría definir estos dos métodos.

Como un ejemplo, veremos una pequeña adición al ejemplo *RandomStringsPanel* de la sección previa. En la nueva versión, el panel se repintará a si mismo cuando el usuario clickea en el. Con la finalidad de que esto ocurra, un objeto oyente de ratón debería oir por eventos de ratones en el panel, y cuando el oyente detecta un evento `mousePressed`, debería responder llamando al método `repaint()` del panel.

Para la nueva versión del programa, necesitamos un objeto que implementa la interfaz *MouseListener*. Uno manera de crear el objeto es definir una clase separada, tales como:

```
import java.awt.Component;
import java.awt.event.*;

/**
 * Un objeto de tipo RepaintOnClick es un MouseListener que
 * responderá  a un evento mousePressed llamando al método repaint()
 * de la fuente del evento.  Eso es, un
 * objeto RepaintOnClick puede ser agregado como un oyente ratón  a cualquier componente;
```

6.4. EVENTOS DE RATÓN

```
 * cuando el usuario clickea ese componente, el componente será
 * repintado.
 */
public class RepaintOnClick implements MouseListener {
   public void mousePressed(MouseEvent evt) {
      Component fuente = (Component)evt.getSource();
      fuente.repaint();  // Llama a repaint() en el componente que fue clickeado.
   }
   public void mouseClicked(MouseEvent evt) { }
   public void mouseReleased(MouseEvent evt) { }
   public void mouseEntered(MouseEvent evt) { }
   public void mouseExited(MouseEvent evt) { }
}
```

Esta clase hace tres de las cuatro cosas que necesitamos hacer con la finalidad de manejar eventos de ratón: primero, importa `java.awt.event.*` para fácil acceso a clases relacionadas a eventos. Segundo, se declara que la clase "implementa a MouseListener". y tercero, se proveen definiciones para los cinco métodos que estan especificados en la interfaz *MouseListener*. (Note que cuatro de los cinco métodos manejadores de eventos tienen definiciones vacias. Realmente sólo queremos definir una respuesta a los eventos `mousePressed`, pero con la finalidad de implementar la interfaz *MouseListener*, una clase **debe** definir todos los cinco métodos.)

Debemos hacer una cosa más para preparar el manejo de eventos de este ejemplo: Debemos registrar un objeto manejador de eventos como un oyente con el componente que generará los eventos. En este caso, los eventos de ratón en los que estamos interesados serán generados por un objeto de tipo *RandomStringsPanel*. Sí `panel` es una variable que se refiere al objeto panel, Podemos crear un objeto oyente de ratón y registrarlo con el panel por medio de la declaración:

```
RepaintOnClick oyente = new RepaintOnClick();  // crear un objeto MouseListener.
panel.addMouseListener(oyente);  // Registrar MouseListener con el panel.
```

Una vez que esto es hecho, el objeto `oyente` será notificado de eventos de ratón en el panel. Cuando un evento `mousePressed` ocurre, el método `mousePressed()` en el `oyente` será llamado. El código en este método llama al método `repaint()` en el componente que es la fuente del evento, eso es, en el panel. El resultado es que el `RandomStringsPanel` es repintado con su cadenas de caracteres en nuevos colores, fuentes, y posiciones aleatorias.

Aunque hemos escrito la clase *RepaintOnClick* para usarla con nuestro ejemplo *RandomStringsPanel*, la clase manejadora de eventos no contiene referencias a la clase *RandomStringsPanel* del todo. Cómo puede ser esto? El método `mousePressed()` en la clase *RepaintOnClick* mira en la fuente del evento, y llama a su método `repaint()`. Sí tenemos registrado el objeto *RepaintOnClick* como un oyente en un *RandomStringsPanel*, entonces es ese panel el que debe ser repintado. Pero el objeto oyente podría ser usado con cualquier tipo de componente, y trabajaria en la misma forma.

Similarmente, la clase *RandomStringsPanel* no contiene referencia a la clase *RepaintOnClick*—de hecho, *RandomStringsPanel* fue escrita antes de que supieramos algo acerca de eventos del ratón! el panel enviará eventos del ratón a cualquier objeto que este registrado con el como un oyente de eventos de ratón. No necesita saber nada acerca de ese objeto excepto que es capaz de recibir eventos de ratón.

La relación entre un objeto que genera un evento y un objeto que responde a ese evento es bastante suelta. La relación es preparada por medio del registro de uno objeto que oye eventos desde los otros objeto. Esto es algo que puede ser potencialmente hecho desde fuera de ambos objetos. Cada objeto puede ser desarrollado independientemente, sin conocimiento de la operación interna de los otros objeto. Esto es la esencia del *diseño modular*: Construir un sistema complejo de modulos que sólo interactuan en formas sencilla y faciles de entender. Entonces cada modulo es un problema de diseño separado que puede ser abordado independientemente.

Para hacer esto más claro, considere la versión de aplicación del programa ClickableRandomStrings. He incluido *RepaintOnClick* como un clase anidada, aunque podría ser facilmente una clase separada. El punto principal es que este programa usa la misma clase *RandomStringsPanel* que fue usada en el programa original, la cual no respondia al clickeo del ratón. El manejo del ratón ha sido "asignado", a una clase existente, sin tener que hacer cualquier cambios en toda esa clase:

```java
import java.awt.Component;
import java.awt.event.MouseEvent;
import java.awt.event.MouseListener;
import javax.swing.JFrame;
/**
 * Muestra una ventana que presenta 25 copias de la cadena de caracteres "Java!" en
 * colores, fuentes, y posiciones aleatorio.  El contenido de La ventana
 * es un objeto de tipo RandomStringsPanel.  Cuando el usuario clickea
 * la ventana, el contenido de la ventana es repintado, con la
 * cadenas de caracteres en colores, fuentes, y posiciones aleatorios seleccionados nuevamente.
 */
public class ClickableRandomStringsApp {
   public static void main(String[] args) {
      JFrame ventana = new JFrame("Cadenas de caracteres aleatorio");
      RandomStringsPanel contenido = new RandomStringsPanel();
      contenido.addMouseListener( new RepaintOnClick() );   \newcode{// registra oyente de ratón.}
      ventana.setContentPane(contenido);
      ventana.setDefaultCloseOperation(JFrame.EXIT_ON_CLOSE);
      ventana.setLocation(100,75);
      ventana.setSize(300,240);
      ventana.setVisible(true);
   }
   private static class RepaintOnClick implement MouseListener {
      public void mousePressed(MouseEvent evt) {
         Component fuente = (Component)evt.getSource();
         fuente.repaint();
      }
      public void mouseClicked(MouseEvent evt) { }
      public void mouseReleased(MouseEvent evt) { }
      public void mouseEntered(MouseEvent evt) { }
      public void mouseExited(MouseEvent evt) { }
   }
}
```

6.4.3. Coordenadas del Ratón

Con frecuencia, cuando un evento de ratón ocurre, usted quiere saber la locación del cursor del ratón. Esta información esta disponible desde el parámetro *MouseEvent* para el método manejador de eventos, el cual contiene métodos instanciados que retornan información acerca del evento. Sí `evt` es el parámetro, entonces usted puede encontrar las coordenadas del cursor del ratón llamando `evt.getX()` y `evt.getY()`. Estos métodos retornan enteros los cuales dan

6.4. EVENTOS DE RATÓN

las coordenadas `x` y `y` de donde el cursor del ratón fue posicionado al momento que el evento ocurrió. Las coordenadas estan expresadas en las coordenadas del sistema del componente que ha generado el evento, donde la esquina superior izquierda del componente es (0,0).

El usuario puede oprimir ciertas **teclas modificadoras** mientras usa el ratón. Las posibles teclas modificadoras incluyen: la tecla Shift, la tecla Control, la tecla ALT (llamada la tecla Option en las computadoras Macintosh), y la tecla Meta (llamado el comando o tecla Apple en las computadoras Macintosh). Usted podría querer responder a un evento de ratón de forma diferente cuando el usuario mantienen presionado una tecla modificadora. Los métodos instanciados de valor booleano `evt.isShiftDown()`, `evt.isControlDown()`, `evt.isAltDown()`, y `evt.isMetaDown()` pueden ser llamados para probar si las teclas modificadoras estan presionadas.

Usted también podría querer tener diferentes respuestas dependiendo de si el usuario presiona el botón izquierdo del ratón, el botón de la mitad del ratón, o el botón derecho del ratón. Ahora, cada ratón no tiene un botón en la mitad y un botón derecho, por eso Java maneja la información en una manera peculiar. Se trata de presionar el botón derecho como equivalente a mantener presionada la tecla Meta mientras se presiona el botón izquierdo del ratón. Eso es, sí el botón derecho es presionado, entonces el método instanciado `evt.isMetaDown()` retornará `true` (aún sí la tecla Meta no es presionada). Similarmente, presionar la mitad del botón de ratón es equivalente a mantener presionado la tecla ALT. En la práctica, lo que esto realmente significa es que presionar el botón derecho de ratón debajo de ventanas es equivalente a mantener presionado la tecla de comando mientras se presiona el botón del ratón en las computadoras Macintosh. Un programa prueba cada uno de estos llamando `evt.isMetaDown()`.

Como un ejemplo, considere un *JPanel* que hace lo siguiente: al clickear en el panel con el botón izquierdo del ratón se colocará un rectángulo rojo en el panel en el punto donde el ratón fue clickeado. Al clickear con el botón derecho del ratón (o mantener presionada la tecla de comando mientras clickea en una Macintosh) colocará un ovalo azul en el applet. Mantener presionada la tecla Shift mientras clickea limpiará el panel removiendo todas las formas que han sido colocadas.

Hay varias formas para escribir este ejemplo. podría escribir una clase separada para manejar eventos de ratón, como hice en el ejemplo previo. Sin embargo, en este caso, decidi permitirle al panel darle respuesta a los eventos del ratón en si mismo. Cualquier objeto puede ser un oyente del ratón, siempre y cuando implemente la interfaz *MouseListener*. En este caso, la clase panel implementa la interfaz *MouseListener*, así cualquier objeto que pertenezca a esa clase puede actuar como un oyente de ratón. El constructor para la clase panel registra el panel *en si mismo* como un oyente de ratón. Esto se hace con la declaración "`addMouseListener(this)`". Debido a que este comando esta en un método en el clase panel, el método `addMouseListener()` en el objeto panel esta siendo llamado, y un oyente esta siendo registrado con ese panel. El parámetro "`this`" también se refiere al objeto panel, por lo que es el mismo objeto panel que esta para oir eventos. por lo tanto, el objeto panel juega un rol dual aquí. (Sí usted encuentra esto demasiado confuso, recuerde que usted siempre puede escribir una clase separada para definir al objeto oyente.)

El código fuente para la clase panel es mostrado abajo. Usted debería verificar como los métodos instanciados en el objeto *MouseEvent* son usados. también puede verificar los cuatro pasos del manejo de eventos ("`import java.awt.event.*`", "`implementa MouseListener`", definir los métodos manejadores de eventos, y "`addMouseListener`"):

```
import java.awt.*;
import java.awt.event.*;
```

```java
import javax.swing.*;
/**
 * Una demonstración simple de MouseEvents.  Las formas son dibujadas
 * en un fondo negro cuando el usuario clickea el panel. Sí
 * el usuario clickea Shift, el applet es limpiado.  Sí el usuario
 * clickea con el boton derecho del ratón sobre el applet, un ovalo azul es dibujado.
  * De otra manera,
 * cuando el usuario clickea, un rectángulo rojo es dibujado.  Los contenidos del
 * panel no son persistentes.  Por ejemplo, podrían desaparecer
 * Sí el panel es cubierto y descubierto.
 */
public class SimpleStamperPanel extends JPanel implement MouseListener {
   /**
    * Este  constructor simplemente coloca el color de fondo del panel para que sea negro
    * y coloca el panel para que oiga eventos de ratón en en si mismo.
    */
   public SimpleStamperPanel() {
      setBackground(Color.BLACK);
      addMouseListener(this);
   }
   /**
    *  Debido a que este  panel ha sido colocado para oir eventos de ratón en si mismo,
    *  este  método será llamado cuando el usuario clickee el ratón en el panel.
    *  este  método es parte de la interfaz MouseListener.
    */
   public void mousePressed(MouseEvent evt) {
      if ( evt.isShiftDown() ) {
            // El usuario mantuvo presionado la tecla Shift.  Repinta el panel.
            // Debido a que esta clase no define un  método paintComponent(), el
            // método de la superclase, JPanel, es llamado.  Ese  método simplemente
            // llena el panel con su color de fondo, el cual es negro.  El
            // efecto es limpiar el panel.
         repaint();
         return;
      }
      int x = evt.getX();  // x-coordenada  donde usuario ha clickeado.
      int y = evt.getY();  // y-coordenada  donde usuario ha clickeado.
      Graphics g = getGraphics();   // contexto gráfico para dibujar directamente.
                           // NOTA:  Este se considera como un estilo malo!
      if ( evt.isMetaDown() ) {
            // El usuario ha clickeado el boton derecho en el punto  (x,y).
        //Dibujar un ovalo azul centrado
            // en el punto  (x,y). (Un contorno negro alrededor del ovalo lo hará
            // más distintivo cuando los ovalos y los rectángulos se solapan.)
         g.setColor(Color.BLUE);  // Interior azul.
         g.fillOval( x - 30, y - 15, 60, 30 );
         g.setColor(Color.BLACK); // Contorno negro.
         g.drawOval( x - 30, y - 15, 60, 30 );
      }
      else {
            // El usuario clickea el izquerdo (o en la mitad) en (x,y).
            // dibujar un rectángulo rojo centrado en (x,y).
         g.setColor(Color.RED);   // Interior rojo.
         g.fillRect( x - 30, y - 15, 60, 30 );
```

6.4. EVENTOS DE RATÓN

```
            g.setColor(Color.BLACK); // Contorno negro.
            g.drawRect( x - 30, y - 15, 60, 30 );
        }
        g.dispose();   // Hemos terminado con el contexto gráfico, por lo que es dispuesto.
   } // fin del mousePressed();
   // Las proximas cuatro rutinas vacias son requeridas por la interfaz MouseListener.
   // Debido a que ellas no hacen nada en esta clase, así sus definiciones estan vacias.
   public void mouseEntered(MouseEvent evt) { }
   public void mouseExited(MouseEvent evt) { }
   public void mouseClicked(MouseEvent evt) { }
   public void mouseReleased(MouseEvent evt) { }
} // fin de la clase SimpleStamperPanel
```

Note, de esta manera, que esta clase viola la regla de que todo dibujo debería ser hecho en un método `paintComponent()`. Los rectángulos y ovalos son dibujados directamente en la rutina `mousePressed()`. Para hacer esto posible, se necesita obtener un contexto gráfico diciendo "g = getGraphics()". Despues se usa g para dibujar, llamo a `g.dispose()` para informarle al sistema operativo que no quiero seguir usando g para dibujar. Es una buena idea hacer esto para liberar los recursos del sistema que estan siendo usados por el contexto gráfico. No recomiendo hacer este tipo de dibujo directo sí puede ser evitado, pero usted puede ver que se hace el trabajo en este caso, y en este punto realmente no tenemos otras vías para escribir este ejemplo.

6.4.4. MouseMotionListeners y Arrastre

Cuando quiera que el ratón es movido, se generan eventos. El sistema operativo de la computadora detecta estos eventos y los usa para mover el cursor del ratón en la pantalla. También es posible que un programa oiga estos eventos de "movimiento de ratón", y que responda a ellos. La razón más común para hacer esto es implementando el *Arrastre*. El arrastre ocurre cuando el usuario mueve el ratón mientras mantiene presionado un botón de ratón.

Los métodos para responder a eventos de movimiento ratón estan definidos en una interfaz llamada *MouseMotionListener*. Esta interfaz especifica dos métodos manejadores de eventos:

```
public void mouseDragged(MouseEvent evt);
public void mouseMoved(MouseEvent evt);
```

El método `mouseDragged` es llamado sí el ratón es movido mientras un botón es presionado en el ratón. Sí el ratón es movido mientras ningun botón de ratón es presionado, entonces en vez de eso `mouseMoved` es llamado. El parámetro, `evt`, es un objeto de tipo *MouseEvent*. Contiene las coordenadas x y y de la localización del ratón. Mientras el usuario continua moviendo el ratón, uno de estos métodos será llamado una y otra vez. (Muchos eventos son generados de manera tal que para un programa sería ineficiente oirlas todas, si no quieren hacer nada en respuesta. Esto es por que los manejadores de eventos de movimiento de ratón estan definidos en una interfaz separada de los otros eventos de ratón: usted puede oir eventos de ratón definidos en *MouseListener* sin oir automaticamente todos los movimiento eventos de ratón por igual.)

Sí usted quiere que su programa responda a eventos de movimiento de ratón, debe crear un objeto que implementa la interfaz *MouseMotionListener*, y debe registrar ese objeto para que oiga eventos. El registro es hecho llamando a un método `addMouseMotionListener` del componente . El objeto entonces oirá por eventos `mouseDragged` y `mouseMoved` asociado con ese componente. En la mayoria de los casos, el objeto oyente también implementara la interfaz *MouseListener* de manera tal que pueda responder a los otros eventos de ratón por igual.

Para tener una mejor idea de como los eventos de ratón trabajan, usted debería tratar el *SimpleTrackMouseApplet* en la versión en línea de esta sección. El applet es programado para responder a cualquiera de las siete clases diferentes de eventos de ratón demostrando las coordenadas del ratón, el tipo de evento, y una lista de las teclas modificadoras que sean presionadas (Shift, Control, Meta, y Alt). Usted puede experimentar con el applet para que vea lo que ocurre cuando usa el ratón en el applet. (Alternativamente, usted podría correr la versión independiente del programa de aplicación, *SimpleTrackMouse.java*.)

El código fuente para el applet puede ser encontrado en *SimpleTrackMousePanel.java*, el cual define el panel que es usado como el panel de contenido del applet, y en *SimpleTrackMouseApplet.java*, el cual define la clase applet. La clase panel incluye una clase anidada, *MouseHandler*, que define el objeto manejador del ratón. Lo invito a a leer el código fuente. Usted ahora debería estar familiarizado con todas las técnicas que usa.

Es interesante ver lo que un programa necesita hacer con la finaliad de responder a operaciones de arrastre. En general, la respuesta envuelve tres métodos: `mousePressed()`, `mouseDragged()`, y `mouseReleased()`. La gestión de arrastre inicia cuando el usuario presiona un botón de ratón, continua mientras el ratón es arrastrado, y termina cuando el usuario suelta el botón. Esto significa que la programación de la respuesta a una gestión de arrastre debe ser extendido sobre los tres métodos! además, el método `mouseDragged()` puede ser llamado muchas veces a medida que el ratón se mueve. Para mantener registro de que eso esta ocurriendo entre el llamado de un método y el próximo, usted necesita preparar algunas variables instanciadas. En muchas aplicaciones, por ejemplo, con la finalidad de procesar un evento `mouseDragged`, usted necesita recordar las coordenadas previas del ratón. Puede almacenar esta información en dos variables instanciadas `prevX` y `prevY` de tipo **int**. También puede ser útil guardar las coordenadas de inicio, donde el evento `mousePressed` ocurrió, en las variables instanciadas. También sugiero que tenga una variable **boolean**, `arrastre`, la cual es puesta a **true** mientras una gestión de arrastre esta siendo procesado. Esto es necesario porque no cada evento `mousePressed` inicia una operación de arrastre a la cual usted quiera responder. Los métodos `mouseDragged` y `mouseReleased` pueden usar el valor de `arrastre` para verificar si una operación de arrastre de hecho esta en progreso. Usted podría necesitar otras variables instanciadas por igual, pero en líneas generales, una clase que maneja arrastre de ratón se parecerá a esta:

```java
import java.awt.event.*;
public class MouseDragHandler implement MouseListener, MouseMotionListener {
    private int startX, startY; // punto  donde el ratón es presionado.
    private int prevX, prevY;   // Las coordenadas de ratón que han sido recientemente procesadas.
    private boolean arrastre;   // Se coloca a true cuando un arrastre esta en proceso.
    . . . // otras variables instanciadas para usar al arrastrar
    public void mousePressed(MouseEvent evt) {
       if ( quiero-iniciar-el-arrastre) {
           arrastre = true;
           startX = evt.getX();  // recuerda la posición de inicio.
           startY = evt.getY();
           prevX = startX;       // recuerda las coordenadas más recientes.
           prevY = startY;
              .
              .  // otros procesos.
              .
       }
    }
    public void mouseDragged(MouseEvent evt) {
```

6.4. EVENTOS DE RATÓN

```
            if ( arrastre == false )  // primero, verifica si estamos
                return;               //    procesando una gestión de arrastre.
            int x = evt.getX(); // posición actual del ratón.
            int y = evt.getY();
              .
              .  // procesar un movimiento de ratón desde (prevX, prevY) hasta (x,y).
              .
            prevX = x;   // Recuerda la posición actual para la proxima llamada.
            prevY = y;
         }
         public void mouseReleased(MouseEvent evt) {
             if ( arrastre == false )  // primero, verificar sí estamos
                return;                //    procesando una gestión de arrastre.
             arrastre = false;   // Hemos hecho el arrastre.
               .
               .  // otros procesamientos y limpieza.
               .
         }
}
```

Como un ejemplo, veamos un uso típico de arrastre: permitale al usuario esborzar una curva arrastrando el ratón. Este ejemplo también muestra muchas otras características de gráficos y procesamiento de ratón. En el programa, usted puede dibujar una curva por medio del arrastre del ratón en una gran área de dibujo blanca, y usted puede seleccionar un color de dibujo al clickear en uno de varios rectángulos coloreados a la derecha del área de dibujo. El código fuente completo puede ser encontrado en *SimplePaint.java*, el cual puede ser corrido como un aplicación independiente, y usted puede encontrar una versión applet en la versión en línea de esta sección. Aquí esta una imagen del programa:

Discutiré unos pocos aspectos del código fuente aquí, pero lo invito a leerlo cuidadosamente en su totalidad. Hay cantidades de comentarios informativos en el código fuente. (El código fuente usa una técnica inusual: Define una subclase de *JApplet*, pero también incluye una rutina `main()`. la rutina `main()` no tiene nada que ver con el uso de la clase en un applet, pero hace posible correr la clase como un aplicación independiente. Cuando esto es hecho, la aplicación abre una ventana que muestra el mismo panel que sería mostrado en la versión applet. Este ejemplo por lo tanto muestra como escribir un sólo archivo que puede ser usado tanto como una aplicación independiente o como un applet.)

La clase panel para este ejemplo esta diseñada para trabajar con cualquier tamaño razonable, eso es, a menos que el panel sea demasiado pequeño. Esto significa que las coordenadas son calculadas en términos del ancho y alto real del panel. (El ancho y alto son obtenidos llamando a `getWidth()` y `getHeight()`.) Esto hace las cosas bastante más dificiles de lo que serían si asumismos algún tamaño particular ajustado para el panel. Veamos algunos de estos calculos en detalle. Por ejemplo, la gran área de dibujo blanca se extiende desde `y = 3` a `y = alto - 3` verticalmente y desde `x = 3` a `x = ancho - 56` horizontalmente. Estos números son necesarios con la finaliad de interpretar el significado del clickeo de un ratón. Ellos toman en cuenta un borde griz alrededor del panel y el color de la paleta a lo largo del extremo derecho del panel. El borde tiene 3 pixeles de ancho. Los rectángulos coloreados tienen 50 pixeles de ancho. Junto con el borde de 3 pixeles alrededor del panel y un divisor de 3 pixeles entre el área de dibujo y los rectángulos coloreados, esto se suma para colocar el extremo derecho del área de dibujo a 56 pixeles desde el lado derecho del panel.

Un recuadro blanco etiquetado "LIMPIAR", ocupa una region de 50-por-50 pixeles debajo de los rectángulos coloreados en el lado derecho del panel. Gracias a este recuadro, podemos darnos cuenta cuanto espacio vertical esta disponible para los siete rectángulos coloreados, y entonces se divide ese espacio por 7 para obtener el espacio vertical disponible para cada rectángulo. Esta cantidad es representada por una variable, `colorSpace`. Fuera de este espacio, 3 pixeles son usados como espacio entre los rectángulos, así la altura de cada rectángulo es `colorSpace - 3`. La parte alta del N-mo rectángulo esta localizada a (`N*colorSpace + 3`) pixeles hacia abajo desde la parte alta del panel, asumiendo que contamos los rectángulos iniciando con cero. Esto es porque hay N rectángulos sobre el N-mo rectángulo, cada uno de los cuales usa `colorSpace` pixeles. Los 3 extra son para el borde en la parte alta del panel. Despues de todo esto, podemos anotar el comando para dibujar el N-mo rectángulo:

```
g.fillRect(ancho - 53, N*colorSpace + 3, 50, colorSpace { 3);
```

Eso no fue fácil! pero muestra la clase de pensamiento cuidadoso y gráficos de precisión que son a veces necesario para buenos resultados.

El ratón en este panel es usado para hacer tres cosas diferentes: selecciona un color, limpia el dibujo, y dibuja una curva. sólo el tercero de estos envuelve arrastre, así no todo clickeo del ratón iniciara una operación de arrastre. La rutina `mousePressed` tiene que ver las coordenadas (`x,y`) donde el ratón fue clickeado y decide como responder . Sí el usuario clickeo en el rectángulo `CLEAR`, el área de dibujo es limpiada llamando a `repaint()`. Sí el usuario clickeó en algún lugar en la tira de rectángulos coloreado, el color seleccionado es cambiado. Este vuelve a calcular sobre cual color el usuario ha clickeado, lo cual es hecho dividiendo la coordenada y por `colorSpace`. Finalmente, sí el usuario ha clickeado en el área de dibujo, una operación de arrastre es iniciada. Una variable booleana, `arrastre`, es puesta a `true` de manera tal que los métodos `mouseDragged` y `mouseReleased` sabrán que una curva esta siendo dibujado. El código para esto sigue la forma general dada arriba. El dibujo real de la curva es hecho en el método `mouseDragged` , el cual dibuja una línea desde la locación previa del ratón a su locación actual. Se requiere algún esfuerzo para asegurarse que la línea no se extiende más allá de área blanca de dibujo del panel. Esto no es automático, debido a que a medida que la computadora esta ocupada, el borde y la barra de color se hacen parte de la superficie de dibujo. Sí el usuario arrastra el ratón fuera del área de dibujo mientras se dibuja una línea, la rutina `mouseDragged` cambia las coordenadas `x` y `y` para colocarlas a lo largo del área de dibujo.

6.4. EVENTOS DE RATÓN

6.4.5. Manejadores de Eventos Anónimos

Como he mencionado anteriormente, es una práctica bastante común el uso de clases anónimas anidadas para definir los objetos detectores. Como se discutió en la Subsección 5.7.3, una forma especial del operador `new` es usado para crear un objeto que pertenece a una clase anónima. Por ejemplo, un objeto detector de ratón se pueden crear con una expresión de la forma:

```
new MouseListener() {
public void mousePressed(MouseEvent evt) { ... }
public void mouseReleased(MouseEvent evt) { ... }
public void mouseClicked(MouseEvent evt) { ... }
public void mouseEntered(MouseEvent evt) { ... }
public void mouseExited(MouseEvent evt) { ... }
```

Todo esto es sólo una expresión larga que tanto define una clase sin nombre y crea un objeto que pertenece a esa clase. Para utilizar el objeto como un detector de ratón, que se debe pasar como parámetro a algún método `addMouseListener()` del componente en un comando de la forma:

component.addMouseListener(

```
new MouseListener() {
public void mousePressed(MouseEvent evt) { ... }
public void mouseReleased(MouseEvent evt) { ... }
public void mouseClicked(MouseEvent evt) { ... }
public void mouseEntered(MouseEvent evt) { ... }
public void mouseExited(MouseEvent evt) { ... }
}
```

Ahora, en una aplicación típica, la mayoría de las definiciones del método en esta clase estarán vacías. Una clase que implementa una **interfaz** debe proporcionar definiciones para todos los métodos en esa Interfaz, aún cuando las definiciones están vacías. Para evitar el tedio de escribir definiciones de métodos vacíos en casos como este, Java proporciona ***clases adaptadora***. Una clase adaptadora implementa una interfaz oyente proporcionando definiciones vacías de todos los métodos en la interfaz. Una clase adaptadora sólo es útil como base para hacer subclases. En la subclase, sólo se puede definir los métodos que usted realmente desea utilizar. Para el resto de los métodos, las definiciones vacías que son proporcionados por la clase adaptadora serán utilizadas. La clase adaptadora para la interfaz *MouseListener* es llamada `MouseAdapter`. Por ejemplo, si usted quiere un detector de ratón que sólo responde a los eventos del ratón pulsado, puede utilizar un comando de la forma:

```
component.addMouseListener( new \newcode{MouseAdapter()} {
public void mousePressed(MouseEvent evt) { ... }
} );
```

Para ver cómo funciona esto en un ejemplo real, vamos a escribir otra versión de la aplicación `ClickableRandomStringsApp` de la Subsección 6.4.2. Esta versión utiliza una clase anónima basada en `MouseAdapter` para manejar eventos de ratón:

```
import java.awt.Component;
import java.awt.event.MouseEvent;
import java.awt.event.MouseListener;
```

```
import javax.swing.JFrame;
public class ClickableRandomStringsApp {
public static void main(String[] args) {
JFrame window = new Jframe("Cadena de Caracteres Aleatorios");
RandomStringsPanel content = new RandomStringsPanel();
\newcode{content.addMouseListener( new MouseAdapter() {
// Registra un detector de ratón que es definido por medio de una subclase anónima
// de MouseAdapter. Esto reemplaza la clase RepaintOnClick que fue
// utilizada en la versión original.
public void mousePressed(MouseEvent evt) {
Component source = (Component)evt.getSource();
source.repaint();
}
} );}
window.setContentPane(content);
window.setDefaultCloseOperation(JFrame.EXIT_ON_CLOSE);
window.setLocation(100,75);
window.setSize(300,240);
window.setVisible(true);
}
}
```

Las clases anonimas internas pueden ser utilizadas para otros fines además de la gestión de eventos. Por ejemplo, suponga que usted desea definir una subclase de *JPanel* para representar una superficie de dibujo. La subclase sólo será utilizada una vez. Se redefinirá el método **paintComponent()**, pero no hará ningún otro cambio en *JPanel*. Podría tener sentido el definir la subclase como una clase anidada anónima. Como ejemplo, les presento a *HelloWorldGUI4.java*.

Esta versión es una variación de *HelloWorldGUI2.java* que utiliza clases anonimas anidadas donde el programa original usa clases anidadas con nombre:

```
import java.awt.*;
import java.awt.event.*;
import javax.swing.*;
/**
* Un  programa sencillo de GUI que crea y abre un JFrame que contiene
* el mensaje "Hola Mundo" y un botón de "OK". Cuando el usuario hace clic en
*el botón Aceptar, el programa termina. Esta versión utiliza clases anonimas
* para definir el panel de visualización del mensaje y el objeto oyente de acciones.
* Comparelo con HelloWorldGUI2, el cual utiliza clases anidadas.
*/
public class HelloWorldGUI4 {
/**
* El programa principal crea una ventana que contiene un HelloWorldDisplay
* y un botón que pondrá fin al programa cuando el usuario hace clic en él.
*/
public static void main(String[] args) {
\newcode{JPanel displayPanel = new JPanel() {
// Una subclase anonima de JPanel que muestra "Hola Mundo!".
public void paintComponent(Graphics g) {
super.paintComponent(g);
g.drawString( "Hola Mundo!", 20, 30 );
}
};}
```

6.5. TEMPORIZADORES Y EVENTOS DE TECLADO

```
JButton okButton = new JButton("OK");
\newcode{okButton.addActionListener( new ActionListener(){
// Una clase anónima que define al objeto detector.
public void actionPerformed(ActionEvent e) {
System.exit(0);
}
} );}
JPanel content = new JPanel();
content.setLayout(new BorderLayout());
content.add(displayPanel, BorderLayout.CENTER);
content.add(okButton, BorderLayout.SOUTH);
JFrame window = new JFrame("GUI Test");
window.setContentPane(content);
window.setSize(250,100);
window.setLocation(100,100);
window.setVisible(true);
}
```

6.5. Temporizadores y Eventos de Teclado

No todo evento es generado por medio de una acción de parte del usuario. Los eventos también pueden ser generados por objetos como parte de su programación regular, y estos eventos pueden ser controlados por otros objetos para que puedan tomar las acciones apropiadas cuando los eventos ocurren. Un ejemplo de esto es la clase `javax.swing.Timer`. Un *Temporizador* genera eventos a intervalos regulares. Estos eventos pueden ser utilizados para conducir una animación o para realizar alguna otra tarea, a intervalos regulares. Vamos a empezar esta sección con una mirada a los eventos del temporizador y la animación. Entonces, veremos otro tipo de eventos básicos generados por los usuarios: Los *KeyEvents* que se generan cuando el usuario escribe en el teclado. En el ejemplo al final de la sección utiliza tanto un contador de tiempo y los eventos de teclado para poner en práctica un juego sencillo.

6.5.1. Temporizadores y Animación

Un objeto que pertenece a la clase `javax.swing.Timer` sólo existe para generar eventos. Un *Temporizador*, por defecto, genera una secuencia de eventos con un retraso fijo entre cada evento y el siguiente. (También es posible establecer un *Temporizador* para emitir un sólo evento después de un tiempo determinado; en ese caso, el temporizador se utiliza como una "alarma.") Cada evento pertenece a la clase *ActionEvent*. Un objeto que es para escuchar los eventos debe implementar la interfaz *ActionListener*, el cual define sólo un método:

`public void actionPerformed(ActionEvent evt)`

Para usar un *Temporizador*, debe crear un objeto que implementa la interfaz *ActionListener*. Es decir, el objeto debe pertenecer a una clase que se declara "`implement ActionListener`",

Y en esa clase se debe definir el método método `actionPerformed`. Entonces, si el objeto está configurado para escuchar los eventos del temporizador, el código en el método oyente `actionPerformed` se ejecutará cada vez que el temporizador genera un evento. Puesto que no hay posibilidad de tener un contador de tiempo sin tener un detector para responder a sus eventos, el oyente de acción para un contador de tiempo se especifica como un parámetro en el constructor del temporizador. El tiempo transcurrido entre los eventos del temporizador también se especifica en el constructor. Si `temprorizador` es una variable de tipo *Timer*, entonces la declaración

```
temporizador = new Timer( millisDelay, listener);
```
crea un temporizador con un retraso de `millisDelay` milisegundos entre eventos (donde 1000 milisegundos igual a un segundo). Los eventos del temporizador se envían al `oyente`. (`millisDelay` debe ser de tipo **int**, y el `oyente` debe ser de tipo *ActionListener*.) Tenga en cuenta que un temporizador no garantiza la entrega de eventos a intervalos regulares, precisamente. Si el equipo está ocupado con otra tarea, un evento podría ser retrasado o incluso suprimirse totalmente. Un temporizador no inicia la generación de eventos automáticamente cuando el objeto de temporizador se crea. El método `start()` en el temporizador debe ser llamado para decirle al temporizador que comience a generar eventos. El método `stop()` del temporizador puede ser usado para desactivar el flujo de eventos — que se puede reiniciar llamando a `start()` de nuevo.

* * *

Una aplicacion de temporizadores es una animación de computadora. Una animación de computador es sólo una secuencia de imágenes fijas, presentada al usuario una tras otra. Si el tiempo entre imágenes es corto, y si el cambio de una imagen a otra no es demasiado grande, entonces el usuario percibe el movimiento continuo. La forma más fácil de hacer la animación en Java es utilizar un *Timer* para conducir la animación. Cada vez que el temporizador genera un evento, el siguiente marco de la animación se computa y se dibuja en la pantalla — el código que implementa esto va en el método `actionPerformed` de un objeto que escucha los eventos del temporizador.

Nuestro primer ejemplo de la utilización de un contador de tiempo no es exactamente una animación, pero se muestra una nueva imagen para cada evento de temporizador. El programa muestra imágenes generadas al azar que vagamente se parecen a las obras de arte abstracto. De hecho, el programa dibuja una imagen aleatoria cada vez que su método `paintComponent()` es llamado, y la respuesta a un evento de temporizador es simplemente para llamar a `repaint()`, que a su vez desencadena una llamada a `paintComponent`. El trabajo del programa se realiza en una subclase de *JPanel*, que comienza así:

```java
import java.awt.*;
import java.awt.event.*;
import javax.swing.*;
public class RandomArtPanel extends JPanel {
/**
 * Un objeto RepaintAction llama al método repintar de este panel cada
 * vez que su  método actionPerformed() es llamado. Un objeto de este
 * tipo es usado como un detector de acción para un Temporizador que genera un
 * ActionEvent cada cuatro segundos. El resultado es que el panel se
 * redibuja cada cuatro segundos.
 */
private class RepaintAction implements ActionListener {
public void actionPerformed(ActionEvent evt) {
repaint(); // Llama al  método repaint() en la clase panel.
}
}
/**
 * El constructor crea un temporizador con un tiempo de retardo de cuatro segundos
 * (4000 milliseconds), y con un objeto RepaintAction como su
 * ActionListener. También se inicia el  funcionamiento del temporizador.
 */
```

6.5. TEMPORIZADORES Y EVENTOS DE TECLADO

```
public RandomArtPanel() {
RepaintAction action = new RepaintAction();
Temporizador timer = new timer(4000, action);
timer.start();
}
/**
* El  método paintComponent() llena el panel con una sombra aleatoria de
* gris, a continuación, dibuja uno de los tres tipos de  "arte" aleatorias. El tipo
* de arte que debe extraerse es elegido al azar.
*/
public void paintComponent(Graphics g) {
.
. // El resto de la clase se omite
.
```

Usted puede encontrar el código fuente completo de esta clase en el archivo *RandomArtPanel.java*;

Una versión de aplicacion del programa es *RandomArt.java*, mientras que la versión applet es *RandomArtApplet.java*. Usted puede ver la versión applet en la versión on-line de esta sección.

Más adelante en esta sección, vamos a utilizar un temporizador para conducir la animación en un juego simple de computadora.

6.5.2. Eventos del Teclado

En Java, las acciones del usuario se convierten en eventos en un programa. Estos eventos están asociados con los componentes GUI. Cuando el usuario presiona un botón en el ratón, el evento que se genera se asocia con el componente que contiene el cursor del ratón. ¿Qué pasa con los eventos de teclado? Cuando el usuario presiona una tecla, qué componente se asocia con el evento de tecla que se genera?

Un GUI usa la idea de ***foco de entrada*** para determinar el componente asociado con eventos de teclado. En un momento dado, exactamente un elemento de la interfaz en la pantalla tiene el foco de entrada, y ahí es donde todos los eventos de teclado se dirigen. Si el elemento de interfaz pasa a ser un componente de Java, entonces la información sobre el evento del teclado se convierte en un objeto Java de tipo *KeyEvent*, y se entrega a cualquier objeto oyente que esten escuchando `KeyEvents` asociados con ese componen. La necesidad de gestionar el foco de entrada le adiciona un toque extra de trabajo a los eventos de teclado. Es una buena idea darle al usuario una retroalimentación visual sobre qué componente tiene el foco de entrada. Otra pista visual común es establecer un borde de colores brillantes alrededor de los extremos de un componente cuando se tiene el foco de entrada, como lo hago en los ejemplos citados más adelante en esta sección.

Un componente que quiere tener el foco de entrada puede llamar al método `requestFocus()`, el cual esta definido en la clase `Component`. La llamada a este método no garantiza absolutamente que el componente conseguirá realmente el foco de entrada. Varios componentes podría solicitar el foco, sólo uno lo conseguirá. Este método sólo debería utilizarse en ciertas circunstancias, en cualquier caso, ya que puede ser una desagradable sorpresa el que el usuario de pronto sea apartado del foco de un componente con el que este trabajando. En una Interfaz de usuario típico, el usuario puede optar por dar el foco a un elemento haciendo clic en el componente con el ratón. Y pulsando la tecla de tabulación a menudo se moverá el foco de un componente a otro. Algunos componentes no solicitan automáticamente el foco de entrada cuando el usuario hace clic en ellos. Para resolver este problema, un programa tiene que registrar un detector de ratón con el componente para detectar cuando el usuario hace clic. En respuesta a un clic del usuario,

el método mousePressed() debería llamar al requestFocus() para el componente. Esto es cierto, en particular, para los componentes que se utilizan como superficies de dibujo en los ejemplos de este capítulo. Estos componentes se definen como subclases de *JPanel*, y los objetos *JPanel* no reciben el foco de entrada automaticamente.Si usted quiere ser capaz de utilizar el teclado para interactuar con un *JPanel* llamado drawingSurface, usted tiene que registrar un oyente para escuchar los eventos del ratón sobre la drawingSurface y llamar drawingSurface.requestFocus() en el método mousePressed() del objeto oyente.

Como nuestro primer ejemplo de procesamiento de eventos de teclas, nos fijamos en un programa sencillo en el que el usuario mueve un recuadro hacia arriba, abajo, izquierda, derecha, pulsando las teclas de flecha. Cuando el usuario pulsa las teclas 'K' de la 'R', 'G', 'B', el color del recuadro se establecen en rojo, verde, azul o negro, respectivamente. Por supuesto, ninguno de estos eventos claves se entregan en el programa a menos que tenga el foco de entrada. El panel en el programa cambia de aspecto cuando tiene el foco de entrada: Cuando lo hace, un borde de color cian, se dibuja alrededor del panel, cuando no es así, un borde de color gris es dibujado. Además, el panel muestra un mensaje diferente en cada caso. Si el panel no tiene el foco de entrada, el usuario puede dar el foco de entrada al panel haciendo clic en él. El código fuente completo para este ejemplo se puede encontrar en el archivo *KeyboardAndFocusDemo.java*. Voy a discutir algunos aspectos de la misma a continuación. Después de leer esta sección, usted debería ser capaz de entender el código fuente en su totalidad. así es como se ve el programa cuando esta en su estado enfocado:

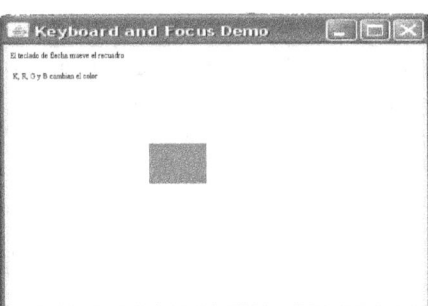

En Java, los objetos de eventos del teclado pertenecen a una clase llamada *KeyEvent*. Un objeto que necesita escuchar *KeyEvents* debe implementar la Interfaz llamada *KeyListener*. Por otra parte, el objeto debe estar registrado con un componente al llamar al método addKeyListener() del componente. El registro se realiza Con el comando "component.addKeyListener(listener);", donde listener es el objeto que esta para escuchar los eventos claves, y component es el objeto que va a generar los eventos clave (cuando tenga el foco de entrada). Es posible que component y listener sean el mismo objeto. Todo esto es, por supuesto, directamente análogo a lo que usted ha aprendido acerca de los eventos del ratón en la sección anterior. La interfaz *KeyListener* define los métodos siguientes, que deberán ser incluidos en cualquier clase que implementa *KeyListener*:

```
    public void keyPressed(KeyEvent evt);
public void keyReleased(KeyEvent evt);
public void keyTyped(KeyEvent evt);
```

Java hace una cuidadosa distinción entre *las teclas que usted pulsa* y *los caracteres que usted transcribe*. Hay un montón de teclas en un teclado: teclas de las letras, teclas numéricas, teclas modificadoras, tales como Control y Shift, las teclas de flecha, teclas de página arriba y abajo, las teclas de keypad, las teclas de función. En muchos casos, al pulsar una tecla no se escribe un carácter. Por otra parte, escribir un carácter a veces consiste en presionar varias teclas. Por ejemplo, para escribir una mayúscula "A", se tiene que pulsar la tecla Shift y pulsar la tecla A antes de soltar la tecla Mayúsculas. En mi computadora Macintosh, que puede escribir una e acentuada, manteniendo pulsada la tecla Opción, pulsando la tecla E, soltando la tecla Opción, y presionando E de nuevo. Sólo un caracter se escribió, pero tuve que realizar tres movimientos de tecla y soltar una tecla en el momento adecuado. En Java, hay tres tipos de *KeyEvent*. Los tipos se corresponden con pulsar una tecla, la liberación de una tecla, y escribir un carácter. El método `keyPressed` se llama cuando el usuario presiona una tecla, el método `keyReleased` es llamado cuando el usuario suelta una tecla, y el método `keyTyped` es llamado cuando el usuario escribe un carácter. Tenga en cuenta que una acción del usuario, como pulsar la tecla E, puede ser responsable de dos eventos, un evento `keyPressed` y un evento `keyTyped`. Escribir una mayúscula"A"puede generar dos eventos `keyPressed`, dos `keyReleased`, y un `keyTyped`.

Por lo general, es mejor pensar en términos de dos flujos separados de los acontecimientos, uno que consiste en eventos `keyPressed` y `keyReleased` y los otros que consisten en eventos `keyTyped`. Para algunas aplicaciones, usted desea controlar el primer flujo, para otras aplicaciones, usted desea controlar el segundo. Por supuesto, la información en el flujo de `keyTyped` podría ser extraida del flujo `keyPressed/keyReleased`, pero sería difícil (y también depende del sistema, hasta cierto punto). Algunas acciones del usuario, como pulsar la tecla Mayús, sólo pueden ser detectadas como eventos `keyPressed`. Tengo un juego de solitario en mi equipo que ilumina cada tarjeta que se puede mover, cuando mantengo presionada la tecla Shift. Se podría hacer algo así en Java iluminando las cartas cuando la tecla Shift es pulsada y la eliminación de la iluminación cuando la tecla Shift es liberada. Hay otra complicación. Por lo general, cuando se mantiene presionada una tecla en el teclado, esa tecla *se auto-repetirá*. Esto significa que se generarán múltiples eventos `keyPressed`, mientras se mantiene pulsado. También pueden generarse múltiples eventos `keyTyped`. En su mayor parte, esto no afectará su programación, pero usted no debería esperar que todos los eventos `keyPressed` tengan su correspondiente evento `keyReleased`.

Cada tecla del teclado tiene un número de código entero. (En realidad, esto sólo es cierto para los teclados que Java conoce. Muchos teclados tienen teclas extra que no se puede utilizar con Java.) Cuando los métodos `keyPressed` o `keyReleased` son llamados, el parámetro, evt, contiene el código de la tecla que se pulsa o se suelta. El código se puede obtener llamando a la función `evt.getKeyCode()`. En vez de pedirle que memorice una tabla de números de código, Java proporciona un nombre constante para cada tecla. Estas constantes se definen en la clase *KeyEvent*. Por ejemplo, la constante de la tecla Shift es `KeyEvent.VK_SHIFT`. Si desea probar si la tecla que el usuario pulsa es la tecla Shift, se podría decir "`if (evt.getKeyCode() ==KeyEvent.VK_SHIFT)`". Los códigos de teclas para las cuatro teclas de flechas son `KeyEvent.VK_LEFT`, `KeyEvent.VK_RIGHT`, `KeyEvent.VK_UP`, y `KeyEvent.VK_DOWN`.Otras teclas tienen códigos similares.(El "VK.[es] para "Teclado Virtual". En realidad, los teclados diferentes utilizan diferentes códigos clave, pero Java traduce el código real desde el teclado a sus propios códigos " virtuales ". El programa sólo ve estas teclas de códigos virtuales, por lo que trabajará con varios teclados en varias plataformas sin ninguna modificación.

En el caso de un evento `keyTyped`, quiera saber que caracter fue escrito. Esta información puede obtenerse a partir del parámetro, evt,

en el método `keyTyped` llamando a la función

`evt.getKeyChar()`. Esta función devuelve un valor de tipo **char** que representa el carácter que se ha escrito.

En el programa `KeyboardAndFocusDemo`, uso la rutina `keyPressed` para responder cuando el usuario presiona una de las teclas de flecha. El applet incluye las variables instanciadas, `squareLeft` y

`squareTop`, que dan la posición de la esquina superior izquierda del cuadro móvil. Cuando el usuario presiona una de las teclas de flecha, la rutina `keyPressed` modifica la variable instanciada adecuada y llama a

`repaint()` para volver a dibujar el panel con el recuadro en su nueva posición. Tenga en cuenta que los valores de `squareLeft` y `squareTop` están restringidos de manera tal que el recuadro no se mueva fuera de la zona blanca del panel:

```java
/**
* Esto es llamado cada vez que el usuario presiona una tecla mientras el panel tiene
* el foco de entrada. Si la tecla pulsada es una de las teclas de flecha,
* el recuadro se mueve (excepto que no se le permite salir de los
* bordes del panel, lo que permite un borde de 3 píxeles).
*/
public void keyPressed(KeyEvent evt) {
int key = evt.getKeyCode(); // el código teclado de la tecla presionada
if (key == KeyEvent.VK_LEFT) { // mover el cuadro de la izquierda
squareLeft -= 8;
if (squareLeft < 3)
squareLeft = 3;
repaint();
}
else if (key == KeyEvent.VK_RIGHT) { // mueve el recuadro a derecha
squareLeft += 8;
if (squareLeft > getWidth() - 3 - SQUARE_SIZE)
squareLeft = getWidth() - 3 - SQUARE_SIZE;
repaint();
}
else if (key == KeyEvent.VK_UP) { // mueve el recuadro hacia arriba
squareTop -= 8;
if (squareTop < 3)
squareTop = 3;
repaint();
}
else if (key == KeyEvent.VK_DOWN) { // mueve el recuadro hacia abajo
squareTop += 8;
if (squareTop > getHeight() - 3 - SQUARE_SIZE)
squareTop = getHeight() - 3 - SQUARE_SIZE;
repaint();
}
} // end keyPressed()
```

Los cambios de color — que ocurren cuando el usuario escribe los caracteres 'R', 'G', 'B', y 'K', o las minúsculas equivalentes — se manejan en el método `keyTyped`. No lo voy a incluir aquí, ya que es muy similar al método `keyPressed`. Finalmente, para completar la interfaz *KeyListener*, el método `keyReleased` deben ser definidos. En el programa de ejemplo, el cuerpo de este método esta vacío ya que el applet no hace nada en respuesta a los eventos `keyReleased`.

6.5. TEMPORIZADORES Y EVENTOS DE TECLADO

6.5.3. Enfoque de Eventos

Si un componente debe cambiar su apariencia cuando tiene el foco de entrada, se necesita alguna manera de saber cuando tiene el foco. En Java, los objetos son notificados acerca de los cambios de foco de entrada por eventos de tipo *FocusEvent*. Un objeto que quiere ser notificado de los cambios en el foco puede implementar la interfaz *FocusListener*. Esta Interfaz declara dos métodos:

```
public void focusGained(FocusEvent evt);
public void focusLost(FocusEvent evt);
```

Por otra parte, el método `addFocusListener()` debe utilizarse para definir un detector para los eventos de foco. Cuando un componente recibe el foco de entrada, llama a la método `focusGained()` de cualquier objeto que haya sido registrado con ese componente como un *FocusListener*. Cuando se pierde el foco, llama al método `focusLost()` oyente. A veces, es el mismo componente que la escucha eventos de foco.

En el programa ejemplo `KeyboardAndFocusDemo`, la respuesta a un evento de foco es simplemente volver a dibujar el panel. El

método `paintComponent()` comprueba si el panel tiene el foco de entrada llamando a la función de valor **booleano** `hasFocus()`, que se define en la clase *Component*, y dibuja una imagen diferente dependiendo de si o no el panel tiene el foco de entrada.

El resultado neto es que la apariencia del panel cambia cuando el panel gana o pierde el foco. Los métodos de la interfaz *FocusListener*

se definen simplemente como:

```
public void focusGained(FocusEvent evt) {
// El panel tiene ahora el foco de entrada.
repaint(); // Se redibujar con un mensaje nuevo y un borde color cian
}
public void focusLost(FocusEvent evt) {
// El panel ha perdido el foco de entrada.
repaint(); // Se redibuja con un nuevo mensaje y un borde gris
}
```

El otro aspecto de la manipulación de focos es asegurarse de que el `panel` obtiene el foco cuando el usuario hace clic en él. Para ello, el panel implementa la interfaz `MouseListener`y escucha los eventos del ratón sobre sí mismo. Define una rutina `mousePressed` que pide que el foco de entrada sea dado al panel:

```
public void mousePressed(MouseEvent evt) {
requestFocus();
}
```

Los otros cuatro métodos de la interfaz `mouseListener` se definen para estar vacíos. Tenga en cuenta que el panel implementa tres interfaces oyente diferentes, *KeyListener*, *FocusListener*, y *MouseListener*, y el constructor de la clase del panel se registra para escuchar los tres tipos de eventos Con las declaraciones:

```
addKeyListener(this);
addFocusListener(this);
addMouseListener(this);
```

Hay, por supuesto, otras formas de organizar este ejemplo. Sería posible, por ejemplo, para usar una clase anidada para definir el objeto oyente. O podrían ser utilizadas clases anónimas para definir objetos oyentes separados para cada tipo de evento. En el ejemplo siguiente, voy a tomar el segundo enfoque.

6.5.4. Máquinas de Estado

La información almacenada en variables instanciadas de un objeto se dice que representa el *estado* de ese objeto. Cuando uno de los métodos del objeto es llamado, las medidas adoptadas por el objeto puede depender de su estado. (O, en la terminología que hemos estado usando, la definición del método puede ver las variables instanciadas para decidir qué hacer.) Por otra parte, la situación puede cambiar. (Es decir, la definición del método puede asignar nuevos valores a las variables instanciadas.) En informática, hay la idea de un *estado de la máquina*, que es sólo algo que tiene un estado y puede cambiar el estado en respuesta a los eventos o las entradas. La respuesta de una máquina de estado a un evento o entrada depende de en que estado este. Un objeto es una especie de máquina de estados. A veces, este punto de vista puede ser muy útil en el diseño de clases.

El punto de vista de máquina de estado puede ser especialmente útil en el tipo de programación orientado a eventos que es requerida por las interfaces gráficas de usuario. Al diseñar un programa de interfaz gráfica de usuario, usted puede preguntarse: ¿Sobre qué información acerca del estado tengo guarda registro? ¿Qué eventos se puede cambiar el estado del programa? ¿Cómo ira mi respuesta a un evento determinado dependiendo de la situación actual? debería cambiarse la apariencia de la interfaz gráfica de usuario para reflejar un cambio en el estado? Como debería tomar en cuenta el estado el método `paintComponent()`? Todo esto es una alternativa al estilo paso a paso, el refinamiento del diseño del programa, de a la de arriba hacia abajo, que no se aplica a la concepción global de un programa orientado a eventos.

En el programa *KeyboardAndFocusDemo*, mostrado más arriba, el estado del programa se registra en las variables instanciadas `squareColor`, `squareLeft`, y `squareTop`. Estas variables de estado se utilizan en el método `paintComponent()` para decidir cómo dibujar el panel. Ellos se cambian en los dos métodos principales de control de eventos. En el resto de esta sección, vamos a ver otro ejemplo, donde el estado juega un papel aún más grande. En este ejemplo, el usuario juega un simple juego de estilo arcade pulsando las teclas de flecha. El panel principal del programa se define en el archivo de código fuente *SubKillerPanel.java*. Un applet que utiliza este panel se pueden encontrar en *SubKillerApplet.java*, mientras que la versión de aplicacion independiente es *SubKiller.java*.

Usted puede probar el applet en la versión on-line de esta sección. Aquí esta como se ve:

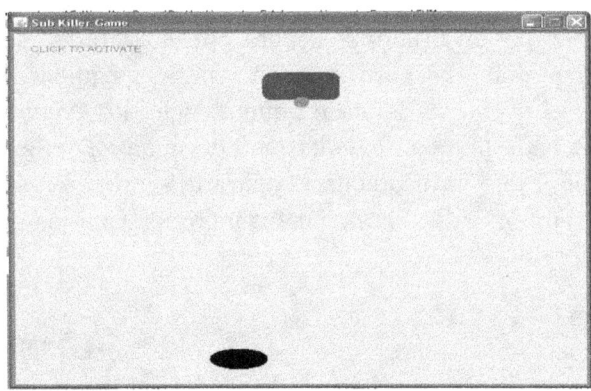

6.5. TEMPORIZADORES Y EVENTOS DE TECLADO

Usted tiene que hacer clic en el panel para darle el foco de entrada. El Programa muestra un submarino " negro .^{en} la parte inferior del panel. Cuando el panel tiene el foco de entrada, este submarino se mueve hacia atrás y adelante de forma errática en la parte inferior. En la parte superior, hay un barco " azul ". Puede mover este barco adelante y atrás pulsando las teclas de las flechas izquierda y derecha. Se adjunta a la embarcación una "bomba roja "(o "carga de profundidad").

Puede lanzar la bomba pulsando la tecla de flecha hacia abajo. El objetivo es hacer explotar el submarino golpeándolo con la bomba. Si la bomba cae en la parte inferior de la pantalla, se obtiene uno nuevo. Si el submarino explota, uno nuevo se crea y se obtiene una nueva bomba. Pruébelo! Asegúrese de golpear al submarino al menos una vez, para que pueda ver la explosión.

Vamos a pensar en cómo este programa se puede programar. En primer lugar, ya que estamos haciendo la programación orientada a objetos, me decidí a representar el barco, la carga de profundidad, y el submarino como objetos. Cada uno de estos objetos se define por una clase separada anidada dentro de la clase panel principal, y cada objeto tiene su propio estado el que está representado por las las variables instanciadas en la clase correspondiente. Uso las variables `boat`, `bomb`, y `sub` en la clase panel para referirse a los los objetos embarcación, bomba, y submarino.

Ahora, que constituye el estado " "del Programa? Es decir, que cosas cambian de vez en cuando y afectar la apariencia o el comportamiento del programa? Por supuesto, el estado incluye las posiciones de los barcos, submarinos, bombas y, así que necesito variables para almacenar las posiciones. Cualquier otra cosa, tal vez menos evidentes? Bueno, a veces la bomba está cayendo, y en ocasiones no lo esta. Esa es una diferencia en el estado. Puesto que hay dos posibilidades, que representan a este aspecto del estado con una variable booleana en el objeto `bomb`, `bomb.isFalling`. A veces, el submarino se mueve a la izquierda y en ocasiones se está moviendo a la derecha. La diferencia está representada por una variable booleana, `sub.isMovingLeft`. A veces, el sub está explotando. Esto también es parte del estado, y está representado por una variable booleana, `sub.isExploding`. Sin embargo, las explosiones requieren un poco más de un pensamiento. Una explosión es algo que se lleva a cabo sobre una serie de imágenes. Mientras que una explosión esta en curso, el sub se ve diferente en cada imagen, así como el tamaño de los incrementos de explosión. Además, tengo que saber cuando la explosión se termine de manera tal que yo pueda volver a mover y dibujar el sub, como de costumbre. Por lo tanto, yo uso una variable entera, `sub.explosionFrameNumber` para registrar cuántos cuadros se han dibujado desde la explosión comenzó, el valor de esta variable sólo se utiliza cuando una explosión esta en curso. ¿Cómo y cuándo los valores de estas variables cambian de estado? Algunos de ellos parecen cambiar por su cuenta: Por ejemplo, a medida que el sub se mueve a la izquierda y derecha, las variables de estado que especifican su posición están cambiando. Por supuesto, estas variables están cambiando a causa de una animación, y que la animación es conducida por un temporizador. Cada vez que un evento se genera por el contador de tiempo, algunas de las variables de estado tienen que cambiar para estar listas para la siguiente imagen de la animación. Los cambios se hacen por el oyente de la accion que escucha los eventos del temporizador. Los objetos `boat`, `bomb`, y `sub` cada una contiene un método `updateForNextFrame()` que actualiza las variables de estado del objeto para prepararse para la siguiente imagen de la animación. El oyente de acción para el temporizador llama a estos métodos Con las declaraciones

```
boat.updateForNewFrame();
bomb.updateForNewFrame();
sub.updateForNewFrame();
```

El oyente de acción también llama a `repaint()`, de manera que el panel se vuelve a dibujar para reflejar su nuevo estado. Hay varias variables estado que el cambio en estos métodos de actualización, además de la posición del submarino: Si la bomba está cayendo, entonces su coordenada y se incrementa de una imagen a otra. Si la bomba llega al submarino, entonces la variable `isExploding` del submarino cambia a verdad, y la variable `isFalling` de la bomba se vuelve `falsa`. La variable `isFalling` también se convierte en falsa cuando la bomba cae en la parte inferior de la pantalla. Si el submarino está explotando, entonces se incrementa `explosionFrameNumber` de un cuadro a otro, y cuando alcanza un determinado valor, la explosión de los extremos y `isExploding` se pone a falso. A tiempo aleatorios, el submarino cambia entre el movimientos a la izquierda y moviéndose hacia la derecha. Su dirección de movimiento se registra en la variable `isMovingLeft` del submarino. El método `updateForNewFrame()` del submarino incluye las líneas

```
if ( Math.random() < 0.04 ) isMovingLeft =
! isMovingLeft;
```

Hay una posibilidad de 1 en 25 de que `Math.random()` sea menor que 0.04, por lo que la declaración "`isMovingLeft = ! isMovingLeft`"se ejecuta en uno de cada veinticinco cuadros, en promedio. El efecto de esta declaración es para invertir el valor de `isMovingLeft`, de falso a verdadero o de verdadero a falso. Es decir, la dirección del movimiento del submarino se invierte. Además de los cambios en el estado que tienen lugar a partir de un cuadro a otro, una pocas variables de estado cambian cuando el usuario presiona las teclas determinadas. En el programa, esto se comprueba en un método que responde a las pulsaciones de teclado del usuario. Si el usuario presiona la tecla de flecha izquierda o derecha, la posición del barco cambia. Si el usuario pulsa la tecla de flecha hacia abajo, los cambios de la bomba de no-cayendo a la caída. Esto está codificado en el método `keyPressed()` de un *KeyListener* que se registra para detectar eventos clave en el panel, ese método es el siguiente:

```
public void keyPressed(KeyEvent evt) {
int code = evt.getKeyCode(); // qué tecla se presiona.
if (code == KeyEvent.VK_LEFT) {
// Mover el barco a la izquierda. (Si esto mueve el barco fuera del marco, su
// posición se ajustará en el  método boat.updateForNewFrame().)
boat.centerX -= 15;
}
else if (code == KeyEvent.VK_RIGHT) {
// Mueva el barco a la derecha. (Si este barco se mueve fuera del marco, su
// posición se ajustará en el  método boat.updateForNewFrame() método.)
boat.centerX += 15;
}
else if (code == KeyEvent.VK_DOWN) {
// Inicio de la caida de la bomba, ya no esta cayendo.
if ( bomb.isFalling == false )
bomb.isFalling = true;
}
}
```

Tenga en cuenta que no es necesario llamar a `repaint()` cuando cambia el estado, debido a que este panel muestra una animación que de todos modos está siendo redibujada constantemente. Cualquier cambio en el estado serán visibles para el usuario en cuanto el cuadro siguiente se dibuja. En algún momento en el Programa, tengo que asegurarme de que el usuario no se mueve el barco fuera de la pantalla. Yo podría haber hecho esto en `keyPressed()`, pero elijo comprobar esto si esta en otra rutina, en el objeto barco.

Le recomiendo leer el código fuente en *SubKillerPanel.java*. A pesar de que algunos puntos son difíciles, con un poco de esfuerzo usted debe poder leer y entender la totalidad de programa. Trate de entender el Programa en términos de estados de máquinas. Note cómo el estado de cada uno de los tres objetos en el programa cambia en respuesta a los eventos del temporizador y el del usuario. También debe tener en cuenta que el programa utiliza cuatro oyentes, para responder a eventos de acción del contador de tiempo, eventos del teclado del usuario, los eventos de foco y eventos de ratón. (El ratón se utiliza únicamente para pedir el foco de entrada cuando el usuario hace clic en el panel.) El temporizador sólo funciona cuando el panel tiene el foco de entrada, lo que se programa haciendo que el oyente se centre en poner en marcha el temporizador cuando el panel obtiene el foco de entrada y detiene el temporizador cuando pierde el control del foco de entrada.

Todos los cuatro oyentes se crean en el constructor de la clase *SubKillerPanel* usando clases anónimas internas.(Ver Subsección 6.4.5.) Aunque no en todos los sofisticados como los juegos de arcade son, el juego SubKiller hace uso de alguna programación interesante. E ilustra muy bien cómo aplicar el pensamiento del estado de la máquina en la programación orientado a eventos.

6.6. Componentes básicos

EN SECCIONES PREVIAS, usted ha visto cómo utilizar un contexto gráfico para dibujar en la pantalla y cómo manejar los eventos de ratón y eventos de teclado. En cierto sentido, eso es todo lo que hay en la programación GUI. Si usted está dispuesto a programar todos los dibujo y manejar todos los eventos de teclado y ratón, no tienes nada más que aprender. Sin embargo, usted podría estar haciendo mucho más trabajo de lo que necesita hacer, o usted se estaría limitando a interfaces de usuario muy simple. Una Interfaz de usuario típico utiliza componentes estándar de interfaz gráfica de usuario tales como botones, barras de desplazamiento, campos de introducción de texto y menús. Estos componentes ya se han escrito para usted, así que no tienen que duplicar el trabajo relacionado con su desarrollo. Ellos saben cómo dibujarse, y pueden manejar los detalles del procesamiento de los eventos del ratón y teclado que les conciernen. Considere uno de los componentes de interfaz de usuario,más simples un botón. El botón tiene un borde, y se muestra un poco de texto. Este texto se puede cambiar. A veces, el botón está desactivado, por lo que al hacer clic en él no tiene ningún efecto. Cuando está desactivada, cambia su apariencia. Cuando el usuario hace clic en el botón, el botón cambiará de aspecto, mientras que el botón del ratón esta pulsado y retorna su apariencia cuando el botón del ratón es liberado. De hecho, es más complicado que eso. Si el usuario mueve el ratón fuera del botón antes de soltar el botón del ratón, el botón cambia a su apariencia normal. Para implementar esto, es necesario responder a los eventos de salida del ratón o al evento de arrastrar ratón.

Además, en muchas plataformas, un botón puede recibir el foco de entrada. La apariencia del botón cambia cuando tiene el foco. Si el botón tiene el foco y el usuario pulsa la barra espaciadora, el botón se activa. Esto significa que el botón debe responder al teclado y enfocar los acontecimientos así

Afortunadamente, usted no tiene que programar **ninguno** de estos, siempre y cuando se utilice un objeto que pertenece a la clase estándar `javax.swing.JButton`. Un

objeto *JButton* dibuja a sí mismo y los procesos eventos de ratón, el teclado, y foco por sí sólo. Usted sólo escucha al `Boton` cuando el usuario lo activa mediante clic o pulsando la barra espaciadora mientras que el botón tiene el foco de entrada. Cuando esto sucede, el objeto

JButton crea un objeto de evento que pertenece a la clase `java.awt.event.ActionEvent`. El objeto evento se envía a los detectores registrados para decirles que el botón ha sido presionado. Su programa obtiene sólo la información que necesita — el hecho de que un botón fue pulsado.

* * *

Los componentes estándar que se definen como parte de la API de la interfaz gráfica de usuario Swing son definidas por las subclases de la clase *JComponent*, que a su vez es una subclase de *Component*. (Tenga en cuenta que esto incluye la clase *JPanel* con la que ya hemos estado trabajando ampliamente.)

Muchos métodos útiles están definidos en el las claes *Component* y *JComponent* y por lo que puede ser usado con cualquiera de los componentes Swing. Empezamos mirando a algunos de estos métodos. Supongamos que `comp` es una variable que hace referencia a algún *JComponent*. A continuación, los siguientes métodos se pueden utilizar:

- `comp.getWidth()` y `comp.getHeight()` son funciones que dan el tamaño actual del componente, en píxeles. Una advertencia: Cuando un componente se crea por primera vez, su tamaño es cero. El tamaño se determinará más adelante, probablemente por un administrador del diseño. Un error común es comprobar el tamaño de un componente antes de que el tamaño se ha establecido, como en un constructor.

- `comp.setEnabled(true)` y

  `comp.setEnabled(false)` puede ser utilizado para habilitar y desabilitar el componente. Cuando un componente está desactivado, su aspecto puede cambiar, y el usuario no puede hacer nada con el. Hay una función de valor booleano, `comp.isEnabled()` que usted puede llamar para descubrir si el componente está habilitado.

- `comp.setVisible(true)` y

  `comp.setVisible(false)` se puede llamar para ocultar o mostrar el componente.

- `comp.setFont(font)` establece la fuente que se utiliza para el texto que aparecen en el componente. Vea la Subsección **??** para una discusión de las fuentes.

- `comp.setBackground(color)` y

  `comp.setForeground(color)` establecer los colores de fondo y primer plano para el componente. Vea la Subsección **??**.

- `comp.setOpaque(true)` le dice al componente que el área ocupada por el componente debe ser llenado con el color de fondo del componente antes de que el contenido del componente sea pintado. Por defecto, sólo *JLabels* no son opacas. Un componente "transparente.º no opaco, ignora el color de fondo y su contenido, simplemente pinta su contenido sobre el contenido de su contenedor. Esto generalmente significa que se hereda el color de fondo de su contenedor.

- `comp.setToolTipText(string)` establece la cadena especificada en forma de punta de la herramienta " "para el componente. La información sobre herramientas se muestra cuando el cursor del ratón en el componente y el ratón no se mueve por unos pocos segundos. La punta de la herramienta debe dar alguna información sobre el significado del componente o cómo usarlo.

6.6. COMPONENTES BÁSICOS

- `comp.setPreferredSize(size)` establece el tamaño en el que el componente debe ser mostrado, si es posible. El parámetro es de tipo `java.awt.Dimension`, donde un objeto de tipo *Dimension*

  tiene dos variables instanciadas con valores públicos enteros, `width` y `height`.

  Una llamada a este método por lo general se ve algo como "`setPreferredSize( new Dimension(100,50) )`". El tamaño preferido es utilizado como una sugerencia de los directores de diseño, pero no se respetarán en todos los casos. Los componentes estándar general calcular un tamaño preferido de forma automática, pero puede ser útil establecerlo en algunos casos. Por ejemplo, si usted utiliza un `JPanel` como una superficie de dibujo, puede ser una buena idea establecer un tamaño preferido por ella.

Tenga en cuenta que el uso de cualquiera de los componentes es un proceso de múltiples pasos. El objeto componente debe crearse con un constructor. Hay que añadirlo a un contenedor. En muchos casos, un oyente es registrado para responder a los eventos del componente. Y en algunos casos, una referencia al componente debe estar guardada en una variable de instancia para que el componente pueda ser manipulado por el de programa después de haber sido creado.

En esta sección, veremos algunos de los componentes básicos estándar que están disponibles en Swing. En la siguiente sección vamos a considerar el problema de establecer los componentes en contenedores.

6.6.1. JButton

Un objeto de clase *JButton* es un botón en el que un usuario puede hacer clic para activar algún tipo de acción. Ya ha visto botones que se utilizan en sección **??** y sección **??**, pero las consideramos en mucho más detalle aquí. Para utilizar cualquiera de los componentes efectivamente, hay varios aspectos de la clase correspondiente con los que se debe familiarizar. Para *JButton*, como un ejemplo, Listo estos aspectos explícitamente:

- **Constructors**: La clase *JButton* tiene un constructor que toma una cadena como parámetro. Esta cadena se convierte en el texto que aparece en el botón. Por ejemplo: `stopGoButton = new JButton("Go")`. Esto crea un objeto de botón que mostrará el texto, "Go"(pero recuerde que el botón aún debe ser añadido a un contenedor antes de que pueda aparecer en la pantalla).

- **Events**: Cuando el usuario hace clic en un botón, el botón genera un evento de tipo *ActionEvent*. Este evento se envía a cualquier oyente que se ha registrado con el botón como un *ActionListener*.

- **Listeners**: Un objeto que quiera controlar los eventos generados por los botones debe implementar la interfaz *ActionListener*. Esta Interfaz define sólo un método, "`public void actionPerformed(ActionEvent evt)`", que es llamado para notificar al objeto de un evento de acción.

- **Registration of Listeners**: Para poder recibir efectivamente la notificación de un evento de un botón, un *ActionListener* debe estar registrado con el botón. Esto se hace con el método `addActionListener()` del botón.

  Por ejemplo: `stopGoButton.addActionListener( buttonHandler );`

- **Event métodos**: cuando `actionPerformed(evt)` es llamado por el boton, el parámetro, `evt`, contiene información sobre el evento. Esta información puede ser recuperada por los métodos de llamada en la clase *ActionEvent*. En particular, `evt.getActionCommand()` retorna un *String* dando el comando asociado con el botón. De forma predeterminada, este comando es el texto que se muestra en el botón, pero es posible ponerlo en alguna otra cadena.

    El método `evt.getSource()`

    devuelve una referencia al `Objeto` que produjo el evento, es decir, al *JButton* que se presionó. El valor de retorno es de tipo

    `Object`, no *JButton*, porque otros tipos de componentes también pueden producir *ActionEvents*.

- **Métodos componentes**: Varios métodos útiles están definidos en la clase

    JButton. Por ejemplo, `stopGoButton.setText("Stop")`

    cambia el texto que aparece en el botón a "Stop". Y

    `stopGoButton.setActionCommand("sgb")` cambia el comando de acción asociado a este botón por eventos de acción.

por supuesto, `JButtons` también tiene todos métodos generales del `Componente`, tales como `setEnabled()` y `setFont()`. Los métodos `setEnabled()` y `setText()` de un botón son especialmente útiles para dar información al usuario sobre lo que está pasando en el Programa. Un botón deshabilitado es mejor que un botón que da un mensaje de error desagradable como " Lo sentimos, no puedes hacer clic en mi ahora!"

6.6.2. JLabel

JLabel es sin duda el tipo más simple de los componentes. Un objeto de tipo *JLabel* existe sólo para mostrar una línea de texto. El texto no puede ser editado por el usuario, aunque puede ser cambiado por el programa. El constructor para un *JLabel* especifica el texto a ser mostrado:

   `JLabel message = new Jlabel("Hola Mundo!");`

Hay otro constructor que especifica donde se encuentra el texto en la etiqueta, en caso de si hay espacio adicional. Las alineaciones posibles son dadas por las constantes `JLabel.LEFT`, `JLabel.CENTER`, y `JLabel.RIGHT`. Por ejemplo,

   `JLabel message = new JLabel("Hola Mundo!", JLabel.CENTER);`

crea una etiqueta cuyo texto se centra en el espacio disponible. Puede cambiar el texto que aparece en una etiqueta llamando al metodode la etiqueta `setText()`:

   `message.setText(."Adios Mundo!");`

Debido a que la clase *JLabel* es una subclase de *JComponent*, usted puede utilizar métodos como `setForeground()` con etiquetas. Si desea que el color de fondo tenga algún efecto, debería llamar a `setOpaque(true)` en la etiqueta, ya que de lo contrario la *JLabel* no puede llenar su fondo. Por ejemplo:

```
JLabel message = new JLabel("Hola Mundo!", JLabel.CENTER);
message.setForeground(Color.RED); // Muestra texto en rojo...
message.setBackground(Color.BLACK); // sobre un fondo negro...
message.setFont(new Font("Serif",Font.BOLD,18)); // en negrita grande.
message.setOpaque(true); // Se asegura que el fondo se llena.
```

6.6. COMPONENTES BÁSICOS

6.6.3. JCheckBox

Una *JCheckBox* es un componente que tiene dos estados: seleccionado o no seleccionado. El usuario puede cambiar el estado de una casilla de verificación haciendo clic en él. El estado de una casilla de verificación está representado por un valor **booleano** que es verdad si la caja esta seleccionada y falso si la caja no esta seleccionada. Una casilla de verificación tiene una etiqueta, que se especifica cuando el cuadro se construye:

JCheckBox showTime = new JcheckBox("Muestra Tiempo Actual");

Por lo general, es el usuario que establece el estado de un *JCheckBox*, pero también se puede establecer el estado en el Programa. El estado actual de una casilla de verificación se establece mediante su método setSelected(boolean). Por ejemplo, si desea que la casilla de verificación showTime sea verificada, usted diría

"showTime.setSelected(true)". Para desverificar la caja, diga "showTime.setSelected(false)". Puede determinar el estado actual de una casilla de verificación llamando a su método isSelected(), que devuelve un valor booleano.

En muchos casos, usted no tiene que preocuparse acerca de los eventos de casillas de verificación. Su Programa sólo puede comprobar el estado cada vez que necesita conocerlo llamando al

método isSelected(). Sin embargo, una casilla de verificación no genera un evento cuando su estado es cambiado por el usuario, y usted puede detectar este evento y responder a el si quiere que algo suceda en el momento de los cambios de estado. Cuando el estado de una casilla de verificación es cambiado por el usuario, genera un evento de tipo *ActionEvent*. Si usted quiere que algo suceda cuando el usuario cambia el estado, debe registrar un *ActionListener* con la caja de verificación llamando a su método addActionListener(). (Tenga en cuenta que si cambia el estado llamando al método setSelected(), ningun *ActionEvent* Sin embargo, hay otro método en la clase *JCheckBox*, doClick(), que simula cuando un usuario hace clic en la casilla de verificación y se genera un *ActionEvent*.)

Cuando se maneja un *ActionEvent*, usted puede llamar a evt.getSource()

en el método actionPerformed() para averiguar qué objeto ha generado el evento. (Por supuesto, si sólo se escucha de eventos de un componente, no tienes que hacer esto.) El valor retornado es de tipo Object, pero usted puede convertirlo en otro tipo si lo desea. Una vez conocido el objeto que generó el evento, usted puede pedir el objeto de decirle su estado actual. Por ejemplo, si usted sabe que el evento tuvo que venir de una de las dos casillas de verificación, cb1 o cb2, entonces su método actionPerformed() podría parecerse a esto:

```
public void actionPerformed(ActionEvent evt) {
Object source = evt.getSource();
if (source == cb1) {
boolean newState = cb1.isSelected();
... // Responde a los cambios de estado
}
else if (source == cb2) {
boolean newState = cb2.isSelected();
... // Responde a los cambios de estado
}
}
```

Alternativamente, usted puede usar evt.getActionCommand() para recuperar el comando de acción asociado Con la fuente. Para un *JCheckBox*, el comando de acción es, por defecto, la etiqueta de la casilla de verificación.

6.6.4. JTextField y JTextArea

Las clases *JTextField* y *JTextArea*
representan los componentes que contienen texto que puede ser editado por el usuario.
Un *JTextField* tiene una sola línea de texto, mientras que un
JTextArea puede tener multiples líneas. También es posible establecer un
JTextField o *JTextArea*
para que sea de sólo lectura de manera que el usuario pueda leer el texto que lo contiene, pero no se pueda editar el texto. Ambas clases son subclases de una clase abstracta, *JTextComponent*, que define sus propiedades comunes.

JTextField y *JTextArea* tienen muchos métodos en común. El método instanciado `setText()`, el cual toma un parámetro
de tipo *String*, se puede utilizar para cambiar el texto que se muestra en un componente de entrada. El contenido del componente se puede recuperar llamando a su método instanciado `getText()`, que devuelve un valor de tipo *String*.

Si desea hacer que el usuario deje de modificar el texto, puede llamar a `setEditable(false)`. Se llamar al mimso método con un parámetro `true` para que el componente de entrada del usuario se pueden editar de nuevo. El usuario sólo puede escribir en un componente de texto cuando tiene el foco de entrada. El usuario puede dar el foco de entrada a un componente de texto haciendo clic en ella con el ratón, pero a veces es útil para dar el foco de entrada a un campo de texto mediante programación. Puede hacerlo llamando a su método `requestFocus()`. Por ejemplo, cuando descubro un error en la entrada del usuario, suelo llamar `requestFocus()` en el campo de texto que contiene el error. Esto ayuda al usuario a ver dónde se produjo el error y permite al usuario empezar a escribir la corrección inmediatamente. De forma predeterminada, no hay espacio entre el texto en un componente de texto y el borde del componente, lo cual normalmente no se ve muy bien. Puede usar el método `setMargin()` del componente a añadir un poco de espacio en blanco entre el borde del componente y el texto. Este método tiene un parámetro de tipo `java.awt.Insets` que contiene cuatro variables instanciadas enteras las cuales especifican los márgenes en la parte superior, izquierda, abajo, y el borde derecho del componente. Por ejemplo,

`textComponent.setMargin( new Insets(5,5,5,5) );`

añade un margen de cinco píxeles entre el texto en el `textComponent` y cada borde del componente.

* * *

La clase *JTextField* tiene un constructor

`public JTextField(int columns)`

donde `columns` es un número entero que especifica el número de caracteres que deberian ser visibles en el campo de texto. Esto se utiliza para determinar el ancho preferido del campo de texto. (Debido a que los caracteres pueden ser de tamaños diferentes y porque el ancho preferido no siempre se respeta, el número real de caracteres visibles en el campo de texto no puede ser igual a `columns`.) Usted no tiene que especificar el número de columnas, por ejemplo, podría utilizar el campo de texto en un contexto Donde se expandirá para llenar cualquier espacio disponible. En ese caso, puede utilizar el constructor

`JTextField()`, sin parámetros. También puede utilizar los siguientes constructores, que especifican el contenido inicial del campo de texto:

6.6. COMPONENTES BÁSICOS

```
public JTextField(String contents);
public JTextField(String contents, int columns);
```

Los constructores para un *JTextArea* son

```
public JTextArea()
public JTextArea(int rows, int columns)
public JTextArea(String contents)
public JTextArea(String contents, int rows, int columns)
```

El parámetro `rows` especifica el número de líneas de texto que deberian ser visibles en el área de texto. Esto determina la altura preferida del área de texto, así como `columns` determina la anchura preferida. Sin embargo, el área de texto realmente puede contener cualquier número de líneas, el área de texto se puede desplazar a revelar las líneas que no están visibles. Es común usar un *JTextArea* como el componente `CENTRAL` de un BorderLayout. En ese caso, es menos útil para especificar el número de líneas y columnas, ya que el TextArea se expandirá para llenar todo el espacio disponible en la zona centro del contenedor.

La clase *JTextArea* agrega unos pocos métodos útiles de los heredados de `JTextComponent`. Por ejemplo, el método instanciado `append(moreText)`,

donde `moreText` es de tipo *String*, añade el texto especificado al final del contenido actual del área de texto. (cuando se usa `append()`

o `setText()` para adicionar texto a un *JTextArea*, saltos de línea se pueden insertar en el texto mediante el carácter de nueva línea, '\n'.) Y

`setLineWrap(wrap)`, donde `wrap` es de tipo **boolean**, dice lo que debe suceder cuando una línea de texto es demasiado largo para ser mostrado en el área de texto. Si `wrap` es verdad, entonces cualquier línea que sea demasiada larga será " envuelta .^{en} la línea siguiente; si `wrap` es falso, la línea sólo se extenderá fuera del área de texto, y el usuario tendrá que desplazarse por el área de texto horizontalmente para ver toda la línea. El valor predeterminado de `wrap` es falso.

Ya que podría ser necesario desplazarse a lo largo de un área de texto para ver todo el texto que lo contiene, se podría esperar que un área de texto viniera con las barras de desplazamiento. Desafortunadamente, esto no sucede automáticamente. Para obtener las barras de desplazamiento de un área de texto, tienes que poner la *JTextArea* dentro de otro componente, llamado *JScrollPane*. Esto se puede hacer de la siguiente manera:

```
JTextArea inputArea = new JTextArea();
JScrollPane scroller = new JScrollPane( inputArea );
```

El panel de desplazamiento proporciona barras de desplazamiento que se puede utilizar para desplazarse el texto en el área de texto. Las barras de desplazamiento aparecerán sólo cuando sea necesario, que es cuando el tamaño del texto supera el tamaño del área de texto. Tenga en cuenta que cuando se quiere poner el área de texto en un recipiente, se debe añadir el panel de desplazamiento, no al área de texto en sí, si no al contenedor.

* * *

Cuando el usuario transcribe en un *JTextField* y presiona retornar, un *ActionEvent* se genera. Si desea responder a tales eventos, se puede registrar un *ActionListener* con el campo de texto, utilizando el método `addActionListener()` del campo de texto.

(Debido a que un *JTextArea* puede contener varias líneas de texto, al pulsar retorno en un área de texto no genera un evento, es simplemente el comienzo una nueva línea de texto).

JTextField tiene una subclase, *JPasswordField*, que es idéntica, excepto que no revela el texto que contiene. Los caracteres en un *JPasswordField* son todos mostrados con asteriscos (o algún otro carácter fijo). Un campo de contraseña es, obviamente, diseñado para permitir que el usuario introduzca una contraseña sin mostrar la contraseña en la pantalla. Los componentes de texto son en realidad muy complejos, y he cubierto sólo sus propiedades más básicas aquí. Volveré al tema de los componentes de texto en la Subsección 12.4.4.

6.6.5. JComboBox

La clase *JComboBox* proporciona una manera para que el usuario seleccione una opción de una lista de opciones. Las opciones se presentan como una especie de menú emergente, y sólo la opción seleccionada es visible en la pantalla. Cuando un objeto *JComboBox* es construido por primera vez, en un principio no contiene ningún elemento. Un elemento se agrega a la parte inferior del menú llamando al método instanciado `addItem(str)`, donde `str` es la cadena que se mostrará en el menú. Por Ejemplo, el código siguiente crea un objeto de tipo,

JComboBox que contiene las opciones de Rojo, Azul, Verde y Negro:

```
JComboBox colorChoice = new JComboBox();
colorChoice.addItem("Red");
colorChoice.addItem("Blue");
colorChoice.addItem("Green");
colorChoice.addItem("Black");
```

Le puede decir al método `getSelectedIndex()` de un *JComboBox* para averiguar qué elemento está seleccionado. Este método devuelve un entero que da la posición del elemento seleccionado en la lista, Donde los elementos se numeran a partir de cero. Si lo prefiere, puede llamar a `getSelectedItem()` Para obtener el elemento seleccionado en sí. (Este método

retorna un valor de tipo *Object*, debido a que un *JComboBox* en realidad puede contener otros tipos de objetos, además de cadenas.) Puede cambiar la selección llamando al método `setSelectedIndex(n)`, donde `n` es un entero que indica la posición del elemento que desea seleccionar.

La forma más común de usar un *JComboBox* es llamar a su

método `getSelectedIndex()` cuando se tiene necesidad de saber qué elemento está seleccionado. Sin embargo, al igual que otros componentes que hemos visto, los componentes *JComboBox* generan *ActionEvents* cuando el usuario selecciona un elemento. Usted puede registrar un *ActionListener* con el *JComboBox* si desea responder a los eventos tal y como ocurren.

JComboBoxes tienen una característica ingeniosa, que probablemente no es tan útil en la práctica. Usted puede hacer una *JComboBox* "editable" llamando a su

método `setEditable(true)`. Si usted hace esto, el usuario puede editar la selección haciendo clic en el *JComboBox* y transcribir. Esto le permite al usuario hacer una selección que no está en la lista pre-configurada que usted proporciona. (" El Combo .en el nombre de " JComboBox"se refiere al hecho de que es una especie de combinación de caja de texto y menú de entrada.) Si el usuario ha editado la selección de este modo, entonces el método `getSelectedIndex()` retornará el valor -1, y `getSelectedItem()` devolverá la cadena que el usuario escribió. Un *ActionEvent* se activa si el usuario pulsa la tecla retorno al escribir en el *JComboBox*.

6.6.6. JSlider

Un *JSlider* proporciona una manera para que el usuario seleccione un valor entero de un rango de valores posibles. El usuario lo hace arrastrando un "botón.ª lo largo de una barra. Un deslizador puede, opcionalmente, ser decorado marcas de graduacion y las etiquetas.

Esta foto muestra tres deslizadores con diferentes decoraciones y con diferentes rangos de valores:

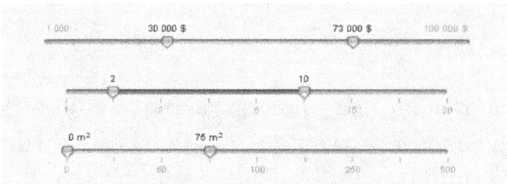

En este caso, elsegundo deslizador está decorado con marcas de graduacion, y el tercero está decorado etiquetas. Es posible que un único deslizador tenga ambos tipos de decoraciones.

El constructor más utilizado para `JSliders` especifica el principio y final del rango de valores para el regulador y su valor inicial cuando aparece por primera vez en la pantalla:

`public JSlider(int minimum, int maximum, int value)`

Si los parámetros son omitidos, los valores 0, 100, y 50 son usados. De forma predeterminada, un control deslizante es horizontal, pero se puede hacer en posición vertical llamando a su método `setOrientation(JSlider.VERTICAL)`. El valor actual de un

*JSlider*se puede leer en cualquier momento con su método `getValue()`,

que devuelve un valor de tipo **int**. Si quieres cambiar el valor, puede hacerlo Con el método `setValue(n)`, el cual toma un parámetro de tipo **int**. Si desea responder inmediatamente cuando el usuario cambia el valor de un control deslizante, puede registrar un detector con el control deslizante. `JSliders`, a diferencia de otros componentes que hemos visto, no generan `ActionEvents`. En su lugar, generar eventos de tipo *ChangeEvent*.

ChangeEvent y clases relacionadas se definen en el paquete `javax.swing.event` en lugar de `java.awt.event`, así que si usted desea utilizar `ChangeEvents`, usted debería `import javax.swing.event.*` al comienzo de su programa.

También debe definir un objeto para aplicar la

interfaz *ChangeListener*, y debe registrar el detector cambio con el control deslizante llamando a su método `addChangeListener()`. Un *ChangeListener* debe proporcionar una definición para el método:

`public void stateChanged(ChangeEvent evt)`

Este método se llama siempre que el valor de la barra cambia. (Tenga en cuenta que también se llama cuando se cambia el valor con el método `setValue()`, así como cuando el usuario cambia el valor.) En el

método `stateChanged()`, usted puede llamar a `evt.getSource()` para averiguar qué objeto ha generado el evento. El uso de las marcas de graduación en un control deslizante es un proceso de dos pasos: Especificar el intervalo entre las marcas de graduación, y decirle al regulador que las marcas de graduación se debe mostrar. En realidad, hay dos tipos de marcas, marcas " grandes "de graduación y marcas " menores"de graduación. Usted puede tener uno u otro o ambos. las marcas de graduación principales son un poco más grandes que las marcas de graduación menor. El método `setMinorTickSpacing(i)` indica que debe haber una marca menores cada `i` unidades a lo largo del dslizador. El parámetro es un entero. (El espacio es en términos de valores en el regulador, no píxeles.) Para las marcas de graduación principales, hay un comando similar,

setMajorTickSpacing(i). Llamar a estos métodos no es suficiente para hacer que las marcas de graduación aparezcan. También tiene que llamar a setPaintTicks(true). Por ejemplo, el segundo regulador en la imagen de arriba fue creado y configurado con los comandos:

```
slider2 = new JSlider(); // (Usa valores min y max.)
slider2.addChangeListener(this);
slider2.setMajorTickSpacing(25);
slider2.setMinorTickSpacing(5);
slider2.setPaintTicks(true);
```

Las etiquetas en un deslizador se manejan de manera similar. Usted tiene que especificar las etiquetas y decir cual es el control deslizante para pintarlos. La especificación de las etiquetas es un negocio difícil, pero la clase *JSlider* tiene un método para simplificarlo. Usted puede crear un conjunto de etiquetas y añadirlos a un control deslizante denominado sldr con el comando:

sldr.setLabelTable(sldr.createStandardLabels(i));

Donde i es un entero que indica el espacio entre las etiquetas. Para organizar las etiquetas que van a ser mostradas, llame al setPaintLabels(true). Por ejemplo, el tercer regulador en la imagen de arriba fue creado y configurado con los comandos:

```
slider3 = new JSlider(2000,2100,2006);
slider3.addChangeListener(this);
slider3.setLabelTable( slider3.createStandardLabels(50) );
slider3.setPaintLabels(true);
```

6.7. Disposición Básica

Los COMPONENTES son los pilares fundamentales de una Interfaz Gráfica de Usuario. Pero hay que hacer más, además de crear los componentes. Otro aspecto de la programación GUI es la ***disposicion*** de los componentes en la pantalla, es decir, decidir dónde son dibujados y cuan grandes son. Usted se habrá dado cuenta de que el calculo de las coordenadas pueden ser un problema difícil, especialmente si usted no asume un tamaño fijo para el área de dibujo. Java tiene una solución para esto, también.

Los componentes son los objetos visibles que componen una GUI. Algunos componentes son ***containers***, que puede contener otros componentes. Los contenedores en Java son objetos que pertenecen a alguna subclase de java.awt.Container. El panel de contenido de un *JApplet* o *JFrame* es un ejemplo de un contenedor. La clase estándar *JPanel*, que hemos utilizado sobre todo como un dibujo de la superficie hasta ahora, es otro ejemplo de un contenedor.

Debidoa que un objeto *JPanel* es un contenedor, que puede contener otros componentes. Debido a que un *JPanel* es en sí un componente, puede añadir un *JPanel* a otro *JPanel*. Esto hace posible la anidación compleja de componentes. *JPanels* se puede utilizar para organizar interfaces de usuario complicadas, como se muestra en esta ilustración:

Los componentes deben ser " dispuestos.en un recipiente , lo cual significa establecer sus tamaños y posiciones. Es posible que usted mismo programe la disposición, pero normalmente el diseño es realizado por un ***controlador de disposicion***.

Un controlador de distribución es un objeto asociado Con un contenedor que implemente alguna política para la distribucion de los componentes de dicho contenedor. Tipos diferentes de controladores de distribución aplican políticas diferentes. En esta sección, se cubrirán los tres

6.7. DISPOSICIÓN BÁSICA

Hay tres paneles mostrados en colores, que continen otros seis componetes, los cuales Son mostrados en griz.

tipos más comunes de controladores de distribución, y entonces vamos a ver varios ejemplos de programación que utilizan componentes y disposicion.

Cada contenedor tiene un método instanciado, `setLayout()`, que toma un parámetro de tipo *LayoutManager* y que se utiliza para especificar el controlador de distribución que se encargará de trazar los componentes que se agregan al contenedor. Los componentes son añadidos a los contenedores llamando a un método instanciado llamado `add()` en el objeto contenedor. De hecho hay varias versiones del método `add()`, con diferentes listas de parámetros. Versiones diferentes de `add()` son apropiados para diferentes controladores de distribución, como veremos a continuación.

6.7.1. Administradores Básicos de Diseño

Java tiene una variedad de administradores de disposición estándar que puede utilizarse como parámetros en el método `setLayout()`. Son definidas por clases en el paquete `java.awt`. Aquí, vamos a ver tan sólo tres de estos administradores de clases de diseño: *FlowLayout*, *BorderLayout*, y *GridLayout*.

Un *FlowLayout* simplemente alinea los componentes en una fila a través del contenedor. El tamaño de cada componente es igual al tamaño " preferido de ese componente". Después de poner a tantos elementos como quepan en una fila a través del contenedor, el controlador de distribución pasará a la siguiente fila.

La distribucion por defecto para un *JPanel* es un

FlowLayout; eso es, un *JPanel* usa un

FlowLayout a menos que especifique un administrador de distribución diferentes llamando al método `setLayout()`.

Los componentes en una fila determinada puede ser alineado a la izquierda, alineado a la derecha, o centrado en esa fila, y pueden haber brechas horizontales y verticales entre los componentes. Si el constructor por defecto,

"`new FlowLayout()`", es usado, entonces en cada fila los componentes serán centrados y ambos margenes el horizontal y el vertical serán de cinco pixeles. El constructor

`public FlowLayout(int align, int hgap, int vgap)`

puede ser usado para especificar alineaciones alternativas y margenes. Los valores posibles de `align` son `FlowLayout.LEFT`, `FlowLayout.RIGHT`, y `FlowLayout.CENTER`.

Suponga que `cntr` es un objeto contenedor que esta usando un *FlowLayout* como su administrador de disposicion. Entonces, un componente, `comp`, se puede agregar al contenedor con la declaración

`cntr.add(comp);`

El *FlowLayout* alinea todos los componentes que se han añadido al contenedor de esta manera. Estarán alineados en el orden en que se agregaron. Por Ejemplo, esta imagen muestra cinco botones en un panel que utiliza un *FlowLayout*:

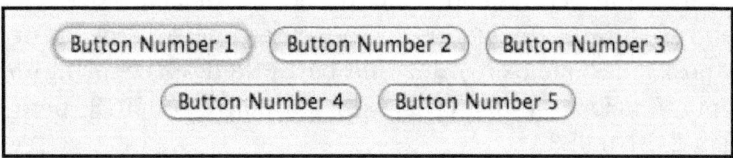

Tenga en cuenta que debido a que los cinco botones no caben en una sola fila en el panel, que está dispuestos en dos filas. En cada fila, los botones se agrupan y se centran en la fila. Los botones fueron añadidos al panel con las declaraciones:

```
panel.add(button1);
panel.add(button2);
panel.add(button3);
panel.add(button4);
panel.add(button5);
```

Cuando un contenedor utiliza un administrador de disposicion, el administrador de disposicion es normalmente responsable de calcular el tamaño preferido del contenedor (aunque un tamaño preferido diferente se podría establecer mediante una llamada al método `setPreferredSize` del contenedor). Un *FlowLayout* prefiere poner sus componentes en una sola fila, por lo que el ancho preferido es el total de las anchuras preferidas de todos los componentes, además de los margenes horizontales entre los componentes. La altura preferida es la altura máxima preferida de todos los componentes.

* * *

Un administrador de disposicion de *BorderLayout* está diseñado para mostrar un componente grande, central, con un máximo de cuatro componentes más pequeños dispuestos a lo largo de los bordes del componente central. Si un contenedor, `cntr`, está usando un *BorderLayout*, a continuación un componente, `comp`, se debe agregar al contenedor mediante una instrucción de la forma

```
cntr.add( comp, borderLayoutPosition );
```

Donde `borderLayoutPosition` especifica cuál es la posición que el componente debe ocupar en la disposicion y se da como una de las constantes `BorderLayout.CENTER`, `BorderLayout.NORTH`, `BorderLayout.SOUTH`, `BorderLayout.EAST`, o `BorderLayout.WEST`. El significado de las cinco posiciones se muestra en este diagrama:

Tenga en cuenta que una disposición de la bordes puede contener menos de cinco componentes, de modo que no todas las cinco posiciones posibles deben llenarse. Un *BorderLayout* selecciona el tamaño de sus componentes de la siguiente manera: Los components `NORTH` y `SOUTH` (Si existe) se presentan a su altura preferida, pero su ancho es igual a la anchura total del contenedor. Los

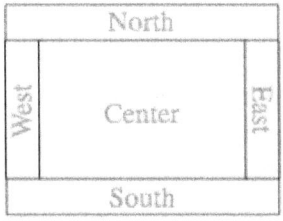

componentes EAST y WEST se presentan a su anchura preferida, pero su altura se fija a la altura del contenedor, menos el espacio ocupado por los componentes NORTH

y SOUTH. Finalmente, el componente CENTER

toma todo el espacio libre, el tamaño preferido del componente CENTER es completamente ignorado. Usted debe asegurarse de que los componentes que se pone en un *BorderLayout* son adecuados para las posiciones que ocuparán. Una barra de desplazamiento horizontal o campo de texto, por Ejemplo, funcionaría bien en la posición NORTH o SOUTH, pero no tendría mucho sentido en la posición EAST o WEST.

El constructor por defecto, `new BorderLayout()`, no deja espacio entre componentes. Si desea dejar un espacio, puede especificar espacios verticales y horizontales en el constructor del objeto `BorderLayout`. Por ejemplo, si usted dice

`panel.setLayout(new BorderLayout(5,7));`

a continuación, el administrador de disposicion inserte espacios horizontales de 5 píxeles entre los componentes y espacios verticales, de 7 de píxeles entre los componentes. El color de fondo del contenedor se mostrará a través de estos espacios. La configuración por defecto para el panel de contenido original que viene con un *JFrame* o *JApplet*

es un `BorderLayout` sin espacios horizontal o vertical.

* * *

Finalmente, consideramos el administrador de disposicion *GridLayout*. Un diseño de red fija los componentes en una rejilla de rectángulos de igual tamaño. Esta ilustración muestra cómo los componentes se pueden organizar en un contexto de diseño de cuadrícula de 3 filas y 2 columnas:

#1	#2
#3	#4
#5	#6

Si un contenedor usa un *GridLayout*, el método `add` apropiado para el contenedor toma un simple parámetro de tipo *Component* (por ejemplo:

`cntr.add(comp)`). Los componentes se agregan a la red en el orden indicado, es decir, cada fila se llena de izquierda a derecha antes de entrar en la siguiente fila. El constructor de un *GridLayout* toma la forma "`new GridLayout(R,C)`", donde R es el número de filas y C es el número de columnas. Si desea dejar espacios horizontales de H pixeles entre columnas y espacios verticales de V pixeles entre filas, use "`new GridLayout(R,C,H,V)`".

Cuando use un *GridLayout*, es probablemente una buena forma de agregar sólo los componentes suficiente para rellenar la cuadrícula. Sin embargo, esto no es necesario. De hecho, siempre y cuando se especifique un valor distinto de cero para el número de filas, entonces el número de columnas es esencialmente ignorada. El sistema utilizará sólo tantas columnas como sean necesarias para contener todos los componentes que se agregan a las contenedor. Si usted quiere depender de este comportamiento, probablemente debería especificar cero como el número de columnas. También puede especificar el número de filas igual a cero. En ese caso, debe dar un número diferente a cero en las columnas. El sistema utilizará el número especificado de columnas, con sólo tantas filas como sea necesario para contener los componentes que se agregan al contenedor.

Rejillas horizontales, con una sola fila, y rejillas verticales, con una sola columna, son muy comunes. Por Ejemplo, supongamos que `button1`,

`button2`, y `button3` son botones y que le gustaría mostrarlos en una fila horizontal en un panel. Si utiliza una rejilla horizontal para el panel, a continuación, los botones llenarán por completo ese panel y todos serán del mismo tamaño. El control puede ser creado de la siguiente manera:

```
JPanel buttonBar = new JPanel();
buttonBar.setLayout( new GridLayout(1,3) );
// (Nota: El "3" Aquí es más o menos ignorado, y
// también se podría decir "new GridLayout(1,0)".
// Para dejar espacios entre los botones, puede utilizar
// "new GridLayout(1,0,5,5)".)
buttonBar.add(button1);
buttonBar.add(button2);
buttonBar.add(button3);
```

Usted puede encontrar esta barra de botones más atractiva que la que utiliza el administrador de disposicion predeterminado *FlowLayout*.

6.7.2. Bordes

Hemos visto cómo dejar margenes entre los componentes en un contenedor, pero que hacemos si lo que desea es dejar un borde alrededor de la parte exterior del contenedor? Este problema no es manejado por los administradores de diseño. En cambio, en Swing los bordes son representados por objetos. Un objeto *Borde* puede ser agregado a cualquier *JComponent*, no sólo a los contenedores. Los Bordes puede ser algo más que espacios vacíos.

La clase `javax.swing.BorderFactory` contains a
large number of static métodos for creating border objects. por ejemplo, the contiene un gran número de métodos estáticos para crear objetos de borde. Por Ejemplo, la función

`BorderFactory.createLineBorder(Color.BLACK)`

devuelve un objeto que representa una línea negra de un píxel de ancho alrededor de la parte exterior de un componente. Si `comp` es un *JComponent*, un borde se puede agregar a `comp` usando su método `setBorder` (). Por ejemplo:

`comp.setBorder( BorderFactory.createLineBorder(Color.BLACK) );`

Cuando un borde se ha establecido para un *JComponent*, el borde se dibuja de forma automática, sin ningún esfuerzo adicional por parte del programador. El borde se dibuja a lo largo de los bordes del componente, justo dentro de sus límites. El administrador de disposicion de un *JPanel* o contenedor de otros tendrá en cuenta el espacio ocupado por el borde. Los componentes que se agregan al contenedor se mostrarán en el área dentro del borde. No se recomienda utilizar un borde en un *JPanel* que se utiliza como superficie de dibujo. Sin embargo, si usted hace esto, debe tomar en cuenta el borde. Si dibuja en la zona ocupada por el borde, la parte del dibujo será cubierto por el borde.

Aquí hay algunos de los métodos estáticos que se pueden utilizar para crear bordes:

- `BorderFactory.createEmptyBorder(top,left,bottom,right)`

6.7. DISPOSICIÓN BÁSICA

— deja un borde vacío alrededor de los bordes de un componente. No se dibuja nada en este espacio, por lo que el color de fondo del componente aparecerá en el área ocupada por la frontera. Los parámetros son números enteros que dan el ancho del borde a lo largo de la parte superior, izquierda, abajo y derecha del componente. Esto es realmente muy útil cuando se utiliza en un *JPanel* que contiene otros componentes. Se pone un poco de espacio entre los componentes y el borde del panel. También puede ser útil en un *JLabel*, pues de otro modo no habría ningún espacio entre el texto y el borde de la etiqueta.

- `BorderFactory.createLineBorder(color,thickness)` —

    dibuja una línea alrededor de los cuatro bordes de un componente. El primer parámetro es de tipo *Color* a especifica el color de la línea. El segundo parámetro es un entero que especifica el grosor del borde. Si el segundo parámetro se omite, una línea de espesor 1 se dibuja.

- `BorderFactory.createMatteBorder(top,left,bottom,right,color)`

    — es similar a `createLineBorder`, excepto que usted puede especificar los espesores individuales de los bordes de la parte superior, izquierda, abajo, derecha del componente.

- `BorderFactory.createEtchedBorder()`

    — crea un borde que se ve como un surco grabado en todo el contorno del componente. El efecto se consigue utilizando los tonos más claros y más oscuros del color de fondo del componente, y no funciona bien con todos los colores de fondo.

- `BorderFactory.createLoweredBevelBorder()`—da un efecto tridimensional a un componente que hace que parezca que esta más bajo dentro de la pantalla del ordenador. Como con un EtchedBorder, esto sólo funciona bien para ciertos colores de fondo.

- `BorderFactory.createRaisedBevelBorder()`—similar a un LoweredBevelBorder, pero el componente parece que se eleva por encima de la pantalla del ordenador.

- `BorderFactory.createTitledBorder(title)`—crea un borde con un título. El título es un *String*, que se muestra en la esquina superior izquierda del borde.

hay muchos otros métodos en la clase `BorderFactory`, la mayoría de ellos proporciona las variaciones de los estilos de borde de base mencionadas Aquí. La siguiente ilustración muestra los seis componentes con seis estilos diferentes de borde. El texto de cada componente es el comando que creó el borde de ese componente:
(El código fuente para el applet que produce esta imagen se puede encontrar en *BorderDemo.java.*)

6.7.3. SliderAndComboBoxDemo

Ahora que hemos examinado los componentes y diseños de disposicion, es el momento de ponerlos juntas en algunos programas completos. Empezamos con una demostración simple que utiliza un *JLabel*, un *JComboBox*, y un par de *JSliders*, todo dispuesto en un *GridLayout*, como se muestra en esta imagen:
Los controles deslizantes en este applet controlan el color de fondo y el del primer plano de la etiqueta, y el combo box controla el estilo de fuente. Escribir este programa es un asunto de crear los componentes, disponerlos, y la programación de los oyentes para responder a los

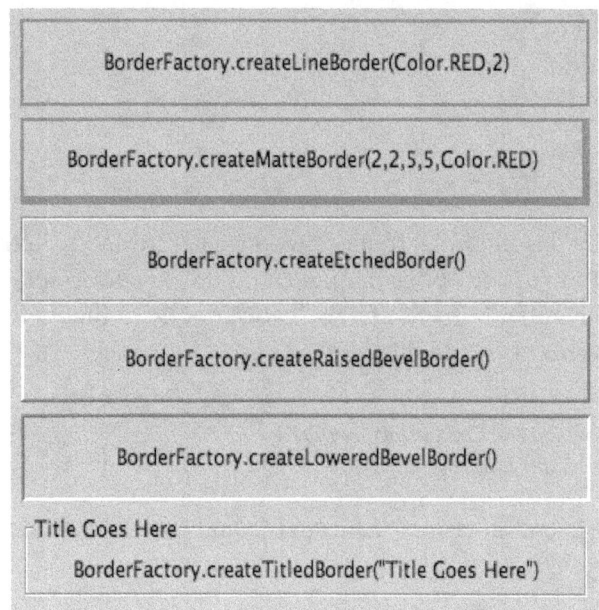

eventos de los controles deslizantes y combo box. En mi Programa, defino una subclase de *JPanel* que se utilizará para el panel de contenido del applet. Esta clase implementa a *ChangeListener* y *ActionListener*, por lo que el panel en sí mismo puede actuar como el oyente de los eventos de cambio de los deslizadores y combo box.

En el constructor, los cuatro componentes son creados y configurados, un *GridLayout* se instala como el administrador de disposicion para el panel, y los componentes se agregan al panel:

```
/* Crea las barras de desplazamiento, y configurar este panel para escuchar
ChangeEvents que se generan por los deslizadores. */
bgColorSlider = new JSlider(0,255,100);
bgColorSlider.addChangeListener(this);
fgColorSlider = new JSlider(0,255,200);
fgColorSlider.addChangeListener(this);
/* Crear el combo box, y añade cuatro elementos a el, enumerando los diferentes
estilos de fuente. Configura el panel para escuchar ActionEvents en el combo box. */
fontStyleSelect = new JComboBox();
fontStyleSelect.addItem("Plain Font");
fontStyleSelect.addItem("Italic Font");
fontStyleSelect.addItem("Bold Font");
fontStyleSelect.addItem("Bold Italic Font");
fontStyleSelect.setSelectedIndex(2);
fontStyleSelect.addActionListener(this);
/* Crear la etiqueta de visualización, con las propiedades para coincidir con los
valores de los deslizadores y la configuración del combo box.*/
displayLabel = new JLabel("Hola Mundo!", JLabel.CENTER);
displayLabel.setOpaque(true);
displayLabel.setBackground( new Color(100,100,100) );
displayLabel.setForeground( new Color(255, 200, 200) );
displayLabel.setFont( new Font("Serif", Font.BOLD, 30) );
/* Define la presentación del panel, y añade los cuatro componentes. Usa un GridLayout
con 4 filas y 1 columna. */
```

6.7. DISPOSICIÓN BÁSICA

```
setLayout(new GridLayout(4,1));
add(displayLabel);
add(bgColorSlider);
add(fgColorSlider);
add(fontStyleSelect);
```

La clase también define los métodos requeridos por las interfaces *ActionListener* y *ChangeListener*. El método `actionPerformed ()` es llamado cuando el usuario selecciona un elemento en el combo box. Este método cambia la fuente en el *JLabel*, donde la fuente depende de qué elemento está seleccionado en el combo box, `fontStyleSelect`:

```java
public void actionPerformed(ActionEvent evt) {
        switch ( fontStyleSelect.getSelectedIndex() ) {
        case 0:
                displayLabel.setFont( new Font("Serif", Font.PLAIN, 30) );
                break;
        case 1:
                displayLabel.setFont( new Font("Serif", Font.ITALIC, 30) );
                break;
        case 2:
                displayLabel.setFont( new Font("Serif", Font.BOLD, 30) );
                break;
        case 3:
                displayLabel.setFont( new Font("Serif", Font.BOLD + Font.ITALIC, 30) );
                break;
        }
}
```

Y el método `stateChanged ()`, el cual es llamado cuando el usuario manipula una de las barras de desplazamiento, utiliza el valor en la barra de desplazamiento para calcular un nuevo color frontal o de fondo para la etiqueta. El método verifica el `evt.getSource ()` para determinar qué barra de desplazamiento fue modificada:

```java
public void stateChanged(ChangeEvent evt) {
if (evt.getSource() == bgColorSlider) {
int bgVal = bgColorSlider.getValue();
displayLabel.setBackground( new Color(bgVal,bgVal,bgVal) );
// / NOTA: El color de fondo es una sombra gris,
// / Determinada por el ajuste en el deslizador.
}
else {
int fgVal = fgColorSlider.getValue();
displayLabel.setForeground( new Color( 255, fgVal, fgVal) );
// / Nota: Las gamas de color de primer plano va de rojo puro a
// / blanco puro a medida que el valor de la barra de desplazamiento aumenta de 0 a 255.
}
}
```

(El código fuente completo se encuentra en el archivo *SliderAndComboBoxDemo.java*.)

6.7.4. Una Calculadora Simple

Como nuestro siguiente ejemplo, hechamos vistazo breve a un ejemplo que utiliza subpaneles anidados para construir una Interfaz de usuario más complejas. El Programa tiene dos *JTextFields* donde el usuario puede introducir dos números, cuatro *JButtons* en donde el usuario puede hacer clic para sumar, restar, multiplicar o dividir los dos números, y un *JLabel* que muestra el resultadp de la operación:

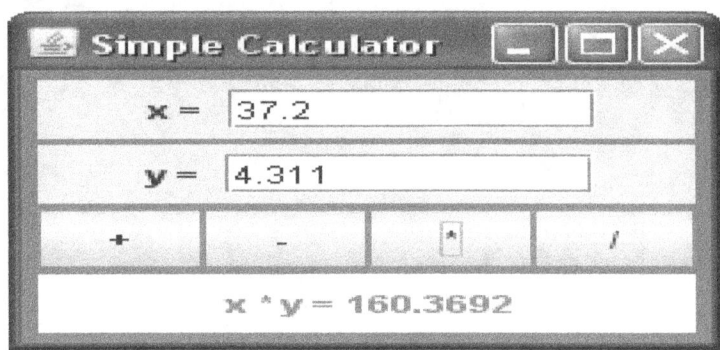

Al igual que el ejemplo anterior, este ejemplo utiliza un panel principal con un *GridLayout* que tiene cuatro filas y una columna. En este caso, la disposición se crea Con la declaración:

```
setLayout(new GridLayout(4,1,3,3));
```

que permite un espacio de 3 píxeles entre las filas donde el color de fondo gris del panel es visible. El borde gris alrededor de los bordes del panel se añade con la declaración

```
setBorder( BorderFactory.createEmptyBorder(5,5,5,5) );
```

La primera fila de la cuadrícula de disposicion en realidad contiene dos componentes,

un *JLabel* que muestra el texto "x ="

y un *JTextField*.Un diseño de la cuadricula sólo puede tener un componente en cada posición. En este caso, es el componente *JPanel*, un subpanel que está anidado dentro del panel principal. Este subpanel a su vez contiene la etiqueta y campo de texto. Esto puede ser programado de la siguiente manera:

```
xInput = new JTextField("0", 10); // Crear un campo de texto con un tamaño de 10 caracteres.
JPanel xPanel = new JPanel(); // Crea el subpanel.
xPanel.add( new JLabel(" x = ")); // Agrega una etiqueta al subpanel.
xPanel.add(xInput); // Agregar el campo de texto para el subpanel
mainPanel.add(xPanel); // Añade el subpanel al panel principal.
```

El subpanel utiliza el administrador de distribucion predeterminado *FlowLayout*, por lo que el campo de texto y la etiqueta son simplemente colocados uno junto al otro en el subpanel a su tamaño preferido, y se centran en el subpanel. Del mismo modo, la tercera fila del diseño de cuadricula es un subpanel que contiene cuatro botones. En este caso, el subpanel utiliza un *GridLayout* con una fila y cuatro columnas, de modo que los botones son todos del mismo tamaño y llene completamente el subpanel.

Otro punto de interés en este ejemplo es el método `actionPerformed` () que responde cuando el usuario hace clic en uno de los botones. Este método debe recuperar el número introducido por usuario desde el campo de texto, realizar la operación aritmética adecuada sobre ellos (dependiendo de sobre qué botón se ha hecho clic), y establecer el texto de la etiqueta para representar el resultado. Sin embargo, el contenido de los campos de texto sólo puede ser

6.7. DISPOSICIÓN BÁSICA

recuperada en forma de cadenas, y estas cadenas se deben convertir en números. Si la conversión falla, la etiqueta está configurada para mostrar un mensaje de error:

```
public void actionPerformed(ActionEvent evt) {
double x, y; // Los números de las cajas de entrada.
try {
String xStr = xInput.getText();
x = Double.parseDouble(xStr);
}
catch (NumberFormatException e) {
// La cadena de caracteres xStr no es un número legal.
answer.setText("Valor ilegal para x.");
xInput.requestFocus();
return;
}
try {
String yStr = yInput.getText();
y = Double.parseDouble(yStr);
}
catch (NumberFormatException e) {
// La cadena de caracteres yStr no es un número legal.
answer.setText(" Valor ilegal para y.");
yInput.requestFocus();
return;
}
/* Realizar la operación basada en el comando de acción del botón.
El comando de acción es el texto que aparece en el botón.
Tenga en cuenta que la división por cero produce un mensaje de error. */
String op = evt.getActionCommand();
if (op.equals("+"))
answer.setText( "x + y = " + (x+y) );
else if (op.equals("-"))
answer.setText( "x - y = " + (x-y) );
else if (op.equals("*"))
answer.setText( "x * y = " + (x*y) );
else if (op.equals("/")) {
if (y == 0)
answer.setText("No se puede dividir por cero!");
else
answer.setText( "x / y = " + (x/y) );
}
} // fin de actionPerformed()
```

(El código fuente completo para este ejemplo se puede encontrar en *SimpleCalc.java*.)

6.7.5. Usando una Disposición Nula

Como se mencionó anteriormente, es posible hacerlo sin un administrador de distribución por completo. Para el próximo ejemplo, vamos a ver un panel que no utiliza un administrador de distribución. Si establece el administrador de distribución de un contenedor para que sea `nulo`, llamando a `contenedor.setLayout (null)`, entonces usted asume la responsabilidad completa para la colocación y tamaño de los componentes en ese contenedor.

Si texttt comp es cualquiera componente, entonces la declaración

```
comp.setBounds(x, y, ancho, alto);
```

pone la esquina superior izquierda del componente en el punto de (x, y), medida en el sistema de coordenadas del contenedor que contiene el componente, y se establece el alto y ancho de la componente a los valores especificados. Usted sólo debe establecer los límites de un componente si el contenedor que contiene tiene un administrador de distribución nula. En un contenedor que tiene un controlador de distribución no nulo, el administrador de distribución es responsable de establecer los límites, y usted no debería interferir con su trabajo.

Si se asume que ha configurado el administrador de distribución a **nulo**, puede llamar al método **setBounds ()** en cualquier momento que desee. (Usted puede incluso hacer un componente que se mueve o cambia de tamaño mientras el usuario está mirando.) Si usted está escribiendo un panel que tiene un tamaño conocido, fijo, a continuación, puede establecer los límites de cada componente en el constructor del panel. Tenga en cuenta que hay que añadir los componentes al panel, usando el método instanciado **add(componente)** del panel, de lo contrario, el componente no aparecerá en la pantalla.

Nuestro ejemplo contiene cuatro componentes: dos botones, una etiqueta, y unpanel que muestra un patrón de tablero de ajedrez:

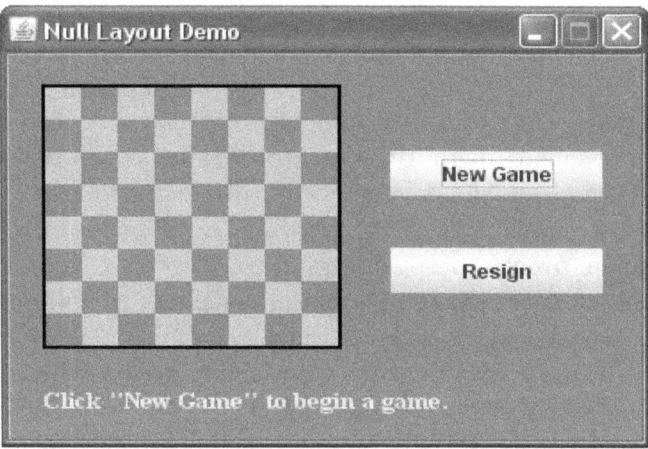

Esto es sólo un ejemplo del uso de una disposición nula, no hace nada, excepto que al hacer clic en el botón cambia el texto de la etiqueta. (Usaremos este ejemplo en la sección 7.5 como punto de partida para un juego de damas.)

Par este panel de contenido, este ejemplo se utiliza un panel principal que se define por una clase con nombre

NullLayoutPanel. Los cuatro componentes se crean y agregan al panel en el constructor de la clase

NullLayoutPanel. Entonces el método **setBounds()** de cada componente se le llama para fijar la posición y tamaño del componente:

```
public NullLayoutPanel() {
setLayout(null); // Voy a hacer el diseño yo mismo!
setBackground(new Color(0,150,0)); // Un fondo de color verde oscuro.
setBorder( BorderFactory.createEtchedBorder() );
setPreferredSize( new Dimension(350,240) );
// Asumo que el tamaño del panel es, de hecho, 350 por 240.
/* Crear los componentes y añadirlos al panel de contenido.
Si no los añade al contenedor, no aparecerán, incluso si establece sus límites! */
```

6.7. DISPOSICIÓN BÁSICA

```
board = new Checkerboard();
// (Checkerboard es una subclase de JPanel, definida en cualquier lugar.)
add(board);
newGameButton = new Jbutton("Nuevo Juego");
newGameButton.addActionListener(this);
add(newGameButton);
resignButton = new JButton("Abandonar");
resignButton.addActionListener(this);
add(resignButton);
message = new JLabel("Click \1"Nuevo Juego \1" para iniciar un juego.
message.setForeground( new Color(100,255,100) ); // Verde claro.
message.setFont(new Font("Serif", Font.BOLD, 14));
add(message);
/* Establecer el tamaño y posición de cada componente llamando a su método setBounds (). */
board.setBounds(20,20,164,164);
newGameButton.setBounds(210, 60, 120, 30);
resignButton.setBounds(210, 120, 120, 30);
message.setBounds(20, 200, 330, 30);
}
// fin del constructor}
```

Es razonablemente fácil, en este caso, conseguir un diseño atractivo. Es mucho más difícil hacer su propio diseño si quieres permitir cambios de tamaño. En ese caso, usted tiene que responder a los cambios en el tamaño del contenedor recalculando los tamaños y posiciones de todos los componentes que contiene. Si desea responder a los cambios en el tamaño de un contenedor, puede registrar un oyente apropiado con el contenedor. Cualquier componente genera un evento de tipo ComponentEvent cuando cambia su tamaño (y también cuando se mueve, oculta o muestra). Puede registrar un ComponentListener con el contenedor y responder a eventos de cambio de tamaño recalculando los tamaños y posiciones de todos los componentes en el contenedor. Consulte la referencia de Java para obtener más información acerca ComponentEvents. Sin embargo, mi consejo real es que si desea permitir cambios en el tamaño del contenedor, trate de encontrar un administrador dedistribución que haga el trabajo para usted.

(El código fuente completo de este ejemplo está en *NullLayoutDemo.java*.)

6.7.6. Un Jueguito de Cartas

Para un ejemplo final, vamos a ver algo un poco más interesante, como un programa.

El ejemplo es un juego de cartas simple en el que nos fijamos en una carta de juego y tratarmos de predecir si la siguiente carta será de mayor o menor valor. (Los ases tienen el valor más bajo en este juego.) Usted ha visto una versión orientada a texto del mismo juego en la Subsección 5.4.3. La sección 5.4 también introduce las clases *Deck*, *Hand*, y *Card* que se utilizan en el juego del programa. En esta versión de GUI del juego, se hace clic en un botón para hacer su predicción. Si hace una mala prediccion, usted pierde. Si hace tres predicciones correctas, usted puede ganar. Después de completar un juego, puede hacer clic en la opción " Nuevo Juego"para empezar una partida nueva. Aquí esta como se ve el juego:
El código fuente completo de este ejemplo está en el archivo

HighLowGUI.java. Usted puede probar el juego en la versión en línea de esta sección, o mediante la ejecución del Programa como aplicacion independiente. La estructura general del panel principal en este ejemplo debería ser clara: Cuenta con tres botones en un subpanel en

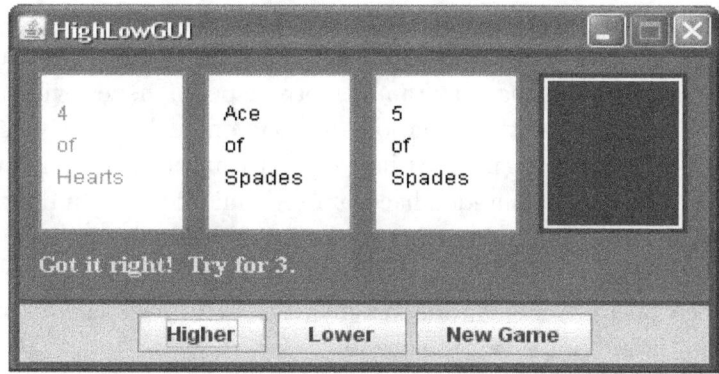

la parte inferior del panel principal y una superficie de dibujo de gran tamaño que muestra el mensaje y a las tarjetas. El panel principal usa un *BorderLayout*.La superficie de dibujo ocupa la posición texttt CENTER de la disposición del borde. El subpanel que contiene los botones ocupa la posición SOUTH de la disposicion de borde, y las otras tres posiciones de la distribución están vacías.

La superficie de dibujo esta definida por una clase anidada denominada *CardPanel*,

la cual es una subclase de *JPanel*. He optado por dejar que el objeto de superficie de dibujo haga la mayor parte del trabajo del juego: Se escucha los eventos de los tres botones y responde al tomar las acciones apropiadas.

El panel principal se define por *HighLowGUI* en sí mismo, que es otra subclase de *JPanel*. El constructor

de la clase *HighLowGUI* crea todos los otros componentes, establece el control de eventos, y dispone los componentes:

```
public HighLowGUI() { // El constructor.
setBackground( new Color(130,50,40) );
setLayout( new BorderLayout(3,3) ); // BorderLayout con un espacio de 3-pixeles.
CardPanel board = new CardPanel(); // donde las cartas son repartidas.
add(board, BorderLayout.CENTER);
JPanel buttonPanel = new JPanel(); // El subpanel que contiene los botones.
buttonPanel.setBackground( new Color(220,200,180) );
add(buttonPanel, BorderLayout.SOUTH);
JButton higher = new JButton( "Más alto" );
higher.addActionListener(board); // El CardPanel escucha los eventos.
buttonPanel.add(higher);
JButton lower = new JButton( "más bajo" );
lower.addActionListener(board);
buttonPanel.add(lower);
JButton newGame = new JButton( "Nuevo Juego" );
newGame.addActionListener(board);
buttonPanel.add(newGame);
setBorder(BorderFactory.createLineBorder( new Color(130,50,40), 3) );
} // fin del constructor
```

La programación de la clase de la superficie de dibujo, *CardPanel*, Es un buen ejemplo de pensar en términos de un estado de máquina. (Vea la Subsección 6.5.4.) Es importante pensar en términos de los estados en los que el juego puede estar, cómo el estado puede cambiar, y cómo la respuesta a los eventos puede depender del estado. El enfoque que produjo el juego original, orientada a texto de la Subsection 5.4.3 no es apropiado Aquí. Tratar de pensar en el juego en términos de un proceso que va paso a paso desde el principio al final es más probable que te confunda a que te ayude.

6.7. DISPOSICIÓN BÁSICA

El estado del juego incluye las tarjetas y el mensaje. Las tarjetas se almacenan en un objeto de tipo *Hand*. El mensaje es un *String*. Hay también otro aspecto menos evidente de la situación: a veces un juego está en progreso, y el usuario se supone que debe hacer una predicción sobre la próxima carta. A veces estamos entre los juegos, y el usuario se supone que haga clic en el botón " Nuevo Juego". Es una buena idea hacer un seguimiento de esta diferencia básica en el estado. La clase *CardPanel* utiliza una variable booleana instancia denominada `gameInProgress` para este propósito.

El estado del juego puede cambiar cada vez que el usuario hace clic en un botón. La clase *CardPanel* implementa la interfaz `ActionListener` y define un método `actionPerformed()` para responder a los clics del usuario. Este método simplemente llama a uno de los otros tres métodos, `doHigher()`, `doLower()`, or `newGame()`, dependiendo de qué botón se presionó. Es en estos tres métodos de control de eventos que la acción del juego se lleva a cabo. No queremos dejar que el usuario inicie un nuevo juego si un juego está en curso. Eso sería hacer trampa. Por lo tanto, la respuesta en el método `newGame()` es diferente dependiendo de si la variable de estado

`gameInProgress` es verdadera o falsa. Si un juego está en curso, la variable instanciada `message` debería ser configurado para mostrar un mensaje de error. Si un juego no está en curso, a continuación, se debe establecer los valores adecuados de todas las variables de estado para el comienzo de un nuevo juego. En cualquier caso, el tablero debe ser repintado para que el usuario pueda ver que el estado ha cambiado. El método `newGame()` es como se muestra a continuacion:

```
/**
 * Llamado por el constructor CardPanel, y llamado por el actionPerformed() si
 * el usuario clickea el boton "Nuevo Juego". Inicia un nuevo juego.
 */
void doNewGame() {
if (gameInProgress) {
// Si el juego actual no ha terminado, es un error tratar de
// iniciar un nuevo juego.
message = "Usted todavía tiene que terminar este juego!";
repaint();
return;
}
deck = new Deck(); // Crear la baraja y mano para utilizar en este juego.
hand = new Hand();
deck.shuffle();
hand.addCard( deck.dealCard() ); // Lleva la primera carta a la mano.
message = "Es la siguiente carta más alta o más baja?";
gameInProgress = true;
repaint();
} // fin de doNewGame()
```

Los métodos `doHigher()` y `doLower()` son casi idénticos entre sí (y probablemente podría haber sido combinados en un método Con un parámetro, si yo fuera más inteligente). Echemos un vistazo a la rutina `doHigher` (). Este es llamado cuando el usuario hace clic en el botón " más alto". Esto sólo tiene sentido si un juego está en progreso, así que lo primero que debe hacer `doHigher` () es comprobar el valor de la variable de estado `gameInProgress`. Si el valor es `falso`, entonces `doHigher` () sólo debe crear un mensaje de error. Si un juego está en curso, una nueva tarjeta, debe añadirse a la mano y la predicción del usuario debe ser probada. El usuario puede ganar o perder en este momento. Si es así, el valor de la variable de estado **gameInProgress** se debe establecer en **falso** porque el juego ha terminado. En cualquier caso, el tablero es repintado para mostrar el nuevo estado. Aquí esta el método **doHigher()**:

```java
/**
 * Llamado por actionPerformmed() cuando el usuario presion click en el boton  "Higher".
 * Verifica la prediccion del usuario. El juego termina si la adivinanza del usuario
 * es errada o si el usuario ha hecho tres predicciones correctas.
 */
void doHigher() {
if (gameInProgress == false) {
// Si el juego ha terminado, se ha producido un error al hacer clic en "más Alto",
// Así se configura un mensaje de error y se abortar el procesamiento.
message = "Click en \1"Nuevo Juego\1" para iniciar un nuevo juego!";
repaint();
return;
}
hand.addCard( deck.dealCard() ); // Agrega una carta a la mano.
int cardCt = hand.getCardCount();
Card thisCard = hand.getCard( cardCt - 1 ); // Tarjeta recien enviada
Card prevCard = hand.getCard( cardCt - 2 ); // La carta previa.
if ( thisCard.getValue() < prevCard.getValue() ) {
gameInProgress = false;
message = "Lo siento! Perdiste.";
}
else if ( thisCard.getValue() == prevCard.getValue() ) {
gameInProgress = false;
message = "Lo siento! Perdiste";
}
else if ( cardCt == 4) {
gameInProgress = false;
message = "Ganaste! Usted hizo tres aciertos.";
}
else {
message = "Vas bien! Intente " + cardCt + ".";
}
repaint();
} // fin de doHigher()
```

El método **paintComponent()** de la clase *CardPanel*

utiliza los valores de las variables de estado para decidir qué mostrar. Muestra la cadena almacenada en la variable **message**. dibuja cada una de las cartas en la **mano**. Hay un poco complicado: Si un juego está en curso, señala una carta extra boca abajo, que no está en la mano, para representar la siguiente carta en la baraja. Dibujar las tarjetas requiere un poco de atención y computacion. Escribi un método, "**void drawCard(Graphics g, Card card, int x, int y)**", el cual dibuja una carta con su esquina superior izquierda en el punto (x,y). La rutina **paintComponent()** decide donde dibujar cada tarjeta y llama a esta rutina para hacer el dibujo, *HighLowGUI.java*.

* * *

Una nota sobre la programación de este ejemplo: El código fuente define *HighLowGUI* como una subclase de *JPanel*. La clase contiene una rutina **main()** de modo que se puede ejecutar como una aplicacion independiente; la rutina **main()** simplemente abre una ventana que utiliza

6.7. DISPOSICIÓN BÁSICA

un panel de tipo, *HighLowGUI* como su panel de contenido. Además, me decidí a escribir una versión applet del programa como una clase estática anidada denominada *Applet*

dentro de la clase *HighLowGUI*. Como se trata de una clase anidada, su nombre completo es *HighLowGUI.Applet*

y el archivo de clase que se produce cuando el código fuente se compila

6.7.7. Menús y Dialogos

YA HEMOS ENCONTRADO programas con muchos de los aspectos básicos de la programación GUI, pero los programas de uso profesional tienen muchas características adicionales. Vamos a cubrir algunas de las características avanzadas de programación GUI de Java en el Capítulo 12, pero en esta sección miramos brevemente en algunas de sus funciones más básicas que son esenciales para la escritura de programas GUI. Voy a discutir estas características en el contexto de un programa de "MosaicDraw"que se muestra en esta imagen:

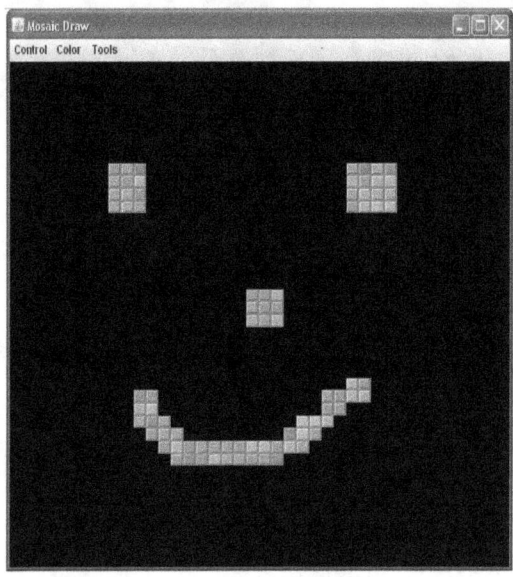

A medida que el usuario hace clic y arrastra el ratón en la gran área de dibujo de este programa, se deja una estela de pequeños cuadrados de colores. Hay algunas variaciones aleatorias en el color de los cuadrados. (Esto es para que la imagen parezca un poco más como un verdadero mosaico, la cual es una imagen hecha de pequeñas piedras de colores en los que habría alguna variación en el color natural.) Hay una barra de menú por encima del área de dibujo. El menú " Control "que contiene comandos para rellenar y limpiar el área de dibujo, junto con unas pocas opciones que afectan al aspecto de la imagen. El menú del "Color"le permite al usuario seleccionar el color que se utiliza cuando el usuario dibuja. El menú de "Herramientas.ªfecta el comportamiento del ratón. Usando la herramienta predeterminada de "Dibujo", el ratón deja un rastro de recuadros individuales. Usando la herramienta " Dibujar 3x3 ", el ratón deja una franja de cuadrados de colores que es de tres casillas de ancho. También se tiene las herramientas de " Borrar", que permiten al usuario configurar los recuadros a su color negro por defecto.

El área de dibujo del programa es un panel que pertenece a la clase *MosaicPanel*, una subclase de *JPanel* que esta definida en *MosaicPanel.java*.

MosaicPanel es de clase altamente reutilizable para la representación de los mosaicos de los rectángulos coloreados. No esta directamente soportado sobre la base del mosaico, pero soporta la configuración del color de cada recuadro individual. El Programa MosaicDraw instala un detector de ratón en el panel, el detector de ratón responde a eventos mousePressed y mouseDragged en el panel de configuración del color de la casilla que contiene el ratón.Este es un buen ejemplo de la aplicación de un oyente a un objeto para hacer algo que no fue programado en el objeto mismo.

La mayor parte de la programación de MosaicDraw se pueden encontrar en *MosaicDrawController.java*. (Podría haber ido dentro de la clase *MosaicPanel*, si yo no hubiera decidido utilizar esa clase pre-existente en forma no modificada.) Es la clase *MosaicDrawController* que crea un objeto *MosaicPanel* y añade un detector de ratón a la misma. También crea la barra de menú que se muestra en la parte superior del Programa y ejecuta todos los comandos en la barra de menú. Tiene un método instanciado `getMosaicPanel()` que devuelve una referencia al panel de mosaico que se ha creado, y tiene otro método instanciado `getMenuBar()` que devuelve una barra de menús del programa. Estos métodos se utilizan para obtener el panel de la barra de menú y para que puedan añadirse a un applet o un marco.

Para obtener una de programa que funcione, se necesita un objeto de Tipo *JApplet* o *JFrame*. Los archivos *MosaicDrawApplet.java* y *MosaicDrawFrame.java* definen las versiones del applet y del marco del programa. Estas clases son bastante simples, simplemente crear un objeto *MosaicDrawController* y utilizar su panel de mosaico y barra de menús. Les insto a estudiar estos archivos, a lo largo de *MosaicDrawController.java*. No voy a discutir todos los aspectos del código aquí, pero usted debería ser capaz de entenderlo todo después de leer esta sección. Al igual que para *MosaicPanel.java*, se utilizan algunas técnicas que no se entenderían en este momento, pero le animo a leer por lo menos los comentarios de este archivo para aprender acerca de la API para los paneles de mosaico.

6.7.8. Menús y Barras de Menú

MosaicDraw es el primer ejemplo que hemos visto que utiliza una barra de menús. Afortunadamente, los menús son muy fáciles de usar en Java. Los elementos de un menú están representados por la clase *JMenuItem* (esta clase y otras clases relacionadas con el menú están en el paquete `javax.swing`). Los elementos de menú se utilizan en casi exactamente del mismo modo que los botones. De hecho, *JMenuItem* y *JButton* son ambos subclases de una clase, *AbstractButton*, que define su comportamiento común. En particular, un *JMenuItem* se crea con un constructor que especifica el texto del elemento de menú, tal como:

```
JMenuItem fillCommand = new JmenuItem("Fill");
```

Puede adicionar un *ActionListener* a un *JMenuItem* llamando al método `addActionListener()` del elemento del menú. El método `actionPerformed()` del oyente de la acción es llamado cuando el usuario selecciona el elemento del menú. Usted puede cambiar el texto del elemento llamando a su método `setText(String)`, y puede activarlo y desactivarlo con el método `setEnabled(boolean)`. Todo esto funciona exactamente de la misma manera que para un *JButton*. La principal diferencia entre un elemento de menú y un botón, por supuesto, es que un elemento de menú debe aparecer en un menú en vez de en un panel. Un menú en Java es representado por la clase *JMenu*. Un *JMenu* tiene un nombre, que se especifica en el constructor, y tiene un método `add(JMenuItem)` que puede ser usado para adicionar un *JMenuItem* al menú. Así, el menú "Herramientas", en el programa MosaicDraw se podría crear de la siguiente manera, donde `listener` es un variable de tipo `ActionListener`:

```
JMenu toolsMenu = new JMenu("Herramientas"); // Crear un menú con el nombre "Herramientas"
JMenuItem drawCommand = new JMenuItem("Dibujar"); // Crea un elemento de menú.
```

6.7. DISPOSICIÓN BÁSICA

```
drawCommand.addActionListener(listener); // Añade un oyente a un elemento de menú.
toolsMenu.add(drawCommand); // Agrega un elemento de menú al menú de Herramientas.
JMenuItem eraseCommand = new JMenuItem("Borrar"); // Crea un elemento de menú.
eraseCommand.addActionListener(listener); // Añade un oyente a un elemento de menú.
toolsMenu.add(eraseCommand); // Agrega un elemento de menú al menú de Herramientas.
   .
   . // Crear y agregar otros elementos de menú.
   .
```

Una vez que el menú ha sido creado, se debe agregar a una barra de menús. Una barra de menú está representado por la clase *JMenuBar*. Una barra de menús es sólo un contenedor para los menús. No tiene un nombre, y su constructor no tiene parámetros. Tiene un método **add(JMenu)** que se puede utilizar para agregar menús a la barra de menú. Por ejemplo, el programa MosaicDraw utiliza tres menús, `controlMenu`, `colorMenu`, y `toolsMenu`. Se podría crear una barra de menús y añadir los menús a él con las declaraciones:

```
JMenuBar menuBar = new JMenuBar();
menuBar.add(controlMenu);
menuBar.add(colorMenu);
menuBar.add(toolsMenu);
```

El paso final en el uso de los menús es utilizar la barra de menús en un *JApplet* o *JFrame*. Ya hemos visto que un applet o marco tiene un "panel de contenido". La barra de menús es otro componente del applet o marco que no se encuentran dentro del panel de contenido. Tanto la clase *JApplet* y *JFrame* incluye un método instanciado **setMenuBar(JMenuBar)** que puede ser usado para fijar la barra de menús. (Sólo puede haber uno, por lo que este es un método "set", en vez de un método "add".) En el programa MosaicDraw, la barra de menú es creada por un objeto *MosaicDrawController* y se puede obtener llamando al método **getMenuBar()** del objeto. Aquí esta el código básico que se utiliza (en forma algo modificada) para configurar la interfaz tanto en el applet como en la versión del marcos del programa:

```
MosaicDrawController controller = new MosaicDrawController();
MosaicPanel content = controller.getMosaicPanel();
setContentPane( content ); // Utiliza el panel de control como panel de contenido.
JMenuBar menuBar = controller.getMenuBar();
setJMenuBar( menuBar ); // Utiliza la barra de menús desde el controlador.
```

El uso de los menues siempre sigue el mismo patrón general: Crear una barra de menús. Crear menús y añadirlos a la barra de menús. Crear elementos de menú y los agregar a los menús (y crea oyentes para manejar eventos de los elementos de menú). Utilice la barra de menú en un *JApplet* o *JFrame* llamando al método **setJMenuBar()** del applet o marco.

* * *

Hay otros tipos de elementos de menú, que se define por las subclases de *JMenuItem*, que se puede agregar a los menús. Uno de ellos es *JCheckBoxMenuItem*, que representa los elementos de menú que puede estar en uno de los dos estados, seleccionados o no seleccionados. Un *JCheckBoxMenuItem* tiene la misma funcionalidad y se utiliza de la misma manera como *JCheckBox* (Vea la Subsección 6.6.3).

Tres *JCheckBoxMenuItems* se utilizan en el menú de "Control "del programa MosaicDraw. Uno puede ser utilizado para activar y desactivar la variación de color al azar de los cuadrados. Otro activa y desactiva la función de la simetría, cuando la simetría esta activada, el dibujo del usuario se ve reflejada horizontalmente y verticalmente para producir un patrón simétrico. Y la tercera casilla de verificación muestra y oculta las "juntas.^{en} el mosaico; la junta es la línea gris que se dibujan alrededor de cada uno de los cuadritos en el mosaico. El elemento de menú que se corresponde con el "Uso aleatoriedad ", en el "Control"del menú puede ser configurado Con las declaraciones:

```
JMenuItem useRandomnessToggle = new JCheckBoxMenuItem("Usar Aleatoriedad");
useRandomnessToggle.addActionListener(listener); // Configura un oyente.
useRandomnessToggle.setSelected(true); // La aleatoriedad es activada inicialmente.
controlMenu.add(useRandomnessToggle); // Agregar el elemento de menú al menú.
```

El *JCheckBoxMenuItem* "Use Aleatoriedadçorresponde a una variable booleana de instanciada de nombre `useRandomness` en la clase *MosaicDrawController*. Esta variable forma parte del estado del objeto controlador. Su valor se prueba cada vez que el usuario dibuja uno de los recuadros, para decidir si desea o no añadir una variación aleatoria en el color del recuadro. Cuando el usuario selecciona el comando "Uso aleatorio"

en el menú, el estado del *JCheckBoxMenuItem* es revertido, de seleccionado a no-seleccionado o de no-seleccionado a seleccionado. El *ActionListener* del elemento de menú verifica si el elemento de menú ha sido seleccionao no, y cambia el valor de `useRandomness` para ajustarse. Tenga en cuenta que al seleccionar el comando de menú no tiene ningún efecto inmediato en la imagen que se muestra en la ventana. Sólo cambia el estado del Programa a fin de que las futuras operaciones de dibujo en la parte del usuario tendrá un efecto diferente. El "Usar Simetría .^{en} el menú "Control"funciona de la misma manera. La opcion de "Mostrar Juntas.^{es} un poco diferente. El seleccionar la opcion de "Mostrar Juntas"tiene un efecto immediato: La imagen se vuelve a dibujar con o sin las juntas, dependiendo del estado del elemento de menú.

Mi Programa utiliza una única *ActionListener* para responder a todos los elementos de menú en todos los menús. Esto no es un diseño especialmente bueno, pero es fácil de implementar para un pequeño programa como este. El método `actionPerformed()` del objeto oyente utiliza la instrucción

```
String comando = evt.getActionCommand();
```

Para obtener el comando de acción de la fuente del evento, lo que será el texto del elemento de menú. El oyente comprueba el valor de `comando` para determinar qué elemento de menú fue seleccionado por el usuario. Si el elemento del menú es un *JCheckBoxMenuItem*, el oyente debe comprobar el estado del elemento de menú. A continuación, elemento de menú es el origen del evento que se está procesando. El oyente puede poner sus manos sobre el objeto del elemento de menú llamando a `evt.getSource ()`. Dado que el valor de retorno de `getSource()` es un *Object*, el valor de retorno debe ser convertido al tipo correcto. Aquí, por ejemplo, esta el código que maneja el comando " Uso aleatorio":

```
if (command.equals("Uso Aleatorio")) {
/ / Establece el valor de useRandomness dependiendo del estado del elemento de menú.
JCheckBoxMenuItem toggle = (JCheckBoxMenuItem)evt.getSource();
useRandomness = toggle.isSelected();
}
```

* * *

Además de los elementos del menú, el menú puede contener las líneas que separan los elementos de menú en grupos. En el Programa MosaicDraw, el "Control"del menú contiene un separador. A *JMenu* tiene un método instanciado `addSeparator()` que se puede utilizar para

6.7. DISPOSICIÓN BÁSICA

agregar un separador al menú. Por Ejemplo, el separador en el "Control "del menú fue creado con la declaración:

`controlMenu.addSeparator();`

Un menú puede contener también un submenú. El nombre del submenú aparece como un elemento en el menú principal. Cuando el usuario mueve el ratón sobre el nombre del submenú, aparece el submenú. (No hay ningún ejemplo de esto en el Programa MosaicDraw) Es muy fácil de hacer esto en Java: Usted puede agregar un *JMenu* a otro *JMenu* mediante una instrucción como `mainMenu.add(submenu)`.

6.7.9. Diálogos

Uno de los comandos en el menú del " Color "del Programa MosaicDraw es "Color personalizado...". Cuando el usuario selecciona este comando, aparecerá una nueva ventana donde el usuario puede seleccionar un color. Esta ventana es un ejemplo de un ***dialogo*** o ***caja de dialog***. Un diálogo es un tipo de ventana que se utiliza generalmente para las interacciones cortas y sencilas con el usuario. Por ejemplo, un cuadro de diálogo se puede utilizar para mostrar un mensaje al usuario, para hacerle una pregunta al usuario, para permitir al usuario seleccionar un archivo para abrir, o para que el usuario seleccione un color. En Swing, un cuadro de diálogo está representado por un objeto que pertenece a la clase *JDialog* o a una subclase.

La clase *JDialog* es muy similar a un *JFrame* y se utiliza en la mayor parte de la misma manera. Al igual que un marco, es un cuadro de diálogo sin ventana. A diferencia de un marco, sin embargo, un diálogo no es totalmente independiente. Cada diálogo se asocia con un marco (o con otro cuadro de diálogo), al cual se le llama su ***ventana pariente***. El cuadro de diálogo depende de su padre. Por ejemplo, si el padre está cerrado, el cuadro de diálogo también estara cerrado. Es posible crear un cuadro de diálogo sin especificar uno de los padres, pero en ese caso un marco invisible ses creado por el sistema para servir como padre.

Los cuadros de diálogo puede ser ***modal*** o ***no modal***. Cuando un cuadro de diálogo modal se crea, su marco padre es bloqueado. Es decir, el usuario no será capaz de interactuar con los padres hasta que el cuadro de diálogo se cierre. Los cuadros de diálogo no modal no bloquean a sus padres en la misma forma, por lo que aparecen mucho más como ventanas independientes. En la práctica, los cuadros de diálogo modales son más fáciles de utilizar y son mucho más comunes que los cuadros de diálogo no modal. Todos los ejemplos que veremos son modales.

Aparte de tener un padre, un *JDialog* se pueden crear y utilizar de la misma manera como *JFrame*. Sin embargo, no voy a dar Aquí ejemplos del uso de *JDialog* directamente. Swing tiene muchos métodos conveniente para la creación de muchos tipos de cuadros de diálogo comunes. Por Ejemplo, el diálogo de selección de colores que aparece cuando el usuario selecciona el "Color personalizado.[en] el comando del programa MosaicDraw pertenece a la clase *JColorChooser*, que es subclase de *JDialog*. La clase *JColorChooser* tiene un método estático que hace muy fácil de usar a los dialogos de eleccion de color:

```
Color JColorChooser.showDialog(Component parentComp,
        String title, Color initialColor)
```

Cuando se llama a este método, aparece un cuadro de diálogo que permite al usuario seleccionar un color. El primer parámetro especifica el la ventana principal del diálogo, la ventana principal del diálogo será la ventana (si existe) que contiene `parentComp`; este parámetro puede ser `nulo` y puede ser en si mismo un marco o un objeto diálogo. El segundo parámetro es una cadena de caracteres que aparece en la barra de título del cuadro de diálogo. Y el tercer parámetro, `initialColor`, especifica el color que se selecciona cuando el diálogo de selección de color aparece por primera vez. El diálogo tiene un Interfaz sofisticado que permite al usuario cambiar el color seleccionado. Cuando el usuario presiona un boton " OK ", el cuadro de diálogo se cierra y el color seleccionado se devuelve como el valor del método. El usuario también puede hacer clic en un boton de "Cancelar.º cerrar el cuadro de diálogo de alguna otra manera, en cuyo caso, se devuelve **nulo** como el valor del método. Al utilizar este diálogo selector de color predefinido, usted puede escribir una sola línea de código que le permitirá al usuario seleccionar un color arbitrario. Swing también tiene una clase *JFileChooser* que hace que sea casi tan fácil de mostrar un cuadro de diálogo que le permite al usuario seleccionar un archivo para abrir o guardar.

La clase *JOptionPane* incluye una variedad de métodos para hacer simples cuadros de diálogo que son variaciones de tres tipos básicos: diálogo de " un mensaje ", un diálogo de " confirmar", y un diálogo de "entrada". (Las variaciones permiten proporcionar un título para el cuadro de diálogo para especificar el icono que aparece en el cuadro de diálogo, y para agregar otros componentes para el cuadro de diálogo. Yo sólo cubrire Aquí las formas más básicas.) La versión en línea de esta sección incluye un applet que muestra al *JOptionPane* al igual que al *JColorChooser*.

Un diálogo de mensaje, simplemente muestra una cadena de caracteres con un mensaje al usuario. El usuario (con suerte) lee el mensaje y descarta el cuadro de diálogo haciendo clic en el boton "OK ". Un diálogo de mensaje se puede mostrar mediante una llamada al método estático:

`void JOptionPane.showMessageDialog(Component parentComp, String message)`

El mensaje puede tener más de una línea larga. Las líneas en el mensaje deben estar separadas por caracteres de nueva línea, `\n`. Las nuevas líneas no se insertará de forma automática, incluso si el mensaje es muy largo.

Se muestra un diálogo de entrada una pregunta o petición y permite que el usuario escriba una cadena de caracteres como una respuesta. Puede mostrar un cuadro de diálogo de entrada llamando al:

`String JOptionPane.showInputDialog(Component parentComp, String question)`

Una vez más, la pregunta puede incluir caracteres de nueva línea. El cuadro de diálogo contiene un cuadro de entrada, un boton " OK ", y un boton " Cancelar". Si el usuario hace clic en " Cancelar ", o se cierra el cuadro de diálogo de alguna otra manera, entonces el valor de retorno del método es **nula**. Si el usuario hace clic en el boton "OK ", entonces el valor de retorno es la cadena de caracteres que fue introducida por el usuario. Tenga en cuenta que el valor de retorno puede ser una cadena vacía (que no es lo mismo que un valor textttnulo), si el usuario hace clic en " OK "sin escribir nada en el cuadro de entrada. Si desea utilizar un cuadro de diálogo de entrada para obtener un valor numérico del usuario, tendrá que convertir el valor de retorno en un número; Vea la Subsección 3.7.2.

Finalmente, un diálogo de confirmación presenta una pregunta y tres botones de respuesta: "Si", "No", y "Cancelar". Un diálogo de confirmación se puede mostrar, llamando al:

`int JOptionPane.showConfirmDialog(Component parentComp, String question)`

El valor devuelto le da la respuesta del usuario. Es una de las siguientes constantes:

- `JOptionPane.YES_OPTION` — el usuario hizo clic en el boton " Sí "
- `JOptionPane.NO_OPTION` — el usuario hace clic en el botón " No"
- `JOptionPane.CANCEL_OPTION` — el usuario hace clic en el botón "Cancelar"
- `JOptionPane.CLOSE_OPTION` — el cuadro de diálogo se cerró en alguna otra forma.

Por cierto, es posible omitir el botón Cancelar de un diálogo de confirmación llamando a uno de los otros métodos en la clase `JOptionPane`. sólo llame al:

6.7. DISPOSICIÓN BÁSICA

```
JOptionPane.showConfirmDialog(
        parent, question, title, JOptionPane.YES_NO_OPTION )}
```

El parámetro final es una constante que especifica que sólo un " Sí z un " No"debe ser utilizado. El tercer parámetro es una cadena de caracteres que se mostrará como el título de la ventana de cuadro de diálogo.

Si desea ver cómo los diálogos se crean y utilizan en el applet de ejemplo, puede encontrar el código fuente en el archivo *SimpleDialogDemo.java*.

6.7.10. Puntos Importantes de los Marcos

En las secciones anteriores, cada vez que utilizo un marco, he creado un objeto *JFrame* en una rutina `main()` e instale un panel como el panel de contenido de dicho marco. Esto funciona bien, pero un enfoque más orientado a objetos es definir una subclase de *JFrame* y para configurar el contenido del marco en el constructor de esa clase. Esto es lo que hizo en el caso del programa MosaicDraw. *MosaicDrawFrame* se define como una subclase de *JFrame*. La definición de esta clase es muy corta, pero ilustra varias características nuevos marcos que quiero discutir:

```
public class MosaicDrawFrame extends JFrame {
public static void main(String[] args) {
JFrame window = new MosaicDrawFrame();
window.setDefaultCloseOperation(JFrame.EXIT\_ON\_CLOSE);
window.setVisible(true);
}
public MosaicDrawFrame() {
super("Mosaic Draw");
MosaicDrawController controller = new MosaicDrawController();
setContentPane( controller.getMosaicPanel() );
setJMenuBar( controller.getMenuBar() );
pack();
Dimension screensize = Toolkit.getDefaultToolkit().getScreenSize();
setLocation( (screensize.width - getWidth())/2,
(screensize.height - getHeight())/2 );
}
}
```

El constructor de esta clase comienza con la declaración `super("Mosaic Draw")`, que llama al constructor de la superclase, *JFrame*. El parámetro especifica un título que aparecerá en la barra de título de la ventana. Las siguientes tres líneas del constructor configuran el contenido de la ventana; un *MosaicDrawController* es creado, y y el panel de contenido y la barra de menús de la ventana se obtienen desde el controlador. La siguiente línea es algo nuevo. Si `window` es una variable de tipo *JFrame* (o *JDialog*), entonces la declaración `window.pack()` se cambiar el tamaño de la ventana para que su tamaño coincida con el tamaño preferido de su contenido. (En este caso, por supuesto, "`pack()`.es equivalente a "`this.pack()`"; es decir, se refiere a la ventana que está siendo creado por el constructor.) El método `pack()` es generalmente la mejor manera para establecer el tamaño de una ventana. Tenga en cuenta que sólo funcionará correctamente si todos los componentes de la ventana tiene un tamaño preferido correcto. Este es sólo un problema en dos casos: cuando un panel se utiliza como superficie de dibujo y cuando se utiliza un panel como un contenedor con administrador de disposicion `null`. En ambos casos no hay manera de que el sistema para determinar el tamaño preferido correcto automáticamente, y usted debe establecer un tamaño preferido a mano. Por ejemplo:

```
panel.setPreferredSize( new Dimension(400, 250) );
```

Las dos últimas líneas del constructor posicionan de la ventana para que este exactamente centrada en la pantalla. La línea
```
Dimension screensize = Toolkit.getDefaultToolkit().getScreenSize();
```
determina el tamaño de la pantalla. El tamaño de la pantalla es `screensize.width`
píxeles en la dirección horizontal y `screensize.height` píxeles en la dirección vertical. El método `setLocation()` del marco establece la posición de la esquina superior izquierda de la imagen en la pantalla. La expresion "`screensize.width { getWidth()`.[es] la cantidad de espacio horizontal a la izquierda en la pantalla después de restar la anchura de la ventana. Este se divide por 2, de modo que la mitad del espacio vacío será a la izquierda de la ventana, dejando la otra mitad del espacio a la derecha de la ventana. Del mismo modo, la mitad del espacio vertical adicional está por encima de la ventana, la mitad y está por debajo.

Tenga en cuenta que el constructor ha creado la ventana y fija su posición y tamaño, pero que al final del constructor, la ventana no está visible en la pantalla. (Más exactamente, el constructor ha creado la ventana *objeto*, pero la representación visual de ese objeto en la pantalla no se ha creado todavía.) Para mostrar la ventana en la pantalla, será necesario llamar a su método instanciado, `window.setVisible(true)`.

Además del constructor, la clase *MosaicDrawFrame* incluye una rutina `main()`. Esto hace posible ejecutar *MosaicDrawFrame* como una aplicación independiente. (La rutina `main()`, como un método **estático**, no tiene nada que ver con la función de un objeto *MosaicDrawFrame*, y puede (y quizá debería) estar en una clase aparte.) La rutina `main()` crea un *MosaicDrawFrame* y la hace visible en la pantalla. También se pide
```
window.setDefaultCloseOperation(JFrame.EXIT_ON_CLOSE);
```
lo que significa que el Programa terminará cuando el usuario cierra la ventana. Tenga en cuenta que esto no se hace en el constructor, ya que al hacer esto se haria a *MosaicDrawFrame* menos flexible. Sería posible, por ejemplo, escribir un programa que le permita al usuario abrir múltiples ventanas MosaicDraw. En ese caso, no queremos poner fin al programa sólo porque el usuario ha cerrado *una* de las ventanas. Además, es posible que un applet cree un marco, que se abrirá en una ventana independiente en la pantalla. A un applet no se la permite que "Termine el Programa"(y ni siquiera es claro lo que debe significar en el caso de un applet), y tratar de hacerlo producirá una excepción. Hay otros valores posibles para la operación de cierre por defecto de una ventana:

- `JFrame.DO_NOTHING_ON_CLOSE` — los intentos del usuario para cerrar la ventana haciendo clic en su cuadro de cierre serán ignorados.

- `JFrame.HIDE_ON_CLOSE` — cuando el usuario hace clic en su cuadro de cierre, la ventana se oculta como si `window.setVisible(false)` fuera falso. La ventana se puede hacer visible de nuevo llamando al `window.setVisible(true)`. Este es el valor que se utiliza si no se especifica otro valor llamando a `setDefaultCloseOperation`.

- `JFrame.DISPOSE_ON_CLOSE` — se cierra la ventana y los recursos del sistema operativo utilizado por la ventana se liberan. No es posible hacer la ventana visible de nuevo. (Esta es la forma correcta para conseguir deshacerse permanentemente de una ventana sin finalizar el programa. Se puede lograr lo mismo mediante una llamada al método instanciado `window.dispose()`.)

He escrito una versión applet del programa MosaicDraw que aparece en una página Web como un sólo botón. Cuando el usuario hace clic en el botón, el applet abre un *MosaicDrawFrame*. En este caso, el applet establece la operación de cierre por defecto de la ventana para `JFrame.DISPOSE_ON_CLOS`. Puedes probar el applet en la versión en línea de esta sección.

El archivo *MosaicDrawLauncherApplet.java* contiene el código fuente para el applet. Un punto interesante en el applet es que el texto del botón cambia dependiendo de si la ventana está abierta o no. Si no hay ninguna ventana, el texto dice: " Iniciar MosaicDraw ". Cuando la ventana está abierta, se convierte en " CloseMosaicDraw", y al hacer clic en el botón se cerrara la ventana. El cambio se lleva a cabo conectando a *WindowListener* a la ventana. El oyente responde a *WindowEvents* que se generan cuando la ventana se abre y se cierra. Aunque no voy a hablar sobre temas de ventana más Aquí, usted puede mirar el código fuente para un ejemplo de cómo pueden ser utilizados.

6.7.11. Creación de Archivos Jar

Como el tema final de este capítulo, veremos de nuevo los archivos jar. Recuerde que un archivo jar es un "archivo java" que puede contener un número de archivos de clases. Cuando se crea un programa que utiliza más de una clase, por lo general es una buena idea colocar todas las clases que son requeridas por el programa en un jar, a partir de ese momento, un usuario sólo necesita un archivo para ejecutar el programa. La Subsection 6.2.4 explica cómo un archivo jar se puede utilizar para un applet. Los archivos Jar también se puede utilizar para aplicaciones que se ejecuten de manera independiente. De hecho, es posible hacer un llamado **archivo jar ejecutable**. Un usuario puede ejecutar un archivo jar ejecutable en la misma manera como cualquier otra aplicacion, por lo general haciendo doble clic en el icono del archivo jar. (El ordenador del usuario debe tener una versión correcta de Java instalada, y el equipo debe estar configurado correctamente para que esto funcione. La configuración se realiza generalmente de forma automática cuando se ha instalado Java, por lo menos en Windows y Mac OS.)

La pregunta, entonces, es cómo crear un archivo jar. La respuesta depende del entorno de programación que está utilizando. Los dos tipos básicos de entorno de programación — de línea de comandos e IDE — se discutieron en la sección 2.6. Cualquier IDE (Ambiente Integrado de Programación) para Java deben tener un comando para crear archivos jar. En el IDE de Eclipse, por ejemplo, se hace de la siguiente manera: En el panel del explorador de paquete, seleccione el proyecto de programación (o simplemente todos los archivos individuales de código fuente que necesita). Haga clic en la selección, y escoja "Exportar .en el menú que aparece. En la ventana que aparece, seleccionar el archivo "Jar≥ haga clic en "Siguiente". En la ventana que aparece a continuación, escriba un nombre para el archivo jar en la casilla "archivo Jar ". (Haga clic en el botón " Examinar.ªl lado de este cuadro para seleccionar el nombre de archivo mediante un cuadro de diálogo de archivo.) El nombre del archivo debe terminar con ".Jar". Si va a crear un archivo jar regular, no un un archivo ejecutable, puede oprimir la tecla " Finalizar .ªⁿ este punto, y el archivo jar se creará. Usted puede hacer esto por ejemplo, si el archivo jar contiene un applet, pero no de programa principal. Para crear un archivo ejecutable, prsione el boton "Siguiente" *dos veces* para obtener la ventana de la "Especificacion del Manifiesto Jar ". En la parte inferior de esta pantalla hay un cuadro de entrada etiquetada "Clase principal ". Tienes que introducir el nombre de la clase que contiene la rutina `main()` que se ejecutará cuando el archivo jar se ejecuta. Si pulse el botón "Navegar.ªl lado de la caja de "Ventana Principal", puede seleccionar la clase de una lista de clases que contienen rutinas `main()`. Una vez que haya seleccionado la clase principal, puede hacer clic en "Finalizar" para crear el archivo jar ejecutable.

También es posible crear archivos jar en la línea de comandos. El Kit de Desarrollo de Java incluye un programa de línea de comandos con nombre `jar` que se puede utilizar para crear archivos jar. Si todas sus clases en el paquete por defecto (como los ejemplos de este libro), entonces el comando `jar` es fácil de usar. Para crear un archivo jar no ejecutable en la línea de comandos, cambie al directorio que contiene los archivos de clase que desea incluir en el jar. A continuación, introduzca el comando

`jar cf JarFileName.jar *.class`

donde `JarFileName` puede ser cualquier nombre que desee utilizar para el archivo jar. El "`*`.en el "`*.class`.es un comodín que hace que `*.class` se ajuste a cada archivo de clase en el directorio actual. Esto significa que todos los archivos de clase en el directorio se incluirá en el archivo jar. Si desea incluir sólo los archivos de cierto tipo, puede nombrarlos individualmente, separados por espacios. (Las cosas se complican más si su clases no están en el paquete por defecto. En ese caso, los archivos de clase debe estar en subdirectorios del directorio en el que se ejecuta el archivo jar. Vea la Subsección 2.6.4.)

Hacer un archivo jar ejecutable en la línea de comandos es poco más complicado. Tiene que haber alguna manera de especificar qué clase contiene la rutina `main()`. Esto se hace mediante la creación de un ***archivo de manifiesto***. El archivo de manifiesto puede ser un archivo de texto plano que contiene una sola línea de la forma

`Main-Class: ClassName`

donde `ClassName` debe ser reemplazado por el nombre de la clase que contiene la rutina `main()`. Por ejemplo, si la rutina `main()` está en la clase *MosaicDrawFrame*, a continuación, el archivo de manifiesto se leerá "`Main-Class: MosaicDrawFrame`". Puede dar al archivo de manifiesto el nombre que desee. Pongalo en el mismo directorio dónde se emitirá el comando `jar`, y use un comando de la forma

`jar cmf ManifestFileName JarFileName.jar *.class`

para crear el archivo jar. (El comando `jar` es capaz de realizar una variedad de operaciones diferentes. El primer parámetro en el comando, como "`cf`.º "`cmf`", le dice que operación realizar.)

Por cierto, si usted ha creado correctamente un archivo jar ejecutable, puede ejecutarlo por la línea de comandos mediante el comando "`java.jar`". Por ejemplo:

`java -jar JarFileName.jar`

Ejercicios para el Capítulo 6

1. En el ejemplo *SimpleStamperPanel* de la Subsection 6.4.2, un rectángulo o un óvalo se dibuja en el panel cuando el usuario hace clic en el ratón, excepto que cuando el usuario hace clic y presiona la tecla shift, en ese caso el panel es limpiado. Modifique esta clase de modo que la versión modificada seguirá dibujando figuras a medida que el usuario arrastra el ratón. Es decir, el ratón deja una estela de figuras a medida que el usuario arrastra el ratón. Sin embargo, si el usuario hace clic mientras presiona la tecla shift, el panel simplemente se borra y ningunas otras figuras deben ser elaboradas, incluso si el usuario arrastra el ratón después de haber presionado shift. Utilice el panel o en un applet o en una aplicacion independiente (o ambos). Aquí esta una imagen de mi solución:

    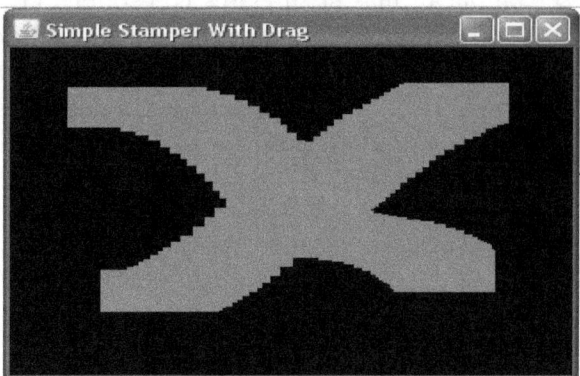

    El código fuente de la clase del panel original is *SimpleStamperPanel.java*. Un applet que utiliza esta clase se puede encontrar en *SimpleStamperApplet.java*, y un programa principal que utiliza el panel en un marco esta en *SimpleStamper.java*. Véase la discusión de arrastre en la Subsección 6.4.4. (Tenga en cuenta que en la versión original, me ha hecho un contorno negro alrededor de cada forma. En la versión modificada, decidí que sería mejor un contorno gris en su lugar para dibujar.)

2. Escribe un panel que muestra un pequeño cuadro rojo y un cuadrado azul pequeño. El usuario debe ser capaz de arrastrar cualquiera de los cuadrados con el ratón. (Necesitará una variable instanciada para recordar cual de los cuadros está arrastrando el usuario.) El usuario puede arrastrar el recuadro fuera del applet si quiere, y si lo hace, se desaparece. Utilice el panel en un applet o una aplicacion independiente.

3. Escribe un panel que muestra un par de dados. Cuando el usuario hace clic en el panel, los dados deben rodar (es decir, se deben asignar nuevos valores a los dados calculandolos al azar). Cada dado debe ser dibujado como una muestra de cuadrados de 1 a 6 puntos. Puesto que usted tiene que sacar dos dados, es una buena idea escribir una subrutina, "`void drawDie(Graphics g, int val, int x, int y)`", para dibujar un dado en el tamaño especificado el las coordenadas (`x,y`). El segundo parámetro, `val`, especifica el valor que se muestra en el dado. Suponga que el tamaño del panel es de 100 por 100 píxeles. También escriba un applet que utiliza el panel como su panel de contenido. Aquí esta una imagen del applet:

4. En el Ejercicio 6.3, usted escribió un panel de un par de dados donde se lanzan los dados cuando el usuario hace clic en el panel. Ahora haga un programa de par de dados en el que el usuario lanza el dado al hacer clic en un botón. El botón debe aparecer en el panel que muestra los dados. También realice el cambio siguiente: Cuando se lanzan los dados, en vez de mostrar el nuevo valor, muestran un corto de animación durante el cual los valores de los dados se cambian en cada marco. Con la animación se supone que los dados parecen más en realidad están rodando. Escriba su programa como una aplicacion independiente.

5. En el Ejercicio 3.6, usted dibujó un tablero de ajedrez. Para este ejercicio, escriba un applet de tablero de ajedrez donde el usuario pueda seleccionar una plaza haciendo clic en él. Ilumine la plaza seleccionados por sorteo un borde de color alrededor de ella. Cuando el applet se crea por primera vez, no se selecciona cuadrados. Cuando el usuario hace clic en una casilla que no está seleccionada, se convierte en seleccionado. Si el usuario hace clic en el cuadro que se selecciona, se convierte en no seleccionado. Suponga que el tamaño del applet es exactamente 160 por 160 píxeles, de modo que cada cuadrado en el tablero es de 20 por 20 píxeles.

6. Para este ejercicio, se debe modificar el juego SubKiller la Subsección 6.5.4. Usted puede comenzar Con el código fuente existente, del archivo *SubKillerPanel.java*. Modificar el juego para que mantenga un registro del número de aciertos y fallas y muestre estas cantidades. Es decir, cada vez que las cargas de profundidad golpeen el submarino, el número de aciertos aumenta en uno. Cada vez que la carga de profundidad cae de la parte inferior de la pantalla sin tocar el submarino, el número de fallos aumenta en uno. Hay espacio en la parte superior del panel para mostrar estos números. Para hacer este ejercicio, es suficiente con añadir una media docena de líneas al código fuente. Pero hay que entender lo que son y dónde agregarlos. Para ello, tendrás que leer el código fuente detalladamente para entender cómo funciona.

7. El Ejercicio 5.2 forma parte de una clase, *StatCalc.java*, que podrían calcular algunas estadísticas de un conjunto de números. Escriba un Programa que utiliza la clase *StatCalc* para calcular y mostrar estadísticas de números introducidos por el usuario. El panel Tendrá una variable instancia de tipo *StatCalc* que hace los cálculos. El panel debería incluir una *JTextField* donde el usuario introduzca un número. Se debe tener cuatro etiquetas que muestran las cuatro estadísticas de los números que se han introducido: la cantidad de números, la suma, la media y la desviación estándar. Cada vez que el usuario introduce un número nuevo, las estadísticas que aparecen en las etiquetas debe cambiar. El usuario introduce un número, escribiendo en el *JTextField* y presionanado la tecla de introduccion. debería haber un boton de "Limpiar" que borra todos los datos. Esto significa la creación de un nuevo objeto *StatCalc* y restableciendo la muestra en las etiquetas. Mi grupo también tiene un boton de "Introduccion" que hace lo mismo que presionar la tecla de introduccion en el *JTextField*.

(Recordemos que un *JTextField* genera un *ActionEvent* cuando el usuario pulsa la tecla retorno, por lo que el panel debe registrarse para escuchar *ActionEvents* desde el *JTextField*.) Escriba su grograma como una aplicacion independiente. Aquí esta una imagen de mi solución a este problema:

8. Escriba un panel con un *JTextArea* donde el usuario puede introducir un texto. El panel debe tener un botón. Cuando el usuario hace clic en el botón, el panel debe contar el número de líneas en la entrada del usuario, el número de palabras en la entrada del usuario, y el

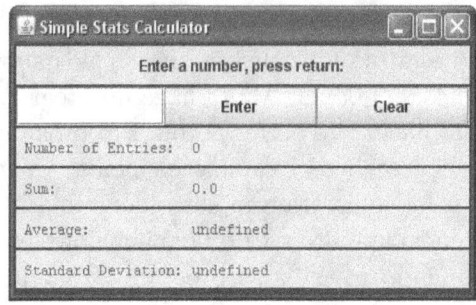

número de caracteres en la entrada del usuario. Esta información debe aparecer en tres etiquetas en el panel. Recordemos que si `textInput` es un *JTextArea*, entonces se puede obtener el contenido del *JTextArea* llamando a la función `textInput.getText()`. Esta función retorna una *Cadena de caracteres* que contiene todo el texto del área de texto. El número de caracteres es la longitud de esta *Cadena de caracteres*. Las líneas en la *Cadena de caracteres* están separados por el carácter de nueva línea, '`\n`', por lo que el número de líneas es sólo el número de caracteres de nueva línea en la *Cadena de caracteres*, más uno. Las palabras son un poco más difícil de contar. El ejercicio 3.4

tiene algunos consejos sobre la búsqueda de las palabras en una *Cadena de caracteres*. Esencialmente, usted desea contar el número de caracteres que son las primeras letras en las palabras. No se olvide de poner su *JTextArea* en un *JScrollPane*, y añadir el panel de desplazamiento al contenedor, no al área de texto. Las barras de desplazamiento deben aparecer cuando el usuario escribe más texto del que cabe en la superficie disponible. Aquí esta la imagen de mi solución:

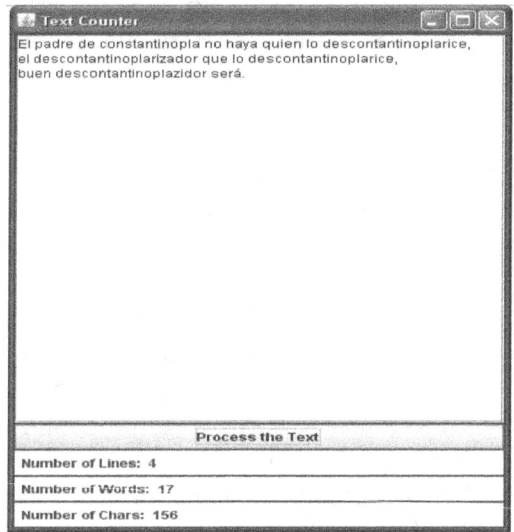

9. Escriba un Programa de Blackjack que la permita al usuario jugar a un juego de Blackjack, con la computadora como el repartidor. El applet debe pedirle cartas a los usuarios y las tarjetas del repartidor, al igual que se hizo para el juego de tarjeta gráfica HighLow en la Subsección 6.7.6. Usted puede utilizar el código fuente de ese partido, *HighLowGUI.java*, para tener algunas ideas acerca de cómo escribir su juego de Blackjack. Las estructuras del panel HighLow y el panel de Blackjack son muy similares. Seguro que desea utilizar el método `drawCard()` del programa HighLow.

Puede encontrar una descripción del juego de Blackjack en el Ejercicio 5.5. Añada la siguiente regla a esa descripción: Si un jugador tiene cinco cartas sin pasarse de 21, ese jugador gana inmediatamente. Esta regla se utiliza en algunos casinos. Para el Programa, esto significa que usted sólo tiene que dejar espacio para cinco cartas. Usted debe asumir que el panel es lo suficientemente ancho para mostrar el resultado de cinco cartas, y que es lo suficientemente alto como mostrar el resultado de la mano del usuario y la mano del repartidor.

Tenga en cuenta que el diseño de un GUI del juego Blackjack es muy diferente de la concepción del programa orientado a texto que escribió para el Ejercicio 5.5. El usuario debe jugar el juego haciendo clic en los botones "Introducir¿ "Mantener". Debe haber un botón "Nuevo Juego"que se pueda utilizar para iniciar otro juego después de que un juego se termina. Usted tiene que decidir lo que sucede cuando cada uno de estos botones es presionado. No tiene muchas posibilidades de obtener este derecho a no ser que piense en términos de los estados que el juego puede tener y cómo el estado puede cambiar.

Su programa tendrá la clases que se definen en *Card.java*, *Hand.java*, *Deck.java*, y *BlackjackHand.java*.

10. En el juego de Blackjack del Ejercicio 6.9, el usuario puede hacer clic en los botones "Introducir", "Mantener", y " Nuevo Juegoïncluso cuando no tiene sentido hacerlo. Sería mejor si los botones fueran inhabilitados en los momentos adecuados. El botón "Nuevo Juego"debe ser desactivado cuando hay un juego en progreso. Los botones "Introducir¿ "Mantener"se desactivan cuando no hay un juego en progreso. La variable instanciada `gameInProgress` dice si un juego está en marcha, por lo que sólo tiene que asegurarse de que los botones estén debidamente habilitados e inhabilitados siempre que el valor de la variable cambia. Le recomiendo escribir una subrutina que se pueda llamar cuando sea necesario para establecer el valor de la variable textttgameInProgress. Entonces, las subrutinas pueden asumir la responsabilidad de habilitar y deshabilitar los botones. Recordemos que si `bttn` es un variable de tipo `JButton`, entonces `bttn.setEnabled(false)` desactiva el botón y `bttn.setEnabled(true)` activa el botón.

Como un segundo (y más difícil) mejora, haga que le sea posible al usuario realizar apuestas en el juego de Blackjack. Cuando el applet inicia, dele al usuario $100. Adicione un *JTextField* a la tira de los controles en la parte inferior del applet. El usuario puede introducir la apuesta en este *JTextField*. Cuando el juego comienza, verificar la cantidad de la apuesta. Usted debe hacer esto cuando el juego comienza, no cuando se termina, porque pueden ocurrir varios errores: El contenido de la *JTextField* no puede ser un número legal. La apuesta que los usuario colocan podría ser más dinero del que el usuario tiene, o podría ser ¡= 0. Usted debe detectar estos errores y mostrar un mensaje de error en lugar de iniciar el juego. La apuesta del usuario debe ser un número entero de unidades monetarias.

Sería una buena idea hacer el *JTextField* no editable mientras el juego está en curso. Si `betInput` es el *JTextField*, usted puede hacer que sea editable y no editable por el usuario con los comandos `betInput.setEditable(true)` y `betInput.setEditable(false)`.

En el método `paintComponent()`, debe incluir comandos para mostrar la cantidad de dinero que el usuario ha dejado. No hay otra cosa en qué pensar: Idealmente, el applet no debe comenzar un nuevo juego cuando se crea por primera vez. El usuario debe tener la oportunidad de establecer una cantidad de la apuesta antes de que comience el partido. Así, en el constructor para la clase de superficie de dibujo, no debe llamar a `doNewGame()`. Es posible que desee mostrar un mensaje como "Bienvenido al Blackjack .ªntes de que comience el primer partido. Aquí hay una imagen del programa.:

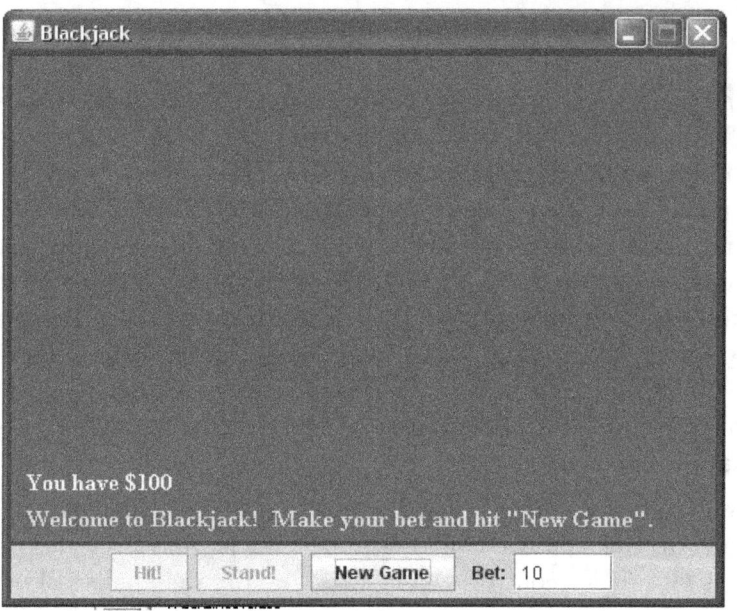

Prueba del Capítulo 6

1. Los programas escritos para una Interfaz gráfica de usuario tiene que resolver "eventos". Explicar qué se entiende por el término *evento*. De al menos dos ejemplos diferentes de los eventos, y discuta cómo un programa puede responder a esos eventos.

2. Explique cuidadosamente lo que es el método `repaint()`.

3. Que es HTML?

4. Java tiene una clase normalizada llamada *JPanel*. Discuta **dos** manera en las cuales los JPanels pueden ser usados.

5. Dibuja la imagen que será producida por el siguiente método `paintComponent()`:

    ```
    public static void paintComponent(Graphics g) {
            super.paintComponent(g);
            for (int i=10; i <= 210; i = i + 50)
                    for (int j = 10; j <= 210; j = j + 50)
                                    g.drawLine(i,10,j,60);
    }
    ```

6. Supongamos que desea un panel que muestra un cuadrado verde dentro de un círculo rojo, como se ilustra. Escriba un método `paintComponent()` para la clase panel que dibujará la imagen.

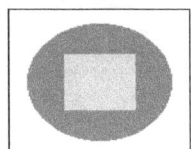

7. Java tiene una clase normalizada llamada *MouseEvent*. ¿Cuál es el propósito de esta clase? ¿Qué hace un objeto de tipo *MouseEvent*?

8. Una de las principales clases de Swing es la clase *JComponent*. ¿Qué se entiende por un componente? ¿Puede dar algunos ejemplos?

9. Cual es la función de un *LayoutManager* en Java?

10. ¿Qué tipo de administracion de distribución se utiliza para cada uno de los tres grupos en la siguiente ilustración de la Sección 6.7?

11. Explique como los *Timers* son usados para hacer animaciones.

12. Que es un *JCheckBox* y como se usa?

Hay tres paneles mostrados en colores,
que continen otros seis componetes, los cuales
Son mostrados en griz.

Capítulo 7

Arreglos

LAS COMPUTADORAS OBTIENEN MUCHO DE SU PODER al trabajar con ***estructuras de datos***. Una estructura de datos es una colección organizada de datos relacionados. Un objeto es una estructura de datos, pero este tipo de estructura de datos — que consiste en un número bastante reducido de la instancia con nombre variables — es sólo el comienzo. En muchos casos, los programadores construyen estructuras de datos complejos a mano, por medio de la vinculación de objetos. Veremos estas estructuras de datos hecha a la medida en el Capítulo 9. Pero hay un tipo de estructura de datos que es tan importante y básico que esta incorporado en todos los lenguaje de programación: el arreglo.

Un ***arreglo*** es una estructura de datos que consiste en una lista numerada de temas, , donde todos los elementos son del mismo tipo. En Java, los elementos de arreglo siempre se numeran desde cero hasta un valor máximo, que se establece cuando el Arreglo se ha creado. Por ejemplo, el arreglo podría contener 100 números enteros, númerados de cero a 99. Los elementos de un arreglo pueden pertenecer a uno de los tipos primitivos de Java. También pueden ser referencias a objetos, de esa manera usted podría, por ejemplo, hacer un arreglo que contenga todos los botones en un programa GUI..

Este capítulo discute cómo los arreglso son creados y utilizados en Java. También cubre la clase estándar `java.util.ArrayList`. Un objeto de tipo *ArrayList* es muy similar a un arreglo de *objetos*, pero puede aumentar para mantener cualquier numero de elementos.

7.1. Creando y Usando Arreglos

CUANDO UN NUMERO DE ELEMENTOS DE DATOS son organizadas en una unidad, el resultado es una ***estructura de datos***. Las estructuras de datos pueden ser muy complejas, pero en muchas aplicaciones, las estructura de datos apropiadas consisten simplemente de una secuencia de elementos de datos. Las estructuras de datos de esta variedad simple puede ser tanto ***arreglos*** o ***registros***.

El termino "registro"no es usado en Java. Un registro es esencialmente lo mismo que un objeto Java que solo tiene variables instanciadas, pero no metodos instanciados. Hay algunos otros lenguajes, los cuales no soportan objetos en general, sin embargo soportan registros. El lenguaje de programación C, por ejemplo, no es orientado a objeto, pero tiene registros, los cuales tienen el nombre "struct..[en] C. Los elementos de datos en un registro—en Java, las variables instanciadas de un objeto—son llamados los ***campos*** del registro. Cada elemento es referido usando un ***nombre de campo***. En Java, los nombres del campo son los nombres de las variables instanciadas. Las caracteristicas distintivas de un registro son que los elementos de datos en el registro estan referidos por el nombre y que los a diferentes campos en un registro se les permite ser de diferentes tipos. Por ejemplo, si la clase *Person* es definida como:

```
class Person {
   String name;
   int id_number;
   Date birthday;
   int age;
}
```

entonces un objeto de clase *Person* podria ser considerado como si fuera un registro con cuatro campos. Los nombres de los campo son `name`, `id_number`, `birthday`, y `age`. Note que los campos son de varios tipos: *String*, **int**, y *Date*.

Debido a que los registros son un tipo especial de objeto, no voy a hablar más de ellos.

7.1.1. Arreglos

Al igual que un registro, un arreglo es una secuencia de elementos. Sin embargo, donde los elementos en un registro son referidos por su **nombre** , los elementos en un arreglo son numerados, y los elementos individuales son referidos por su **numero de posicion**. Por otra parte, todos los elementos en un arreglo deben ser del mismo tipo. La definicion de un arreglo es: una secuencia numerada de elementos, los cuales son todos del mismo tipo. El numero de elementos en un arreglo es llamado la ***longitud*** del arreglo. El numero de la posicion de un elemento en un arreglo es llamado el *indice* de ese elemento. El tipo de los elementos individuales en un arreglo es llamado el ***tipo base*** del arreglo.

El tipo base de un arreglo puede ser cualquier tipo de Java, es decir, uno de los tipos primitivos, o un nombre de clase, o nombre de interfaz. Si el tipo base de un arreglo es **int**, es referido como un "arreglo de **enteros**.Un arreglo con base tipo *String* se refiere como un "arreglo de *Cadenas de caracteres*."Sin embargo, un arreglo no es, hablando con propiedad, una lista de números enteros o cadenas u otros **valores**. Es mejor pensar en ellas como una lista de **variables** de tipo **int**, o de tipo, *String*, o de algún otro tipo. Como siempre, hay alguna posibilidad de confusión entre los dos usos de una variable: como nombre y ubicación de la memoria como un nombre para el valor almacenado en esa ubicación de memoria. Cada posición en el arreglo actúa como una variable. Cada posición puede tener un valor de tipo especificado (el tipo base del arreglo). Los valores pueden cambiar en cualquier momento. Los valores estan almacenados **en** un arreglo. El arreglo **es** el contenedor, no los valores.

Los elementos en un arreglo—en realidad, las variables que componen el arreglo—son referidos más a menudo como los ***elementos*** del arreglo. En Java, los elementos de arreglo siempre se numeran a partir de cero. Es decir, el índice del primer elemento del arreglo es cero. Si la longitud de la arreglo es N, a continuación, el índice del último elemento del arreglo es N-1. Una vez que un arreglo se ha creado, su longitud no puede ser cambiado.

Los arreglos en Java son **objetos**. Esto tiene varias consecuencias. Los arreglos se crean usando a forma de **nuevo** operador. Ninguna variable puede **contener** un arreglo; una variable solo puede **referirse** a un arreglo. Cualquier variable que se pueda referir a un arreglo también pueden contener el valor **nulo**, lo que significa que en ese momento no se refiere a ninguna cosa. Al igual que cualquier objeto, un arreglo pertenece a una clase, que al igual que todas las clases es una subclase de la clase *Object*. Los elementos del arreglo son, esencialmente, variables instanciadas en el objeto arreglo, excepto que son mencionados por numero en vez de por nombres.

7.1. CREANDO Y USANDO ARREGLOS

Sin embargo, a pesar de que los arreglos son objetos, hay diferencias entre los arreglos y otros tipos de objetos, y hay un numero de características especiales en el lenguaje Java para creacion y uso de arreglos.

7.1.2. Usando arreglos

Suponga que A es una variable que se refiere a un arreglo. Entonces el elemento del indice k en A se refiere como A[k]. El primer elemento es A[0], el segundo es A[1], y asi sucesivamente. "A[k]."^{es} realmente una variable, y que puede ser utilizado como cualquier otra variable. Puede asignarsele valores a la misma, se puede usar en las expresiones, y puede pasar como parametro a una subrutina. Todo esto será discutido en más detalle a continuación. Por ahora, sólo tenga en cuenta la sintaxis

⟨arreglo-variable⟩ [⟨integer-expression⟩]

para referirse a un elemento de un arreglo.

Aunque cada arreglo, como un objeto, pertence a alguna clase, clases de arreglos nunca tienen que ser definidas. Una vez que un tipo existe, la clase arreglo correspondiente existe automaticamente. Si el nombre del tipo es *BaseType*, entonces el nombre de la clase de arreglo asociado es BaseType[]. Eso es decir, un objeto que pertenece a la clase BaseType[] es un arreglo de elementos, donde cada elemento es una variable de tipo *BaseType*. Los corchetes, "[]", tienen el propósito de recordar la sintaxis para referirse a los Elementos individuales en el arreglo. "BaseType[]", es leido como "arreglo of BaseType", o "BaseType arreglo."Puede que valga la pena mencionar aqui que si *ClassA* es una subclase de *ClassB*, entonces la clase ClassA[] es automáticamente una subclase de ClassB[].

El tipo base de Arreglo puede ser cualquier tipo legal de Java. Desde el tipo primitivo **int**, el tipo de arreglo int[] es derivado. Cada elemento en un arreglo de tipo int[] es una variable de tipo **int**, la cual mantiene un valor de tipo **int**. Desde una clase llamada *Shape*, el tipo de arreglo Shape[] es derivado. Cada elemento en un arreglo de tipo Shape[] es una variable de tipo *Shape*, la cual mantiene un valor de tipo *Shape*. Este valor ser tanto **null** o una referencia a un objeto que pertenece a la clase *Shape*. (Esto incluyes objetos pertenecientes a las subclases de *Shape*.)

* * *

Tratemos de obtener algo un poco mas concreto acerca de todo esto, usando arreglos de enteros como nuestro primer ejemplo. Debido a que int[] es una clase, puede ser usado para declarar variables. Por ejemplo,

```
int[] list;
```

crea una variable llamada list de tipo int[]. Esta variable es **capaz** de referirse a un arreglo de **enteros**, pero inicialmente su valor es **nulo** (if list es una variable miembro en una clase) o indefinida (si list es una variable local en un metodo). El operador **new** es usado para crear un nuevo objeto de arreglos, el cual entonces puede ser asignado a list. La sintaxis para usar **new** con arreglos es diferente de la sintaxis que usted aprendio previamente. Como un ejemplo,

```
list = new int[5];
```

crea un arreglo de cinco enteros. De forma mas general, el constructor "**new** BaseType[N]."^{es} usado para crear un arreglo que pertenezca a la clase BaseType[]. El valor N entre corchetes especifica la longitud del arreglo, eso es, el numero de elementos que contiene. Note que el arreglo "sabeçuan largo es. La logitud del arreglo es una variable instanciada en el objeto arreglo. De hecho, la longitud de un arreglo, list, puede ser referida como list.length. (Sin embargo, no se le permite cambiar el valor de list.length, de manera tal que realmente es una variable instanciada "**final**", eso es, aquel cuyo valor no puede ser cambiado después de que haya sido inicializado.)

La situación producida por la declaración "list = new int[5];"puede ser vista como esta:

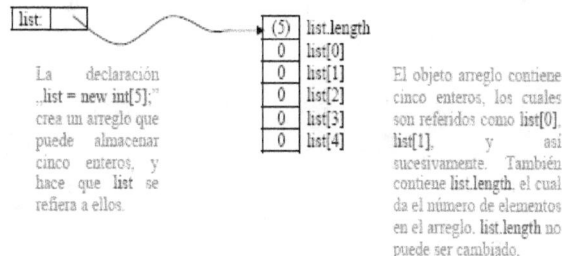

Tenga en cuenta que el arreglo de números enteros recientemente creado se rellena automáticamente con ceros. En Java, un arreglo recientemente creado **siempre** es llenado con un valor conocido por defecto: cero para numeros, `falso` para **booleanos**, el caracter con numero Unicode cero para **char**, y `nulo` para objetos.

Los elementos en el arreglo, list, son referidos como list[0], list[1], list[2], list[3], y list[4]. (Observe de nuevo que el índice del último elemento es uno menos que list.length.) Sin embargo, las referencias a arreglos pueden ser mucho mas generales que esto. Las referencias en los corchetes en un arreglo puede contener cualquier expresión cuyo valor es un número entero. Por ejemplo si indx es una variable de tipo **int**, entonces list[indx] y list[2*indx+7] son referencias sintácticamente correctas de los elementos del arreglo list. Así, en el siguiente bucle se imprime todos los números enteros en el arreglo, list, a la salida normalizada:

```
for (int i = 0; i < list.length; i++) {
   System.out.println( list[i] );
}
```

El primer paso a traves del bucle, i es 0, y list[i] se refiere a list[0]. Por lo tanto, el valor es almacenado en la variable list[0] que es impreso. La segunda vez que pasa por el bucle, i es 1, y el valor almacenado en list[1] es impreso. El bucle finaliza después de imprimir el valor de list[4], cuando i se vuelve igual a 5 y la condicion de continuacion "i   list.lengthża no es mas verdad. Este es un ejemplo típico del uso de un bucle para procesar arreglos. Voy a discutir más ejemplos de procesamiento de Arreglo lo largo de este capítulo.

Cada uso de una variable en un programa especifica una locacion de memoria. Piense por un momento sobre lo que la computadora hace cuando encuentra una referencia a un elemento de un arreglo, list[k], mientras se ejecuta un programa. El equipo debe determinar la ubicación de memoria cual se refiere. Para la computadora, list[k] significa algo como esto: "obtener el apuntador que este almacenado en la variable, list. Siga este apuntador para encontrador un objeto arreglo. Obtenga el valor de k. Vaya a la k-ma posicion en el arreglo, y esa es la locacion de memoria que se quiere."Hay dos cosas que pueden salir mal aqui. Suponga que el valor de list es nulo. Si ese es el caso, entonces list ya no se refiere a un arreglo. El intento de hacer referencia a un elemento de un arreglo que no existe es un error que causara una excepción de tipo *NullPointerException* aparezca. El segundo posible error se produce si list se refiere a un arreglo, pero el valor de k es fuera del rango legal de los indices para ese arreglo. Esto ocurrira si k < 0 o si k >=list.length. A esto se le llama un error por "arreglo fuera de indices". Cuando un error de este tipo ocurre, una excepcion de tipo *ArrayIndexOutOfBoundsException* es enviada. Cuando use arreglos en un programa, usted debe tener en cuenta que ambos tipos de errores son posibles. Sin embargo, los errores de indices fuera de limites son de los errores mas comunes cuando se trabaja con arreglos.

7.1. CREANDO Y USANDO ARREGLOS

7.1.3. Inicialización de Arreglos

Para la variable de un arreglo, al igual que para cualquier variable, puede declarar la variable y se inicializa en un solo paso. Por ejemplo,

```
int[] list = new int[5];
```
Si `list` es una variable local en una subrutina, entonces esto es exactamente equivalente a las dos declaraciones:

```
int[] list;
list = new int[5];
```

(Si `list` es una variable instanciada, entonces usted simplemente no la puede remplazar "`int[] list = new int[5];`"con "`int[] list; list = new int[5];`"debido a que la instrucción de asignacion "`list = new int[5];`"sólo es legal dentro de una subrutina.)

El nuevo arreglo se llena con el valor predeterminado apropiado para el tipo base de arreglo—cero para **int** y **nulo** para los tipos de clase, por ejemplo. Sin embargo, Java también proporciona una forma para inicializar un arreglo de variables con un nuevo arreglo lleno con una lista específica de valores. En una instrucción de declaración que crea un nuevo arreglo, esto se hace con un *inicializador de arreglo*. por ejemplo,

```
int[] list = 1, 4, 9, 16, 25, 36, 49 ;
```
crea un nuevo arreglo que contiene los siete valores 1, 4, 9, 16, 25, 36, y 49, y hace que `list` se refiera a los nuevos arreglo. El valor de `list[0]` sera 1, el valor de `list[1]` sera 4, y asi sucesivamente. La longitud de `list` es siete, debido a que se proveen siete valores en el inicializador.

Un inicializador de arreglos toma la forma de una lista de valores, separados por comas y encerrada entre llaves. La longitud del arreglo no tiene que ser especificado, ya que está implícita en la lista de valores. Los elementos en un inicializador de arreglos no tienen que ser constantes. Pueden ser variables o expresiones arbitrarias, dado que los valores son del tipo apropiado. Por ejemplo, la siguiente declaración crea Arreglo de ocho *Colors*. Algunos de los colores están dados por las expresiones de la forma "`new Color(r,g,b)`.en lugar de constantes:

```
Color[] palette = {
    Color.BLACK,
    Color.RED,
    Color.PINK,
    new Color(0,180,0),    // dark green
    Color.GREEN,
    Color.BLUE,
    new Color(180,180,255),  // light blue
    Color.WHITE
};
```

Una lista inicializadora de este forma puede ser usada **solo** en una instrucción de declaración, para dar valor inicial a un arreglo de variables recién declarado. No se puede utilizar en la declaración de asignación para asignar un valor a una variable que ha sido declarada. Sin embargo, hay otra, notación similar para crear un arreglo nuevo que puede ser utilizado en una instrucción de asignación o pasado como un parametro a una subrutina. La notación utiliza otra forma del operador **new** tanto para crear e inicializar un nuevo arreglo objeto al mismo momento. (La sintaxis bastante extraña es similar a la sintaxis de las clases anónimas, la cual se discutio en la Subsección 5.7.3.) Por ejemplo para asignar un nuevo valor a una variable de arreglo, `list`, que fue declarado anteriormente, se puede utilizar:

```
list = new int[] { 1, 8, 27, 64, 125, 216, 343 };
```

La sintaxis general para esta forma del operador **new** es

   new ⟨*tipo-base*⟩ [ ] ⟨*lista-de-valores*⟩

Esto es en realidad una expresion cuyo valor es una referencia a un arreglo de objetos recientemente creado. Esto significa que puede ser utilizado en cualquier contexto donde un objeto de tipo ⟨*tipo-base*⟩[] se espera. Por ejemplo, si `makeButtons` es un metodo que toma un arreglo de *Cadenas de caracteres* como un parametro, usted podria decir:

```
makeButtons( new String[] { "Parada", "Vaya", "Proximo", "Previo" } );
```

Siendo capaz de crear y usar un arreglo "en el lugar" de esta manera puede ser muy conveniente, de la misma manera que las clases anonimas anidadas son convenientes.

Por cierto, es perfectamente legal el uso de la sintaxis "`new BaseType[]` ... ."en vez de la sintaxis inicializadora de arreglos en la declaracion de un arreglo de variables. Por ejemplo, en vez de decir:

```
int[] primes = { 2, 3, 5, 7, 11, 13, 17, 19 };
```

puede decir, equivalentemente,

```
int[] primes = new int[] { 2, 3, 5, 7, 11, 17, 19 };
```

De hecho, en lugar de utilizar una notación especial que sólo funciona en el marco de instrucciones de declaración, yo prefiero usar la segunda forma.

* * *

Una nota final: Por razones históricas, la declaración de arreglo, tales como

```
int[] list;
```

tambien puede ser escrita como

```
int list[];
```

la cual es una sintaxis usada en los lenguajes C y C++. Sin embargo, esta sintaxis alternativa realmente no tiene mucho sentido en el contexto de Java, y probablemente es mejor evitarla. Después de todo, la intención es declarar una variable de un cierto tipo, y el nombre de ese tipo es "int[]". Tiene sentido seguir la sintaxis "⟨*tipo-nombre* ⟩ ⟨*nombre-variable*⟩;" de tales declaraciones.

7.2. Programando con Arreglos

Los arreglos son los tipos de estructuras de datos mas basicos y los mas importantes, y técnicas de procesamiento de arreglos están entre las técnicas de programación más importantes que se puede aprender. Dos tecnicas fundamentales de procesamiento de arreglos — busqueda y clasificacion— seran cubiertas en la Seccion 7.4. Esta Seccion presenta algunas de las ideas básicas de procesamiento de arreglo en general.

7.2.1. Arreglos y Bucles Para

En muchos casos, procesar un arreglo significa aplicar las misma operacion a cada elemento en el arreglo. Esto es hecho comunmente con un bucle **para**. Un bucle para el procesamiento de todos los elementos de un arreglo A tiene la forma:

```
// haga cualquier inicializacion necesaria
for (int i = 0; i < A.length; i++) {
   . . . // process A[i]
}
```

Suponga, por ejemplo, que A es un arreglo de tipo **double[ ]**. Suponga que el objetivo es sumar todos los números en el arreglo. Un algoritmo informal para hacer esto sería:

```
Iniciar con 0;
Sume A[0];   (procese el primer elemento en A)
Sume A[1];   (procese el segundo elemento en A)
   .
   .
   .
Sume A[ A.longitud - 1 ];   (procese el ultimo elemento en A)
```

Poniendo la repetición obvia en un bucle y dando un nombre a la suma, esto se convierte en:

```
double sum;  // La suma de los numeros en A.
sum = 0;     // Comienza con 0.
for (int i = 0; i< A.length; i++)
   sum += A[i];  // adiciona A[i] a la suma, para
                 //i = 0, 1,..., A.length { 1
```

Note que la condicion de continuacion, "i A.length", implica que el ultimo valor de i que es procesado es **A.length-1**, la cual es el indice del elemento final en el arreglo. Es importante usar ".ªqui, no "=", debido a que "="daria un error de limite de indice de arreglo. No hay elementos en la posicion **A.length** en A.

Finalmente, se debe casi ser capaz de escribir bucles similares a éste en sus sueños. Voy a dar algunos ejemplos más simples. Aqui hay un bucle que contara el numero de elementos en el arreglo A los cuales son menores que cero:

```
int count;  // Para contar los elementos.
count = 0;  // Inicia con 0 elementos contados.
for (int i = 0; i < A.length; i++) {
   if (A[i] < 0.0)   // si este elemento es menos que cero...
      count++;       //       ...entonces contarlo
}
// En este punto, el valor de cuenta es el numero
// de elementosque han pasado la prueba de ser < 0
```

Vuelva a colocar la prueba "A[i] 0.0", su quiere contar el numero de elementos en un arreglo que satisface alguna otra propiedad. Aqui hay una variacion en el lo mismo tema. Suponga que quiere contar el numero de veces que un elemento en el arreglo A es igual al elemento que lo sigue. El elemento que lo sigue A[i] en el arreglo es A[i+1], así que la prueba en este caso es "**if (A[i] == A[i+1])**". Pero hay un detalle: Esta prueba no puede aplicarse cuando A[i] es el ultimo elemento en el arreglo, debido a que no hay tal elemento A[i+1]. El resultado de tratar de aplicar la prueba en este caso sería un *ArrayIndexOutOfBoundsException*. Esto sólo significa que tenemos que dejar un elemento antes del elemento final:

```
int count = 0;
for (int i = 0; i < A.length - 1; i++) {
   if (A[i] == A[i+1])
      count++;
}
```

Otro problema tipico es encontrar el mayor numero en A. La estrategia es pasar por el arreglo, no perder de vista el mayor numero encontrado hasta ahora. Vamos a guardar el numero más grande encontrado en una variable llamada max. Al mirar a través del arreglo, siempre nos encontramos con un numero mayor que el valor actual de max, cambiamos el valor de max a un valor mayor. Despues de que todo el arreglo ha sido procesado, max es el mayor elemento en el arreglo general. La única pregunta es, cuál debería ser el valor original de max? Una posibilidad es iniciar con max igual a A[0], y a continuación, mirar a través del resto del arreglo, a partir de A[1], para grandes elementos:

```
double max = A[0];
for (int i = 1; i < A.length; i++) {
   if (A[i] > max)
      max = A[i];
}
// en este punto, máx es el mayor elemento en A
```

(Aqui hay un problema sutil. En Java es posible que un arreglo tenga longitud cero. En ese caso, A[0] no existe, y la referencia a A[0] en la primera linea la da un error de fuera de limites al arreglo. Sin embargo, arreglos de longitud cero son algo que normalmente quieres evitar en problemas reales. De cualquier manera, que significado tendria preguntar por el elemento mas largo en un arreglo que no contiene elementos?)

Como un ejemplo final de operaciones basicas con arreglo, considere el problema de copiar un arreglo. Para hacer una copia de nuestro arreglo de ejemplo A, **no** es suficiente decir

```
double[] B = A;
```

ya que esto no crea un nuevo objeto arreglo. Lo único que hace es declarar una nueva variable arreglo y hacen referencia al mismo objeto al cual A se refire. (De esa manera, por ejemplo, un cambio en A[i] cambiará automáticamente B[i].) Para hacer un nuevo arreglo que es una copia de A, es necesario hacer un nuevo objeto arreglo y copiar cada elemento individual de de A dentro del nuevo arreglo:

```
double[] B = new double[A.length]; // Hace un nuevo arreglo objeto,
                                   //   del mismo tamano que A.
for (int i = 0; i < A.length; i++)
   B[i] = A[i];   // Copia cada elemento de A a B.
```

Copia de los valores de un arreglo a otro es una operación tan común que Java tiene una subrutina predefinida para hacerlo. La subrutina, System.arraycopy(), es un subrutina miembro estatico en la clase normalizada System. Su declaracion tiene la forma

```
public static void arraycopy(Object sourceArray, int sourceStartIndex,
        Object destArray, int destStartIndex, int count)
```

donde `sourceArray` y `destArray` pueden ser arreglos con cualquier tipo base. Los valores son copiados de `sourceArray` a `destArray`. El `count` dice cuantos elementos se van a copiar. Los valores son tomados de `sourceArray` comenzando en la posicion `sourceStartIndex` y son almacenados en `destArray` comenzando en la posicion `destStartIndex`. Por ejemplo, para hacer una copia del arreglo, `A`, usando esta subrutina, usted diria:

```
double B = new double[A.length];
System.arraycopy( A, 0, B, 0, A.length );
```

7.2.2. Arreglos y Bucles para-cada

Java 5.0 introdujo una nueva forma del bucle **para**, el "bucle para-cada" que se introdujo en la Subsección 3.4.4. El bucle para cada esta dado específicamente para procesar todos los valores de una estructura de datos. Cuando es usado para procesar un arreglo, un bucle para-cada puede ser usado para ejecutar la misma operacion en cada valor que es almacenado en el arreglo. Si `anArray` es un arreglo de tipo `BaseType[]`, entonces un bucle para-cada para `anArray` tiene la forma:

```
for ( BaseType elemento : anArray ) {
   .
   .  // procesa el elemento
   .
}
```

En este bucle, `elemento` es la variable de control del bucle. Esta siendo declarado como una variable de tipo *BaseType*, donde *BaseType* es el tipo base del arreglo. (En un bucle para-cada, la variable del control **debe** ser declarada en el bucle.) Cuando este bucle es ejecutado, cada valor del arreglo es asignado al `elemento` a su vez y el cuerpo del bucle se ejecuta para cada valor. Por lo tanto, el bucle anterior es exactamente equivalente a:

```
for ( int index = 0; index < anArray.length; index++ ) {
   BaseType elemento;
   elemento = anArray[index];   // obtiene uno de los valores del arreglo
      .
      .  // procesa el elemento
      .
}
```

Por ejemplo, si `A` es un arreglo de tipo `int[]`, entonces podemos imprimir todos los valores de `A` con el bucle para-cada:

```
for ( int elemento : A )
   System.out.println( elemento );
```

y podríamos sumar todos los números enteros positivos en `A` con:

```
int sum = 0;   // Esta será la suma de todos los números positivos en A
for ( int elemento : A ) {
   if (elemento > 0)
      sum = sum + elemento;
}
```

El bucle para-cada no siempre es apropiado. Por ejemplo, no hay una forma simple para usarlo en el procesamiento de elementos en una parte de un arreglo. Sin embargo, se hace un poco más fácil de procesar todos los valores de un arreglo, ya que elimina cualquier necesidad de indices del arreglo.

Es importante tener en cuenta que un bucle para-cada procesa los **valores** en el arreglo, no los **elementos** (donde un elemento significa la locacion de memoria actual que es parte del arreglo). Por ejemplo, considere el siguiente intento erróneo de llenar un arreglo de enteros con 17:

```
int[] intList = new int[10];
for ( int elemento : intList ) {   \newcode{// INCORRECTO! NO MODIFICA EL arreglo!}
   elemento = 17;
}
```

La instrucción de asignación `elemento = 17` asigna el valor 17 a la variable de control del bucle, `elemento`. Sin embargo, esto no tiene nada que ver con el arreglo. Cuando el cuerpo del bucle se ejecuta, el valor de uno de los elementos del arreglo se copia en `elemento`. La declaracion `elemento = 17` remplaza el valor copiado pero no tiene efecto en el elemento del arreglo de donde fue copiado; el valor en el arreglo no es cambiado.

7.2.3. Tipos de Arreglos en Subrutinas

Cualquier tipo de arreglo, tales como `double[]`, es un tipo de Java de pleno derecho, por lo que puede ser usado en todas las formas en que cualquier otro tipo de Java puede ser usado. En particular, puede ser usado como el tipo de un parametro formal en una subrutina. Igualmente puede ser el tipo de retorno de una funcion. Por ejemplo, seria muy util tener una funcion que haga una copia de un arreglo de `double`:

```
/**
 * Crea un nuevo arreglo de dobles que es es una copia de un arreglo dado.
 * @param source el  arreglo que esta para ser copiado; el valor puede ser  nulo
 * @return una copia de la fuente; si la fuente es nula,
 * entonces el valor de retorno tambien es nulo
 */
public static double[]  copy( double[] source ) {
   if ( source == null )
      return null;
   double[]  cpy;  // Una copia del arreglo fuente.
   cpy = new double[source.length];
   System.arraycopy( source, 0, cpy, 0, source.length );
   return copy;
}
```

La rutina `main()` principal de un programa tiene un parametro de tipo `String[]`. Usted ha visto el uso de esto desde la Seccion 2.1, pero En realidad no he sido capaz de explicarlo hasta ahora. El parametro de la rutina `main()` es un arreglo de *Strings*. Cuando el sistema llama a la rutina `main()`, las cadenas de caracteres en este arreglo son los **argumentos de lineas de comandos** del comando que fue usado para iniciar el programa. Cuando se usa una interfaz de lineas de comandos, el usuario transcribe un comando para decirle al sistema que ejecute un programa. El usuario puede incluir entradas adicionales en este comando, delante del nombre del programa. Estas entradas extra se convierten en los argumentos de línea de comandos. Por

7.2. PROGRAMANDO CON ARREGLOS

ejemplo, si el nombre de la clase que contiene la rutina `main()` es `myProg`, entonces el usuario puede transcribir "`java myProg`"para ejecutar el programa. En este caso, no hay argumentos de lineas de comandos. pero si el usuario transcribe el comando

```
java myProg one two three
```

a continuación, los argumentos de línea de comandos son las cadenas "uno", "dos", y "tres". El sistema pone estas cadenas dentro de un arreglo de *Strings* y passa ese arreglo como un parametro a la rutina `main()`. Aqui, por ejemplo, hay un programa corto que simplemente imprime cualquier argumento de linea de comandos introducido por el usuario:

```
public class CLDemo {
   public static void main(String[] args) {
      System.out.println("Usted introdujo " + args.length
                            + " argumentos de lineas de comandos");
      if (args.length > 0) {
         System.out.println("Fueron:");
         for (int i = 0; i < args.length; i++)
            System.out.println("    " + args[i]);
      }
   } // fin main()
} // fin class CLDemo}
```

Note que el parametro, `args`, nunca es `nulo` cuando `main()` es llamado por el sistema, pero podria ser un arreglo de longitud cero.

En la practica, los argumentos de la línea de comandos son a menudo el nombre de archivos a ser procesados por el programa. Les dare algunos ejemplos de esto en el Capitulo 11, cuando discuta el procesamiento de archivos.

7.2.4. Acceso Aleatorio

Hasta ahora, todos mis ejemplos de procesamiento de arreglos han utilizado ***acceso secuencial***. Es decir, los elementos del arreglo fueron procesados uno tras otro en la secuencia en la cual se encuentran en el arreglo. Pero Una de las grandes ventajas de los arreglos es que permiten ***acceso aleatorio***. Es decir, cada elemento del Arreglo es igualmente accesible en cualquier momento dado.

Como ejemplo, vamos a ver un problema bien conocido llamado el problema de cumpleaños: Supongamos que hay N personas en un cuarto. ¿Cuál es la probabilidad de que haya dos personas en la sala que tengan los mismos cumpleaños? (Es decir, que nacieron en el mismo dia el mismo mes, pero no necesariamente en el mismo año.) La mayoría de las personas subestiman las probabilidades. En realidad se verá en una versión diferente de la pregunta: Supongamos que usted elija la gente al azar y verifica sus cumpleanos. ¿Cuántas personas habra que comprobar antes de encontrar una que tenga cumpleaños el mismo que alguien que ya ha sido comprobado? Por supuesto, la respuesta en un caso particular depende de factores aleatorios, pero podemos simular el experimento con un programa de computadora y ejecutar el programa en varias ocasiones para obtener una idea de cuantas personas deben ser verificados en promedio.

Para simular el experimento, tenemos que hacer un seguimiento de cada cumpleaños que nos encontramos. Hay 365 cumpleaños posibles. (Vamos a pasar por alto los años bisiestos.) Para cada posible cumpleaños, tenemos que hacer un seguimiento de si o no hemos encontrado una persona que tiene ese cumpleanos.La respuesta a esta pregunta es un valor booleano verdadero o falso. Para contener los datos de todos los 365 cumpleaños posibles, podemos utilizar un arreglo de 365 valores booleanos:

```
boolean[] used;
used = new boolean[365];
```

Los días del año son numerados del 0 al 364. El valor de used[i] Es cierto que si alguien ha sido seleccionada cuyo cumpleaños es el día numero i. Inicialmente, todos los valores en el arreglo, used, son falsos. Cuando seleccionamos alguien cuyo cumpleaños es el día numero i, primero verificamos si used[i] es verdad. Si es asi, entonces esta es la segunda persona con ese cumpleaños. Hemos terminado. Si used[i] es falso, colocamos used[i] to be true to registro the fact that we've encountered someone ese cumpleanos, y pasamos a la siguiente persona. Aqui hay una subrutina que lleva a cabo el experimento simulado (por supuesto, en el subprograma, no hay personas simuladas, sólo cumpleaños simulados):

```
/**
 * Simular la elección de las personas al azar y verifica el día del año que
 * nacieron.  Si el cumpleaños es el igual a uno que se vio anteriormente,
 * detengase, y muestre el numero de personas que fueron revisados.
 */
private static void birthdayProblem() {
   boolean[] used;  // Para la grabación de los cumpleaños posibles
                    //   que se han visto hasta ahora.  Un valor
                    //   de verdad en used[i] significa que una persona
                    //   cuyo cumpleanos es el enesimo dias del
                    //   ano ha sido encontrada.
   int count;       // El numero de gente que ha sido verificada.
   used = new boolean[365];  // Inicialmente, todas las entradas son falsas.
   count = 0;
   while (true) {
         // Selecciona un cumpleanos aleatoriamente, desde 0 a 364.
         // Si el cumpleanos ya ha sido usado, sale.
         // De otra manera, registra el cumpleanos como usado.
      int birthday;  // El cumpleanos seleccionado.
      birthday = (int)(Math.random()*365);
      count++;
      if ( used[birthday] )  // Este dia fue encontrado antes; Es un duplicado.
         break;
      used[birthday] = true;
   }
   System.out.println("Un cumpleanos duplicado fue encontrado despues de "
                                       + count + " intentos.");
} // final birthdayProblem()
```

Esta subrutina hace uso esencial del hecho de que cada elemento de un arreglo recientemente creado de **booleanos** se coloca a falso. Si queremos volver a utilizar el mismo arreglo en una segunda simulación, se tendría que reponer todos los elementos para que sean falsos con un bucle para:

```
for (int i = 0; i < 365; i++)
   used[i] = false;
```

El programa que utiliza esta subrutina es *BirthdayProblemDemo.java*. Una version applet del programa puede ser encontrado en la versión en línea de este Seccion.

7.2. PROGRAMANDO CON ARREGLOS

7.2.5. Arreglos de Objetos

Uno de los ejemplos en la Subsección 6.4.2 fue applet que muestra varias copias de mensaje en posiciones, colores, y fuentes aleatorias. Cuando el usuario hace clic en el applet, las posiciones, colores y fuentes se cambian a los nuevos valores aleatorios. Al igual que varios otros ejemplos de ese capítulo, el applet tenía un defecto: No tenía ninguna forma de almacenar los datos que sería necesario redibujarse. Los arreglos nos proporcionan una posible solución a este problema. Podemos escribir una nueva versión del applet RandomString que utiliza Arreglo para almacenar la posición, tipo de letra, color de la cadena de caracteres. Cuando el panel de contenido del applet se pinta, esta información se utiliza para dibujar las cadenas de caracteres, por lo tanto el applet se pintara a si mismo correctamente cada vez que tenga que ser redibujado. Cuando el usuario hace clic en el applet, el arreglo es llenado de nuevos valores aleatorios y el applet se repinta usando los nuevos datos. Por lo tanto, la única vez que la imagen va a cambiar es en respuesta a un clic del ratón.

En este applet, el numero de copias del mensaje está dado por una constante con nombre, MESSAGE_COUNT. Una manera de guardar la posición, color y fuente de la cadena de caracteres MESSAGE_COUNT sería la de utilizar cuatro arreglos:

```
int[] x = new int[MESSAGE\_COUNT];
int[] y = new int[MESSAGE\_COUNT];
Color[] color = new Color[MESSAGE\_COUNT];
```

Estos arreglos se llenarian con valores aleatorios. En el metodo paintComponent(), la iesima copia de la cadena de caracteres seria dibujada en el punto (x[i],y[i]). Su color seria dado por color[i]. Y seria dibujado en la fuente font[i]. Esto seria llevado a cabo por el metodo paintComponent()

```
public void paintComponent(Graphics g) {
   super.paintComponent(); // (Llena el color de fondo.)
   for (int i = 0; i < MESSAGE_COUNT; i++) {
      g.setColor( color[i] );
      g.setFont( font[i] );
      g.drawString( message, x[i], y[i] );
   }
}
```

Se dice que esta propesta usa **arreglos paralelos**. Los datos para una copia del mensaje es extendido a través de varios arreglos. Si usted piensa en la Arreglos como ordenados en columnas paralelas—arreglo x en la primera columna, arreglo y en la segunda, arreglo color en la tercera,, y arreglo font en la cuarta—entonces los datos para la i-esima cadena puede ser encontratos en la i-esima fila. No hay nada malo con usar arreglos paralelos en este ejemplo simple, pero va en contra de la filosofía orientado a objeto de conservar de los datos relacionados en un solo objeto. Si seguimos esta regla, entonces no tiene que **imaginar** la relación entre los datos, ya que todos los datos de una copia del mensaje se encuentra físicamente en un solo lugar. Así que, cuando escribí el applet, hice una clase simple para representar todos los datos que se necesita para una copia del mensaje:

```
/**
 * un objeto de este tipo mantiene la posicion, color, y fuente
 * de una copia de la cadena.
 */
```

```
private static class StringData {
   int x, y;      // Las coordenadas del extremo izquierdo de la línea de base de la cadena
   Color color;   // El color en el cual la cadena se dibuja.
   Font font;     // El tipo de letra que se utiliza para dibujar la cadena de caracteres
}
```

(Esta clase de hecho esta definida como una clase anidada estática en la clase principal del applet.) Para almacenar los datos de múltiples copias del mensaje, uso un arreglo de tipo **StringData[]**. El arreglo es declarado como una variable instanciada, con el nombre **stringData**:

```
StringData[] stringData;
```

Por supuesto, el valor de **stringData** es **nulo** hasta que el arreglo actual es creado y asignado a el. Esto se hace en el metodo **init()** del applet con la instruccion

```
stringData = new StringData[MESSAGE_COUNT];
```

El tipo base de este arreglo es *StringData*, la cual es una clase. Decimos que **stringData** es un **arreglo of objetos**. Esto significa que los elementos del arreglo son variables de tipo *StringData*. Como cualquier variable objeto, cada elemente del arreglo puede ser tanto **nulo** o puede mantener una referencia a un objeto. (Note que el termino "arreglo de objetos."es un poco engañoso, debido a que los objetos no estan en el arreglo; el arreglo solo puede contener referencias a objetos.) cuando el arreglo **stringData** es creado por primera vez, el valor de cada elemento en el arreglo es **nulo**.

Los datos necesarios para el programa RandomStrings seran almacenados en objetos de tipo *StringData*, pero tales objetos aun no existen. Todo lo que necesitamos es un arreglo de variables que sean capaces de referirse a tales objetos. He decidido crear el objeto *StringData* en metodo **init** del applet. (Se podría hacer en otros lugares — con tal de evitar el trata de utilizar un objeto que no existe. Esto es importante: Recuerde que un arreglo recién creado cuyo tipo base es un tipo objeto siempre es llenado con elementos **nulos**. **No** hay objetos en el arreglo hasta que los pone alli.) Los objetos son creados con el loop **for**

```
for (int i = 0; i < MESSAGE_COUNT; i++)
   stringData[i] = new StringData();
```

para el applet de RandomStrings, la idea es almacenar datos para la iesima copia del mensaje en las variables **stringData[i].x**, **stringData[i].y**, **stringData[i].color**, y **stringData[i].font**. Asegúrese de que entiende la notación aqui: **stringData[i]** se refiere a un objeto. Ese objeto contiene variables instanciadas. La notacion **stringData[i].x** la dice a la computadora: "Encuentra tu camino hacia el objeto que es referido por **stringData[i]**. A continuación, vaya a la variable instanciada con el nombre x en ese objeto."Las variable con nombres pueden ser aun mas complicadas que esta, por lo que es importante aprender a leerlas. usando el arreglo, **stringData**, el metodo **paintComponent()** por el applet podrian ser escrito de la siguiente manera:

```
public void paintComponent(Graphics g) {
   super.paintComponent(g); // (Llenar con el color de fondo.)
   for (int i = 0; i < MESSAGE_COUNT; i++) {
      g.setColor( \newcode{stringData[i].}color );
      g.setFont( \newcode{stringData[i].}font );
      g.drawString( message, \newcode{stringData[i].}x, \newword{stringData[i].}y );
```

7.2. PROGRAMANDO CON ARREGLOS

```
    }
}
```

Sin embargo, debido a que el bucle **para** está procesando todos los valores en el arreglo, una alternativa sería utilizar un bucle para-cada:

```
public void paintComponent(Graphics g) {
   super.paintComponent(g);
   for ( StringData data : stringData) {
         // Dibuja una copia del mensaje en la posición, color,
         // y fuente de los datos almacenados.
      g.setColor( data.color );
      g.setFont( data.font );
      g.drawString( message, data.x, data.y );
   }
}
```

En el bucle, la variable del control del bucle, `data`, tiene una copia de uno de los valores del arreglo. Ese valor es una referencia a un objeto de tipo *StringData*, la cual tiene variables instanciadas llamadas `color`, `font`, `x`, y `y`. Una vez mas, el uso de un bucle para-cada ha eliminado la necesidad de trabajar con indices de arreglos.

Aun esta el problema de llenar el arreglo, `data`, con valores aleatorios. Si usted está interesado, puede mirar el código fuente para el applet, *RandomStringsWithArray.java*.

* * *

El applet RandomStrings usa otro arreglo of objetos. La fuente para una copia dada del mensaje es elegida al azar de un conjunto de cinco fuentes posibles. En la versión original del applet, había cinco variables de tipo *Font* para representar las fuentes. Las variables fueron llamadas `font1`, `font2`, `font3`, `font4`, y `font5`. Para seleccionar una de estas fuentes aleatorias, una intruccion `switch` podria ser usada:

```
Font randomFont;   // Una de las 5 fuentes, elegida al azar.
int rand;          // Un número entero aleatorio en el rango de 0 a 4.
rand = (int)(Math.random() * 5);
switch (rand) {
   case 0:
      randomFont = font1;
      break;
   case 1:
      randomFont = font2;
      break;
   case 2:
      randomFont = font3;
      break;
   case 3:
      randomFont = font4;
      break;
   case 4:
      randomFont = font5;
      break;
```

En la nueva versión del applet, los cinco tipos de letra se almacenan en un arreglo, la cual es llamada `fonts`. Este arreglo es declarado como una variable instanciada de tipo **Font**[ ]

```
Font[] fonts;
```

El arreglo es creado en el metodo `init()` del applet, y cada elemento del arreglo se establece en referencia a un nuevo objeto *Font*:

```
fonts = new Font[5];   // Crea el arreglo para mantener las cinco fuentes.
fonts[0] = new Font("Serif", Font.BOLD, 14);
fonts[1] = new Font("SansSerif", Font.BOLD + Font.ITALIC, 24);
fonts[2] = new Font("Monospaced", Font.PLAIN, 20);
fonts[3] = new Font("Dialog", Font.PLAIN, 30);
fonts[4] = new Font("Serif", Font.ITALIC, 36);
```

Esto hace que sea mucho más fácil el seleccionar una de las fuentes de forma aleatoria. Puede ser hecho con las instrucciones

```
Font randomFont;   // Una de las 5 fuentes, elegida al azar.
int fontIndex;     // Un numero aleatorio en el rango 0 a 4.
fontIndex = (int)(Math.random() * 5);
randomFont = fonts[ fontIndex ];
```

La instrucción `switch` ha sido sustituida por una sola línea de código. De hecho, los últimos cuatro líneas podría ser sustituido por una sola línea:

```
Font randomFont = fonts[ (int)(Math.random() * 5) ];
```

Esta es una aplicacion muy tipica de arreglos. Note que en este ejemplo se utiliza la propiedad de acceso aleatorio de arreglos: Podemos tomar un indice de arreglo de forma aleatoria e ir directamente al elemento del arreglo en ese indice.

Aqui hay otro ejemplo de la misma clase de cosas. Los meses siempre son almacenados como numeros 1, 2, 3, ..., 12. A veces, sin embargo, estos numeros tienen que traducirse en los nombres Enero, Febrero, ..., Diciembre. La traduccion puede ser hecha con un arreglo. El arreglo puede ser declarado e inicializado como

```
static String[] monthName = { "Enero",   "Febrero",    "Marzo",
                              "Abril",   "Mayo",       "Junio",
                              "Julio",   "Agosto",     "Septiembre",
                              "Octubre", "Noviembre",  "Diciembre" };
```

Si `mnth` es una variable que contiene uno de los enteros 1 a 12, a continuación, `monthName[mnth-1]` es el nombre del mes correspondiente. Necesitamos el "-1" porque los meses se numeran a partir del 1 miemtras que los elementos de arreglos se numeran a partir de 0. La indexación simple de arreglos hace la traduccion por nosotros!

7.2.6. Métodos de Aridad Variable

Los arreglos se utilizan en la aplicación de una de las nuevas características de Java 5.0. Antes de la versión 5.0, cada metodo en Java tenía una aridad fija. (La **aridad** de una subrutina esta definida como el numero de parametros en un llamado al metodo.) En un metodo de aridad fija, el numero de parametros debe ser el mismo en cada llamado al metodo. Java 5.0 introduce **metodos de aridad variable**. En un metodo de aridad variable, diferentes llamadas al metodo puede tener distinto número de metros parametros. Por ejemplo, el metodo de salida formateada

7.2. PROGRAMANDO CON ARREGLOS

`System.out.printf`, el cual se introdujo en la Subseccion 2.4.4, es un metodo de aridad variable. El primer parametro de `System.out.printf` debe ser un *String*, pero puede tener cualquier numero de parametros adicionales, de cualquier tipo.

El llamado a un metodo de aridad variable no es diferente de llamar a cualquier otra clase de metodo, pero el escribir uno requiere alguna sintaxis nueva. Como un ejemplo, considere un metodo que pueda calcular el promedio de cualquier numero de valores de tipo **double**. La definicion de tal metodo podria comenzar con:

```
public static double average( double...  numbers )
```

Aqui, el ... despues del nombre del tipo, `double`, indica que cualquier numero de valores de tipo **double** puede ser suministrado cuando la subrutina es llamada, de manera tal que por ejemplo `average(1,2,3)`, `average(3.14,2.17)`, `average(0.375)`, y aun `average()` son todos llamdos legales a este metodo. Note que los parametros actuales de tipo **int** pueden ser pasados a `average`. Los enteros, como es habitual, se convierten automáticamente a números reales.

Cuando el metodo es llamado, los valores de todos los parametros actuales que corresponden a la aridad de la variable se colocan dentro de un arreglo, y este es el arreglo que es realmente pasado al metodo. Eso es, en el cuerpo de un metodo, un parametro de aridad de variable de tipo *T* de hecho busca un parametro ordinario de tipo *T*[]. La longitud del arreglo le dice cuantos parametros actuales fueron suministrados en el llamado del metodo. En el ejemplo `average`, el cuerpo del metodo veria un arreglo llamado `numbers` de tipo `double[]`. El numero de parametros actuales en el llamado del metodo seria `numbers.length`, y los valores de los parametros actuales serian `numbers[0]`, `numbers[1]`, y asi sucesivamente. Una definición completa del metodo sería el siguiente:

```
public static double average( double... numbers ) {
    double sum;      // La suma de todos los párrametros actuales.
    double average;  // El promedio de todos los parametros actuales.
    sum = 0;
    for (int i = 0; i < numbers.length; i++) {
       sum = sum + numbers[i];   // Agrega uno de los parametros actuales a la suma.
    }
    average = sum / numbers.length;
    return average;
}
```

Note que los "..." pueden ser aplicados solo al **ultimo** parametro formal en la definicion de un metodo. Note que es posible pasar un arreglo al metodo, en lugar de la lista de los valores individuales. Por ejemplo, si `salesData` es una variable de tipo `double[]`, entonces sería legal llamar a `average(salesData)`, y esto calcularia el promedio de todos los números en el arreglo.

Como otro ejemplo, considere un metodo que pueda dibujar un poligono a traves de un numero de puntos. Los puntos estan dados como valores de tipo *Point*, donde un objeto de tipo *Point* tiene dos variables instanciadas, x y y, de tipo **int**. En este caso, el metodo tiene un parametro ordinario — el contexto grafico que sera usado para dibujar el poligono — en adicion al parametro de aridad variable:

```
public static void drawPolygon(Graphics g, Point... points) {
   if (points.length > 1) {  // (Se necesitan al menos 2 puntos para dibujar algo.)
      for (int i = 0; i < points.length - 1; i++) {
         // Dibuja una linea desde el i-esimo punto al (i+1)-esimo punto
```

```
            g.drawline( points[i].x, points[i].y, points[i+1].x, points[i+1].y );
      }
      // Ahora, dibuja una linea de retorno al punto de inicio.
      g.drawLine( points[points.length-1].x, points[points.length-1].y,
                  points[0].x, points[0].y );
   }
}
```

Debido a la conversion automática de tipos, un parametro de aridad variable de tipo "Object..." puede tomar parametros actuales de cualquier tipo que quiera. Inclusive valores de tipos primitivos son permitidos, debido al autoboxing. (Un valor de tipo primitivo que pertenece a tipos tales como **int** es convertido a un objeto que pertenece a una clase 'wrapper" tal como *Integer*. Vea la Subsección 5.3.2) por ejemplo, la definicion del metodo para System.out.printf podria comenzar asi:

```
public void printf(String format, Object... values)
```

Esto le permite al metodo printf entregar valores de cualquier tipo. Similarmente, podriamos escribir un metodo que una la representacion de todas las cadenas de caracteres de todos sus parametros en una sola cadena de caracteres:

```
public static String concat( Object... values ) {
   String str = "";   // Comienza cun una cadena de caracteres vacia.
   for ( Object obj : values ) {// Un bucle "para cada" para el procesamiento de los valores.
      if (obj == null )
         str = str + "null";   // Representa valores del tipo "null".
      else
         str = str + obj.toString();
   }
}
```

7.3. Arreglos Dinámicos y ArrayLists

EL TAMANO DE UN ARREGLO es fijado cuando es creado. En muchos casos, sin embargo, el numero de elementos de datos que efectivamente son almacenados en el arreglo varia con el tiempo. Considere el siguiente ejemplo: Un arreglo que almacena las lineas de un texto en un programa procesador de texto. Un arreglo que almacena la lista de computadoras que actualmente estan descargando una pagina desde una pagina Web. Un arreglo que contiene las formas que han sido agregadas a la pantalla por el usuario de un programa de dibujo. Claramente, necesitamos alguna manera para tratar con casos donde el numero de elementos de datos en un arreglo no es fijo.

7.3.1. Arreglos Parcialmente Llenos

Considere una aplicacion donde el numero de elementos que queremos almacenar en un arreglo cambia a medida que el programa se ejecuta. Debido a que de hecho el tamano del arreglo no puede ser cambiado, una variable contadora separada debe ser usada para mantener el registro de cuantos espacios en el arreglo estan en use. (Por supuesto, cada espacio en el arreglo tiene que contener algo; la pregunta es, ¿cuánto espacio útil contiene o cuántos elementos validos hay?)

7.3. ARREGLOS DINÁMICOS Y ARRAYLISTS

Considere, por ejemplo, un programa que lee enteros positivos introducidos por el usuario y almacenados para procesamientos posterior. El programa deja de leer cuando el usuario introduce un numero que es menor o igual a cero. Los numeros introducidos pueden ser mantenidos en un arreglo, `numbers`, de tipo `int[]`. Digamos que no seran introducidos mas de 100 numeros. Entonces el tamano del arreglo puede ser limitado a 100. Pero el programa debe mantener registro de cuantos numeros han sido leidos y almacenados en el arreglo. Para esto, se puede usar una variable entera, `numCount`. Cada vez que un numero es almacenado en el arreglo, `numCount` debe ser incrementado en uno. Como un ejemplo bastante simple, escribamos un programa que leera los numeros introducidos por el usuario y entonces los imprimira en orden inverso. (Esto es, al menos, una tarea de procesamiento la cual requiere que el numero sea guardado en un arreglo. Recuerde que muchos tipos de procesamientos, Tales como encontrar la suma o el promedio o máximo de los números, puede ser hecho sin guardar los numeros individuales.)

```
public class ReverseInputNumbers {
   public static void main(String[] args) {
      int[] numbers;  // un arreglo para almacenar los valores de entrada.
      int numCount;   // La cantidad de numeros almacenados en el arreglo.
      int num;        // Uno de los numeros introducidos por el usuario.
      numbers = new int[100];   // Espacio por 100 enteros.
      numCount = 0;             // No se ha guardado ningun numero todavia.
      TextIO.putln("Introduzca hasta 100 enteros positivos; introduzca 0 para culminar.");
      while (true) {  // Obtiene el numero y lo coloca en el arreglo.
         TextIO.put("? ");
         num = TextIO.getlnInt();
         if (num <= 0)
            break;
         numbers[numCount] = num;
         numCount++;
      }
      TextIO.putln("\n Sus numeros en orden inverso son:\n");
      for (int i = numCount - 1; i >= 0; i--) {
         TextIO.putln( numbers[i] );
      }
   } // fin main();
} // fin de la clase ReverseInputNumbers}
```

Es especialmente importante tener en cuenta que la variable `numCount` juega un rol dual. Es el numero de elementos que han sido introducidos en el arreglo. Pero tambien es el indice del siguiente punto disponible en el arreglo. Por ejemplo, si 4 números han sido almacenados en el arreglo, que ocupan lugares numero 0, 1, 2, y 3. El proximo punto disponible es la locacion 4. Cuando llega el momento de imprimir los números en la arreglo, el último lugar ocupado en la ubicación del arreglo es `numCount - 1`, asi el bucle **para** imprime los valores a partir de la localización `numCount - 1` y va hasta 0.

Veamos otro ejemplo más realista. Supongamos que usted escribe un programa de juego, y que los jugadores pueden entrar en el juego y dejar el juego a medida que avanza. Como un buen programador orientado a objeto, es probable que tenga una clase denominada *Player* para representar a los jugadores individuales en el juego. Una lista de todos los jugadores que están actualmente en el juego puede ser almacenado en un arreglo, `playerList`, de tipo `Player[]`. Dado que el numero de jugadores puede cambiar, por lo que tendrá una variable, `playerCt`, para registrar el numero de los jugadores que están en el juego. Suponiendo que no habrá nunca más de 10 jugadores en el juego, puede declarar la variable como:

```
Player[] playerList = new Player[10];   // Hasta 10 jugadores.
int      playerCt = 0;  // Al inicio, no hay jugadores.
```

Después de que algunos jugadores se han unido al juego, `playerCt` será mayor que 0, y los objetos jugadores que representan a los jugadores se almacenarán en los elementos del arreglo `playerList[0]`, `playerList[1]`, ..., `playerList[playerCt-1]`. Note que el elemento del arreglo `playerList[playerCt]` **not** esta en use. El procedimiento para adicionar un nuevo jugador, `newPlayer`, al juego es simple:

```
playerList[playerCt] = newPlayer; // Coloque un nuevo jugador en el proximo
                                  //    punto disponible.
playerCt++;  // e incrementa playerCt para contar al nuevo jugador.
```

Eliminar un jugador del juego, es un poco más difícil, ya que usted no quiere dejar un "agujero.^{en} el arreglo. Suponga que lo que usted quiere es borrar al jugador en el indice `k` en `playerList`. Si usted no está preocupado por mantener a los jugadores en ningún orden en particular, a continuación, una manera de hacer esto es mover el jugador de la última posición ocupada en el arreglo a la posición `k` y a continuación, para disminuir el valor de `playerCt`:

```
playerList[k] = playerList[playerCt - 1];
playerCt--;
```

El jugador que se encontraba previamente en la posicion `k` ya no esta mas en el arreglo. El jugador que estaba previamente en la posicion `playerCt - 1` ahora esta dos veces en el arreglo. Pero solo esta una vez en la parte ocupada o valida del arreglo, debido a que `playerCt` se ha decrementado en uno. Recuerde que cada elemento del arreglo tiene que mantener algún valor, pero solo los valores en las posiciones 0 a `playerCt - 1` seran vistos o procesados de alguna manera. (Por cierto, usted debe pensar sobre lo que ocurre si el jugador que está siendo eliminado en la última posición en la lista. El código aún funciona en este caso. Que es lo que ocurre exactmente?)

Suponga que cuando borre al jugador de la posicion `k`, le gustaria mantener registro de los jugadores restantes en el mismo orden. (Tal vez porque se turnan en el orden en el cual se almacenan en el arreglo.) Para ello, todos los jugadores en las posiciones `k+1` y anteriores deben avanzar una posición en el arreglo. Los jugadores `k+1` remplazan al jugador `k`, quien esta fuera del juego. El jugador `k+2` llena el lugar dejado abierto al jugador cuando `k+1` es movido. y asi sucesivamente. El codigo para esto es

```
for (int i = k+1; i < playerCt; i++) {
    playerList[i-1] = playerList[i];
}
playerCt--;
```

* * *

Es necesario enfatizar que el ejemplo *Player* trata con un arreglo cuyo tipo base es una clase. Un elemento en el arreglo es `nulo` o es una referencia a un objeto que pertenece a la clase, *Player*. Los objetos *Player* en si mismos no son almacenados realmente en el arreglo, solo son referencias a ellos. Note que debido a las normas para la asignación en Java, los objetos pueden en realidad pertenecen a las subclases de *Player*. Por lo tanto no puede haber diferentes clases de jugadores, como jugadores de la computadora, jugadores humanos regulares, los jugadores que son magos, ..., todos representados por las diferentes subclases de *Player*.

7.3. ARREGLOS DINÁMICOS Y ARRAYLISTS

Como otro ejemplo, supongamos que una clase *Shape* representa la idea general de una forma dibujada en una pantalla, y que tiene subclases para representar determinados tipos de formas tales como líneas, rectángulos, rectángulos redondeados, ovalos, óvalos llenos, y así sucesivamente. (*Shape* sí sería una clase abstracta en si misma, como se discutió en la Subsección 5.5.5.) Por lo que un arreglo de tipo **Shape[]** puede contener referencias a Objetos pertenecientes a las subclases de *Shape*. Por ejemplo, la situación creada por las declaraciones

```
Shape[] shapes = new Shape[100];  // Arreglo para manetner hasta 100 formas.
shapes[0] = new Rect();           // Coloca algunos objetos en el arreglo.
shapes[1] = new Line();
shapes[2] = new FilledOval();
int shapeCt = 3;  // Conserva un registro del numero de objetos en el arreglo.
```

podría ser ilustrado como:

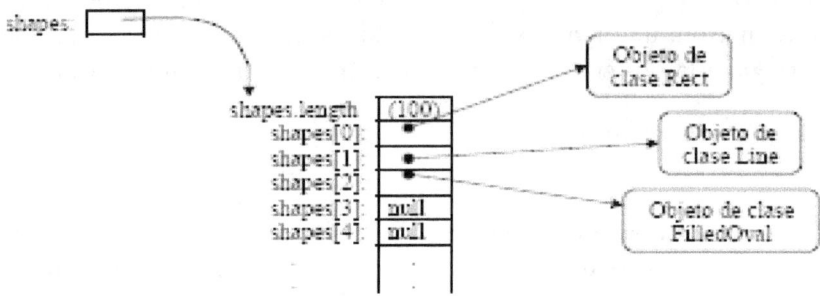

Tal arreglo seria util en un programa de dibujo. El Arreglo podría ser utilizado para mantener una lista de formas a ser mostradas. Si la clase **Shape** incluye un metodo, "**void redraw(Graphics g)**", para dibujar una forma en un contexto gráfico g, entonces todas las formas del arreglo podría ser redibujadas con un simple bucle para:

```
for (int i = 0; i < shapeCt; i++)
    shapes[i].redraw(g);
```

La declaracion "**shapes[i].redraw(g);**"llama al metodo **redraw()** que pertenece a la forma particular en el indice **i** en el arreglo. Cada object sabe cómo volver a dibujar, por lo que las ejecuciones repetidas de la declaración puede producir una variedad de formas diferentes en la pantalla. Este es buen ejemplo tanto de polimorfismo como de procesamiento de arreglos.

7.3.2. Arreglos Dinámicos

En cada uno de los ejemplos indicados arriba, un limite arbitrario fue colocado en el numero de elementos—100 **ints**, 10 *Players*, 100 *Shapes*. Debido a que el tamano de un arreglo es ajustado, un arreglo dado solo puede mantener un cierto numero maximo de elementos. En muchos casos, un limite arbitrario es indeseable. Por que un programa deberia trabajar para 100 valores de datos, pero no para 101? La alternativa obvia seria hacer un arreglo tan grande que serviria en cualquier caso practico no es usualmente una buena solucion al problema. Esto significa que en la mayoría de los casos, mucha de la memoria del computador se perdera en el espacio no utilizado en el arreglo. Que la memoria podría ser mejor utilizado para otra cosa. Y que si alguien esta usando una computadora que pudíera manejar tantos valores de datos como el usuario realmente quiere procesar, pero no tiene suficiente memoria para dar cabida a todo el espacio extra que usted ha asignado para el arreglo enorme?

Es evidente que sería bueno si pudiéramos aumentar el tamaño del arreglo a su antojo. Esto no es posible, pero lo que **se** puede hacer es casi tan bueno. Recuerde que una variable de arreglo no contiene un arreglo. Mantiene una referencia a un objeto arreglo. No podemos hacer mas grande al arreglo, pero podemos hacer un nuevo, objeto arreglo mas grande y cambiar el valor de la variable del arreglo de manera tal que se refiera al arreglo mas grande. Por supuesto, también tenemos que copiar el contenido del antiguo arreglo dentro del nuevo arreglo. La variable del arreglo entonces se refiere a un objeto arreglo que contiene todos los datos del antigua arreglo, con espacio para los datos adicionales. El viejo arreglo será recogido en la basura, ya que ya no estará mas en uso.

Vamos a mirar hacia atrás en el ejemplo del juego, en el cual `playerList` es un arreglo de tipo `Player[]` y `playerCt` es el numero de espacios que se han sido utilizados en el arreglo. Supongamos que no queremos poner un límite pre-establecido en el numero de jugadores. Si un nuevo jugador se une al juego y el Arreglo actual está lleno, hacemos uno nuevo, más grande. La misma variable, `playerList`, se referira al nuevo arreglo. Note que despues que esto es hecho, `playerList[0]` se refieren a una ubicación de memoria diferente, pero el valor almacenado en `playerList[0]` aun sera el mimso de antes. Aqui hay algo de código que hara esto:

```
// Adiciona un jugador nuevo, aunque el arreglo actual esta lleno.

if (playerCt == playerList.length) {
        // El arreglo esta lleno.  Se hace un nuevo arreglo mas grande,
        // copia el contenido del viejo arreglo dentro del nuevo,
        // y hace que playerList se refiera al nuevo arreglo.
   int newSize = 2 * playerList.length;   // Tamano del nuevo arreglo.
   Player[] temp = new Player[newSize];   // El nuevo arreglo.
   System.arraycopy(playerList, 0, temp, 0, playerList.length);
   playerList = temp;   // Hace que playerList se refiera al nuevo arreglo.
}

// En este punto, SABEMOS que hay espacio en el arreglo.

playerList[playerCt] = newPlayer; // Adiciona al nuevo jugador ...
playerCt++;                       //    ...y lo cuenta.
```

Si vamos a estar haciendo este tipo de cosas con regularidad, sería bueno definir una clase reutilizable para manejar los detalles. Un objeto parecido a un arreglo que cambia de tamaño para dar cabida a la cantidad de datos que contiene en realidad se llama *arreglo dinamico*. Un arreglo dinamico soporta las mismas operaciones que un arreglo no dinamico: coloca un valor en una determinada posición y obtiene el valor que se almacena en una posición determinada. Pero no hay limite superior en las posiciones que pueden ser usadas (Excepto las impuestas por el tamaño de la memoria del computador). En una clase de arreglo dinamico, las operaciones de `colocar` y `obtener` deben ser implementadas como metodos instanciados. Aqui, por ejemplo, hay una clase que implementa un arreglo dinamico de **enteros**:

```
/**
 * Un objeto de tipo DynamicArrayOfInt actua como un arreglo de enteros
 * de tamano ilimitado.  La notacion A.get(i) debe ser usada en vez
 * de una[i], y A.set(i,v) debe ser usada en vez de un A[i] = v.
 */
```

7.3. ARREGLOS DINÁMICOS Y ARRAYLISTS

```
public class DynamicArrayOfInt {
   private int[] data;  // Uun arreglo para mantener los datos.
   /**
    * El constructor crea un arreglo con un tamano inicial de 1,
    * pero el tamano del arreglo sera incrementado cuandoquiera que se haga una referencia
    * a la posicion de un arreglo que aun no existe.
    */
   public DynamicArrayOfInt() {
      data = new int[1];
   }
   /**
    * Obtiene el valor de la posicion especificada en el arreglo.
    * Debido a que todos los elementos del arreglo son inicializados a cero, cuando la
    * posicion especificada cae fuera del tamano fisico actual
    * del arreglo de datos, un valor de 0 es retornado.  Note que
    * un valor negativo de la posicion producira un
    * ArrayIndexOutOfBoundsException.
    */
   public int get(int position) {
      if (position >= data.length)
         return 0;
      else
         return data[position];
   }
   /**
    * Almacena el valor en la posicion especificada en el arreglo.
    * El arreglo de datos se incrementara en tamano para incluir esta posicion,
    *  si es necesario.
    */
   public void put(int position, int value) {
      if (position >= data.length) {
            // La posicion especificada esta fuera del tamano actual del
            // arreglo de datos. Duplica el tamano, o si eso aun no incluye
            // la posicion especificada, coloca el nuevo tamano
            // to 2*position.
         int newSize = 2 * data.length;
         if (position >= newSize)
            newSize = 2 * position;
         int[] newData = new int[newSize];
         System.arraycopy(data, 0, newData, 0, data.length);
         data = newData;
            // la siguiente linea es solo para propositos de demostracion!!
         System.out.println("El tamano del arreglo dinamico se incrementa a " + newSize);
      }
      data[position] = value;
   }
} // fin de class DynamicArrayOfInt
```

Los datos en un objeto *DynamicArrayOfInt* estan de hecho almacenados en un arreglo regular, pero ese arreglo es descartado y remplazado por un arreglo mas grande cuando quiera que sea necesario. Si numbers es una variable de tipo *DynamicArrayOfInt*, entonces el comando numbers.put(pos,val) almacena el valor val en la posicion numero pos en el arreglo dinamico. La funcion numbers.obtener(pos) retorna el valor almacenado en la posicion numero pos.

El primer ejemplo en esta Seccion uso un arreglo para almacenar enteros positivos introducidos por el usuario. Podemos reescribir ese ejemplo para usar un *DynamicArrayOfInt*. Una referencia a `numbers[i]` es remplazada por `numbers.get(i)`. La declaracion "`numbers[numCount] = num;`"[es] remplazada por "`numbers.put(numCount,num);`". Aquí esta el programa:

```
public class ReverseWithDynamicArray {
   public static void main(String[] args) {
      \newcode{DynamicArrayOfInt} numbers;   // Para mantener los numeros introducidos.
      int numCount;   // La cantidad de numeros almacenados en el arreglo.
      int num;       // Uno de los nuemros introducidos por el usuario.
      \newcode{numbers = new DynamicArrayOfInt();}
      numCount = 0;
      TextIO.putln("Introduzca algún entero positivo; Introduzca 0 para terminar");
      while (true) {  // Se obtiene los numeros y y se colocan en el arreglo dinamico.
         TextIO.put("? ");
         num = TextIO.getlnInt();
         if (num <= 0)
            break;
         \newcode{numbers.put(numCount, num);}   // Almacena num en el arreglo dinamico.
         numCount++;
      }
      TextIO.putln("\n Sus numeros en orden inverso son:\n");
      for (int i = numCount - 1; i >= 0; i--) {
         TextIO.putln( \newcode{numbers.obtener(i)} );   // Imprime el i-esimo numero.
      }
   } // fin de main();
} // fin de class ReverseWithDynamicArray}
```

7.3.3. ArrrayLists

La clase *DynamicArrayOfInt* podria ser usada en cualquier situacion donde un arreglo de **int** sin limites preestablecidos de tamano sea necesario. Sin embargo, si queremos almacenar *Shapes* en vez de **ints**, tendriamos que definir una nueva clase para hacerlo. Esa clase, probablemente llamada "*DynamicArrayOfShape*", se veria exactamente igual a la clase *DynamicArrayOfInt* excepto que donde quiera que el tipo "**int**.[a]parezca, deberia ser remplazado por el tipo "*Shape*". Similarmente, podriamos definir una clase *DynamicArrayOfDouble*, una clase *DynamicArrayOfPlayer*, y asi sucesivamente. Pero hay algo un poco tonto respecto a esto, debido a que todas estas clases estan muy cerca a ser identicas. Seria bueno el que seamos capaces de escribir algún tipo de código fuente, y de una vez por todas, pudiera ser utilizado para generar cualquiera de estas clases contra demanda, dado el tipo de valor que desea almacenar. Esto seria un ejemplo de **programacion generica**. Algunos lenguajes de programación, incluyendo C++, han tenido el apoyo para la programación genérica por algún tiempo. Con la version 5.0, Java presentó la programación genérica real, pero incluso antes de eso había algo que era muy similar: Uno puede acercarse a la programación genérica en Java mediante el trabajo con estructuras de datos que contiene elementos de tipo *Object*. En primer lugar, tendrá en cuenta la programación casi genérica que ha estado disponible en Java desde el principio, y luego vamos a ver el cambio que se introdujo en Java 5.0. Una discusión completa de la programación genérica se dará en el Capitulo 10.

En Java, cada clase es una subclase de la clase llamada *Object*. Esto significa que cada objeto puede ser asignado a una variable de tipo *Object*. Cada objeto puede ser puesto dentro de un arreglo de tipo *Object*[ ]. Si definimos una clase *DynamicArrayOfObject*, entonces podriamos

7.3. ARREGLOS DINÁMICOS Y ARRAYLISTS

almacenar objetos de cualquier tipo. Esto nno es verdadera Programación generica, y no se aplica a los tipos primitivos tales como **int** y **double**. Pero se acerca. De hecho, no tenemos necesidad de definir una clase *DynamicArrayOfObject*. Java ya tiene una clase normalizada llamada *ArrayList* que sirve de mucho al mismo proposito. La clase *ArrayList* esta en el paquete `java.util`, por lo que si usted quiee usarla en un programa, deberia colocar la directiva "`import java.util.ArrayList;`.[a]l inicio de su codigo fuente.

La clase *ArrayList* se diferencia de mi clase *DynamicArrayOfInt* en que un objeto *ArrayList* siempre tiene un tamano definido, y es ilegal referirse a una posicion en el *ArrayList* que se encuentra fuera de su tamano. En esto, una clase *ArrayList* es mas parecido a un arreglo regular. Sin embargo, el tamano de un *ArrayList* puede ser incrementado a voluntad. La clase *ArrayList* define muchos metodos instanciados. Les describire algunos de los mas utiles. Suponga que `list` es una variable de tipo *ArrayList*. Entonces tenemos:

- `list.size()` — Esta función retorna el tamano actual de *ArrayList*. Las unicas posiciones validas en la lista son numeros en el rango de 0 a `list.size()-1`. Note que el tamano puede ser cero. Un llamado al constructor por defecto `new ArrayList()` crea un *ArrayList* de tamano cero.

- `list.add(obj)` — Anade un objeto al final de la lista, incrementando el tamano en 1. El parametro, `obj`, puede referirse a un objeto de cualquier tipo, o puede ser `nulo`.

- `list.obtener(N)` — Esta función retorna el valor almacenado en la posicion N en el *ArrayList*. N debe ser un entero en el rango 0 a `list.size()-1`. Si N esta fuera de este rango, un error de tipo *IndexOutOfBoundsException* ocure. Llamar a esta función es similar a referirse a `A[N]` para un arreglo, `A`, excepto que usted no puede usar `list.obtener(N)` en el lado izquierdo de una declaracion de asignacion.

- `list.set(N, obj)` — Asigna el objeto, `obj`, en la posicion N en el *ArrayList*, remplazando el elemento previamente almacenado en la posicion N. El entero N debe estar en el rango de 0 a `list.size()-1`. Un llamado a esta funccion es equivalente al comando `A[N] = obj` para un arreglo `A`.

- `list.remove(obj)` — Si el objeto especificado esta en algún lugar en *ArrayList*, es removido de la lista. Cualquier elemento en la lista que venga despues del elemento removido es bajado una posicion. El tamano del *ArrayList* se decrementa en 1. Si `obj` ocurre mas de una vez en la lista, solo la primera copia es removeida.

- `list.remove(N)` — Para un entero, N, este remueve el N-simo elemento en el *ArrayList*. N debe estar en el rango de 0 a `list.size()-1`. Cualquier elemento en la lista que venga despues de el elemento removido se baja una posicion. El tamano del *ArrayList* se decrementa en 1.

- `list.indexOf(obj)` — A funcion que busca el objeto, `obj`, en el *ArrayList*. Si el objeto es encontrado en la lista, entonces el numero de la posicion donde se encuentra es retornado. Si el objeto no es encontrado, entonces `-1` es retornado.

Por ejemplo, supongamos de nuevo que los jugadores en un juego están representados por objetos de tipo *Player*. Los jugadores que están en el juego puede ser almacenado en un *ArrayList* llamado **players**. Esta variable se declara como

```
ArrayList players;
```

e inicializado para referirse a un nuevo, objeto *ArrayList* vacio con

```
players = new ArrayList();
```

Si `newPlayer` es una variable que se refiere a un objeto *Player*, el nuevo jugador se agregaría al *ArrayList* y al juego al decir

```
players.add(newPlayer);
```

y si el jugador numero `i` deja el juego, solo es necesario decir

```
players.remove(i);
```

O, si `player` es una variable que se refiere al *Player* que va a ser removido, usted podria decir

```
players.remove(player);
```

Todo esto trabaja muy bien. La única dificultad leve se presenta cuando se utiliza la función `players.get(i)` para obtener el valor almacenado en la posición i en la *ArrayList*. El tipo de retorno de esta funcion es *Object*. En este caso, el objeto que es devuelto por la función es en realidad de tipo *Player*. Con el fin de hacer algo útil con el valor devuelto, por lo general es necesario convierte en el tipo *Player*:

```
Player plr = (Player)players.get(i);
```

Por ejemplo, si la clase *Player* incluye un metodo instanciado `makeMove()` que es llamado para permitir a un jugador hacer un movimiento en el juego, entonces el código para permitir que todos los jugadores hagan un movimiento es

```
for (int i = 0;  i < players.size();  i++) {
    Player plr = (Player)players.get(i);
    plr.makeMove();
}
```

Las dos lineas dentro del bucle **para** pueden ser combinados dentro de una sola linea:

```
((Player)players.get(i)).makeMove();
```

Esto obtiene un elemento de la lista, hace la conversion, y entonces llama al metodo `makeMove()` en el *Player* resultante. Los parentesis alrededor "`(Player)players.get(i)`" se requieren por las reglas de prioridad de Java. Los parentesis forzan la conversion antes de que el metodo `makeMove()` sea llamado.

El bucle para-cada trabaja para *ArrayLists* tal y como lo hacen para arreglos. Pero note que debido a que los elementos en un *ArrayList* son solo *objetos*, el tipo de la variable de control del bucle debe ser *Object*. Por ejemplo, el bucle **para** usado arriba para permitirle a cada *Player* hacer un movimiento podria ser escrito como el bucle para-cada siguiente:

```
for ( Object plrObj : players ) {
   Player plr = (Player)plrObj;
   plr.makeMove();
}
```

7.3. ARREGLOS DINÁMICOS Y ARRAYLISTS

En el cuerpo del bucle, el valor de la variable de control del bucle, `plrObj`, es uno de los objetos de la lista, `players`. Este objeto debe ser convertido al tipo *Player* antes de que pueda ser usado.

* * *

En la Subseccion 5.5.5, discuti un programa, *ShapeDraw*, que usa *ArrayLists*. Aqui esta otra version de la mismo idea, simplificada para que sea más fácil ver cómo *ArrayList* se está utilizando. El programa apoya las operaciones siguientes: Hacer clic en la gran área de dibujo blanco para agregar un rectángulo de color. (El color del rectángulo está dada por una gama de "colores del arco iris.ª lo largo de la parte inferior del applet, haga clic en la paleta para seleccionar un nuevo color.) Arrastre rectangulos usando el boton derecho del raton. Mantenga presionada la tecla Alt y clickee sobre un rectangulo para borrarlo. Clickee y Shift un rectangulo para colocarlo delante de todos los otros rectángulos. Usted puede probar la versión applet del programa en la versión en-linea de este Seccion.

El código fuente para el panel principal de este programa puede ser encontrado en *SimpleDrawRects.java*. Usted debe ser capaz de seguir el código fuente en su totalidad. (También puede echar un vistazo a el archivo *RainbowPalette.java*, la cual define la paleta de colores que se muestra en la parte inferior del applet, si lo desea.) aqui, Sólo quiero mirar a las partes del programa que usan un *ArrayList*.

El applet utiliza una variable denominada `rects`, de tipo *ArrayList*, que guardan información sobre los rectángulos que se han agregado al área de dibujo. Los Objetos que se almacenan en la lista pertenecen a una clase anidada estática, *ColoredRect*, que esta definida como

```
/**
 * Un objeto de tipo ColoredRect contiene los datos de un rectángulo de color.
 */
private static class ColoredRect {
    int x,y;            // Esquina superior izquierda del rectangulo.
    int width,height;   // Tamano del rectangulo.
    Color color;        // Color del rectangulo.
}
```

Si `g` es una variable de tipo `Graphics`, entonces el siguiente codigo dibuja a todos los rectángulos que se almacenan en la lista `rects` (con un borde negro alrededor de cada rectangulo):

```
for (int i = 0;  i < rects.size();  i++) {
    ColoredRect rect = (ColoredRect)rects.get(i);
    g.setColor( rect.color );
    g.fillRect( rect.x, rect.y, rect.width, rect.height);
    g.setColor( Color.BLACK );
    g.drawRect( rect.x, rect.y, rect.width - 1, rect.height - 1);
}
```

El i-esimo rectángulo en la lista se obtiene llamando a `rects.obtener(i)`. Debido a que este metodo retorna un valor de tipo *Object*, el valor de retorno debe ser convertido en su tipo actual, *ColoredRect*, para obtener acceso a los datos que contiene.

Para llevar a cabo las operaciones del ratón, debe ser posible encontrar el rectángulo, en su caso, que contiene el punto de donde el usuario hace clic en el ratón. Para ello, escribí la función

```
/**
 * Encuentra el rectangulo mas alto que contiene el punto (x,y). Retorne nulo
 * si ningun rectangulo contiene ese punto.  Los rectangulos en el ArrayList son
```

```
 * considerados en orden inverso, de modo que si uno se encuentra en la parte
 * superior de otro, la de arriba se ve y se devuelve primero.
 */
ColoredRect findRect(int x, int y) {
   for (int i = rects.size() - 1;  i >= 0;  i--) {
      ColoredRect rect = (ColoredRect)rects.obtener(i);
      if ( x >= rect.x && x < rect.x + rect.width
              && y >= rect.y && y < rect.y + rect.height )
         return rect;   // (x,y) esta dentro de este rectangulo.
   }
   return null;   // Ningun rectangulo que contiene (x,y) fue encontrado.
}
```

El codigo para remover un `ColoredRect`, `rect`, del area de dibujo es simplemente `rects.remove(rect)` (seguido por un `repaint()`). Colocar un solo rectángulo dado delante de todos los otro rectángulos es un poco más difícil. Dado que los rectángulos se dibujan en el orden en el cual se producen en el *ArrayList*, el rectángulo que se encuentra en la última posición en la lista se encuentra en frente de todos los otros rectángulos en la pantalla. Así que tenemos que mover el rectángulo seleccionado a la última posición en la lista. Esto puede ser hecho mayormente en una forma un poco mas complicada usando operaciones de *ArrayList* pre construidas: El rectangulo es simplemente removido de su posicion actual en la lista y a continuación, vuelve a añadir al final de la lista:

```
void bringToFront(ColoredRect rect) {
   if (rect != null) {
      rects.remove(rect); // Remueve rect de la lista.
      rects.add(rect);    // Lo readiciona; se colocará en la última posición.
      repaint();
   }
}
```

Esto debería ser suficiente para darle la idea básica. Usted puede mirar en el código fuente para más detalles.

7.3.4. Tipos Parametrizados

La principal diferencia entre la verdadera programación genérica y los ejemplos de *ArrayList* en el apartado anterior es el uso del tipo *Object* como el tipo de base de Objetos que se almacenan en una lista. Esto tiene al menos dos consecuencias desafortunadas: En primer lugar, se hace necesario utilizar el conversion de tipo en casi todos los casos cuando un elemento se recupera de esa lista. En segundo lugar, ya que cualquier tipo de objeto que legalmente se puede agregar a la lista, no hay manera de que el compilador pueda detectar un intento para agregar el tipo equivocado de objeto a la lista, el error sera detectado sólo en tiempo de ejecución cuando el objeto sea llamado de la lista y el intento de conversion del objeto falle. Compare esto con los arreglos. Un arreglo de tipo *BaseType[]* **solo** puede mantener objetos de tipo *BaseType*. Un intento por almacenar un objeto del tipo incorrecto en el arreglo sera detectado por el compilador, y no hay necesidad de convertir los elementos que son llamados del arreglo tipo *BaseType*.

Para solucionar este problema, Java 5.0 introdujo ***tipos parametrizados***. *ArrayList* es un ejemplo: En vez de usar el tipo plano "ArrayList", es posible usar ArrayList¡BaseType¿, donde *BaseType* es cualquier tipo objeto, eso es, el nombre de una clase o de una interfaz. (*BaseType*

7.3. ARREGLOS DINÁMICOS Y ARRAYLISTS

no puede ser uno de los tipos primitivos.) ArrayList¡BaseType¿ puede ser usado para crear listas que pueden mantener solo objetos de tipo *BaseType*. Por ejemplo,

```
ArrayList <ColoredRect> rects;
```

declara una variable llamada `rects` de tipo ArrayList¡ColoredRect¿, y

```
rects = new ArrayList <ColoredRect>();
```

Hace que `rects` se refiera a una lista recientemente creada que solo puede mantener objetos pertenecientes a la clase *ColoredRect* (o a una subclase). El nombre "ArrayList¡ColoredRect¿."^{esta} siendo usado aqui en exactamente la misma manera que una clase de nombre ordinario— no deje que "¡ColoredRect¿"lo confunda; es solo parte del nombre de ese tipo. Cuando una declaracion tal como `rects.add(x);` ocurre en el programa, el compilador puede verificar si `x` es de hecho de tipo *ColoredRect*. Si no, el compilador reportara un error de sintaxis. Cuando un objeto es llamado de la lista, el compilador sabe que el objeto debe ser de tipo *ColoredRect*, asi ninguna conversion de tipo es necesario. Usted simplemente puede:

```
ColoredRect rect = rects.get(i)
```

Usted se puede referir directamente a una variable instanciada en el objeto, tales como `rects.get(i).colo` Esto se hace usando ArrayList<ColoredRect> muy similar a usar ColoredRect[ ] con la ventaja adicional que la lista puede crecer hasta cualquier tamano. Note que si un bucle para-cada es usado para procesar los elementos en `rects`, el tipo de variable del bucle de control puede ser *ColoredRect*, y ninguna conversion de tipo es necesario. Por ejemplo, cuando se usa ArrayList¡ColoredRect¿ como el tipo para la lista `rects`, el codigo para dibujar todos los rectangulos en la lista pudiera se reescrito como:

```
for ( ColoredRect rect : rects ) {
   g.setColor( rect.color );
   g.fillRect( rect.x, rect.y, rect.width, rect.height );
   g.setColor( Color.BLACK );
   g.drawRect( rect.x, rect.y, rect.width - 1, rect.height - 1 );
}
```

Usted puede usar ArrayList<ColoredRect> en cualquier lugar donde usted pudiera usar un tipo normal: declarar variables, como el tipo de una parametro formal en una subroutina, o como el tipo de retorno de una subrutina. Puede crear una subclase de ArrayList<ColoredRect>! (sin embargo, tecnicamente hablando, ArrayList<ColoredRect> no es considerado para que sea una clase separada de *ArrayList*. Un objeto de tipo ArrayList<ColoredRect> de hecho pertenece a la clase *ArrayList*, pero el compilador restringe el tipo de objetos que puede ser adicionado a la lista.)

El único inconveniente de usar tipos parametrizados es que el tipo base no puede ser un tipo primitivo. Por ejemplo, no hay tales cosas como "`ArrayList<int>`". Sin embargo, esto no es un gran inconveniente como podria parecer en primer lugar, debido a los "tipos contenedoresz "autoboxing"que fueron introducidos en la Subseccion 5.3.2. Un tipo contenedor tal como *Double* o *Integer* pueden ser usados como un tipo base para un tipo parametrizado. Un objeto de tipo ArrayList<Double> puede mantener referencias a objetos de tipo *Double*. Debido a que cada objeto de tipo *Double* mantiene un valor de tipo **double**, es casi como tener una lista de **doubles**. Si `numlist` es declarado para ser de tipo ArrayList<Double> y si `x` es de tipo **double**, entonces el valor de `x` puede ser adicionado a la lista diciendo:

```
numlist.add( new Double(x) );
```

Por otra parte, debido al autoboxing, el compilador convertira automaticamente **double**-a-*Double* y conversiones de tipo *Double*-a-**double** cuando sea necesario. Esto significa que el compilador tratara "`numlist.add(x)`çomo equivalente a "`numlist.add( new Double(x) )`". Asi, detras de la escena, "`numlist.add(x).`esta de hecho adicionando un objeto a la lista, pero parece como si usted estuviera trabajando con una lista de **doubles**.

* * *

El programa ejemplo *SimplePaint2.java* Muestra el uso de tipos parametrizados. En este Programa, el usuario puede dibujar curvas en un área de dibujo haciendo clic y arrastrando con el ratón. Las curvas pueden ser de cualquier color, y el usuario puede seleccionar el color de dibujo usando un menú. Por lo tanto, el color de fondo del área de dibujo se pueden seleccionar usando un menu. Y hay un menu de "Control"que contiene varios comandos: un comando "Deshacer ", el cual elimina la el cual elimina la curva más recientemente dibujada en la pantalla, un comando "Limpiar"que elimina todas las curvas, y un comando "Uso de Simetria"que activa y desactiva la función de la simetría. Las curvas que son dibujadas por el usuario cuando la opción está en la simetría se reflejan horizontalmente para producir un patrón simétrico y vertical. Usted puede probar la versión applet del programa de la versión en-linea de este Seccion.

Una diferencia del programa SimplePaint original en la Subseccion 6.4.4, esta nueva version usa una estructura de datos para almacenar información sobre la imagen que ha sido elaborado por el usuario. Estos datos son utilizados en el metodo `paintComponent()` para volver a dibujar la imagen cuando sea necesario. Por lo tanto, la imagen no desaparece cuando, por ejemplo, La imagen se cubre y entonces se decubre. La estructura de datos es implementada usando *ArrayLists*.

La mayoria de los datos para una curva consiste de una lista de los puntos de la curva. Estos datos pueden ser almacenados en un objeto de tipo ArrayList¡Point¿, donde `java.awt.Point` es una de las clases estándar de Java. (Un objeto *Point* contiene dos variables publicas enteras x y y que representan las coordenadas de un punto.) Sin embargo, para volver a trazar la curva, también necesitamos saber su color, y lo que necesitamos saber si la opción de simetría debe ser aplicado a la curva. Todos los datos que se necesita para volver a trazar la curva pueden ser agrupados dentro de un objeto de tipo *CurveData* que esta definido como

```
private static class CurveData {
   Color color;   // El color de la curva.
    boolean symmetric;   // Tambien hay dibujados reflejos horizontales y verticales?
    ArrayList<Point> points;   // El punto en la curva.
}
```

Sin embargo, una imagen puede contener muchas curvas, no solo una, asi para almacenar todos los datos necesarios para redibujar toda la imagen, necesitamos una **lista** de objetos de tipo *CurveData*. Para esta lista, podemos usar una variable **curves** declarada como

```
ArrayList<CurveData> curves = new ArrayList<CurveData>();
```

Aqui tenemos una lista de objetos, donde cada objeto contiene una lista de puntos como parte de sus datos! Veamos algunos ejemplos de procesamiento de estructura de datos. Cuando el usuario hace clic con el ratón en la superficie de dibujo, es el comienzo de Una nueva curva, y un nuevo objeto *CurveData* se debe crear y añadir a la lista de las curvas. Las variables instanciadas en el nuevo objeto *CurveData* objeto tambien debe ser inicializado. Aqui esta el codigo de la rutina `mousePressed()` que hace esto:

7.3. ARREGLOS DINÁMICOS Y ARRAYLISTS

```
currentCurve = new CurveData();        // Crea un nuevo objeto CurveData.
currentCurve.color = currentColor;     // El color de la curva es tomado de una
                                       // variable instanciada que representa
                                       // el color de dibujo seleccionado.
currentCurve.symmetric = useSymmetry;  // La propiedad "simetrica" de la curva
                                       // tambien es copiada del valor actual
                                       // de una variable instanciada, useSymmetry.
currentCurve.points = new ArrayList<Point>();  // Crea una lista de objetos de puntos.
currentCurve.points.add( new Point(evt.getX(), evt.getY()) );
        // El punto donde el usuario presiona el raton es el primer punto en
        // la curva.  Un nuevo objeto Point se crea para contener las coordenadas
        // de ese punto y se agrega a la lista de los puntos de la curva.
curves.add(currentCurve);    // Agregue el objeto CurveData a la lista de las curvas.
```

A medida que el usuario arrastra el ratón, los nuevos puntos se añaden a `currentCurve`, y `repaint()` es llamado. Cuando la imagen es redibujada, el nuevo punto será parte de la imagen.

El metodo `paintComponent()` tiene que usar los datos en `curves` para dibujar todas las curvas. La estructura basica es un bucle para-cada que procesa los datos para cada curva individual a la vez. Esta tiene la forma:

```
for ( CurveData curve : curves ) {
    .
    .   // Dibuja la curva representada por el objeto, curva, de tipo CurveData.
    .
}
```

En el curepo de este bucle, `curve.points` es una variable de tipo ArrayList<Point> que mantiene la lsita de puntos en la curva. El i-esimo punto en la curva puede ser obtenido llamando al metodo `get()` de esta lista: `curve.points.get(i)`. Esto retorna un valor de tipo *Point* el cual contiene variables instanciadas llamadas `x` y `y`. Podemos referirnos directamente a las coordenadas X del i-esimo punto como:

`curve.points.get(i).x`

Esto podria parecer bastante complicado, pero es un ejemplo divertido de un nombre complejo que especifica un camino a un pedazo de de dato deseado: Vaya al objeto, `curve`. Dentro de `curve`, vaya a `points`. Dentro de `points`, obtenga el i-esimo elemento. Y desde ese elemento, obtengar la variable instanciada llamada `x`. Aqui esta la definicion completa del metodo `paintComponent()`:

```
public void paintComponent(Graphics g) {
   super.paintComponent(g);
   for ( CurveData curve : curves) {
      g.setColor(curve.color);
      for (int i = 1; i < curve.points.size(); i++) {
          // Dibuja una linea de segmentos desde el pnto numero i-1 al punto numero i.
         int x1 = curve.points.get(i-1).x;
         int y1 = curve.points.get(i-1).y;
         int x2 = curve.points.get(i).x;
         int y2 = curve.points.get(i).y;
         g.drawLine(x1,y1,x2,y2);
         if (curve.symmetric) {
```

```
                // Tambien dibuja las reflexiones horizontales y verticales
                // de la linea de segmentos.
                int w = getWidth();
                int h = getHeight();
                g.drawLine(w-x1,y1,w-x2,y2);
                g.drawLine(x1,h-y1,x2,h-y2);
                g.drawLine(w-x1,h-y1,w-x2,h-y2);
            }
        }
    }
} // fin de paintComponent()
```

Les recomiendo leer el codigo fuente completo, *SimplePaint2.java*. Adicionalmente como un ejemplo de usar tipos parametrizados, tambien sirve como otro ejemplo de creacion y uso de menus.

7.3.5. Vectores

La clase *ArrayList* fue introducida en la version 1.2 de Java, como una de un grupo de clases disenada para trabajar con colecciones de objetos. Veremos estas "coleciones de clases."en el Capitulo 10. Versiones previas de Java no incluyeron *ArrayList*, pero ellas tenian una clase muy similar llamada `java.util.Vector`. Aun usted puede ver *Vectores* usados en codigo antiguo y en muchas de las clase normalizadas de Java, por lo que es bueno saber de ello. Usar un *Vector* es similar a usar un *ArrayList*, excepto que se usan nombres diferentes para algunos metodos instanciados comunmente usados, y algunos metodos instanciados en una clase no se corresponden con ningun metodo instanciado en la otra clase.

Al igual que con un *ArrayList*, un *Vector* es similar a un arreglo de *objetos* que puede llegar a ser tan grande como sea necesario. El constructor por defecto, `new Vector()`, crea un vector sin elementos. Suponga que `vec` es una *Vector*. Entonces tenemos:

- `vec.size()` — una funcion que retorna el numero de elementos actuales en el vector.

- `vec.elementAt(N)` — retorna el N-simo elemento del vector, para un entero N. N debe estar en el rango 0 a `vec.size()-1`. Esto es lo mismo que `get(N)` para una *ArrayList*.

- `vec.setElementAt(obj,N)` — coloca el N-simo elemento en el vector a ser `obj`. N debe estar en el rango 0 a `vec.size()-1`. Esto es lo mismo que `set(N,obj)` para un *ArrayList*.

- `vec.addElement(obj)` — adiciona el *Objeto*, obj, al final del vector. Esto es lo mismo que el metodo `add()` de un *ArrayList*.

- `vec.removeElement(obj)` — remueve `obj` del vector, si ocurre. Solo la primera occurrencia es removida. Esto es lo mismo que `remove(obj)` para un *ArrayList*.

- `vec.removeElementAt(N)` — remueve el N-simo elemento, por un entero N. N debe estar en el rango 0 a `vec.size()-1`. Esto es lo mismo que `remove(N)` para un *ArrayList*.

- `vec.setSize(N)` — coloca el tamano del vector a N. Si habia mas de N elementos en `vec`, los elementos extra son removidos. Si hubiera menos de N elementos, los espacios extra son llenados con `null`. La clase *ArrayList*, desafortunadamente, no tiene el metodo `setSize()`.

La clase *Vector* incluye muchos mas metodos, pero estos son probablemente los mas comunmente usados. Note que en Java 5.0, *Vector* puede ser usado como un tipo parametrizado en exactamente la misma manera que *ArrayList*. Eso es, si *BaseType* es cualquier clase o nombre de interfaz, entonces Vector¡BaseType¿ representa vectores que pueden mantener solo objetos de tipo *BaseType*.

7.4. Búsqueda y Clasificación

Las dos tecnicas de procesamiento de arreglos que son particularmente comunes son **busqueda** y **clasificacion**. La busqueda se refiere aqui a encontrar un elemento en el arreglo que se ajusta a algún criterio especifico. Clasificacion se refiere reordenar todos los elementos en el arreglo en un orden creciente o decreciente (donde el significado de creciente y decreciente puede depender del contexto).

La clasificacion y la busqueda son discutidas con frecuencia, en una forma teorica, usando un arreglo de numeros como un example. En situaciones prácticas, sin embargo, tipos de datos más interesantes están a menudo involucrados. Por ejemplo, el arreglo podria ser una lista de correos, y cada elemento del arreglo podria ser un objeto que contenga un nombre y direccion. Dado el nombre de una persona, es posible que desee buscar la dirección de esa persona. Este es un ejemplo de búsqueda, ya que usted desea encontrar el objeto en el arreglo que contiene el nombre dado. También sería útil poder ordenar los arreglos de acuerdo a diferentes criterios. Un ejemplo de clasificación sería ordenar los elementos del arreglo para que los nombres aparezcan en orden alfabético. Otro ejemplo sería ordenar los elementos del arreglo de acuerdo con el código postal antes de imprimir un conjunto de etiquetas de correo. (Este tipo de clasificación puede obtener una tasa de gastos de envío más barato en un correo de gran tamaño.)

Este ejemplo puede ser generalizado a una situacion mas abstracta en la cual tenemos un arreglo que contiene objetos, y queremos buscar u ordenar el arreglo basado en el valor de una de las variables instanciadas en ese Arreglo. Podemos utilizar aqui algo de la terminología que se originó en el trabajo con las "bases de datos"las cuales son grandes, colecciones organizadas de datos. Nos referimos a cada uno de los objetos en el arreglo como un *registro*. Entonces, las variables instanciadas en un objeto son llamadas *campos* del registro. En el ejemplo de la lista, cada registro contendria un nombre y direccion. Los campos del registro podrian ser el primer nombre, apellido, calle donde tiene su vivienda, estado, ciudad y codigo postal. Para el proposito de busqueda y clasificacion, uno de los campos es designado para ser campo *clave*. Entonces la buscando, significa encontrar un registro en el arreglo que tiene un valor especificado en su campo clave. Clasificación significa reorganizar de registros en el arreglo para que los campos clave del registro se organicen en orden creciente (o decreciente).

En esta Seccion, la mayoria de mis ejemplos siguen la tradicion de usar arreglos de numeros. Pero tambien doy algunos ejemplos para usar registros y claves, para recordarle las aplicaciones más prácticas.

7.4.1. Búsqueda

Hay un algoritmo obvio para la busqueda de un elemento particular en un arreglo: Mirar cada elemento en el arreglo a la vez, y verificar si ese elemento es el que esta buscando. Si es asi, la busqueda se termina. Si usted ve en cada elemento sin encontrar el que usted quiere, entonces puede estar seguro que el elemento no esta en el arreglo. Es fácil escribir una subrutina para implementar este algoritmo. Digamos que el arreglo en el que quieres buscar es un arreglo de **ints**. Aqui hay un metodo que buscara un entero especificado en el arreglo. Si el entero es encontrado, el metodo devuelve el índice de la ubicación del arreglo en donde se encuentra. Si el entero no esta en el arreglo, el metodo retorna el valor -1 como una senal que el entero pudo no haber encontrado:

```
/**
 * Busca el entero N en el arreglo A.  Si N no esta en el arreglo,
 * entonces se retorna -1.  Si N esta en el arreglo, entonces el valor retornado es
 * el primer entero i que satisface A[i] == N.
 */
static int find(int[] A, int N) {
   for (int index = 0; index < A.length; index++) {
      if ( A[index] == N )
         return index;   // N ha sido encontrado en este indice!
   }
   // Si no lo hemos obtenido hasta aqui, entonces N no ha sido encontrado
   // en ninguna parte del arreglo.  Retorna un valor de -1.
   return -1;
}
```

Este metodo de busqueda en un arreglo mirando cada elemento a la vez es llamado *busqueda lineal*. Si nada se sabe hacer del orden de los elementos en el arreglo, entonces realmente no hay ningun algoritmo alternativo mejor. Pero si se sabe que los elementos en el arreglo van a estar en orden creciente o decreciente, entonces un algoritmo de busqueda mucho mas rapido puede ser usado. Un arreglo en el cual los elementos estan en orden se dice que esta **ordenado**. Por supuesto, toma algo de trabajo ordenar un arreglo, pero si el arreglo va a ser usado en busqueda mucha veces, entonces realmente vale la pena el trabajo invertido en arreglarlo.

La busqueda binaria es un metodo para buscar un elemento dado en un arreglo **ordenado**. Aunque la implementacion no es trivial, la idea basica es simple: Si usted está buscando elementos en una lista ordenada, entonces es posible eliminar la mitad de los elementos en la lista mediante la inspección de un elemento único. Por ejemplo, Suponga que usted está buscando el numero 42 en un arreglo ordenado de 1000 enteros. Asumamos que el arreglo es ordenado en orden incremental. Suponga que usted revisa el elemento numero 500 en el arreglo, y encuentra que el elemento es 93. Debido a que 42 es menos que 93, y ya que los elementos en el arreglo estan en orden creciente, podemos concluir que si 42 se produce en el arreglo, entonces debe ocurrir en algun lugar antes de la ubicación 500. Todas las ubicaciones numeradas 500 o más contienen valores que son mayores o igual a 93. Estas locaciones pueden ser eliminadas como posibles locaciones del numero 42.

El siguiente paso obvio es ver la ubicación 250. Si el numero en ese lugar es, por ejemplo, -21, entonces usted puede eliminar ubicaciones antes de 250 y límitar otra búsqueda a localidades entre 251 y 499. La próxima prueba será limitar la búsqueda a cerca de 125 lugares, y después a cerca de 62. Después de tan sólo 10 pasos, nos queda un solo lugar a la izquierda. Esto es mucho mejor que mirar a través de cada elemento del arreglo. Si hubiera un millon de elementos, todavía tendría sólo 20 pasos para la búsqueda binaria para hacer la búsqueda en el arreglo! (Matematicamente, el numero de pasos es aproximadamente igual al logaritmo, en la base 2, del numero de elementos en el arreglo.)

Con el fin de hacer búsqueda binaria en un subprograma de Java que busca un elemento N en un arreglo A , tsólo tenemos que hacer un seguimiento de la gama de lugares que podrían contener a N. En cada paso, a medida que se eliminan las posibilidades, podemos reducir el tamaño de este rango. El funcionamiento básico es buscar en el elemento del centro de la gama. Si este elemento es mayor que N, a continuación, la segunda mitad de la gama puede ser eliminada. Si

7.4. BÚSQUEDA Y CLASIFICACIÓN

es menor que N, entonces la primera mitad de la gama puede ser eliminada. Si el numero en el medio llega a ser exactamente N, entonces la búsqueda ha terminado. Si el tamaño de la gama se reduce a cero, entonces el numero N no ocurre en el arreglo. Aqui hay una subrutina que devuelve la ubicación de N en un arreglo ordenado A. Si N no puede ser encontrado en el arreglo, entonces un valor de -1 se devuelve:

```
/**
 * Busca el entero N en el arreglo A.
 * Precondicion:   A debe ser ordenado en orden creciente.
 * Postcondicion: Si N esta en el arreglo, el valor retornado, i,
 *     satisface A[i] == N.  Si N no esta en el arreglo, entonces el valor
 *     retornado es -1.
 */
static int binarySearch(int[] A, int N) {
    int lowestPossibleLoc = 0;
    int highestPossibleLoc = A.length - 1;
    while (highestPossibleLoc >= lowestPossibleLoc) {
        int middle = (lowestPossibleLoc + highestPossibleLoc) / 2;
        if (A[middle] == N) {
                // N ha sido encontrado en este indice!
           return middle;
        }
        else if (A[middle] > N) {
                // eliminate locations >= middle
           highestPossibleLoc = middle - 1;
        }
        else {
                // eliminate locations <= middle
           lowestPossibleLoc = middle + 1;
        }
    }
    // En este punto, highestPossibleLoc < LowestPossibleLoc,
    // lo cual significa que se sabe que N no esta en el arreglo.  Retorna
    // un -1 para indicar que N no pudo ser encontrado en el arreglo.
    return -1;
}
```

7.4.2. Listas de Asociación

Una aplicacion muy común de la búsqueda es con **listas de asociacion**. El ejemplo típico de una lista de asociación es un diccionario. Un diccionario asocia definiciones con palabras. Dada una palabra, puede utilizar el diccionario para buscar su definición. Podemos pensar en el diccionario como una lista de **pares** de la forma (w,d), donde w es una palabra y d es su definicion. Una lista general de asociacion es una lista de pares (k,v), donde k es algún valor "clave", y v es un valor asociado a esa clave. En general, queremos suponer que no hay dos parejas en la lista que tienen la misma clave. hay dos operaciones básicas en las listas de asociación: Dada una clave, k, encuentre el valor de v asociado con k, si hay alguno. Y dada una clave, k, y un valor v, adicione el par (k,v) a la lista de asociacion (remplace el par, si hay alguno, eso tiene el mismo valor clave). Las dos operaciones son llamadas usualmente **get** y **put**.

Las listas de asociación son ampliamente utilizados en la informática. Por ejemplo, un compilador tiene que hacer un seguimiento en la locacion de memoria asociada con cada variable. Puede hacer esto con una lista de asociacion en la cual cada clave es una variable con nombre y el valor asociado es la dirección de esa variable en la memoria. Otro ejemplo sería una lista de correo, si pensamos en él como asociando una direccion para cada nombre en la lista. Como un ejemplo relacionado, considere un directorio telefónico que asocia un numero de teléfono con cada nombre . Los elementos en la lista podrian ser objetos pertenecientes a la clase:

```
class PhoneEntry {
   String nombre ;
   String phoneNum;
}
```

Los datos de una guía telefónica consisten en un arreglo de tipo PhoneEntry[ ] y una variable entera para mantener registro de cuantas entradas en realidad estan almacenadas en el directorio. La tecnica de "arreglos dinamicos"(Subseccion 7.3.2) puede ser usada con el fin de evitar poner un límite arbitrario sobre el numero de entradas que el directorio de teléfono puede almacenar. Usar un *ArrayList* sería otra posibilidad. Una clase *PhoneDirectory* deberia incluir metodos instanciados que implementan las operaciones "get¿ "put". Aqui es una posible definición simple de la clase:

```
/**
 * Un PhoneDirectory tiene una lista de nombres con un numero telefonico para
 * cada nombre.  Es posible encontrar el numero asociado con
 * un nombre dado, y especifica el numero telefonico para un nombre dado.
 */
public class PhoneDirectory {
   /**
    * Un objeto de tipo PhoneEntry mantiene uno o un par de nombre/numero.
    */
   private static class PhoneEntry {
      String nombre ;     // El nombre.
      String numero;      // El numero telefonico asociado.
   }
   private PhoneEntry[] data;  // Un arreglo que mantiene uno o un par de nombre/numero.
   private int dataCount;      // El numero de pares almacenados en el arreglo.
   /**
    * Constructor que crea un directorio inicialmente vacio.
    */
   public PhoneDirectory() {
      data = new PhoneEntry[1];
      dataCount = 0;
   }
   /**
    * Busca un par nombre /numero con un nombre dado.  Si lo encuentra, el indice
    * del par de datos en el arreglo es retornado.  Si ningun par contiene el
    * nombre dado, entonces el valor retornado es -1.
    */
   private int find( String nombre  ) {
      for (int i = 0; i < dataCount; i++) {
         if (data[i].nombre .equals(nombre ))
            return i;  // El nombre ha sido encontrado en la posicion i.
      }
      return -1;  // El nombre no existe en el arreglo.
   }
   /**
```

7.4. BÚSQUEDA Y CLASIFICACIÓN

```java
     * Encuentra el numero de telefono, si lo hay, para un nombre dado.
     * @return El numero de telefono asociado con el nombre; si el nombre no
     *    aparece en el directorio telefonico, entonces el valor retornado es nulo.
     */
    public String getNumber( String nombre  ) {
       int position = find(nombre );
       if (position == -1)
          return null;    // No hay numero de telefono para el nombre dado.
       else
          return data[position].numero;
    }


    /**
     * Asocia un nombre dado con un numero telefonico dado.  Si el nombre
     * ya existe en el directorio telefonico, entonces el nuevo nnumero remplaza
     * al anterior.  De otra manera, un nuevo par nombre /numero es anadido.  El
     * nombre  y numero debeiran ser ambos no nulos.  Un IllegalArgumentException
     * es lanzado si este no es el caso.
     */
    public void putNumber( String nombre , String numero ) {
       if (nombre   == null || numero == null)
          throw new IllegalArgumentException("El nombre  y el numero no pueden ser nulos");
       int i = find(nombre );
       if (i >= 0) {
             // El nombre ya existe, en la posicion i en el arreglo.
             // Remplaza al numero anterior en ese posicion con el nuevo.
          data[i].numero = numero;
       }
       else {
             // Agrega un nuevo par de nombre /numero al arreglo.  Si el arreglo ya
             // esta lleno, primero crea un nuevo, arreglo mas grande.
          if (dataCount == data.length) {
             PhoneEntry[] newData = new PhoneEntry[ 2*data.length ];
             System.arraycopy(newData,0,data,0,dataCount);
             data = newData;
          }
          PhoneEntry newEntry = new PhoneEntry();   // Crea un nuevo par.
          newEntry.nombre   = nombre ;
          newEntry.numero = numero;
          data[dataCount] = newEntry;     // Agrega el nuevo par al arreglo.
          dataCount++;
       }
    }
} // fin de la clase PhoneDirectory}
```

La clase define un metodo instanciado privado, `find()`, que usa busqueda lineal para encontrar la posicion de un nombre dado en el arreglo de pares de nombre /numero. El metodo `find()` es usado en ambos metodos `getNumber()` y en el metodo `putNumber()`. Note en particular que `putNumber(nombre ,numero)` tiene que verificar si el nombre esta en el directorio telefonico. Si es asi, se cambia el numero en la entrada existente; si no, se tiene que crear una nueva entrada telefonica y agregarla al arreglo.

Esta clase podria tener muchas mejoras. Para una cosa, seria bueno usar busqueda binaria en vez de busqueda lineal simple en el metodo `getNumber`. Sin embargo, solo podremos hacer eso si la lista de PhoneEntries fuera ordenada en orden alfabetico de acuerdo al nombre . De hecho, no es realmente tan difícil de mantener la lista de entradas de forma ordenada, como se verá en la siguiente Subsección.

7.4.3. Orden de Inserción

Hemos visto que hay buenas razones para clasificar arreglos. Hay muchos algoritmos disponibles para hacer eso. Uno de los más fáciles de entender es el algoritmo de *tipo de insercion*. Este metodo también es aplicable al problema de **mantener** una lista en orden a medida que adiciona nuevos elementos a la lista. Vamos a considerar que el primer caso:

Suponga que tiene una lista ordenada y desea agregar un elemento a esa lista. Si desea asegurarse de que la lista modificada esta todavía ordenada, entonces el elemento se debe insertar en el lugar correcto, con todos los elementos más pequeños adelante y todos los elementos más grande después. Esto significa que hay que mover los elementos más grandes un espacio hacia arriba dando espacio para el elemento nuevo.

```
/*
 * Precondicion:  itemsInArray es el numero de elementos que estan
 *    almacenados en A.  Estos elementos debe estar en orden creciente
 *    (A[0] <= A[1] <= ... <= A[itemsInArray-1]).
 *    El tamano del arreglo es a menos un valor mayor que itemsInArray.
 * Postcondition:  El numero de elementos se ha incrementado en uno,
 *    newItem ha sido agregado al arreglo, y todos los elementos
 *    en el arreglo siguen en orden creciente.
 * Note:  Para completar el proceso de insertar un elemento en el
 *    arreglo, la variable que cuenta el numero de elementos
 *    en el arreglo debe ser incrementada, despues de llamar a esta
 *    subrutina.
 */
static void insert(int[] A, int itemsInArray, int newItem) {
   int loc = itemsInArray - 1;  // Inicia al final del arreglo.
   /* Mueve a los elementos mas grandes que newItem un espacio hacia arriba;
      Se detiene cuando un elemento mas pequeño es encontrado o cuando
el principio del arreglo (loc == 0) es alcanzado. */
   while (loc >= 0 && A[loc] > newItem) {
      A[loc + 1] = A[loc];  // Envia al elemento desde A[loc] hacia  loc+1.
      loc = loc - 1;        // Va a la proxima locacion.
   }
   A[loc + 1] = newItem;  // Coloca a newItem en el ultimo espacio vacio.
}
```

Conceptualmente, esto podría extenderse a un metodo de clasificación si fuéramos a tomar todos los elementos del arreglo sin clasificar, y luego inserte de nuevo en el arreglo de uno en uno, manteniendo la lista de forma ordenada como lo hacemos. Cada insercion puede ser hecha usando la rutina **insert** dada mas arriba. En el algoritmo actual, realmente no tomamos todos los elementos del arreglo, recordamos qué parte del arreglo se ha ordenado:

```
static void insertionSort(int[] A) {
     // Ordena al arreglo A en orden creciente.
   int itemsSorted; // Numero de elementos que han sido clasificados hasta ahora.
   for (itemsSorted = 1; itemsSorted < A.length; itemsSorted++) {
      // Asumiendo que los elementos A[0], A[1], ... A[itemsSorted-1]
```

7.4. BÚSQUEDA Y CLASIFICACIÓN

```
        // ya han sido ordenados.  Insertar A[itemsSorted]
        // dentro de la parte ordenada de la lista.
   int temp = A[itemsSorted];  // El elemento a ser insertado.
   int loc = itemsSorted - 1;  // Inicia al final de la lista.
   while (loc >= 0 && A[loc] > temp) {
      A[loc + 1] = A[loc]; // Lleva el elemento desde A[loc] hasta loc+1.
      loc = loc - 1;       // Sigue a la siguiente locacion.
   }
   A[loc + 1] = temp; // Coloca a temp en el ultimo espacio vacante.
  }
}
```

La siguiente es una ilustracion de una etapa en el orden de insercion. Muestra lo que sucede durante una ejecución de un bucle **para** en el metodo arriba indicado, cuando `itemsSorted` es 5:

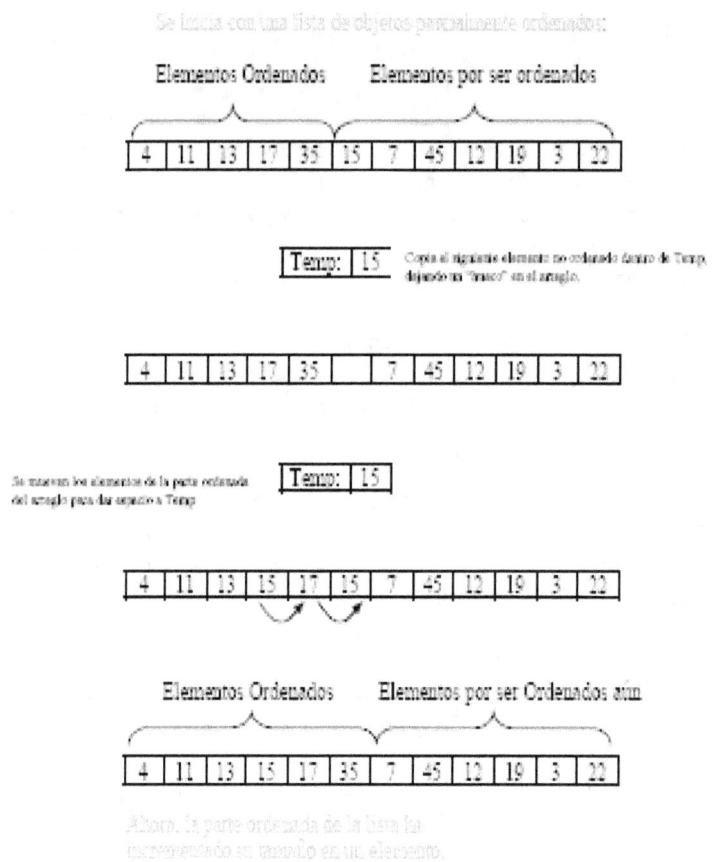

7.4.4. Orden de Selección

Otro metodo de clasificación típica utiliza la idea de encontrar el mayor Elemento de la lista y se mueve hasta el final—la cual es a donde pertenece si la lista esta en orden creciente. Una vez que el elemento más grande se encuentra en su ubicación correcta, a continuación, puede aplicar la misma idea a los elementos restantes. Eso es, encontrar el proximo elemento mas grande, y moverlo en el espacio situado junto a la última, y así sucesivamente. Este algoritmo es llamado *orden de seleccion*. Es facil de escribir:

```
static void selectionSort(int[] A) {
    // Orden a A en orden creciente, usando orden de seleccion
  for (int lastPlace = A.length-1; lastPlace > 0; lastPlace--) {
      // Encuentra el elemento mas grande A[0], A[1], ...,
      // A[lastPlace], y lo mueve dentro de la posicion lastPlace
      // intercambiandolo con el numero que esta actualmente
      // en la posicion lastPlace.
    int maxLoc = 0;  // Locacion del elemento mas grande visto hasta ahora.
    for (int j = 1; j <= lastPlace; j++) {
      if (A[j] > A[maxLoc]) {
          // Debido a que A[j] es el mayor valor que hemos visto
          // hasta ahora, j es la nueva locacion del maximo valor que hemos visto
          // hasta ahora.
        maxLoc = j;
      }
    }
    int temp = A[maxLoc];  // Intercambia el elemento mayor con A[lastPlace].
    A[maxLoc] = A[lastPlace];
    A[lastPlace] = temp;
  } // fin del bucle para
}
```

El tipo de inserción y tipo de selección son adecuados para la clasificación de arreglos bastante pequeño (hasta unos pocos cientos de elementos, por ejemplo). existen algoritmos de ordenación más complicados que son mucho más rápido que la ordenación por inserción y tipo de selección para los arreglos grandes. Voy a hablar de un algoritmo de este tipo en el Capitulo 9.

* * *

Una variación del tipo de selección se utiliza en la clase *Hand* que se introdujo en la Subsección 5.4.1. (Por cierto, usted esta finalmente en una posicion para entender completamente el código fuente tanto para la clase *Hand* y la clase *Deck* de esa Seccion. Vea el codigo fuente *Deck.java* y *Hand.java*.)

En la clase *Hand*, una mano de cartas está representada por un *Vector*. Este es un codigo viejo, el cual uso *Vectores* en vez de *ArrayList*, y He optado por no modificarlo para que se vea al menos un ejemplo de uso de *Vectores*. Vea la Subseccion 7.3.5 para una discusion de *Vectores*.

Los objetos almacenados en el *Vector* son de tipo *Card*. Un objeto *Card* contiene metodos instanciados `getSuit()` y `getValue()` que pueden ser usados para determinar el valor y tipo de la carta. En mi metodo de ordenamiento, De hecho, creo un nuevo vector y muevo las cartas una a una a partir del vector antiguo para el nuevo vector. Las tarjetas son seleccionados a partir del vector mas antiguo en orden creciente. Al final, el nuevo vector se convierte en la mano y el vector antiguo se descarta. Este no es el procedimiento más eficiente! pero manos de cartas son tan pequeñas que la ineficiencia es insignificante. Aqui esta el código para ordenar las tarjetas por sus tipo:

```
/**
 *Ordena las cartas en la mano de manera tal que las cartas del mismo tipo estan
 * agrupadas juntas, y por cada tipo de cartas se ordena por valor.
 * Note que los aces estan considerados como los de menos valor, 1.
 */
public void sortBySuit() {
  Vector newHand = new Vector();
  while (hand.size() > 0) {
```

7.4. BÚSQUEDA Y CLASIFICACIÓN

```
        int pos = 0;   // Posicion de la carta de menor valor encontrada hasta ahora.
        Card c = (Card)hand.elementAt(0);   // La carta minima.
        for (int i = 1; i < hand.size(); i++) {
           Card c1 = (Card)hand.elementAt(i);
           if ( c1.getSuit() < c.getSuit() ||
                  (c1.getSuit() == c.getSuit() && c1.getValue()  c.getValue()) ) {
              pos = i;
              c = c1;
           }
        }
        hand.removeElementAt(pos);
        newHand.addElement(c);
     }
     hand = newHand;
}
```

Este ejemplo ilustra el hecho de que la comparación de elementos en una lista no es usualmente tan simple como usar el operador "<". En este caso, consideramos una carta que es menos que otra si el tipo de la primera carta es menor que el tipo de la segunda, y tambien si los tipos son los mismos y el valor de la segunda carta es menor que el valor de la primera. La segunda parte de esta prueba asegura que las cartas con el mismo tipo finalmente seran ordenadas por valor.

Ordenar una lista de Strings presenta un problema similiar: el "<.ºperador no esta definido para cadenas de caracteres. Sin embargo, la clase *String* define un metodo `compareTo`. Si `str1` y `str2` son de tipo *String*, entonces

`str1.compareTo(str2)`

retorna un **int** que es 0 cuando `str1` es igual a str2, es menos que 0 cuando `str1` precede `str2`, y es mayor que 0 cuando `str1` sigue a `str2`. La definicion de "exitoz "sigue"para cadenas de caracteres usa lo que es llamado **ordenamiento lexicografico**, el cual esta basado en los valores Unicode de los caracteres en la cadena. El ordenamiento lexicografico no es lo mismo que el ordenamiento alfabetico, incluso para las cadenas que compuesta solamente por letras (ya que en el orden lexicográfico, todas las letras mayúsculas vienen antes de todas las letras minúsculas). Sin embargo, para palabras que consisten estrictamente de las 26 letras minúsculas en el alfabeto Inglés, el orden lexicográfico y alfabético es lo mismo. Por lo tanto, si `str1` y `str2` son cadenas que contienen solo letras del alfabeto Ingles, entonces la prueba

`str1.toLowerCase().compareTo(str2.toLowerCase()) < 0`

es verdad si y solo si `str1` viene antes de `str2` en orden alfabetico.

7.4.5. Desordenar

No puedo resistirme a poner fin a esta Seccion de clasificación con un problema que es mucho menos común, pero es un poco mas divertido. Ese es el problema de poner los elementos de un arreglo en un orden aleatorio. El caso tipico de este problema es barajar un mazo de cartas. Un buen algoritmo para barajar es similar al tipo de selección, salvo que en vez de pasar el mayor elemento hasta el final de la lista, se selecciona un elemento al azar se mueve al final de la lista. Aquí esta una subrutina que baraja un arreglo de **ints**:

```
/**
 * Postcondition:  Los elementos en A han sido reordenados en un orden aleatorio.
 */
static void shuffle(int[] A) {
   for (int lastPlace = A.length-1; lastPlace > 0; lastPlace--) {
        // Elige una locacion aleatoria de entre 0,1,...,lastPlace.
      int randLoc = (int)(Math.random()*(lastPlace+1));
        // Intercambia los elementos en las locaciones randLoc y lastPlace.
      int temp = A[randLoc];
      A[randLoc] = A[lastPlace];
      A[lastPlace] = temp;
   }
}
```

7.5. Arreglos Multidimensionales

CUALQUIER TIPO PUEDE SER USADO como tipo base de un arreglo. Usted puede tener un arreglo de **ints**, un arreglo de *Strings*, un arreglo de *objetos*, y asi sucesivamente. En particular, debido a que un tipo arreglo es un tipo de primera clase en Java, usted puede tener un arreglo de arreglos. Por ejemplo, un arreglo de **ints** tiene tipo int[]. Esto automaticamente significa que hay otro tipo, int[][], la cual representa un "arreglo de arreglos de ints". Se dice que tal arreglo es un **arreglo bidimensional**. Por supuesto una vez que usted tiene el tipo int[][], no hay que lo detenga en formar el tipo int[][][], el cual representa un **arreglo tridimensional** —y asi sucesivamente. No hay limites en el numero de dimensiones que un tipo arreglo puede tener. Sin embargo, los arreglos de tres dimensiones o mas son poco comunes, y aquí me concentrare principalmente en arreglos de dos dimensiones. El tipo BaseType[][] es usualmente leido como "arreglo bidimensional de *BaseType*.º de "*BaseType* arreglo de arreglos".

7.5.1. Creación de Arreglos Bidimensionales

La declaracion "int[][] A;"establece una variable llamada A de tipo int[][]. Esta variable puede mantener una referencia a un objeto de tipo int[][]. La declaracion de asignacion "A = new int[3][4];"crea un nuevo objeto de arreglo bidimensional y asigna A para que apunte al objeto recién creado. Como es habitual, la asignación y declaración podría ser combinados en una sola instrucción de declaración "int[][] A = new int[3][4];". El objeto recientemente creado es un arreglo de arreglos-de-**ints**. La notacion int[3][4] indica que hay 3 arreglos-de-**ints** en el arreglo A, y que hay 4 **ints** en cada arreglo-de-**ints**. Sin embargo, tratar de pensar en esos términos puede ser un poco confuso—como usted ya se han dado cuenta. Por lo que se acostumbra a pensar en un arreglo bidimensional de elementos como una **malla** o **matriz** rectangular de elementos. La notacion "new int[3][4]."entonces se pueden tomar para describir una red de **ints** con 3 filas y 4 columnas. La imagen siguiente puede ayudar:

En su mayor parte, puede ignorar la realidad y mantener la imagen de una red en mente. A veces, sin embargo, tendrá que recordar que cada fila en la red es realmente un arreglo en sí mismo. Estos arreglos pueden ser referidos como A[0], A[1], y A[2]. Cada fila es de hecho un valor de tipo int[]. Podria, por ejemplo, ser pasado a una subrutina que pida un parametro de tipo int[].

La notacion A[1] se refiere a una de las filas del arreglo A. Debido a que A[1] es es si mismo un arreglo de **ints**, puede utilizar otro subíndice para referirse a una de las posiciones en esa fila. Por ejemplo, A[1][3] se refiere al elemento numero 3 en la fila numero 1. Tenga en cuenta,

7.5. ARREGLOS MULTIDIMENSIONALES

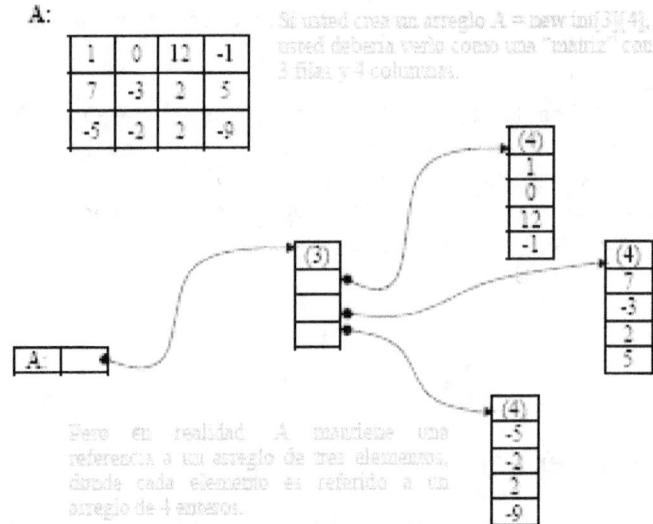

por supuesto, que las columnas y las filas se numeran a partir de cero. Por lo que, en el ejemplo indicado arriba, `A[1][3]` es 5. Mas generalmente, `A[i][j]` se refiere a la posición de la cuadricula en la fila numero `i` y columna numero `j`. Los 12 elementos en `A` son llamados de la siguiente manera:

```
A[0][0]    A[0][1]    A[0][2]    A[0][3]
A[1][0]    A[1][1]    A[1][2]    A[1][3]
A[2][0]    A[2][1]    A[2][2]    A[2][3]
```

`A[i][j]` es de hecho una variable de tipo **int**. Puede asignar valores enteros a la misma o utilizar en cualquier otro contexto donde se permita variables enteras.

Valdría la pena señalar que `A.length` da el numero de filas de `A`. Para obtener el numero de columnas en `A`, debe preguntar cuantos `ints` hay en una fila; este numero estaría dado por `A[0].length`, o equivalentemente por `A[1].length` o `A[2].length`. (De hecho no hay regla que diga que todas las filas de un arreglo deben tener la misma longitud, y algunas aplicaciones avanzadas de arreglos usan filas de tamanos variados. Pero si usted usa el operador **new** para crear un arreglo de la forma descrita arriba, siempre obtendra un arreglo con filas del mismo tamano.)

Los arreglos tridimensionales son tratados similarmente. Por ejemplo, un arreglo tridimensional de `ints` podria ser declarado con la instrucción "`int[][][] B = new int[7][5][11];`". Es posible visualizar el valor de `B` como un solido de 7-por-5-por-11 celdas. Cada celda mantiene un **int** y representa una posicion en el arreglo tridimensional. Las posiciones individuales en el arreglo pueden ser referidas a un nombres de variable de la forma `B[i][j][k]`. Los arreglos de mayor dimension siguen el mismo patron, aunque para dimensiones mayores a tres, no hay no manera facil de visualizar la estructura del arreglo.

Es posible llenar un arreglo multidimensional con elementos especificados en el momento en que se declara. Recordemos que cuando una variable de arreglo ordinario unidimensional se declara, se puede asignar un "arreglo inicializador,.[el] cual es sólo una lista de valores encerrados entre llaves, y . Los arreglos inicializadores tambien pueden ser usados cuando un arreglo multidimensional es declarado. Un inicializador para un arreglo bidimensional consiste en una lista de arreglos inicializadores unidimensional, uno por cada fila en el arreglo bidimensional. Por ejemplo, el arreglo A que se muestra en la imagen de arriba se podría crear con:

```
int[][]  A  =  {  {  1,  0, 12, -1 },
                  {  7, -3,  2,  5 },
                  { -5, -2,  2, -9 }
               };
```

Si no se provee inicializador para un arreglo, entonces cuando el arreglo es creado es automaticamente llenado con los valores apropiados: cero para numeros, **falso** para booleanos, y **nulo** para objetos.

7.5.2. Usando Arreglos Bidimensionales

Al igual que en el caso de arreglos unidimensionales, los arreglos bidimensionales son procesados frecuentemente usando declaraciones **para**. Para procesar todos los elementos en un arreglo bidimensional, tienes que usar una instrucción texttt para anidada dentro de otra. Si el arreglo A es declarado como

```
int[][]  A  =  new int[3][4];
```

entonces usted puede almacenar un cero dentro de cada locacion en A con:

```
for (int row = 0;  row < 3;  row++) {
   for (int column = 0;  column < 4;  column++) {
      A[row][column] = 0;
   }
}
```

La primera vez que el bucle externo **para** se ejecuta (con row = 0), el interior de lazo rellena los cuatro valores de la primera fila de, a saber, A[0][0] = 0, A[0][1] = 0, A[0][2] = 0, y A[0][3] = 0. La próxima ejecución del bucle **para** externo llena la segunda fila de A. Y la tercera y ejecución final del lazo externo se llena en la última fila de A.

Del mismo modo, se puede sumar todos los elementos en A con:

```
int sum = 0;
for (int i = 0; i < 3; i++)
   for (int j = 0; j < 4; j++)
      sum = sum + A[i][j];
```

Esto tambien podria ser hecho con bucles para anidados. Tenga en mente que los elementos en A son objetos de tipo int[], mientras que los elementos en cada fila de A son de tipo **int**:

```
int sum = 0;
for ( int[] row : A ) {         // Para cada fila en A...
   for ( int elemento : row )   // Para cada elemento en esa fila...
      sum = sum + elemento;     // Adiciona un elemento a la suma.
}
```

Para procesar un arreglo tridimensional, por supuesto, usted deberia usar bucles **para** anidados.

* * *

7.5. ARREGLOS MULTIDIMENSIONALES

Un arreglo bidimensional puede ser usado siempre que los datos que está siendo representado puedan ser ordenados en filas y columnas de una manera natural. A menudo, la malla está integrada en el problema. Por ejemplo, un tablero de ajedrez es una malla con 8 filas y 8 columnas. Si una clase llamada *ChessPiece* está disponible para representar las piezas individuales de ajedrez, entonces el contenido de un tablero de ajedrez podría ser representado por un de arreglo dos dimensiones:

```
ChessPiece[][]  board  =  new ChessPiece[8][8];
```

O considere el "mosaico" de rectángulos coloreados utilizado en el ejemplo de la Subsección ??. El mosaico es implementado por una clase denominada *MosaicCanvas.java*. Los datos sobre el color de cada uno de los rectángulos en el mosaico se almacena en la variable instanciada llamada `grid` de tipo `Color[][]`. Cada posición en esta tabla está ocupada por un valor de tipo *Color*. Hay una posición en la malla de cada rectángulo de color en el mosaico. El arreglo actual de dos dimensiones es creado por la declaración:

```
grid  =  new Color[ROWS][COLUMNS];
```

Donde `ROWS` es el numero de filas de rectángulos en el mosaico y `COLUMNS` es el numero de columnas. El valor de la variable `Color` en `grid[i][j]` es el color del rectángulo de la fila numero `i` y columna numero `j`. Cuando el color de ese rectángulo se cambia a algun color, `c`, el valor almacenado en `grid[i][j]` es cambiado con una declaracion de la forma "`grid[i][j] = c;`". Cuando el mosaico es redibujado, los valores almacenados en el arreglo de dos dimensiones se utilizan para decidir de qué color se va a hacer cada rectángulo. Aqui hay una version simplificada del codigo de la clase *MosaicCanvas* que dibuja a todos los rectángulos de color de la cuadrícula. Usted puede ver cómo se utiliza el arreglo:

```
int rowHeight = getHeight() / ROWS;
int colWidth = getWidth() / COLUMNS;
for (int row = 0; row < ROWS; row++) {
   for (int col = 0; col < COLUMNS; col++) {
      \newcode{g.setColor( grid[row][col] ); // Se obtiene el color del rreglo.}
         g.fillRect( col*colWidth, row*rowHeight,
                              colWidth, rowHeight );
   }
}
```

A veces los arreglos de dos dimensiones se utilizan en problemas en los cual la malla no es tan visualmente evidente. Considere una compañía que posee 25 tiendas. Supongamos que la empresa dispone de datos sobre el beneficio obtenido en la tienda para cada mes en el año 2006. Si los almacenes son numerados desde 0 a 24, y si los doce meses a partir de enero '06 a diciembre '06 se numeran de 0 a 11, entonces el dato de los beneficios podrían ser almacenados en un arreglo, `profit`, construidos de la siguiente manera:

```
double[][]  profit  =  new double[25][12];
```

`profit[3][2]` sería la cantidad de beneficio obtenido en la tienda numero 3 en Marzo, y mas generalmente, `profit[storeNum][monthNum]` sería la cantidad de beneficio obtenido en la tienda numero `storeNum` en el mes numero `monthNum`. En este ejemplo, el arreglo unidimensional `profit[storeNum]` tiene un significado muy util: Es sólo el dato de los beneficios de una tienda en particular para todo el año.

Asumamos que el arreglo `profit` se ha llenado con datos. Estos datos puede ser procesados en muchas formas interesantes. Por ejemplo, el beneficio total para la empresa — para todo el año de todas sus tiendas — se puede calcular mediante la suma de todas las entradas del arreglo:

```
double totalProfit;   // Beneficio total de la compania en 2006.
totalProfit = 0;
for (int store = 0; store < 25; store++) {
   for (int month = 0; month < 12; month++)
      totalProfit += profit[store][month];
}
```

A veces es necesario procesar una sola fila o una sola columna de un arreglo, no todo el arreglo. Por ejemplo, para calcular el beneficio total obtenido por la empresa en diciembre, es decir, en el mes numero 11, podria usar el bucle:

```
double decemberProfit = 0.0;
for (storeNum = 0; storeNum < 25; storeNum++)
   decemberProfit += profit[storeNum][11];
```

Vamos a ampliar esta idea de crear un arreglo unidimensional que contiene el beneficio total para el mes de cada año:

```
double[] monthlyProfit;   // Almacena el beneficio de cada mes.
monthlyProfit = new double[12];
for (int month = 0; month < 12; month++) {
   // Calcular el beneficio total de todas las tiendas este mes.
   monthlyProfit[month] = 0.0;
   for (int store = 0; store < 25; store++) {
         // Añadir el beneficio de esta tienda en este mes
         // en el beneficio total figurado para el mes.
      monthlyProfit[month] += profit[store][month];
   }
}
```

Como último ejemplo del procesamiento del arreglo de beneficio, supongamos que queremos saber cual tienda ha generado el mayor beneficio a lo largo del año. Para ello, tenemos que sumar los beneficios mensuales para cada tienda. En términos de arreglos, esto significa que queremos encontrar la suma de cada fila en el arreglo. Al hacer esto, necesitamos hacer un seguimiento de la fila la cual produce el mayor total.

```
double maxProfit; // Maximo beneficio obtenido por una tienda.
int bestStore;    // El numero de la tienda con el
                  //    maximo beneficio.
double total = 0.0;    // El beneficio total para una tienda.
// En primer lugar calcular la ganancia de la tienda numero 0.
for (int month = 0;  month < 12; month++)
    total += profit[0][month];
bestStore = 0;       // Para empezar, suponiendo que la mejor
maxProfit = total;   //    tienda es la numero 0.
// Ahora, vaya a través de las otras tiendas, y cada vez que
// encuentre una con un beneficio mayor que maxProfit, revisa
// los supuestos sobre bestStore y maxProfit.
for (store = 1; store < 25; store++) {
```

7.5. ARREGLOS MULTIDIMENSIONALES

```
   // Calcula el beneficio de esta tienda para este a~no.
   total = 0.0;
   for (month = 0; month < 12; month++)
      total += profit[store][month];
   // Compara el beneficio de esta tienda con el beneficio mas alto
   // que hemos visto entre las tiendas previas.
   if (total > maxProfit) {
      maxProfit = total;    // Mejor beneficio visto hasta ahora!
      bestStore = store;    // Si vino de esta tienda.
   }
} // fin del para
// En este punto, maxProfit es la mas beneficiosa de todas
// las 25 tiendas, y bestStore es una tienda que
// genero ese beneficio.  (Note que tambien podria haber
// otra tienda que genere exactamente el mismo beneficio.)
```

7.5.3. Ejemplo: Damas

Para el resto de esta Seccion, veremos un ejemplo mas substancial. Veremos un programa que le permite jugar damas a dos usuarios. Un jugador mueve haciendo click sobre la pieza a ser movida y posteriormente sobre el espacio vacio en donde debe ser movido. El recuadro que sobre el que el jugador legalmente puede hacer click esta resaltado. El cuadrado que contiene una pieza que ha sido seleccionado para ser movido está rodeada por un borde blanco. Otras piezas que legalmente se pueden mover están rodeadas de un borde de color cian. Si una pieza ha sido seleccionada, cada recuadro vacío que legalmente puede ser movido es iluminado con un borde verde. El juego hace cumplir la regla de que si el jugador actual puede saltar una de las piezas del oponente, el jugador debe saltar. Cuando ficha de un jugador se convierte en un rey, al alcanzar el extremo opuesto del salón, una gran "K" se dibuja en la pieza. Usted puede probar la versión applet del programa en la version en linea de este Sección. Aqui esta como se ve:

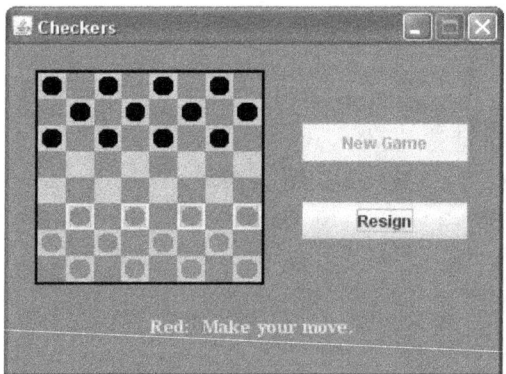

Solo cubrire una parte de la programación de este applet. Les recomiendo leer el código fuente completo, *Checkers.java*. Son más de 750 líneas, esta es una muestra más importante que cualquier cosa que hayas visto antes en este curso, pero es un excelente ejemplo de programación orientada a eventos, basada en estados.

Los datos sobre las piezas en el tablero se almacenan en un Arreglo de dos dimensiones. Debido a la complejidad del programa, quise dividirlo en varias clases. Además de la clase principal, hay varias clases anidadas. Una de estas clases es *CheckersData*, la cual maneja los datos del tablero. Es principalmente de esta clase de la que quiero hablar.

La clase *CheckersData* tiene una variable instanciada llamada `board` de tipo `int[][]`. El valor del tablero es colocado a "`new int[8][8]`", una malla de 8-por-8 de enteros. Los valores almacenados en la malla son constantes que representan el posible contenido de una recuadro en un tablero de damas:

```
static final int
         EMPTY = 0,           // Valor que representa un recuadro vacio.
         RED = 1,             // Una pieza roja regular.
         RED_KING = 2,        // Un rey rojo.
         BLACK = 3,           // Una pieza negra regular.
         BLACK_KING = 4;      // Un rey negro.
```

Las constantes `RED` y `BLACK` tambien son usadas en mi programa (o, quizas, mal utilizadas) para representar los dos jugadores en el juego. Cuando un juego se inicia, los valores de la variable, `board`, se establecen para representar el estado inicial del tablero. La cuadrícula de los valores se parece a:

	0	1	2	3	4	5	6	7
0	BLACK	EMPTY	BLACK	EMPTY	BLACK	EMPTY	BLACK	EMPTY
1	EMPTY	BLACK	EMPTY	BLACK	EMPTY	BLACK	EMPTY	BLACK
2	BLACK	EMPTY	BLACK	EMPTY	BLACK	EMPTY	BLACK	EMPTY
3	EMPTY	EMPTY	EMPTY	EMPTY	EMPTY	EMPTY	EMPTY	EMPTY
4	EMPTY	EMPTY	EMPTY	EMPTY	EMPTY	EMPTY	EMPTY	EMPTY
5	EMPTY	RED	EMPTY	RED	EMPTY	RED	EMPTY	RED
6	RED	EMPTY	RED	EMPTY	RED	EMPTY	RED	EMPTY
7	EMPTY	RED	EMPTY	RED	EMPTY	RED	EMPTY	RED

Una ficha negra sólo se puede moverse hacia "abajo.en la red. Eso es, el numero de la fila hacia donde se mueve la ficha debe ser mayor que el numero de la fila de donde viene. Una pieza de color rojo sólo se puede subir en la red. Los reyes de cualquier color, por supuesto, puede moverse en ambas direcciones. Una de las funciones de la clase *CheckersData* es cuidar de todos los detalles de lo que se mueve en el tablero. Un metodo instanciado llamado `makeMove()` esta disponible para hacer esto. Cuando un jugador mueve una pieza de una casilla a otra, los valores almacenados en dos posiciones en el arreglo se cambian. Pero eso no es todo. Si el movimiento es un salto, a continuación, la pieza que se saltó se retira del tablero. (El metodo verifica si el movimiento es un salto verificando si el recuadro hacia el cual la ficha se esta moviendo es dos espacios mas alla del recuadro donde este inicia.) Por otra parte, una ficha `ROJA` que se mueve a la fila 0 o una ficha `NEGRA` que se mueve a la fila 7 se vuelve un rey. Esto es buena programación: el resto del programa no tiene que preocuparse acerca de ningun de estos detalles. Solo llama a este metodo `makeMove()`:

```
/**
 * Hace el movimiento desde (fromRow,fromCol) to (toRow,toCol).  Se
 * ASUME que este movimiento es legal!  Si el movimiento es un salto, la
 * ficha sobre la que se salto es removida del tablero.  Si una ficha se mueve
 * a la ultima fila del lado del tablero del oponente, la ficha se
 * convierte en rey.
 */
```

7.5. ARREGLOS MULTIDIMENSIONALES

```
void makeMove(int fromRow, int fromCol, int toRow, int toCol) {
   board[toRow][toCol] = board[fromRow][fromCol]; // Mueve la ficha.
   board[fromRow][fromCol] = EMPTY;
   if (fromRow - toRow == 2 || fromRow - toRow == -2) {
         // El movimiento es un salto. Remueve la pieza saltada del tablero.
      int jumpRow = (fromRow + toRow) / 2; // Fila de la pieza saltada.
      int jumpCol = (fromCol + toCol) / 2; // Columna de la pieza saltada.
      board[jumpRow][jumpCol] = EMPTY;
   }
   if (toRow == 0 && board[toRow][toCol] == RED)
      board[toRow][toCol] = RED_KING;   // La ficha roja se vuelve un rey.
   if (toRow == 7 && board[toRow][toCol] == BLACK)
      board[toRow][toCol] = BLACK_KING;  // La ficha negra se vuelve un rey.
} // fin del makeMove()
```

Una función aun mas importante de la clase *CheckersData* es encontrar movimientos legales en el tablero. En mi programa, un mivimiento en un juego de Checkers es representado por un objeto que pertenece a la siguiente clase:

```
/**
 * Un objeto CheckersMove representa un movimiento en el juego de
 * Checkers.  Mantiene la fila y columna de la pieza que esta
 * para ser movida y la fila y columna del recuadro al cual
 * va a ser movido.  (Esta clase no garantiza que el movimiento sea
 * legal.)
 */
private static class CheckersMove {
   int fromRow, fromCol;  // Posicion de la pieza a ser movida.
   int toRow, toCol;      // Recuadro esta para moverse a.
   CheckersMove(int r1, int c1, int r2, int c2) {
         // Constructor.  Coloca el valor de las variables instanciadas.
      fromRow = r1;
      fromCol = c1;
      toRow = r2;
      toCol = c2;
   }
   boolean isJump() {
         // Verifica si este movimiento es un salto.  Se asume que
         // el movimiento es legal.  En un salto, la pieza se mueve dos
         // filas.  (En un movimiento regular, solo se mueve una fila.)
      return (fromRow - toRow == 2 || fromRow - toRow == -2);
   }
} // fin de la clase CheckersMove.
```

La clase *CheckersData* tiene un metodo instanciado el cual encuentra todos los movimientos legales que están disponibles actualmente para un jugador determinado. Este metodo es una funcion que retorna un arreglo de tipo *CheckersMove[ ]*. El arreglo contiene todos los movimientos legales, representados como objetos *CheckersMove*. El pliego de condiciones de este método se lee

```
/**
 * Retorna un arreglo que contiene todos los CheckersMoves legales
 * para el jugador especificado en el tablero actual.  Si el jugador
```

```
 * no tiene movimiento legal, se retorna un nul.  El valor del jugador
 * deberia ser una de las constantes RED o BLACK; si no, se retorna
 * nulo.  Si el valor devuelto no es nulo, consiste
 * totalmente de movimientos de saltos o en su totalidad de movimientos regulares, ya que
 * si el jugador puede saltar, sólo los saltos son movimientos legales.
 */
CheckersMove[] getLegalMoves(int player)
```

Un algoritmo de pseudocódigo breve para el metodo es

```
Inicia con una lista inicial demovimientos
Buscar cualquier salto legales y los añade a la lista
si no hay saltos:
    Encuentra cualquier otro movimiento legal y lo añade a la lista
si la lista está vacía:
    retorna nulo
si no :
    retorna la lista
```

Ahora, cual es esta "lista¿ Tenemos que devolver los movimientos legales en un arreglo. Pero debido a que un arreglo tiene un tamano ajustado, no podemos crear el arreglo hasta que sabemos cuantos movimientos hay, y no sabemos eso hasta que estamos cerca del final del metodo, después de que ya hemos hecho la lista! Una buena solución es utilizar un *ArrayList* en vez de un arreglo para mantener los movimientos como los encontramos. De hecho, uso un objeto definido por el tipo parametrizado ArrayList¡CheckersMove¿ de esa manera la lista se limita a mantener objetos de tipo *CheckersMove*. A medida que añadimos movimientos a la lista, crecerá tan grande como sea necesario. Al final del metodo, podemos crear el arreglo dentro del que realmente queremos copiar los datos:

```
Haga que "moves" sea un ArrayList<CheckerMove> vacio
Busque cualquier salto legal y agregerlos a los movimientos
si moves.size() es 0:
    Buscar cualquier movimiento legal y agregelos a los movimientos
si moves.size() is 0:
    retorne nulo
si no:
    Haga que moveArray sea un arreglo de CheckersMoves de longitud moves.size()
    Copie el contenido de los movimientos en moveArray
    retorne moveArray
```

Ahora, ¿cómo encontrar los saltos legales o los movimientos legales? La información que necesitamos está en el arreglo **board**, pero se necesita algo de trabajo para extraerlo. Tenemos que mirar a través de todas las posiciones en el arreglo y encontrar las piezas que pertenecen al jugador actual. Para cada piece, tenemos que comprobar cada cuadrado que posiblemente podría ser movido, y comprobar si ese sería un movimiento legal. Hay cuatro plazas a considerar. Para un salto, queremos ver en los recuadros que estan a dos filas y dos columnas de distancia de la ficha. Así, la línea en el algoritmo que dice " Buscar cualquier salto legales y agregarlos a los movimientos "se expande a:

```
Por cada fila en el tablero:
    Por cada columna del tablero:
        si una de las fichas del jugador esta en esta locacion:
```

7.5. ARREGLOS MULTIDIMENSIONALES

```
            si es legal saltar a la fila + 2, columna + 2
                sume este movimiento a el movimiento
            si es legal saltar a la fila - 2, columna + 2
                sume este movimiento a los movimientos
            si es legal saltar a la fila + 2, columna - 2
                sume este movimiento a los movimientos
            si es legal saltar a la fila - 2, columna - 2
                sume este movimiento a los movimientos
```

La línea que dice " Buscar cualquier movimiento legal y agregarlo a los movimientos" se expande a algo similar, excepto que tenemos que buscar en las cuatro recuadros que estan a una columna y una fila fuera de la ficha. Probar si un jugador puede legalmente pasar de un determinado recuadro a otro dado en sí mismo no es trivial. El recuadro hacia donde el jugador se mueve en realidad debe estar en el tablero, y debe estar vacío. Por otra parte, piezas rojas y negras normales sólo puede moverse en una dirección. Escribí el metodo siguiente para comprobar si un jugador puede hacer un movimiento no determinado:

```
/**
 * Esto es llamado por el metodo getLegalMoves() para determinar
 * si el jugador se puede mover legalmente desde (r1,c1) a (r2,c2).
 * Se ASUME que (r1,c1) contiene uno de las piezas de los jugadores
 * y que (r2,c2) es un recuadro de la vecindad.
 */
private boolean canMove(int player, int r1, int c1, int r2, int c2) {
   if (r2 < 0 || r2 >= 8 || c2 < 0 || c2 >= 8)
      return false;   // (r2,c2) esta fuera del tablero.
   if (board[r2][c2] != EMPTY)
      return false;   // (r2,c2) ya contine una ficha.
   if (player == RED) {
      if (board[r1][c1] == RED && r2 > r1)
          return false;   // Ficha roja normal que solo se puede mover hacia abajo.
       return true;   // El movimiento es legal.
   }
   else {
      if (board[r1][c1] == BLACK && r2 < r1)
          return false;   // Las ficha negras regulares solo se pueden mover hacia arriba.
      return true;   // El movimiento es legal.
   }
} // fin de canMove()
```

Este metodo es llamado por mi metodo **getLegalMoves()** para verificar si uno de los posibles movimientos que ha encontrado es legal. Tengo un metodo similar que es llamado para comprobar si el salto es legal. En este caso, paso el cuadrado que contiene la pieza del jugador al metodo, el recuadro al que el jugador podria mover, y el recuadro entre los dos, sobre el cual el jugador estaría saltando. El recuadro que se esta saltando debe contener una de las piezas del oponente. Este metodo tiene la especificacion:

```
/**
 * Este es llamado por otro metodos para verificar si
 * el jugador puede saltar legalmente desde (r1,c1) a (r3,c3).
 * Se supone que el jugador tiene una pieza en (r1,c1), que
 * (r3,c3) es una posicion que esta a 2 filas y 2 columnas de distancia
 * desde (r1,c1) y que (r2,c2) es el recuadro entre (r1,c1)
```

```
 *   y (r3,c3).
 */
private boolean canJump(int player, int r1, int c1,
                        int r2, int c2, int r3, int c3) { . . .
```

Teniendo en cuenta todo esto, usted debe estar en condiciones de comprender completamente metodo **getLegalMoves()**. Es una buena forma de terminar este capítulo, ya que combina varios temas que hemos visto: arreglos dimensionales *ArrayLists*, y arreglos de dos dimensiones:

```
CheckersMove[] getLegalMoves(int player) {
   if (player != RED && player != BLACK)
      return null;
   int playerKing;  // La constante de un rey que pertenece al jugador.
   if (player == RED)
      playerKing = RED_KING;
   else
      playerKing = BLACK_KING;
   ArrayList<ChecherMove> moves = new ArrayList<CheckerMove>();
              // Moves will be stored in this list.
   /* En primer lugar, comprueba que no existen saltos posible.
Mira a cada recuadro en el tablero.  Si ese recuadro contiene una de las piezas del jugador,
mirar a un posible salto en cada una de las cuatro direcciones de ese recuadro.
Si hay un salto legal en esa direccion, coloquelo en el movimiento del ArrayList.
   */
   for (int row = 0; row < 8; row++) {
      for (int col = 0; col < 8; col++) {
         if (board[row][col] == player || board[row][col] == playerKing) {
            if (canJump(player, row, col, row+1, col+1, row+2, col+2))
               moves.add(new CheckersMove(row, col, row+2, col+2));
            if (canJump(player, row, col, row-1, col+1, row-2, col+2))
               moves.add(new CheckersMove(row, col, row-2, col+2));
            if (canJump(player, row, col, row+1, col-1, row+2, col-2))
               moves.add(new CheckersMove(row, col, row+2, col-2));
            if (canJump(player, row, col, row-1, col-1, row-2, col-2))
               moves.add(new CheckersMove(row, col, row-2, col-2));
         }
      }
   }

   /* Si se ha encontrado cualquier movimiento de salto, a continuación, el usuario debe ir,
por lo que no se agrega ningún movimiento regular.  Sin embargo, si no se encontraron saltos,
      verifica cualquier movimiento legal regular.  Mira cada recuadro en el tablero.
      Si ese recuadro contiene una de las piezas del jugador,
      mirar un posible movimiento en cada una de las cuatro direcciones de ese recuadro.
      Si hay movimiento legal en esa dirección,
      coloquelo en la lista de movimiento del ArrayList.
   */

   if (moves.size() == 0) {
      for (int row = 0; row < 8; row++) {
         for (int col = 0; col < 8; col++) {
            if (board[row][col] == player || board[row][col] == playerKing) {
               if (canMove(player,row,col,row+1,col+1))
                  moves.add(new CheckersMove(row,col,row+1,col+1));
```

7.5. ARREGLOS MULTIDIMENSIONALES

```
                if (canMove(player,row,col,row-1,col+1))
                   moves.add(new CheckersMove(row,col,row-1,col+1));
                if (canMove(player,row,col,row+1,col-1))
                   moves.add(new CheckersMove(row,col,row+1,col-1));
                if (canMove(player,row,col,row-1,col-1))
                   moves.add(new CheckersMove(row,col,row-1,col-1));
             }
          }
       }
    }

    /* Si no hay movimientos legales se han encontrado, retorna nulo.  De lo contrario,
    crea un arreglo lo suficientemente grande para contener todos los movimientos legales,
    copia los movimientos legales del ArrayList dentro del arreglo, y retorna el arreglo.
     */

    if (moves.size() == 0)
       return null;
    else {
       CheckersMove[] moveArray = new CheckersMove[moves.size()];
       for (int i = 0; i < moves.size(); i++)
          moveArray[i] = moves.obtener(i);
       return moveArray;
    }

 }  // fin de getLegalMoves
```

Ejercicios para el Capítulo 7

1. Un ejemplo en la Subseccion 7.2.4 trató de responder a la pregunta, ¿Cuánto personas se debe seleccionar al azar antes de encontrar un duplicado de cumpleaños?El código fuente para ese programa puede ser encontrtado en el archivo *BirthdayProblemDemo.java*. Aqui hay algunas preguntas relacionadas:

   - Cuantas personas tienen que ser seleccionadas aleatoriamente antes de que encuentre **tres** personas que compartan la misma fecha de cumpleanos? (Esto es, todas las tres personas nacieron el mismo dia en el mismo mes, pero no necesariamente en los mismos anos.)
   - Supongamos que usted elija 365 personas al azar. ¿Cuánto cumpleaños diferentes tienen? (El numero teoricamente podria estar en cualquier pate desde el 1 al 365).
   - ¿Cuánto personas diferentes usted tiene que comprobar antes de haber encontrado al menos una persona con un cumpleaños en cada uno de los 365 días del año?

   Escriba **tres** programas para responder a estas preguntas. Cada uno de los programas deben simular la elección de las personas al azar y comprobar su cumpleaños. (En cada caso, ignora la posibilidad de los años bisiestos.)

2. Escribe un programa que leera una secuencia de numeros reales positivos introducidos por el usuario e imprimira los mismos números de forma ordenada de menor a mayor. La aportación del usuario será un cero para marcar el final de la entrada. Supongamos que al menos 100 números positivos seran introducidos.

3. Un *poligono* es una figura geometrica hecha de una secuencia de una secuencia de segmentos de lineas conectadas. Los puntos en donde los segmentos de linea se encuentran se llaman *vertices* del poligono. La clase *Graphics* incluye comandos para dibujar y llenar poligonos. Para estos comandos, las coordenadas de los vertices del poligono son almacenados en arreglos. Si g es una variable de tipo *Graphics* entonces

   - g.drawPolygon(xCoords, yCoords, pointCt) dibujara el contorno del polígono con vertices en los puntos (xCoords[0],yCoords[0]), (xCoords[1],yCoords[1]), ..., (xCoords[pointCt-1],yCoords[pointCt-1]). El tercer parametro, pointCt, es un **int** que especifica el numero de los vértices del polígono. Su valor debe ser de 3 o mayor. Los dos primeros parametros son arreglos de tipo **int[]**. Tenga en cuenta que el polígono incluye automáticamente una línea desde el último punto, (xCoords[pointCt-1], y Coords[pointCt-1]), de nuevo al punto de partida (xCoords[0],yCoords[0]).
   - g.fillPolygon(xCoords, yCoords, pointCt) llena el interior del polígono Con el color de dibujo actual. El parametro tiene el mismo significado que en el metodo drawPolygon(). Note que normal el que cada lado del poligono se cruce con otro, pero el interior de un poligono con auto interseccion podría no ser exactamente lo que usted espera.

   Escriba una clase panel que le permite al usuario dibujar polígonos, y utilizar el panel como el panel de contenido en el applet (o aplicacion independiente). Como el usuario clickea una secuencia de puntos, los cuenta y almacena sus coordenadas x- y y- en dos arreglos.

Estos puntos serán los vértices del polígono. Tambien, trazar una línea entre cada par consecutivo de puntos para dar una retroalimentación visual al usuario. Cuando el usuario hace clic cerca del punto de partida, dibuja el polígono completo. Dibuja un interior rojo y un borde negro. El usuario debe ser capaz de empezar a dibujar un nuevo polígono. Cuando el usuario clickea sobre el applet mientras tiene el shift presionado, limpia la pantalla.

Para este ejercicio, no hay necesidad para almacenar información sobre el contenido del applet. Hacer el dibujo directamente en la rutina `mousePressed()`, y use el metodo `getGraphics()` para obtener un objeto *Graphics* que puede utilizar para dibujar la línea. (Recuerde, sin embargo, que esto se considera un mal estilo.) No necesitara un metodo `paintComponent()`, ya que la acción predeterminada de llenar el panel sobre el color de fondo es lo suficientemente bueno.

Aqui hay una foto de mi solución después de que el usuario ha elaborado unos pocos polígonos:

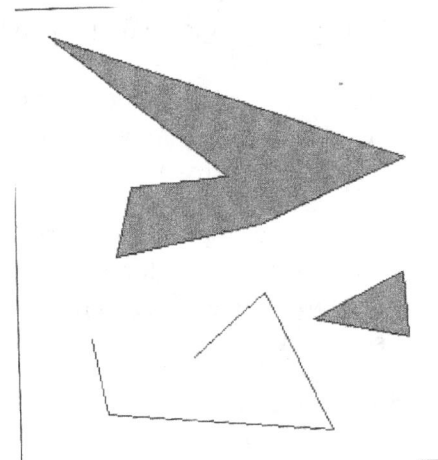

4. Para este problema, tendra que usar un arreglo de objetos. Los objetos pertenecen a la clase *MovingBall*, la cual ya he escrito. Puede encontrar el codigo fuente para esta clase en el archivo *MovingBall.java*. Un *MovingBall* representa un círculo que tiene un color radio, dirección y velocidad asociados.

Se limita a mover un rectángulo en el plano (x,y). " Retorna çuando llega a uno de los lados de un rectángulo. Un *MovingBall* en realidad no se mueven por sí mismo. Es simplemente una colección de datos. Usted debe llamar a los metodos instanciados para decirles que actualicen sus posiciones y para dibujarse a si mismo. El constructor para la clase *MovingBall* toma la forma

```
new MovingBall(xmin, xmax, ymin, ymax)
```

Donde los parametros son enteros que especifican los limites de las coordenadas x y y de la bola. En este ejercicio, usted querrá bolas que reboten en los lados del applet, por lo que debera crearlos con la llamada al constructor

```
new MovingBall(0, getWidth(), 0, getHeight())
```

El constructor crea unabola que inicialmente es de color rojo, tiene un radio de 5 píxeles, se encuentra en el centro de su rango, tiene una velocidad aleatoria entre 4 y 12, y se dirige en una dirección aleatoria. Hay un **problema** aqui: Usted no puede utilizar este constructor hasta que la altura y anchura del componente se conozcan. Estaría bien para su uso en el metodo `init()` de un applet, pero no en el constructor de una clase applet o panel. Si usted esta usando una clase de panel para mostrar el balón, una solución un poco desordenada es crear los objetos *MovingBall* en el metodo `paintComponent()` del la primera vez que el metodo es llamado. Usted puede estar seguro que el tamano del panel ha determinado antes de que `paintComponent()` sea llamado. Esto es lo que hice en mi propia solución a este ejercicio.

Si `ball` es una variable de tipo *MovingBall*, entonces los metodos disponibles son los siguientes:

- `ball.draw(g)` — dibujar la pelota en un contexto gráfico. El parametro, g, debe ser de tipo `Graphics`. (El color en el dibujo g se cambiará al color de la bola.)

- `ball.travel()` — cambia las coordenadas (x,y)- de la pelota por una cantidad igual a su velocidad. La pelota tiene una determinada dirección del movimiento, y las pelota se mueve en esa dirección. Por lo general, se le llaman a esto una vez por cada marco de la animación, por lo que la velocidad está dada en términos de "píxeles por imagen ". Llamar a esta rutina no mueve las bola en las pantalla. Sólo cambia los valores de algunas variables instanciadas en el objeto. La proxima vez que el metodo `draw()` del objeto sea llamado, el balón se dibujará en la nueva posición.

- `ball.headTowards(x,y)` — cambia la dirección del movimiento de la pelota de modo que se dirija hacia el punto (x,y). Esto no afecta a la velocidad.

Estos son los metodos que se necesita para este ejercicio. También hay metodos para el establecimiento de varias propiedades de la bola, tales como `ball.setColor(color)` para cambiar el color y `ball.setRadius(radius)` para cambiar su tamaño. Vea el código fuente para obtener más información.

Para este ejercicio, debería crearse un applet que muestra la animación de las bolas rebotando sobre un fondo negro. Use un *Temporizador* para conducir la animación. (Vea la Subseccion 6.5.1.) Use un arreglo de tipo `MovingBall[]` para contener los datos de las bolas. Además, el programa debe escuchar eventos del ratón y los movimiento del ratón. Cuando el usuario pulsa el ratón o arrastra el ratón, llama a cada una de las bolas de los metodos `headTowards()` para hacer que la cabeza se mueva hasta la posición de las bolas del ratón. Mi solución utiliza 50 bolas de tiempo de retardo de 50 milisegundos para el temporizador.

5. El programa ejemplo *RandomArtPanel.java* de la Subseccion 6.5.1 muestras diferentes "artwork.ªleatorios cada cuatro segundos. Hay tres tipos de " arte", unos hechos a partir de líneas, unos de los círculos, y unos de cuadros llenos. Sin embargo, el programa no guarda los datos de la imagen que se muestra en la pantalla. Como resultado, la imagen no se puede volver a dibujar cuando sea necesario. De hecho, cada vez que `paintComponent()` es llamado, una nueva imagen se dibuja.

Escribir una nueva versión de *RandomArtPanel.java* que guarde los datos necesarios para volver a dibujar sus cuadros. El metodo `paintComponent()` simplemente debe utilizar los datos para dibujar la imagen. Los nuevos datos se vuelven a calcular sólo una vez cada cuatro segundos, en respuesta al evento del temporizador que impulsa el programa.

Para hacer esto interesante escriba una clase separada para cada una de las tres tipos diferentes de arte. También escriba una clase abstracta para servir como clase base común para las tres clases. Dado que los tres tipos de arte utilizan un fondo gris al azar, el color de fondo puede ser definido en su superclase. La superclase tambien contiene un metodo `draw()` que dibuja la imagen, lo que es un metodo abstracto porque su aplicación depende del tipo de arte que se está elaborando. La clase abstracta puede ser definida como:

```
private abstract class ArtData {
   Color backgroundColor;  // El color de fondo para el arte.
   ArtData() {// El constructor coloca el color  de fondo para que sea un gris aleatorio.
      int x = (int)(256*Math.random());
      backgroundColor = new Color( x, x, x, );
   }
   abstract void draw(Graphics g);  // Dibuja este artwork
}
```

Cada una de las tres subclases de `ArtData` debe definir su propio metodo `draw()`. También debe definir las variables instanciadas que contendran los datos necesarios para dibujar la imagen. Le sugiero que debería crear datos aleatorios para la imagen en el constructor de la clase, de modo que la construcción del objeto creará automáticamente los datos para una ilustracion al azar. (Un problema con esto es que usted no puede crear los datos hasta que sepa el tamaño del panel, por lo que no se puede crear el objeto artdata en el constructor del panel. Un solución es crear un objeto artdata al comienzo del metodo `paintComponent()`, si el objeto no se ha creado.) En las tres subclases, usted tendrá que usar varios arreglos para almacenar los datos.

El archivo *RandomArtPanel.java* sólo define una clase panel. Un programa principal que utiliza esto panel puede ser encontrado en *RandomArt.java*, y un applet que lo usa puede ser encontrado en *RandomArtApplet.java*.

6. Escriba un programa que leerá un archivo de texto seleccionado por el usuario, y hará una lista por orden alfabético de todas las palabras diferentes en ese archivo. Todas las palabras deben ser convertidos a minúsculas, y los duplicados se debe eliminar de la lista. La lista debe ser escrita en un archivo de salida seleccionada por el usuario. Como se discutió en la Subseccion ??, usted puede usar *TextIO* para leer y escribir archivos. Use una variable de tipo ArrayList¡String¿ para almacén de las palabras. (Vea la Subseccion 7.3.4.) Ya no es fácil separar un archivo en palabras a medida que usted lo está leyendo. Usted puede utilizar el metodo siguientes:

```
/**
 * Lea la siguiente palabra del texto, si es que existe.  Primero, salta
 * cualquier no-letra en la entrada. Si un fin-de-archivo se encuentra antes
 * de que se encuentre una palabra, se retorna un nulo.  De lo contrario,
 * lee y retorna la palabra. Una palabra es definida  como una secuencia de letras.
 * Tambien, una palabra puede incluir un apostrofe si el apostrofe esta rodeado
 * por letras en cada lado.
 * @return la proxima palabra de TextIO, o nulo si un fin-de-archivo se
 * encuentra
 */
private static String readNextWord() {
   char ch = TextIO.peek(); // Ve el proximo carácter en la entrada.
   while (ch != TextIO.EOF && ! Character.isLetter(ch)) {
```

```
            TextIO.getAnyChar();   // Leer el caracter.
            ch = TextIO.peek();    // Mirar el proximo caracter.
         }
      if (ch == TextIO.EOF) // Encontrado final del archivo
         return null;
   // En este punto, sabemos que el siguiente carácter escrito es una letra,
   // así que se lee una palabra.
      String word = "";   // Esta será la palabra que se lee.
      while (true) {
         word += TextIO.getAnyChar();  // Anexa la carta en la palabra.
         ch = TextIO.peek();    // Mira el siguiente carácter.
         if ( ch == '\1'' ) {
             // El proximo carácter es un apostrofe. Lo lee, y
             // si el siguiente caracter es una letra, adiciona ambos
             // el apostrofe y la letra sobre la palabra y continua
             // leyendo la palabra. Si el character despues del apostrofe
             // no es una letra, la esta construida, por lo que se rompe el bucle.
             TextIO.getAnyChar();   // Lee el apostrofe.
             ch = TextIO.peek();    // Mira al caracter que sigue al apóstrofe.
             if (Character.isLetter(ch)) {
                word += "\'" + TextIO.getAnyChar();
                ch = TextIO.peek();   // Mira el proximo caracter.
             }
             else
                break;
         }
         if ( ! Character.isLetter(ch) ) {
             // Si el proximo carácter no es una letra, la palabra se
             // termina, asi se rompe el bucle.
             break;
         }
         // Si no hemos salido del bucle, el proximo carácter es una letra.
      }
      return word;   // Retorna la palabra que ha sido leida.
   }
```

Note que este metodo retornara **nulo** cuando el archivo ha sido leído completamente. Usted puede utilizar esto como una señal para detener el procesamiento del archivo de entrada.

7. El juego de Go Moku (tambien conocido como Pente o Cinco Piedras) es similar a Tic-Tac-Toe, excepto que es jugado en un tablero mucho mas grande y el objetivo es lograr cinco cuadros en una fila mas grande que tres. Los jugadores tienen su turno para colocar piezas en un tablero. Una pieza puede ser colocada en cualquier espacio vacio. El primer jugador obtiene cinco piezas en una fila— horizontalmente, verticalmente, o diagonalmente— gana. Si todos los cuadros se llenan antes de que cualquiera de los jugadores gane, entonces el juego un empate. Escriba un programa que permite a dos jugadores jugar Gomoku uno contra otro.

Su programa será más sencillo que el programa *Checkers* de la Subseccion 7.5.3. El juego se alterna estrictamente entre los dos jugadores, y no hay necesidad de iluminar los movimientos legales. Usted solo necesitara dos clases, una pequeña clase panel para preparar la interfaz y una clase *Board* para dibujar el tablero y hacer todo el tablero del juego. Sin embargo, usted probablemente tendrá que buscar en el código fuente para el programa de damas, *Checkers.java*, para ideas sobre las líneas generales del programa.

La parte más dificil del programa es verificar si el movimiento que hace un jugador es un movimiento ganador. Para hacer esto, se debe mirar en en cada una de las cuatro direcciones posibles desde el recuadro en donde el usuario ha colocado una pieza. Se debe contar cuantas piezas tiene el jugador en esa dirección. Si el número es cinco o más en cualquier dirección, entonces el jugador gana. Como una recoendación, aquí esta una parte del código de mi applet. Este código cuenta el número de piezas que el usuario tiene en una fila en ua dirección especificada por dos enteros, `dirX` y `dirY`. Los vallores de estas variables son 0, 1 o -1, y al menos uno de ellos no debe ser cero. Por ejemplo, para ver en la dirección horizontal, `dirX` es 1 y `dirY` es 0.

```
int ct = 1;  // Número de piezas en una fila que pertenecen al jugador.
int r, c;    // Una fila y columna a ser examinada
 r = row + dirX;  // Mira un recuadro en una dirección específica.
    c = col + dirY;
while ( r >= 0 && r < 13 && c >= 0 && c < 13
                      && board[r][c] == player ) {
             // El recuadro esta en el tablero, y contiene
             // contiene una de las piezas del jugador.
       ct++;
     r += dirX;  // Va hacia el próximo recuadro en esa dirección.
   c += dirY;
  }
   r = row - dirX;  // Ahora, ve en la dirección opuesta.
   c = col - dirY;
   while ( r >= 0 && r < 13 && c >= 0 && c < 13
                      && board[r][c] == player ) {
ct++;
  r -= dirX;  // Continua hacia el proximo recuadro en esta dirección.
  c -= dirY;
   }
```

Aquí esta una imagen de mi programa. Usa un tablero de 13 x 13. Usted puede hacer lo mismo o usar un tablero normal de 8 x 8.

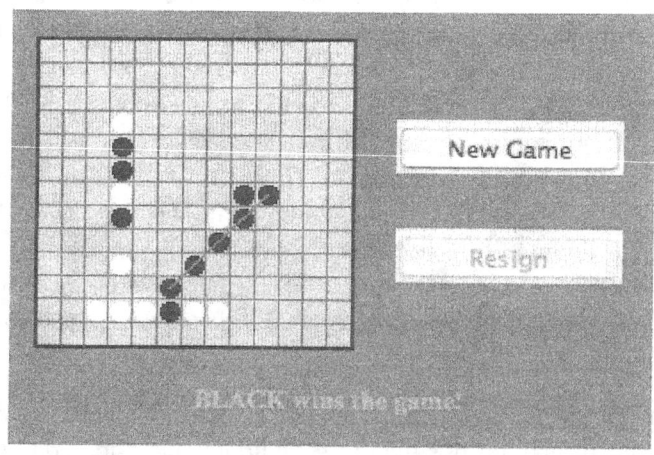

Prueba del Capítulo 7

1. ¿Qué hace la computadora cuando ejecuta la siguiente declaración? Trate de dar una respuesta tan completa como sea posible.

   ```
   Color[] palette = new Color[12];
   ```

2. ¿Qué significa el *basetype* de un arreglo?

3. ¿Qué significa ordenar un arreglo?

4. ¿Cuál es la principal ventaja de la busqueda binaria sobre la busqueda lineal? Cuál es la principal desventaja?

5. ¿Qué se quiere decir con *arreglos dinámicos?* ¿Cuál es la ventaja de los arreglos dinámicos sobre los arreglos normales?

6. Suponga que la variable **strlst** ha sido declarada como

   ```
   ArrayList<String> strlst = new ArrayList<String>();
   ```

   Asuma que la lista no esta vacia y que todos los elementos en la lista son no nulos. Escriba un segmento de codigo que encontrará e imprimira la cadena en la lista que viene primero en orden lexicográfico. Comó cambiaría su respuesta si **strlst** fuese declarado como de tipo *ArrayList* en vez de *ArrayList<String>*?

7. ¿Cuál es el proposito de la subrutina siguiente? ¿Cuál es el significado del valor que retorna, en terminos del valor de su parametros?

   ```
   static String concat( String[] str ) {
      if (str == null)
         return "";
      String ans = "";
      for (int i = 0; i < str.length; i++) {
         ans = ans + str[i];
      return ans;
   }
   ```

8. Muestre la sallida exacta producida por el siguiente segmento de código.

   ```
   char[][] pic = new char[6][6];
   for (int i = 0; i < 6; i++)
      for (int j = 0; j \< 6; j++) {
         if ( i == j || i == 0 || i == 5 )
            pic[i][j] = '*';
         else
            pic[i][j] = '.';
      }
   for (int i = 0; i < 6; i++) {
      for (int j = 0; j < 6; j++)
         System.out.print(pic[i][j]);
      System.out.println();
   }
   ```

9. Escriba una subrutina completa que encuentre el mayor valor en el arreglo de `ints`. la subrutina debería tener un parametro, el cual es una arreglo de tipo `int[]`. El mayor valor del arreglo debería ser devuelto como el valor de la misma subrutina.

10. Suponga que se hicieron mediciones de temperatura en cada día de 1999 en cada una de 100 ciudades. Las medidas han sido almacenadas en un arreglo

    ```
    int[][]  temps  =  new  int[100][365];
    ```

    donde `temps[c][d]` mantiene las medidas de la ciudad número c en el d^{mo} día del año. Escriba un segmento de código que imprimirá la temperatura promedio, sobre el curso de todo el año, por cada ciudad. La temperatura promedio de una ciudad puede ser obtenida sumando todas las 365 medidas para esa ciudad y dividiendo la respuesta por 365.0.

11. Suponga que usa clase, *Empleado,* es definida como sigue:

    ```
    class Employee {
        String lastName;
        String firstName;
        double hourlyWage;
        int yearsWithCompany;
    }
    ```

    Suponga que la data sobre 100 empleados **ya** esta almacenada en el arreglo:

    ```
    Employee[] employeeData = new Employee[100];
    ```

    Escriba un segmento de código que escribirá el primer nombre, apellido, y salario por hora de cada empleado que haya estado con la compañia por 20 años o más.

12. Suponga que A ha sido declarado e inicializado con la declaración

    ```
    double[] A = new double[20];
    ```

    y suponga que **A ya** ha sido llenado con 20 valores. Escriba un segmento de programa que encontrará el promedio de todos los números en el arreglo que **no sean cero**. (El rpomedio es la suma de los números, dividido por el número total de números. Note que tendrá que contar el número de elementos en el arreglo que no son cero.) Declare cualquier variable que use.

www.ingramcontent.com/pod-product-compliance
Lightning Source LLC
Chambersburg PA
CBHW080903170526
45158CB00008B/1967